PENGUIN
History *of* Britain Vol. I

企鹅英国史卷一

帝国领地

罗马帝国时代的不列颠
公元前54—公元409年

AN IMPERIAL POSSESSION

BRITAIN IN THE ROMAN EMPIRE, 54BC-AD409

DAVID MATTINGLY

[英] 戴维 · 马丁利 ♦ 著　　王江涛　郭敬文 ♦ 译　　刘科 ♦ 校译

上海社会科学院出版社
SHANGHAI ACADEMY OF SOCIAL SCIENCES PRESS

图书在版编目（CIP）数据

企鹅英国史. 卷一，帝国领地 ：罗马帝国时代的不列颠，公元前54—公元409年 / （英）戴维·马丁利（David Mattingly）著；王江涛，郭敬文译 .— 上海 ：上海社会科学院出版社，2024

书名原文 ：An Imperial Possession ：Britain in the Roman Empire, 54 BC–AD 409

ISBN 978-7-5520-4186-6

Ⅰ. ①企… Ⅱ. ①戴… ②王… ③郭… Ⅲ. ①英国—历史—公元前54–公元409 Ⅳ. ①K561.0

中国国家版本馆CIP数据核字（2023）第155386号

审图号：GS（2023）2817号

上海市版权局著作权合同登记号：09-2023-0598
Copyright © David Mattingly, 2006
First published as *AN IMPERIAL POSSESSION* in 2006 by Allen Lane, an imprint of Penguin Press.
Penguin Press is part of the Penguin Random House group of companies.
Simplified Chinese Edition Copyright ©2024 Beijing Paper Jump Cultural Development Co., Ltd.
封底凡无企鹅防伪标识者均属未经授权之非法版本
All rights reserved.

帝国领地：罗马帝国时代的不列颠，公元前54—公元409年

An Imperial Possession: Britain in the Roman Empire, 54 BC-AD 409

著　　者：［英］戴维·马丁利（David Mattingly）
译　　者：王江涛　郭敬文
校　　译：刘　科
策 划 人：唐云松　熊文霞
责任编辑：董汉玲
特约编辑：薛　瑶
封面设计：别境Lab
出版发行：上海社会科学院出版社
上海顺昌路622号　邮编200025
电话总机021-63315947　销售热线021-53063735
https://cbs.sass.org.cn　E-mail: sassp@sassp.cn
印　　刷：上海盛通时代印刷有限公司
开　　本：890毫米 × 1240毫米　1/32
印　　张：21.5
字　　数：518千
版　　次：2024年5月第1版　2024年5月第1次印刷

ISBN 978-7-5520-4186-6/K · 713　　定价：118.00元

版权所有　翻印必究

献给我的父亲和祖父

前 言

《鹈鹕英格兰史》(*The Pelican Histories of England*)系列丛书具有里程碑式意义，在20世纪后半期为读者提供了大量优秀作品。在撰写本书时，我很清楚伊恩·里奇蒙德（Ian Richmond）所著的《不列颠尼亚》(*Roman Britain*)早在1955年就已出版，距今已有50年，该书及其修订版至今仍在销售。事实上，有关不列颠尼亚的历史书籍数不胜数，但却很少有作者能有伊恩这样的见解和深度。因此，我也跟其他新丛书作者一样，在从21世纪视角解读这段历史时，惶恐自己难堪大任。近几十年，英国成为罗马帝国行省研究中最炙手可热的研究对象之一，正因如此，给出优秀的综合性解读就更难。另一个挑战是要讲述英国整体在那一时期的历史，而并不仅限于不列颠群岛的东南部。每一段对历史的讲述都带有作者所处时代的特征，伊恩是从现代殖民主义早期角度解读历史的，而我则是从更充满质疑的后殖民主义视角出发。在这种视角下，“帝国”不再被认为是一个褒义的文明力量。罗马帝国侵占英国所带来的历史影响并非都是正面的，但对于现代读者来说，他们一直以来所接受的教育都认为罗马帝国只带来了积极影响。

我撰写本书的时间比企鹅出版社和我预计的都要久［在这里我必须感激主编大卫·康纳汀（David Canandine）以及我的责任编辑西蒙·温德尔（Simon Winder）的耐心和坚持］。出版的延期说明在过去10年有众多新出版物集中涌现，同时也表明了我独树一帜的决心，力图让本书区别于其他罗马不列颠主题的书籍，为读者提供全新视角。简单来说，我想写作一本会引发争议，但最终能得到大多数读者理解和认同的书，引导人们在遇到一些没有明确答案的难题时，能有意识地独立思考。在写作过程中，我尽量避免使用那些在人们心中似乎已经固化的学说去讲述或解释，比如最具代表性的"罗马化"(Romanization)（"罗马化"这个概念似乎可以解释一切，但又好像什么都没解释清楚）。在书中我没有用"罗马化"做出论断，而是为读者提供一个分析框架，以行省社会的三大群体为基础（军队、城市、乡村社群），探讨罗马统治下它们各自身份特征的体现。

本书属于历史书系列，其结构在一定程度上是确定的。传统的罗马不列颠主题书籍的叙述重心都是军事问题，我在传统写法的基础上采用一个新视角去解释。我将重点放在介绍军事占领的普遍特征上，避免赘述细节，如军事占领行动的具体时间，何时占领了哪座堡垒等。在书中，我尝试去展现军事集团与平民社会之间的相互影响，并尽可能地在叙述时引入一些真实人物。同时，在对社会与经济史进行探究时，我也结合了大量的考古学证据。但是，如果在进行综合论述时只一味关注考据，也不足以完成本书。我有意将传统历史与近期理论考古学所强调的一些社会问题相结合。在用文字重现当时人们的生活状况时，其中一个难点在于如何结合他们所处时期的物质文化来解释其思想和行为。我确信，正是因为有了大量高质量数据（尤其很多数据与一些具体考古成果相关），不列颠就是研究罗马帝国区域特征中的最佳案例。本书只提供一个大体框架，我真诚地希望有更多研究者能加以完善。

这就是我个人眼中的罗马不列颠历史，我想说明，本书所呈现的世界与许多同主题书籍完全不同。与此同时，我认识到正是因为我站在巨人肩膀上这一事实，才能建立自己的观点，正是前人的成就才使这部新作得以出现。我希望这本书能够将关于这一主题新旧研究方法的精华融合起来。书中无法避免会有一定程度的推测——尽管我认为就算是正统观点的一些重要假设同样缺乏证据支撑，而且我的说法在许多方面都合理恰当。但重要的是，无论读者对这一研究主题陌生还是精通，我都希望吸引住他们，并激发他们的兴趣，哪怕有些人可能最终并不同意我的部分结论。本书标题的时间跨度是公元前 54 年恺撒的第二次征战结束到公元 409 年不列颠行省最后起义这一段时间，我认为我们可以合理地认为不列颠群岛的一部分在这段时间是在帝国统治下。这是一段外族统治的漫长历史。正如本书原稿的一位评论者简明扼要地提到的那样，笔者观点的一个基本要素就是“罗马不列颠时期令人讨厌、野蛮而又漫长”。

本书撰写过程中有许多人帮助了我，在此我只能感谢一小部分人。本书要献给两位哈罗德·马丁利，①正是他们最先为我描绘

---

① 哈罗德·马丁利（1884—1964），作者祖父，英国艺术史学家和古钱币学家，研究方向为古罗马历史，尤其是伊特鲁里亚和罗马货币。他的儿子，即作者父亲哈罗德·B. 马丁利（1923—2015）也是著名的古钱币学家，并于1999—2004年担任皇家古钱币学学会会长。另，本书脚注均为译者注。

了古老的罗马世界。我孩提时代最初的回忆就是坐在祖父膝头，听他讲古罗马神话故事。我收藏的由他翻译的塔西佗《阿古利可拉传》（企鹅出版社英译本）是我所有藏书中饱受赞誉的一本。我父亲一直影响着我，我希望自己继承了他的一些品质，有能力提出让古代史的学术正统难以回答的问题。第三个影响较大的人是我在曼彻斯特的博士生导师巴里·琼斯，他使我投身到罗马考古学的研究中。导师于 1999 年早逝，我失去了一位朋友和顾问，我十分难过没有机会与他分享这本书的原稿。托尼·伯利同样培养了我对罗马史的兴趣，并源源不断地给予我建议与支持。他对本书几个章节的初期草稿提供了很多意见，随后向我提供了他宝贵的《不列颠的罗马政府》（*The Roman Government of Britain*）一书（那时该书尚未出版），并在最后承担了阅读整个手稿的任务。除了纠正我那数量巨大而令人难堪的错误之外，他还贡献启发了很多挈领全书的智慧和许多特定观点，帮助我写出了一本比原稿优秀很多的书。许多其他学者和专业考古学家已经回答了我的问题，为我的大胆假设提供保障，并寄给我抽印本和未发表作品的文本。我要特别感谢格雷姆·巴克、保罗·贝内特、罗宾·伯利、罗杰·布兰德、大卫·布列兹、彼得·卡灵顿、希拉里·库尔、约翰·克莱顿、巴里·康利夫、西蒙·埃斯蒙德·克利瑞、S. S. 佛瑞里、迈克·富尔福德、迈克尔·吉文、克里斯·戈斯登、比尔·汉森、伊恩·海斯、理查德·兴立、布鲁斯·希钦纳、尼克·霍奇森、瑞克·琼斯、约翰·曼利、马丁·米莱特、大卫·波特、已过世的蒂姆·波特、理查德·里斯、蒂姆·思特里克兰德、罗杰·汤姆林、彼得·威尔斯、史蒂夫·威尔斯、安德鲁·威尔逊、罗杰·威尔逊和格雷格·伍尔夫。我还要感谢莱斯特市维杰斯顿伊丽莎白一世书院的苏珊娜·布莱克莫尔，她耐心地回答了有关当前英国高中课程中罗马不列颠史教学的问题，也让我女儿瑞贝卡对罗马不列颠历史产生了兴趣。

自 1992 年以来，作为莱斯特大学考古学和古代历史学院蓬勃发展的罗马、铁器时代研究团队的一员，我从中受益良多。非常感谢与我或短或长共事的同事们——科林·亚当斯、格雷姆·巴克、理查德·巴克利、尼尔·克里斯蒂、帕特里克·克雷、尼克·库珀、海拉·埃卡德、安迪·加德纳、梅尔·吉尔斯、安妮·格兰特、科林·哈塞尔格罗夫、西蒙·詹姆斯、艾伦·麦克维尔、瑞秋·波普、乔纳森·普拉格、埃伯哈德·索埃、莎拉·斯科特、格雷厄姆·希普利、杰里米·泰勒、约翰·范德波尔、玛丽克·范·德·维尔、简·韦伯斯特。我也从一群相当优秀的莱斯特大学罗马史方向（他们的研究方向不都是罗马不列颠）的研究生中受益匪浅，他们帮助我加深了对这一主题，尤其是新的偏理论研究方法的理解：詹妮弗·贝尔德、安德鲁·伯利、阿方索·伯格、弗兰·康德龙、约翰·库姆斯、劳拉·克里普斯、加里克·芬查姆、科林·福西、汉娜·弗里德曼·吉莉安·霍克斯、安娜·利昂、米歇尔·曼、朱迪·米德、菲尔·迈尔斯、多米尼克·皮尔因、尼克·瑞、朱迪斯·若斯丁、汤姆·如斯特、艾琳·舒福勒－科博、丹·斯图尔特、罗伯·维切尔和斯蒂芬·杨。另外，本书许多偏推测的观点在历届本科生课堂上得到了实验，学生们满怀良好的幽默感和热情去理解后殖民思想和身份观念，并提出了一些非凡见解。

除去托尼·伯利之外，牛津考古学院的保罗·布斯以他一贯的敏锐态度阅读了全文。本书的成书采纳了他的许多建议（以及新发现的信息）。还有一些读者针对本书的个别章节提出了建议，使文稿质量大为改善：尼尔·克里斯蒂、西蒙·詹姆斯、理查德·辛莱、科林·哈泽格罗夫、布鲁斯·希钦纳、米克·琼斯、安德鲁·伯利、朱蒂丝·罗斯滕。杰里米·泰勒提供了图 13 所依据的原始数据，并由乔·斯金纳根据我未经加工的材料画出了插图。企鹅出版社的西蒙·温德尔是一位理想的编辑，他温和地说服我卸下初稿过长的包袱，并就如何加强论证提供了富有洞察力和相当有帮助的指导。珍妮特·泰瑞尔编辑校对了本书书稿，理查德·杜吉德、丽贝卡·李和克洛伊·坎贝尔帮助本书的印刷生产工作顺利完成。珍妮·马丁利编制了索引。

人们通常会原谅那些负责阅读书本原稿的人的疏漏。这一点对于本书的许多方面都尤其必要，因为这是一本实验性、推测性和力求创新的书。在选择性接纳读者的建议后，我试图在书中保留我自己的认知架构。最后，这是从我的“视角”观察的历史，我对所有剩余的错误负有全部责任。这是一本关于身份、社群和地区的书，某些部分需要一定程度的细节来说明主题。我希望对该主题熟悉或陌生的读者都能够面对这一挑战，并受到鼓舞，查阅参考书目以加深对特定主题的了解。

该书于 2004—2005 学年完成，并获得了莱斯特大学研究假期奖和 AHRC 研究假期奖。我非常感谢同事们，特别是校长玛丽莲·帕尔默的支持。细心的读者可能会发现在几个章节中个别段落是基于我以相当迥异的形式（更全面的参考）在《罗马考古学学报》上发表的材料所撰写的，我很荣幸可以在这里向学报编辑约翰·汉弗莱表示感谢。

我也感谢自己的大家庭（父母、姐妹和各位姻亲）和对项目保持热情的朋友，是他们使我专注于本项目。我必须特别感谢珍妮、瑞贝卡、苏珊娜和道格拉斯，他们和我一起见证本书的撰写，帮助我保持工作进度。在自身职责之外，他们还阅读、评论文本；考察遗址并讨论想法。更重要的是，他们给予了我最需要的时间和空间。多亏了他们，我的热爱终于以本书呈现出来。

2005 年 6 月于莱斯特大学

关于日期、地名和测量值的说明

如未特别标注为“公元前”，本书年份都视为公元后年份，如43年为公元43年，而非公元前43年。公元1世纪早期的一些模棱两可的日期也被这样标记了出来。我有时会在括号中给出古代地名，或在表格中使用它们，但更常使用的是现代地名。不过，哈德良长城附近文多兰达的一些重要地点例外，其拉丁文名称在现代还是更为人们熟知。书中优先使用罗马行省的名称，而不是现代国家地理上不太精确的名称。在提到现代英国地方政府区域时，我遵循英国地形测量局的《罗马不列颠地图》（*Map of Roman Britain*，南安普顿，1994年第4版修订版）中显示的边界，尽管在一些地区，这些边界已经在随后的地方政府重组中被修改。除了本书的插图外，读者可能会发现《罗马不列颠地图》对定位具体遗址很有帮助。测量值通常以公制单位给出，如公里。当一个数字以“英里”为单位时，通常表示1.48公里的“罗里”。

目　录

第一部分

引　言

第一章

帝国幽灵

这本书讲述了罗马征服不列颠的故事。与其他大多数研究这个时期的历史书不同，这本书不依赖于大量书面证据来进行叙述。罗马的征服与统治时期从史前持续到中古时期之前，而传统文献中的这段历史则比较残缺。现存的罗马史料中也没有太多关于不列颠历史的记录；我们仔细研读了 1 世纪不列颠行省总督阿古利可拉的女婿塔西佗写的《阿古利可拉传》。当然，其他资料中也有部分历史和地理信息，但这些信息往往模糊不清，不够精确。大批铭文和考古证据可以补充支撑书写记载，但由于基本原始资料的局限性，我们仍需要补充大量信息来填补叙述中的许多空白。关于罗马不列颠历史的叙述，无论其看起来多么权威，大多注定只能如印象派一般给出粗略概述。

本书的基本内容是不列颠在罗马帝国将近 400 年的统治中所遭受的命运。好的历史文本应该是客观的，而非评判性的。但面对如此久远的时期，陈旧的史料解读难度非常大，因而我们不得不选择性地进行阐述。大多数研究罗马不列颠的史学家容易有意无意地下一种定论，即对不列颠而言，罗马的统治事实上是 / 不是一件好事。正如一段对历史调侃性的评价所说的：“不列颠于公元前 55 年第一次登上历史舞台，当尤利乌斯·恺撒……登陆……当罗马人因其古典教育等成为第一大国时……然而，罗马虽然是征服者，但这是一件‘好事’，因为当时当地只有布立吞人。”这句话没有告诉我们过去的真相，但却反映出19世纪末和20世纪初人们对此的看法。

即使在今天，在大英帝国解体后的半个多世纪里，关于罗马帝国的主流观点仍然受到帝国主义合法性假设的制约，这对我们关于这段历史的解读和书写产生了深远影响。从“英格兰中心主义”（Anglocentric）视角来看，现在仍然普遍认为罗马统治利大于弊，这与我们自己对大英帝国的怀旧情绪有关。因此，我们与罗马文化传统之间的关系既微妙又模糊，我们很难客观地看待罗马征服和统治的事实。在我们的民族传说中，罗马时期是充满发展和机遇的阶段，而非仅仅是失败、被征服和被剥削的时期。令人惊讶的是，很少有人关注到不列颠的反抗和不发达的一面。

对比之下，维钦托利[①]（Vercingetorix）却成为法国的民族英雄，阿莱西亚城的遗址也被用来纪念高卢人抵抗外来侵略。从英语语言中对阿莱西亚战役的描述来看，这些战斗也是法国庆祝民族抵抗运动的典型代表。法国人民的抵抗精神一直延续至现代，在1870、1914年和1940年德国一系列入侵中也得以体现。尽管传说中出现了布狄卡[②]（Boudica，或称布狄西亚）领导反抗这一短暂插曲，但在维多利亚时代和爱德华时代，不列颠人都全心全意地支持罗马侵略

---

① 维钦托利，又译韦辛格托里克斯（拉丁语：Vercingetorix，约前82—前46），高卢阿维尔尼人（Arverni）首领，曾领导高卢对罗马的最后反抗。

② 布狄卡，罗马不列颠时期爱西尼人（Iceni）的女王，其夫普拉苏塔古斯（Prasutagus）是罗马人的傀儡，罗马人企图在他死后吞并爱西尼。因此布狄卡在公元61年领导了一次大规模反罗马人压迫的活动，但很快就被镇压。

者，而非站在被征服的本地人一边。这是作为帝国“奴仆”的自然反应，虽然不列颠在 19 世纪晚期的巅峰时期控制着世界 1/3 的领土和人口，却也效仿了罗马帝国的结构来构建自身。大英帝国是现代帝国，这使大多数学者对罗马在治理帝国时的做法、面临的问题以及在边疆土地上开化文明的使命产生了同理心。20 世纪初罗马不列颠考古学之父弗朗西斯·哈弗菲尔德（Francis Haverfield）对这种现代殖民主义的潜在同情态度进行了总结：

> 专制和腐朽时代的旧理论已被推翻，相信人性的人们现在受到鼓舞，无论何种境况，（罗马）帝国的人民都会为更美好的世界和幸福而奋斗。

这种殖民者之间的怀旧情愫，以及总是对其侵略动因抱有最好假设的倾向贯穿在大量罗马时期不列颠的史料记载中。罗马人带来了城镇、道路、稳定的政府、“罗马乡村别墅经济”、艺术、文化、文学、宽外袍、浴室等高级文化元素。出于同一原因，在许多流行的叙述中，被征服年代的典型布立吞人是半裸、留着刺猬头发型、身上有文身和涂着靛蓝涂料的野蛮人形象，随后他们受罗马生活方式熏陶，开始享受文明带来的好处。在罗马不列颠的流行形象中，这种迎合帝国主义的观点被积极地采纳。例如罗马贵族作为许多现代城市的创建者在英国国内受到热烈欢迎——最突出的例子是阿古利可拉，其形象在曼彻斯特市政厅入口处的众多历史人物中占据首位。

但英国的北部和西部地区对此的态度却截然不同，毕竟最近几百年“伦敦首府”的管辖使他们觉得罗马时期其实“没什么区别”。人们往往认为罗马统治在这片土地上激起并留下了抵抗传统，这些通过 20 世纪兴起的苏格兰和威尔士民族主义、康沃尔地区主义中能够看出。这些看法有可能演化成一种扭曲的历史观，就像那些毫不怀疑地认为罗马统治天然正义的观点一样。

每一代学者都倾向于结合所处时代的观点和热点来解释过去。处在全球化的 21 世纪中，我也受到了近年学界关注点和阐述方式发生重大转变的影响。新的理论方法彻底改变了前罗马铁器时代的研究，罗马历史的解读也开始受到后殖民主义观点的影响。本书重点关注罗马统治下不列颠人的经历，因此罗马不列颠历史不仅仅是政治历史，更多是社会历史。我们将探索不列颠人的生活，尽量利用考古资料来补充残缺的历史记录。从某种意义上说，这是一段后殖民历史，因为它从很多方面质疑了社会和谐论，并试图深挖关于罗马统治不列颠的性质及影响的争议性。我的叙述中会有许多不可避免的不确定性，需要考察罗马帝国体系在更大范围上的运作情况，涉及大量其他殖民政权的知识，且要通过猜测来填补历史的空白。

从范围、人口、文明程度和人口寿命等方面来看，罗马帝国经常被称作世界上最伟大的帝国（尽管后来其中某项或多项指标可能被中国、大英帝国或其他现代帝国超越过）。上述条目是 19 世纪帝国统治者衡量其成就的标准，他们也借此塑造出自己的形象、头衔和风格。罗马早期的历史大多集中发生在意大利半岛，在大大小小的连续战争中逐渐形成对外征服的习惯。读过李维[①]（Livy）的

① Titus Livius，又作Livy，历史学家。生于今意大利帕多瓦，死于帕塔维翁。据说出身贵族，早年受过良好的传统教育。他学习了文学、史学、修辞学、演说术等，是罗马共和国后期学问渊博的博物学家。后移居至罗马，与屋大维交往甚密。此时屋大维已经打败马克·安东尼，罗马局势恢复稳定，李维奉命教授屋大维的继孙克劳狄，即后来的皇帝克劳狄一世。著有《罗马自建城以来的历史》。

《罗马自建城以来的历史》(*History of Rome*)，便能领会到军队年复一年的征兵出战这个过程的无情本质，更不必说这一行为给本质上属于农耕社会的国家带来的巨大成本和不便。与其他古代意大利人相比，罗马的人民具有极强攻击性和好战倾向。罗马对意大利、地中海和大部分欧洲温带地区的统一过程十分漫长，耗费了巨大的人力成本。例如在公元前 509 年到前 19 年的战争中，史料记载了罗马军队 300 多次“胜利”，而这里的“胜利”只代表了这场战争的终结以及 5 000 名敌人的死亡。但整个过程的总伤亡人数一定远远超过各种估计数据中的最小值，即 150 万人。而战争对人的影响也远不止于此，战争中一些俘虏会变成奴隶。例如，在第三次萨姆尼特战争（公元前 297—前 293）的 5 年间，李维记载所有被击败的敌人中有超过 6.6 万名俘虏被奴役。即使罗马人允许被征服的人民参与征服行动，或在被占领的土地上建立殖民地，这种无情和残酷的战争对人口的影响也可能更加深远。据估计，公元前 334—前 263 年罗马在拉丁语区建成的殖民地需要征收 7 000 多平方公里的优质耕地，并再分配给 7 万多名定居者使用。

此处的重点在于，罗马的军事力量冷酷无情，可以对敌人造成重大伤害。与此同时，罗马也有奖励机制，奖赏那些屈服于罗马权威的人，或者被征服后服从罗马统治的人。具体而言，罗马的行省级政府将重要的权力下放至以精英阶层为基础的地方政府，而且这一过程往往也巩固了精英群体的财富和地位。这种“仁慈的”帝国主义是罗马统治的一个重要特色，但如果我们要评估罗马的统治方式对整个社会造成的更加广泛的影响，那么这种机制的作用并没有想象中的那么大。

不列颠被并入罗马帝国的时间相对较晚，当时罗马的扩张已发生了一定程度的改变，因为帝制取代了先前的共和制（表 1 总结了罗马各个历史阶段和不列颠并入帝国时的一些关键时间节点）。罗马皇帝防范自己的潜在竞争对手在自己可控范畴外获得军功，对外征服计划大多受到严格控制。然而当不列颠成为罗马帝国的目标后，帝国就在公元 43 年的行动中动用了强大的军事力量，在最短时间内展现出罗马的实力。这意味着不列颠将面临重大伤亡，出现大量俘虏。但事实上罗马帝国也没能迅速征服不列颠。公元 43 年入侵后，克劳狄[①]发动的大型攻势一直持续到 83 年，几乎跨越了两代人。在这段时间里，公元 60—61 年的布狄卡起义对不列颠人和罗马人都造成了巨大的伤害。从短期来看，对于大多数不列颠人来说，罗马人的出现显然是一件坏事，而从中期和长远来看亦是如此，罗马帝国时期的不列颠是一块被殖民被剥削的土地。尽管帝国给予不列颠贵族们和各种进入该省的移民很多宝贵的发展机会，但这一时期仍不能被称作黄金时代。

我们可以对罗马帝国视角下的不列颠进行一些探讨，但我们必须了解现存史料证据的性质，详见第二章。一个基本要点是：大部分书面证据出自帝国统治阶级之手，他们积极支持罗马的统治。这一点在我们的意料之中，因此我们应该假定他们在陈述历史“事实”及解释时很可能存在偏见和歪曲。我们从这些资料中构建出来的很大程度上是胜利者的历史，并美化了他们在这些事件上的作用。在意大利和罗马帝国的其他行省，罗马主流的价值观深入人心

① 克劳狄一世（Tiberius Claudius Drusus Nero Germanicus，前10—54），常译作克劳狄乌斯、克劳狄，或模仿后来欧洲君主习惯冠以数字的克劳狄一世，他是罗马帝国朱里亚·克劳狄王朝的第四任皇帝，公元41—54年在位。

的程度，这是个尚无定论的问题，但很明显，罗马帝国并非一直建立在狭隘的意大利贵族统治阶层之上。罗马比许多后来的帝国更具包容性，将臣民中的精英阶层纳入了国家权力机构。随着时间的推移，许多地方贵族被纳入统治阶层，成为元老和骑士；事实上，到2世纪末，一个北非人塞普蒂米乌斯·塞维鲁（Septimius Severus）登上了帝国的宝座。因此，有理由相信，在某种程度上，帝国周围各省的精英为了在政治、社会或经济上获得提升，采用或吸收了“罗马”文化和社会行为元素。

不过显而易见的是，这种“分权”政治背后的动机或许比人们普遍认为的要复杂得多。各行省间存在受帝国恩惠程度不平等的情况，帝国带来的负面影响也各有差别。这并不是说不列颠精英阶层在当时丧失权力，一些人可能的确享有一定财富，具备一定影响力，但即便如此，也无法与后来不列颠人在罗马帝国中的地位相提并论。因为在后来的权力体系中，种族和国籍更能决定社会地位。然而在罗马最高统治阶层中，布立吞人在数量上并不占优势。罗马帝国在不列颠派遣了大量的驻军，光是驻军数量可能就多于不列颠总人口。我们没有关于不列颠精英阶层真实想法的直接证据，但基本可以确定他们对帝国的贡献与回报是成正比的。为了进一步证实这一点，我们还需要考虑罗马为统治阶层以下的人群提供了哪些服务。

表 1　罗马史和罗马不列颠史中的关键日期

罗马	布立吞	时期
公元前 753 年，传说罗马建立的年份	布立吞铁器时代早期	罗马王政时期

（续表）

公元前 509 年，传说罗马共和国建立的日期	山顶堡垒占布立吞统治地位	罗马共和国
公元前 265—前 146 年，迦太基的布匿战争	布立吞铁器时期中期	
公元前 2 世纪 20 年代，罗马统治扩张到高卢南部	布立吞铁器时代晚期，出现第一枚布立吞钱币	
公元前 50 年代，尤利乌斯・恺撒征服高卢中部、北部	公元前 55—前 54 年，恺撒为征服布立吞与布立吞开战	
公元前 54—前 51 年，高卢起义	与布立吞诸王关系	
公元前 49—前 45 年，恺撒与共和派内战	附庸国关系继续，布立吞南部与罗马联系日益紧密	后三头同盟［安东尼、屋大维和雷必达（Lepidus）］
公元前 44 年，恺撒遭暗杀，新一轮内战		
公元前 31 年，阿克提姆海战［屋大维打败安东尼与克利欧佩特拉（Cleopatra）］		安东尼于公元前 30 年去世，共和制政体结束
公元前 27 年，屋大维获奥古斯都［第一个“元首”（princeps）］头衔，统治持续到公元 14 年	罗马多次考虑向不列颠开战	元首制的朱里亚・克劳狄王朝开始
公元 9 年，在莱茵河损失三个军团		
公元 14—37 年，提比略统治时期		
公元 37—41 年，卡利古拉（Caligula）统治时期，计划入侵不列颠	公元 40—43 年，库诺贝林（Cunobelin）去世，维瑞卡（Verica）逃亡到罗马	

（续表）

公元 41—54 年，克劳狄统治时期	公元 43 年，克劳狄入侵布立吞	
公元 54—68 年，尼禄统治时期	公元 60—61 年，布狄卡起义	
公元 68—70 年，内战	与布里甘特王国之间的危机	“四帝之年”时期
公元 69—79 年，韦斯帕先创建弗拉维王朝，子提图斯（79—81）、图密善（81—96）后继统治	公元 83 年，阿古利可拉（Agricola）在苏格兰取得重大胜利 87 年，从苏格兰北部撤军	弗拉维王朝
公元 96—98 年，涅尔瓦 公元 98—117，图拉真	文多兰达木简记载的主要时期	图拉真时期
公元 117—138 年，哈德良	哈德良长城建成	安敦尼王朝
公元 138—161 年，安敦尼	安敦尼长城建成	
公元 161—180 年，马克奥里略		
公元 161—169 年，维鲁斯		
公元 180—192 年，康茂德（Commodus）	公元 2 世纪 80 年代，不列颠战争	
公元 193—197 年，内战	公元 197 年，罗马不列颠行省总督克劳狄斯·阿尔拜努斯（Clodius Albinus）在莱昂被塞维鲁打败	科米乌斯遭暗杀，安敦尼王朝结束
公元 193—211 年，塞维鲁 公元 211 年，盖塔；211—216 年，卡拉卡拉	208—211 年，苏格兰战事	塞维鲁王朝
公元 212 年，帝国大部分人获罗马公民身份	分成两大行省	

（续表）

公元 235—284 年，“蛮族”入侵时期，内战和众多统治者	公元 260—274 年，“高卢帝国”部分独立	3 世纪危机
公元 284—305 年，戴克里先；公元 286—305 年，马克西米安；公元 293—306 年，君士坦提乌斯；公元 293—311 年，伽列里乌斯	公元 286—296 年，卡劳修斯与阿勒克图斯先后统治布立吞。公元 296 年后布立吞分裂成 4 个省	四帝共治，元首制时期结束
公元 306—337 年，君士坦丁一世统治时期	公元 306 年，君士坦丁一世于布立吞称帝	君士坦丁王朝
公元 313 年，米兰敕令使基督教合法化，324 年建君士坦丁堡	布立吞主教参加阿尔勒（Arles）议会	
公元 337—363 年，君士坦丁二世、康斯坦斯、康斯坦提乌斯二世、朱利安教在背教者朱利安（360—363）统治时期有短暂复兴	公元 350—353 年，夺位者马格嫩提乌斯（Magnentius）统治布立吞	
公元 364—392 年，瓦伦丁尼安一世、瓦伦斯、格拉提安、瓦伦丁尼安二世	公元 367—368 年，布立吞蛮族阴谋	瓦伦丁尼安王朝
公元 378 年 ，瓦伦斯在阿德利安坡（Adrianople）去世		
公元 378—395 年，狄奥多西一世统治时期	公元 383—388 年，马格努斯・马克西姆斯（Magnus Maximus）统治时期	狄奥多西王朝
公元 395—423 年，荷诺里（Honorios）统治时期	不列颠篡位者政权更迭	

（续表）

公元 410 年，哥特人攻击罗马	公元 409 年，不列颠政权更迭	
公元 476 年，西罗马帝国终结	5 世纪 50 年代，不列颠“撒克逊”力量增长	西部：日耳曼国家 东部：拜占庭帝国
公元 1453 年，君士坦丁堡陷落	罗马在布立吞 1 000 多年的统治结束	东罗马（拜占庭）帝国终结

不列颠广大民众对罗马的看法到底如何？研究他们关于罗马帝国的消极看法并非易事。意料之中的是，罗马人热衷于宣传那些完全推崇罗马的文学作品（希腊作家波利比乌斯和犹太作家约瑟夫斯就是著名的例子）。在罗马帝国版图内很难找到关于反对者想法的作品。产生这种现象的原因不难找到。现有的罗马文学作品是通过一系列筛选后得以留存的，国家在此过程中起着主导作用。例如罗马在占领迦太基后，蓄意摧毁了迦太基图书馆里的大部分文学作品，剥夺了后人从其他途径认识布匿战争的可能性。而对于英国来说，在罗马帝国之前这里几乎没有文学作品，因此，在其现存的作品中找到明确表达的异议的可能性就更小了。我们希望用那些反抗事件来考证当时针对罗马的反对观点。我们必须牢记，我们现在所能了解到的有关反抗事件的记叙也是由罗马帝国的盟友们中和过的，即使是这些记述也不能从根本上反映出反对者对罗马帝国的看法。因此，我们所掌握的传统历史资料可能远谈不上客观。

在研究铁器时代晚期的不列颠时，这种原始资料中的偏见引发的问题尤为明显。本书第三部分探讨了社会群体的性质，以及这些群体与克劳狄入侵前一个世纪不断扩张的罗马帝国关系的新理论和新证据。

人们过去常把大英帝国与罗马帝国相提并论，这会导致对罗马帝国不加思考的过度接纳和认可。可以公平地说，在过去关于英格兰/不列颠历史的丛书中，罗马时期都被视为大英帝国全盛时期的“前传”，强调罗马统治及文明所带来的广泛好处等，从而转移了对帝国统治的剥削性和压制性方面的关注。在某种程度上，这与人们对诺曼征服的看法形成了鲜明对比。之前从未有人用这种方式忽视诺曼征服中的负面影响。汤姆·斯托帕德（Tom Stoppard）的戏剧《印第安墨水》(*Indian Ink*) 清楚地表明了这一点：一位曾是贵妇（memsahib）的欧洲女性告诉一位印度人：“对你们而言，我们从前是‘罗马人’，也可能是‘诺曼人’。”这本书提出的一个基本问题是，所谓“好的”罗马人和“肮脏的”诺曼人之间的这种差异是不是一直存在的。

大英帝国也未能幸免于修正主义观点的批判，在近50年的后殖民研究中不断遭到贬低。人们越来越怀疑“为了更美好和更幸福的世界而统治”的说法。这并非否认当时参与大英帝国的统治阶级中的确有一些具有人道精神的人士以真诚、同情的态度对待被征服人民。但一个帝国的权力传递往往会变成这样：即使肆无忌惮和缺乏原则的个人是少数，但他们可能会造成巨大的影响，而这群人在其他征服地做出违背英国法律的行为几乎也不会受到任何惩罚。所谓的“白人责任论”① 在很大程度上是一种事后自我辩护的行为，当

① 出自英国诗人吉卜林的诗歌*White man'sburden*，指白种人有义务和责任去教育所谓“野蛮无知”的有色人种，必要时有权力强迫他们屈服，建立一个由白人统治的和平、博爱的新世界。

权力被滥用时，殖民者会不会经常用结果证明过程的正确性？然而有趣的是，后殖民时期对帝国主义的批判却在事实上强化了这样的“自我辩护”。许多人并不喜欢被这种强行自我辩护左右自己的看法。比如 1986 年，霍华德·布伦顿（Howard Brenton）的新剧《罗马人在英国》(*The Romans in British*) 在演出后引起了轩然大波，因其剧本中出现了一群罗马士兵精心谋划强奸一名英国男子的情节。从某个角度看，这是一部生动的、极具冲击力的有关性和暴力的戏剧作品，但对许多人来说，这一剧本因罗马帝国主义与当代英国驻军北爱尔兰的相似之处而具有更加复杂的内涵。在帝国主义世界，暴力在某种程度上成了一种合理的现象（但是，我们却不愿意被别人提醒或强调这一事实）。

许多现代学者对罗马帝国的拥护导致了一个有趣的现象，即这些作家忽视了罗马不列颠历史上一个关键因素。罗马帝国的统治与后来的大英帝国统治非但不相近，反而在帝国主义和殖民主义方面显示了截然相反乃至针锋相对的两类特点。与以往其他作品相比，本书将更多地关注帝国统治的消极面及其对被征服地人民的影响。由于不列颠行省并非一个单一社会，而是由许多区域性的社会组合而成，罗马帝国统治的影响在各地也有很大不同。到目前为止，英国早期的“帝国”经验与后来的帝国统治相去甚远，一次是受害者，而另一次是加害者。这种解释在某种程度上或许对现代殖民主义有新的启示，因为它强调了被征服地人民的感受，而这些人后来又成了征服者。

当然，假想如果没有罗马征服的不列颠会是什么样子的这种做法毫无意义。对普通人来说，在罗马入侵前的铁器时代社会所受的剥削并不一定比罗马时代要少。批判罗马帝国带给不列颠的影响，并不等同于如果罗马人没有到来，当地民族的生活就会更好。然而，罗马持久的统治（大约 15 代人）意味着其影响深远，既有积极一面，也有消极影响。我们不仅要赞扬罗马的成功和成就，还要分析其不受欢迎和民众反抗的程度。

帝国是指在没有征得当地人民同意的前提下，对广大领土和各民族进行统治。虽然古代国家尚未具备现代国家的自觉意识，但在占领过程中也常常出现军事抵抗，这也是帝国主义强制本质的表现。本书试图从不同角度探讨罗马统治下生活的本质，用批判和怀疑的观点来看待帝国制度强迫服从的本质。帝国通常以自身利益为核心，注重维护统治，区域发展是次要考虑因素。只要地方经济发展，帝国就可以榨取更多价值。在社会管理机构成熟的地方，国家可以更有效、更经济地进行治理。

最近的殖民主义考古学为研究帝国统治下的社会提供了全新视角。殖民主义的实质是在被占领地进行统治，这种统治必然会造成或加剧巨大的不平等。帝国会用权力诱导人民服从帝国权威、交出资源，但也会有臣民企图逃避义务（如税收）。权力差异凸显了行动和反应的传统历史，但它们在物质世界中也有关联。正因如此，考古记录可以帮助我们追溯殖民统治对罗马不列颠社会的影响。传统观点认为罗马帝国主义注重与地方文化的融合（被称作“中间地带”的殖民主义）。在这方面，罗马帝国的做法与部分近代帝国主义国家的做法形成了对比，近代帝国主义不尊重殖民地原住民，用更暴力的方式对待他们。这种观点在一定程度上是正确的，但这也可能使我们忽略掉古代帝国暴力的一面（见第四—五章）。我认为，在不同时间地点、不同社会群体的不同关系中，罗马帝国可能扮演着不同的殖民者角色。同样地，罗马帝国臣民与近代帝国臣民的生活经历可能非常相似，特别是在试图逃避税收和其他财政控制及法律限制方面。这些趋势需要与当地精英的社会观念结合在一起考虑，它们与地缘政治体系的联系是最紧密的。

罗马化是许多罗马不列颠研究中的关键概念，在进行简短的介绍性说明之后，我将尝试在这本书中进一步抛开这个概念。罗马化并非出自罗马人的概念，但它在罗马研究中却由来已久，可以追溯到 19 世纪末和 20 世纪初，它强调罗马统治的良性影响和罗马帝国的文化目标。它简单地认为罗马人把城镇、乡村别墅、语言、艺术和文化作为礼物带给了乡民，且受到后者的感激，并假定他们都认为罗马文化明显优于自己的文化。布立吞人被描述为罗马生活方式的狂热支持者，罗马统治使其社会文化得以进步。早期对不列颠罗马时期遗址的挖掘主要集中在罗马的城堡、城镇和乡村别墅，而这些正是罗马不列颠社会中与“罗马人”身份最密切相关的要素，这为支持这些假定的研究倾向提供了依据。罗马化使不列颠与帝国其他行省之间的相似性增大，同时忽略或淡化了罗马之前不列颠本土文化对社会发展的促进作用。

英国和欧洲其他地区早期对这一方法热烈拥护，至少部分是因为当时欧洲学者亲身经历了殖民时期和帝国主义时代。学者的观点和帝国权力思维模式之间紧密的联系体现在可预测的结果上。一些学者从罗马角度出发看待古罗马化政策（某种程度上颇类似于现代帝国主义下白人殖民者背负教化任务这一冠冕堂皇的说辞）。对于我来说，古罗马化思维在后殖民时代延续时间之久更令人惊讶；鉴于古罗马化出现了许多单纯受现代帝国主义影响而产生的问题，这一情况就更令人震惊了。古罗马化学说是单边、单向、渐进的，但考古学证据通常站在它的对立面。例如，古罗马化倾向于将文化认同的问题简化成一个单一的二元对立：罗马人和当地人。当我们界定布立吞之类的行省中的“罗马”文化时，标准其实来自其他位于欧洲北部和西部的行省，而不是意大利或地中海地区。这一事实应该引发我们的思考。此外，对于在罗马帝国疆域内发现的、同属罗马文化但性质截然不同的内容正受到越来越多的关注。在我们的分析中，地区性和多样性应该和同质性原因同样重要，但是古罗马化思维模式阻碍了对这一切的探索。

与对罗马化的传统理解不同，人们开始关注外省精英的作用。在较早的“罗马化政策”模式中，罗马文化的本土接受者被剥夺了积极作用。然而，根据新的思想，精英阶层是积极的推动者，他们在采用拉丁语（作为官方语言）、新式服饰、建筑和文字行为方面做出了重大选择，同时还采用了其他许多被认为是“罗马”的物质文化项目。社会等级较低的人通过效仿社会上层人士，体验了更低程度的罗马化，这是一种“涓滴效应”。但实际上，20 世纪 90 年代的罗马化模式只是 20 世纪初罗马化模式的翻版——两者都只关注社会精英群体，但前者的本土精英是积极的推动者，而后者的则是被动的接受者。在对罗马高卢的研究中也发现了同样的倾向，尽管这些研究同样也集中在社会顶层的一个狭窄群体上。可以说，这些人是罗马社会中最重要的群体，也是最引人注目的群体（不过，这有一种自我实现的预言的味道，因为主流的学术议程要追溯的主要就是这些“罗马化的人”）。

罗马化的另一个问题是，文化变化的动力被认为是“模仿”，其内在含义却无人深究。所谓“模仿”是指对物质文明或文化特征的自发且不加批判的采纳。时至今日，还有人认为所有布立吞人都觉得罗马文明具有与生俱来的优越性，并希望尽最大可能享受罗马文明的物质文化（原因是没有人想住在圆屋而非乡村别墅里）。然而，这是绝大多数人永远不会面对的选择题。在古代社会，很多人没有机会轻易改善自身财富、等级和社会地位。在任何时间、任何地点、任何社会，只要停止“模仿”，困难就会接踵而至。对这一现象的传统解释集中于以下几个方面：人们对早期传统的心理上的依赖；公众的排挤；人们认为罗马化只是一种虚伪的改变；罗马统治之前的区域差异。

如果仅将罗马化视为地方精英的努力，就削弱了罗马政府对罗马化进程的影响程度。本书的一个关键论点是，行省的地位与社会权力密不可分。因此，行省地位不可能不考虑罗马帝国与被征服地人民的权力平衡。目前普遍缺少对权力运作的研究，包括自上而下和自下而上的结构。传统上，有关罗马不列颠的研究都倾向于淡化那些从铁器时代晚期延续下来的传统因素，例如那些贯穿于罗马统治前后乡村地区的圆屋。但在许多注释和博物馆介绍中都完全没有提及这些历史渊源，而是大量介绍新的建筑形式，尤其是罗马式房屋（乡村别墅），使人误以为圆屋被完全抛弃了，但事实并非如此。在后续章节中，我们将更深入地研究这类问题，并关注罗马统治下不列颠文化变迁的其他方面。传统研究倾向于强调不同行省之间物质文化的相同程度（“你们有浴场，我们也有浴场”）。因此，我们需要更多地注意如今它们之间的区域差异，而通常来说行省之间的差异并不小。只有当我们认识到不存在一个单一的“罗马”身份时，才能用采纳和不采纳罗马物质文化的区域差异去描述不同行省的特点。

有关罗马不列颠的文献常常将罗马人和布立吞人置于二元对立的地位，例如：罗马人与不列颠原住民；高级和原始；接受教育与否；进步和守旧；识字和文盲；有无抱负；激进和保守；开放和封闭；复杂和简单；等等。这种二元对立通常都很有趣，但实际研究意义并不大，人类文化的很多方面并不是非黑即白，而是存在各种深浅不一的灰色地带。而本书就将试图探索黑白两个极端之间的中间地带。

如今备受推崇的全球化概念建立在美国超级大国的地位无可撼动这一时代背景之中。在罗马时期，“全球”一词的定义范围稍显狭窄，但与现代的“全球化”也有一些共通之处。英国的文化变迁与罗马在当时“全球”统治地位有着明显关联。全球化的一个主要特点是各地区之间不再受地理位置限制，人们也意识到这种环境所带来的身份改变。早在罗马征服之前，不列颠就被卷入了一个以罗马为中心的新文化环境。然而就如罗马化一般，如果我们用全球化来强调一致性，而非苦苦追究其定义或范围，那么在研究罗马统治下的不列颠时，全球化将是最适用的概念。如果说两者有什么不同的话，那就是全球化更加凸显了罗马文化对地方社会影响的无意性和随意性。

本书的一个关键论点是，我们不应对“生活在罗马不列颠”抱有单一的刻板印象，就像一些热销书籍总强调的那样：“城镇，大浴场，大乡村别墅。”相反，罗马对不列颠的（部分）占领在不同时期有着不同的社会景象，更重要的是，来自不列颠境内不同的个体的生活体验也不同，正如一位罗马总督的视角与科茨沃尔德的乡村别墅所有者，抑或是约克郡的山区农民，又或是在该行省经商的叙利亚商人，是完全不同的。即使在铁器时代晚期，不列颠本土群体也表现出明显的区域性身份，而帝国统治更是强调了这种身份认同。

在寻求这种社会变异的解释时，现代帝国主义后殖民研究中的

“差异经验”概念引起了我的兴趣。我们可以将其理解为对历史、文化以及殖民者和被殖民者之间关系的不同看法，它们彼此共存，代表着平行但不同的历史，如法国和埃及对拿破仑埃及战役的叙述截然不同。由于我们缺乏对罗马不列颠的顺从与反抗的本地书面记录，我的方法是通过物质文化中体现的“不同身份”来进一步证明这个观点。大多数作者在写作关于罗马不列颠的作品之前就已假定了罗马文化在不列颠的价值，因而有所选择地关注或者忽视考古记录的资料。而本书将探讨关于不列颠地区的罗马帝国主义的不同观点。

本书将从三大社会群体的角度研究与文化变迁和社会行为相关的历史证据：军事社区（第六至七章）、城镇居民（第十章）和乡村社会（第十五章）。这些都是相当传统的划分，但这本书的不同之处在于，这三个广泛的社区并不共享同一文化，而是强调它们之间的显著差异（实际上，在这些主要社区中，差异更大）。正如帝国的个人经历可能有很大不同，罗马对不列颠的占领也存在着不同的身份模式。从某种意义上说，本书有三个平行的社会历史，涉及这些广泛的群体和由他们组成的个人：驻军、城镇和乡村社区（其中既考虑了领土的归属，也考虑了未并入该省的英国部分）。

因此，人们的身份是分析的关键，我试图证明在罗马不列颠时期存在着不同的身份和不同的生活体验。但罗马时代的身份是如何定义的？在罗马帝国政府看来，划分个人和群体身份的因素有很多，包括社会地位、财富、地区、职业、宗教、出身、与帝国政府的亲近程度、法律地位和权力、语言和文学、年龄和性别，等等。其中，地位包含了奴隶、自由民、被豁免人、野蛮人、罗马公民、非公民、荣誉居民、乡绅阶级、骑士、参议员、皇室家庭（包括帝国奴隶和自由民）。对财富的考量并不局限于简单地评判生活水平的高低，取得财富的途径也具有重要的社会意义。一个人在城市、乡村或军事团体中（或处在从一群体转化到另一群体的过程中）的实际地位也取决于其所作所为。是否拥有手工艺技能、加入公会或参加军队都是重要的身份标志。宗教也是一个重要的衡量因素，特别是相互排斥的宗教——密特拉教（Mithraeum）、神秘邪教、犹太教、基督教，但仪式的性质对古代的崇拜者来说可能和神的名字一样重要。出身（无论是地缘还是民族）常常是一个重要因素，尽管可能不如在现代国家主义世界中那么重要。对帝国忠诚的要求高于一切，这给那些与帝国权力及管理结构关系紧密的人群带来了特别影响。个体所处环境的司法体系性质同样十分重要——它也有界定群体阶层的作用。语言明显为划分群体服务，在社会中，识字与不识字是一个重要的区分点。年龄和性别也是普遍的身份特质，尽管每个社会对此重视程度不同。在很多情况下，确定身份是上述所列各个要点的最终目的。很重要的一点是，身份不只是被用于确定共同的特质，同时也被用于区分社会中的不同群体。例如，一部分居住于伦敦的商人群体非常倾向展示出他们作为公民、外国人和自身职业的群体身份，与此同时将自己与非公民身份的外国人和出生于不列颠的贸易者区分开来。

重要基础设施的改善，如城镇化（第九章）和乡村重组（第十二章），也是研究罗马影响的核心。本书的另一个重要研究方式是强调地区差异，其中包括军队驻军模式（第五章）、行省景观（第十三章）和行省外区域（第十四章）等。本书按照时间顺序评估罗马帝国所产生的长期影响，尤其是晚期罗马社会衰落和变化的历史证据（第八、十一和十七章）。

本书在第十六章回顾了罗马帝国对这三大社会群体产生的经济

影响，并综合了每一个群体内部及群体之间存在不同身份的证据。罗马曾有一场关于征服不列颠将带来多大经济利益的辩论，而这场辩论的起因也给了我们一些启示。公元1世纪初，罗马地理学家斯特拉波[①]认为，罗马在征服前的贸易征税所得收入，不可能与直接的掠夺相提并论。在这一点上，他很可能选择站在“政府”的角度，此时对征服可能性的考虑尚且不足。为了判断这一说法的合理性以及罗马政治经济对不列颠行省的影响，考古是我们的主要工具。

是什么使罗马统治下的不列颠有别于帝国的其他行省，或者说有别于英国历史上的其他时期？该行省和后来的大不列颠教区（diocese of Britannia）需要派遣大量驻军——在其巅峰时期，在不列颠行省的驻军数量超过了帝国武装部队的1/10。因此，与许多其他行省相比，该行省运营成本高昂，军事色彩更加浓厚。此外，它处在帝国西北边缘，与罗马帝国和地中海核心相距甚远，与欧洲大陆隔海相望，从地理位置上与其他地方分离开来。罗马帝国长期军事占领，大规模干涉不列颠北部和西部边界内外的社会生活。尽管关于这段时期的解读很多，但可以肯定的是，这是一个重大的社会、文化转变时期。在罗马统治下，有一个胜利者，就会有一百个失败者，这里展现出了前所未有的社会贫富悬殊差距。

---

① 斯特拉波（Strabo），古罗马地理学家、历史学家。约公元前64年或前63年生于小亚细亚的阿马西亚，约公元23年去世。受过良好教育。后移居罗马，游历意大利、希腊、小亚细亚、埃及和埃塞俄比亚等地，曾在亚历山大城图书馆任职。著有《历史学》（43卷）和《地理学》（17卷）。

第二章

信息来源与史料规则

罗马统治时期不列颠的历史是史前人类学，因为有关书面文献主要是外部的，即写作地点在不列颠以外，或由非不列颠籍作者写就。留存至今的不列颠本土文献相对较少，因此，对不列颠群岛早期历史的重建永远难以达到之后时期的细致程度。本书涵盖近500年的历史，而系列丛书中的大部分时间跨度约为100年，也从侧面反映了这一不同。现存史料的性质和文献资料数量或许也可以解释这一现象。考古学在重构罗马统治时期不列颠的历史意义十分重大，历史因此也截然不同。本章中，我们将研究现存史料来源的性质，并思考以此为基础来构建的历史。

现存文献的主要问题是深度，而非广度。不列颠最早出现在公元前4世纪的希腊文献中；到中古时期（中世纪前时期）的末尾，中世纪文献中也出现过相关记载。总计有约100名古代作家在某些语境下提到过不列颠，但其中大部分都模糊而简略，与文章中心内容基本无关。现存的文献资料在古希腊、拉丁文著作总体作品中的占比很小，尽管早期希腊作者总体上要远少于罗马作者，但在留存文件的选择上偶然性很大，会受到中世纪抄录员偏好的影响。

过去的补充文献也有类似局限。石刻铭文是区域信息的重要来源，但同样，留存程度也取决于后世对建筑石材的需求大小。大量记载在有机载体（写字板、莎草纸、羊皮纸）上的非正式文件与事件记录几乎已经全部消失，只有在极端条件中（无氧的水下或极度干旱的沙漠）才得以保存。

研究英国早期的历史学家面临的另一个问题是，不列颠位于罗马帝国最偏远的西北端（见图 1）。不列颠尼亚本岛比大陆行省纬度最高的地区还要偏北。罗马帝国统治范围之外的民族占领了北海以东、正对不列颠群岛的地区，以及不列颠以西爱尔兰的所有区域。而在北方，罗马从未完全征服苏格兰高地的大部分区域，这一事实使罗马人必须建立起复杂的陆地防御工事。不列颠三面都是蛮族控制的区域，这表明不列颠只是罗马帝国边疆一个孤立的岛屿。这一情况在整个罗马占领时期应该都具有重要意义，但晚期时变得尤为重要。这使得不列颠在某种程度上与整个帝国隔绝——不列颠确实是一个终点，虽然人们去往其他行省时并不会路过此地。

这样的隔绝至少会影响不列颠在古代文献中出现的频率。这里并非罗马政治与经济生活的重心，因此文献倾向于只在重大事件发生时、某个重要（或是即将变得重要）的人物前往不列颠时偶尔提及这里。虽然罗马人知道地球是圆的，但他们也明白当时已知的人类栖居区域并非地球的全部，巨大且可怖的海洋包围着陆地。关于不列颠最重要的一点是，它位于海洋之神俄亥阿诺斯（Oceanus）掌管的未知领域，而非罗马人熟悉的地中海。尽管海峡并不宽阔，但破坏并迫使恺撒舰队转移的风暴，以及即将横渡海峡却违抗命令选择退缩的克劳狄军队，都一再突出了这一地理位置存在着危险性。罗马民众对恺撒和克劳狄出兵不列颠的反应明显与实际军事成果不相匹配。在记录为表彰恺撒而举办的长达 20 天的谢神节

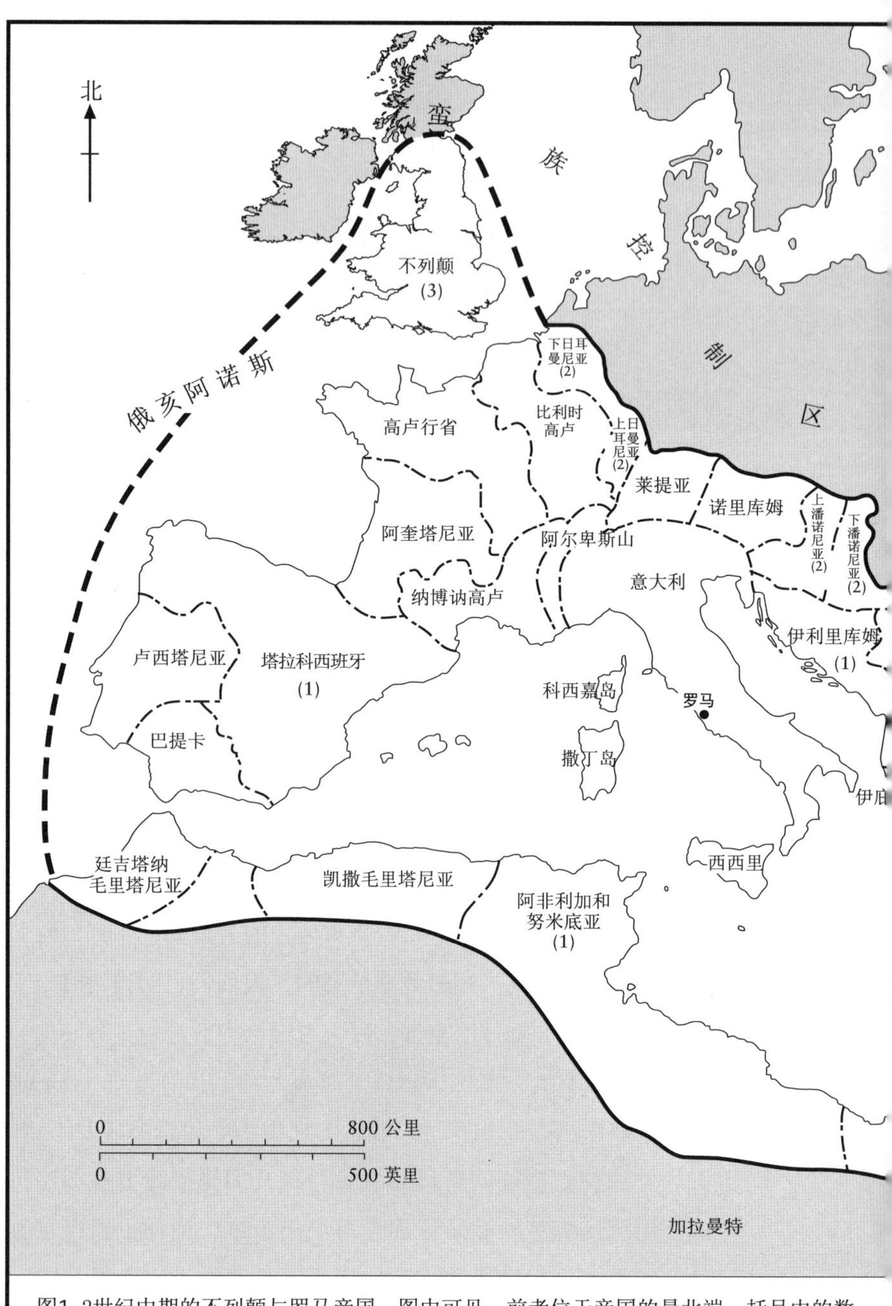

图1 2世纪中期的不列颠与罗马帝国。图中可见，前者位于帝国的最北端。括号中的数字代表每个行省的军团数量

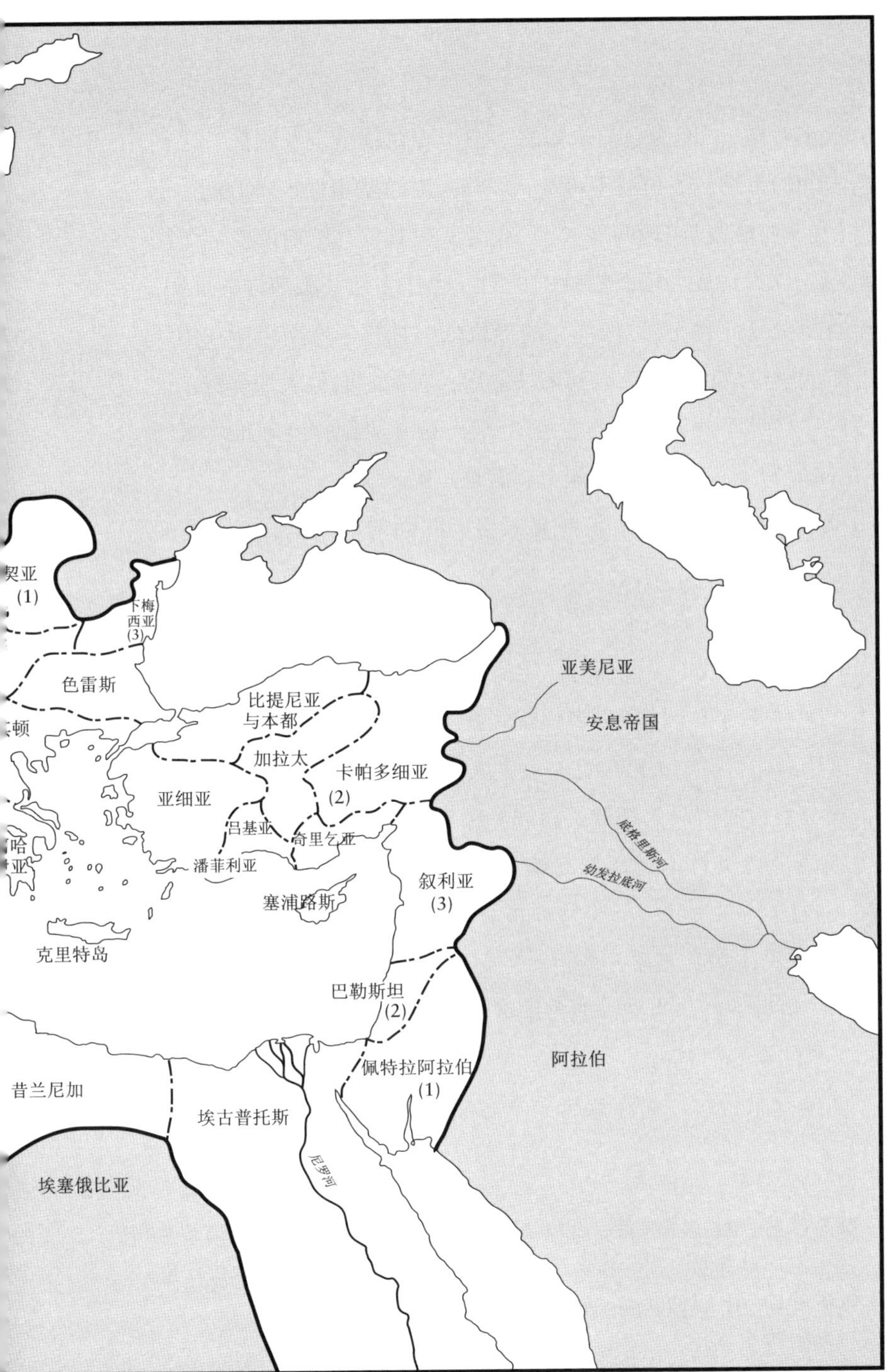
下梅
西亚
(3)
色雷斯
比提尼亚
与本都
加拉太
卡帕多细亚
(2)
亚细亚
吕基亚
奇里乞亚
潘菲利亚
塞浦路斯
克里特岛
叙利亚
(3)
巴勒斯坦
(2)
佩特拉阿拉伯
(1)
昔兰尼加
埃古普托斯
尼罗河
埃塞俄比亚
阿拉伯
亚美尼亚
安息帝国
底格里斯河
幼发拉底河

时，狄奥写道："因为之前未知的事物，现在就呈现在眼前；之前闻所未闻的事物，不再遥不可及。罗马人对这些事件未来的期待已经被他们视作业已实现的现实。"克劳狄在其罗马的府邸安装了海洋皇冠，作为他成功横跨海峡的证明，也作为他征服海洋的证明。甚至直到公元 4 世纪，"海洋"的形象依旧神秘。康斯坦斯在传统的非航海季节成功横跨英吉利海峡之后，有文献对他大加称赞，说他战胜了"冬季海洋肆虐的波涛"。另一位 4 世纪作者阿维埃努斯（Avienus）写道："海洋的深渊中，满是怪兽。"

某种程度上，英吉利海峡是入侵舰队面前的天堑，对普通船只却影响相对较小。到公元前 1 世纪，高卢与不列颠南部之间明显存在相当规模的贸易往来。所以在阅读将不列颠描述得极度神秘和未知的文献时，我们需要保持一定的怀疑态度。海洋交通的季节性更让帝国皇权而非个体贸易者担忧。在主要航运季（3—10 月）之外，这个岛屿行省与大陆的往来会大大减少。

布立吞人与罗马人都敬畏海洋。例如，普鲁塔克（Plutarch）[①]曾提到德米特里对不列颠群岛偏远岛屿的记录："一些岛屿以神灵和英雄的名字命名……同时被布立吞人视作神圣不可侵犯的存在。"德米特里曾见证了一场巨大的风暴，当地人认为这是"一位伟人"去世导致的。当然，北方地区其他的特殊天象还有白日的长度和天气的寒冷与恶劣。

阅读文献资料还需注意另一个方面，即它们大都是由外国精

---

① 普鲁塔克（Plutarch，46—120）是一位用希腊文写作的罗马传记文学家、散文家，以及柏拉图学派的知识分子，著作极其丰硕，传世之作为《希腊罗马名人传》（*Parallel lives*）和《掌故清谈录》（*Moralia*）。

英在远离不列颠本土的地方写就的。这些精英的生活与罗马帝国的稳定密切相关。因此我们不能对这些材料中的批判客观性抱有太大期待。而且如果我们仔细审视这些文献，就会发现其客观性极其有限。虽然人们不愿意放弃仅有的少量信息，但对这种材料的解读也需要特别谨慎。我们需要注意文献作者的信息来源（官方文件或是道听途说）会有意或无意影响材料的偏见程度，而且史实总是难以琢磨的。对同一事件通常有多种解读，但是大部分留存至今的文献是从胜利者视角观察到的历史。如果要了解“罗马眼中的不列颠”，这些文献可能已经足够，但要了解“罗马帝国统治时期的不列颠”，我们同样需要重视其他潜在的历史事实。

文献来源

尽管目前尚存的历史作品很少，但仍是最重要的资料来源。在罗马进行征服时，史籍资料编写就已是长久以来的传统，但许多罗马作家并没有对他们的材料进行批判性的分析和书写。他们倾向于直接转述自己搜集到的说法，而不考虑信息的真实性或持续相关性。当时主要通过编年法编录罗马帝国的战争和其他主要事件来记录历史，最典型的是提图斯·李维在奥古斯都时期写作的《罗马自建城以来的历史》(*History of Rome*)。对于罗马帝国历史，最重要的两位史学家是克奈里乌斯·塔西佗（Cornelius Tacitus）和卡西乌斯·狄奥（Cassius Dio），但两位作家目前遗留下来的作品中有很长时间跨度的资料空白。塔西佗写作了两部重要的历史著作，《编年史》(*Annales*）覆盖了提比略到尼禄的时期，而《历史》（*Histories*）则详细描述了公元69年的内战和弗拉维王朝的史事（现在的残留部分的内容只到公元70年秋季为止）。除这两本书外，他还写了两部反映历史的著作，一本人物传记《阿古利可拉传》（*De Vita Iulii Agricolae*）和一本关于古代日耳曼人的民族志研究《日耳曼尼亚志》（*The Germania*）。塔西佗被普遍认为是最可靠的罗马历史学家，但他在书写时也有自己的偏见，其中很关键的一点在于他是一个伟大的道德主义者，这一点在他的作品中表现得很明显，例如那些他认为“坏”的皇帝，他就会进行大肆抨击。我们不能忽视这类作品在本质上是修辞文学。塔西佗的作品作为资料来源也有引起人们不满的一面，他很少注明偏远行省的地名和“部落”名字，大概是为贵族读者们着想，免除了这些粗鄙信息带来的困扰，但这并不利于他对历史事实的精确重构。同样令人沮丧的是，现存塔西佗手稿中的丢失部分正好对应着罗马统治下不列颠最受人关注的时期，如克劳狄入侵时期。而卡西乌斯·狄奥之所以重要，是因为他填补了塔西佗对1世纪叙述的空白，但其在有关2世纪的记叙也只有极少数得以留存。除了卡西乌斯·狄奥和一位希腊作家希罗迪亚的作品对3世纪早期的史事有所记录，几乎没有作品遗留，直至4世纪晚期，阿米亚努斯·马塞里努斯写下他的著作。他的早期作品涵盖了2—4世纪中叶的记叙，但早已丢失，好在其自传得以保留，其中记叙了公元353—378年约25年的生活。

人物传记也是一种历史传统文学，大多数传记作品主要关注帝王的生活。盖乌斯·苏维托尼乌斯·特兰克维鲁斯（Gaius Suetonius Tranquillus）写就的《罗马帝王传》（*Lives of the Caesars*），包括了尤利乌斯·恺撒以及从奥古斯都·恺撒到图密善的罗马帝王，是这一流派中最著名和最广受好评的著作。苏维托尼乌斯在哈德良统治时期担任皇室中的行政职务，有机会接触到一些重要文件以充实他的帝王传记。他之后的传记记录可信度都很低，尤其是所谓记录最完整的《罗马君王传》(*Historia Augusta*)，其中记录了从哈德良（公元 117 年就任）到卡里努斯（Carinus，卒于公元 285 年)，但却缺少公元 244—260 年的记录。如果苏维托尼乌斯代表了“大报”，那么《罗马君王传》就是泛滥的小报新闻，其中的许多故事纯属虚构，尤其是对“小皇帝”和篡位者以及大多数 3 世纪人物生活的叙述。但是在记录从哈德良到卡拉卡拉的帝王时，《罗马君王传》的作者提供了很多真实可靠的信息。

塔西佗于公元 98 年完成的《阿古利可拉传》则代表了另一种类型的传记。全文内容基本是为其岳父写的颂词。塔西佗的岳父阿古利可拉是不列颠最杰出的总督之一，在书中塔西佗暗示其岳父被图密善毒害。由于阿古利可拉在不列颠民众中的声誉很好，塔西佗对于这些事件也十分坦率，但我们需要记住他写作是为了歌功颂德，并非客观的历史记述。书中很少提及阿古利可拉前任总督或继任者所取得的成就。单从该书看，总督几乎可以完全随意行事，无须听从皇帝的指示，但这一点却与事实相去甚远。

尤利乌斯・恺撒对高卢和不列颠战役的自传写作属于一个特殊类别，类似于奥古斯都的《功德录》(*Res Gestae*)，后者篇幅更短，但同样是为向后世宣扬自己的成就。遗憾的是，这两部作品都回避了许多重要问题，而这些问题正是研究当时社会状况的关键所在。

还有许多重要的古代作品可以归类为地理学或民族志，如斯特拉波、梅拉、老普林尼（Pliny the Elder)、塔西佗和托勒密的作品。现代读者在阅读罗马作品时常会批评它们的地理知识错误，因为这些作品中有重大的测量或位置信息错误。一些较权威的罗马作品将爱尔兰置于英国和西班牙之间，而托勒密似乎将苏格兰北端直接“扭转”了 90 度。但另一方面，我们也会发现，只要他们愿意，罗马的测量师和地图制作者们也可以做到无比精确。他们的绘图技术虽然比较落后，但他们也确实是遵照十分系统的步骤和观测程序绘制地图的。托勒密指出，在外测绘者每天都在帝国边界进行观察，以确定该地点的位置，这一点十分重要。例如，许多作品都提到在偏远地区测量一年中最长的一天的长度，反映了当时人们想确定纬度的愿望。因此，虽然这些作品中的地理知识并不绝对正确，但与大多数工业化前社会的知识相比却更为先进。行省和帝国官员所掌握的档案资料在质量上可能已经超过罗马或亚历山大图书馆（Alexandria）的所有书籍资料。

公元前 1 世纪的希腊历史学家狄奥多罗斯·西库路斯（Diodorus Siculus）创作了很多与不列颠相关的著作，其中有一部分是基于恺撒的叙述写作的，也引用了其他早期希腊作家的作品，但那些作品现已散佚。比如波赛东尼奥（公元前 135—前 50）所写的铁器时代的高卢社会，对于恺撒、狄奥多罗斯和斯特拉波来说也是很有影响力的。狄奥多罗斯根据公元前 3 世纪希腊作家埃拉托色尼（Eratosthenes）的作品（现已遗失）描绘出一个被称作皮列塔尼克岛（Prettanike）的大三角岛，位于海洋中的群岛内。该岛离大陆最近的地方是一个叫坎蒂姆（Cantium）的海角。“大三角”的其他两个海角（见图 2）起名为宝利昂（Bolerion）和欧卡思（Orkas），前者象征着土地的尽头——该地区与高卢进行锡交易——后者又称凯斯内斯（Caithness）。他说，这些人的生活习惯简单，生活方式老套，不追求财富和奢侈，大多数人过着和平的生活，尽管他也提到了关于食人和其他野蛮特征的报道。希腊作家们也反复提及不列颠

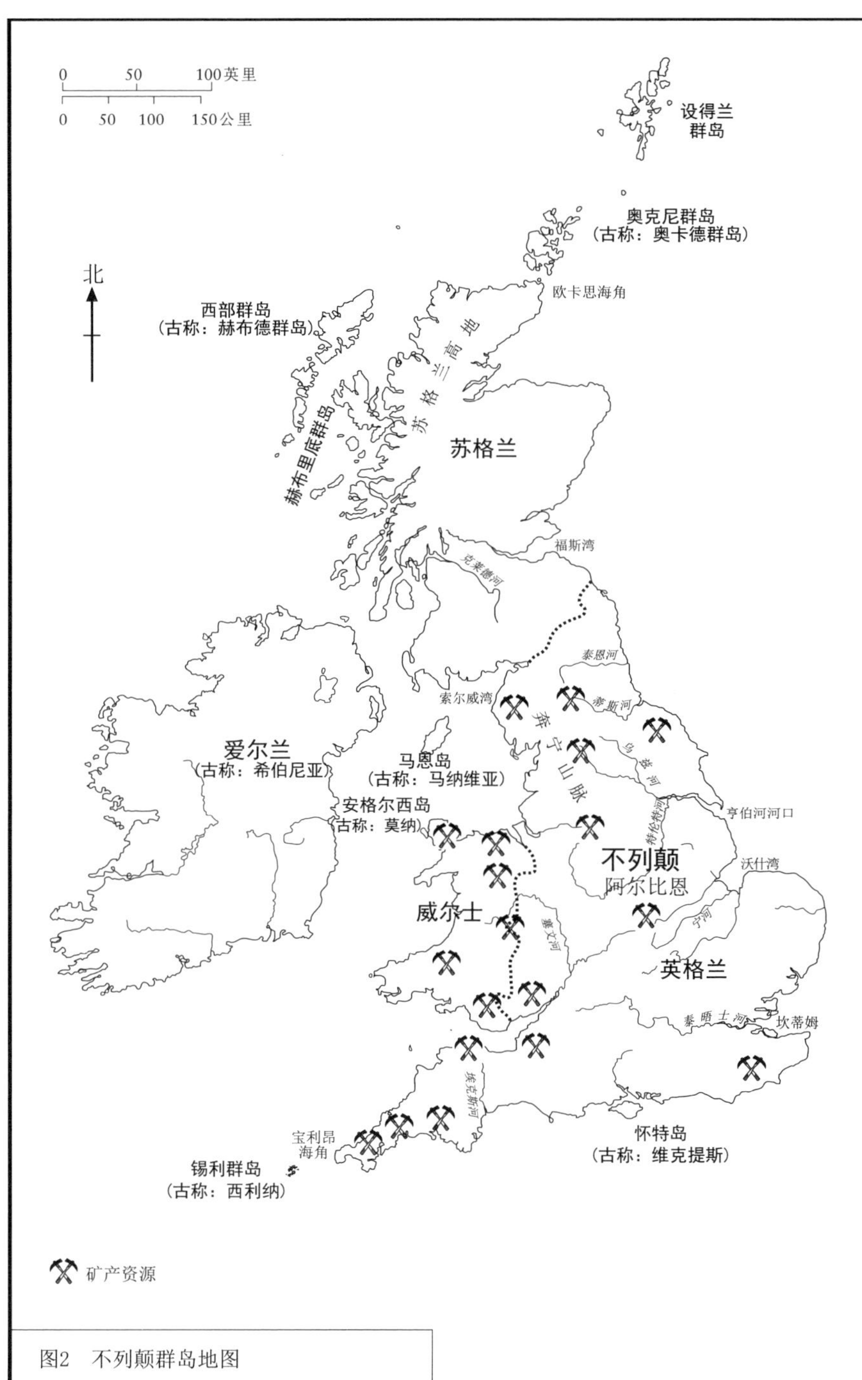
0 50 100英里
0 50 100 150公里
北
设得兰群岛
奥克尼群岛
（古称：奥卡德群岛）
欧卡思海角
西部群岛
（古称：赫布德群岛）
苏格兰高地
赫布里底群岛
苏格兰
福斯湾
克莱德河
泰恩河
索尔威湾
蒂斯河
奔宁山脉
乌兹河
爱尔兰
（古称：希伯尼亚）
马恩岛
（古称：马纳维亚）
安格尔西岛
（古称：莫纳）
特伦特河
亨伯河河口
不列颠
阿尔比恩
沃什湾
威尔士
塞文河
宁河
英格兰
泰晤士河
坎蒂姆
埃克斯河
宝利昂
海角
锡利群岛
（古称：西利纳）
怀特岛
（古称：维克提斯）
矿产资源

图2　不列颠群岛地图

北部以外的某处有两个与锡交易有关的岛屿［称其为“卡塞特里季斯”（Cassiterides）］，以及一个神秘的图勒岛（*Thule*）的位置。这两个地方都不一定是不列颠群岛的一部分，虽然康沃尔在公元前的最后几个世纪才开始锡交易，但塔西佗认为这些岛屿就是图勒岛与设得兰群岛。因此，早期关于不列颠的信息来源是非常少且模糊的，而狄奥多罗斯最可靠的信息则来自恺撒的战役。

另一位希腊作家斯特拉波编纂了一份百科全书式的地理研究，约于公元 20 年写就。除了总结关于不列颠和图勒岛相对纬度的争论和其他争议之外，他也增添了关于不列颠的一些重要细节，反映了在奥古斯都漫长的统治下，该岛和欧洲大陆之间日益密切的联系。例如，他描述了在傍晚退潮时离开高卢的船只如何能够在第二天 8 点之前就抵达不列颠海岸边，并且有 4 条主要的跨海峡航线：从莱茵河口、塞纳河、卢瓦尔和加隆河出发——但是不列颠的登陆点还没有确定。

遗憾的是，在某些方面，关于更详细的地理描述，包括蓬波尼乌斯·梅拉和老普林尼的作品，均起始于公元 1 世纪。梅拉在事件发生不久后写道：入侵不列颠将更加明了地揭示“不列颠是什么样的，以及不列颠会养育什么样的人”。老普林尼大约在公元 77 年记录下，在过去的 30 年里，不列颠“已经被罗马军队探索到喀里多尼亚森林了”，尽管他的描述并没比前人更胜一筹，但他至少提供了一份更完整的不列颠群岛清单，这份清单共列举了 87 个岛屿，其中包括不列颠本土、爱尔兰、40 座奥凯德岛（奥克尼群岛）、7 座艾克莫蒂岛（设得兰群岛）、30 座赫布里底岛（西部群岛），以及莫纳（安格尔西岛）、莫纳皮亚（曼岛）、维迪斯（怀特岛）和斯鲁姆纳斯（锡米岛）。

公元 125—150 年，亚历山大港的克劳狄乌斯·托勒梅乌斯（托勒密）完成了一项非比寻常的地理研究。他在《地理学》中列出了罗马世界各地的地名和地理特征，并为其中许多地名和地理特征提供了经纬度坐标。虽然最早的手稿中并没有地图，但根据数据绘制地图，可以了解到罗马人研究帝国地理的独特视角。尽管《地理学》列出了 200 多个不列颠地名，“部落”民族、河流和其他地理特征，具有丰厚价值，但其所提供的坐标数据并非准确无误。因可供参考的替代资料较少，对不列颠这样的边缘省份来说，这个问题更为突出。托勒密的难题在于他是从哪里获得的这些数据。显而易见，关于《地理学》中的不列颠部分，他结合了不同来源的数据，而这些资料却并不属于同一时代。

虽然托勒密可能是在公元 2 世纪 40 年代编写了《地理学》，但其中许多数据似乎与该世纪 70—80 年代有关，军团分布情况则为 2 世纪初的样貌。书中同样并未提及哈德良长城或安敦尼长城，苏格兰多被描述为 *poleis*（字面意思为“城镇”），并由托勒密将其与特定族群联系起来，该地点几乎可以肯定是指弗拉维时期的罗马城堡，而非原住民聚落。另一方面，关于不列颠南部的诸多资料似乎都是克劳狄乌斯—尼禄时期的，且有些许更新改动。托勒密的主要资料来源之一是提尔的马里努斯，大约在 1 世纪中期。虽然托勒密不遗余力地揭示和修正了马里努斯的很多错误，但难以确定的是，托勒密是否顺利地从本人的记述中修订了所有相似的错误。

然而，许多现代作家倾向于完全相信托勒密对不列颠领土具体地点的描述，尽管这些描述似乎违背了逻辑。这些错误也可能是他把写在源地图上相邻的名字简单联系起来的结果。在后续的工作中，我们会反复遇到此类问题。

在我们的资料中，关于不列颠的名称不尽相同。最早的主岛名称可能是Albion，虽然该名称多见于古典时期，但希腊资料中更常见的早期名称为Prettanike，后演变成Brettania或Britannia，“Brettanic群岛”通常是指不列颠和爱尔兰。据老普林尼记载，整个群岛被称为Britanniae（在后来的罗马时代，Britanniae也指不列颠各省的集合体）。随着时间的推移，爱尔兰有了更多名称：insula sacra（神圣岛）、Ierne、Iris、Ivernia或Hibernia、Iuvernia。Albion常等同于拉丁语中的“白色”，表示该名称与不列颠南部的白色悬崖有关。但该名称更有可能来自不列颠的一个词根，意思是“土地”，或者是英属群岛中的“梅恩兰岛”。这个名字在爱尔兰的著作中反复出现，被称为阿尔巴，主要是指苏格兰，但有时也指整个不列颠。

另一类地理资料包括罗马世界的行程表和路线图（以及由其衍生的文件）。罗马当局出于非常实际的原因，对帝国主要道路上的沿途地点进行编列。建立一个公路驿站体系（cursus publicus）来方便官方旅行者以及传递信息，每隔一段时间就更换马匹和住宿设施（mutationes和mansiones）。行程表列出了这些地点和沿途选定的主要路线的间距，以简单的书面清单或线性地图的形式传达信息。前者的代表作是《安敦尼行记》，该书编纂于公元3世纪初，列出了帝国各地的225条主要道路，包括15条路线和不列颠的100多个地名。该清单的顺序性以及对总距离和阶段距离的说明，对于确定这些罗马地名在现代的对照定位来说非常宝贵。由于有些路线相互重叠，而且有一半以上的路线以伦敦为起点、终点或途经伦敦，因此可能发现中世纪的缮写员在记录地名和里程的拼写变化方面引入了一些错误文件。《波伊廷格古地图》是一份来自13世纪的罗马公路地图副本，也可能起源于2世纪，说明了第二种类型的行程文件。这幅品质杰出的地图在一张长约7米、高仅34厘米的羊皮纸卷上，沿着示意性道路线标出了帝国的地形、地名和间距（有点像现代高速公路“行程计划”的方式）。符号显示了沿途地点提供的设施种类，使旅行者能够区分主要城镇和次要的中间地点。遗憾的是，由于卷轴的西端遭到破坏，只有不列颠（南部）的一小部分被保留下来。这两份资料所代表的是帝国政府在各省建立的基础设施(详见第九章)。

托勒密在不列颠南部列出的许多地点与行程表之间可能存在密切联系，但由于现存的行程表没有延伸到埃克塞特以西、威尔士最西端的地区或哈德良长城以北，因此托勒密在不列颠西南部、西部和北部提及的地理位置仍然存在巨大的不确定性。另一个源自罗马地理数据的文献，即《拉文纳地理志》(*Ravenna Cosmography*)表明不列颠的这些偏远地区曾一度存在于其他罗马地图中。《拉文纳地理志》由一位匿名僧侣在约公元700年编纂的，是一份错误百出、杂乱无章的帝国各地的地名清单。就不列颠而言，编纂者似乎根据几张地图，就列出了约300个地名，参考资料中至少有一张是行程表类型，在地图区域内以某种随机方式读出地名，而不是按照道路的严格顺序。从许多既定的地名形式错乱信息，以及明显包含的一些河流名称和其他地理特征及民族名称可以看出大量的拼写错误，这使得对文件的解读更加繁杂。因此，所有未得到证实的地名都被推定为不可靠，其原始形式也不确定。尽管对许多地名的明显错误形式进行巧妙修正，但不列颠西南部和北部的实际情况与托勒密的《地理志》基本相同：我们知道许多地名，但很少有地名能够被精确对照。

《罗马百官志》(*Notitia Dignitatum*) 集合了5世纪初整个帝国的行政管理资料，是另一部能提供地名信息的文献。《罗马百官志》列举了民事、军事官员和军事单位及其基地。通过11世纪的副本保存下来，其中包括官方徽章的原始插图。关于《罗马百官志》的创作与用途，一直存在些许争议，《罗马百官志》几乎涵盖4世纪末及5世纪初不同日期的文献资料，因此这并非一份罗马后期行政管理的“简要说明”。在现存的文献中很可能存在与威尔士军事部署有关的记录。

尽管许多地理资料皆以模糊和刻板的手法提到不列颠居民，但不幸的是，没有任何作品可与塔西佗的《日耳曼尼亚志》相提并论，后者是对莱茵河和多瑙河以外民族的研究经典。用于描述不列颠人的称呼揭示了地中海作家在遭遇他者时的心路历程：“畜生”“好战”“利欲熏心、毫无人性”“原始人”“野蛮人”“凶残”“狂热”“疯狂”“面目可憎”“住帐篷”“以奶和肉为生”“牧民”“食人者”“穿毛皮”“裸体”“不穿鞋”“涂有菘蓝”“有文身”“黝黑”“红发”“淫乱”“无法无天”“老土”“原住民”“弱智”“谦虚而朴素”“未开化”“只有牧群和土地”。罗马的所有“野蛮人”邻居几乎均被冠以此类称呼，这些词汇也绝不能表明原住民的真实情况。事实上，考古文献往往揭示了不同于此的现实，但罗马的读者不一定想要真相，相反，他们寻求确认自我民族的先天优势和外族的落后。因此，不列颠人是居住在非农业地区的半裸野蛮人，这一刻板印象在文献中流传已久。

恺撒将不列颠人分为两大类：内地人和沿海人，前者自称是本地人，后者则是高卢（或比利时）移民的后代。他观察到，在海岸附近，人口众多，有许多农庄宅地，种植谷物，饲养牛群，使用铜币和金币以及铁币。他们的社会与高卢北部的人民有许多相似之处，其中最开化的是肯特郡住民。在内陆地区，农业并不普及，人们以牛奶和肉为生，穿戴皮毛。所有的不列颠人都用菘蓝把自己的皮肤涂成蓝色，以使自己在战斗中更加令人生畏。他们通常留着长发、小胡须。10—12 人一组，共享妻子，孩子由最先与女人结合的男人父亲来分配。他们在战争中使用战车，参照陆地标准，这是一种非常古老的传统（传统的骑兵在很大程度上已经取代了战车）。

斯特拉波显然借鉴了恺撒的说法，但又增加了一些额外的细节，给出了一个大致相似的描述。不列颠人显然比高卢的凯尔特人高大，而且并非金发碧眼。他提到曾在罗马看到不列颠男孩比城里最高的人高出半英尺。他们身材松散，弓形腿，缺乏风度。他们的习俗与凯尔特人一样，但更简单、更野蛮，如他们在战争中使用战车。他们喝牛奶，但缺乏制作奶酪的能力，对园艺和耕作也不熟练。酋长们统治着他们，虽然他们没有城市，但他们在森林中建立了坚固的围墙，在那里他们住在简易小屋里，把他们的牲畜圈养起来。

由于证据不足，塔西佗对不列颠的第一批居民是原住民还是移民的问题并无定论，“正如人们所怀疑的那样，当涉及野蛮人的时候，就会出现这种情况”。尽管如此，他还是强调了这里的人们身体特征变化，指出喀里多尼亚人的红发和粗肢与日耳曼人相似，而西鲁尔人的黝黑皮肤和卷发则让人联想到西班牙人，不列颠南部的居民与高卢北部的人相似。总的来说，他赞成人类的迁徙促成了这些身体特征的融合，他强调不列颠原住民的语言与高卢人的相似性。与高卢人在罗马人的统治下已经失去了他们的优势不同的是，不列颠人仍然很凶猛，擅长打仗，他们的优势在于步兵。同样，塔西佗评论说，他们喜欢冒险，然后又在面对危险时惊慌失措。贵族们在战争中仍然驾驶着战车，但他们的家臣们却在进行真正的战斗。虽然曾经由国王完全统治，但人民已经分裂出多个敌对势力派别。这种缺乏凝聚力和计划的协同反抗，对罗马非常有利。

狄奥在 3 世纪初的著作中描述了苏格兰两大民族，麦亚特人和喀里多尼亚人，是由早先更多的群体合并在一起而成。麦亚特人居住在福斯克莱德地峡以北，喀里多尼亚人居住在他们的北部。根据狄奥的说法，他们居住在荒芜的山区和荒凉的沼泽地，既没有城镇，也没有农场，而是以羊群、野味和采集的水果为生。他们住在帐篷里，不穿衣服，不穿鞋，共享妻子，共同抚养孩子。他们选择最勇敢的人作为领袖，因为他们贪得无厌地喜欢掠夺。在战斗中，他们使用战车和马与步兵一起作战。他们用短矛上的绳结敲击盾牌，在战斗中制造出可怕的噪声。他们能够快速奔跑，在战斗中坚定不移，并能忍受贫穷和寒冷。他们可以在沼泽地里生活数日，只有头露在水面上，在森林里靠树皮和树根生存。希罗迪安还提到了不列颠北部人民与沼泽地的共生能力。他强调这些人赤身裸体，被泥土覆盖也毫不在意。在衣不蔽体的情况下，他们用铁器装饰自己的脖子和腰部，并在身上刺字。他们极为好战，作战时不穿盔甲，使用小盾牌、长矛和剑。

6 世纪的拜占庭历史学家普罗科皮阿斯提供了一个完全神化的不列颠愿景：

> 在不列颠岛上，古人竖起一堵长长的墙，把其中一大部分隔开，墙两边的空气和土壤以及其他一切都完全不同。墙的东边充满益于健康的空气……许多人住在那里……庄稼也

> 很茂盛……但另一边一切都与其相反……无数的蛇和各类野兽把这里当作自己的地盘……当地人说，如果一个人越过墙，到另一边去，他就会立即死亡，因为他无法承受空气中的瘟疫。

所有这些资料中语言的使用都是经过深思熟虑的，并为古典文学中关于野蛮人“其他”的各种共同主题服务，例如，强调未开化的生活方式。以农业和园艺为先进社会的标志，通过畜牧业，到游牧业，到狩猎采集社区，到完全的野蛮人，以树根和树皮为生，可以与罗马帝国的世界毫无关联。因此，这是对巴巴利库的一个意象模式，而不是对实际社会经济状态的表述。蓬波尼乌斯·梅拉完美地诠释了这一点：“（不列颠）有民族和民族的国王，但他们都是未开化的，他们离大陆越远，就越不知道其他种类的财富，他们只在牧群和土地方面比较富有。”

另一种文学“技巧”是使用缩略语来描述不列颠人和他们的制度：文多兰达书写板上出现的“可怜的小布雷顿人”或“小不列颠人”是一种表达轻蔑的俚语。塔西佗将爱尔兰统治者称为“国王”或“小国王”，而斯特拉波也同样使用了“小君主”一词，而不是“国王”，他们似乎太过自以为是。这种语言风格的例外情况也很有意思：库诺比莱纳斯被描述为“不列颠国王”或“不列颠人（不止一个族群）的国王”，这个称号与后征服时期被称为托吉杜诺斯或科吉杜诺斯的称号相呼应，不列颠马格努斯国王——“不列颠人的伟大国王”。

在这些描述中，无论是从他们的社会习惯还是从他们所处的环境来看，许多内容都是为了强调不列颠人与受过教育的罗马人之间的差异和距离。描述中有几处是以对不列颠的气候进行不好的评论来结尾——其中隐含的是与地中海气候做比较。例如，斯特拉波注意到雨和雾的频率，这种气候使得不列颠每天只有几小时的日照。塔西佗称频繁的雨和雾为“悲惨”。狄奥和希罗迪亚称苏格兰的主要风景是泛滥的沼泽地，浓雾从中升起，使其极为阴郁。这些文献创造了一个充满敌意的景观，并适当地用异族人填补空白。不列颠野蛮人的刻板印象在一些重要细节上与考古史实相矛盾（在第三章和第十四章中讨论）。因此，我们所参考的论据既不一定是“真实的”，也不一定在所有细节上都是精确的，它们需要在尽可能的情况下与其他论据仔细权衡。

罗马法律资料一般不特别提及不列颠，但对整个帝国的民事和司法管理有很多补充。从不列颠发现的一些罕见罗马法律文件，包括北威尔士的一份遗嘱的部分以及与财产销售和合同有关的文件，证实了罗马法律适用于某些社区和特定情况。

专门提到不列颠的基督教资料较少，尽管教会沿袭了罗马政权看待野蛮人的道德标准和刻板印象。4 世纪的哲罗姆强调了阿塔科蒂人的食人和滥交行为。重复强调这类故事并不意味它们比早期的刻板印象更符合史实。另一方面，在西方帝国解体后，晚期的罗马作家，如顽固的异教徒佐西默斯或基督徒康斯坦丁均为我们提供了关于不列颠事件的最佳论据，而圣帕特里克的忏悔书则提到与爱尔兰的联系。同样，6 世纪的吉尔达斯和 8 世纪初的贝德也试图从基督教的角度来理解黑暗时代。然而，在某一点上，这些叙述使历史变成传说。问题是要认识到这种转变从何处开始。

如果说对帝国偏远地区的历史和地理描述反映了古代学者的成见、偏见和刻板印象，那么其他文学作品更是如此，以诗歌为主，也包括戏剧和小说。文学典故和惯例比比皆是：高贵的野蛮人，不列颠作为森林茂密之地的神话地位，等等。为了寻找词语来表述大西洋西部最狂野和最偏远的土地，诗人很自然地将不列颠人和卡利多尼人引入他们的诗篇。维吉尔、贺拉斯、卢坎、马蒂亚尔和尤文纳作品中富有诗意的历史已存有许多非议，前三者的兴趣至少证明了奥古斯都统治时期非常流行对不列颠进行一番品头论足。

识字和识字活动（包括书写/刻写和阅读这些文字）的兴起，标志着罗马时期已经脱离了铁器时代晚期和随后的黑暗时代。书法是描述各种在媒介上书写和铭文的总称。石头上的铭文可能是最著名的一类书信，在罗马社会中有着广泛用途。罗马军队是此类铭文的主要使用者，他们将铭文竖立起来，纪念建筑项目、祭坛，献给诸神和皇帝，也会作为已故战友和家人的墓碑。帝国的民间团体也在不同程度上有了使用书信的习惯：记录私人和公共建筑计划和奉献，宣传法律和决策，庆祝知名人士的事业和成就，记录选民和其他宗教行为，以及标记墓葬。除了石头上的雕刻外，罗马世界还使用了非常广泛的书面交流方式，包括从铜片上的铭文，到制作日常文件的各种媒介（写字板、莎草纸、羊皮纸），到个人财产的标记，到铭刻的祭品，到陶器、金属锭、砖瓦、铅管或皮革上的制造者标记或标签，再到壶和桶上的运输或贸易信息及建筑物或个人物品的涂鸦。这些不同种类的文字类别都是私人物品，它们的数量远远超过石刻铭文，尽管这些文字绝大多数都非常简短。钱币是另一种类型的刻字工艺品，在罗马帝国内广泛流通，其表面带有书面信息。这里在罗马统治之前与拉丁文字关联不多，但那时的意义重大。不列颠南部的一些民族采用烦琐的钱币传说，已经是铁器时代晚期的一种发展。

大多数书信材料存在可存性、可读性、修复、翻译和解读方面的问题。更多碎片的发掘或誊写的微小变化都会大大改变一个文本的公认解读。不同形式的书信文献所涉及的书写风格各不相同，要想了解这些书信的意义，需要了解古代的书写训练和习惯。例如，石刻铭文的切割是一个烦琐而昂贵的过程，导致了一套速记缩写的复杂演变，有点类似于现代的文本信息。此外，还有一系列其他形式的书信表达方式，这些书信表达方式的研究往往不如石刻铭文，也不如石刻铭文保存得完整。在评估不列颠与帝国其他地区的铭文案例时，既要意识到差异，也要强调相似之处。我们还需要非常清楚地了解各类铭文的不同保存情况如何影响我们对不列颠识字程度和使用情况的理解。

来自不列颠的书信实据总量相对较少，但由于近几十年来的一些重大发现导致数量大大增加。《不列颠的罗马铭文》（石刻铭文）第一卷只包含 2 400 个条目，涵盖了截至 1954 年的发现，相比之下，罗马、非洲的发现超过了 6 万个。每年在罗马 – 不列颠研究杂志《不列颠》上发表的新文本通常不到 20 个，而且往往是非常零碎稀疏的。在目前已知的全部文献中，绝大多数来自军事遗址，民用区的书信则相对较少。不列颠的石刻铭文在某些重要方面得到了来自帝国其他地方与不列颠有关的材料补充。通常情况下，这些碑文提供了在不列颠服役的上层罗马人的职业细节，或者提供关于已知在不列颠的军事单位或个人的额外细节。对于不列颠和欧洲大陆之间的区域接触，也有重要的见解。

虽然不列颠在石刻铭文书法方面显得相对落后，但它却产生了一些令人惊讶的日常文件集。这类草书文件的留存数量要少得多，但一经发现，就会给现代专家带来非凡的挑战。多年来，埃及莎草纸的发现并未被承认在整个罗马世界具有代表性，而是该省的一个特殊情况。然而，从其他省份发现的写在易腐烂有机材料上的日常文件不断增加，现在很清楚，石刻铭文代表了支撑罗马帝国文件的冰山一角。木质书写板只有在特殊的考古条件下才能存活，而不列颠是公认的长期潮湿及厌氧环境（特别是在文多兰达、卡莱尔、凯尔隆、伦敦）。有两种主要形式的写字板：第一种是由薄薄的木片制成，用墨水书写；第二种是由较厚的木质叶片组成，里面的空洞被蜡填充，用手写笔书写。虽然蜡一般都已腐烂，但手写笔在木质底板上留下的划痕有时仍清晰可辨，不过由于这些写字板是反复使用的，因此它们往往是无法辨识的历次文件的复写本。

最特别的一组墨板来自哈德良长城附近的文多兰达堡垒，可以追溯到长城修建前的几十年。这些“档案”记述了占领该堡垒的历届部队及其指挥官家庭、军事记录的残留部分。这些文件的类型说明了军队中书面指示和记录的使用范围。

对于公民区，在任何方面几乎没有可相提并论的文件。但也有例外，包括所谓的咒语石板或诅咒碑，特别是在巴斯和乌利的寺庙中发掘的一大堆。这些碑文一般都是用锋利的工具刻在薄薄的铅板（或铅合金）软表面上，其内容是呼吁神灵惩罚那些对献祭者不利的人。大多数事件都涉及不明身份的小偷盗窃个人物品，并对他们发出了最可怕的诅咒，“无论是男人还是女人，奴隶还是自由人”。

这类文献为了解罗马时期的不列颠世界打开了一扇非凡的窗口，但我们必须牢记，它为我们提供了一个高度本土化的、按时间顺序排列的视角。其余都是相对的黑暗，这也是重建人民的历史的核心所在。我们知道，曾经有大量由临时居民、永久移民和不列颠原住民制作的相关文献，但我们保存下来的文献太少，以至于对于其中大部分内容我们都不知情或是依靠类推来了解。

当地的不列颠人在多大程度上有“书信习惯”并习得必要的读写技能？识字是我对不同身份的研究中一个关键的副主题。阅读和书写能力既有助于团结也有助于分裂该省的人民。对于某些群体来说，这是界定他们身份的一个关键因素——如同罗马军队的情况一样。根据塔西佗的说法，其中一些人急于获得拉丁文教育，而作为使用者或读者，可以提高一些不列颠人的社会层次。这些人都是有财产和财富的人，但他们也看到了在罗马统治下社会进步的机会。我们将在后面研究罗马—不列颠社会中的不同群体如何以不同的方式运用识字技能，作为界定他们在罗马统治下身份的一种手段。仅从石头上的铭文来看，识字的程度似乎很低，但如果加上其他类别的数据，如个人财产上的涂鸦，或手写体、写字板和封箱(用于在运输或储存过程中保护写字板）的分布，则表明使用的范围很广。然而，我们有理由认为，社会中某些群体的识字水平和书写用途有特定的需求。在上层社会，所有类型的书面通信的主要使用者是军队和省级行政部门，其次是当地城市精英阶层和最大的农村庄园。在城镇，书写是行政管理、精英竞争和地位展示的基础，被不同程度地用于人口普查、土地所有权和税收记录、个人通信、经济事务、法律程序、宗教活动等。农村的识字率比其他任何时候都要高得多。

什么样的图景被建立了？

书面资料的性质限制并决定了如今可以进行的历史研究种类。

若仅凭文献，我们最多只能梳理出不列颠各行省的历史概况，由于现存资料在时段上存在空白，这一概况在不同年代的记录严重失衡。1 世纪的记录远比后来罗马统治时期的记录详尽。大量文献中关于不列颠重大事件的记载含混模糊，学者们绞尽脑汁从中获取尽可能多的信息，他们进行巧妙的文字修改、补充故事或者默许准确性存疑的信息，不会抛弃任何书中所记录的“事实”。总的来说，罗马不列颠的总体描述框架相对固定，但细节相当陈旧乏味。新的铭文发现对补充细节的帮助也极为有限。

许多研究侧重于将古罗马时代的遗址与现代地名相对应。显然，不列颠民族的名称、罗马行省、大型堡垒和城镇等的名称都对我们的研究有很大帮助。知道河流的古名、海岸地貌，甚至是一些小的聚落点都或多或少能帮我们答疑解惑，但将这类信息与实际地点相关联的热情会使我们深陷于各种假设之中。例如，尝试在苏格兰地区确定更多对应地点的做法非常得不偿失，因为我们所掌握的信息并不够完善。事实上，现有资料只能确定极少数哈德良长城以北地点的名称。当时的罗马人则没有这样的问题，因为他们准确地定位、命名并记录了有关地貌、民族和周边地点的信息。当再次北上进军时，他们便有了可参考的地图和文件记录。在许多帝国体系中，知识就意味着权力，掌控殖民地地理信息是施行统治的先决条件。

研究罗马不列颠地名的有趣之处在于地名起源。尽管有些地名有拉丁化后缀，如伦敦（*Londinium*）或科尔切斯特（*Camulodunum*），但大多数地名源于英语或凯尔特语。在罗马－不列颠地名标准汇编里约 500 个地名中，只有大约 50 个地名完全或部分基于拉丁词语。这些拉丁元素中最常见的是描述性术语：*Portus Dubris*（多佛尔港口）、*Aquae Sulis*（苏利斯温泉，巴斯）、*Colonia Nervia Glevenium*（格洛斯特）。其他含有拉丁元素的词汇包括桥梁（*Ad Pontem*）、产盐（*Salinae*）、军事需求（*Horrea Classis*，“舰队的粮仓”）的称谓。但绝大多数地名仍是纯粹的英语，甚至有些新建立的罗马堡垒也采用了英语名称。沿海地貌的英语命名表明大部分地理信息是由布立吞人收集整理的，而那些拉丁语与英语的混合名则表明后来的拉丁语母语者附加了修饰词，如海岬（*Promontorium*）、岛（*insula*）等。因此，罗马在征服不列颠时并没有牺牲当地人习惯而强加一套新地名，英语的防御名称（*dun-and-dunum*、*dur-and-durum*）常出现在罗马要塞和城镇名称中，文塔（*Venta*）这个代表市场的词则出现在三个城镇的名字中，并以复合形式出现在另外两个遗址中。

群体传记学是关于罗马重要人物生平的研究，其主要依据是铭文。用铭文罗列大人物们在帝国体系中担任的职位，以纪念其成就，这是罗马上流社会的习俗。虽然不列颠的这类碑文相对较少，但来自帝国其他核心行省的碑文展示了罗马人在不列颠担任行省总督、财政官员、法律专家、军团和辅助军团指挥官的许多细节。

对群体传记学和铭文的研究也是我们了解罗马帝国统治方式和权力金字塔顶端官员们的基础。鉴于不列颠能反映罗马政府治理各个方面的有力证据较少，我们必须观察帝国其他区域的做法，以构建假设。不可否认的是，罗马帝国管理各地的规则并非一成不变，许多地方都有程序变通及采用短期或临时解决办法的案例。因此在进行类比时，我们是在构建有待进一步检验的理论，而非事实。

那些消失的文献涉及什么内容？这个问题非常重要。罗马帝国本质上是一个文明帝国，生活的许多方面都有成文法规定，具备详尽的规章制度。我们手头缺失的内容包括：行省人口普查数据以及军队、城市或行省行政部门的每日记录和档案。一些珍贵的考古发现，例如文多兰达（*Vindolanda*）、伦敦及卡莱尔（Carlisle）出土的写字板，证明了大量记录文件的散佚。这些缺失的数据使得我们的模型难免有些粗糙。我们只需将文多兰达木简的经济记录与仅以考古学发现为基础的特定商品分布模型为基础的罗马经济进行对比。

考古学

尽管文献资料的体量已经基本确定，碑文资料积累的速度也十分缓慢，但业已庞大的考古信息的增加速度之快和涵盖范围之广，也是罗马帝国其他许多研究领域无法比拟的。出版的研究成果会不可避免地落后于考古发现的进度，而专业考古学家所做的许多工作通常是考古计划中的一部分，只有通过档案报告（即所谓“灰色文献”）才能“发表”。即使我们只关注那些及时出版的资料，所能获取的资料也极为庞杂。在做本书的准备研究时，我意识到一个日渐加剧的难题——如何从如此体量庞大的数据中生成一份综述。然而就如手头的文献资料一样，考古资料也有各种类型，正确理解这些资料也同等重要。考古信息不仅包括连续地层中发掘出的遗址结构，还包括保存在这些地层中的人工制品（例如钱币、陶器、玻璃和其他小物件）和生物发现（骨头和种子）。现今也有一些“非入侵性”研究或调查遗址的技术，例如实地徒步勘察、航空摄影、土方工程和立定建筑物测量、地球物理勘探（电阻率测试、磁力测量和探地雷达）。同时，对沉船的水下考古也越来越多，对铭文和艺术品（如马赛克、石雕）的研究也已形成了独立的学科。

所有来自不列颠的铭文、雕塑和马赛克都有记录。在写作本书时，这些资料对我来说都是无价之宝，批量考古发现的报告质量也极高。有关罗马军队、城市考古、墓葬考古、罗马地貌、罗马道路、罗马－凯尔特宗教，都吸引着各自领域的爱好者。铁器时代晚期和罗马不列颠晚期考古学通常被视作独立的学术领域，有独立的学术结构和研究主题。

因此从考古学角度看，不列颠是所有罗马行省中被研究程度最深的行省之一，总体来说为本书提供了很好的研究基础，虽然有些研究也并不绝对正确。首先，过去 2 000 年中不列颠建筑由于频繁占领导致过度使用，以及石料回采、过度建造和农业活动等，建筑物保存受到了极大影响。与帝国的一些核心行省相比，不列颠的建筑材料往往耐久性较差，因此留存下来的建筑通常不那么宏伟，因此找不出过多的信息。其次，我们通常会倾向于研究考古记录中留存的证据，更偏向于无机材料而非有机材料。与装酒的木桶相比，双耳瓶（amphoras）碎片出土的频率更高。问题就在于如果我们没有发现双耳瓶，是代表那时的人不喝葡萄酒，还是只代表我们找不到葡萄酒容器的考古证据？聚落遗址研究的对象主要是废弃物和废墟，研究建立在古代社会拥有高效的有价值材料回收体系这一假设之上。例如废弃物中出土金属制品的概率比出土陶器碎片的概率要小得多，因为前者会被人们回收，并加以修复或重新塑型。考古发现和发现地点之间是否存在联系也需要考证。屋内的物件很可能是在房屋被遗弃后，而非在使用期间就存在于那里的。早期堆积的废品后来被再次丢弃也是一个需要考虑的因素。在多文化层遗址中，先民经常将废弃的建筑物夷平，以便修筑新建筑，这也增加了在细节上恢复原貌的考古难度。

从某些方面来看，考古资料比文献资料更具优势。我们应该认识到，考古证据涵盖了社会各个层面，而并非仅仅包含最富有和与罗马关系最密切的那一部分。如果我们愿意去寻找这些证据，我们就可以同时从自上而下和自下而上的角度了解当时的社会。但同时，我们必须谨慎对待不同社会群体对具体物品使用和价值认定所做的假设。举例来说，我们能认定一个土生土长的布立吞人对一个红色精陶碗的文化认知，与一个行政总督身边官员对此的认知完全相同吗？这是一个很难回答的问题，但传统研究倾向于假设两者会同样重视碗的“罗马特性”，并假设前者为模仿后者的行为而使用这个碗。通过仔细审视考古信息，我们能够检验这些假设，并发现罗马帝国统治下的不列颠所形成的更为复杂和多样的认知。

然而考古学与学术研究方向关系过于密切，这是其主要限制之一。我们必须反思罗马不列颠传统的研究重点：堡垒和边境工事、浴场和城市建筑、农庄、道路、“罗马”艺术品和珍宝（马赛克、壁画、银盘、钱币堆等）。例如，通过对不同类别罗马遗址的发掘数量进行对比，可以发现1921—1925年发掘的军事遗址、主要城镇、农庄占总数的75%。1991—1995年，虽然前三种类型仍然占发掘总量的68%，非农庄的乡村居住建筑的比例已从7%增加到23%。鉴于95%以上的罗马时期遗址是非农庄建筑，可知研究工作仍然存在着重大的不平衡。过去100年左右的研究侧重，使考古学家们有意无意地在罗马不列颠研究的核心中植入了对罗马及其精英文化的普遍同情。这不是一个应该采取的中立立场，尽管很少有人承认这一立场的后果。我们可以通过发掘更多低等城市的建筑或乡村遗址来丰富罗马帝国时期不列颠的风貌。

第三章

“没有什么值得我们担心或欣喜”：不列颠、布立吞人及罗马帝国

公元前 55—前 54 年，恺撒入侵英格兰东南部的消息在罗马传得沸沸扬扬。政敌们屏住呼吸，等待来自这片神秘土地的消息，其中就有共和人士图利乌斯·西塞罗（M.Tullius Cicero）。当前线传回了相对平平无奇的战果时，我们可以从他给朋友阿提克斯（Atticus）和兄弟昆塔斯（Quintus）的信中看出他有种如释重负的感觉（后者与恺撒一起在不列颠征战）。他强调，与预期相反的是，罗马在这些战役中并没有获得多少黄金白银，除奴隶之外也没有获得其他战利品的可能性（他还讽刺地补充说，这些奴隶不可能在文学或音乐方面有所建树）。他的总体结论是：没有什么值得我们担心或欣喜。斯特拉波在解释奥古斯都为何不吞并不列颠时表达了同样的观点：

> 尽管罗马可以控制不列颠，但他们没有这样做。布立吞人不足为惧，因为他们没有横渡英吉利海峡攻击我们的实力，同时罗马人如果占领不列颠，也没有太大的益处。

现代评论家们常常把恺撒的战役当作短暂且无关紧要的事件一笔带过。真正的颠覆性转变发生在百年后的克劳狄统治时期。公元 43 年开始的罗马征服往往被视为不列颠铁器时代的终结，这与 1066 年被公认为盎格鲁－撒克逊时代终结标志的情况大致相同。从很多角度看，这些都不太正确。不列颠群岛的许多岛屿在公元 43 年并非罗马帝国的一部分，甚至有些从未被纳入罗马帝国版图。罗马控制的领土的连续性很强。同样，公元 43 年也绝不是不列颠文明和历史的开端。我们必须明白这只是一个历史学家和考古学家为方便而设定的一个日期、一条分界线，以区分研究铁器时代和罗马时代的考古学家。实际上，这只是不列颠部分地区与更广袤的欧洲大陆融合进程中的一个阶段。从公元前 1 世纪中叶开始，不列颠就与罗马世界常有接触，这也对不列颠铁器时代晚期社会产生了深远的影响。这种接触对社会和地理的影响并不平均，而且针对铁器时代的研究也越来越强调多样性和差异性。公元前 55—前 54 年和公元 43 年罗马两次入侵时，不列颠各民族的反应明显有差异。早在某些不列颠民族完全意识到罗马的存在之前，不列颠部分地区就已经开始了与罗马的交流和融合。从考古学角度来看，公元前 2 世纪后期可能是关键的时期，而非公元前 55 年或公元 43 年。

恺撒和斯特拉波的经典叙述主要与不列颠南部民族有关，而塔西塔斯、卡西欧・狄奥和希罗迪亚则提供了更多关于北方民族的信息（见图 3）。正如前文所述，一个根本的问题是，他们有没有把自己对野蛮人、尚未开化民族的刻板印象与事实混杂在一起。这些印象在现代书籍插画家的脑海中根深蒂固：所有布立吞人都是半裸作战，不穿铠甲或戴头盔，以便展示他们竖直的头发和大量涂有蓝色染料的文身的身体。虽然我们可以接受，罗马军队确实曾与一些

图3 罗马时代的布立吞民族，包括爱尔兰人(信息主要来自托勒密)

如此装扮的布立吞人作战，但确定这种装束在不列颠战团中是普遍存在的，则是另一码事（尽管我们也可以理解，毕竟任何一个蓝色皮肤的战士都会给人留下持久的印象）。在许多铁器时代晚期考古现场，人们发现了锁子甲，而胸针和别针则是不列颠常见的文物发现。当时人们当然会穿衣服，至少有些在战斗中穿着适合的盔甲。约克郡和苏格兰的战车墓葬以及分布更为广泛的黄铜马具和战车文物（如安格尔西岛的梅尔索比 / 斯坦威克和伊林・塞里格・巴赫湖）也证明了战车的存在。然而，东约克郡的战车墓葬习俗似乎在克劳狄入侵之前就已中断，但它们可能在很久之后仍存在于民间记忆中。在偏远的费里布里奇有一个例子，一块铁器时代中期的人工场地外围着一条沟渠，沟里丢弃着至少 128 头牛的骨头。放射性碳定年法检测表明，这些祭品在最初下葬之后很久才出现，这表明人们一直比较重视重要人物的墓葬，从铁器时代延续到了罗马时期。

有文字记录提到不列颠东南部以外地区农业技术水平较低，但考古得出的结论却截然相反。这一想法符合罗马人“渐进野蛮”的思维模式：某人如果离开文明地区，他会相继遇到在较不发达经济体中工作的人。恺撒提到不列颠海岸附近的民族是农业专家，而内陆民族往往都是牧民，但他讨论的这两种情况似乎都局限于伦敦周边，因为他统领的罗马军队并没有向泰晤士河以北前进多远。恺撒的说法并不符合当时的实际情况，因为人们通常认为泰晤士河只是不列颠高地和低洼地带的分界线，而恺撒却认为泰晤士河南北部是农牧业分界线，但考古记录并不支持这一说法。而后来人们口中的不列颠最北部居民“非人类”特征也同样是夸大其词。

罗马典籍表明不列颠社会中可能有多种统治形式：国王、小的部落首领、由临时联盟任命的战争领导人、宗教领袖（如德鲁伊教成员）这个精英“阶级”。在恺撒的叙述中，我们了解到坎蒂姆（肯特郡）至少有三个独立的国王，但担负指挥战争重任的是“最高部落首领”卡西维劳努斯（Cassivellaunos）。不同权力组织的具体形式不同，权力交接方式上也有很大差异，有的通过武力争夺，有的则通过禅让，另外还有继承的方式。就权力交接来说，不列颠的一致性并不比高卢地区强多少，恺撒在高卢也遇到了一系列不同形式的地方权威。领导人有各自附庸国和藩国的支持，这是当时高卢社会形式的一个重要元素。至少一部分高卢部落首领似乎一直保有一支由追随者组成的扈从队（comitatus），通常是一支骑兵队。借塔西佗用来描述日耳曼类似传统的一句话，他们就是领导人“和平时代的勋章与战争中的保护伞”。不列颠铁器时代晚期可能也曾出现过这种社会现象。

另一类布立吞精英是德鲁伊教，目前关于他们的很多著作质量都很差。德鲁伊教是高卢和不列颠社会中重要的宗教领袖群体，古典文学中总用刻薄的语言描述他们。最客气的说法是“野蛮人的哲学家”，其他文献更多强调他们献祭活人、行为神秘、预言罗马帝国即将终结等。因此，我们很难确切描述他们在社会中的具体作用，但我们至少可以找出罗马人对德鲁伊教徒忧虑和不信任背后的一些原因。德鲁伊教的社会运作超越了“部落”能达到的水平，可能成为联合抵抗罗马的关键力量。因此，罗马当局决定采用暴力消灭高卢和不列颠的德鲁伊教。根据恺撒的说法，不列颠是德鲁伊教的主要中心地区，袭击安格尔西岛后期遇到了以德鲁伊教和其他宗教“狂热分子”为核心的抵抗力量。

总之，我们需要重新考量关于铁器时代晚期社会的传统观点，即不列颠是不是一个由一群听从宗教狂热分子教唆，半裸、长发、毛发浓密、驾驶古老战车作战的战士组成的社会。这一形象来自我们现有的罗马记录，但由于我们对这种刻板印象不加批判地接受，这一形象日渐根深蒂固。理解铁器时代，既包括解构古代文献，也包括解构现代先入为主的看法。

关于罗马统治前布立吞人种族身份的大讨论从未停止，他们的身份与现代对“凯尔特人”赋予的含义紧密相关。不列颠本土人的起源也引起了罗马人的兴趣。这个问题一部分属于语言层面，一部分属于文化层面，一部分则由现代人先入为主的看法所决定。人们一般认为凯尔特人是泛欧洲铁器时代的一个文化群体或者一种文明，他们说着相同的语言，体型特征、社会结构和物质文化相似。矛盾的是，凯尔特人的身份既与欧盟的现代集权政治相关，又与“凯尔特区域”的自治运动有关联。现代凯尔特的概念所隐含的文化、实践和目的的统一性是纵贯整个欧洲的，远远超过考古证据能够支持的范围。而我们几乎可以肯定，尽管居住在不列颠群岛上的“大西洋凯尔特人”与欧洲大陆上的人民有共同的文化根源，但他们并不具有身为伟大凯尔特文明的一分子的民族意识。如果要理解他们，就应把他们看作一系列独特的区域性群体。也正是出于这个原因，本书接下来将避免在不列颠语境下使用“凯尔特人”一词，而是遵循罗马人的惯例，将居民称为布立吞人，将他们的语言称为布立吞语。然而，我们同样也必须说明，当时不列颠各民族并没有统一的不列颠身份认识，布立吞语的统一性也并不确定。

不列颠的原住民语言肯定与近代人眼中北欧的凯尔特人有关，尽管包含了许多方言，这些原住民语言也可以分为两个主要语群，其中较大的是不列颠（Brittonic）凯尔特语，有时被称为 P 凯尔特语。经证实，不列颠的大部分地区说这种语言［爱尔兰和苏格兰西部的部分地区除外，在这里，戈伊德尔语（Goidelic）或 Q 凯尔特语才是常态]。P/Q 凯尔特语最明显的不同之处在于后者会用 qu- 音代替前者在发出的 p- 音。P 凯尔特方言后来演变并变成残存的威尔士语、康沃尔语和布列塔尼语，与欧洲大陆主要凯尔特语使用者的语言相类似。而 Q 凯尔特方言是现代爱尔兰语、苏格兰语和马恩岛盖尔语的基础，欧洲大陆人民很少使用这种语言，它代表着早先的语言传播。然而除了罗马不列颠部分地名的考古依据、少数人名和凯尔特人群后来幸存的语言之外，几乎没有实际的数据来确定不列颠铁器时代的语言模式，语言专家之间的争论仍然很激烈，尤其针对 P- 凯尔特皮克特语中是否融入了一种早期的非印欧语系语言的问题。

无论如何，不列颠各地方言都有强烈的独特性，有些方言差别之大甚至会让粗心的观察者以为是两种语言。我们可以大致推断不列颠大陆的民族说着不同的 P 凯尔特语方言，彼此方言之间的语言学特征类似，距离越远，差异越大。Q 凯尔特语在爱尔兰占主导地位，说明这片地区的语言障碍更大。

一直以来，人们都认为欧洲铁器时代民族的物质文明反映了两大艺术文化，两大文化都以首次发掘出具有代表性的金属制品以及其他艺术形式的所在地命名：一是哈尔施塔特（Hallstatt）文化（约公元前 800—前 500），二是拉登文化（La Tène）（约公元前 500—前 1），每个时期都有不同的亚阶段。哈尔施塔特文化和拉登文化为研究铁器时代北欧大部分地区提供了框架，这也仍是不列颠考古学家研究的基线。哈尔施塔特文物在不列颠和爱尔兰地区分布相对较少，拉登文物则要多得多。拉登艺术风格在欧洲得到了广泛传播，其艺术作品以优美的曲线著称。在有关不列颠铁器时代最简单的传统研究模型中，这些现象与公元前 1000 年间外邦人向不列颠移民的各个阶段有关，人们认为这些人员流动带来了欧洲的语言与物质文化。在一些资料来源（包括恺撒）中也提到了比利时的高卢人移民不列颠。然而在一些重要的转折点时期：从公元前 400/前 300 年的铁器时代早中期至公元前 2 世纪中期的铁器时代中晚期，不列颠南部与欧洲大陆的社会和物质文化发展进程并不完全一致。这些时期，不列颠铁器时代社群与欧洲大陆的社群在许多重要方面差异巨大。此外，亨伯河口湾—布里斯托海峡一线以西、以北的区域，在铁器时代没有明显的阶段性特征，仅简单分为早期阶段（从青铜时代晚期一直持续至公元前 300 年）和后铁器时代（从公元前 300 年开始，在公元前 100 年至公元 100 年逐渐结束）。

如今比利时高卢人的移民模式对考古学家不再那么有吸引力，他们更倾向于强调不列颠铁器时代独特的区域特征。而真实情况则可能介于这两种方向之间，一些语言方面的证据表明当时有一些小规模的人口迁徙，这些人或许成功地在不列颠社群中确立了自己的领导地位，因而这些群体内部也逐渐仿效开始使用铁器和欧洲大陆的艺术装饰。这一过程持续了很长时间，许多布立吞民族开始主动追求这种新时尚，而无须外来者的推动。事实上，不列颠南部和欧洲大陆在铁器时代晚期出现的这种惊人的不同，足以表明布立吞民族血液里对自我文化和行为方式的顽强坚守。例如，欧洲大陆的拉登文化以军事风格土葬为特征，而在铁器时代的不列颠，很少有男性墓主使用武器作为陪葬品，如有，则代表着墓葬主人具有特殊的身份地位。

另一方面，在恺撒时期前后，高卢东北部苏埃西翁人的国王狄维契亚古斯（Diviciacus）很明显在不列颠拥有土地和政治利益。

也有证据表明，在恺撒发动的高卢战争期间及之后，有高卢难民逃往不列颠。这一现象很有可能反映了一个更长久的过程，在此过程中，一小群精英战士和商人越过英吉利海峡，融入不列颠社会。这并不是对以往高卢“入侵”假说的支持，而只是简单地承认，也许并非所有铁器时代晚期的历史文化都可以从岛屿自身发展的角度来解释。

铁器时代的不列颠

本书未对不列颠铁器时代进行详细综述，而是重点关注罗马帝国之前、铁器时代晚期不列颠的主要发展——约为公元前 100 年及以后（图 4 中标注了一些关键地点）。但我们有必要回顾铁器时代中期，以便在更长远的背景下讨论此后出现的新生事物。

在铁器时代考古学中，传统意义上的“中心地带”指的是英格兰南部的韦塞克斯地区。很多经典的调查研究都是在这里进行的［克兰伯恩蔡斯（Cranborne Chase）、小伍德伯里（Little Woodbury）、少女城堡（Maiden Castle）、丹纳伯里（Danebury），亨吉斯特伯里角（Hengistbury Head）］。早期的综述都是建立在这一地带丰富的数据之上，但如今，“韦塞克斯中心地带模型”在不列颠南部其他地区的适用性受到了越来越多的质疑。区域考古学家现在开始强调多样性和与权威“韦塞克斯中心地带模型”之间的差异。山顶城堡是铁器时代的关键特征之一。多塞特少女城堡等宏伟的土方工程备受大众推崇，也一直是考古研究的重点。然而，越来越明显的是，山顶城堡在铁器时代晚期已不再是不列颠民族的中心。

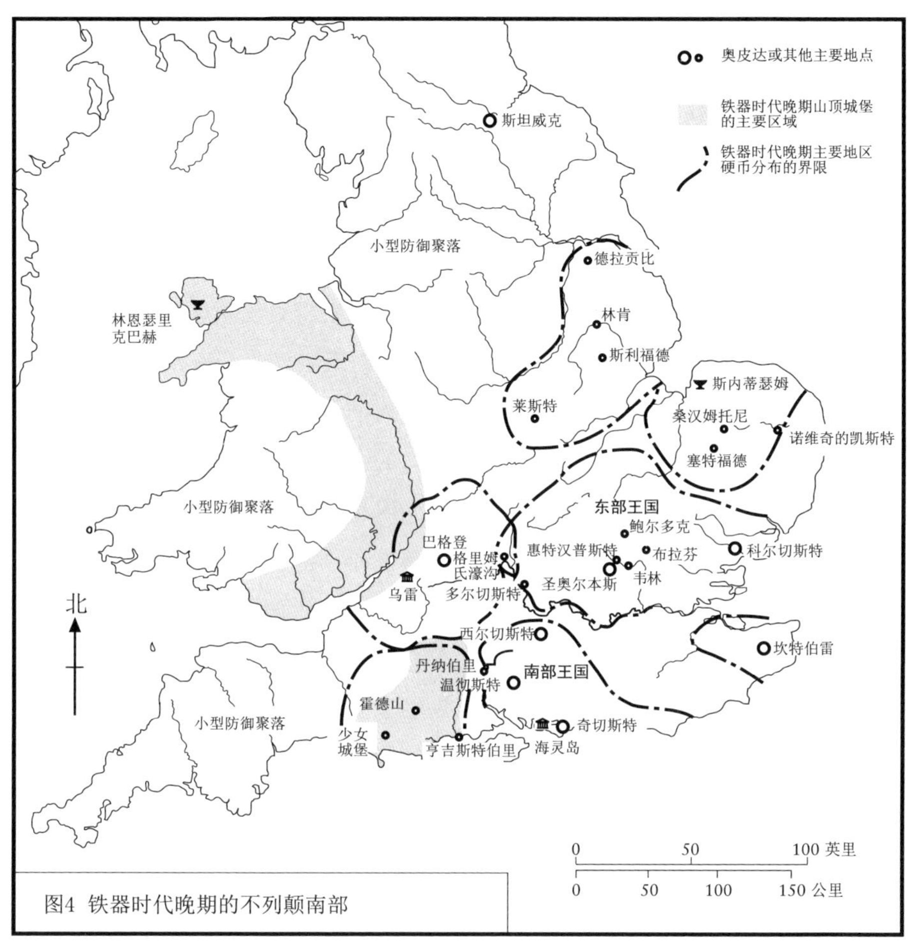

图4 铁器时代晚期的不列颠南部

公元前6—前5世纪是山顶城堡的全盛时期，当时这些防御堡垒周边都形成了大片秩序井然的建筑群。山顶城堡的兴起可能与一种新精英群体的出现有某种联系，如果最初形势动荡，许多城堡存在时间会很短暂，但随后局势逐渐平定，就会出现一些比之前更宏伟的城堡。位于韦塞克斯的山顶城堡丹纳伯里为研究提供了高质量的数据。这座城堡内有一些紧贴围墙建造的圆屋，中心区域有许多储藏坑，其中一些与宗教性质的祭品有关。这或许表明，山顶城堡既有重要的存储功能，同时也是新贵阶层用以加强权力的工具。在公元 4 世纪，人们在这些小坑周围修建起四柱或六柱矩形结构，同样用于储备粮食，这也许反映了当时的精英阶层已成功地掌控了剩余作物。而到后来，该遗址的宗教功能似乎变得更加明显，中心附近建有一系列的“神殿”。坑中遗留的动物骨骼表明，畜牧业在该遗址的“经济发展”中起着重要作用。丹纳伯里地区的权力关系以骑士－贵族政治为模型，由一个强有力的中心统治着这片区域，收取并重新分配富余的作物和牲畜，但同时也与邻近的聚落竞争。在这些聚落中，战争和彼此攻击可能是常见现象。

在公元前 2 世纪末，不列颠社会发生了很多巨大的变化，韦塞克斯的许多山顶城堡逐渐废弃，但在不列颠其他一些地区，如多塞特和威尔士边境，这些堡垒仍然起着重要的作用。从那时起，修建带有防御设施或全封闭的农场逐渐变得更加普遍，这是乡村聚落普遍发展的一部分，其中一些遗址还带有上流阶层的特色。除此之外，新的集中聚落出现或增多，其中包括如亨吉斯特伯里角这样的贸易港和位于低洼地区的城镇，通常被称为奥皮达（Oppida）。

铁器时代后期的一大重要主题就是与欧洲大陆愈发频繁的贸易，获取和控制外来文化符号（如葡萄酒和一系列与宴会及饮酒相关的器具）的能力重新定义了精英阶层的权力。小区域的酋邦被区域范围更大的民族所取代，新区域风格陶器的出现、铁器时代铸币种类的分布都说明了这一情况。这些民族的身份和领地似乎都是不断变化的，而非后来被正式纳入罗马行政结构、发展完备的“部落”实体（城邦）。当然，弃用山顶城堡并不意味着战争和冲突的结束，反而使原先掌控国家的国王可以更方便地在更大规模和更广阔的地域上发动战争、发起劫掠。罗马在公元前 50 年左右征服高卢，使得这些仍处在发展初期的政治力量与不断扩张的超越地方力量的帝国直接接触，更加速了这一进程。无论有意与否，罗马作为变革的焦点，已被当成核心—边缘理论模型的典范，这种模式认为：在“部落”中，与核心区域最近的，受到的影响最强；最远的受到的影响则最弱。

对于这种模式最主要的批评是，它仍然局限于不列颠南部和东南部。即便是现在也仍然存在将不列颠这个概念简化为一个统一整体的思维趋势，而非将其视作一系列分散的、具有高度区域性的社会群体。另一方面，即使在苏格兰可以找到与理论相悖的实物证据，也无法完全否定罗马与不列颠东南部之间较近的距离是一个重要影响因素。核心—边缘模型的关键组成，即最靠近扩张期国家的地区往往社会发展程度更高，仍然具有一定的正确性，特别是在研究铁器时代晚期的事件时。

如今学术辩论中有一个重要问题，即铁器时代中期的不列颠社会是否比铁器时代晚期更加平等？因为目前在丹纳伯里等地没有找到特别突出的关于精英住宅的证据，学者们对于这一问题的看法各不相同。有些人甚至争辩说，铁器时代中期的山顶城堡是一个巨大的公共中心，而非精英住宅。如果接受这一观点，那么这与铁器时代晚期高度分层的社会之间的对比差别就更加明显。由于不列颠南部社会政治组织的规模在铁器时代晚期上了一个台阶，所以统治者和其他人的差别变大也可以理解。公元前 57 年罗马帝国入侵高卢北部时，给高卢和布立吞民族带来了一个充斥着阶级观念和各种可能性的陌生世界，赋予权力全新的含义。

铁器时代晚期，工艺生产和制造也得到了发展和扩大。一些陶器生产活动中开始使用快轮，木材和平石板的加工也使用了车床技术。地区内的陶艺风格日趋统一。金属加工和铸造、玻璃生产、制盐等生产技术都进行了改良。而当时一些更为复杂的金和铜合金制造的技术水平表明，在许多社区中存在专业手工艺者。到铁器时代晚期，金属制品变得很常见，那时人们才开始储存金和银。同时也有证据显示，当时出现了普遍的铁锭（所谓的“货币条”）和盐的交易 / 交换。另外，尽管旋转石磨至少从 4 世纪起就已存在，这种工具在铁器时代晚期的分布也越来越广泛。

对不列颠北部和西部聚落和经济情况的深入了解是近几十年来最重要的研究进展之一。与古代资料中森林茂密、十分原始的景观完全不同，这些地区的森林显然在早期就已被基本清理掉，到铁器时代晚期，部分所谓的高地地区已经出现了较为发达的农业。之前被蔑称为“棚屋”的建筑，现在有了更准确的称呼：圆屋。这些建筑风格和建筑材料多种多样，是铁器时代不列颠大部分地区特有的本土建筑。这些建筑的面积相当大——许多直径超过 10 米，为社交和其他活动提供了十分充足的内部空间。

随着越来越多的山顶城堡被遗弃（尤其在不列颠的东南部和东部），我们可以发现其他类型聚落越来越多，重要性也提高了很多。在许多地区，封闭农庄是主要的建筑类型，这一分类随着一系列的区域变化逐渐更加精细。而部分地区，未封闭的聚落，包括单独的农场和圆屋建筑群的数量则更多。一些遗址的外观也反映了罗马时期一些类似村落的聚集点在向“小城镇”转变。丹纳伯里附近区域在占领行为结束后被摧毁，其大门在公元前 100 年左右被一场大火烧毁。在那之后，布里希尔又出现了一个新的地方中心。这里呈现出来的铁器时代晚期特点是保有大量马骨，且有大量金属马具，这些“马具”包含一系列的具有装饰性和功能性的马勒、马嚼子、战车配件等。布里希尔作为中心的时间似乎很短，随后取而代之的是当地一个位于萨顿（Suddern）农场的大的封闭聚集地。在公元前 1 世纪中期，当地出现了进口的罗马葡萄酒瓶，这表明其是一个地位较高的中心。而在体现出精英阶层特点的乡村地区（Gussage All Saints）也发现了马具，这可能与社会中个人权力的显著增长有关。

铁器时代晚期另一个重要的变化是公元前 1 世纪出现的“奥皮达”。一些奥皮达占据了大片的高原地区（如赫特福德郡的惠特汉普斯特），但其他的则位于谷坡或谷底，并有巨大的排水渠系统环绕着。人类在奥皮达内的活动包括畜牧业、钱币生产和各种工艺制作，但排水渠内的巨大空间似乎显示露天地带也有过各种活动。奥皮达无疑是公元 43 年最重要的政治中心之一，也是罗马征服的主要战略目标。奥皮达群包括科尔切斯特（*Camulodunon*）、圣奥尔本斯（*Verlamion*）、锡尔切斯特（*Calleva*），以及奇切斯特（Chichester）、靠近塞伦赛斯特（Cirencester）的巴格登（Bagendon）和约克郡的斯坦威克。在铁器时代晚期，马匹已成为一种日益重要的资源，而排水渠系统可以有效控制马匹的集中放牧地。

人们常认为公元前 1 世纪—公元 1 世纪是部落身份（一种区域性民族）在不列颠生根的时期，这是在罗马帝国的行政体系下被赋予的具体形式。“部落”一词是由托勒密在 2 世纪初为铁器时代晚期的地方性群体所贴上的标签，如今沿用这个标签已成惯例。但“部落”一词本身就是一个有争议的术语，充满了殖民主义的假设和潜在的时代错误，因此，本书会使用一般代称："民族"。从考古学角度来看，现有证据带有争议性，很容易被解读为一系列建立在个人权力基础上的区域性王国崛起的象征。铁器时代的不列颠南部是一个极端例子，那里是一个王朝竞争的区域［莎士比亚在《辛白林》（*Cymbeline*）或许做出了预测］，而在另一种极端情况下，即使在爱尔兰和苏格兰等地区，精英阶层的新行为模式也在改变着社会模式，并突出个人财富、领导能力和权力的重要性。关于不列颠南部王国还有更多的一些发现，因为其中一些地区开始出现了钱币。

不列颠铁器时代财富的最佳象征是精湛的工艺制品和过度夸张的黄金饰环（项圈）。目前发现了一些没有被罗马人掠夺走的文物，其中英格兰东部的斯内蒂瑟姆（Snettisham）、伊普斯威奇（Ipswich）和阿尔斯比（Ulceby）出土了大量令人印象深刻的文物。最大文物堆是位于沃什湾（Wash）附近的斯内蒂瑟姆，该地似乎具有宗教背景，里面有一些单独储藏的金属饰环和其他贵重物品。金属饰环的形式多种多样，从扭曲或编结的金或金银制作的条状物到管状物，再到编结的细缕，不一而足。借助两个端口可以开闭项圈，有时配有相当复杂的铸件装饰。金属饰环既是十分精美醒目的个人装饰品，也是一种有效的财富储存手段，一条较重的金属饰环比 100 枚金币还重。斯内蒂瑟姆的"大项圈"足以展示不列颠工艺的超高水平。事实上，人们在不列颠大部分地区均发现有金属饰环，这一点十分重要。除了上述提到的三大地点，在诺福克［鲍西（Bawsey）、赛德福德（Sedgeford）、北克里克（North Creake）］也分别出土过一些单一文物，在尼日斐德（苏格兰爱丁堡以南）、西米德兰兹郡以南的尼得武德（Needwood）和格拉斯科特（Glascote）、格洛斯特郡的克里威登（Clevedon）和索伦特海峡的亨格斯伯里角也发现了单一文物。

那些制作最精美的作品塑造了我们对不列颠手工技艺水平的认知（来自斯内蒂瑟姆的金属饰环现今收藏在大英博物馆，陈列在出土于泰晤士河的巴特西盾牌或滑铁卢头盔旁）。马具和战车的齿轮往往是十分精美的铜合金和搪瓷制品。已知的有各种类型缰绳环、马嚼子、车轴销、环线和带扣，有证据表明这些是作为一整套工具被统一制造的。这类装备的费用与马匹和战车的价格相匹配，这进一步突出了不列颠人的个人财富。恺撒曾提到他面对过 4 000 名战车兵，即使他的话有夸张成分，但也能看出当时战车数目之巨。另外，他的这番话也支持了以下观点：首领们可能会习惯性地让精英战士环绕着自己（扈从队，*comitatus*）。

就如古代不列颠人的许多其他方面一般，他们的葬礼仪式也十分多样。更令人费解的是，绝大多数遗体似乎是被随意丢弃的，而且经过考古研究并没有发现清晰的伤痕。在不列颠的许多地方，我们在聚落而非正式墓地发现了关节脱离的人类尸体残骸，这表明了暴露尸体（将血肉和器官从尸体上剔除，只留下骨架）是常规做法，而背后所代表的习俗我们无法确定。但在丢弃尸体前剔除肌肉和器官似乎是一个共同的传统，也是铁器时代不列颠传统与欧洲大陆的不同之处。即使在一些地区我们发现了埋葬尸体（土葬）或烧掉尸体（火葬）的证据，但从已知相对较少的墓葬来看，我们也可以清楚判断，并不是社会上的每个人都有如此待遇。铁器时代不列颠正式墓葬数量少，导致的另一个后果就是我们无法获取大量人工制品，无法从中发现普遍的祭祀情况，欧洲大陆则相反，那里大量的墓葬能提供众多体现文化的制品。不列颠和欧洲大陆各自行为中的排他性可能被人为夸大了，因为有证据表明，在高卢北部也有剔除尸体血肉的现象，在不列颠则有一些与高卢相似的墓葬案例。然而不列颠的葬礼仪式与欧洲大陆的葬礼仍然有着诸多差别，并表现出极大的地区差异性。

不列颠地区目前已知的战士墓葬十分罕见，与欧洲大陆数目众多的战士墓葬形成反差。肯特郡迪尔附近的磨坊山有一处公元前3世纪的墓葬，出土了剑、盾牌和铜合金头饰等合葬品。在肯特郡布利斯利（Brisley）农场一个大型圆屋聚落旁发现了一座战士合葬墓。战士墓是修建在长方形围墙内的土葬墓，里面有全套的剑、盾牌和长矛。这两个墓葬都可以追溯到奥古斯都时期，并似乎是后人崇拜的圣地。

在不列颠传统殡葬方式——“肌肉剥离”（或分散火葬？）外，其他主要代表有东约克郡的“阿拉斯文化的手推车墓葬”和英格兰东南部的艾尔斯福德－斯沃林文化的墓地。前者是指小型手推车下的土葬，由长方形的沟渠围成，有时在大型墓地中成组出现（鲁斯顿的韦特旺斯莱克）。在一些等级较高的墓葬中会出现两轮手推车或战车和武器，这让人不禁联想到欧洲大陆类似的做法。尽管现在大多数人认为这种新型墓葬形式被采用是因为一部分布立吞人与欧洲大陆有一系列接触，而非高卢北部移民到约克郡东部所带来的直接影响。可以发现，不列颠的“二轮战车”墓葬可以追溯到更早的年代，但在公元前1世纪后期这种地方性的墓葬方式却未继续被采用。艾尔斯福德－斯沃林文化中的火葬与高卢北部的墓葬非常相似，时间大约在公元前2世纪后期—公元1世纪中期。采用火葬的墓地大部分规模比较小，但也有一些较大的墓地（如圣奥尔本斯的哈里国王巷或苏塞克斯郡的韦森普奈特）。个人墓葬通常比较简单，骨灰被放置在一个罐或浅坑里，最多还有一两个其他容器，有时会有一枚胸针或一件厕所用具作为陪葬品。仅有少数墓葬发掘出有丰富的进口物品，包括意大利酒瓶、铜合金容器（多与葡萄酒或食品有关）、黄铜木桶和壁炉家具（所谓的铁制炭架）。陪葬品中没有兵器只代表丧葬仪式的社会偏好，而非其背后的社会特征。泰晤士河以北是罗马征服前最强大的不列颠王国的中心地带，也是这些墓葬的主要集中地。艾尔斯福德式葬礼发展到后期时复杂程度很高，旨在突出社会中的杰出个人。下文将更详细地讨论这些出现在科尔切斯特市斯坦威（Stanway）、列克斯顿（Lexden）和圣奥尔本斯市愚人巷（FollyLane）的“皇家”葬礼。

在不列颠社会，即便祭祀的物品远不如欧洲大陆，但是仍然极其重要。祭祀仪式的主要地点是靠近神树林（*nemeton*）或近水的宗教场所。将有价值的物品沉入河流、湖泊和沼泽，这是北欧史前社会延续已久的传统，不列颠铁器时代最令人感到震惊的金属制文物都出土于这样的地点：巴特西和切尔西盾牌以及滑铁卢头盔是在泰晤士河中发现的众多人工制品中最著名的；林恩·瑟里克·巴赫（Lyn Cerrig Bach）的大批马具和其他金属制品躺在安格尔西的一个湖泊中；邓弗里斯和加洛韦的托尔斯沼泽则出土了一个小马帽和两个饮牛角。而“林多（Lindow）人”，一具来自柴郡沼泽的铁器时代的尸体，似乎展示了更为黑暗的一面——活人献祭。在吃完一顿仪式大餐后，他被击打头部至晕厥，随后被绞死并割断喉咙，最终“淹死”在沼泽里。年代测定证据表明，这与1世纪后期罗马军队大量涌入不列颠西北部密切相关——献祭可能是对此的一种回应。沟渠等人工湿地，通常也具有特别的重要意义，且往往有特殊的祭祀品。祭祀并不是精英阶层独有的仪式，在铁器时代（和罗马时期）所有社会阶层的聚落或周边都普遍存在特别的祭祀活动。

在许多地方［如乌雷（Uley）、海灵岛（Hayling Island）、塞特福德（Thetford）］，我们都可以找到神树林演变为具有优美的建筑结构且更为复杂的神庙的迹象，而这两种场景都有规整的物品祭祀。罗马统治下的巴斯等一些主要的温泉遗址中也逐渐形成了类似的神庙。在近水或其他的祭祀仪式中，钱币似乎是固定的祭祀物。然而有些地点却似乎从未形成特别复杂的祭祀形式。例如，莱斯特郡东南部的一处遗址中，一条沟渠将两个祭祀区分隔开来——其中一个有 4 500 多枚钱币，另一个在多处发现动物骨头，显然是仪式盛宴的残留。尽管这与高卢有一些共同特点，但不列颠宗教行为的某些方面也具有岛屿国家特色。

人们通常认为铁器时代晚期的布立吞人十分好战，少女城堡等令人印象深刻的山顶城堡建筑以及恺撒对他所遇到的布立吞人的描述更加强化了这一印象。布立吞人被描绘成令人生畏的战士（但罗马文献往往倾向于夸大手下败将的力量）。有迹象表明，当时布立吞人在战斗形式和军队规模等重要方面与罗马军队有不同之处。在恺撒时代，布立吞精英阶层在战场上使用战车。尽管战车比较有威慑力，但它们的作用似乎很快就被罗马人采用的新战术所抵消。战车作战的核心是能在战场上快速移动，战车群在前进中发出的声音和给人造成的心理压迫可以引起敌方部队的恐慌，但面对纪律严明的步兵阵列的效果却没有那么理想。骑兵的部署可能更为重要，并似乎曾在一些战役中战胜过罗马军队。由于步兵的武器和装甲过于轻巧，他们无论多么勇敢，剑术多么熟练，在罗马人选择的战场上都会处于非常不利的地位。

罗马入侵史的研究中有一个有趣的角度：不列颠作战方法到底发生过什么样的重大变化。在抵抗罗马入侵的过程中，不列颠各民族认识到人口是最重要的，面对罗马军团，与其激战基本只会处于下风。在之后的殖民情境中，人们认识到一个不断扩张的国家可以刺激其邻国社会的演变——促生更大的集团间组织以及集团合作。而这正是我们在公元1世纪初于不列颠所观察到的情况，东南部民族所生产的钱币分布情况表明，更大的政治或社会政治集团已经出现。当然这可能只与社会内部因素有关，但这些民族开始铸币并采用一系列欧洲大陆的物品则表明，与罗马帝国的接触对他们产生了重大影响。与此同时，不列颠其他地区民族在这一时期的变化明显较少，这一点无疑也具有重要意义。罗马或欧洲大陆的货物确实进入了不列颠北部和西部，但物品交换程度并不足以引发我们在主要区域所看到的深刻社会变革。

恺撒的不列颠冒险

尤利乌斯·恺撒（Iulius Caesar）于公元前55年率领一支军队远征不列颠，随之而来的两场战役既可认为战果丰富，也可视作彻底的灾难。恺撒最后需要运气和能力才能撤离此地，而在公元前54年回到高卢时，他发现高卢已经处于起义边缘，他在公元前58年—前56年那速度惊人的征服行动几乎又回到了原点。在新近征服的高卢显然需要精心管理才能确保稳定的情况下，恺撒为何还要在不列颠发动这样一场危险且看似不必要的战争？在他自己的陈述中，他给出了冒险进行这场不列颠之战的几个理由，但很难厘清其中哪些理由最为重要，哪些是事后辩解。他提到了与高卢人并肩作战的布立吞人，尚未臣服的布立吞人对征服高卢构成的威胁，以及布立吞人和高卢人之间的文化联结。其他资料来源中包含了恺撒没有明确指出的其他原因。西塞罗在关于军队未能在不列颠找到银矿资源的表述中暗示恺撒曾提出不列颠有值得开采的矿产资源。另外，夺取战利品和奴隶也是在做战争决策时一个不成文但很重要的影响因素，恺撒想必夸大了他手头上的情报，来支持其有大量战利品可供掠取的决定。

然而，恺撒做出此决定的部分原因是当时特殊的政治形势。公元前 50 年左右，由于一些重要政治家和将军有反叛意图，共和政体面临着巨大的压力。面对个人权力增长的巨大可能性，罗马政府的集体性原则正逐渐崩溃。当恺撒手握大权，并享受着征服高卢所获得的成就感时，他在决定重大事项时也拥有了极大的自由权。而一旦征服完成，任期结束，他将不得不返回罗马。回归普通公民身份后，他将失去免于被起诉的权利。公元前 55 年—前 49 年发生的事件表明，恺撒对交出军事指挥权十分担忧。为了继续合理执掌军权，他需要证明自己的工作尚未完成。他可能还认为随着他获得更多军事荣誉，罗马为庆祝他赫赫战功的庆典就越多，他在罗马民众中的支持率也会越高。

事后分析很容易就能看出冒险出兵不列颠所带来的问题，尤其是战略层面的。尽管恺撒是一名作战经验丰富的将领，但不列颠战役涉及水陆双战场，连恺撒本人都险些命丧此地。他发动的第一次战役时间在夏末，但兵力有限，只有两个军团。当第一支舰队穿越英吉利海峡时，由于逆风及马匹装载延误，骑兵被落在后方。登陆因此推迟，而恺撒则在不断集结的不列颠军队注视下等待骑兵到来，只能在没有骑兵的情况下抢滩登陆，地点可能位于迪尔（Deal）地区。但是，他的战舰并不适合在开阔的海滩上登陆，这导致了更严重的问题，当步兵最终挣扎着上岸并突破不列颠兵的集中攻击时，由于没有骑兵，恺撒军队无法发挥出最大杀伤力。紧接着，一场大风暴使得第二艘载着骑兵的运输船无法跨越英吉利海峡，恺撒驻扎在滩头上的舰队也遭到了严重破坏。恺撒的军队很快就遭到围攻，至少需要取得两次胜利才能突围。匆忙修好战舰后，恺撒便动身前往高卢，除了得到几个人质之外，几乎一无所获，也没有对这里增进多少了解。

第二次战役在战略计划层面考虑得比较周全，从第一次战役中吸取了足够的教训。这次恺撒扩大了舰队规模；船舰经过改造更适合登陆；他率领 5 个军团和 2 000 名骑兵出征（总兵力约 3 万人)。然而，在一次成功登陆后，恺撒的舰队再一次被风暴破坏。卡西维劳努斯是不列颠战时最高领袖，统一指挥不列颠反击战。他也是泰晤士河以北地区的统治者，恺撒成功渡过泰晤士河后，不列颠反击战被瓦解为一系列游击战。泰晤士河以北的一些民族，包括塞纳马吉（可能是诺福克爱西尼人的祖先）和埃塞克斯的特里诺文特人与恺撒达成了协议。特里诺文特人在卡西维劳努斯杀死前任统治者后，被并入其王国。曼杜布拉西乌斯（Mandubracius）是卡西维劳努斯国王的儿子，与恺撒一同来到不列颠。他早些时候作为难民逃往高卢，现在被罗马任命为特里诺文特的统治者。有了新盟友的帮助，恺撒能够准确找到卡西维劳努斯的主要基地（可能是赫特福德郡的众多防御工事，如惠塔安普斯特德、普拉伍德和圣奥尔本斯)。恺撒与卡西维劳努斯和其他不列颠部落首领达成了协议，协议中要求各部落给恺撒提供人质、承诺每年向恺撒进贡，并服从他的所有安排。此后，恺撒撤回高卢，处理维钦托利领导的日渐频繁的反叛活动。他在军事上的声誉虽不能说有所提高，至少也是毫发无伤的。但是能够想象出来，恺撒第二年一定会回到不列颠巩固自己的战果，甚至也许会开始进行领土合并。

不列颠民族对恺撒的入侵态度完全不同。在发动第一次战役之前，有人曾派遣使者到高卢，向恺撒表示臣服。现在我们能清楚知道，恺撒至少接收了一位请求避难的不列颠王子。除此之外，恺撒还做了其他外交努力，让一些民族从即将正面抗击罗马舰队的反罗马联盟军中脱离出来。为了培养亲罗马（或中立）势力，一位名叫科米乌斯（Commios）的高卢首领还与不列颠使节一起回到了不列颠。

恺撒没有像他预计的那般受到不列颠人民的拥护和支持，不列颠人民对第一次登陆的协同抵抗，以及科米乌斯在抵达不列颠后不久就被“逮捕”这个事实均体现了这一点。抵抗队伍还包括不列颠南部的联盟，这表明在罗马入侵时，布立吞各民族普遍认为比起当时民族间的分歧，罗马入侵更具威胁性。在第二次进攻开始时，迫于罗马舰队规模的压制，不列颠民族放弃了直接阻止登陆，但抵抗态度同样坚决。尽管取得了两次重大胜利，恺撒在推行其权威时仍困难重重。甚至在卡西维劳努斯的据点被占领之后，肯特郡的四个国王受卡西维劳努斯教唆，对该地的舰队基地发动了牵制性攻击。其目的可能是救出不列颠战俘，同时攻击恺撒的战舰。这次行动失败后，卡西维劳努斯才接受了恺撒的条件。

这些战役也极大影响了罗马民众的看法，因为它不仅意味着罗马战胜了新民族，也意味着罗马征服了海洋。海洋曾挫败过恺撒的军队并使其陷入险境的事实更拉升了这一成就的高度。为了响应民众呼声，元老院举办了一次盛况空前、长达 20 天的公共谢神节（*supplicatio*），而且是在公元前 55 年的首次战役后。然而，消息灵通的罗马人也了解恺撒两次战役中未能实现的目标。西塞罗评论说，虽然俘获奴隶众多，但实际上奴隶是唯一的战利品，公元前 54 年回程时，800 艘战船有部分甚至严重超载。恺撒在离开不列颠的前夕掳掠人质，并匆忙制定出一些条约框架，这些行为通常被看作短期的解决方案，一旦出现更重要的事情吸引走恺撒的注意力，这些解决方案的时效性、有效性就变得微不足道了。但另一方面，后恺撒时代不列颠的一些考古证据表明，恺撒发动的战役确实取得了更具决定性的成果：把不列颠南部部分地区纳入了罗马的控制范围。他的胜利构成了未来政治关系的基础，在这一关系中，罗马被确立为该地区的主导军事力量。因此，本书的标题选取了公元前 54 年，而非公元 43 年，来作为不列颠融入罗马帝国的起点。

在这两次战役中，布立吞民族死亡、受伤、沦为奴役或人质的总数或达数万人。罗马人在很大程度上靠土地为生，他们在田间掠夺牲畜、收获粮食。无论何时何地，只要发现物质财富，军队都会将之攫取为战利品。这对不列颠低地地区人民造成了潜在的重大影响。在第二次战役之后，在不列颠统治集团至少产生了一位亲罗马的统治者。强国在境外培养盟友或附庸的情况并不罕见，而保持与“友好国王”的关系是罗马长久以来的传统。用相互依存而非孤立来描述不列颠南部和罗马在公元前 54 年—公元 43 年之间关系的历史更为恰当。

（罗马）战争期间的不列颠

恺撒的外交政策标志着不列颠南部主要民族和罗马高卢开始

了更为密切的接触。很明显，罗马保持外交关系的对象是特定的不列颠统治者，而非具体某一民族。这并不是否认当时不列颠存在着独特的“民族”身份，只是说明在权力、领土和忠诚方面，这些民族的重要性不及那些与罗马保持附庸关系的国王。显然，这一情况只适用于英格兰东南部，不应被当作适用于不列颠其他地区的通用模式。东部王国是两个主要受庇护地区之一，其中心地带位于泰晤士河以北（包括白金汉郡、赫特福德郡、贝德福德郡、艾塞克斯郡）。这一地区传统上被定义为卡图维劳尼族和特里诺文特族的领土，人们常认为前者征服了后者，建立了一个统一王国。然而也有可能是特里诺文特族国王曼杜布拉西乌斯将其统治范围向西延伸。南部王国位于泰晤士河和索伦特海峡之间的延伸地带（包括伯克郡、萨里郡、汉普郡和西苏塞克斯郡）；该地区历史与约公元前 50 年高卢阿特雷巴特人（*Atrebates*）的首领科米乌斯（Commios，拉丁语文献中亦作 Comius）“逃亡”到不列颠有关。考古证据表明，高卢与后恺撒时代不列颠之间的贸易往来有所增加，而且重心逐渐从西南港口，如普利茅斯海峡的巴顿山或多塞特的亨格斯伯里角转向索伦特海峡、艾塞克斯海岸和泰晤士河河口等新王国的港口。

自公元前 2 世纪末起，不列颠东南部民族与他们位于高卢北部的邻居一样开始使用并在之后不久开始铸造钱币，这些发行的钱币大部分面额较高，也许在这些民族中具有特殊的作用，可以用作大型战争获胜者的赏金。凯尔特钱币的起源和灵感可以追溯到马其顿国王腓力（公元前 359—前 336）时期的金币（斯塔德），其正面为阿波罗的头像，背面为一辆双马战车。公元前 4 世纪末或公元前 3 世纪初，该版金币的高卢复刻品较忠实于原版，但经过不断的“再模仿”和刻意的抽象化，不同版本钱币的设计变得更加多样、更具个性，但这一过程中的变化也可以清楚地反映出一些当时的社会情况。每一版图像的变化虽然细微，但变化的过程很久，且没有放弃核心的理念，因此它们被归类为“系列图像”。不列颠东南部的钱币最早是公元前 2 世纪从高卢北部流入的，属于所谓的高卢 - 比利时系列。这些钱币的出现时期与主要聚落开始分散，山顶堡垒衰落和社会分化加剧为标志的社会变迁时间相吻合。

大约从公元前 80 年起，不列颠的钱币生产在南方有了非常良好的发展势头。这令我们联想到恺撒领导的诸多战役，以及那些转折事件。各时代之间的区别最先反映在大堆钱币文物中，我们可以发现后恺撒时代发行的货币与不列颠早期货币之间的关联性极小。人们似乎曾有计划地弃用旧货币，并根据新标准重新铸造钱币。到公元前 30 年代，传统的阿波罗 / 战马系列图像旁边添加了创新的图像。对新型钱币含金量的分析表明，这些钱币中明显的红色调表明了与不列颠之前钱币金属成分的差别，后者仍然保持着淡黄色调。生产新货币的合金是由一种新的物质——精炼金——冶炼而成的，这种精炼金可能来自罗马帝国。一些不列颠钱币上出现了一个图像——科米乌斯，这是另一个改变。在奥古斯都时期（公元前 30—14），在不列颠出现了一系列新的钱币图像，其中一些是罗马原型的变体，也出现了银和铜合金制造的货币。

在进一步考虑有关钱币的证据之前，有必要再次提及科米乌斯。他最初是罗马人的朋友，在公元前 57 年被恺撒征服后，被封为高卢阿特勒贝特国王，并于公元前 55 年和前 54 年在恺撒取得军事胜利后与布立吞人的谈判中发挥了重要作用。恺撒也做出了慷慨的让步作为回报：恺撒把阿特勒贝特人当成一个独立的附庸国，获得了北高卢部分地区的宗主权，并免除了他们的赋税。公元前 53 年高卢起义爆发时，科米乌斯最初忠于恺撒，但随着起义达到高潮，他也加入了战争，似乎成为抵抗军的领袖之一。一名罗马指挥官沃卢森努斯（Volusenus）试图冒险暗杀他，科米乌斯由此受了重伤，但仍幸免于难，继续领导对罗马的反抗斗争，最终在一场战斗中成功重创沃卢森努斯。希尔提乌斯在恺撒死后完成了高卢战争的记述，他说，科米乌斯向当时高卢北部的负责人马克·安东尼（Mark Antony）投降，也提出了一些条件，只要不强迫他与任何罗马人直接接触，他就可以“住在指定的地方，并一切听从恺撒指挥”。大概从那时起，他永久居住在不列颠，定居在泰晤士河以南。这一说法的意思是，科米乌斯最终成了罗马的附庸，并达成和解。这一时期一些不寻常的宝藏，例如在温彻斯特附近发现的一批精美绝伦的黄金珠宝表明，南方王国的精英阶层中有人接受了罗马帝国的贵重物品。随后，恺撒战役的政治遗产是以南方王国的附庸统治者（最初是科米乌斯）和东部附庸国统治者曼杜布拉库斯（Mandubracius）为基石建立起来的。

想重新构建后恺撒时代不列颠这两个主要王国的王朝和政治历史非常困难，能生成的最多只是“伪历史”。关于这些地区历任统治者名单的各个版本在许多细节上有所不同，而且日期越精确，我们就越该怀疑其真实性。从出土钱币上更容易获得这些统治者的意识形态倾向。罗马首任皇帝奥古斯都借助肖像来巩固个人统治。详细分析不列颠铸币的图像和铭文后，我们确定了这种模式，与发源于罗马的肖像计划如出一辙。他们之间相似点之多，相似程度之高，不可能是巧合，这也暗示了不列颠统治者与罗马的政治世界和文化之间持续而深刻的联系。

公元前 44 年恺撒被暗杀是罗马一个重要的转折点，共和国由此进入了新的内战时期，在阿克提姆海战（battle of Actium）后，恺撒的养子、继任者屋大维取得了最终胜利。公元前 27 年，屋大维改名奥古斯都，并通过一系列政治改革，逐渐奠定了能够体现共和国传统框架的独裁统治（元首制）基础。在漫长的执政生涯中，他进一步试验了通过图像来塑造元首（皇帝）形象的作用，慢慢建立起一系列非常稳固有效的图像与人物之间的联系。一看到这种图像，就能使人在脑海中联想到其权力、威望和祖先等一系列要素。这种新的罗马视觉语言也可以在公元前 1 世纪后期至罗马不列颠征服期间的不列颠东部和南部王国各王朝的钱币细节上找到踪迹，当时罗马的其他附庸国发行的货币上也是如此。

而当新图像出现在不列颠钱币上时，科米乌斯已经去世。他统治时钱币最大的创新是有一版钱币上出现了他的名字。事实上，他的死很可能直接导致图像发生变化。他的继任者似乎是丁科马鲁斯（Tincomarus），他的钱币（有拉丁语铭文）强调了他与科米乌斯的继承关系，同时也使人想起奥古斯都时代的合法化图像。有人认为恺撒在不列颠的政治部署在公元前 40 年代的长期内战和内乱中就结束了。但是奥古斯都显然与不列颠的个别统治者有联系，我们知道他接收了来自不列颠的难民，尽管这些往往被认为是个别的行为。铸币证据则提供了一种不同的解释——从公元前 54 年起，不列颠的部分地区事实上已被视为帝国内部的附庸国。

罗马方面的做法无疑是关键，即要求被击败的敌人献出人质（*obsides*）。这些不列颠人质离开家园的时间有时会延长，他们显然能够了解更多的罗马文化和军事。根据现有资料可知，有多个附庸民族的人质在罗马社会中拥有高层人脉，在罗马军队中担任军官并在权力中心体会到了帝国的政治。他们回国时已经会讲拉丁语，有的还成了罗马公民，身边有陪伴他们并有共同经历的贵族同伴。阿米努斯，这位在公元 9 年策划消灭瓦鲁斯和三个罗马军团行动的日耳曼领导人就有这样一段经历。因此，丁科马鲁斯和不列颠铁器时代的其他主要创新者很可能是在罗马或在帝国内部待过一段时间的王子。

然而这种关系在本质上并不稳定，因为无论是现任统治者去世还是其政权被推翻导致了领导层变动，罗马都需要与继任者重新谈判，重新确立以个人权力为基础的政权统治。附庸国王权必须得到罗马的授权认可，因此，任何寻求建立个人统治的人，无论他们受到不列颠人民多大的拥护，都必须得到罗马的认同。很多事件也表明，即使某一人选得到了罗马认可和优待，也并不意味着他最终能成为统治者。我们了解到至少有两名不列颠统治者在奥古斯都统治时期逃到了罗马，其他逃跑的统治者则是在克劳狄入侵前夕逃走的。这种动荡的局面通常是在被罗马承认的两大不列颠主要附庸国王位继承时出现，而且并不会持续太久。

在奥古斯都统治时期，他多次提出过征服不列颠的想法，但是无论在什么情况下提出，大家都反对进一步的军事干预。有迹象表明，在公元前 34 年和公元前 27—前 26 年，奥古斯都已经开始积极备战，并且打算亲自出征。我们已知的资料中提到了公元前 27—前 26 年罗马向不列颠人提出的条约，因此，罗马的入侵威胁可能是导致新政权妥协的原因。这些事件也可能与科米乌斯以及在东部王国与之身份类似的人物去世有关。公元前 16 年奥古斯都在高卢时，也可能考虑过采取行动，但最终决定再次采用外交方式解决，而非直接干预。奥古斯都加强了在不列颠的外交活动，接纳某些统治者成为附庸并接收难民进入帝国。不列颠和高卢北部之间的贸易和交流在这一时期达到了新的水平，帝国的物质文化在不列颠越来越多地被当作衡量地位的标准。

不列颠面对罗马方面的另一个直接军事威胁来自公元前40—前39年的恺撒。这似乎结束了东部王国最重要统治者库诺贝林的长期统治。根据罗马资料记载，在库诺贝林去世之前，其子阿米尼乌斯与其发生争执并被流放，随后逃至罗马。在罗马，阿米尼乌斯似乎成功说服恺撒，声称入侵不列颠会很轻易地取得胜利，于是恺撒便着手准备开战。到公元前40年夏，军队和舰队在海峡集结，蓄势待发。但由于恺撒过于紧逼，军队被逼到几近叛乱的边缘，计划好的征程不得已在混乱中结束。部队最终落实的任务只不过是为皇帝所宣称的胜利收集贝壳。

在铁器时代晚期，东部和南部王国的钱币制造也反映了不列颠与罗马帝国之间的密切关系。例如，丁科马鲁斯在公元前40年代和前30年代期间曾去过罗马，并在屋大维阿克提姆海战取得胜利之前返回不列颠，印在丁科马鲁斯（公元前30—前10）钱币上的图像就完全体现出这一点。丁科马鲁斯版钱币的古典骑士风格与其他铸币的“凯尔特”马的形象形成了鲜明对比，这种新风格也在其他一些不列颠附庸国中流传，有的会带有明显的“不列颠”风格，如带有战争号角（*carnyx*）的骑士图案。维瑞卡（Verica）是另一位南方国王，也自称是科米乌斯的“儿子”，几乎可以确定他就是贝瑞克斯（Berikos），公元前42年，他由于内部动荡而逃往罗马。维瑞卡铸造的钱币有多种图案，其中大部分图像是奥古斯都图像宣传的重要元素，他用拉丁语*rex*彰显其地位，实际上表现了他附庸国身份的性质。

维瑞卡所铸钱币的后期阶段与为艾帕提卡斯制作的钱币系列

时间相重叠，这一系列集中分布在受维瑞卡控制的北部地区。钱币图像的变化与东部王国有着密切的关联，同时艾帕提卡斯也宣布了东部王国统治阶层之间的密切关系。这是东部王国牺牲其南部来实现扩张的证据，这也导致维瑞卡在公元前 40 年代初期被驱逐出境。卡拉塔库斯（库诺贝林的儿子之一，可能于公元前 43 年罗马入侵之前继承了艾帕提卡斯的王位）时期的钱币极少，也继续保持着罗马风格。

东部王国采用新的铸币风格过程较为缓慢，其中阿德都马路斯（Addedomarus）（公元前 40—前 30）和都比诺维尔阿鲁斯（Dubnovellaunos）（公元前 30—前 25）的钱币基本上延续了传统的系列钱币风格，但有一些版本增加了国王的姓名。塔西奥瓦努斯（Tasciovanus）统治时期可能是公元前 25—前 10 年，他是第一个尝试新图像系列的统治者，他的铸币上有与奥古斯都相关的各种神话或其他野兽形象，其他的创新之处还包括罗马风格的肖像胸像、坐像雕塑，一些钱币上还刻有铸币厂的名称，如 *Ver* 表达维鲁拉米恩（*Verlamion*），还有如何获得王位的表述，尽管这里所使用的术语是凯尔特语 *RIGON*。塔西奥瓦努斯死后至库诺贝林于公元 10 年成为东部王国绝对统治者期间还曾有一些由不知名的统治者制造的钱币短暂存在过。

库诺贝林的统治时期代表着不列颠铁器时代晚期王国发展的最高水平。据估计，库诺贝林王朝出产金币超过 100 万枚，远超之前所有其他的罗马附庸王国。库诺贝林曾说有一些钱币是来自“塔西奥瓦努斯的后代”，这样的说法可能只是为了方便，并不是指存在真正的血缘关系（维瑞卡和科米乌斯的情况或许也是如此）。罗马收养继承人的行为就是这种说法得到推广的范例。虽然罗马人的文字记载和库诺贝林的回忆复述有矛盾之处，但他确实已经在罗马支持下长期统治着一片广大地区。苏维托尼乌斯称库诺贝林为“不列颠人之王”(*rex Britannorum*)，这表明在帝国的庇护下他统治着大量不列颠人民，而且钱币上刻写的 *rex*（王）铭文也可以体现他的高贵地位。

虽然库诺贝林所铸的某些钱币与之前的一些钱币相似，但其图像的扩散速度之快、使用范围之广令人惊讶。从晚期钱币图像明显的古典风格和高质量可以看出，当时这里有训练有素的模切工或曾在帝国内部学过这种工艺的不列颠手艺人。通过模仿奥古斯都的图像计划和奥古斯都时期的罗马文化创新，不列颠王国表示出他们对帝国的忠诚，并树立起自己强大统治者的身份。从钱币中可以看出这些王国与罗马的联系非常紧密。在一些晚期发行的钱币上的确有奥古斯都、提比略或恺撒的肖像，而自觉使用这些图像必然是对帝国表忠心的做法。然而，如果仅将库诺贝林看作罗马的傀儡，同样是错误的。库诺贝林造币有趣的一点是它将奥古斯都艺术加工过的典故与更抽象的符号结合在一起。其正面最具特色的是大麦穗，常被认为是一种谷物生产的象征（斯特拉波说这是谷物出口的）。不过，它同样可以被视为不列颠啤酒的象征，对应将罗马葡萄酒进口到他和维瑞卡（他的一些钱币上实际上刻有葡萄叶图像）宫廷的做法。

甚至像不列颠这样偏远的附庸国，其领袖也处在罗马的控制之下，需要缴纳税款以服务罗马军队，另外还有与帝国贸易的关税等。但在罗马人控制的所有事项中，对附庸国统治权继承的干涉是最关键且最具争议的一点。当一位附庸国国王去世时，罗马将从由它培养的一堆人质中挑一名接替王位，这显然最符合罗马的利益。

当然，这种制度的实施并非一直顺利，在必要的时候，罗马可能会以吞并作为威胁，以威逼那些不愿意这样做的附庸国妥协。解决附庸国继承问题是一个漫长的过程。历史记录中有迹象表明奥古斯都曾考虑过在不列颠发动战争，因为“那里的人们不愿妥协”。库诺贝林死后东部王国将会出现动荡，这显然是公元 43 年克劳狄入侵（及之前盖乌斯治下的威胁行动）的根本原因。最后，当罗马人违背了爱西尼人的意愿，决定在其国王去世后吞并其领土时，这导致了布狄卡起义最终爆发。与附庸国之间的此类矛盾属于偶发的局势动荡，罗马需要外交手段和培养俘虏来提前做好准备。

关于公元 43 年罗马入侵事件的记载反映了库诺贝林后代的一些信息：卡拉塔库斯、托葛杜努斯（Togodumnus）和其他没有记录姓名的兄弟都抵御过罗马，也包括后来被迫逃跑投奔盖乌斯的阿米尼乌斯。为什么库诺贝林的家人在此时与罗马发生冲突呢？库诺贝林的统治持久且繁荣，从他统治时期的造币情况看可以判断他长期以来都是帝国的朋友。但他生病与死去的时间点（他可能在公元 40—43 年去世）非常糟糕，产生了继承问题，而在这短暂时间内罗马两位新皇帝（盖乌斯和克劳狄）先后上位，每个皇帝都需要用军功来树立威望。因此，无论附庸国是否忠诚，在这种情况下，都是具有吸引力的目标。

有人认为，铁器时代晚期在英国东南部的发展，代表着罗马在很长一段时间内维持着一种附庸国的结构，这种观点可以从有关聚落和墓葬的考古证据中得到支持。可惜专家们只考察过相对小型的奥皮达遗址。在科尔切斯特，有证据表明谢尔彭（Sheepen）地区曾有大量工艺生产活动，而在南部几公里处的格斯贝克（Gosbecks），另一个密集住宅区的地下发现了一处疑似王家建筑的遗迹。在对这个建筑进行正式发掘之前，我们对库诺贝林宫廷的物理结构认知只能通过猜测。罗马时期的圣奥尔本斯静静躺在山谷底部，位于一系列堤防系统（德沃戴克和普拉伍德）之下。尽管在戈勒姆伯里的德沃戴克上有一个大型贵族圈地，铁器时代后期遗址中心的位置仍然很难确定。在后来罗马城镇的广场下，有一个至少两公顷的大面积圈地，一条巨大的沟渠环绕四周。大部分金属加工和钱币生产的考古证据来自其北部和西部的紧邻区域。这可能是另一个“王家”圈地，但也不能排除其他可能。圣奥尔本斯附近有一系列代表着多种生产活动、聚落并且广泛分布的墓地物品，这些考古证据证明这些都是铁器时代晚期显著的中心区域。西边的“牧牛乡”（Cow Roast）和阿士里奇（Ashridge）似乎是铁制品生产中心，而东边的韦林（Welwyn）、鲍尔多克（Baldock）和布拉芬（Braughing）是居住区域和墓葬区混合的区域。例如布拉芬的居住区域占地面积超过 200 公顷，这里物资丰富，被认为是该区域进口商品的贸易与分销的主要地点，在公元 10 年达到顶峰。在韦林以南的埃森登（Essendon）发现了一个祭祀遗址，发现了武器和数百枚钱币。赫特福德郡、白金汉郡和贝德福德郡南部的铁器时代晚期居住地的总体情况反映出了东部王国的富饶和居住的密集程度。

南部王国的三个主要中心是奇切斯特、温彻斯特和西尔切斯特。奇切斯特以北的一系列主要堤坝划定了一个巨大的区域，其中铁器时代晚期的中心仍有些模糊，尽管在塞尔西比尔（Selsey Bill）发现的钱币和金器很有说服力。不过，主要的中心可能是在奇切斯特/菲什本地区，那里有 1 世纪早期的精美器皿和其他发现，彰显了一个地位较高的遗址，也是征服后发展的集中地。目前，人们对奥皮达遗址了解最透彻的是西尔切斯特，尽管它是一个单一主围墙内的中心，这一点有些反常。发掘工作揭示了建筑和围墙排列的痕迹，这些痕迹由环绕城墙的三个城门延伸出来的道路所界定。在西尔切斯特和菲什本，人们越来越怀疑地层上早期的直角建筑是在征服前建造的——这也与这些地方是完全成熟的附庸国的想法一致。在菲什本、科尔切斯特、圣奥尔本斯和西尔切斯特发现的进口物品，特别是从一些不寻常的墓葬中发现的特殊物品，说明了这些遗址的特殊性。

在科尔切斯特，我们仔细考察了两个铁器时代晚期的墓葬群。第一个位于谢尔彭（Sheepen）聚落遗址附近的列克斯顿（Lexden）。一个直径 30 米、沟渠围绕的椭圆形古老坟茔下发现了一个大型墓葬。坟茔下方中间位置有一个极大的竖井，竖井内部则曾有一个木质房间，那里出土了大量文物。可以看出许多文物明显在被掩埋之前已遭到蓄意破坏。除此之外，还有少量焚烧过的骨殖。墓主人地位很高，配有锁子甲和马具，但没有武器。墓中至少有 18 个双耳瓶和许多其他陶器，以及进口铜合金金属制品（公猪、公牛和朱庇特的小雕像、狮鹫状饰品，以及破碎物品中包含的其他可拆卸物件），银器（底座、搭袢和饰纽，一枚吊坠，其上有公元前 19—前 15 年钱币中的奥古斯都肖像）和金器（精美的绶带）。其他零碎的发现包括典礼用椅（sella curulis）和矮凳的椅腿部件。这批文物大致可追溯到公元前 15—前 10 年，与塔西奥瓦努斯统治结束时期一致。这毫无疑问是附庸国国王规格的墓葬，同时也充分反映了当时东部王国与罗马较深的经济和政治联系。锁子甲有罗马军队风格，但也可能是其他人送的礼物，不应排除其所有者曾服役于罗马辅助部队的可能性。该锁子甲与其他铁器时代晚期的锁子甲（愚人巷鲍尔多克）和莱斯特郡东南部至少两个骑兵头盔部件都是同时期物品。另一个贵族墓位于斯坦威，靠近列克斯顿以南 3 公里的格斯贝克遗址。这个墓地在罗马征服之后仍在使用，外部围绕 5 道壕沟，每道壕沟中间都有一个坑，坑内放置着各种破碎但未被焚烧的物品和少量焚烧过的骨殖。这些地点最初可能有一些低矮的坟头作为标识，但坟头早已经被夷平。一些壕沟周围还发现了一些墓葬，其中一个墓主被取绰号为“医生”，因为他的墓中发现了一套进口医疗工具。此外还发现了一款罗马棋牌游戏，棋子摆成了开局的样式；以及众多来自高卢的陶质花瓶和双耳酒瓶。

现在，圣奥尔本斯的多个墓葬已经得以发掘：位于西面的哈利国王巷、南面的圣史蒂芬斯和东面的愚人巷。位于愚人巷的墓葬仪式十分独特。人们建造了一个两公顷的围场，以一条深深的沟渠为界。围场入口面朝西南，正对韦河（River Ver）山谷。在围场的中心，有一个可能在接近现代时期建成的巨大栈道。竖井壁内侧四周覆盖着许多木料，栈道中间还有一个独立的方形结构。这个位于中心的木结构被一条砾石铺设的走道包围着，在一角设置的斜坡或是梯子可以通往这条步道。

竖井内部发现的文物显示，这似乎是一个墓葬的外部建筑，尸体在火化前可能会在这里放置一段时间。底座里被故意打碎的物品和竖井中的填充物显示，墓主人下葬时有各种各样的陪葬物，包括进口双耳瓶、精陶和金属器皿等。挖掘竖井时的弃土会被堆成一个土堆，上面有火葬用柴堆的痕迹。当火化刚刚结束、柴堆仍然滚烫的时候，人们似乎故意忽略外部临时墓室及竖井，对其回填相当有限，只有少量的火葬残余会被放入其中。火葬残余物会被二次掩埋在竖井顶部北边的坑中。对烧焦残骸的分析表明，火葬柴堆上不仅有人的骨骼或尸体，还有各种动物祭品（猪、牛、马、绵羊或山羊)。来自各种物品的少量熔融金属或烧焦材料证实了这里曾有丰富的祭祀品，包括锁子甲、战马和战车装备、钉靴、银和铜合金器皿、象牙家具配件、铁艺品、精陶器和双耳瓶等，与竖井中的火葬残余相似。人们会在被填充的竖井和坑上堆起一个低矮土堆，同时在邻近的火葬堆上竖起一个桩子，标记实际火化的位置。

从竖井和火葬堆残留物推断，火葬的时间应该在公元 55 年。但是对墓室结构进行分析后可以确定墓主是在去世很久之后（可能好几年）才被火化的。从仪式和陪葬品的规格可以看出，墓主是某个不列颠统治者或东部王国王朝的王室成员。锁子甲、马具和战车装备表明墓主为男性。临时墓室的建造和葬礼结束后的拆除清理工作需要大量的劳动力。此墓葬很可能属于罗马征服不列颠后所扶持的、具有地方权威的不列颠首领，但是，我们也不能排除墓主是克劳狄入侵之前的某位卡图维劳尼首领，在墓室中存放超过 10 年之后，其风干的遗体和特意毁坏的陪葬品才得到火化。莱克斯登和斯坦威墓葬群的仪式与此墓的墓葬仪式相类似，表明墓主也曾是东部王国统治阶层的一员。这也意味着至少库诺贝林家族中的一些成员在早期就与罗马达成协议，并在公元 43 年后得到了仁慈的对待，才在这座火葬土堆上建立起了一座长方形的石质建筑物，其入口正对竖井上的坟茔。这座建筑具有罗马－凯尔特神庙风格，与原始围地附近的一系列仪式祭品形成了对比。这也许可以作为统治者或祖先献祭形式的证据，为了纪念故去的部落首领的葬礼仪式举行之地。

其他圣奥尔本斯的墓葬则比较普通，但即使规模相对较小，这些墓葬也反映出一个实行复杂多样丧葬仪式的阶级高度分化社会。例如，在哈莱国王巷，许多保留了陪葬品焚烧证据的大型火葬堆几乎都位于矩形围地的中心（10—15 平方米）。通常在这些墓葬周边似乎有一些结构比较简单的火葬堆，另外一些墓葬周围或者围墙壕沟内部则分布着火葬墓。这些火葬墓有丰富的祭品，包括金属和陶器皿、动物、马具和家具。本土贵族对罗马物质文明的接受程度与当时不列颠文化情况非常吻合，而且这种习俗在罗马征服不列颠之后仍在延续。火葬不只是东方王国的习俗，在西方王国也有出现。最广为人知的案例是靠近奇切斯特市威斯汉普内特的大型遗址。那里有大量火葬墓，一些以环形聚落形式出现，并附有火葬柴堆。

附庸国以外的疆域

不列颠各民族身上也展示出了铁器时代晚期的世界普遍存在的身份转变方式。“社会地位”从一个群体性表述细分到个人与统治者。社会地位这种新变化体现出地区间，特别是与欧洲大陆之间交流的密切程度。虽然靠近欧洲大陆地区受影响最为明显，但即使在爱尔兰、苏格兰东南部和东部，也存在着金属制品受拉登文化（La Tène）影响的重要案例。虽然濒临大西洋的苏格兰地区和爱尔兰有最明显的岛屿文化元素，但铁器时代晚期仍然是物品风格发生重大变化的时期之一。这一过程在罗马到达高卢和日耳曼海岸之前就开始了，但从公元前 50 年罗马开始登上舞台之后，不列颠与欧洲世界交流扩大，过程受到的影响开始加速。

不列颠东南部独特的发展路线是与铁器时代早期传统分道扬

镳的标志。那么在恺撒和克劳狄之间的那段时间，不列颠其余地区的情况又是如何？其中一些地区生产过钱币，并出现了与南部和东部王国类似的聚落和社会演化部分类似的迹象。肯特郡的铸币模具似乎与东部、南部王国的模具一样，而且在这一时期，肯特郡地区在大部分时间似乎都依附于一个或多个大型王国，并不具有独立地位。其他铸币地区——诺福克郡、东米德兰兹、塞文/科茨沃尔德地区和多塞特——继续遵循次序使用自己的系列图像，只是偶有例外。这表明，这些地区与罗马的关系与其他地区截然不同，文化上也更为保守。

从罗马进口货物的渠道也减少了。人们可能会问，在此期间，其他族群与罗马保持着怎样的直接联系？一个合理猜测是，罗马人鼓励泰晤士河北部及南部主要王国向其他不列颠统治者和民族施加影响。当然，这种做法必然导致主要附庸国权力和领土范围的扩大。已经有很多文献记叙了特里诺文特/卡图维劳尼“帝国”的广袤疆域，比现有文物证据所能证实的要大很多，但一系列证据确实能够说明东部王国的扩张。这方面最重要的记载也许是狄奥（Dio）的文字：多布尼人（*Dobunni*，现存手稿中作 *Boduni*）的部分领土曾归属卡拉塔克斯（Caratacus）和托葛杜努斯统治，“尽管两人都是卡图维劳尼部落领袖”。多布尼人的中心地带位于科茨沃尔德和塞文河（塞文）山谷以西很远的地方，但多尔切斯特（Dorchester）和格里姆氏壕沟（Grim's Ditch）的奥皮达、牛津郡东部笔直的阿维斯壕沟（Aves Ditch）都可能受到东方王国势力扩张的影响。在克劳狄入侵前几年南方王国北部地区的艾帕提克斯（Epaticcus）出现了钱币，证明库诺贝林家族统领地位的不断提高。但这种提升可能并非完全依靠战争实现，东方王国（在罗马人鼓励下）同样也可能通过王国间联姻的政治手段来扩大其控制范围，或可能通过加大力度控制高端进口品和制成品来行使自己的权力。主要附庸国可能通过奢侈品分配、新宴会习俗，以及其他外来人口可能受邀参加的社交典礼，来影响邻国的行为。

爱西尼部落诺福克风格的铸币普遍刻有抽象的阿波罗头像/马图像，其他图像还包括阿波罗头像/狼图像和野猪/凯尔特马图像。某些版本的“ECEN”可能代表爱西尼这个“种族”的名称，若事实如此，这就代表了同类型中唯一宣扬民族身份的铸币。爱西尼部落的系列钱币显然在不列颠被罗马征服后直至公元60年仍在流通；而相当多刻有铭文的版本可能发行于公元30年代后期之后，当时罗马可能已经开始寻求与英格兰东部和中部的小统治者建立更加深层的关系。

直到后来新发现了大批钱币补充大量空白，人们才在近些年［50年前人们还不确定科利埃尔塔维人（*Corieltavi*）是否铸造过钱币］了解到中英格兰东部大区的铸币情况。现在我们知道这里的钱币出现了很长时间，工艺也具有一定的复杂性，制造于林肯郡和莱斯特郡的几个中心区。图像基于标准系列类型，但是高度抽象到阿波罗和马的头部都几乎难以辨认。与爱西尼人一样，科利埃尔塔维人也有野猪/马组合图案的银币。最早出现的铭文（王朝）钱币似乎出现于公元前1世纪后期，经常出现成对的人名。这类钱币很可能在罗马征服后一段时间仍持续流通，但无法确定这一时期铭文钱币的数量。科利埃尔塔维人使用了传统钱币图像，这表明他们在罗马征服前并不是正式的附庸国，但毫无疑问，他们已经开始接受推广到该族所在区域以南的大部分铁器时代晚期社会习俗。东莱斯特郡的考古发现中有一些早于克劳狄时期的古罗马银币，以及超过

4 000 枚科利埃尔塔维人钱币。在罗马征服后的早期阶段，科利埃尔塔领导者可能已经被正式授予了附庸国国王身份，并在一些年内保持这样的身份，才能发行钱币。

人们通常认为多布尼人生活在西米德兰兹郡和塞文河下游，他们的钱币图像也非常传统。公元前 1 世纪后期，一些钱币中出现了刻印文字，但意义不确定。参考南部和东部王国的钱币，这些文字最有可能是统治者的名字。多布尼人有意在这些钱币上回避了南部和东部王国的罗马式图像，表明直到公元 43 年多布尼人向罗马投降，他们才正式成为罗马的附庸国。

最后，威尔特郡、西汉普郡和多塞特郡（罗马资料中作 *Durotriges*，杜罗特里吉）的族群生产了一系列独特钱币，但其上图画是由南部的系列图像演变而来。最后发行钱币上的图案是其中最抽象的一款。绝大多数钱币没有铭文，只有一些后期版本带有“*CRAB*”字样。古代货币这个证据再次表明，不列颠这一民族的统治者在克劳狄入侵之前并不是罗马帝国的正式附庸。

所有这些不列颠南部的非主要钱币制造者都与东方或南方王国毗邻，再加上物质文化上的其他发展，我们在这里似乎也能看到小王朝主导的等级社会发展，这些社会以那些与罗马有直接联系的最成功的附庸国为蓝本。

在生产钱币的民族聚居区以外，情况再次发生了变化。不列颠东北部的布里甘特族和帕里西族有一些从罗马和高卢进口的渠道，但它们不太可能在罗马征服前就正式成为附庸国。最晚在公元 47 年，罗马已经承认卡逖蔓杜阿女王为附庸，这表明布里甘特联盟在这时期通常会由一位最高首领统领。斯坦威克遗址是英格兰北部领主级别城镇的强有力证明。德文郡和康沃尔郡、威尔士及其与英格兰交界地带、英格兰西北部和苏格兰的大部分地区似乎都是由与英格兰南部王国规模截然不同的民族组成的。西部和北部的典型聚落是一块包围起来的场地，最多可容纳一个大家族（细节参见第十三章）。在某些地区，遗址之间明显没有差异性或社会层级区别。然而有迹象表明，这些民族的社会运作复杂程度可能更高——正如爱尔兰王权的演变所表明的那样（见第十四章）。这些区域更难融入罗马帝国，但并不意味着它们注定会失败或抵抗罗马。

不列颠岛屿的文明演变方式已经取代了之前人们认为的贝尔吉民族迁徙的陈旧理论，尽管最近人们也意识到不列颠社会与欧洲大陆有更密切的联系，以及与某些高卢民族有部分同化。直接套用罗马政治的模式，直接将征服前不列颠“部落”等同于罗马城邦，显然就和之前粗略的假设一样毫无根据。还有一种看法也很值得推敲，即铁器时代某些不列颠王国构建的基础是领导个人的声望和地位，而非严格意义上的种族身份。这种说法让科米乌斯（也许还包括其他高卢难民）能够迅速被接纳，以及卡拉塔克斯从埃塞克斯的“最高酋长”转为威尔士中部的“最高酋长”有了合理的解释。但是这里出现的矛盾是，不列颠人清晰的同一“民族”身份认同感是在反抗罗马和随之而来的溃败中形成的，因为罗马帝国把征服的不列颠人归为一个“民族”。

大部分关于铁器时代的最新研究强调多样性和区域化。陈旧的定论和研究模型已经一去不复返了，“凯尔特人”的说法几乎被弃用。但我们仍要明白，罗马对不列颠不可能没有丝毫影响力。尽管铁器时代中期到晚期阶段的过渡时期发生了重大变化，但恺撒来临之后这一过程显然更紧凑、更快速，在与欧洲大陆接触最多的地区尤为明显。到克劳狄征服时期这大半个世纪中，不列颠南部的大部分地区已经是罗马附庸国。那么，克劳狄的远征是一种征服，还是再征服，抑或为已经并入帝国的那部分领土进行政治上的正名？

这种"亲罗马"的证据充其量也就是一些机会主义或务实主义层面的证明。罗马在不列颠东南部民族的生活中发挥着越来越重要的作用，但这并不意味着不列颠领导人赞同罗马最终接管不列颠。有一些人因为消费罗马商品（意大利葡萄酒、橄榄油、金属餐具、医疗工具、卫生间用具、棋盘游戏）而被认为站在亲罗马立场，但他们的主要目的是在自身所处社会中树立一种新的权力和地位。这并不是对罗马物质文化和社会风尚毫无保留的接受，而是精心选择罗马文化中某个人尽皆知的特定元素，进而强调铁器时代社会的社会差异，以此构建新精英身份。这不仅可以在区域王国内部发挥作用，而且可以成为突出新兴政体之间差异的一种手段。东部和南部王国拥有进口商品的特权，与西部和北部邻国形成鲜明对比。与罗马的这种密切接触并不一定意味着整个布立吞民族已屈服于军事吞并；相反，这有可能使他们更加坚定地反对再次入侵。

第二部分

军事社群

第四章

铁腕征服及其余波：
罗马不列颠征服（43—83）及以后

罗马人在相继征服意大利和地中海诸国时创造出一种可以持久作战的战争方式。他们偶尔会战败（有时甚至是灾难性的失败——如汉尼拔入侵意大利），但即便如此，他们也从不接受投降谈判。他们致力于培养新军，继续战斗，这意味着他们在旷日持久的战争中极难被打败。罗马的一些伟大胜利都是在面对战败时依然保持着执着与坚持的态度而出现的。他们的整个社会围绕着“战争”进行构建，对赢得战争所必需的牺牲、军事训练和组织架构有所侧重。

然而，在面对敌人时罗马人并不总是拥有压倒性的技术或科技优势。古代战争以投掷类远程武器（箭、标枪、弹弓、弩炮等）为基础，适用徒手搏斗的武器很有限（剑、匕首、短矛、长枪等）。马在古代战争中非常重要，但其战斗效能和意义因地区而异。骑兵是中型战斗的理想部队，只需一小批士兵。但是真正大型的骑兵军团无论是在装备、维护还是供应方面成本都很高，而且在古代西方世界比较罕见（帕提亚人、萨尔马提亚人和匈奴人都是东方民族）。骑兵在对抗训练有素的步兵部队时作用会受到限制，因为后者能够坚守阵地并保持阵型。为了对抗骑兵部队与生俱来的优势，许多地中海民族重点改善步兵战术，改进铠甲装备，这些做法同样能让他们在战场上投入更多的步兵兵力。罗马人成为步兵战争的领袖，重装甲步兵是他们军队的中心。当罗马出兵不列颠时，其军队规模远超不列颠，战士可以说是罗马在战争中最大的资产。虽然罗马军队的精锐部队是重型步兵（主要由其公民和盟军组成），但轻武装步兵和骑兵也必不可少，这部分人员是罗马人从之前击败的、在该领域有专长的敌人中招募的。辅助军队主要作用是在战斗中保持军队正常运转，骑兵通常部署在步兵的其中一侧，既为步兵的侧翼提供防御，又对敌军造成进攻威胁，尤其是当敌军撤退时。

罗马军队在其他很多重要方面与其敌人不同。到公元前 1 世纪，罗马军队已经成为一支专业的常备军，无须季节性征兵或不定期征兵。军队有固定的薪酬和服务条款、军事纪律规则、标准化的设备和培训、共同的结构，以及可以将小部队融汇成统一整体的战斗方式。军官定期从一个部队轮换到另一个部队，从一个行省到另一个行省。罗马军队的一个特别之处是，他们在敌方领土上行军十分谨慎，预定目标是每天行进 10—20 英里，[①] 每晚都在一个特制的防御营地中度过。有条不紊地行军能减少夜间遭受伏击或突袭的风险，与此相比行军速度就不那么重要了，这些都是显著的优点。

罗马在不列颠的征战行为留下了大量证据，尤其是在威尔士和不列颠北部，那里曾有过冗长且重复的战斗，这方面的证据就是每天行军结束时罗马临时营地的遗留痕迹。由于行军中的军队每天都会建造一个与军队规模对应的标准营地，因此很有可能有一系

① 1英里约等于1.61公里。

列不同的营地，每个营地可能代表不同的战役或不同的战斗群。苏格兰的证据最具代表性，营地的前后顺序就是罗马战线从斯特拉斯莫尔（Strathmore）向高地东部推进的过程。虽然这些营地的年代追溯存在问题和争议，但有些肯定与阿古利可拉（Agricola）军队或另一个塞普蒂米乌斯·塞维鲁手下更大规模的军队的系列战役有关。这些营地中最大的超过了 40 公顷，可以容纳多达 5 万名士兵的军团。

罗马人的首选作战方案通常是在他们自己选择的地点进行战斗，远程部队（投掷手和弓箭手）首先与敌人交战，然后通过骑兵获得更大优势（最好将对方从战场驱逐出去），最后以步兵的野蛮肉搏结束。如果骑兵获胜，他们可以进一步攻击敌军的侧翼和后方。普通的罗马士兵有优质护甲，但是欧洲西北部敌军护甲却并不充足，况且罗马人使用的是杀伤力很强的军团刺刀（*gladius*），配合一种精致而血腥的战斗方式，利用这种战术进行密集的步兵战。即使对面的军队人数占优，近距离战斗仍然对罗马人十分有利。战斗可能持续数小时，直到其中一方（通常是敌人）试图逃跑。当他们逃离战场时，罗马骑兵和远程部队会追逐他们。在古代战争中，追击阶段造成的伤亡往往是最大的。

罗马战术的核心是要做到冷酷无情，这种态度往往体现在杀鸡儆猴的行为中。反叛或顽固抵抗的民族会被毫不留情地屠杀或奴役，甚至不惜投入大量资源以毁灭少数异见者（如著名的死海马萨达犹太堡垒之围）。此外罗马人认为，成为“无边境帝国”是神赋予他们的使命。在这种情况下，他们很容易认为自己的战略利益会受到他人威胁，虽然罗马法律明确了国家只能发动自卫战争，但罗马帝国是建立在报复为先的原则上的。他们在为战争提供资金的对外贸易中经常采取咄咄逼人的态度和欺诈行为；罗马违反条约的次数远远超过敌对者们违反条约的次数。虽然罗马有时会慷慨对待手下败将，但我们也不能低估它因为扣押财产和奴役人民而造成的社会动荡和经济衰退的规模。毕竟只有这样，罗马人才能获得战争和胜利庆祝活动的资金。

这种侵略行为对罗马征服战争产生了相当大的影响。敌人通常会比罗马人更早厌倦冲突。此外，罗马使用“威慑外交”的技巧非常高超，通常通过恐吓就能实现自身目标。帝国的资源有限，如果每个问题都必须通过武装干预来解决，那么随着时间的推移，帝国可用的武装力量将会严重减少。通过让敌人认识到罗马的强大（及其背后的潜在力量）从而俯首称臣，是符合罗马利益的做法。帝国体系还有另外一个特征，即认为国家与敌对者之间存在巨大的权力不平等，这种想法可以形成动态的军事和社会控制模式。低程度的反抗总是会出现的，除非对方清晰认识到不服从的后果，否则恐吓并不是总能发挥作用的。对目标民众使用武力威慑的行为部分是为了传递出罗马有能力打败那些不愿意服从自己的人这种信息。

在公元 1 世纪的军事征服行动中，罗马军事力量发展的局限性显而易见。奥古斯都之后扩张已明显放缓，部分原因是为了控制这个统一帝国的领地使得剩余可支配的军队较少。当罗马帝国打算征服其他地区时，如公元 43 年的不列颠或公元 2 世纪初的达契亚，都需要从其他驻军行省调遣大量军队。因此，影响征服不列颠速度的战略因素并不局限于不列颠自身，而是体现了帝国不断调整事项优先级的过程（有时也是个别皇帝的心血来潮）。罗马对不列颠缓慢的征服进展证明了这样一个事实，即持续侵略政策并不适用于所有罗马统治者。为参加其他区域的战争，部队多次被召回，如公元

67 年和 70 年的第十四军团，以及 86 年的第二辅助军团。公元 2 世纪初第九军团的“神秘消失”似乎是由于行省内的战略转移，而并非在毫不明确的不列颠战争中全军覆没。

要想取得胜利，罗马需要相应的外交力量才能利用好自己获得的优势。有些民族被正式承认为附庸国，如普拉苏塔古斯（Prasutagus）的爱西尼王国、卡逖蔓杜阿（Cartimandua）的布里甘特（*Brigantes*）和科吉杜努斯（Togidubnus）王国。从罗马的角度来看，这种分而治之的政策能够获得明显的短期收益，但罗马人并不希望这些王国长久存在。不列颠人的看法可能更为乐观，尽管在公元 60 年对爱西尼王国的吞并本应让他们意识到罗马对其他附庸国的意图。据我们所知，公元 43 年以后，罗马帝国禁止不列颠自己承认的国王将王位传给其后代。在三个吞并事件中，有两个表明兼并需要相当强大的军事力量。这不是不会发生的战争，只是被推迟的战争。

事实上，罗马人的威慑力量是一种避免战争的机制，还是另一种战争方式，这个问题值得商榷。至少在征服阶段，外交力量主要用于分割敌人间可能形成的盟友关系，以及遣散部分守卫罗马领地的部队。因此在很大程度上，罗马的威慑是一种俗气的权力游戏，用以操纵和迫使百姓做出罗马人期望的反应。

罗马军队在征服阶段的行动给不列颠人民的生活带来了深远的影响。即使像罗马人这样的职业军队，也难以避免地会对平民聚集区造成很大的附加损害。某些行为是军队指挥官故意造成的——烧毁村庄、在行军沿线的庄稼和物资上倾倒废物，这是刺激敌方参战的战术策略。塔西佗一再用“恐怖”这个词来描述在不列颠北部的战役。罗马军队的行为是为了恐吓人民，是为了“说服”他们不要进行无谓抵抗。激烈的反抗会遭受极端力量的压制，甚至会激起罗马人试图毁灭其民族。当尝试进行的常规军事行动失败，不能让那些投身游击战的敌人放下武器时，罗马人就会以最凶残的战争回应他们。

一些现代作家总是倾向于最大程度地削弱罗马征服的负面影响，暗示着最严重的负面影响所造成的伤害很快得到了弥补，主要是指向公民政府转型以及允许地方重新自治。这似乎是对现有证据的一种天真解读。直到公元 43 年后的好几代王朝，所谓的罗马文明带来的效益才广泛普及，而军事征服的经历对不列颠行省造成了长久影响。一般情况下，殖民主义的一个特征是帝国的力量会促生抵制和反抗。抵抗帝国主义的故事，无论短期的后萨达姆时代伊拉克的抵抗，还是长期的印度对英国的抵抗，都表明帝国主义的统治未能获得完全接受和认可。

从抵抗入侵民族的角度来看，创伤也确实非常大。许多人在战斗中丧生，其他人则在“扫荡”行动中丧生。妇女、儿童和老人也承受着军队在战斗前后破坏所带来的伤害（屠杀、强奸、随意杀戮、焚烧和破坏聚落、沦落为流离失所的难民、被奴役）。在抵抗失败、领土被占领之后，人们可能会在一段时间内感受到一系列更深的伤害：逮捕和处决可疑的麻烦制造者，奴役人群中的一部分，强行解除他们的武装，夺取财产（特别是便携财产、庄稼和牲畜），没收土地等。

刚被征服的民众经常被招募到罗马军队并前往其他战线服役。这种方式可以产生联合效应，采取和平措施的同时又消除了潜在的军事反抗，进一步完成罗马在其他地区的军事目标，并引导被击败的民族直接加入帝国。公元 1 世纪，罗马从被击败的不列颠民族中征召了 2 支骑兵部队（*alae*）和至少 16 支步兵 / 混合部队（*cohortes*）。军团名称（*Britanni* 和 *Brittones*）反映了他们的不列颠渊源，但这种划分是否有明显的地域含义还尚不明确（例如，分别代表南部和北部的布立吞人）。常规辅助军团的大部分似乎被安排到多瑙河沿岸行省（潘诺尼亚、莫西亚、达尔马提亚、达契亚），例如雷根斯堡的不列颠二号步兵 / 混合部队。此外，从公元 2 世纪开始，日耳曼边境出现了许多不列颠轻骑兵（*numeri Brittonum*）。这些不列颠辅助军团最初有 1.2 万人，平均每年补充征召 500—750 人，以补充退役或阵亡的士兵。哈德良统治时期，为了与帝国其他地区的发展保持一致，不列颠的大多数征兵活动的目的都是扩充驻扎在不列颠的军团，这就使得多瑙河上的“民族”军团的不列颠色彩淡化了很多。不列颠的辅助军团驻军规模庞大（约 3 万人）意味着每年需要增加 1 200—1 500 名男子，或每 10 年增加 1.2 万—1.5 万名男子。虽然不列颠征兵规模不及高卢行省（已增加至 100 个军团）、西班牙行省（约 75 个），叙利亚 / 巴勒斯坦和色雷斯（均超过 40 个），但不列颠的招募人数却高于其他各省的平均水平。在不列颠，招募军团可能出现了一些不均衡，因为有些民族贡献的人数更多。

我们只能粗略估计征服期间不列颠可能的伤亡人数。罗马将军需要在重要战役中率兵杀死 5 000 名敌人才能称这是一场大捷，但在帝国的统治下，这些荣誉都属于皇帝。另一方面，塔西佗指出在格劳庇乌山（Mons Graupius）有 1 万名喀里多尼亚人死亡（相对的，仅损失了 360 名罗马士兵的生命），一些资料记载，镇压布狄卡起义的关键战斗中有 8 万名布立吞人丧生。塔西佗显然对最后一个数字持怀疑态度，但这一数字可能是不列颠在战争中以及罗马人随后的报复行为中的死亡总人数。根据资料记载中大大小小的交战次数以及古代战争的性质，在公元 43—83 年罗马征服期间，有 10 万到 25 万名布立吞人死亡。无论是在工业化开始之前的战争中，还是在不列颠约 200 万总人口的背景下，这都是巨大的数字——其中还应该加入许多在战争中受伤，虽得到救治但却因此折寿的人。

被征服民族成立的军事政府将大部分权力分给了当地军官。他们采用简易的司法制度，强行打乱民众聚落，限制行动、交易和集会行为。驻军使社会中形成了新的权力关系，但这些关系非常不平等——即使是普通士兵也有很大空间来发挥个人影响力，其形式可能是暴力、勒索、盗窃、强奸等情况。根据戒严法，士兵的话语权通常比民众的话语权更重，不过这并不意味着军队高层对那些一直滥用权力的士兵采取放任态度；另一方面，许多士兵在处理与被征服人民的关系时很可能享有相当大的特权。

如果在战斗中幸存下来的敌方高层不够服从，那么其他人就可取而代之。被击败的民族需要立即支付贡品或战争赔偿金，并提供劳动力和畜力进行运输。从理论上讲，一个向罗马投降的民族会失去其自身所拥有土地的控制权，尽管其中大部分可能会以私人或地方所有权的多种方式归还，但短期内所产生的不确定性显然是罗马人通过施加压力以实现自身目的的又一个筹码。被占领土地通常由专业的土地测量人员进行调查评估，向国家提供土地性质、范围、质量和用途等详细信息。这有助于形成更加规范的税收标准，为一个民族转型为民主政府打下基础。在公元 1 世纪末，罗马的征战以及随后发生的事件改变了不列颠南部的大部分地区。

罗马人的回归

恺撒之后，在奥古斯都、卡利古拉和克劳狄统治时期，罗马帝国曾多次谋划入侵不列颠。武力征服往往是罗马统治者对待不列颠附庸国的统治方式之一，对于那些想依靠瞩目战绩获得威望的皇帝更是如此。一位皇帝在军事方面的经验越少，就越想要效仿曾经的恺撒。而此处也有一个有趣的悖论，即不列颠地区的附庸国在恺撒和克劳狄统治时期与罗马联系最为紧密，但却成了罗马发动战争的主要对象。与罗马成为盟友会给这些王国带来危险，因为在罗马人眼中，他们已然成为“无限帝国”的一部分。公元 37 年，卡利古拉成为罗马皇帝，他渴望着立下战功以增加威望。处决毛里塔尼亚国王并将其土地吞并就是一个典型例子，在此之后卡利古拉也马上准备于公元 40 年入侵不列颠。一般情况下，附庸国的政权变动会让罗马轻易获胜，若能使附庸国的精英阶层相信罗马帝国能满足他们的利益，情况也会更加简单。而不列颠的情况则较复杂，库诺贝林至少有两位成年的儿子，即卡拉塔克斯和托葛杜努斯，二人都有继承王位的打算。因此我们有理由相信，不列颠民族正是觉察到了罗马将在库诺贝林死后吞并自己，所以在公元 37 年之后库诺贝林和罗马的关系才会急剧恶化。由史料可推测，不列颠国王开始刁难罗马，甚至破坏协议，威胁到了罗马与不列颠一直以来的亲密关系，但也不能排除这一改变是罗马方面的政策变化所导致的。库诺贝林的另一个儿子阿米尼乌斯被掳至罗马，或许也是出自罗马人的谋划，其目的是逼迫不列颠国王与其合作。南部的维瑞卡王国也有动荡，同样可能是受到了罗马政策转变的影响，维瑞卡国王在公元 43 年罗马入侵之前被强行罢免。目前我们还不清楚他的继任者是谁，但从另一角度看，他也由此成为最后一位“独立国王”。罗马以阿米尼乌斯和维瑞卡为借口，分别在公元 40 年和公元 43 年发起两次入侵，但在此之后两国并没有再次成为罗马的附庸国。从表面上看，只有东部王国在公元 43 年被罗马直接吞并，南部王国则被归还给新的附庸国统治者，但所有人都能感觉到，罗马才是整个局势的实际掌控者。有观点称罗马的征服获得了阿特雷巴特人（*Atrebates*）以及受东部王国扩张威胁的民族支持和鼓励，从罗马的角度看，这种观点真是再好不过了。

克劳狄入侵的思路很清楚，但却缺乏缜密的细节。普劳提乌斯指挥军队在海峡集结，一共 4 个军团约 2 万人，并配备同等战力的辅助军队。人们对之前恺撒的军队遭遇风暴，导致舰队被风暴摧毁，军队寸步难行的事件仍记忆犹新。军队的紧张情绪反映了他们对两栖登陆作战的陌生，而且他们也意识到自己在遭到激烈反抗的情况下，很难占领滩头阵地，甚至不得不通过羞辱士兵的手段来刺激他们上船。

对于接下来发生的事情，大致有两种说法。据我们所知，罗马舰队分为三个批次从布洛涅起航，但这些船只是否在同一地点登陆无法确定。通常认为主要的登陆地点是在肯特郡的里奇伯勒（Richborough），但也有一些学者对此提出了强烈的疑问，称舰队的最初目标是索伦特，因为南方王国比较亲近罗马，可能会优待罗马军队。这一问题目前尚无定论，但无论登陆地在何处，罗马首次出征的主要目标都是越过泰晤士河，前行至科尔切斯特。不列颠军队在得知里奇伯勒疑似出现兵变的消息后，误以为入侵行动会再次延后，但无论如何，罗马的先头登陆行动都未遭到反抗。但当罗马军队（或其中一部分）从大本营出发时，在一处河口遭遇了庞大的不列颠军队。维斯帕先（后来成为罗马皇帝）在这次战役中起到了重要作用，指挥第二奥古斯塔军团鏖战两天，最终取得胜利，罗马军队得以继续向泰晤士河——不列颠的第二个主要根据地进发。在那里，罗马人再一次在激战中取得了胜利，确保军队能够安全渡河。在那之后，军事行动暂时停止，普劳提乌斯等待皇帝克劳狄到来，然后继续向战争主要目的地——东部王国科尔切斯特的首都前进。根据狄奥的说法，普劳提乌斯直到抵达泰晤士河时才向克劳狄请求汇合。而事实则更有可能是捷报一传到罗马，克劳狄就立刻动身前往泰晤士河。一旦确保军队通过泰晤士河并确认前往科尔切斯特的路线，普劳提乌斯必须等待皇帝的到来。克劳狄带来了战象军团参与战斗，快速围攻拿下了科尔切斯特。虽然科尔切斯特的领土广阔，防御松散，并且当地军队难以持续战斗，但这反而有助于大量不列颠士兵逃脱。

因此，占领科尔切斯特远不代表战争的结束（见表 2）。克劳狄对前线的视察过程显然十分迅速，且经过精心规划。狄奥称他在不列颠只待了短短 16 天，率领战象军团向科尔切斯特前进，途中经历了一系列战役（显然在这些战役中罗马军队兵力几乎毫无损失）。在占领奥皮达后，克劳狄随即接受了部分不列颠首领的投降，但最关键的卡拉塔克斯首领并不在其中。罗马的纪念拱门上一处铭文记载了 11 位（或更多）向克劳狄投降的不列颠国王，想必其中许多都参与了此次战役。他们其中一些人被授权成为独立的附庸国统治者，虽然并不一定立即掌权，但有助于罗马利用他们劝降那些坚持武力抵抗的人。在入侵后的数年中，罗马军队广泛深入不列颠低地地区，名义上的附庸国国王及其统治也一度受到严密控制和监督。与此同时，卡拉塔克斯已被其他不列颠西部人民拥护为战争领袖，但不幸的是，我们的资料中没有记载卡拉塔克斯在科尔切斯特战败后退到威尔士的相关信息。

表 2　征服阶段的主要战役和军事行动

年代	部落	事件	资料来源
43	东部王国（卡图维劳尼、特诺凡特斯）及盟友。南部王国（阿特雷巴特）	对科尔切斯特（*Camulodunon*）的入侵及有针对性的进攻。布立吞军队在两个河流交汇点（一个是泰晤士河）以及进军科尔切斯特之前遭遇失败。布立吞国王投降。	狄奥 60，19—23；苏维托尼乌斯，克劳狄奥 17；CIL 5.920
43—47	杜罗特里吉、杜姆诺尼、阿特雷巴特	维斯帕先率领的第二奥古斯塔军团的行动——30 场战役，20 个山顶堡垒，怀特岛，并征服 2 个部落。	苏维托尼乌斯，维斯帕先 4
43—47	科利埃尔塔、多布尼	奥卢斯·普劳提乌斯（Aulus Plautius）控制下的其他军团扩张到布立吞内陆东部与西部。	狄奥 60，21
47	爱西尼、克诺维	特伦河与塞文河之间部落人民被强制没收武器后，附庸国爱西尼第一次起义。	塔西佗《编年史》12.31
47—51	得西安格利、布里甘特、志留、奥陶维斯	欧斯托琉斯·斯卡普拉（Ostorius Scapula）出兵讨伐威尔士部落及附庸国布里甘特内部的小叛乱。卡拉塔克斯被抓。	塔西佗《编年史》12.31—36
52	志留	进一步攻击志留领地内的罗马堡垒。	塔西佗《编年史》12.38—9
53—54	志留、布里甘特	南威尔士的一个军团遭遇失败。布里甘特人的内部冲突威胁到附庸国女王卡逖蔓杜阿（Cartimandue）——在两场有罗马军团及辅助兵参与的战争之后，状况得以平复。	塔西佗《编年史》12.40

（续表）

57	志留	昆图斯·维纳尼乌斯（Quintus Veranuis）的战争。	塔西佗《编年史》14.29
58–60	志留、奥陶维斯	对威尔士部落的战争在攻击德鲁伊教中心安格尔西岛（Anglesey）时达到顶峰。	塔西佗《编年史》14.29—30
60—61	爱西尼、特诺凡特斯及其余部落	布狄卡女王起义。布立吞与罗马双方均损失惨重。罗马实施血腥、深入的报复性掠夺。	塔西佗《编年史》14.31—39；狄奥（Epitome）62, 1—12
69	布里甘特	附庸国女王卡遂蔓杜阿前夫魏努提乌斯（Venutius）起兵叛乱，魏提乌斯·波拉努斯（Vettius Bolanius）被迫营救这位附庸国女王。	塔西佗《历史》3.45
71	布里甘特	佩提里乌斯·赛瑞阿里斯（Petillius Cerialis）吞并布里甘特王国——多场战争，一些极其血腥。	塔西佗《阿古利可拉传》17
73—76	志留、奥陶维斯	尤利乌斯·弗朗蒂努斯（Iulius Frontinus）最终征服威尔士部落。	塔西佗《阿古利可拉传》17
77—83	奥陶维斯、布里甘特、卡尔多尼	阿古利可拉（Agricola）出兵讨伐奥陶维斯部落起义，随后是布立吞北部和苏格兰高地及低地的部落。向东部高地开拓在格劳庇乌山战争中达到顶峰。	塔西佗《阿古利可拉传》18, 20, 22—23, 25—27, 29—38

目前，罗马的战役已经实现了主要目标，即征服东部王国。由于现有资料中部分年份的记载缺失，我们无从得知克劳狄获胜离开后的事情。入侵部队可能被拆分成一系列战斗群，进行更细化的征服行动。需要特别注意的是，第二十辅助军团在科尔切斯特与特里诺文特人进行了和解并原地裁撤。以圣奥尔本斯为中心的卡图

维劳尼王国也成为下一阶段的目标。在接下来的三年中，两个军团（第十四混合军团和第九西班牙军团）将罗马的控制范围扩展到了西部、北部和西北部，占据了科茨沃尔德/塞文河口区域的多布尼人（*Dobunni*）和东米德兰兹郡的科利埃尔塔维人的领地。这一系列行动在公元47年继任总督上任前就已全部结束。与此同时，维斯帕先被指派带领第二奥古斯塔军团在西南部继续进行战争扩张。苏维托尼乌斯称赞他曾参战30余次，成功战胜两大好战“部落”，占领了20多个地方中心地区以及怀特岛。这里提到的他的对手可以确定的有多塞特郡的杜罗特里吉人（*Durotriges*），而其他民族则尚有争议。霍德山的罗马攻城战这幅绘画作品形象地表明了这是一场残酷的战争，大量弩炮打进了坚实的堡垒内部，证明了攻击之凶猛。而在少女城堡也发现了疑似不列颠战争墓地的遗址。罗马对山堡发起的这两次猛烈进攻表明罗马人在征服阶段的行为具有示威性质。在英格兰南部和威尔士的其他一些山堡中也有类似的暴力征服军事行动，如拜伯里堡、卡德伯里堡、斯佩蒂伯里（Spettisbury）、萨顿堡、希尔福堡、特尔福德堡、拉纳马内赫堡。

与那些较早承认罗马统治的人相比，战败者受到了严苛的对待。罗马对他们也采取了进一步措施。例如罗马在一些西南山堡中建立了小型防御工事，说明罗马军队采取了更具镇压性和侵略性的手段来制裁战败者，同时也有意警示其他顽抗者。与此同时，罗马也愿意向与较早承认罗马统治的不列颠统治阶层示好，至少使部分人相信与其抵抗，不如归顺，而投诚的王国还有一些自由发展的可能。

南部王国似乎拥有广阔的领土，在不同地理位置上与罗马晚期的三大文明相对应，王国内包括位于锡尔切斯特的阿特雷巴特部落、奇切斯特的雷格尼部落和位于温彻斯特的贝尔吉部落。南部王国后来归于科吉杜努斯（Togidubnus，也可称其为 Cogidumnus 或 Cogidubnus，但前者更符合不列颠的命名法）的统治，他是罗马征服后最重要的附庸国国王。有关南部王国的情况还有很多谜团。第一个是南方王国在什么情况下向罗马投降的。罗马将它设为附庸国，可以视作已获得了罗马支持，也暗示了征服期间的抵抗持续时间不长。如果罗马当时的主要登陆地在肯特郡，那么南部王国在科尔切斯特沦陷后可能就会选择投降，因此罗马专门派遣军队接管了他们的领土。据此推测，占领南部王国的军团应是维斯帕先的第二奥古斯塔军团，该王国在后来也正好在维斯帕先登基后成为罗马的第二大附庸国。人们在菲什本乡村别墅下方发现的战备基地，奇切斯特后来的城镇某处地下发现的军团基地，以及在锡尔切斯特的其他军事遗迹，这些证据都有力地证明了该地区在被占领后先被军事接管，而非立即交由附庸国统治者管理。维斯帕先可能首先在这些地区取得了一些胜利，之后又在杜罗特里吉民族所在区域的西部镇压了更顽强的武装抵抗。无论事实如何，塔西佗对此的说法似乎可以将科吉杜努斯王国的建立与公元 47 年的这些事件联系在一起。

第二个谜团则是科吉杜努斯的身份，以及为什么他被赐予了统治权。我们也不知道为什么维瑞卡国王遭到摒弃。也许当时的维瑞卡已经过世，或年事已高，或被民众厌弃。科吉杜努斯很可能是个曾经流亡或被当作质子的不列颠王子，也可能是一名高卢凯尔特人。这个名字与东部王国的国王托葛杜努斯的名字相似，若非狄奥告诉我们托葛杜努斯早已在之前的一次与罗马有关的事件中被杀，这两个名字很容易会引起混淆。但狄奥的说法也很可能有误，罗马确实曾指派该国邻国的人成为该国统治者（努米底亚的朱巴二世被封为毛里塔尼亚国王就是一个典例）。若科吉杜努斯在罗马入侵期间被说服改变了立场，成为一名投降的不列颠统治者，这对罗马人来说意味着一次惊人的政治转变，类似于犹太人起义时约瑟夫斯从反叛国领导人转变到帝国一边。无论他是何种族，罗马都可以授予他一个王国的统治权和罗马公民身份来作为实质奖励。科吉杜努斯也绝对不是唯一与罗马讲和时追求个人利益的不列颠人。

征服初期罗马攻占了不列颠东南部大部分领土，不列颠的统治者们面临艰难的选择：究竟是殊死一搏，还是向西逃亡（如卡拉塔克斯）？或者投降并忍受罗马的统治，抑或成为附庸国为罗马服务？一些附庸国国王，如诺福克的爱西尼国王和英格兰北部布里甘特国王，则与罗马展开了协商。在科尔切斯特和圣奥尔本斯发现一些被罗马征服后举行的豪华葬礼，这表明即使在特里诺文特和卡图维劳尼的心脏地带，某些不列颠贵族也被允许继续保有财富和地位。尽管如此，在不列颠几乎无人欢迎罗马入侵，因为这会带来许多人颠沛流离，居无定所。

公元47—69年的持续抵抗和叛乱

卡拉塔克斯再次出现在资料记载中时，是作为志留人（Silures）和公元40年代后期威尔士奥陶维斯人的首领。在此期间，他很可能率领其他军队继续反抗罗马。但这一阶段的抵抗活动绝不是某一个人单枪匹马面对罗马的讨伐。据史料记载，这一时期罗马人处于守势，受到当地军队的猛烈攻击和反叛军的挑衅骚扰，但事实上罗马所遭遇的抵抗都是罗马军队扩张行动造成的后果。不列颠西部和北部高地地区的主要矿产资源是罗马早期征服的主要目标。如果像卡拉塔克斯这样声名显赫的叛军领袖也前往西部山区寻求庇护，罗马帝国就有了向这些地区发动进攻的最佳借口。

公元 47 年，欧斯托琉斯・斯卡普拉取代普劳提乌斯成为总督。这位即将上任的指挥官发现盟友受到侵犯，可能是志留人袭击多布尼。他便派出辅助部队驱逐入侵者，并采取进一步措施处置投降的敌军。塔西佗表示，欧斯托琉斯认为在被征服领土上仅仅实现双方和解局面远远不够，他直接解除了附庸国的武装，并将罗马直属的领土控制权扩张到了与特伦特河和塞文河接壤的地区。至此，多布尼和科利埃尔塔维人的领土有了罗马军队驻守（如果之前没有的话），他们作为附庸国所拥有的名义上的独立主权也不复存在。但罗马强迫解除武装的行动也延伸到了诺福克的爱西尼部落，而爱西尼则是在还未战败的情况下与罗马达成了联盟关系。据说爱西尼人民曾反抗这一决定，但他们可能只是简单地反对罗马这种触犯他们附庸国人民权利的行为。塔西佗认为，不列颠人选择防御飞地[①]作为战场，这表明他们具备所谓的反抗行为才有的特点，而非反叛。部分爱西尼人并未鲁莽行事，他们拒绝交出武器，并退回到一个防守据点。对他们而言，这个据点只是他们有意“挑选”的战场，而对于罗马军队而言则是他们暴露行迹之处。罗马辅助部队直接攻下了这个据点，消灭了爱西尼的抵抗势力。但爱西尼人依然获准保持他们的附庸国地位，甚至连统治者也没有更换，这也表明刚

① 飞地，一种特殊的人文地理现象，指隶属于某一行政区管辖但不与本区毗连的土地。通俗地讲，如果某一行政主体拥有一块飞地，那么它无法取道自己的行政区域到达该地，只能“飞”过其他行政主体的属地，才能到达自己的飞地。

才提到的反抗行为是一次自发的、相对孤立的行为，意在抵抗罗马的欺凌，而非一场全面的爱西尼人叛变。

针对那时尚未被征服的威尔士，斯卡普拉接下来从北部的得西安格利（*Deceangli*）开始发起了一系列战役。虽然得西安格利未被大战所毁灭，却逃不开焦土政策的破坏。据史料记载，他们遭到了罗马军队的残忍对待，房屋被摧毁，大量物品被掠夺。其间还有个小插曲：布里甘特部落发生骚动，罗马军队再次被派往一个名义上独立的附庸国去解决麻烦，最终那些拿起武器反对罗马的人被统统杀害。公元 49 年，罗马帝国以之前被留在科尔切斯特的军团为头阵，对威尔士南部的志留人发起新一轮进攻。塔西佗将此次行动定义为反抗志留人侵略的防御性行为，但紧接着便对志留人领地发动攻势。虽然卡拉塔克斯机智地避开了罗马试图一战定输赢的战斗，以及杀害或生擒他的计划，但他却不得不向北进入奥陶维斯人的领土，将后者牵扯进了争斗之中。在那里，欧斯托琉斯找到了他的行踪，迫使不列颠军队进行战斗，但与爱西尼人反抗的情况类似的是，不列颠人所“选择”的战场听起来更像是一处匆忙加固的山丘堡垒。尽管缺乏确凿的证据，但有观点认为这场战斗发生在拉纳马内赫（Llanymynech），一处山丘堡垒和铜矿开采地。这次卡拉塔克斯的妻子、女儿和兄弟成为俘虏，但卡拉塔克斯本人却逃脱了，这使得罗马的胜利蒙上了阴影。随后，卡拉塔克斯向东北逃至布里甘特的领地。他希望说服布里甘特人撕毁他们与罗马的条约，但他失算了。卡迭蔓杜阿女王施以诡计将他俘虏并交给了罗马人。如果她不这样做的话，就相当于向罗马人宣战，但这个决定似乎并没有得到她的人民的支持，反而激化了族内亲罗马势力和反罗马势力的矛盾。不过，卡拉塔克斯最终被幸运女神眷顾，他的骄傲和反抗行为得到了克劳狄的宽大处理，逃脱了被押回罗马处决的命运。

卡拉塔克斯在抵抗罗马的故事中是一个罗曼蒂克式的人物，不仅因为他的军事智谋，还因为他拒绝投降的坚定态度。每次失败之后他都在一个新的地区继续抵抗，而非屈服于罗马（虽然这断送了他在早年成为罗马附庸国国王的可能）。他与那些在罗马征服末期刚开始抵抗便妥协寻求和解的附庸国统治者截然不同。虽然卡拉塔克斯在游击战中赢得无数次小规模胜利，但他与罗马人的每场大战均以失败告终，而且他被一个实力上完全不对等、拥有更雄厚军事资源的对手在全国范围内追杀。正是罗马与不列颠各个王国首领之间的这种权力不平等，迫使许多王国统治者与罗马人议和。

与志留人的战争并未以卡拉塔克斯的落网而告终，虽然罗马人可能会有这种错觉。相关资料再次表明，志留人是侵略者，但他们的大部分行动发生在自己的领土内，而罗马军队显然试图靠武力平定这些地区的动荡。志留人对留在领地上建造军事堡垒的罗马军团分遣团（vexillation）发起了全面进攻，杀死了营地长官和 8 名百夫长，并收编了部分罗马将士，这成功地改变了战局。不久之后，一支军粮征收队伍遭到袭击，增援的骑兵部队也被击败。罗马派出更多辅助部队和军团参与这场战斗，但在罗马这波攻击开始前，死亡的黑暗已经降临了。尽管没有史料记录罗马人的伤亡数字，但这两波援军人数总计可能超过 1000 人。对于向来以没有大规模伤亡而自豪的罗马军队来说，这是一次重大的挫折。塔西佗推测，要么是罗马军队相信战争即将结束，战斗热情降低，要么是不列颠人被莫名情绪驱动要为卡拉塔克斯报仇。更有可能的情况是罗马人制定在志留人领土上施行和解措施时错估了志留人并不愿解除武装的意愿。建造防御堡垒、征粮部队征收庄稼和牲畜以及掠夺志留人聚落等对其而言都是挑衅行为。在这两次大型军事行动后，志留人转向了游击战，之后也有两支罗马辅助部队在对志留人劫掠后被消灭掉。罗马军队对这种顽固的抵抗颇有些沮丧，他们义正词严地提出要歼灭反抗势力，或是驱逐他们——这是帝国权力对顽抗势力的极端反应。据推测，这些言论与军队的严苛治理方式结合，逐渐扩散开来。至此阶段，战争开始失去控制，甚至无法看到尽头，而公元52年欧斯托琉斯·斯卡普拉的死亡则加重了对罗马的考验。

当罗马帝国不列颠地区迎来新任长官奥卢斯·狄丢斯·盖卢斯（Aulus Didius Gallus）后，麻烦变得更多了。此前志留人击败了另一支军团，不列颠附庸国再掀波澜。塔西佗对此的描述不太清楚，在狄丢斯及其军队的压力下，志留人的军队不得不撤退，但仍然跨越了原有领地的边界。布里甘特人的情况表明他们将继续反抗罗马的统治。卡逖蔓杜阿与丈夫魏努提乌斯离婚，并选择了新配偶。这引发了内战，而罗马显然支持女王一方。自此之后，魏努提乌斯似乎一直保持着坚定的反罗马态度。罗马的辅助部队和一支军团曾分别与他交过手，但他们似乎并没有能够将他的军队赶出卡逖蔓杜阿的势力范围。由于不列颠王国局势不稳，罗马军队直接驻扎在其边界上，并要求在接下来的15年内定期介入王国的治理。

在罗马，人民开始质疑军队这种持续征战的进展和成本。塔西佗严厉批评了某些不作为的不列颠长官，但我们需要谨记，他们是皇帝任命的官员，不仅根据详细的书面指令行动，还需要听从皇帝的安排。面对一系列尚未解决的军事难题，狄丢斯·盖卢斯的相对不作为其实应该解读为罗马上层的犹豫不决。54年克劳狄的去世只是加剧了不列颠征服方针出现的危机。苏维托尼乌斯认为，尼禄曾在登基后某个时期考虑过放弃征服不列颠，这在他统治的最初几年停止战争的举措上就能看出。

公元 57 年，昆塔斯·维拉尼乌斯（Quintus Veranius）被任命为不列颠行省总督，标志着罗马对志留人重新发起攻势。维拉尼乌斯有军事才能，更重要的是他具备山地战的经验。虽然他在任职第一年结束时就去世了，而且塔西佗用“掠夺袭击”之类的描述淡化了他的成就，但他已经发挥了显著的作用。志留人的踪迹很快从塔西佗的记录中消失了，而维拉尼乌斯的继任者也似乎继续实施打击奥陶维斯人的政策。苏维托尼乌斯·保林乌斯是另一位有山地战经验的军事野心家，他在短短两年内就征服了奥陶维斯族的领土，并在他指挥的第三次系列战役初期将目标转向梅奈（Mona）海峡对岸的安格尔西岛。岛上生活着大量难民（罗马方面的用词是逃犯）。塔西佗提到罗马人观察到敌人在对岸集结：武装人员，带着火把的狂热妇女以及念着可怕咒语的德鲁伊教徒。从罗马角度来看，这些人是不列颠反抗势力的残余，还受到了野蛮宗教习俗（比如人体献祭）的深刻影响。他们现在毫无指望，因为他们无处可逃。在精心策划的海陆攻击中，苏维托尼乌斯·保林乌斯带领他的军队穿越海峡，“消灭他们遇到的一切”。毫无疑问，这是一场大屠杀，连圣林也被摧毁了。

我们能否还原不列颠人对这些事件的看法？对威尔士人来说，公元 57—60 年是一段格外惨痛的时期。进攻他们的罗马军队由两个军团和相关的辅助部队组成。我们完全有理由相信罗马军队故意让战争变得更加残酷，企图一劳永逸地瓦解本土抵抗势力。罗马的进攻毫无疑问逼退了一批难民。但战斗的残酷程度证明了罗马人为这次错误估算付出了巨大的代价：一个意在恐吓和威胁威尔士人民的政策竟然造成了该省核心地区爆发了叛乱。

在罗马世界的史料记载中，德鲁伊教徒是一个神秘群体，他们在不列颠反抗运动中发挥了重要作用。在恺撒时代，他们是高卢人和不列颠贵族的一个强大分支，通过口口相传的方式传承着教派中的传说，具备巨大的政治影响力。到公元 1 世纪，罗马人民将他们视为一群古怪的人，而非社会中正经势力，但这似乎与我们所知道的罗马统治者实际态度相反，罗马在高卢和不列颠不但对德鲁伊教实施日益严厉的打压措施，并最终试图消灭其教徒。在罗马人看来，德鲁伊教是一种特别的威胁，因为他们是本土宗教的传教者与修道者，最有可能成为在文化层面抵抗罗马的核心力量。与近代其他帝国的遭遇一样，罗马人在一段时间的安定期后遭遇了强烈的民族复兴运动。正是因为德鲁伊教在宗教和政治上的双重声望，他们才成了抵抗势力的中心。罗马无情地镇压这股被定义为“宗教狂热者”的势力，是出于对不列颠未征服地区的平定进程以及不列颠本土宗教的“罗马化”后再传播的考虑。罗马准备对安格尔西发起攻击这件事可能会被大张旗鼓地宣传出去；在危难关头，德鲁伊教很可能会尽力在不列颠其他地区挑起事端吸引火力。虽然爱西尼人和特里诺文特族领地的叛乱背后可能有许多其他因素，但宗教势力对罗马潜藏已久的不满情绪导致布狄卡起义是很正常的。

记录此次事件的现存史料出自塔西佗和狄奥笔下，尽管他们在细节描述上也略有出入。在确定此次起义的原因时，来自罗马的史料内容出于官方需求，只提供了看似合理的解释，并且明显选取了替罪羊。毫无疑问，这场大祸波及英格兰南部大部分地区。塔西佗将其描述为一场灾难，即使总体伤亡人数可能被夸大，但这一系列双方轮番发动的屠杀表明罗马征服者与其臣民之间存在巨大的鸿沟。

我们可以快速梳理一遍此次事件。爱西尼附庸国国王普拉苏塔古斯（Prasutagus）去世后，该民族领土被并入不列颠行省。这是他的财务官员（也是检察官）迪卡努斯·卡特斯（Decianus Catus）管理不善造成的。当苏维托尼乌斯·保林乌斯发动他的安格尔西岛战争时，普拉苏塔古斯的遗孀布狄卡带领爱西尼人发动起义。南部邻近的特里诺文特人也愤懑已久，加入他们的队伍，反叛部队持续发难。他们打退了前来镇压的军团分遣队，击败科尔切斯特守军并占领该城（守军包括罗马的殖民者、一支辅助部队和最后时刻增援的 200 名军团将士）。他们继续向伦敦推进。此时保林乌斯带着骑兵护卫队从威尔士赶到战场，但由于无法组织有效的防守，他撤下了从威尔士跋涉回来的部队，并放弃支援受到反叛军猛攻的伦敦和圣奥尔本斯。此后不久，兵员不足的罗马军队在西米德兰兹某地遇上了不列颠军队，但罗马军队成功地以少胜多，取得大捷。随后，保林乌斯对参与叛乱者进行了残酷的讨伐行动（参与这轮叛乱显然不止最初参与的两个民族），而且这场讨伐直到公元 61 年保林乌斯的总督之位被代替时才终止。由于叛乱期间发生了诸多事件，所以人们普遍认为叛乱实际上是在公元 60 年爆发，尽管塔西佗记录为公元 61 年。

塔西佗提出了一系列原因来解释为何爆发叛乱及其造成的广泛影响。普拉苏塔古斯通过将两个女儿嫁给尼禄皇帝使其成为王国的共同继承人，但罗马军队的百夫长和帝国的奴隶却占据了他的王国和王室。爱西尼王室和位高权重的贵族遭到暴行：布狄卡遭鞭打，她的女儿被强奸，王室的其他成员遭受了奴隶般的待遇，贵族们失去了原有的土地。塔西佗认为，少数滥用权力的官员应该对叛乱负责。塔西佗在这一部分史料的最后才揭示了王国被并入行省后这些关键信息对叛乱的影响。

自公元 43 年以来，特里诺文特人一直处于罗马统治之下，因此对在科尔切斯特殖民地定居的军团退役军人充满了怨恨，并最终奋起反击。有证据表明，这些退伍军人虐待了该地区的不列颠人民。有些人被赶出自己的家园和土地，其他人则沦为二等公民（也许有一些人成为奴隶）。军队对这些非法行为视而不见，甚至鼓励这种作为。特里诺文特人不满的另一个重要原因是罗马要在殖民地建造克劳狄神庙，而在神庙建造过程中以及将来举行年度庆典时，特里诺文特贵族需要履行向神庙进贡的义务。狄奥针对不列颠贵族的财政拮据状况加入了更多重要细节。在战争早期，克劳狄向不列颠首领们送去了大量资金，这是一种鼓励合作创建行省的手段。但迪卡努斯·卡特斯声称这些是贷款而非赠予，现在贵族们必须偿还。其他罗马高官也曾借给不列颠贵族们一大笔钱，其中最值得注意的是尼禄的家庭教师塞内卡，他先是发出数百万经费，然后突然向不列颠贵族索要回全部金额。尽管塔西佗和狄奥将此次叛乱归咎于一系列个人行为，但对这些行为进行总结就可以看出人们对整个罗马殖民统治体系的控诉。布狄卡起义的规模和残酷程度都表明这并非一次小事件，而是一场打击罗马在不列颠的统治核心的全面对抗。

随着罗马人占据土地增多必然会导致民众反抗，这一说法值得认真考虑。从不列颠的角度来看，在这时已成为行省的不列颠，塔西佗提到的暴行可能被视作一种日常行为，并没有超出罗马统治下民众能够承受的极限。毫无疑问，罗马征服后会有一系列令人不快的暴行。在这个阶段，士兵通常会残暴地虐待平民，而且这种行为的凶恶程度取决于民众的抵抗程度。不列颠地区在没有民政管理之前，公共和个人土地所有权并没有官方许可，这种情况在不列颠很多的低地地区反叛时期甚为普遍。传统宗教则是另一个需要镇压的对象。总体来说，叛乱者的诉求能引起不列颠南部许多人的共鸣。

与大部分不列颠人遭受的羞辱和暴行相比，有三类与国家利益密切相关的群体在罗马的允许下享受着明显更自由的生活。第一类群体当然是军队。他们已经习惯通过征战掠取战利品。事实上，在镇压叛乱之后，即停止在不列颠行省进一步扩张期间，驻守不列颠的罗马军团开始出现躁动，部分原因就是他们缺乏掠夺的机会。很多资料记载了罗马军团曾经大范围袭击敌方领土，靠武力解除其他平民的武装，勒索他们想要的东西。建立科尔切斯特军事殖民地增加了士兵在退伍之后继续在征服不列颠的行为中牟利的可能性。尽管该殖民地为退役军团而建，但特里诺文特人似乎也参与了该城市的行政管理。这些人在叛乱之前曾被殖民者强行驱离家园和土地。塔西佗认为，其他地区的现役士兵鼓励这种行为，因为他们希望自己也可以在其他殖民地成立后享有类似的特权。

第二类群体是跟随军队进入不列颠、具有平民身份的外国人，包括奴隶贩子、商人、各类从事手工业和贸易的工匠、高利贷者、希望从中获利的他国强大势力的代理人。刚被征服的领土尚未建立起有着罗马帝国特色的发达基础设施及强大的经济，这为那些能够帮助行省迅速发展的人们提供了很好的机会。因此，来自不列颠以外的罗马行省公民在不列颠行省的早期历史中发挥了重要作用。伦敦是叛乱分子的主要目标之一，因为这里聚集着不少商人，由于圣奥尔本斯坐落于西北部某条主要干道上，地理位置得天独厚，所以也是如此。直到公元 60 年，不列颠尚未有聚落发展到城镇规模，但移民形成的社群对所有聚落都很重要。奇切斯特有一段差不多属于这个时期的铭文，它以工匠协会的名义雕刻在一处可能由外国人捐赠的土地上。

海峡对岸的高卢地区各行省是重要的贡献者，尤其因为语言上的相似性，高卢人成了理想的对象和中间人。被罗马统治一个世纪后，大量北高卢人成为积极开发建设邻近行省的先锋。他们在60年成了叛乱分子的敌对目标，既因为他们被视作罗马政权支持者并且生活在更富裕的社区，更因为他们其中的许多人都试图从征服行为中牟利。我们并不是在讨论个人贪婪或邪恶的行为，而是讨论这些对罗马殖民主义的系统性影响。其他行省也重复着同样的模式，“罗马”商人和“外来投机”创业者这类人群偶尔会遭到当地人屠杀。然而尽管存在着风险，但是通过为帝国扩张服务获得的经济回报对人们而言仍然是巨大的诱惑。

那么第三类群体——默许罗马统治，接受罗马贿赂、补贴和贷款的不列颠贵族们——在这时候的生活又是如何？他们的妥协程度如何？毫无疑问，其中一部分人出于实用主义和利益考虑能够适应新秩序。附庸国国王中寿命最长的科吉杜努斯就是其中的典型例子。罗马人利用现有贵族阶层的成员负责当地政府的日常工作，使他们能够保留或提高个人声望。在征服早期的科尔切斯特和圣奥尔本斯，不列颠贵族依旧保留了传统习俗中奢华的墓葬，这可以证明当时他们仍有较高的地位。当然，附庸国为贵族提供了更多机会来延续他们的财富和权力，但是罗马的盟友与敌人之间存在明显的差别。库诺贝林和普拉苏塔古斯（Prasutagus）的家族就是很好的例子，他们证明了即使是与罗马合作最密切的人在这个统治体系中也可能迅速变为受害者。科尔切斯特也有类似情况，当地建造的神庙负责举行皇室祭祀，作为罗马宗教在不列颠行省的中心，接收特里诺文特显贵家族个人的进贡。据狄奥记载，一些不列颠豪门不得不借钱投资被殖民城市的某个寺庙，以此证明他们支持行省发展，而实际上在这些城市里他们只是二等公民。因此从罗马角度来看，一大批拥护罗马达 17 年之久的东南部贵族们突然背叛，说明这种发展方式是极其危险的，因为它暴露了罗马与不列颠臣民之间脆弱的关系。在这次危机中，科吉杜努斯一直忠于罗马，使得泰晤士河以南的大部分人民没有参与起义，这对罗马的镇压行动来说至关重要。

叛乱爆发时，罗马军队广泛分布在不列颠各处，第十四和二十军团与保林乌斯在安格尔西。此时，保林乌斯留下第二十军团一部分将士驻守安格尔西，其余部队向伦敦进军。第十九军团分为两个战斗群，其中由军团长佩提里乌斯·科瑞阿里斯指挥的战斗群被反叛军击溃，2 000 名军团步兵遭杀害，只有骑兵逃回他们的基地，而这个基地可能就是彼得伯勒附近的郎索普（Longthorpe）。这支军团的另一部分被派往林肯郡或诺丁汉郡，战斗中处于优势，牢牢掌控着布里甘特人的一举一动。最后一支军团是奥古斯塔第二军团，此时他们主要驻扎在埃克塞特，但部分将士也被派去其他地方，可能是金斯霍尔姆或奥尔切斯特。保林乌斯可能沿着华特灵大道一路南行，试图在决战爆发时与这部分部队会合。这个计划可以合理地解释发生在第二军团营地长官波尼乌斯·波斯图姆斯身上的情况。营地长官无疑是指挥分遣队的合适人选，但面对乡村骚乱，出于对叛军突袭的担心，波尼乌斯没有执行让他带兵出战的命令，随后在战争结束后不得不自裁。这导致决战中保林乌斯只有大约 1 万名将士。

虽然狄奥估测的 23 万名叛军过于夸张，但反抗军的人数必然远远超过罗马军团。另一方面，这一大群包括许多非战斗人员在内的叛军显然既没有足够武器，也没有受过良好训练。一方面是被征服地区的人民之前已经被解除了武装，这必然会影响武器供应，而且在快速爆发的叛乱中既没有时间制造大量武器，也没有机会夺取罗马军队库存的武器。因此只有布狄卡的核心部队拥有良好装备，大多数叛军并没有护甲，只能用农具之类的当作临时武器。保林乌斯经过周密计划，选择狭窄的山谷作为战场，以弥补实力上的不足。当战斗在狭窄空间中爆发时，反叛军无法派出全部军团压在前线上，而拥有重型装甲的罗马人却能毫不留情地屠杀对手，不列颠辎重车上的妇女也没能跑掉。此次战役罗马仅损失 400 名士兵，与约 8 万名不列颠人战死的数据形成鲜明对比。

我们收集了两种罗马史料，它们均提到叛乱分子攻击了 3 个城镇和不少聚落，杀害了 7 万—8 万罗马人和来自其他行省的人。那么这些伤亡人数是否可信？根据从欧洲大陆派出的增援军队规模来判断，罗马至少损失了 7 000 人。科尔切斯特、伦敦和圣奥尔本斯是此次叛军攻击的主要聚落，因为事发突然，科尔切斯特的伤亡可能最大。叛乱分子没有俘虏罗马人，而是杀掉了他们遇到的每个人。科尔切斯特的死亡人数就可能多达 1 万人，但伦敦和圣奥尔本斯的居民更可能提前得到了警告，得知灾难将要降临，许多人可能逃走了。塔西佗的记载显示，当保林乌斯撤回城镇的守军时，他允许一些民众跟随部队行进，但仅限于能够跟上行军速度的人（也就是有马的人），女性被排除在外。伦敦民众可能一直依赖军事防御带来的安全保障，并没有足够时间组织居民安全疏散，但也有部分人可能乘船离开了。圣奥尔本斯和科尔切斯特一样，也是被罗马军队控制的城镇，居住着许多非不列颠人和本地卡图维劳尼人。这些外来人害怕在空旷的野外遭到不测，这种顾虑会使许多人放弃提前逃跑的想法。而行省总督将驻军撤退到华特灵大道上后，连镇上的卡图维劳尼人甚至都有可能攻击这些外来人。出于种种原因，3 个城镇的伤亡人数很高，可能超过 3 万人。因此，所有罗马人和来自其他行省的人的总死亡人数可能接近 4 万人。

在罗马记载的这段叛乱历史中，关于不列颠叛军暴行的故事具有明确的目的性，这些故事是为了证明罗马人镇压叛乱后清算反叛者时的极端手段是合理的。我们很难评估这种史料的价值意义。但毫无疑问的是，叛乱代表了人们对罗马积攒的仇恨爆发，叛军并不会出于牟利或者谈判目的而留下俘虏。这次叛乱的一个重要特征是大家认为这是一场针对所有与罗马有关联的男人、女人，甚至儿童的屠杀。德鲁伊教信徒们在不列颠当地的圣林里庆祝胜利，因为德鲁伊教一直积极地挑起反罗马的情绪，所以这些人当中的部分也有可能会被残忍地献祭。据史料记载，罗马人几乎在同一时期消灭掉了不列颠的祭司、安格尔西岛圣林中的男人、女人和儿童以及布狄卡的追随者，这些行为与在科尔切斯特或伦敦沦陷时献祭“罗马人”的事件之间存在着某种奇怪的因果关系。很显然，复仇是这次叛乱中双方的潜在目的，而这场复仇的结局也并不明朗。保林乌斯着手通过“火与剑”的方式重新征服叛乱地区，这次扩张不仅会碰到最敌对的民族，连那些不够忠诚的人也不会放过。我们可以想象这是一次极端残暴的镇压行动，包括就地处决、大范围的抓捕行动和奴役。事实上，虽然叛军最终分崩离析，整个反叛行动徒劳一场，但是仍有许多不列颠人因惧怕罗马人所谓的“宽恕”而拒绝投降，我们也可以窥见罗马人清算的极端程度。饥荒很快成为另一个重要问题（这使得报告上的伤亡总数不断增加）。虽然塔西佗认为不列颠人并不播种通常的农作物，但是不得不说罗马军队为了供给军队进行的掠夺行为加剧了这种情况。罗马军队似乎放弃防守北威尔士和安格尔西，这更便于在东南部和东部集结兵力。

罗马人复仇的凶残程度导致新的财政检察官尤利乌斯·克拉斯希亚努斯与军队之间产生了严重的分歧。他最终采取了很少见的方式，即请求皇帝撤职保林乌斯，理由是保林乌斯的行为不利于消除百姓的敌意，但也很有可能是因为保林乌斯会严重影响克拉斯希亚努斯在行省内得到更多收益。克拉斯希亚努斯来自高卢北部，可以看作是行省统治阶层中既得利益者的代表。虽然他的许多高卢同胞是这次叛乱的受害者，但他认为帝国不能仅靠武力统治国民，而必须让国民参与到更高效的管理体制中。另一方面，他向尼禄抱怨的内容使得罗马皇室指派皇家侍从波利克里托斯（Polyclitus）进行调查，但此举不太可能缩短保林乌斯的任期。塔西佗认为继任行省总督佩特罗尼乌斯·图尔皮里亚努斯（Petronius Turpilianus）懒惰、不作为，但叛乱的确在他治下结束了，并让不列颠行省回归到稳定的发展轨道上。

毫无疑问，布狄卡起义深深地影响了人口、城乡聚落、以贸易和农业为基础的当地经济发展。罗马征服初期的失败以及后来胜利后的失控行为严重损害了罗马的声望。佩特罗尼乌斯·图尔皮里亚努斯及其继任者特里贝利乌斯·马克西姆斯（Trebellius Maximus）仍然没有能够获得塔西佗的称赞，即便是在该省正在逐渐恢复秩序的情况下。塔西佗更在意的是罗马未能在公元首世纪60年代征服不列颠其余地区。

但这并不能排除罗马进一步征服不列颠的可能性，目前征服进程只是被推迟了，因为不列颠需要一段安稳时期，其间还有其他军务需要皇帝去处理。尽管内战爆发迫使罗马帝国改变了征服计划，但在公元首世纪 60 年代后期，罗马帝国仍将不列颠地区战斗经验最丰富的第十四军团派向了别处。

内战和弗拉维时期的进展

当高卢和西班牙爆发叛乱后，尼禄以为自己失去了帝国的控制权，于公元 68 年自杀。他没有任何继承人，由此引发的内战几乎对帝国每个行省都造成了影响。公元 69 年，人们开始争夺继承权，该年因此被称为“四帝之年”——加尔巴（Galba）、奥托、维特里乌斯、维斯帕先。对于仍有军队驻扎的行省，这场皇位争夺考验了总督和驻军们并不稳固的忠诚。彼此的亲疏关系是决定谁能获得不列颠军团认可的关键。当奥托在罗马市取代加尔巴，并准备会见正在巡视帝国的日耳曼总督维特里乌斯时，他把即将转移到东方的第十四混合军团吸纳到自己的阵营中。与此同时，特里贝利乌斯·马克西姆斯（Trebellius Maximus）与他麾下一名军团长罗斯西乌斯·科利乌斯（Roscius Coelius）产生了严重嫌隙，之后其他不列颠军团被说服投靠维特里乌斯。在指挥官的默许下，不列颠各军团处于近乎混乱的状态；他们因缺少战斗的机会而倍感沮丧，而且还被剥夺了一些常规的物质奖赏。根据塔西佗的说法，特里贝利乌斯曾经实行过一回“宽松的管理”，且“绝不动用军队”；从军事角度来看，这是对不列颠民众的巨大鼓励，但却拉紧了军队权力的缰绳，抑制了他们的剥削行为。这件事情最终以特里贝利乌斯从总督之位狼狈卸任告终。虽然军团暂时继续听命于维特里乌斯，由他负责不列颠地区政务，但军团向他派遣 8 000 名军团士兵（约一半军团将士）作为增援部队。在奥托战败之后，维特里乌斯推举魏提乌斯·波拉努斯（Vettius Bolanus）为新任总督，并配备第十四混合军团（他们早先虽效忠奥托，但后来并不完全听命于他）。当维斯帕先加入皇权争夺时，他找到第十四军团，凭借自己早年曾任第二奥古斯塔军团指挥官积攒的人脉基础呼吁其他不列颠军团加入自己的阵营。当维特里乌斯和维斯帕先之间的争斗进入最终阶段，前者要求不列颠辅助部队派出增援，但是魏提乌斯·波拉努斯因军队需要处理自身问题而拒绝了这个请求。然而当维斯帕先的支持者们于公元 69 年在意大利北部击败维特里乌斯时，刚才提到的不列颠军团却出现在了与维特里乌斯的战斗中，损失十分惨重。

与此同时，不列颠军团军纪不整仍然是一个问题，但是魏提乌斯·波拉努斯并未直接解决这个问题。不列颠北部也出现了新的麻烦，女王卡逖蔓杜阿的上一任丈夫魏努提乌斯在外部势力的帮助下再次入侵了她的领土，并造成当地一部分布里甘特人发动了起义。罗马辅助部队被派往援助卡逖蔓杜阿，在取得了一些微小战果后，他们却不得不让步，将王国交给魏努提乌斯并将卡逖蔓杜阿和她的支持者带回罗马。布里甘特附庸国如今已经走到了尽头，而领土则被反罗马统治者魏努提乌斯掌握。

第二奥古斯塔军团和第十四混合军团十分欢迎维斯帕先上位，但其他两个军团——第九西班牙军团和第二十瓦雷利亚·胜利军团的态度则相对谨慎。维斯帕先采取措施逐步改善了这一状况，而不列颠在后来成了他统治时期开展军事行动的主要战场之一。魏提乌斯·波拉努斯获准继续留任至公元 71 年，佩提里乌斯·科瑞阿里斯在镇压莱茵兰地区的叛乱后被直接派往不列颠接任，且带来了一支新军团，即第二辅助军团，以代替被调离不列颠的第十四军团。科瑞阿里斯是维斯帕先的近亲，也曾来过不列颠，在布狄卡起义时指挥过第九军团。另一位弗拉维的拥护者，尤利乌斯·阿古利可拉，曾于公元 70 年被派到不列颠接管第二十军团。科瑞阿里斯收到明确指示，要以更强力的方式解决不列颠存在的问题。事实上公元 70 年代弗拉维时期的历任不列颠总督似乎都是因其处事经验和对弗拉维皇帝的忠心而被委任的，而且总督有权发动进攻。我们对这些战役的细节知之甚少，但很显然不列颠行省在约 3 年的时间内发生了多场战役，有些十分血腥。在这些战役中，作为先锋的第九军团和第二十军团有充分的机会展示他们对弗拉维王朝的忠诚。

造成布里甘特王国最终被罗马吞并自然是归咎于其内部的反罗马势力，但罗马后来并未让卡逖蔓杜阿重新掌权。他们的主要目的可能是控制斯坦威克的大型奥皮达，虽然该处在此时可能已被摧毁，还有一小段防线尚未修成。叛军联盟可能很快就分裂为多股势力，而罗马军队则逐个击破了他们。我们不知道魏努提乌斯或他的支持者后来命运如何，但从罗马行军穿过弗利莫尔山口到达卡莱尔的这条路线可以看出，这次叛军已有组织地将自身势力延伸到了西北部，而罗马军队在卡莱尔建立了一个堡垒，让科瑞阿里斯有机会将罗马的征服扩张到苏格兰。据推测，罗马人也是沿着奔宁山脉两侧南北向的主要路线行军。虽然布里甘特人最好的耕地集中在约克谷和亨伯赛德北部，但是奔宁山谷内矿产颇丰。塔西佗似乎并不喜欢科瑞阿里斯，只用轻描淡写的几句赞美敷衍他，所以不可能记录此次征服的细节，但根据塔西佗曾透露的信息来看，布里甘特族是不列颠原住民民族人口最大的一支，因此能在 3 年内打败他们也是科瑞阿里斯一项相当大的成就。

维斯帕先也命令塞克斯图斯·尤利乌斯·弗朗蒂努斯（Sextus Iulius Frontinus）继续完成征服行动，后者在公元 73 年或 74 年接替了科瑞阿里斯的职位，这次征服的目标是尚未被完全收服的威尔士人。这位行省总督的战争经验也很丰富（在莱茵兰地区），并最终征服了威尔士南部和中部 / 北部，在这一过程中罗马军队成功地从各地集结大批军队。征服志留人的过程很迅速，其间他们西邻的德梅泰人也投降了。弗朗蒂努斯的总督任期结束时，威尔士中部和北部已经处于罗马军队的直接控制之下。塔西佗对这段过程的记录依旧简单含糊，没有涉及更多细节，但是这次征服也包含了得西安格利人和奥陶维斯人的领土。公元 77 年，当阿古利可拉接任总督时，他发现驻扎在奥陶维斯地区的骑兵部队已被全歼，但他还是凭借一系列战斗征服了威尔士西北部，最终以入侵安格尔西岛为终点。这显然是计划外的举措，而且此时缺少可用的运输部队说明之前弗朗蒂努斯先前并未完成任务。但无论如何他的部队都游过了或者蹚过了梅奈海峡，并重新夺回了这座公元 60 年被短暂占领的岛屿。

这场行动是阿古利可拉将维斯帕先征服不列颠北部的路线简化施行时发生的插曲。这些年来罗马军队的规模和行军速度限制了军队的战果。为了征服布里甘特人和威尔士人，罗马在不列颠很可能集结了大批兵力，包括两个军团、从另外两支部队抽调的分遣队以及大部分辅助部队（据说总共有 3 万—3.5 万人）。当前的问题在于如何部署兵力以实现对外扩张的同时确保刚占领的领土内不会发生动荡。虽然科瑞阿里斯带来了大批军队和辅助部队，但在这个阶段，并没有其他行省的驻军前来增援，与公元 1 世纪 80 年代初期不列颠的军团被派往日耳曼和多瑙河地区时遭遇的情况完全相反。

目前这种情况也产生了两个后果。首先，阿古利可拉和他的军队越深入苏格兰，可用的兵力就越少。其次，为了尽可能维持住大部分兵力，罗马在征服威尔士和英格兰北部时可能采用残酷的手段消灭了敌对势力。当塔西佗借喀里多尼亚酋长卡尔加克斯（Calgacus）之口说出“他们制造荒凉，并称之为和平”的名言时，他采用了文学修辞手法，而非记下了实际的演讲内容。这种微妙的情绪用在弗拉维王朝的背景下十分合适。这可能是最残忍、最无情的罗马帝国主义。

阿古利可拉在不列颠北部的战役是他的女婿塔西佗所著《阿古利可拉传》的核心内容。在他第二次大规模征服时期巩固了罗马在英格兰北部或苏格兰南部的统治。第三次征服行动中罗马军队向前推进了一大步，其势力正好穿过苏格兰低地，抵达泰河。第四次加强了对占领区域的统治，在福斯－克莱德运河和南部行军路线上兴建了一系列堡垒。第五次则将海上和陆地攻击相结合，扩大了苏格兰西南部的控制区域，阿古利可拉最终将目光投向爱尔兰，并向皇帝提出这一征服计划。第六次他调整了策略，重新开始福斯－克莱德北线的扩张行动，联合陆地部队和海军在高地的东侧作战。阿古利可拉将部队分成几个战斗群，同时也保证了战斗群之间相当紧密的联系，例如第九军团的营地在夜间遇袭时，其他部队能够及时救援，打败了袭击者。在第七次和最后一次征战时，阿古利可拉继续推进扩张行动，在不列颠北部附近的格劳庇乌山发动决战。罗马行军时沿路设立营地的路线十分明确，也显示出这场战斗在苏格兰的几个阶段覆盖了斯特拉斯莫尔及马里湾地区。其中一些营地设置了样式独特的门（即所谓的斯特拉卡索型），必然源于弗拉维时期，而其他营地面积有 40 公顷，甚至更大，超过了阿古利可拉军队所需的营地规模。最大的斯特拉卡索型营地面积为 25 公顷，这也足够容纳他的联合部队。行军路线上还有许多面积约 12 公顷的营地，应该属于扩张行动中阿古利可拉的两支部队。

这些事件的准确发生时间也是充满争议的一点，目前普遍共识更倾向于认定阿古利可拉在公元 77—83 年担任不列颠行省总督，而非公元 78—84 年。这种数字上的变化看似微不足道，但由于维斯帕先和他的儿子提图斯在这段时间逝世，所以到底是谁在罗马决定不列颠的事务，这是一个至关重要的问题。出于种种原因，将其任期推测为在公元 77—83 年更符合史实，根据扩张过程中战略的变化和暂停，人们可以推断出应该是提图斯和他的兄弟图密善先后下达了指令。在这个计划中，提图斯在领土急剧扩张至泰河后采取了更加谨慎的措施，图密善否决了阿古利可拉出兵爱尔兰的建议，并命令他再次向福斯－克莱德运河以北进军。塔西佗厌恶图密善，因此他没有明确图密善在制定不列颠战略时发挥的作用，这也并不稀奇。罗马军队曾砍伐木材以改造卡莱尔的堡垒，这一事件确定发生在公元 83—84 年的冬天，这就有力地证明了阿古利可拉接任总督的时间可能更早，因为这才符合罗马军队一旦获胜便驻军的习惯。

学界第二个争论点是格劳庇乌山战斗的确切位置，最近一些研究倾向于认定战场可能靠近或甚至越过马里湾。因弗内斯（Inverness）附近的某个地点可能性也很高，因为后来有两支苏格兰高地部队部署在该地区（1201 年和 1746 年）以抵御来敌。如果敌军到达因弗内斯，高地防线便会被动调整方向，防御部队就容易瓦解。在格劳庇乌山的战斗中，阿古利可拉的对手是一支 3 万人的喀里多尼亚军队，而他仅拥有 1.3 万人的辅助部队和人数不详的军团

(应该为 1 万—1.2 万人)。罗马人对赢下这场大战很有信心，于是阿古利可拉把自己的辅助部队安排在前线，军团留在后方。不列颠的伤亡人数高达 1 万人，而罗马人只损失了 360 人（“少到不值一提”，塔西佗得意扬扬地说)。战斗结束后，阿古利可拉派出舰队绕过不列颠岛最北端，以此来确定舰队绕岛环行的能力，部队也慢慢退回冬季军营，并在沿途劫持了人质。

当然，塔西佗认为发动这些战役的罗马军队都是正义之师。他称阿古利可拉是模范将领，领导前线战斗，会出现在行军路上的任何地方，留意部队的安全，选择最好的扎营之处，等等。令人惊讶的是，关于对面不列颠部队的细节则很模糊，但我们能读到很多关于不列颠领导人卡尔加克斯的情况，只不过他似乎是个专门设计出来的典型反派角色。然而，阿古利可拉确实为图密善在不列颠北部赢得了一次令人印象深刻的胜利，这不仅是弗拉维王朝征战的巅峰时刻，而且也是自公元 43 年以来整个罗马征服过程的高潮时刻。塔西佗断言这便是罗马征服不列颠的时刻，但这一巅峰并没有持续多久。我们从考古证据中可以清楚地看出，在阿古利可拉不知道具体名字的接班人带领下，这场战斗后续深入苏格兰，罗马军队建立了驻军点，但这个防御体系在三四年内就被放弃了。

征服的余波

当塔西佗宣布不列颠尼亚被征服时，他并没有夸大这次胜利的意义。在格劳庇乌山战役之后，罗马人曾有机会对苏格兰高地实行军事专政，从其他地方撤回不必需的军团，重新考虑对不列颠北部的战略。如果罗马不能确保阿古利可拉会取得完全胜利，那么他们就必须建立一条边境线，直接控制这座岛的其他部分。受这次征服性质的一些影响，罗马和自由不列颠尼亚之间的战争在此后成了定期发生的事件（见表3）。

考虑到现存从2世纪开始的罗马史料残缺不全，我们要明白不列颠的动荡并不止于现存的记录。例如学者们通常将哈德良统治时期种种问题的爆发时间限定在公元117—120年，并认为哈德良于公元122年到达不列颠，同年哈德良长城开始建造。文多兰达出土的一块百夫长墓碑上注明其在战斗中阵亡（*interfectus in bello*），很可能就与这场战争有关，贾罗（Jarrow）出土的一些罗马人纪念碑的碎片也明确提到敌人被驱逐、该省领土被收复以及之后建城墙作为屏障。还有两处铭文提到在哈德良统治的某个时刻，一些部队指挥官被派到不列颠参与部分战役（*expeditio Britannica*），其中包括一个由第七军团、第八奥古斯塔军团和第二十二军团组成的3 000人队伍。这些人似乎是来顶替不列颠军团阵亡将领的，这符合弗隆托（Fronto）记述的哈德良统治时期不列颠人给罗马军队造成了重大伤亡。然而如果再次分析这两个部队指挥官的职业道路，我们不禁怀疑他们是否曾早在公元117年便来到不列颠。将事件发生时间定位到公元2世纪20年代后期可能更合理，因为这个时期发生了第二次骚乱；或者也可能是公元130年，此时哈德良手下最优秀的将军尤利乌斯·塞维鲁（Iulius Severus）被派到不列颠，虽然很快他便被调去应对公元132年犹太省（*Iudaea*）爆发的另一场大叛乱。

表 3 战争和叛乱，公元 117—211 年。初创军团

年代	民族	事件	资料来源
117—119	布列塔尼（*Britanni*）（布立吞北部？）	文献暗示行政区划内的反抗与周边“蛮族”的纷争同时存在。哈德良皇帝122 年到访之后建造了哈德良长城。	HA 哈德良 5，11
128—130	布列塔尼	文献中提及的布立吞远征军和哈德良时期布立吞地区产生的惨重伤亡发生在2 世纪 20 年代晚期更合理，而不是证实有动乱发生的 117 年。	ILS 2726；2735；弗隆托，*de Bello Parthico* 2
139—142	布列塔尼（苏格兰低地）	以哈德良长城为起点，行军至苏格兰低地与斯特拉斯摩尔镇（Strathmore）。安敦尼长城（Antonine Wall）的建造。	HA 安敦尼・庇护 5
138—161	布里甘特	可靠性存疑的文件指出罗马与布里甘特部落之间有纷争，后者的领土面积减少。	帕萨尼亚斯（Pausanias）《希腊志》（*Description of Greece*）7.43
163—70 年代中期	布列塔尼	战争威胁迫使罗马派遣高级将领与额外的兵力。	HA 马库斯・安敦尼 8，22
181—184	长城之外部落	长城之外部落（不确定具体名称）越过长城大举入侵，但在乌尔庇乌斯・马塞勒斯（Ulpius Marcellus）取得胜利之前就遭受严重打击。	狄奥（Epitome）72.8；RIC437，440，451>
197—207	迈亚泰（*Maeatae*）和喀里多尼亚（*Caledonii*）	苏格兰地区部落付出惨重代价。	狄奥（Epitome）75.5
208—211	迈亚泰和喀里多尼亚	全面起义，导致塞维鲁（Severan）进军苏格兰。	哈德良 3.14—15 狄奥（Epitome）76.13，15，77.1

仅靠长城区域有关军事行动的铭文去了解史实也有局限。骑兵长官卡尔普尔尼乌斯·康西尼乌斯（Q. Calpurnius Concessinius）建造了一处祭坛，庆祝他全歼了科里奥诺托泰（Corionototae）的某支部队，而这是一个未知的不列颠民族——除非“未知”这个词是不列颠克瑞斯恩图阿斯民族（Cruithentuath）的拉丁化名称，后来该族也被称为皮克特族。这段铭文似乎与卡莱尔一段献词（铭文应该出自一位奥古斯塔骑兵队的指挥官）内容相似，卡莱尔的这段题词记录了他们打败了另一群不列颠人，类似的还有位于索尔威南部的一座祭坛，上面记录了由第六军团某军官指挥的一些在城墙外进行的战斗。罗马人对伯恩沃克的围攻也能证明公元 2 世纪不列颠爆发过战斗，而且应该是真实的战斗，而非演习。目前我们尚不清楚这些战斗属于某次大型战争的一部分，还是区域性的冲突。不过，每次战斗都有可能与罗马人放弃安敦尼长城这段历史有关，也有可能与康茂德时期的战争有关。

在安敦尼·庇护统治早期，罗马军队向苏格兰低地的扩张似乎是一次有预谋的扩张行动，因为这意味着放弃造价高昂、新近完成的哈德良长城，以及随后在福斯－克莱德运河上建造的安敦尼长城。不列颠总督罗利乌斯·厄比克斯（Lollius Urbicus）负责建造工作，公元 138—140 年他在科布里奇积极地监督这项工程，公元 142 年完工。公元 143 年初罗马货币发行出现问题预示了战争即将到来。罗马史料称安敦尼·庇护“征服了不列颠人”，但是新边界的位置表明这只是一次相对的成功。虽然罗马的军事行动延伸到了福斯－克莱德一线以北的地区，但如果我们回想一下弗拉维王朝的全面征服计划就会发现，这次并不是压倒性的胜利。值得商榷的是，这场战争很可能是出于投机目的发动的，因为这能给安敦尼・庇护在统治初期建立起他急需的军事威望。

关于安敦尼占领苏格兰以及导致公元 2 世纪 60 年代罗马军队撤回到哈德良长城的原因争论一直很多。不少人以布里甘特人领地的一次起义为论据来解释 50 年代中期的情况，虽然关于这次起义的史料并不多。帕萨尼亚斯（Pausanias）曾提到布里甘特人的基诺恩（Genounian）地区被夺走了，与这相对应的是在莱提亚（Raetia）名叫布里甘蒂（Brigantii）的民族［其邻居被称为基诺尼（Genauni）］。从公元 2 世纪 50 年代中期开始，罗马钱币发行不足引发了一些事件，这体现了不列颠尼亚在征服行动后所面临的境地，但这些事件的影响尚不清楚，如果情况严重，苏格兰或英格兰的北部很可能会发生一些冲突。因此对于罗马军队的撤退，更为合理的解释应该将大陆上发生的其他事件放在一起共同考虑，莱茵河边境的动荡加剧，帝国自 50 年代中期开始就需要从其他行省调兵，其中也包括不列颠。无论如何，罗马军队最终放弃安敦尼长城的行动是有序且系统的。

史料还提到在公元 2 世纪 60 年代，不列颠行省陷入了困境，但这一时期罗马帝国的主要战场在东部（161—166）和多瑙河边境（167—180）。在 70 年代中期，奥勒留向不列颠派出了 5 500 名萨尔马提亚骑兵，这些骑兵召集自最危险的多瑙河流域，此举说明不列颠面临的军事危机仍在持续，罗马需要将这些可能并不情愿入伍的士兵派往远离家乡的地方。无论如何，并非所有这些部队经过基础训练后都会留在不列颠，目前已有证据只能证明有一支萨尔马提亚人组成的辅助部队留在了不列颠。

可以肯定的是，罗马军队在 2 世纪 80 年代初期的不列颠遭到了重大打击。根据狄奥的记载，不列颠战争是康茂德统治初期最大的战争，“因为岛上的部落跨过了阻挡在他们与罗马军队之间的城墙，并造成了巨大的破坏，甚至全歼由一名将军率领的部队”。人们通常认为此处的“城墙”是哈德良长城（霍尔顿切斯特、鲁德切斯特和科布里奇在同时期也遭到破坏），但很显然，罗马的前哨堡垒在这个时期已修建到了苏格兰低地，虽然安敦尼长城不再有军队驻守，但它可以在罗马与喀里多尼族和迈亚泰族（Maeatae）达成和解协议时作为边界。阵亡将军的身份尚未确定，但他不是总督就是军团长——这种重大损失才能表明罗马军队后来的胜利是将局势逆转过来了。康茂德通过“派出乌尔比库·马塞鲁斯对付他们”处理此次危机。由于乌尔比库·马塞鲁斯在公元178年曾任不列颠总督，他可能是在其继任者死后于公元184年又被派回不列颠，也可能是他一直在任期内，并被延长任期以便为他失去的这位军团长报仇。无论如何，史料提到他发起了一次大规模的报复行动。公元184—185年制造的钱币反映出罗马在不列颠取得了战争的胜利，而这场战争波及的范围远远超过了苏格兰低地。

乌尔比库·马塞鲁斯是一个讲求纪律的人，这意味着不列颠军队可能会出现躁动，最终在公元193—197年的内战中，不列颠军队拥护当时的总督克劳狄乌斯·阿尔拜努斯（Clodius Albinus）上位。传统观点认为，在内战中失败的军队参与进来是不列颠本土爆发更多骚乱的前提。然而现在看来，用现存证据证明公元197年曾发生过兵变无法令人信服，虽然当时北方确实有一些迹象。由塞普蒂米乌斯·塞维鲁任命的第一任总督维利乌斯·卢普斯（Virius Lupus）花了大笔资金换来与迈亚泰人和解，而这些人又与喀里多尼亚人勾结，违反了条约。公元207年情况进一步恶化，总督阿尔菲努斯·塞内西奥

（Alfenus Seneccio）要求罗马增派部队来应对战争。最终他等来的是一支帝国远征军，塞普蒂米乌斯·塞维鲁亲自带队，并由他的两个儿子陪同，他显然急于让儿子们摆脱罗马宫廷里放纵的生活。

塞维鲁在公元208—211年发动的战役集结了罗马对阵福斯－克莱德运河以北民族时能集结到的最强兵力。除不列颠驻军之外，塞维鲁还带来了近卫军和来自欧洲大陆的大批特遣队。他最小的儿子格塔（Geta）被留在了安全地区，在皇帝顾问团的帮助下执行审批手续并维持对帝国其他部分的统治。长子卡拉卡拉与塞维鲁一同征战，每年会回到约克的冬季营地。庞大的远征军在苏格兰低地设立了一些面积特别大的行军营地，并在福斯－克莱德运河以北部署了几支队伍。据史料记载，这些战争的最终结果不尽如人意，双方经常发生小规模冲突，但没有发生大规模激战，罗马军队屡遭伏击，被不断消耗。起初的战斗结果可能有详细的记录，但史料记录者也流露出了消极态度，最终塞维鲁在不列颠北部解散了军队。初期第一次战役的准备工作做得十分充分，军队故意缓缓前进，以此彰显其震撼力和威慑力。在军队到达苏格兰之前，不列颠试图派使者求和，但被拒绝。塞维鲁认为这样做是有意义的，虽然他身患痛风，需靠担架移动，但他仍打算亲自督战。营地的分布情况可以证实军队沿着高地线东侧缓慢前进，至少到达了马里湾。罗马军队最终获得胜利，并吞并了大片领土，这些土地应该集中在法伊夫和泰赛德的迈亚泰族领土上。罗马人在泰河的卡珀建造了一个军团基地，这个基地很可能是此次占领迈亚泰领土计划的关键。

当迈亚泰人试图反抗领土被吞并时，新的麻烦很快又出现了，塞维鲁准备将他们完全消灭。在第二次战役中，皇帝的身体状况恶化，于是将平叛任务交给卡拉卡拉，这个阶段战火涉及范围面积总计为 25 公顷的分散区域，似乎这次行动的焦点只集中于迈亚泰的领地范围。塞维鲁对他的部队下达了明确指示，要杀死所有人，甚至包括孕妇肚子里的胎儿。这场极端的“反恐战争”让喀里多尼亚人决定再次反叛。在公元 210—211 年之交的冬天，塞维鲁准备再次亲自上阵，但他却于公元 211 年 2 月 4 日在约克逝世。塞维鲁离世之后，继承皇位变成比征服苏格兰更加紧迫的任务。据史料记载，塞维鲁死后不久卡拉卡拉等人返回罗马，之后便迅速传来卡拉卡拉谋杀了格塔夺得皇权的消息。显而易见的是，卡拉卡拉急于回到罗马以确保自己的地位，但这并不代表不列颠的战争结束了，也不意味着塞维鲁重新占领苏格兰部分地区的计划被废弃了。公元 211 年，罗马人有意发起进一步战争，当年铸造的钱币记录了他们在不列颠的胜利。更有可能的情况是，公元 211 年卡拉卡拉将这个战争任务交给他的一个军团长，令其继续执行吞并迈亚泰领土的计划（暗示了苏格兰低地也在计划内）。这说明公元 210—211 年罗马的征战取得了许多成果。

不列颠人并非罗马军队唯一的敌人，敌人还包含一系列内战和反叛对象（见表 4）。军人的不服从行为是很有意义的，因为这样才能体现出罗马军队不是一台机器，而是一个活生生的、会呼吸的、偶有弱点的群体。公元 43 年的入侵部队起初拒绝登船。积怨已久的士兵们曾三次对总督或其他高官施暴。公元 69 年特里贝利乌斯·马克西姆斯（Trebllius Maximus）被迫离开不列颠，而未来的皇帝佩蒂纳克斯（Pertinax）公元 2 世纪 80 年代作为一名纪律严明的总督，曾在一次部队内乱中受伤。不列颠军队在公元 185 年曾派出 1500 人的代表团到罗马，抗议执政官佩伦尼斯

(Perennis) 的行为，因此佩蒂纳克斯被派往不列颠专门重整部队纪律。不列颠军队说服康茂德，让他以为佩伦尼斯正在对他策划阴谋，于是康茂德杀害了佩伦尼斯及其直系亲属。但他也担心这将成为武装的军人们在罗马首都抗议的先例，即使他们只是一支来自一个很小行省的军队。皇帝们必须认真听取这些军人的意见，但他们也不得不试图控制军队，因为执政皇帝（或下任皇帝）的利益并不总与行省驻军的利益一致。公元 68—70 年和公元 193—197 年分别爆发的内战只是 3 世纪中叶那一批来自各地方的篡位者反叛的前奏。

表 4　1 世纪末至 2 世纪末的内战与分裂

年代	皇帝 / 夺位者	事件	资料来源
69—70	维特里乌斯	布立吞军团反叛行省总督特里贝利乌斯·马克西姆斯，但对整体局势影响甚小。	塔西佗《历史》1.59—60
185—192	康茂德	士兵哗变并攻陷行政长官裴瑞利斯（Perennis）府邸，但军中的抵抗情绪一直持续到康茂德被杀时。	狄奥（Epitome）72.9；HA《佩蒂纳克斯》3.5—10
193—197	科尔迪乌斯、阿尔拜努斯、塞维鲁	随着罗马皇帝康茂德和佩蒂纳克斯（Pertinax）在 192—193 年被相继暗杀，阿尔拜努斯（Albinus）向塞维鲁政权发起挑战。布立吞军团参与了 197 年的莱昂之战，阿尔拜努斯被打败。	狄奥（Epitome）73.15，75.6—7；Herodian 2.15，3.5；HA *Severus* 10.1－2

不列颠地处偏远，这意味着不列颠军队的态度在这些权力角

逐的斗争中并不如其他一些军事行省的影响力大，而且有些冲突在不列颠军队赶到之前就已经结束。尽管如此，罗马帝国的天性就是如此，驻军还是会定期从边境行省撤回，协助候选人争夺帝位。当克劳狄乌斯·阿尔拜努斯在公元 197 年决定内战胜负的里昂战役中输给塞普蒂米乌斯·塞维鲁时，不列颠驻军肯定会受到严重影响。这些权力斗争必然会导致行省的分割，也会限制各省指挥官名下的军队规模。到公元 213 年，不列颠被分为两个省：一个是上不列颠尼亚，省会在伦敦，由临时总督掌管两个军团；另一个是下不列颠尼亚，省会在约克，由第六军团的军团长兼任执政总督。

因此战争是罗马不列颠历史的一个重要组成部分，虽然它不是人们生活中一直存在的事情，但在最初征服阶段之后相当长的一段时间，战争随时可能发生。在某种程度上，行省级军队的规模可以起到抵御攻击的作用，减少陆地或海上袭击的影响，但不列颠始终是罗马帝国的军事前哨。

罗马没有完成对不列颠的征服是一个遗憾，体现在他们在不列颠北部划定了边境，却未能提供全方位的防御措施。当然，罗马有军事实力去压制不列颠北部的反抗，那么他们是否通过镇压叛乱找到了合适的策略以逐步减少不列颠的驻军呢（就像西班牙的情况一样，那里的山地人同样顽强抵抗）？有几种说法可以解释。不列颠的扩张战争始终是一个帝国级别“项目”，需要皇帝的直接投入或全力支持。在公元 80 年代初，罗马人几乎可以完全占领不列颠岛，但却因其他行省的军事问题未能实现。在弗拉维之后，安敦尼·庇护和塞维鲁分别采取大型行动，两次试图采用新方案以征服更多领土，但这些方案都没有持续多久，皇帝的注意力很快就被吸引到了别处，导致罗马驻军撤回到哈德良长城。在征服并驻军苏格兰时，罗马人要行军的距离也很重要；军队需要大约 40 天不间断地行军才能从约克到达凯斯内斯。经过连续作战，罗马人发现战场地形险峻，占领行为会遭到当地人抵抗，而且这种战斗带来的战利品及奖励相对较少。于是帝国对这种征服的兴趣便会减弱。

与边境线两侧实力有关的第二个因素是资源及人力。铁器时代晚期的苏格兰人口显然比罗马人预期的更密集，并且在刚被占领初期需要罗马派遣一支大型队伍驻扎。在一些关键时期，罗马在不列颠并没有富余的军队部署这里，而且从长远看，军队也需要在保障已占领的不列颠地区的内部安全，并对当地实行管理等方面发挥重要作用。后勤方面的谨慎态度是保障不列颠北部驻军稳定的另一个重要因素。如果罗马人想要占领苏格兰北部，这就需要有大批军队驻扎在福斯北部一条脆弱的主干道上。与威尔士和奔宁山脉不同，那里的道路网于群山之间纵横交错，能够部署军队的位置相互独立，这样苏格兰就变成了一条比较充满危险的死胡同。同时，苏格兰人民拥有的物质财富普遍较少，相对而言他们缺乏自然资源，土地也比较贫瘠，不足以支持大批驻军和当地居民的生活，这些都是阻碍罗马吞并苏格兰的因素。

第五章

征服不列颠尼亚：各省驻军

军队的最终职能可能是发动战争，但其长期扮演的角色却是罗马皇帝的护卫和各行省的驻军。罗马帝国征服不列颠（*Britannia perdomita*）后需要驻军守卫。并非所有罗马史专家都喜欢“守卫”一词，因为它更多地强调了军事部署的防御作用。此处该词有不同含义，用以描述罗马利用其军队实施统治的方式。在罗马帝国版图内，不列颠行省应该是征服后军事占领相关证据留存最多的地方。

罗马帝国在各行省实施了帝国统治与自治相结合的制度。高压与自由的比例，在各行省间甚至行省内部不同地区都不相同。关于罗马不列颠的研究中曾有一种趋势，认为占领实际上利大于弊。这一平淡的看法与后来各大帝国的历史（包括大英帝国）都有一些关联，这些后来的帝国十分推崇罗马军队的组织和能力。有时人们会忽视罗马军队占领军的身份，他们完成占领后又成为帝国的控制工具。即使在当地招募的军人，与本地其他人身份也不同。

罗马军队始终在不列颠尼亚行省的管理中扮演着重要的角色。公元 1 世纪时尤为明显（那时南部尚未推广公民自治制度）。在不列颠北部和西部的大片区域从未出现过以城镇为基础的公民自治，更多的是由原住民直接管理。经证实，区域管理是由服役士兵（地区执法官或内务官）负责的，这是罗马管理有力的证据。但公民政府与军事政府之间并不矛盾。公元 1—2 世纪，不列颠尼亚行省总督既是杰出的军事统领，又是主要的行政长官。事实上，深入研究罗马帝国行省的管理机制，就能看出军事人员的重要作用。行省总督只从罗马带来少数人员，所以非常依赖从军团派遣过来的人员。这些士兵身为总督从属官员（*officium consularis*）的特殊职责，而被授予头衔（有时有更高的酬劳）。其中地位较高的有全权负责总督府运行的副执政官（*cornicularii*）；负责记录的记录员（*commentarii*）；身兼数职的免役士兵（*beneficiarii*），他们经常在总督府外的岗哨（*stationes*）站岗，或进行某些军事行动；担任信使和行刑者的密探士兵（*speculatores*）；以及情报人员（弗鲁曼塔里伊，*frumentarii*），经过演变成为类似间谍的专门兵种。另外还有临时调派的其他等级的士兵，担任马夫（*stratores*）、翻译和警卫（*singulares*）。虽然没有确切数据，但据推断，像不列颠尼亚这样有大量军队驻扎的行省，总督府的主要部门大概从各军团吸收了约 300 名高级士兵，另外可能还有担任总督和其主要从属人员的卫兵和马夫的辅助部队 1 800 人。这些数字表明，在行省的公民区域，随时都至少有 2 000 名士兵。

所以即使不列颠南部的公民政府已经建立完备，但士兵仍然在各方面都很活跃。总督在伦敦有派给自己的士兵，有的还会陪同他进行巡视；财务代理官一般都有划归自己名下的士兵；帝国的市场通常要受监管，可能由一些士兵奉命进行监督；英吉利海峡的港口停泊着罗马舰队的分遣队（主基地在布洛涅和多佛），其海关费用的收取也受士兵监管；信使们通过公共驿站沿着干道把军情传递到伦敦总督手里；行进中的大批军队频繁通过居住区，并被安排在城区里住宿；军需官这个职位仍然存在，并可在一定限度内征用运输工具；征兵官员也经常奔忙；一些采掘产业也可能有士兵值班；金属和钱币的运送也有军队护卫。肩负行政任务的士兵有多种职责，包括行省的记录、税收、人口普查、土地调查等，所以在这些事务上也与当地公民政府保持着密切关系。基本上保留驻军的行省政府多是由军事官员及其下属负责的。

罗马军队之所以能适应行政工作，还因其本身就是一个运作良好且受过良好教育的大型组织。比如，文多兰达罗马要塞中的卷宗就显示了其军事官僚机构结构复杂、规模巨大。关于罗马军队行政人员的原始材料记录在木板上，大部分已经毁坏了。从在文多兰达发现的文件性质和数量来看，如果这些文件与当时所有要塞和政府部门遵循的是同一标准（这种说法很可信），那么罗马帝国在不列颠运行的官僚机构每十年都要产生成百万件的文件。因此可以推测，至少有一部分文件是在可获取的卷宗中得到妥善保存的。不列颠尼亚行省政府并不能简单地用“临时决定”和“自由放任态度”来定性。以工业化前的标准来衡量，罗马帝国在不列颠实行的官僚制度可以较为有效地进行管理和剥削。

驻扎于不列颠的卫戍部队在不同时期的确切规模无从得知，但根据铭文中的综合考证、众多堡垒和要塞的考古记录，以及诸如《百官志》的记载，可以看出部队的规模之巨和驻扎时间之久。我们还缺失很多证据，尤其关于征服早期，只有一些研究价值并不大的铭文。虽然通常估计侵略军有 4 万人，但我们甚至无法确定其构成。公元 1 世纪的卫戍部队由不同类型的士兵组成，主要分两类：罗马军团兵（由罗马公民组成，当时还多是意大利人）和从非公民行省选拔的辅助部队（骑兵和步兵）。罗马军团最初包括第二奥古斯塔军团、第十四合组军团（公元 61 年改名为“雄鹰·胜利”军团)、从下日耳曼尼亚调遣的第二十军团（公元 61 年改名为“瓦雷利亚·胜利”军团)，以及来自多瑙河地区潘诺尼亚的第九西班牙军团。据记载，一位第八奥古斯塔军团的首席百夫长在不列颠被授勋，说明这个军团也可能参与了征服行动。其后也有大致相当数量的辅助部队，包括巴达维亚人的部队［可能是凯尔特人（*Celtoi*)，他们在前期战役中两次游过河］，但只有少数士兵的身份是能够确定的。

公元 1 世纪的很长时间内，由 4 个约 5 500 人规模的军团组成卫戍部队。自公元 1 世纪晚期至 4 世纪，日常驻扎的卫戍部队由 3 个军团组成（虽然后来出现了精英部队这一新式编制，帝国军团的规模随之缩小)。另外还有很多辅助部队：专门的骑兵部队(*alae*)、骑兵与步兵的混合部队（*cohortes equitatae*)、步兵部队(*cohortes*)。这些部队的编制通常为 480 人（若混合编制则为 600 人)，少数情况为 800 人（混合编制为 1 040 人)。卫戍部队总规模在公元 2 世纪中期达到了顶峰，至少根据文件记载，从约 4 万增至 5.5 万人。这种规模的军力集结实属罕见。

经证实，有 6 个军团在不列颠驻扎过（第二辅助军团和第六“胜利”军团，以及原先的 4 个军团)，但其他军团的分遣队也可能曾被派来执行短期任务。那时不列颠驻有 21 支以上骑兵部队（*alae*)，包括一支罗马帝国并不常见的 800 人骑兵部队（*alae milliariae*)，超过 75 支步兵部队及至少 12 个轻骑兵营（*numeri*)和骑兵连（*cunei*)（公元 2 世纪中期和晚期出现的非正规辅助部队)。相比之下，经证实，在阿非利加和努米底亚（一个较大的行省）只有 2 个军团（其中一个为短期驻扎)、4 个骑兵部队（*alae*)、

13 个步兵部队（*cohortes*）以及两个轻骑兵营（*numeri*）。罗马军事部署的关键在于灵活性，现在我们认识到罗马军队调动的幅度极大（特别在公元 1 世纪和 2 世纪早期），远超我们曾经的设想。一支部队可能会被分配到两个或多个要塞，在军事基地之间巡防也是如此。建筑要塞通常是为了容纳一整支部队，但这并不意味着大部分时间内所有士兵都要驻扎于此。

罗马帝国驻守在不列颠的士兵出身是多样的，但总体受帝国征兵传统的影响较大，倾向于从刚征服地区的人民中招募士兵。不列颠偏僻且封闭，适合将对罗马帝国尚无好感的人们派遣过去。不过尤西皮特步兵事件却是一个教训。该部队是由公元 82 年尤西皮特地区征募的日耳曼人组建的，被派往不列颠加入阿古利可拉的军队，参与对喀里多尼亚人的最终决战。在不列颠西北海岸接受训练时，他们发动了叛乱，杀死了百夫长和其他负责管理他们的士兵，并劫持了 3 艘小型战船。因为引航员有的被杀，有的逃跑，叛乱者冒险往北航行，最终绕过了不列颠的最北处，驶进北海。他们物资匮乏，后来在弗里西亚海岸失事，幸存者成了弗里西亚人的奴隶。这个事件标志着罗马帝国从战败对手那里招募士兵，并随后派往其他地区参战这种策略的失败。当然也有很多成功的例子，尤其是 70 年代早期，凯利阿里斯镇压了巴达维亚人的叛乱，后来在莱茵兰地区招募和重组军队那一次。一些辅助部队在镇压叛乱行动中表现不佳，解散后编入了这些“新”军队。凯利阿里斯将其中的大部分兵力从莱茵兰地区带到了不列颠，并投入他任期内发动的一系列战争中。巴达维亚人的 4 支步兵部队和佟古累人的 2 支步兵部队在阿古利可拉指挥的战役中也发挥了重要作用，其中部分部队在公元 1 世纪末文多兰达堡垒发现的木板上有记载。

军事部署的变化

随着时间的推移，军事部署的性质和重点发生了变化（见图5）。虽然现存证据有一些空白，但可用的数据样本仍具有普遍意义。罗马军队驻军堡垒的类型是根据军队类别设计的。军团通常驻扎在约 20 公顷的大型堡垒中，而辅助部队则更常见于 1—2 公顷的堡垒。尤其是在征服不列颠行动的最初阶段，有证据表明大约有 10 公顷的中等规模的遗址，通常被称为“分遣队堡垒”，堡垒可能在军团和辅助部队战斗群转移过程中发挥了作用。

英国有 250 多处已知的堡垒或城堡，其中许多又是在同一地点按照不同规格进行过重复建设。因此当时建造的堡垒累计总数可能超过 1000 座，有力地证明了罗马在不列颠的军事行动规模之巨。

克劳狄－尼禄时期（43—68）不列颠东南部是入侵初期的重点地区，但相对来说堡垒数量较少。这种模式反映了早期罗马驻军的不同策略。罗马军团最初的部队通常由混合战斗群组成，包括军团和辅助人员，或者在规模为半个正常军团基地大小的单个堡垒中驻扎数支辅助部队。

其中一些较大的基地可以在冬季使用，其他基地则只是满足军队夏季驻军的需求。罗马军团这种把军队保持在 2 000—3 000 人的规模，以及按照部署的地理位置表现出一种明确意图，即罗马的征服从未在东部王国边界止步。正如狄奥在公元 43 年的克劳狄征服后所说，他解除了布立吞人的武装，把他们交给了普劳提乌斯，并授权后者征服剩下的地区。这次部署的目的是征服更多土地，同时确保东部王国领土安定。在此阶段，要塞和小型堡垒之间的权重有了巨大变化。初期堡垒和要塞的位置选择遵循如下条件：靠近海

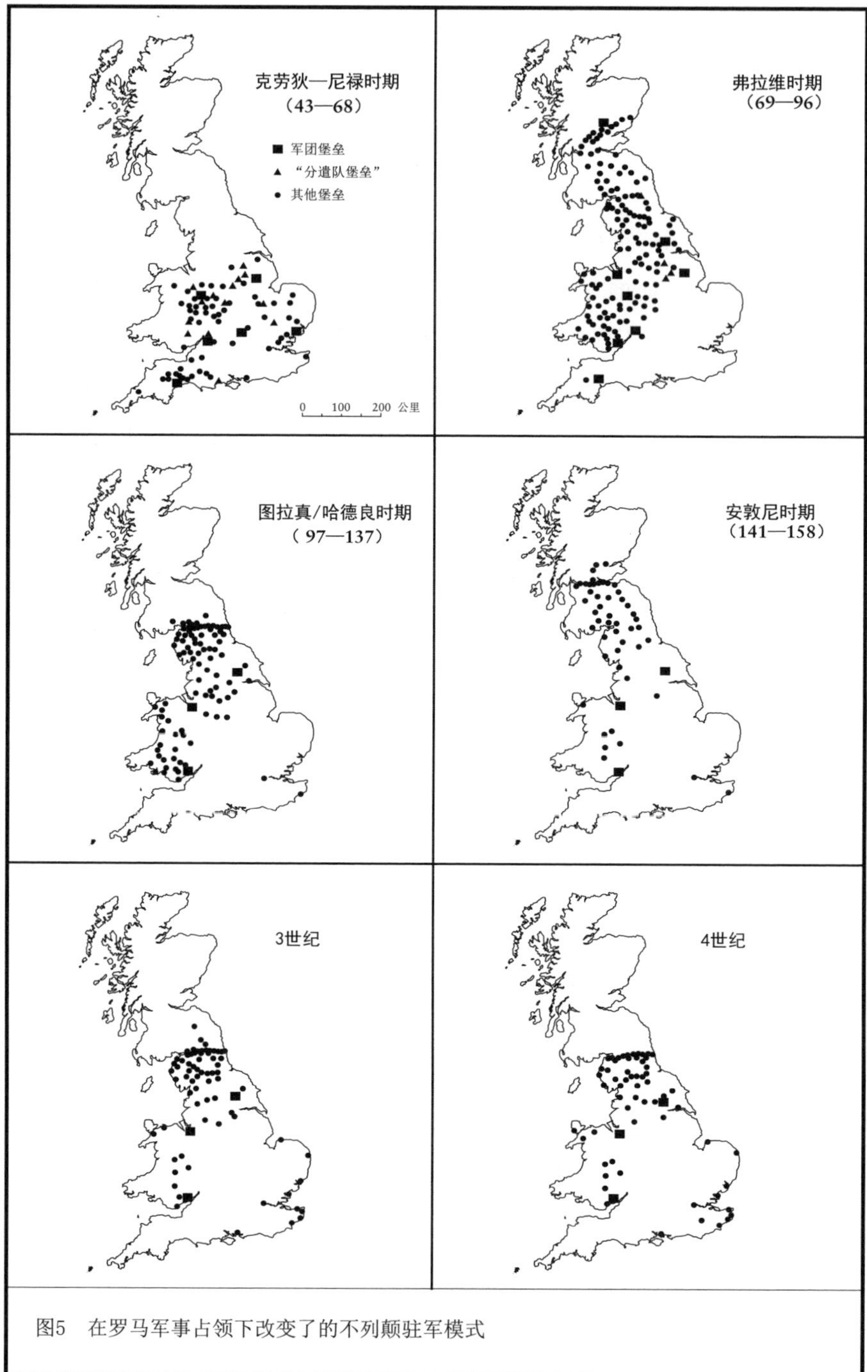

图5　在罗马军事占领下改变了的不列颠驻军模式

岸/通航河流或道路（区域物流）；靠近生产用地（当地供应）；可直接监督主要的铁器时代晚期聚落（战略位置）；跨越主要战线到达另一边（战略部署）；接近领土范围，将各民族彼此隔离，并加强对几个地区的监督（战略部署）。

在征服初期，罗马并没有建立适用于全不列颠的驻军模式，也没有明确边界。现代文学作品试图将连接林肯–埃克塞特的福斯一线描述为古时边境的做法毫无依据，没有任何证据可以表明罗马曾打算将此处当作不列颠扩张的终点。相反，威尔士和奔宁山脉（Pennines）的矿产资源才是罗马人向特伦托河和塞文河以外地区扩张的巨大诱惑。同时，资料记载也表明了罗马部队经常遭受志留人的袭击，所以罗马军团的部署通常将进攻力量安排在军队的最前沿。在弗拉维时期之前，出现了大量小型堡垒（德文郡就是如此），这表明这些地区可能经历了较长时间的征战才最终安定下来。

有关罗马军队持续扩张期间的相关问题，人们仍就堡垒体系的建设速度情况争论不休。我们只能在弗拉维时期发现有较为统一的政策，即将驻军在已占领的领土上分散部署。为了稳定控制威尔士和奔宁山高地地区，罗马在当地采用了这种新的部署方式。在格劳庇乌山一战之后，阿古利可拉的某个继承人在苏格兰运用了类似的部署方式，但该战略计划没过几年就被放弃了。自公元 2 世纪初期起，不列颠北部的军队日趋集中，不列颠北部也很快成为修筑哈德良长城的边境地区。公元 2 世纪初期，其他地区的驻军规模逐渐缩减，但大多数原有驻军地区仍然保留着一定的军事力量。在塞普蒂米乌斯·塞弗勒斯统治的前几年，罗马开始认真考虑撤回苏格兰北部驻军，那时罗马军队在英国北部和西部部署的形式与公元 2—3 世纪基本相同。而在此之后，部署的重点转向了沿海（并非只在爱尔兰和北海沿岸，而是包括整个英吉利海峡沿岸）。所谓“撒克逊海岸堡垒”是在3—4世纪相当长一段时间内建立起来的，代表着不列颠的一个独立军事单位。

军团部署显然也与自然资源的分布紧密相关，很多堡垒选在矿区，如查特豪斯（Charterhouse）、庞普塞特（Pumpsaint）、布朗普顿（Brompton）、诺伊边的伯勒（Brough-on-Noe）、惠特利城堡（Whitley Castle）或著名的盐泉或盐矿，如德罗伊特威奇（Droitwich）、米德尔威奇（Middlewich）、诺斯维奇（Northwich）和惠特彻奇（Whitchuch）。如果对其他自然资源丰富地区的相关堡垒和聚落进行更详尽的调查，我们可以得到更多的案例及进一步的信息。一个有趣的发现是，有一条罗马修建的道路穿过威尔戴尔荒原（Wheeldale Moor）一直延伸到了皮克林谷马耳顿（Malton）北部。

这条道路的修建与荒原南北边缘两个堡垒（至少是里格和卡顿霍恩）的关系尚不清楚，但值得注意的是，这条道路连接了北约克荒原两个主要铁矿产地，分别位于爱斯基代尔（Eskdale）和罗斯代尔（Rosedale）（尽管到目前为止还没有找到罗马在此进行铁矿开发的确凿证据）。如果这条道路向东北延伸，将到达惠特比（Whitby）。惠特比是不列颠黑玉（British jet）的主要产地，也是约克郡北部最佳的天然良港之一。此外，湖区公园的堡垒同样有趣，那里人口相对较少，但由于矿藏潜力巨大，罗马在此派遣了大量驻军。对那里的堡垒遗址进行进一步研究可以帮助我们确定矿产开采是不是部署军队的一个因素。

驻防模式的地区差异可能反映了罗马对其下属行省的管理方式不同，也能反映出属地抵抗程度的不同。在一个特定地区驻防的位置和持续时间可以表明罗马的战术实施成果和安定措施的成功与否。下一节将探讨军事部署的区域性特征，尽可能将其与开头提到的不列颠民族联系起来。但本书的推测和叙述只能提供大致轮廓，想给出具体的年代时间并不现实，遑论重建出完整的阶段性过程。

不列颠东南部和西南部

除东部王国外，罗马还认定了两个其他主要民族：特里诺文特人，以埃塞克斯和萨福克、剑桥郡部分地区为中心；卡图维劳尼人，以白金汉郡、贝德福德郡和赫特福德郡为中心。罗马的征服对这两大地域产生的影响似乎有所不同（见图 6）。

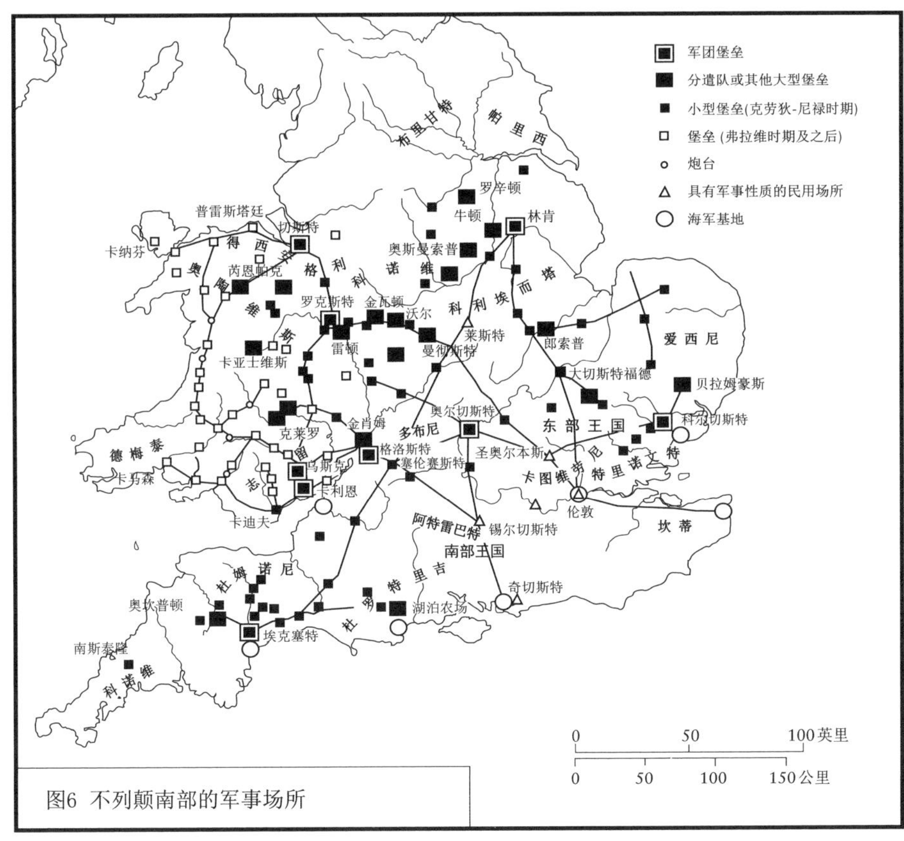

图6 不列颠南部的军事场所

在特里诺文特地区，罗马军团的早期主要策略是在科尔切斯特的奥皮达核心区域建立一个军团要塞，同时在附近配备辅助要塞。军团力量的影响非常显著，从数字上来看，一个军团最多由10支辅助部队组成。此外，该地区还有其他几座堡垒、一座分遣队要塞（vexillation），还可能设有一个海军补给基地。如此部署绝非对领土的全面占领，而是集中控制关键中心地点，并在该地区周边设置一些大型基地作为补充，军队也可以在这些基地管控邻近地区。随着科尔切斯特的要塞建造，罗马人又在约公元49年再次建设了一个殖民地，完全剥夺了不列颠原住民的控制权，这说明罗马对特里诺文特地区管控非常严格。

圣奥尔本斯（St Albans）的那个军事堡垒长期以来备受争议，因为该地区具有早期城镇形成的民间特征。该特征的存在或许可以说明军队对卡图维劳尼地区的监管要宽松许多。愚人巷墓葬中的发现表明卡图维劳尼族似乎曾在较短的时间里成为罗马的附庸。然而在卡图维劳尼领域边界附近朝北和朝西的道路上也似乎发现有罗马军事遗址。其中包括牛津郡奥尔切斯特（Alchester）的堡垒，彼得伯勒（Peterborough）附近的朗索普（Longthorpe）可能也有堡垒。这些堡垒不仅是罗马跨越东部王国向外扩张的跳板，也是监视领土的站点，在必要时，军队可以快速行军在一两天之内到达这些堡垒。公元60年，罗马第九辅助军团的分遣队可能就在朗索普不幸遭遇布狄卡叛乱。这次叛乱规模巨大，最终导致了分遣队全军覆没。但在非极端情况下，他们能对“安定”地区的局部动乱做出迅速且有效的反应，从而稳定局势。

伦敦是征服行动中一个至关重要的环节，因为它控制着泰晤士河的港口和最佳渡河点。罗马时期伦敦建有军事基地，这一点毋庸置疑。伦敦当地的考古发现侧面表明了伦敦在当时更可能是军事基地，而非城镇中心，只是没有早期作为基地的直接证据，因此，当地军事活动的性质和规模仍待确定。

东部王国的影响从泰晤士河以南一直延伸到坎提阿齐的中心地带——肯特郡。众所周知，里奇伯勒在罗马统治早期军事活动频繁，之后也一直是罗马主要的入境港。而其他早期要塞的用途却并不明确。多佛从公元 2 世纪发展起来，成为不列颠舰队的主要基地，那里也修建了许多堡垒。另外，肯特的主要防御工事都是罗马统治后期修建的。总的来说，罗马时期对于从英吉利海峡港口至伦敦一线的军事控制赋予了罗马时期早期的肯特郡显著的军事特征。

在诺福克，爱西尼王国保持了约 60 年的附庸国身份，在此期间罗马的军事力量一直与此地保持一定距离。直到后来发生了布狄卡起义，罗马军队可能才在战后驻扎于此。后来在诺福克东部的凯斯特修建了爱西尼人的异邦城市，但最令人印象深刻的作为铁器时代政治中心的考古证据仍主要集中在诺福克西部，靠近伊克尼尔路（the Icknield Way），如塞特福特（Thetford）和桑汉姆托尼（Saham Toney）。现在该地区已经确认发现了数个罗马堡垒，其中一处位于萨哈姆托尼（伍德考克堡垒）。罗马人在诺福克西部修建了湿地堤道（Fen Causeway）——横穿沼泽，贯通南北，连接了朗索普的分遣要塞与步行道（Peddars Way）。在格兰福德（Grandford）的沼泽地带至少有一座堡垒，也许是为了部队沿着湿地堤道继续向诺福克北部进发而修建。罗马军队在布狄卡起义后的几年内进驻诺维奇凯斯特应该是一种合理的推测，但目前没有证据。

对于南部王国的苏塞克斯（Sussex）、汉普郡、萨里（Surrey）和伯克郡在被征服初期的命运，我们不得而知。在菲什本

（Fishbourne）宫殿下方及附近有军事风格的建筑，表明这可能是一个早期的军事基地。更重要的是，奇切斯特附近似乎曾有军事力量存在，锡尔切斯特也同样发现了许多早期罗马军队的痕迹。一种解释是托吉杜布努斯王国大约建立于公元 47 年，自身拥有一定兵力，以便于展开扩张行动。而另一种解释则认为部分军队的建立是为了支持和拥护托吉杜布努斯成为国王才出现的。第三种可能是托吉杜布努斯照搬了罗马军队的全套做法。这里在随后也没有出现堡垒，说明罗马人的铁蹄未曾踏足托吉杜布努斯王国。直到公元 80 年代，托吉杜布努斯王国在没有罗马军团长期驻扎的情况下，最终平稳地并入不列颠行省。

多塞特（Dorset）和萨默塞特（Somerset）的杜罗特里吉（*Durotriges*）地区是维斯帕先发动战役的主战场。众所周知，在湖泊农场（Lake Farm）的普尔港以北有一座分遣军堡垒，于公元 45—60 年被罗马占领。这意味着被征服后的领土上驻扎着规模相当庞大的罗马军团。在一些铁器时代晚期的山地堡垒内发现有更多的军事痕迹，如霍德山、少女城堡、南吉百利城堡、汉姆山和沃登山。除此之外，还有更多普通堡垒位于伊尔切斯特（Ilchester）的福斯路（Fosse Way）或门迪普（Mendip）的查特豪斯等地。门迪普山出产刻有铭文的铅锭，证明第二辅助军团参与了矿产开发及生产，一直持续到公元 49 年。

过去 30 年来，人们对罗马占领杜姆诺尼人（Dumnonian）所拥有的位于德文郡（Devon）的土地的普遍认知发生了改变。1978 年，人们认为《罗马不列颠地图》上只有埃克塞特的军团要塞和两个堡垒。而目前发现的总数则包括一个军团要塞、北塔顿（North Tawton）的一系列要塞、其他六个或以上的要塞遗址，以及罗马占领的赫姆伯里（Hembury）的一座废弃堡垒。这些遗址大部分位于德文郡东部和北部，说明军队当时对陶和埃克山谷密切监督，可能还包括对埃克斯穆尔的铁矿开采监管。对埃克塞特最早的研究发现表明，最初的军事占领约出现于公元 50 年，虽然该地是否有一个完整的军团要塞尚不清楚。埃克塞特最晚是在公元 55 年时成为西南方第二军团的重要军事基地，但是直到 70 年代中期才被占领(尽管那时的驻军可能减少了很多)。

北塔顿和奥坎普顿的堡垒显然位于达特穆尔北侧向西一线上。在这条路线的西边，位于朗塞斯顿附近的塔马尔交叉口也可能存在另一个堡垒。在北部海岸和塔乌河河谷下面遗留的两条小路明显意味着在巴恩斯特普尔或附近地区有一处罗马遗址，而普利茅斯港的大量罗马遗迹表明那里曾经有一个港口，可能还有一个堡垒。总的来说，公元 50—75 年德文郡应该有大量军队驻扎。

康沃尔的人民通常被视为杜姆诺尼人的一支，因为托勒密在《地理学》一书中没有明确说明该地区是一个独立的群体。然而，德文郡和康沃尔郡的铁器时代晚期文化的基本区别强烈表明后者在被征服前具有完善和独立的民族身份。因为康沃尔这个名字似乎来源于古老的科诺维娅（*Cornovia*），所以有理由推测这里应该有科尔诺维民族存在。拉文纳宇宙学中也提及不列颠西南部有一处名为杜罗科诺维姆（意为科尔诺维的要塞）的地方。康沃尔目前只有一座堡垒，位于博德明附近的南斯泰隆——显然可以追溯到 50 年代后期，但由于它与最近已确认的堡垒位置相距 70 公里，因此很可能还存在其他几个堡垒，可能就是托勒密笔下的塔马拉、乌塞洛德努姆和伏利巴。

人们通常认为东米德兰地区的权力更迭是一个相对和平的过

程，因为历史文献中没有明确记载与该地区主要民族科利埃尔塔维人发生过战争，也未记载他们参与了叛乱。尽管如此，仍有迹象表明这次合并并非完全出于自愿。约克郡出土了一系列科利埃尔塔维钱币，据推测，这些钱币是科利埃尔塔维难民带来的，科利埃尔塔维族的土地位于特伦特河东岸、亨伯河和瓦什河之间。罗马大北路的建立开辟了通往该地区东部的一条通道，通道沿途设有一些堡垒。

这些堡垒再加上朗索普的分遣队要塞，共同形成了对东部湿地和西部重要铁矿和农田的监管。在布雷福德浦的道路交会点有一个重要的铁器时代聚落，其南部可能有一个早期的罗马军事基地(可能是一个与朗索普的城堡遥相呼应的分遣队堡垒)。这个早期的基地可能在布狄卡起义后被废弃，取而代之的是位于河北岸的一个军团要塞。这里直到公元 70 年代末期都是一个重要的军事基地，可能与特伦特两侧的一系列分遣队基地（特伦特岛上的牛顿、奥斯曼索普、罗辛顿）协同作战。这些后来的基地似乎是与威慑北方以及进入他们领土做准备有关。特伦特河上或附近也有几个较小的堡垒。在亨伯河（Humber）渡河口附近可能还有两个要塞。总体印象是，科利埃尔塔维东部的土地处于以林肯为中心的联军监督之下，该地区还包括殖民地。一条可能位于现代莱斯特地下的军事遗迹可能是一个小型堡垒，而非大型堡垒。翱翔谷（Soar Valley）明显没有其他军事要塞，但科利埃尔塔维的异邦城市却最终出现在这里，这可能是对他们的一种优待。

罗马从东南方向进军的主要路线上的另一个重要的区域是科茨沃尔德和格洛斯特郡、埃文郡、牛津郡、赫里福德和伍斯特的相关地区。这里的人民通常被称为多布尼人，和科利埃尔塔维人一样，人们普遍认为他们受到了罗马相对不错的待遇。然而军事部署的实际情况再次改变了人们的看法，多布尼地区的东部边界尚不明确，但有时人们会将牛津郡的切尔韦尔划定为边界。

牛津北部的奥尔切斯特遗址近年来已成为早期征服阶段的一个重要地点。现在已知这里后来的小镇下面有一个主要的堡垒，其附属建筑的大门上有一根木桩显示伐木日期为公元 44 年秋至 45 年春。这是英国所有罗马遗址中最早的树木年代学日期，为第二战役季末期一个大型战斗群的基地提供了证据。奥尔切斯特位于一条罗马道路的交叉路口，从科尔切斯特经圣奥尔本斯由东到西，一直通到塞伦赛斯特，并且与奇切斯特连通，还有一条连接奇切斯特、温彻斯特、锡切斯特、多尔切斯特的南北线，有可能继续向北方与西北方向通往莱斯特和罗克斯特。在伍斯特附近还有第二条西北路线通往塞文河。因此奥尔切斯特应该位于一个原始的交通网络的中心，并且在很长时间内都是征服者的基地。除了奥尔切斯特的军团基地外，泰晤士河上的多尔切斯特要塞还封锁了河流的过境点，控制了那里的一个城堡。在巴格登的多布尼核心要塞以南几公里处，在后来建立的塞伦赛斯特镇下方的一个重要的道路交叉口建立了一个骑兵营地。这个位置很好，可以对当地的主要中心进行密切的监管，同时这里也是奥尔切斯特与格洛斯特以及塞文这两个主要军事基地之间的一个连接点。格洛斯特的军团要塞建于公元 60 年代中期，可能也是金肖姆（Kingsholm）的分遣队要塞（附近发现了科霍斯六世色拉库姆以及第二十军团士兵的墓碑）。金肖姆要塞可能建于公元 40 年代末，然后在公元 60 年代中后期被放弃。公元 1 世纪末，罗马人在格洛斯特建立了殖民地，将该地区与多布尼割裂开来。多布尼岛的南部边界尚不确定，但通过出土的钱币可以认为它们的影响力一直延伸到巴斯（怀疑有早期军事存在）。军事装备的考古发现也表明，罗马通过一个在海米尔斯建造的小型海军基地直接进入布里斯托尔海峡。总而言之，公元 40—70 年代，有一支强大的军队驻扎在多布尼岛上。

威尔士及边区

塔西佗将重点放在志留人、奥陶维斯人、得西安格利人这三个民族，并把他们视作公元 40—50 年代罗马侵略的主要目标，但大量军队驻扎在什罗普郡、西米德兰、斯塔福德郡和柴郡的科诺维的土地上（或贯穿这些地区）。华特灵大道一直被认为是战略要地，在高地路口（与福斯路的交会处）和罗克斯特之间有一系列令人印象深刻的营地、军团 / 分遣队堡垒和较小的堡垒。在曼彻斯特、金瓦顿、雷顿（Leighton）甚至是城墙上都修建了堡垒，罗克斯特有一个建于公元 58—77 年的完整军团要塞。此外，至少有 6 个较小的堡垒与这条道路相连。雷顿的分遣队堡垒和罗克斯特的要塞建在靠近塞文河的交叉点，也靠近一个在后铁器时代被称作维尔金（Wrekin）的山丘。即使这次部署的主要目的是给进一步向西进入威尔士的军队提供冬季住处，这些军队的存在注定会对西米德兰兹当地人民造成很大影响。

在华特灵大道和以阿克曼街 / 埃敏街为代表的进攻路线之间，还有一条从奥尔切斯特向西北方向行进的中间路线。沿线可能还有几个堡垒（例如在奥尔切斯特和德洛伊特维奇）以及连接这条路线与华特灵的南北道路。

塞文河西侧有一片区域仍有可能属于科尔诺维人，那里有许多驻地，包括伦特瓦尔丁（Leintwardine）附近的一个主堡垒和营地。伦特瓦尔丁附近的布兰顿坎普（Brandon Camp）是罗马军团重新启用铁器时代防御工事的另一个例子，这像是一个安置在古老的山丘中的补给基地。还有进一步的证据显示罗马人在柴郡平原的关键位置也有驻军，这些地点是从科罗拉多地区独立出来的，比较重要的是公元 70 年代的生产基地和切斯特的军团要塞。其中一些基地是在克劳狄时期早期建立的，其他基地要么是在弗拉维时期继续完成的，要么是公元 2 世纪初期才完成的。这个延续了 50 年的军事基地比大多数居住区持续的时间还要长，而且驻军的规模也很大。科尔诺维的异邦城市只有罗克斯特在公元 2 世纪进行过修缮。

由于在 1 世纪中叶与罗马的内部斗争，格拉摩根和格温特的志留人领土需要进行特别全面的监督。弗拉维时期之前的遗址和在弗拉维时期被重新统治后的遗址之间有着明显的区分。最早的堡垒沿着路线向西北方向延伸，从格洛斯特的塞文过境点向上到达怀河河谷，克莱罗的堡垒和克里福德的一个大堡垒可以追溯到前布狄卡时期。这条路线的一个优点是它使得军队可以更接近中央战斗群，能够相互加强军力。沿着路线继续向南延伸进入怀河河谷，跨过潘亚德的韦斯顿村和蒙莫斯，到达乌斯克本地区的乌斯克河，50 年代中期在那里建立了一个军团要塞。还有很多早期的堡垒已经确认了真实性，包括卡迪夫的沿海基地，在布狄卡事件发生后，在物资锐减的情况下还是保留下来一些基础设施，使得志留人在这一时期能够保持相对平静。

在弗拉维征服威尔士之后，南威尔士的早期堡垒只有少数被保留或重新占领。军团转移到卡利恩，在地势较低并且干净整洁，还能通航的乌斯克地区，一个小仓库取代了乌斯克的堡垒。只有阿伯加文尼（Abergavenny）和卡迪夫这两处的弗拉维时期之前的堡垒还在后续建设。在威尔士南部，军团部署集中在乌斯克山谷上的一系列堡垒，这些堡垒穿过布雷肯（Brecon）和兰德福瑞（Llandovery）之间的分界线。从卡利恩西部到卡马森的沿海道路的主要河流交叉口（卡迪夫、尼思、拉赫尔）有几个堡垒，沿着尼思河谷和塔夫河谷东侧的横向道路还有其他的堡垒。另一些堡垒则位于兰德福瑞东北部到威尔士中部。

在志留人"领土"上，弗拉维放置 1 个军团要塞和 15 个辅助堡垒，这是一个令人震惊的数字，如果驻扎的所有部队都是完整编制，就相当于驻扎了一支 1.3 万人的军队，这大约是不列颠全部驻军的 1/4。但实际上这些部署不可能同时作战，也无法保持编制完整。在公元 2 世纪初，驻军并没有减少太多，但是在中期则只剩下了军团要塞和几个堡垒。在罗马时代晚期到来之前一直对这里保持着较低程度的监督。志留人领地受到军事占领的影响发展滞后且异常，这些也导致了人口和领土的减少。

直到弗拉维时期，威尔士西南部（第非德）的德梅泰民族还一直处在罗马军队管辖范围之外，但他们很快也臣服于罗马。到公元 70 年代中期，一些堡垒位于卡马森（这里后来成为文明中心），兰代洛（Llandeilo）以及其他几个城镇位于德梅泰民族认为的东北边界线附近。这直接将罗马道路线从乌斯克延伸到威尔士主要的高地地块西侧。从卡马森西边到彭布罗克（Pembroke）的罗马道路的存在表明在米尔福德港（Milford Haven）地区应该存在一座未知的堡垒。总的来说，简单地认为德梅泰没有被军事占领的说法是错误的，但是将其与邻近的志留人相比，这里驻军规模确实要更小，并且在 2 世纪中期，上述堡垒都仍未被占据。

尽管早在公元 47 年就已经针对得西安格利进行了战争，但威尔士东北部的克卢伊德（Clwyd）直到弗拉维时期才被完全占领。曾经有人认为，这个地区未修建罗马堡垒是给当地人的特殊待遇。这个观点现在随着在该地区至少发现了三四个堡垒而改变了。该地区北部有大量铅矿，得西安格利人的领土似乎要比其他一些威尔士民族的领土小得多，但这里的驻军规模绝对不小，尤其是在公元70年代的切斯特也修建了军团基地。

奥陶维斯人通常被认为是活跃在威尔士西北部和中部（克卢伊德、波伊斯、格温内思郡、安格尔西）这一大片地区的主要族群。安格尔西岛是这里的“粮仓”，有最大面积的优质农田。安格尔西、大奥姆（Great Orme）海岬、威尔士西部的锡尔迪金山（Ceredigion）和威尔士中部的拉纳马内赫的铜资源都在他们的控制之下。70年代在设置了弗朗蒂努斯（Frontinus）和阿古利可拉两拨驻军之前，没有任何证据显示这里曾出现过驻军哨所。不过，我们已经知道弗拉维时期之前的大型军事基地坐落在罗克斯特周围的科尔诺维地区以及兰戈伦（Llangollen）附近的芮恩帕克（Rhyn Park）的优质地带。拉纳马内赫的山丘，是公元51年卡拉塔克斯最后一战的所在地，凭借此事可以确认一系列营地和作战堡垒的存在。

弗拉维时期驻军的主要原则是沿着主要山脉系统建立系列堡垒，这些系统沿着靠近大海的平原边缘将山脉一分为二。在卡纳芬的北部海岸成功控制横穿安格尔西的梅奈海峡并且可以牵制斯诺登尼亚北端的两个目标。其他堡垒包围着斯诺登尼亚的同时也在监视着利恩半岛（Lleyn peninsula）。塞文河谷也有军队驻守在卡亚士维斯（Caersws）和佛登戈尔的堡垒以及布朗普顿（Brompton）的另一个负责保障采矿安全的堡垒。两个军团要塞，一个在切斯特是后修建的，另一个较旧的在罗克斯特，最初由辅助军团使用。与志留人领地情况一样，公元120年之前驻军基本上保持住了大部分兵力，但此后驻军数量则急剧减少，直到公元160年只有少数人留守在切斯特军团要塞范围内的地区：北部的卡纳芬，中心的卡尔苏斯和福登盖尔。

威尔士的驻军是罗马控制山地地区的一个典型案例。道路网和堡垒网络与天然走廊相连接。最终形成的固定间隔的驻军点主要分布在山谷底部或河口附近。相邻堡垒之间的距离基本在15—20公里，如果遇到麻烦，通常可以从两个或多个方向寻求支援。山地和沿海平原之间以及高地和下一个高地之间的主要走廊通道都在罗马的管控之下，道路建设提高了通信速度。罗马这样部署安排的部分原因是为了控制英国主要民族之间的区域，而不仅仅是为了占据其核心地带。通过隔离民族和监督民族之间的联系，罗马实行了分治制度。

这项政策相当有效，从公元160年开始，虽然这几个堡垒一直保留了几个世纪，但驻军规模却开始大幅度减少。另外，若不把弗拉维时期之前的驻军数量计入在内，威尔士大部分地区的军事占领一直持续了将近50年。

英格兰北部

居住在不列颠北部的主要是布里甘特人，他们居住的地方从靠近海岸线延伸到大概是约克郡、兰开夏郡、大曼彻斯特、达勒姆郡和坎布里亚郡这么大的地区。核心区域位于约克谷；对于该地区的其余部分，我们可以将其看成一个民族霸权联盟。最初的战役罗马以东部地区为目标，最终在约克建立一个主基地。之后罗马迅速控制东部地区，占领地区从位于高原的帕里西扩展到约克谷以东的

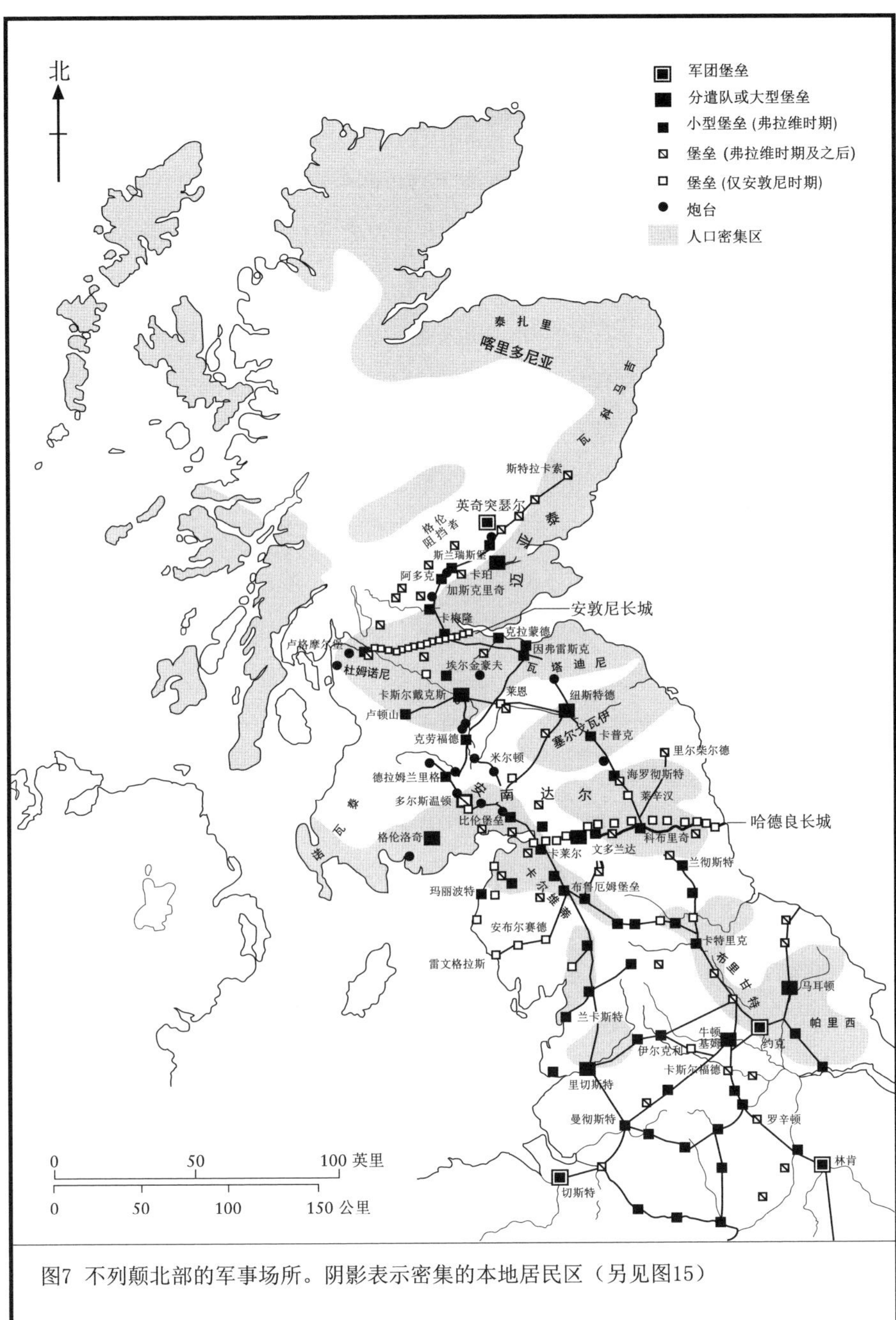

图7 不列颠北部的军事场所。阴影表示密集的本地居民区（另见图15）

地区，并且跨越奔宁山脉一直到卡莱尔，公元 72 年秋季和公元 73 年春季之间在那里砍伐树木建造了最早的堡垒。在征服英国南部和西部的过程中，许多较大的基地成了安置北部部队与物资的关键聚集点（见图 7）。分遣队或军团驻扎地点包括切斯特、林肯、特伦特河上的牛顿、罗辛顿桥、奥斯曼索普、约克、马尔顿和科布里奇，但在弗拉维时代，则采用了更加分散的部署模式。诺丁汉郡、德比郡和南约克郡早在弗拉维时期之前已被部分占领，因为这些地方在主要河流过境点和主要线路上都已经修建了堡垒。

帕里西境内的几个堡垒似乎是在阿古利可拉掌权之前建立的。罗马人采用修建道路和堡垒的方式包围整个丘陵，而非直接从中间穿过，其意图是将帕里西人与布里甘特人分开。尽管马尔顿位于皮克林谷，作为长期军事基地一直存在到公元 4 世纪，但是其他遗址中的大多数存留的时间并不久。其他弗拉维时期的堡垒包括位于皮克山区南部边缘的堡垒，从德比到切斯特都有分布。在公元 70 年代后期，建立了以切斯特和约克为中心的全军团基地，这也需要跨越奔宁山脉，特别是曼彻斯特到约克的这一线。

奔宁山脉以西的早期部署绕开了湖泊地区，它建立在公元 1 世纪末和 2 世纪初（也就是在完整的堡垒网络建立之前）。此外，还开发了另外的跨越奔宁山脉的线路，这些道路把默西河和索尔威一线的驻军与东侧的驻军连接起来，确保罗马在主要的奔宁河谷和山谷中的地位。必须强调的是，这种部署可能延续了几十年，而非几年，同时并不能完全确定这些都是阿古利可拉时期的产物。

在约克北部，沿着德雷街这条路有一些弗拉维时期的堡垒，特别是在卡特里克。卡特里克位于苏格兰南部的斯瓦勒交叉路口，分别是通往纽卡斯尔和卡莱尔方向的，卡特里克因此也长期作为北部边境一个交通要塞存在。西北方向通过施特莫尔山口穿过奔宁山脉，沿着伊甸河谷上游向卡莱尔方向行进。在弗拉维晚期这里被重兵把守，而且一直是罗马时代晚期的重点控制路线。沿着长长的堡垒蜿蜒而行，德雷街从卡特里克向北延伸到科布里奇（那里很快就修建了一系列支援堡垒）。哈德良长城的东端有条支路一直延伸到纽卡斯尔泰恩河上一座哈德良时期建造的桥边，在 2 世纪为驻军服务。

在奥尔德伯勒地区还没出现布里甘特的异邦城镇的很长时间里，英格兰北部的很大一部分地区仍然处于罗马军团直接的军事监督之下。在公元 1 世纪末到 3 世纪间，驻军规模也非常稳定：该地区部署有一个军团要塞和五十多个较小的堡垒。如此规模庞大并且长时间的驻军对布里甘特必然产生巨大的影响。其中的一个结果就是在奥尔德伯勒的地方官员直接管理的领土可能只占英格兰北部的一小部分，也许只是约克谷的一个区域。马尔顿堡垒的长期驻扎表明帕里西的皮克林谷一带的主要地区仍存在失控的可能性。最晚在公元 3 世纪，在伊甸园谷的一个叫作卡尔维蒂人（Carvetii，“鹿人”）的团体创建了第三个北部文明，尽管该族群身处一个持续受到军事控制的地区，所以能够支配的领土受到相当大的限制。庞大的驻军在整个北方造成的结果之一就是公民政府和社会的发展远没有不列颠南部进展得那么深远。据推测，该地区其他地方仍在直接的军事统治下。

苏格兰

我们很难确定不列颠民族在苏格兰的精确分布位置。虽然托勒密记录了许多分布点，但塔西佗在谈到这个问题时只谈到了喀里多尼亚人（见图 3）。苏格兰的低地和东北部在弗拉维和安敦尼时期有两个重要阶段是由罗马占领的。公元 3 世纪初期也有迹象表明塞维鲁重新占领了苏格兰。哈德良长城以北主干道的一些哨所在该边境线存在期间保持不变。苏格兰也有大片地区，特别是高地以及西部和北部群岛，这些地方从未正式出现过罗马驻军。因此，我们在苏格兰遇到的情况不同于不列颠的其他地方，那些地方被强制驻军过，直到确定“安抚当地”任务已经完成才撤离，有些就一直驻扎到罗马时代晚期。苏格兰经历了三次被罗马占领，对当地的干预以及随后再次回归到“自由”状态。

关于阿古利可拉修建堡垒的进度，则存在很多争论。总的来说，在泰恩 - 索尔威和福斯 - 克莱德运河之间的苏格兰低地，弗拉维时期的堡垒似乎可以追溯到公元 77—83 年，而在公元 84—87 年加强了对福斯 - 克莱德运河以北堡垒的强化，但是两个地区都可能存在例外情况。位于苏格兰低地的弗拉维时期遗址主要存在于两条交通线上：第一条从泰恩河到福斯河之间，从科布里奇到卡斯隆（特威德的纽斯特德地区的主要基地），第二条从卡莱尔到克莱德河谷，途经安嫩代尔。在迪伊和尼斯山谷，苏格兰西南部的格伦洛奇和多尔斯温顿也有大型堡垒。总体给人的印象是大量的军队驻扎在能够控制北部主要道路的地方，并对特威德河谷、尼斯河谷和安南达尔的居民进行密切监督。在瓦塔迪尼地区，军事部署的规模似乎较小，大约相当于洛锡安区的驻军规模。除了克莱德河谷中几个已知的弗拉维时期的堡垒，以及被称为杜姆诺尼的地区（可能是）外，阿古利可拉还沿着峡谷建立了堡垒。当罗马人开始放弃在苏格兰北部驻军的企图时，撤军的初始阶段（87—105）似乎也包括了南部边境的战略撤退，仅在邓弗里斯东部和特威德的塞尔戈维亚领土上保留了驻军。哈德良边境地区的驻军变化则是另一个收缩阶段，保留了其中一些位于塞尔戈瓦伊和安娜佛纳斯的心脏地带范围周边的哨所，但是其核心地区则撤离了驻军。

在福斯－克莱德运河以北，人们很早就注意到弗拉维时期的堡垒被分为了两组：一组沿着罗马道路从斯特林（这里几乎可以肯定是一座废弃的堡垒）东北部沿着斯特拉斯莫尔朝着泰河方向。越过泰河，这条路绕过了在因查图勒的军团要塞并且继续平行于高地线直到阿伯丁以南 50 公里的斯特拉卡索。第二组，即所谓的“格伦阻挡者”堡垒，位于这条道路的西部和西北部，往北一直到高地峡谷的东部出口。

“格伦阻挡者”堡垒很可能是在格劳庇乌山战役之后建造的，修建的主要目的是将高地人民与拥有相对优质农田的维尼科内人隔离开，这些农场位于法夫和较低的泰赛德区，通过一系列瞭望塔的辅助，这些堡垒分布在加斯克里奇的罗马道路上。无论在弗拉维时期表现如何，他们似乎都能够提供横向和纵向的无死角监视。维尼科内的心脏地带没有驻军哨所存在的证据，但在可能属于该地区势力范围的西北边缘有 1 个军团要塞和大约 15 个小堡垒，这些说明该地区同样也处于监控之中。事实上，以兵营为代表的罗马统治的主要证据表明，他们的领土不断地受到侵蚀。法夫郡的农田应该是北部驻军的主要补给站。

“格伦阻挡者”不仅控制了高地地区的出口，而且还可以作为巡逻高地峡谷的基地。如果沿着马里湾修建系列堡垒，该防御系统将对高地产生更强的控制力。虽然对于这些地区号称存在的堡垒仍然存在争议，但军团基地的北部地区明显能够发现罗马有意在格兰坪/马里地区部署更多部队。马里有部分优质农田一直受到罗马的关注，但最初这些土地可能根据条约保留在当地人民手中［可能是泰扎里人（*Taexali*）和瓦科马吉人（*Vacomagi*）］。如果罗马人的占领能够持续到公元 87 年之后，那么驻军最终肯定会覆盖到这个地区，并可能延伸到北部远方和西部。图密善从 80 年代中期撤出了驻扎在不列颠的军团和大量辅助人员，这使得预期的驻军部署变得名存实亡，甚至现有的部署也难以为继。最初的撤离可能从公元 87 年开始出现，主要是福斯－克莱德运河以南的撤离驻军，尚未到达泰恩－索尔威地区。

安敦尼对苏格兰的占领曾被分解为三个阶段，大约从公元 142 年持续到公元 180 年（短暂中断）。最后的阶段是在 20 世纪 70 年代达成一致意见之后才确定的，另外两阶段的历史研究也被规范了（约公元 142—155 年，公元 158—163 年）。但最近这种说法也被证明是一个有重大缺陷的理论，实际上最可能的情况是，安敦尼占领阶段有一个时期是从公元 142 年持续到公元 158 年。放弃苏格兰堡垒以及重新调整哈德良边境可能在这之前已经持续了数年之久。这些没有固定说法的解释对于揭示证据的不可靠性很有意义。

安敦尼的战略部署与弗拉维类似，许多早期的堡垒重新投入使用，通常是进行扩大或缩小的改造。另外一些堡垒的建立主要是为了取代弗拉维时期的据点。在苏格兰低地，两个时期的总体部署格局相似，主要在两条主要的南北向路线。科布里奇－卡斯隆线路重新修建，共有 8 个堡垒和 2 个要塞，而安敦尼长城西端的卡莱尔——包括尼斯和安南达尔两条替代路线——有 8 个堡垒和 6 个要塞。纽斯特德再次成为一个重要的节点，它的特征非常明显，有自己的圆形广场。在连接两条主要南北线的横向道路上还有一些额外的堡垒。科布里奇也有管理者，为西部地区提供了监管措施。在福斯－克莱德运河北侧，安敦尼长城现在集结着大量兵力，这与弗拉维时期的驻军如出一辙。从连接佛罗伦萨的卡斯隆和泰河道路上的一系列堡垒来看，罗马人似乎是想再一次控制和保护法夫郡的农田。

塞维鲁对苏格兰的占领是短暂而不确定的。在与卡拉卡拉的大规模战役之后，他似乎有意在福斯－克莱德运河以北重建控制权。在卡波的泰河上建造了一个堡垒（11 公顷），克拉蒙德在那里的安敦尼堡垒中重新开展军事行动。一些最近的研究表明，塞维鲁在不列颠建立了一面 32 英里或 132 英里的城墙，虽然这很显然与哈德良长城的大规模翻新有关，但可以看出塞维鲁也开始考虑重新修建安敦尼长城。在第二奥古斯塔军团和第六“胜利”军团分开之前，这里显然已经修建完成并且最多可能已经驻军一两年了。因此，卡波的堡垒完全有能力统治法夫，而且这个民族的核心地带可能被狄奥命名成梅埃特。

罗马本可以变相给予不列颠北方一些民族更大的“帮助”，例如他们可以宣称爱丁堡或法夫周围等地的堡垒数量较少，以此为借口修建更多堡垒。然而实际上，每个占领区的驻军人数都非常多，罗马人对苏格兰人民造成了很大的影响。罗马的和平由当地承担成本：动物和农产品成为驻军的代价。就算他们撤退了，罗马人也很可能试图远程对不列颠施加影响（或恐吓）。

弗拉维时期及随后驻军模式的一般特征

公元 70 年后的驻军点一般比之前的规模要小一些，面积大概为 1—2 公顷，而且通常可以容纳一些辅助单位。然而，对弗拉维时期堡垒数量的简单统计引发了一个问题，那就是在威尔士，英国北部和苏格兰地区维持和平的军队数量到底有多少。仅在威尔士，在公元 70—96 年就建造了 40 多个辅助堡垒和 3 个军团要塞，这意味着如果所有堡垒都在同时使用且编制完整的话，那么驻军的最低兵力也将超过 3.5 万人。考虑到这是不列颠北部战争的重要阶段，如果在占领威尔士之后，还要派兵驻守另一块比威尔士面积还大的地区，这有些不符合逻辑。然而，正如我们已经指出的那样，威尔士在 2 世纪早期的部署仍然与此差不多，只有少数几个完全被放弃的堡垒，但是有 7 个站点面积减小，可使用面积不确定。罗马军队解决这个问题的办法就是故意使堡垒容纳能力过剩，并保留了许多职位，其中包括他们仅仅在理论上存在的机构。其他殖民军队也试图采用类似的“烟雾和镜子”来隐藏真实的力量。文多兰达的石碑上记载了这种灵活的驻军方法，大量军队外派到其他堡垒或部分职务处于空缺状态。显然，在公元 2 世纪的大部分时间里，卡利恩和切斯特的军团要塞的驻军人数大大减少，当时哈德良和安敦尼边境以及北方（也许是外国）战争的持续投入可能导致军队物资的长期缺乏。因此，所有堡垒的人员都不太可能满编，有些作战单位可能会被分到不止一个基地或是仅仅在驻地保留有一定兵力，而主要力量则被安排在其他地方。从外面看，这些堡垒的大小足以容纳 500 乃至更多人，如果当地情况需要，任何堡垒都可以进行增兵。布立吞人以为道路沿线会有许多驻军哨所和“监视者”进行检查，但一个地区罗马军队的实际人数在任何时候都难以准确估计。

罗马的线性边界：哈德良长城和安敦尼长城

线性防御的建立是罗马不列颠部署军队的一个显著特征，但我们应该知道，城墙本身并没有限定罗马领土的边界，其前哨堡垒显然位于更北的地方。哈德良和安敦尼长城分别横跨泰恩－索尔威(约120公里/80罗马里）和福斯－克莱德运河（约60公里/40罗马里）(见图8)。它们不可避免地成为大量研究的焦点，甚至可以写出带有一定细节的历史。这些建筑可以说是罗马不列颠2世纪最重要的成果之一。在罗马的战略中，不列颠的城墙是之前从没有出现过的东西。到目前为止，军队一般都回避划定正式边界和驻军，而是采取在一个地区内建立多个驻军点并建造连接它们的优质“全天候”道路这种方式。虽然有迹象表明，在公元1世纪末2世纪初期横跨泰恩－索尔威峡谷的横向道路上的一系列堡垒（所谓的“斯坦尼哥特边境”）越来越重要，但这还不是一个实际的分界线。哈德良边境计划的概念设计和执行完全不同，它是与日耳曼的同期发展相关联的，在那里，第一个边境栅栏中使用的木材的采伐日期表明这些计划在公元119—120年冬季就开始了。显然是为了通过对边境区域的行动进行控制从而建造一个屏障线。该城墙的建造最初是在新总督普拉托里乌斯·内波斯（A.Platorius Nepos）的监督下进行的，哈德良在公元122年与他一起前往不列颠（预先规划以及后勤准备应该已经先一步进行了)。鉴于他以往的建筑风格，几乎可以肯定哈德良在设计上具有发言权。这种建筑实际上被称为垒墙(*vallum Aelium*，哈德良的长城)。

哈德良长城由一系列复杂的装置组成，其中部分装置更改了原始方案——可以通过考古证据对建筑顺序进行详细的检测来看出这一点。所有的3个不列颠军团与不列颠舰队一起参与进来。虽然与原先的建筑有关的铭文还没有被正式列为考古材料，但有些额外的人力可能也参与进来，与被指派的军团一起工作，但是他们的任务可能并没有任何文件证据留存，例如从事挖沟这种工作。

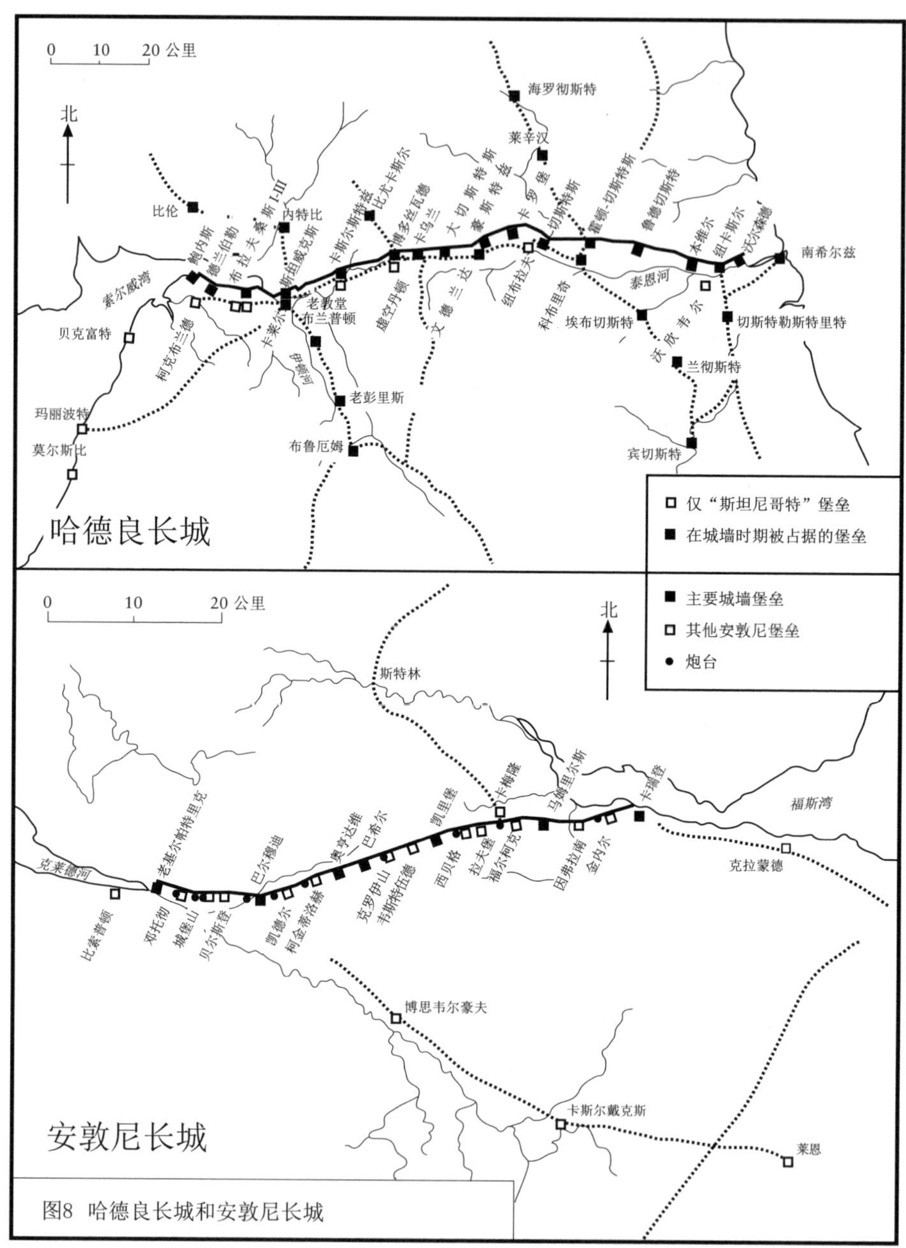

图8 哈德良长城和安敦尼长城

哈德良长城主要部分是从泰恩河到索尔威的大段连续城墙，包括东部的一堵石墙、西部的一堵草皮墙（很可能是由于地质的变化，导致砂浆里的石灰难以附着）。最初的计划似乎是修建一道从泰恩河畔的纽卡斯尔到伊尔辛河的宽石墙，以及从伊尔辛河西岸一直延伸到鲍内斯的索尔威的草皮墙。地基和墙体结构的宽度变化勾勒出了该建筑修建的各个阶段和设计的一些变化。在纽卡斯尔东部，另一段石墙很快沿着泰恩河北岸延伸到了沃尔森德。伊尔辛河以西的草皮墙最终也被石墙所取代（重建的确切时间仍有争议）。这堵墙的高度约为 6 米，包括它的栏杆，它可能已被涂成象征罗马权力的视觉形象。罗马人在城墙的北侧挖了一条大沟（宽达 9—10 米），但由于地形的特殊性，这条壕沟并没有发挥什么作用。在某些地段，围墙和沟渠之间的护堤上也发现了陷阱坑，比如在沃尔森德附近。沿着石墙路段和草皮墙路段，最初的设想是每间隔约 1 罗马里（1.48 公里）放一个小哨塔。但是这些设置“沿墙烽火塔”的北面和南面墙上的大门产生了许多可以被敌人突破的隐患点，即便是中央区域一些大门通向的是悬崖峭壁，风险还是很高。每个沿墙烽火塔之间有两个塔或“炮塔”，间隔 1/3 罗马里，沿墙烽火塔的北门也有类似的建筑，便于观察和发出信号。

哈德良最初的打算似乎是利用斯坦盖特道路沿线的堡垒为沿墙烽火塔和炮塔提供士兵，尽管他可能已经在现有众多堡垒基础上增加了更多的堡垒，但是仍然需要额外的支持。然而在建造的早期阶段，这个决定被推翻了，主要的驻军点被转移到了城墙上；在一些墙壁堡垒下面发现了城墙和炮塔的地基痕迹。在城墙以南建造的长条形土方工程很明显属于同时期的设计，即所谓的壁垒（这一名称不太恰当，因为壁垒对应的词汇实际上是罗马人对墙的称呼）。

这个由三部分组成的土方工程，包括一个中央平底沟，两个土墩分立两侧以避开几个堡垒，但反过来又被哈德良统治时期（130—138）建造的一个新堡垒所覆盖。每个堡垒对面的壁垒都有罗马人控制的过境点。因此，“堡垒方案”对哈德良边境的建造计划和运行产生了重大影响，虽然并不是所有的斯坦盖特堡垒都被完全废弃。科布里奇、文多兰达和卡莱尔都经历了随后的军事阶段。最后，还附加一个沿索尔威海岸到玛丽波特的海岸防御系统，包括一系列的堡垒，中间设置了哨塔和炮塔。

在公元122—138年，边境的总建筑需求量约为：20座要塞（包括前哨），100座沿墙烽火塔/堡垒，200座炮塔和塔楼，100万立方米石墙和80万立方米草皮石灰墙，从沟渠和壁垒拆除出了500多万立方米材料。这是古代最伟大的工程之一。据估计，1.5万—2万名男性劳动力在大约10年的时间里完成了这项工程的主体工作。

但是这堵墙有什么作用？早在哈德良统治时期，不列颠就发生过一场战争，这座墙可能是为了应对那场战争建造的。在当时，罗马人不太可能将其用作一个可以躲在后面等待进攻的防御平台；当时罗马人首选的作战方式仍然是稍有风吹草动便进入敌方领土，侵略敌人的土地，掠夺庄稼和资源，在堂而皇之的战斗中赢得胜利。公元4世纪有一本关于哈德良的传记，一直追溯到塞维鲁王朝，传记中说，哈德良是第一个在不列颠修建城墙的人，并暗示城墙的作用是“隔离罗马人和野蛮人”，但这可能是基于罗马在不列颠北部的扩张行为失败而做出的错误判断。城墙的防御在某些地方非常令人印象深刻，比如中央的峭壁，但在其他地方，城墙的位置并不总是能够占据地形上最有利的点。尽管如此，壁垒的规模和某些地段增设的陷阱表明，防御仍然是城墙的一个重要要素。然而，如果主要功能是为了抵御入侵，那么横跨沟渠的 80 条门道和未挖掘的堤道就会成为潜在的弱点。事实上，这些大门意味着这座墙有可以通过的路线，在这条路线上，允许人们在监视下过境，该体系经过了精心设计。

把堡垒移到城墙上，并在南面建造第二道壁垒，是哈德良时期最有创举的想法之一。城墙和壁垒一起形成了一条可控制的警戒线，南北两侧都有大门，在两者之间定居的原住民显然在这个时期被舍弃了（生活在战争的夹缝中）。壁垒可以隔离军队与平民，并利用两个壁垒之间的区域放养牲畜以及战马。经过筛选的平民可被纳入军事区域，他们可能被允许在靠近城墙和壁垒之间的堡垒附近定居。其他平民可以在指定的过境点，在被护送或监视的状态下通过壁垒，壁垒的建设有助于减少城墙上大门的数量。因此，跨越边界的行为就都在控制之中，罗马人的部署旨在以有效的方式控制这里。如果没有携带获得准许的必要证明文件，即使是当地的不列颠民族出现在城墙周围也会遇到麻烦。总而言之，关于哈德良长城主要有以下几个方面的功能：它是一个巨大的权力象征，它对侵略起到了有效的威慑作用，它促进了边境控制和监督。最重要的是，按照最初的设计，它没有完全将不列颠民族划分为北方人或南方人——这两个群体似乎都被认为是潜在的敌人，需要进行威慑和军事监督。

哈德良死后，他的城墙很快就废弃了，边境也向前推进到福斯 – 克莱德运河一线。沿墙烽火塔被拆除，壁垒被系统地关闭，也有一些堡垒可能经过维护与保养得以留存下来。安敦尼长城在许多方面与哈德良长城类似——事实上，安敦尼的军事策略不仅获得了一些功绩，同时也是历史上通过模仿哈德良获得的最显著且最有争议的成就。我们再一次发现了这座建筑在原始设计上不断变化，可以看出开始地面施工后还对后面绘制的图纸进行了调整。

最初主要的设计方案似乎是在从福斯的卡瑞登河到克莱德的老基尔帕特里克的一条大壕沟前建造一道草皮石灰墙，沿线有六七座大堡垒，每隔大约 8 或 9 英里建造一座堡垒，中间穿插着类似于沿墙烽火塔的哨所系统。这座城墙是否包括塔楼仍然不确定——如果包括的话，它们也不是用石头建造的。在克莱德河和福斯河的城墙尽头之外的地方，就是城墙东端的前面，从卡梅隆（Camelon）开始，还有其他的堡垒。随后这个方案很快就被修改了，一些沿墙烽火塔被额外的 13 个小堡垒所取代，堡垒间距更加小，大约为 2 罗马里。事实上，安敦尼第二阶段的大部分考证证据可以被解读为，决定在沿线增加额外的堡垒后，原来的堡垒也发生了变化。其目的是使城墙的城门更加坚固，容易防守。尽管建造了连接堡垒的军事通道，但没有人尝试在这里修建壁垒。与哈德良长城一样，碑文显示 3 个不列颠军团都参与了建筑工程。由于安敦尼长城上使用的石材数量较少，而且覆盖距离较短，因此施工速度可能要快得多——大概只需要 3—4 年。虽然安敦尼长城的施工结束日期仍然存在争议，但普遍的共识是在公元 158 年左右，总督尤利乌斯·维鲁斯对哈德良长城和奔宁山脉的堡垒进行了大规模整修。

哈德良长城的重新调整改变了原来的方案。壁垒似乎已经基本上被遗弃，平民聚落现在默认被允许可以靠近城墙上的堡垒。在隔离墙以南建造了一条军用道路，以便在斯塔内盖特向南几公里处进行横向转移。在经过修改后，从泰恩河到索尔威的城墙仍然是一条分界线，该分界线一直持续到4世纪末。

罗马堡垒内部

古罗马城堡的原型是扑克牌状，在城墙或土墙外有一条或多条沟渠。以其他时代的标准来看，这种防御并不是特别令人印象深刻，因为当时的军队面对敌人时通常表现出自信心态而选择主动出击。堡垒通常有四个门：其中两个在短边的中心，还有一对在长边大约2/3的地方。主要的贯穿通道连接了两个边门，堡垒的正门在最靠近边门短边的中央。内部分为三大区域：前军营（*praetentura*），包括两个侧门之间的主要大门和主要通道之间的区域（经过道路）中军营（*latera praetorii*），经过道路后方的中心范围；后军营（*retentura*）从后方延伸到后门防御区。中央区域范围通常包括总部大楼（堡垒的行政中心）和指挥官的房屋，以及其他中央设施，如粮仓或浴室。前营和后营一般作营房和工坊之用。军团堡垒在整体布局上要大得多，也要复杂得多，但通常也遵循类似的规制。

尽管大多数堡垒结构基本相似，但是各个堡垒的布局在细节上却千变万化。堡垒在建造前曾进行大量的论证，并灵活地根据当地的特点、部队的任务及其规格建造。当部队四处调动，一支新的部队到达一个驻军哨所时，通常需要对堡垒住所进行大量的改建，以满足即将到来的部队的需要。骑兵和步兵使用不同风格的营房。步兵通常分成8人一组，共用一个营房内一对相连的房间，通常10对房间可容纳整整80人。负责的百夫长住在另一端较大的套房里。骑兵一组大约有 30 人，由什长指挥。在沃尔森德和南希尔兹的考古挖掘成果证明了他们的兵营也是成对的、相互连接的房间，但是在这里，单独有一个房间里安置 3 匹马，3 个士兵公用另一个房间。骑兵通常配有奴隶或仆人马夫，而且有人猜想他们应该住在马房上面的阁楼里。在后续章节中，我们将考虑其他非战斗人员和平民参与堡垒生活的程度，以及在堡垒外成长的士兵如何加入驻军堡垒。

建立堡垒和要塞主要依靠军队，这是军团在早期驻扎的最大任务。根据对英奇突瑟尔（Inchtuthil）的军队要塞进行的详细计算，可以估算出建造所需物资和工时。对于这个占地 22 公顷的单个堡垒及其相关物资支持（包括收集和运输材料，提供安全保障以及有计划但未完成的升级），可能需要总计 1 650 万个工时。这相当于 5 000 人工作 413 个八小时工作日，如果考虑到效率不稳定、天气恶劣等因素，一个军团在两年内的大部分时间里几乎没法做其他事情。实际上，这项工程的用时更久，这座堡垒在公元 87 年被废弃时仍然没有彻底完工，它从公元 83 年或 84 年才开始建造。木材需求量估计为 22 750 吨，砖石结构所需材料为 156 600 吨，屋顶瓦为 4 500 吨，钉子超过 12 吨。由于堡垒过早地被放弃了，大概有 100 万个长度为 4 厘米—37 厘米的铁钉（有许多出土时是弯曲的）被统一掩埋在一个坑里。如此多的铁器不可能留下来让当地人自己去清除。在他们建造英奇突瑟尔的同时，苏格兰的军队也在福斯河北部建造了至少 12 座辅助堡垒。他们只需要大型堡垒所需的大约 1/10 的材料，但累计起来使用的材料总量却超过了一倍以上，并增加了 760 万工时的建设计划。这些数字说明了罗马在建立和维持驻军哨所方面投入的巨大物资和人力资源，以及在收购土地、砍伐木材、开采砾石、沙子和石头、割草皮等方面对当地产生的一些影响。

假设苏格兰驻军的最大兵力为 2.5 万人，那么苏格兰驻军对经济影响的潜在数据显示，每年需要约 1 万吨小麦，8 000—9 000 吨大麦用于骑兵的马匹和牲畜。据保守估计，驻军每年的肉类消费量约为 2 000 头牛、5 000 头猪和 5 000 头羊，还有其他的牲畜用于祭祀和制作皮革制品。骑兵部队需要更新坐骑，估计每年需要新增 520 匹马。其中一些需要是可以通过远距离调配来实现的，其他的部分补给，军队则会占用当地很大一部分的产出。

英国考古学中最重要的考古发现之一，是在文多兰达堡垒发现的早期保存在密封良好的厌氧环境中的木质写字板。这些用墨水写在木板上的文字生动地展示了军队的日常工作和例行公事。它们打开了了解驻军生活的窗口，而我们掌握的其他数据则没有这个作用。文多兰达文件可分为若干不同类型：兵力报告和值勤名册、账目报表（有些是个人的，有些与军事供应有关）、合同、前哨的军事报告、请假申请、私人信件。许多文件还涉及其中一名指挥官弗拉维乌斯·科瑞阿里斯（Flavius Cerialis）和他的妻子苏庇西亚·勒皮蒂娜（Sulpicia Lepidina）的家庭。

文多兰达材料带给我们的一个惊喜就是它提供了有关堡垒军事部署的阶段性变化。在第一阶段（约 85—92），文多兰达的驻军似乎是第一营通古伦（*Tungrorum*），在第二至第三阶段（约 92—97，97—105），堡垒的面积增加了一倍，达到 2.8 公顷，这是为了容纳第九营巴塔沃鲁姆（*Batavorum*）骑兵。在第四阶段（105—122），当巴塔维亚人转移到其他地方时，堡垒再次被改造，以便容纳归来的第一营通古伦。然而在公元 85—122 年的某些时段，驻扎在这里的军队应该不止一支，因为第三营在上文提到的第二至第三阶段，可能全体或部分驻扎在这里。更确切地说，在第四阶段，来自第一营瓦尔杜鲁姆（*Vardullorum*）的骑兵部队与通古伦营一起驻扎在这里，并且在此阶段即将结束时，哈德良长城的修建工作可能已经开始，军团士兵也参与进来。最后一份文件证据是很有价值的，证实了长期猜测的事情：军团分遣队有时可能配有辅助部队。

部队被定期进行划分，这一点可以从第一阶段尤利乌斯指挥的第一营通古伦军力报告中看出。其中列出的总人数为 752 人，6 个百夫长，其中 296 人在文多兰达（包括 31 人不能服役），456 人缺勤。缺席者中包括科里亚在内大约有 337 人和 2 名百夫长另有安排，其中 46 人在行省中担任单独工作，还有 6 个其他地方的小组外派人员——有 6 人可能在高卢，还有 11 人从事与军队开支有关的工作。这为我们提供了罗马驻军模式的全新形象，比传统模式更加灵活多样。其他文件涉及堡垒内的任务分配，大批人员在堡垒的工坊中工作，其他人参与新浴室建造，或是负责医护、窑炉、黏土、货运工作等。通过工艺专业化分配职责是非常重要的，因为这说明了军队在建筑项目、制造和运输方面的独立程度。

军事报告簿（*renuntia*）是一种特别的文件类型，这种文件上记载各项"已就位，装备已经检查完毕"的报告；这些可能是选区和管理者（副百夫长和骑兵士官）写下的日记，证实他们已经巡视过堡垒的卫兵。这些文件代表了驻军的日常活动。在卡莱尔附近找到的另一处木板文字证实了跨职权的例行检查的次数并不多，因为在塞拉孔西亚岛实行的是武器内部审计。上面记录了一个什长多西利乌斯（Docilius）被授权去列出缺少骑枪（两种类型）或剑的士兵总数。文多兰达的另一类文件是短讯，驻扎在主要要塞附近的小部队经常收发此类消息。这些消息有的命令士兵返回文多兰达，或者命令将物资送到前哨。在 12 个士兵申请休假的假条中，有些人提到要去科布里奇旅游，那里无疑有更好的娱乐场所。

相当多的文件涉及军事供应的方方面面，但并非所有供应都是进口的。一些木板文字提到了可能存在一个名叫阿特里克图斯（Atrectus，可能是一个高卢人）的酿酒商，这个人可能是军人，或是与军队签了合同的平民。啤酒作为军队饮食的一部分，其重要性被一位前哨的什长着重强调，并要求为他的部下送去更多的啤酒。该部队还雇用了一系列专业人士照顾牲畜（包括耕畜和饲养的动物）：木板文字上提到了牛圈、猪舍和家禽场。在堡垒内有详细的食物消耗记录，其中一些特别的记录还涉及部队指挥官的家庭，比如提到了他家饲养鸡的数量。

其中一些文件涉及军人和平民的司法行政问题。其中有些文件提到逃兵、败兵以及其他被囚禁的人（这些人将被逐“省外”）。其中还有对长官的请愿，这说明他有权处理他的地盘上的不严重犯罪——其中特别提到了盗窃和正在进行的法律调查。负债的士兵有责任将他们欠其他部队士兵的债务申报给债主方指挥官。

弗拉维乌斯·科瑞阿里斯（Flavius Cerialis）的私人通信文件内包括他人的来信以及他写信的草稿。有的内容涉及军事问题，有的涉及社会问题。他定期与行省总督以及该地区的其他长官保持通信。在罗马社会中取得成功的最佳途径之一是得到工作推荐，弗拉维乌斯·科瑞阿里斯的信件记录中便发现有类似的推荐信，请求他利用自身的影响力推荐职位，其中也有科瑞阿里斯为自己的职业发展争取支持的自荐信。

在军队里，士兵们彼此建立了“亲密关系”，经常称对方为

“兄弟”。在一些案例中，有人责怪对方在被调动时没有马上通知自己。但他们彼此也保持着远程通信，这也说明了军事社团及其内部之间的相互支持。还有很多关于士兵之间物品交易（有时作为礼物，有时是“拿钱办事”）的故事。

值得注意的是，文多兰达木板文字中没有与战争或感受到军事威胁相关的记录。这里的军人是驻军，主要负责管理自身和辖区的事务，建造、生产、交易和运输堡垒需要消耗的物品，赚取和支出军队报酬，寻求平等和升职的机会。一块零碎的木板文字轻蔑地将不列颠本地人称为“不列颠小人族”（*Brittunculi*），他们没有盔甲的保护，也无法从马背上投掷标枪。这块木板文字最初被解读为一份情报，但现在看来，它更像是对正在接受基本训练的不列颠本地新兵的评价。这个时期仍然存在军事行动；文多兰达的另一块墓碑记录了第一营通古伦的一位百夫长阵亡。从这些石碑记录可以清楚地看出，罗马军队相信自己在不列颠北部地区和人民中具有至高无上的地位，也因此对其进行大胆而全面的剥削。

第六章

军人社群

人们一般认为不列颠地区的罗马军队大约为 5.5 万人，是该行省最重要的少数民族群体（不到总人口的 3%）。这一群体高度团结，对罗马人的身份也自视甚高。不列颠地区的行省驻军和军事人员占比处于各行省的领先水平，以帝国实际上 10%—12%的军队管理着帝国 4%的领土。

军事驻军对不列颠地区的文化和经济产生了异乎寻常的巨大影响。但是，“罗马军团”是怎样的军队？有一个核心观点是，军队成员已具有近乎成熟的罗马身份意识，这种身份远不同于该行省的其他人口成分。军队依赖国家财政（即罗马帝国国库 *fiscus* 和军饷库 *aerarium militare*）发放粮饷、专项救济金和退休金，这也为皇帝创造了特殊的效忠关系，对军队文化影响深远。作为帝国的一个机构，罗马军队为其多语种的部队成员创造了属于自己的认同感，扩散到帝国的各个角落（甚至跨越边界）。军队的一项任务是将来自新近被征服地区的士兵转化为帝国的仆人。在形形色色的军队文化中，最基本的要素包括以拉丁语为通用语，使用罗马宗教日历（特别热衷于崇拜君主），同等的兵役要求、薪酬和部队条件（如部队的单位结构、军事纪律、军事誓言、等级制度、读写能力等)。

士兵服役并由此带来的社会地位和权力也影响了士兵与平民的互动方式。士兵的报酬相对较高，受到国家优待。他们参与行省的行政管理，享受被赋予的权利和特权，使军队在某些重要层面地位凌驾于普通行政人员。因此，罗马世界的士兵与平民之间有距离感，罗马文献中的例子也可证明，平民对士兵持恐惧和鄙夷态度，而非爱戴与尊重。

过去军队往往被当作罗马的文化大使，在行省的宣传中起主导作用。近年的研究则关注到军队内部对待自己文化的基本态度，在很大程度上会总结出与宣传不同的另一种特殊的罗马身份，导致士兵与平民区分开来，而非将两者视为一体。若将“罗马军队”作为总体来讨论，则会掩盖不可忽视的地域差异，由于东部行省的军队与西部行省的军队完全不同，我们或许应该从“罗马军团”自身所处区域不同的角度来思考这个问题。因此士兵的一些基本共性会被广泛宣传，使得部队定期在各省之间转移时能随时融入新的环境。很显然，军人身份认同感并非一成不变，而是经过不断改造，不可避免地受到当时军人文化宣传的影响。

考虑到当时存在着强烈的地域差别，是什么将帝国军队团结起来？我们可以想到军队统一制服的作用，日常营地生活和训练中的意识形态灌输，对招募时一系列新的身份（通常包括改变姓名）的认同，统一使用拉丁军事用语（*sermo militaris*）作为通用语，军用宗教日历和宗教习俗的基础。军队主要招收好战的公民，自然便采用了作为罗马文化核心的军事精神。即使普通人通常受征召被迫入伍，这仍然也是一个身份转换的机会，使他们从被征服者转变为强大的胜利者。罗马采用了一石三鸟的计策，将曾经是它敌人的军事力量从他们的家乡送至其他行省来帮助罗马维护统治。首先，这不仅消除了地区起义的威胁，还将归顺地区的军事潜力转化为自己的实力。而且最重要的一点是，这壮大了军队的力量，他们经历过战斗，享受过权力和奖赏，会使他们成为这种“罗马式”生活的支持者。在大多数情况下，除了与驻军部队一起生活的人之外，军队都与平民隔开。正因如此，许多退伍士兵选择不离开军区，而在堡垒和要塞中的平民社区定居，他们的身份和军队生活经验在当地得以被继续承认。

在几百年的统治中，不列颠行省的驻军历经多次变化，但是只有在刚开始的 200 年中，军团主体是由罗马公民组成。3 个军团平均募兵率大概是每年从约 5 万公民中招募 600 人左右。但在开始的 100 年中，罗马仍从不列颠行省外招收新兵。而且，在卡拉卡拉皇帝实施放宽罗马公民身份范围的政策之前，不列颠也不一定能从符合条件的公民中筛选出足够的人数，这还是在不列颠新建 3 个殖民地来接收退役军人，除退伍军人定居的一般军团基地之外，平民聚落也有增加的情况。

不列颠等行省的募兵也有不同的招募方式，即募来的士兵是整支派往一个地区，还是打散分开输送到各地。总体而言，帝国倾向于将“凯尔特语”区的将士以一定人数的小队形式输送到不列颠地区 ——日耳曼（超过 30 人）、高卢（25 人）或西班牙（10 人），而来自多瑙河行省的人数相对较少（少于 20 人），来自东部行省和非洲地区的则屈指可数。在上述类型的募兵中，大多数有从日耳曼地区某个行省集体转移过来的士兵。因此我们可以合理地推断，早在罗马军团最初入侵不列颠时，军团中便有来自日耳曼地区的辅助步兵。这种情况后来也时有发生，受巴塔维亚起义影响，佩提里乌斯·科瑞阿里斯将一大批驻扎在日耳曼莱茵兰下游地区的士兵带到了不列颠地区。这可从士兵姓名了解到，驻守文多兰达堡垒的巴塔维亚人和佟古累人的士兵和军官都是从下莱茵兰同一地区招募的。因此，至少在罗马统治的第一个百年内，辅助部队的整体文化氛围偏向于高卢北部和莱茵兰地区。最初一批军团的大部分成员也曾在那里服役过。

随着时间的推移，驻守不列颠地区的罗马部队的种族血统和文化观念会因各种各样的原因被削弱。从公元 2 世纪开始，罗马采用不同于以往吸纳新的强征入伍士兵和志愿兵来巩固部队实力，不再依靠大规模征兵建立新的“民族”军队，而是从驻扎地而非部队原籍所在地招募人手。虽然在一些行省，自愿入伍的方式开始普及，但要想维持不列颠驻军的规模，仍需要从当地人中实行部分征兵。因此不列颠地区大多数士兵的异族成分在现实中越来越稀薄，尽管如此，巴塔维亚人似乎依旧是新兵的主要来源，如同廓尔喀人（Gurkhas）在现代英国军队所充当的特别角色。但是，队伍中的所有空缺都不可能仅由当地士兵填补，遗迹碑文证明了不列颠地区军队的混合民族成分。比伦堡垒（Birrens）有 3 个建于 2 世纪中期的祭坛被证实服务于通古伦第二军团中的多个民族群体，有些来自雷蒂亚行省，另一些来自下日耳曼尼亚行省（*Germania Inferior*）两个乡下地区维拉斯（*Vellaus*）和康德特斯（*Condustris*）。豪斯特兹堡垒（Housesteads）的几句碑文显示出捐赠者的双重身份，即弗里斯族辅助步兵团（*cuneus Frisiorum*）的士兵和日耳曼土班特族的罗马公民（*cives Tuihanti*）。从莱茵河或多瑙河边境以外的地区也有几次大规模征兵被派往不列颠行省。例如，在罗马统治的公元 2 世纪末，有 5 500 名萨尔马提亚骑兵从多瑙河地区被转移走，因为他们在马克曼尼战争中失败了（但至少其中部分成员可能在之后再次被转移）。

因此，事实上最初的外族占领军并没有很快被不列颠本地人所取代。尽管在不列颠部队服役的本地人数会逐渐增加，但我们应该认识到，该地区仍然有海外征集而来的部队驻扎，而大多数守军也很可能存在显著的种族背景差异。而个人种族身份可被军队组织的共性中和。首先，士兵被置于严格的权力等级之下，个人的社会认同往往按等级通过铭文和雕塑方式被统一。其次是军队“工会”(即古罗马具有法人资格的社团，*collegia*）的存在，为军队次级群体提供了额外的社会联系。

平民与军人社群

军团和辅助军团是军队的组成部分。经过挑选的平民群体在某种程度上也涉足了这些军人的文化。过去人们一直认为，在公元3世纪之前文学与法律条文中均有提及的罗马联姻禁令将要塞堡垒中的士兵与常被称为“平民区”(*vici*）的堡垒外聚落的平民进行了严格划分。然而专家们详细考察文多兰达堡垒营房，发现了一定数量的与妇女儿童有关的手工艺品，这表明这些人在公元1世纪后期已经常常出现在堡垒中，并且不仅仅局限在军官阶层。如果妇女们能生活在为较低级别辅助步兵队设立的军营中，说明士兵和平民之间的界限比一般堡垒和平民聚落的界限还要模糊。

罗马军队运作中的这种自相矛盾引人深思。它禁止服役士兵结婚，同时却容忍堡垒营房内存在一些非官方“妻子”（更不用说奴隶和其他家属）。一部分原因可能是出于空间和安全的考虑，导致仅有部分用于储存文档的堡垒才有更多额外空间容纳这种安排。同样地，在要塞初建阶段，比起推进和平进程、建立平民聚落，更不确定的是住在堡垒外聚落的追随者们的安全。因此，文多兰达堡垒的证据较为特殊，而非常规做法，需要进行更多研究。但它揭示了士兵与非战斗平民之间的关系可能是亲密的，而这些关系可能模糊了两个群体的身份界限。

我们这里提到的平民是指自愿或出于义务与士兵一起生活的，以及日常主要为军队服务的人。他们有时被称为“边境人”，但由于他们出现在军队的驻扎之处，用“军营人员”这一术语描述他们更合适。许多军事要塞的记录中也记载了平民聚落，虽然少数在铭文上被指明为平民区，但用一个中性词描述这些堡垒/平民社区（复数形式）（*vicus*）可能更为准确。我在下文将它们称为“屯驻地聚落”，并且这些地点可能存在等级制度、不同程度的军事管理或自治能力。由此可见，所有屯驻地聚落都是军人社群的一部分，深受其文化、经济和政治立场的影响，就像现代驻军所在的平民城镇往往依附着军队，在社会价值观和物质文化方面与邻近其他平民地区有明显差异。

屯驻地聚落的铭文和考古学证据进一步证明了士兵与平民密不可分的关系。我们已经观察到一些堡垒内似乎生活着奴隶、妇女和儿童。在许多地方，堡垒防御工事外还有军事或官方建筑，比如浴室和被称为驿站（*mansiones*）（官员休息室）的大型复合建筑。许多堡垒有附属建筑，有时这些“官用”建筑位于堡垒附属建筑的内部，坐落在其他看起来比较典型的民用建筑物的一旁。一些堡垒外的住宅和工坊也建造得很用心，据推测，这些建筑可能也与驻防部队工作与住所有关。马尔顿堡垒外的一处铭文记录了一个由奴隶经营的黄金冶炼工坊，应该不是由军队运营的，但在军队中拥有奴隶又需要相当高的地位才行。目前仅凭这个发现不可能有定论，而且很多聚落也未经仔细考古挖掘。然而现有证据已经足够让我们对过去的观点——堡垒内的士兵和堡垒外的平民之间存在严格界限——产生怀疑。

驻军聚落的管辖方式尚存争议。虽然许多案例用“*vicus*”描述堡垒的民用住区，但这个词在罗马最明确的含义是小城镇，即比城市（*civitas*）更低一级的小型聚落，有街道，没有城墙，并且在行政上附属于城邦或大城镇。因此这个术语意味着独立的聚落。关键在于军事平民区在行政上归属哪一方？它们似乎不太可能归属到最近的城市（两者地理上往往相距甚远）。文多兰达堡垒发掘的写字板表明军队拥有复杂、完整的官僚机构，适合开展地方行政工作，并且木板文字也明确提到军方对平民的监管。一种合理的假设是驻军聚落最初建在国有土地（*ager publicus*）上，因此在其生活和工作的所有人都有义务通过驻军单位向国家支付租金。但在文多兰达堡垒的村落（*vicani*）、豪斯特兹堡垒、老卡莱尔村（Old Carlisle）、卡瑞登等地发现的铭文说明一些驻军聚落的居民以整体为单位。铭文中的“*vikani consistentes castello Veluniate*”指“住在卡瑞登镇维鲁尼特堡垒（*Veluniate*）的平民们”，这意味着初步的民众身份意识，但与此同时，现在普遍认为老卡莱尔村平民区地方法官们（*magistri*）与军方有关。因此目前无法确定是否所有驻军聚落一般都被称为“平民区”，因为这个词可以指代所有具备特定规模、地位或处于某个发展阶段的地方。一些较大面积的驻军聚落，如位于科布里奇、皮尔斯布里奇（Piercebridge）和卡特里克，即便颇具规模，但也可能仍受军方（例如，当地的百夫长）监督，哪怕他们的驻军已离开。

怀尔德普（Wilderspool）和华顿里德尔（Walton-le-Dale）等遗址代表另一种驻军聚落。前者位于默西河最低的涉水点，满足海上船只最高的吃水深度。虽然这里的主要聚落位于默西河的南侧，位于一座罗马人建造的桥梁的下游，但在此处河北岸还有一个辅助堡垒。这处聚落不仅是驻扎在西北部军队的海运货物主要中转站，还发展成为一个重要的制造中心，产品遍布整个军事区域。它可能是一个军事特供基地，与位于切斯特南部的霍尔特（Holt）一样。位于里本河（the Ribble）水深最深的河流交汇处的华顿里德尔也具有类似地位，是有着大量生产设施的聚落。这些地点位于军事区内，是北部边境驻军重要的军备制造和供应商，很可能处于军事监管之下，因为当地也出土了大量军事装备，表明这里经常有军队出没。柴郡平原和默西河盆地的一些聚居地中心区域也发现了大量制造业遗迹，其中个别区域被军队驻扎过，但驻军撤退后一般作为小城镇继续运作，如惠特彻奇、诺斯威奇和米德尔威奇。在米德尔威奇出土，后经修复的一张辅助步兵队退伍凭证提供了一个证据，即在堡垒被废弃后，当地的军事管理风格并没有完全失去。利物浦附近的塔博客（Tarbock）有另一处聚落，在公元2世纪为切斯特的第十军团生产瓦片。这些中心区域的百姓很可能像驻军聚落居民一样，将自己视为不列颠行省广义的军人团体成员。

生活在驻军聚落里的人都是谁？与士兵们直接生活在一起的有妓女、妻子和家属，或奴隶。退伍军人也可能选择尽可能靠近自己曾生活过军营附近的聚落。另外还有贸易商和手工艺人，为军队的特殊需求提供服务，否则他们不会出现在不列颠北部和西部。目前对这些驻军聚落的铭文研究面临一个问题：我们难以确定铭文提及的男性身份是平民还是退伍军人，女性是其妻子还是其他角色。然而，研究者们往往可以从人们的原籍得到启发，比如巴拉瑟斯（Barathes）的事例表明，他是叙利亚沙漠中的帕尔米拉人(Palmyra)，将他在不列颠娶的妻子埋葬在南希尔兹。

文多兰达堡垒出土的文字记载中也有几处提及不列颠本土民众和其他民族的平民。从石碑上能辨认出来的大多数平民似乎并非本地商人和军营追随者。一名外族商人的记录引人深思，记录了文多兰达堡垒对平民的暴行，据考证他曾被百夫长用棍棒殴打。他写下一封信件控诉自己的遭遇（写信对象可能是行省级官员甚至是哈德良皇帝)，仅存的片段足以令我们感受到当时的情境：

> ……他打（？）我更多……货……或者把它们倒在下水沟（？）。作为一个诚信的人（？）我恳求陛下不要让我，一个无辜的男人，被棍棒殴打并且，阁下，因为（？）我无法向总督抱怨，因为他受身体不佳所累我向免役士兵（*beneficiarius*）和其他（？）与百夫长同队（？）的人抱怨（？）是徒劳的（？）。因此我恳求你的仁慈不要让我，一个来自异国、无辜的人，我的品格经得起你的调查，因棍棒染血，假定我犯了罪似的。

这个人能用拉丁语写作，表明他与罗马军方当局有密切关系。如果他并不是“军人社群”一员，起码也与之相关，正因为与军方的关系他才来到不列颠北部。还有其他迹象表明，许多服务于文多兰达堡垒驻军的平民来自不列颠以外的地区。从人名可以看出，有些人肯定与高卢北部和莱茵兰地区有联系，而后续的驻扎部队正来自这些地区。

过去许多研究者一直关注本土的不列颠人，尤其是女性，融入这些聚落的可能。但是，即使军人们最终建立了非官方家庭，兴建服务设施提供酒精、性交易和各种贸易商品，这些聚落在物质方面的特点与军事区内的原住民聚落也相去甚远。为军队提供的服务乃至与军队密切相关的事物以一系列独特的文化标志为特征，反映了这些群体与边境地区本地人口聚落之间在身份上有本质区别。

因此，边疆地区的主要差异并不在本省人与非本省人，而在于军区人和边境周围的不列颠人。一段总结提图斯·哈特尤斯·内波斯（Titus Haterius Nepos）职业生涯的铭文记载，他在公元120年任罗马帝国埃及行省总督，早年曾负责对苏格兰西南部安南达尔人（*Brittones Anavionenses*）进行人口调查。在文多兰达堡垒发现的信件显示哈特尤斯·内波斯曾到过这里，可能在科布里奇做指挥官，一些石碑碎片上也提及了人口统计和安南达尔人。这些例子显示出军队和不列颠北部本地人之间为某种利用关系。对本土进行调查的主要目的是确定应有的进贡数额，并为军事征兵提供基数。

哈德良长城的设计并不是为了“分离罗马人和野蛮人”，而是用它来监视边境两边的“野蛮”社会。那么这种观点是否会随着时间的推移而改变？卡尔维蒂人聚居在伊顿谷的一个农业城市受到了罗马人的限制，但是不列颠北部大片地区的经济和社会发展却似乎也受到了阻碍。有些人将边境人民的“落后”归咎于此，但另一种可能性则是军事地带被有意保留下来，为驻军剥削所用，使大片土地不能解除军事控制，无法转向民事管理。在这种情况下，军区与相邻的本地人民存在巨大的隔阂，这样军队对罗马人身份的认同表现得最为突出。

罗马征服的社会后果值得深入思考。在许多情况下，不列颠的上层阶级因为战败失去了对土地的控制，失去人口，失去能带走的财产和武器拥有权，将政治和司法权移交给罗马政府，这些严重削弱了他们的威望。女性被迫落到非常弱势的地位，特别是当她们被奴役或与男性家庭成员（因为死亡、成为奴隶或被征兵）分离。大量本土女性可能会因沦为奴隶或被迫在妓院工作，或成为士兵的妾侍。罗马军队强迫年轻人长年服役，严禁他们合法结婚。这样的制度之所以能实施，是因为罗马政府非正式地允许军事基地存在妓女和妾侍。无论是做妾、妓女还是正室，驻军聚落中对女性的“需求”都得不到满足。发现的墓志铭表明，服役早年便殒命的士兵大多是战友为其立碑，而在服役 10 年或更久后的墓志铭落款就仅剩“妻子”了。年轻士兵的性需求可能通过军事基地周围的接触（但也有一定组织）来解决。

在 20 世纪，日本帝国以 1∶40 的比例为其部队提供妓女，尽管这一数字对罗马时期显然毫无意义，但它可用来阐明这种组织方式带来的影响。目前尚未有铭文或考古学证据证实罗马军队经营妓院，尽管这种生意很可能以垄断合同式经营，类似我们发现在罗马矿场的理发店和制鞋商的某种方式。如果不列颠驻军巅峰时期约有 5.5 万人，然后按 1:40 计算，则至少需要随时有 1 375 名妓女待命。更多的女性可能与士兵维持长期关系——主要通过以成为士兵的小妾和非官方妻子的方式。如果只有 1/4 的士兵在服役 10 年后就建立了这种关系，那么受此制度影响的女性人数至少都可能超过 1 万人。可能有部分女性愿意接受这样的机制，或者从中寻求机会，但其他人只是被胁迫或完全没有必要如此。这可能会长期影响社会，甚至直到最初征服阶段结束之后。经济实力和法律地位的优越使现役士兵在追求或购买当地女性方面具有优势。由此对社会结构可能产生相当大的负担和变化。

军人社群的成员

军人社群是一个等级社会，成员等级不同，其行为和身份认同感也有差异。站在军事社群顶层的是罗马皇帝、各省总督、军团长和元老院负责不列颠地区的护民官（senatorial tribunes）。他们属于元老院级别，在罗马帝国体制内担任不同职责。去军队效力，在短时期内远离奢靡生活，被视为一种培养优良品质的方式，这与罗马军事精神契合。罗马文学歌颂优秀将领的作品中描述普通士兵军旅生涯比较艰难的片段也是惯用的题材（*topos*）。担任军职可以成为进入元老院的敲门砖，从 20—25 岁担任初级官员（军团护民官）开始。一支军团的指挥官可以在 30 岁左右成为司法官（初级地方法官），然后在高级地方法官（执政官）的竞争中脱颖而出，在大约 42 岁或以上成为不列颠行省总督。

不列颠地处偏远，意味着鲜有罗马皇帝到访：只有克劳狄、哈德良、塞普提米乌斯·塞维鲁（与他的儿子卡拉卡拉和格塔）、君士坦提乌斯一世（和他的儿子君士坦丁大帝）和君士坦斯在当权时访问不列颠，一些篡位者如克劳狄乌斯·阿尔拜努斯（Clodius Albinus）、卡劳修斯、阿勒克图斯、马格努斯·马克西姆斯、马库斯（Marcus）、格拉提安（Gratian）和君士坦丁三世也曾在不列颠以皇帝自居，还有几个后来权倾一时的人也曾在不列颠服役，如维斯帕先、提图斯（Titus）、佩蒂纳克斯、戈尔迪安一世（Gordian I），或许还有狄奥多西一世。大多数皇帝出于特殊的军事目的到访不列颠，许多伪王也是军事指挥官。因此，军队决定了皇帝个人与不列颠行省之间的关系。

不列颠直到公元3世纪初才被罗马皇帝当作一个单独的行省，由一位被皇帝授予“奥古斯提将军行政长官”（*legatus Augusti pro praetore*）称号的总督管理。不列颠总督通常由位高权重的执政官退任后担任，只有叙利亚行省总督的地位能比其略高一筹。不列颠总督一职之所以受到如此重视，是因为其可以指挥相当规模的军队，并且定期发起军事行动。若将不列颠地区的统治划分一下，上不列颠尼亚地区和两个军团由一个重要的执政官负责，下不列颠尼亚地区和约克军团由一个罗马禁卫军将领，也就是一个曾担任过裁判官（*praetor*）但尚未当过执政官的元老院官员来负责。总督预计会将任期的大部分时间花在开发相对完善的地区上，尽管这有些忽视社会公平。同时他还有贴身守卫不间断地与军队行政人员日常互动，这意味着即使在相对文明的属地，也要通过这样的举措不断强调总督也是军事共同体的成员之一。若总督下令进行军事行动，他将住进军营核心区域的帐篷里，哪怕在和平时期也可能会定期检查军事区域，住在堡垒或驻军聚落。文多兰达堡垒的官员佩提里乌斯·科瑞阿里斯的通信中便提到他自己即将参与总督召开的一次会议。

公元43—213年，有据可查的不列颠总督便有30位，其中几人的生平有相当详细的记录。最著名的要数格奈乌斯·尤利乌斯·阿古利可拉，但他的晋升之路和任期时长在众多长官中却是最不典型的。不列颠总督任期平均在3年左右，而阿古利可拉在任7

年（并有机会指挥了6次战争）。他与不列颠保持着不寻常的长期联系，在布狄卡起义时担任军团护民官，在公元1世纪70年代还担任军团指挥官（能在同一个行省历任3个职务的履历在元老中也是独一无二的）。他并非出身于名门望族，外祖父和祖父都是骑兵队官员。他40岁时已是执政官，但此时卡利古拉却下令处死其父，这终结了他在元老院的政治前途。阿古利可拉在罗马帝国政府的早年表现并不突出，但最为重要的是，他在内战早期便支持弗拉维势力，使维斯帕先最终上台。当不列颠陷入扩张政策的战争时，他仍能凭借并不显贵的家庭血统、忠诚的品格和过去的军事经验在公元70年代担任了军团指挥官一职。同时，阿古利可拉在不列颠的成就也显然令图密善（Domitian）将他看作潜在对手，后者在阿古利可拉返回罗马后就冷落了他。

弗拉维王朝的一些其他官员与阿古利可拉有相同之处。佩提里乌斯·科瑞阿里斯也早早追随弗拉维（也许是因为与维斯帕先的血缘关系）。公元70年，他指挥军队在莱茵河下游边境镇压巴塔维亚人和其他反叛分子，并于公元71年被派往不列颠担任总督。他早年曾在不列颠当过军团长。阿古利可拉的前任塞克斯图斯·尤利乌斯·弗朗蒂努斯（Sextus Iulius Frontinus）是一位非常杰出的元老院成员，最终3次担任执政官（除皇室成员以外很少见）。他早先的经历并不清楚，但他似乎因内战中站队维斯帕先一方而飞黄腾达，内战后便因此获益，先后在日耳曼与不列颠担任重要职务。在不列颠打过胜仗后，他于公元80年代初期在下日耳曼尼亚指挥另一场战役，又任亚细亚行省（*Asia*）（今土耳其西部）的总督，这是一个声望很高的肥缺。随后，他明智地开始专心撰写技术性著作，在图密善去世后复出，成为涅尔瓦和图拉真两任政界元老，两次被任命为执政官。上述这 3 位总督都属于特殊情况，因为他们对新王朝的忠诚而备受青睐，随后在对建立弗拉维王朝至关重要的对外扩张战争中被委以重任。

罗马皇帝对不列颠行省总督的任命受许多因素影响。如果计划发起重大军事行动，则人选会偏向有过领导军团经验的人，而这也往往符合不列颠的情况。在罗马征服不列颠不久后，最明显的例子是昆塔斯·维拉尼乌斯（Quintus Veranius）（57—58 年在任）和苏维托尼乌斯·保林乌斯（Suetonius Paullinus）（58—61 年在任）。赴任不列颠之前，维拉努斯官位最高时曾在土耳其吕底亚（*Lydia*）担任 5 年总督，并在山地战役中获得名声。保林努斯则因维拉尼乌斯（Veranius）的早逝不得不告别政坛，但在摩洛哥山区表现不俗，在不列颠立下显赫功绩，即使是后来的布狄卡起义及其余波也难毁他的盛名。公元 69 年，作为资深的前执政官，他是推动奥托（Otho）登基的功臣之一。尽管出任不列颠总督一般象征着将领生涯的顶点（尤其是在当地指挥过胜仗后），但也存在其他情况，即卸任后被指定去完成其他指挥任务。公元 130 年，时任不列颠总督的塞克斯图斯·尤利乌斯·塞维鲁（Sextus Iulius Severus）此前曾在多瑙河畔下梅西亚地区（*Moesia Inferior*）任最高长官，离开不列颠后又担任犹太行省总督镇压当地犹太人的起义，被誉为哈德良麾下的首席大将。尤利乌斯·维鲁斯（Cn. Iulius Verus）很可能是他的儿子，在公元 158 年也被派往不列颠，之后很明显是因为特殊的军令又被指定下派到下日耳曼尼亚。

不列颠早期的总督大部分来自意大利或高卢南部，但到了公元 2 世纪后期，越来越多来自更远地方的元老也来这里任职了。洛利厄斯·厄立克斯（Q. Lollius Urbicus）来自阿尔及利亚的阿戈尔－

瑟腾西斯（*ager Cirtensis*），曾于公元139—142年犹太行省和不列颠行省的战役中身居要位，之后在日耳曼和潘诺尼亚的军团服役。另一位北非裔的总督是安蒂斯迪斯·阿万图斯（Q. Antistius Adventus），土生土长的特比里斯族（*Thibilis*）人，在公元2世纪70年代出任不列颠总督，娶了第三奥古斯塔军团长的女儿，而因他突出的战绩也许受到了岳父的提携。他在不同时期曾任波恩（Bonn）第一米涅尔瓦军团（legio I Minervia）的护民官、2世纪60年代早期帕提亚战争中第六费拉塔军团（*VI Ferrata*）和第二辅助军团（*II Adiutrix*）的军团长、阿拉伯领土的总督、公元168年马库斯·奥勒留和卢修斯·维拉斯共治下的日耳曼战争中任某分队司令官，以及下日耳曼尼亚与不列颠的总督。这一时期另一位总督塞克斯图斯·卡尔普尔尼乌斯·阿古利可拉（Sextus Calpurnius Agricola，公元163年在任）也同样可能是非洲裔，在战事不利之时这一人选显然经过仔细斟酌。

公元213年后，出任被分割的不列颠地区的总督大多默默无闻。3世纪的总督中大部分人的经历都没有详细记录，连幸存的碑文也没有说明他们的资历或管理过的行省。最有趣的总督莫过于克劳迪亚斯·保林乌斯（Ti. Claudius Paulinus），他在上不列颠尼亚做了几年第二奥古斯塔军团军团长，公元220年任下不列颠尼亚总督。其间他曾任高卢行省（Gallia Lugdunensis）总督，现存于法国的一段铭文记载了保林乌斯在不列颠写的信件片段。这封抒发感恩之情的信写给一个叫塞恩尼斯·索楞尼斯（Sennius Sollemnis）的人，提到要给予这个人的赏赐和一份工作。卡尔文特（Caerwent）志留人聚居的城市还竖立了他的雕像，说明即使当他就任邻近的军团长驻守卡利恩时，也与志留人保持着联系。

军团长与各省总督有很多共同点——事实上，约克的第六军团军团长也是下不列颠尼亚总督。据估计，在公元 43—274 年，大约有 200 人被任命为不列颠军团军团长，尽管目前已知的只有约 40 人。其中，有 14 人是意大利人，4 人是西班牙人（另外还有 3 人很可能也是），1 人来自北非（另有 2 人也可能是），1 人来自高卢，4 人来自东部行省，1 人可能来自达尔马提亚，其余不能确定。除 3 人以外，其余大多数人之前未曾指挥过军团。任期似乎平均在 3 年左右。总督与军团长的任命都是由皇帝直接指派的，很少有两位好友能同时被选中派往同一个地区。毕竟军团长与总督的其中一个任务便是相互密切留意对方的政治野心。

在公元 43—274 年，不列颠的军团有过数百名元老院护民官（*tribuni laticlavii*），但每批只有三四个人。目前已知姓名的仅不到 30 人。作为总督的助手，这些职务的任期一般会延长一年以上，有助于给进入元老院的年轻人更多机会直接体验军队的氛围和接受熏陶。因此，维斯帕先未登基前，儿子提图斯在 1 世纪 60 年代初期担任护民官，可能是他的亲戚佩提里乌斯·科瑞阿里斯的下属之一，意在布狄卡起义平息后巩固对第九西班牙军团的管理。在有详细资料的护民官名单中，离职后有大约 2/3 的人继续指挥军团，1/3 在军队管理各行省事务。因此，对于想在军队施展抱负的元老院成员来说，不列颠是历练他们的一个理想之地。

骑兵军官在军团和辅助步兵队中属于非元老院护民官（*tribuni angusticlavii*），一般有 15—20 人，人虽不多却非常重要。从克劳狄入侵到 3 世纪末期，大约有 5 000 次单独任命不列颠地区军队的骑兵军官职位，其中一些人在该行省不止一次连任。目前已知名字的只有约 300 人，这主要是通过不列颠境内的石刻铭文判断的。在

3 世纪末四帝共治引发变革之前，军队中的骑兵军官岗位划分了一系列等级。最低阶（初级士官，*prima militia*）的军官是 500 人步兵队（quingenary cohorts）队长（在哈德良时期不列颠地区该职位有 30 多个），第二级（二等士官，*secunda militia*）是军团护民官（约 20 人），三等士官（*tertia militia*）是两翼骑兵队（cavalry *alae*）指挥官（约 12 人），四等士官（*quarta militia*）是不列颠的单兵骑兵队（*ala Petriana*）的长官。虽然一些最高级别的职位本应由皇帝赏赐，但不列颠总督把这一职位赐予相当多的人，总共有 60 多人受过这种待遇。尽管如此，不是每个新上任的总督都有机会进行大规模的官员调整，比如克劳迪亚斯·保林乌斯和他的高卢友人塞恩尼斯·索楞尼斯。高卢三省议会专为后者竖立纪念碑，其中引用总督给索楞尼斯信件的原文，为无法将他提拔为护民官而道歉，并为此愿以编外的职位和其他赏赐弥补他。虽然在罗马帝国早年确实有一些官员任期很长，但一般人平均任期约为 3 年，不少人不受总督更换的影响而继续担任。

对骑兵军官姓名和原籍的研究表明，绝大多数人从不列颠以外的地区调任过来，主要来自罗马帝国使用拉丁语的西部地区，只有个别来自小亚细亚地区。许多骑兵官被证实是非洲裔，这可以部分解释比起欧洲行省的官员，他们更能感受到远远不同于家乡的文化差异，从而导致语用学元语现象的出现，例如来自塞尔达（*Saldae*）（阿尔及利亚）的科尼利厄斯·佩雷格林斯（Cornelius Peregrinus）。也有官员来自高卢 / 日耳曼、意大利、多瑙河地区和巴尔干地区。具有不列颠血统的官员则相对较少；但也有例外，例如在公元 2 世纪初第四凌攻努军团（*cohors IV Lingonum*）军团长斯塔提乌斯·普里斯库斯（M.Statius Priscus）可能出生在科尔切斯特。在帝国早期，部分辅助步兵队的指挥官可能分配到同族的部队。来自西班牙南部伊利帕（Ilipa）一名不知名的骑兵官员与其 3 名民兵部下都在不列颠，其中 2 名跟随西班牙裔步兵队，另一名在第二军团当护民官。以此推算，我们有充分的理由判断第九巴塔维亚军团军团长弗拉维乌斯·科瑞阿里斯来自莱茵河下游巴塔维亚地区。

军人们为什么愿意做步兵队指挥官？虽然骑兵军官能享有价值 40 万塞斯特帖姆（sestertii）的财富，但若论收入状况，指挥官的职务则更重要，因为这意味着有机会通过帝国政府获得额外的经济收益。资助体系是官员可能受益的一种方式，但也有数目相当可观的贿赂和赏赐。在骑兵军官的生涯中，三级士官制度（*tres militiae*）也能帮助他们在帝国政府里逐步爬上更加有利可图的职位。如果幸运的话，在哈德良长城忍受几年便可能被分配到地中海行省。尤其是对于刚刚成为骑兵军官的人而言，这能让他们结交关系，以向上攀升。约 10 名曾在不列颠任职的官员后来进入元老院，还有 15 名高升为地方行政长官。

成就最惊人的实例就是最终于公元 193 年成为皇帝的赫尔维乌斯·佩蒂纳克斯（P. Helvius Pertinax）。佩蒂纳克斯起初是一名校长，但随后入伍，在叙利亚成为初级民兵，在不列颠升为军团护民官并指挥一个营，后去梅西亚带领一支辅助骑兵队。接着，他先被任命为初级行政长官掌管骑兵部门，管理艾米利亚大道（*via Aemilia*）区域，并担任莱茵河舰队的指挥官，后又成为达契亚行省的地方长官。在日耳曼人入侵意大利北部的紧急情况下，他获提名（登记）进入元老院，很快在马克曼尼战争中跟随马库斯·奥勒留指挥一支军团，并至少获得过一场大捷。随后，他先后在 4 个行省——上梅西亚、下梅西亚、达契亚和叙利亚——当过总督，还升至执政官。隐居一段时间后，公元 185 年重返政坛，被派去不列颠任总督平定军队暴动。回到罗马后，他成为主管粮食（alimenta）的执政官，之后又担任非洲地区的地方总督和罗马市市长，并第二次成为执政官。在康茂德被暗杀后，出身低微的他却凭资历和所处职位成为新皇帝的有力人选。但成为一国之君却非同小可，即使身份卑微的人能登上帝位，也时常会怀疑世家贵族的忠诚。

另一位同样功成名就的是来自特里雅斯特（Trieste）的拜伊努斯·巴拉斯恩努斯（Q. Baienus Blassianus）。他首先在第二阿斯图朗军团（*cohors II Asturum*）做长官，后来指挥了不列颠舰队（属于帝国行政官员级别，而非总督加封的荣誉职称），多年后最高升至埃及行省总督，是骑兵军官能够获得的最高成就之一。还有一个骑兵军官完成从军事指挥官向民政长官的转变，与不列颠保持异乎寻常的长期联系。来自意大利卡美利诺（*Camerinum*）的马恩尼斯·阿格里帕（Maenius Agrippa）首先担任一支由不列颠人组成、驻守多瑙河畔的军团长官，之后被“神圣的哈德良大帝选中并加入不列颠远征”（记载他生涯的铭文如是说）。他在玛丽波特的第一西斯帕诺朗军团至少担任了 4 年军团护民官，之后回到多瑙河流域指挥一支辅助骑兵队。接下来，他重返不列颠指挥不列颠舰队，最终担任该行省的执政官。另外一名也曾被任命为不列颠某军团护民官的是皇帝的传记作者苏维托尼乌斯，但他拒绝上任。

据文多兰达堡垒的记载，弗拉维乌斯·科瑞阿里斯的妻子苏皮西娅·勒皮迪娜也随他赴任。在他们位于堡垒内的住所（即总督府，*praetorium*）发现了许多文件，涉及私人信函和家庭管理等内容。他们定期通信的对象有其他辅助步兵队指挥官，包括阿里埃斯·布洛修（Aelius Brocchus）和他的妻子克劳迪娅·瑟维拉（克劳迪娅·塞维拉），他们一般住在一个叫作布里加（*Briga*）的堡垒［可能位于卡莱尔以西的柯克布兰德（Kirkbride）］，也可能住在科里亚。最有趣的一段要数克劳迪娅写给苏皮西娅的一封信，邀请她参加生日派对。其他信件提到两人相互拜访，也流露出妇女的孤独。克劳迪娅与儿子同住，文多兰达堡垒发现的小鞋和其他物品表明苏皮西娅也有孩子。在他们的家庭中显然有许多男性与女性奴隶，其中有些人不但识字，还能起草信件和文件。两人的通信中最令人感动的一点莫过于克劳迪娅在抄写员起草的信件末尾加上了个人问候。

弗拉维王朝似乎给予弗拉维乌斯·科瑞阿里斯（或他父亲）一定的自治权，虽然他们晋升为骑兵军官的时间可能并不长。档案中反映出一个惊人的事实：他和妻子在行动上似乎很好地融入了罗马贵族的世界。一些文件记载了家庭库存，其中一张列出碟、碗、盘子和各种器具的数量，包括蛋杯；另一张清单记录了纺织挂饰、衣服（包括布洛修的束腰外衣）和毯子。虽然与普通士兵和初级军官的窄小住所相比，总督府富丽堂皇，但对这些建筑的发掘表明它们有着斯巴达克斯式的简陋装饰。很显然，贵族通过用便携的奢侈品填满屋子来展示自身财富和地位，而这些物品可以随身携带到下一次任命所在地——特别是装饰用的纺织挂饰、窗帘、地毯以及精心雕琢的金属餐具。另一份文档提到了多种不同颜色的窗帘（红色、绿色、紫色和黄色），总价值超过 200 古罗马第纳尔（*denarii*）——而当时一个军团士兵的年薪并不多。古罗马作家老普林尼曾谴责了一位公元 1 世纪下日耳曼尼亚总督，因为他的行李中携带了 1 200 古罗马磅的银器，但比这种程度稍逊的铺张浪费在贵族军人社群中很可能并不少见。

有一份记载了几年事务的冗长文件，似乎是总督府开支费用的清单，包括特定日期宴请的宾客名单，其他条目似乎详细记载了该日消费的啤酒和鸡肉数量。这些清单表明指挥官的饮食与普通士兵的食物种类差别不大，虽然肉类、鸡肉、葡萄酒和啤酒的供应可能会更加慷慨些。此外，还有一些文件似乎记录了来自异国（或平常不太容易买到）的货物清单——包括芥末、铜绿、松香、莳萝、茴香、葡萄、坚果、钾肥等，甚至可能还有鸦片。

科瑞阿里斯和布洛修似乎热衷于打猎，记载中也提到了猎人、猎网和猎犬。这项娱乐可以补充堡垒的饮食，猎物清单包括鹿肉和狍（是当地的物种）。在一封信中，科瑞阿里斯要求布洛修给他送来一些新的或修复过的猎网，从一张清单上我们还了解到，巴塔维亚人的军队留下了许多不同种类的网（他们可能在公元105年离开文多兰达堡垒）。狩猎作为一项休闲活动受到罗马贵族精英的强烈欢迎，一部分原因是这属于特定阶层的活动。在不列颠，军事指挥官比其他人有更多机会沉迷于大规模狩猎（有些人可能被要求组织此类活动来为帝国的庆典提供牲畜）。来自韦尔戴尔（Weardale）波利霍普公地（Bollihope Common）的一段著名铭文便记录了瑟波西亚那骑兵队队长的一段话，为了庆祝"捕到一头许多前辈都无法对付的上好野猪"。除了原文提到的竞争关系，文字中还隐含了同伴之间相互效仿，这句铭文生动地向我们展示了军队与地方的关系。军官阶层在配偶陪伴下相互拜访或在堡垒附近狩猎，这种能力表明他们对自己在该地区享有的地位和权利普遍充满着自信。这种行为还向当地不列颠人传达一种特别的讯息，即关于罗马军队的统治地位，军人们闲庭信步的权利以及军队无所畏惧的精神。

在军人社群中，另一重要的群体由 180 名军团百夫长和 3 名营前长官组成，这些人有望替补退役的骑兵军官。他们的薪酬显然相对较高，因为一些骑兵军官宁愿在军团里做稳定的百夫长，而不选择辅助指挥官这种充满不确定且有可能中断的职务。百夫长的职位似乎没有强制退休的年龄限制，甚至可以连任相当长的时间。已知姓名的 19 名百夫长之中竟有 6 名服役超过 40 年，包括在不列颠临时换岗。弗拉维斯・韦瑞里斯（T. Flavius Virilis）服役 45 年，在不列颠所有的 3 个军团——第二奥古斯塔军团、第二十瓦里亚军团和第六胜利军团 ——都当过百夫长。最终他离开不列颠去了非洲的第三奥古斯塔军团和意大利的第三帕提卡军团（*III Parthica*）。他的不列颠妻子洛丽亚・波迪卡（Lollia Bodicca）在他 70 岁逝世时将他埋葬在阿尔及利亚。军团百夫长是士兵社群的核心人物，因为他们在两边阶层阵营都能占一席之地；有些人从这里青云直上，而另一些人在卸任后继续延续其骑兵军官的事业。庞培・霍穆勒斯（Cn. Pompeius Homullus）便是属于后者发迹的一个例子，他职业生涯的两个阶段都与不列颠有关。他早年担任何种职位并不清楚，但他在两个军团里［不列颠的第二奥古斯塔军团和犹太行省的第十海峡军团（*X Fretensis*）担任过首席百夫长（*primus pilus*）］，并且战绩斐然，有记录在案。他曾担任过罗马市 3 支步兵队的护民官，之后在不列颠和高卢任地方首席百夫长，最终在罗马市任财政部长（*a rationibus*）。突尼斯卡塞林一段墓碑上的长文也记录了另一段由两父子建立的非凡军旅事业，两人都叫佩托尼奥・福特纳托（Petronius Fortunatus）。年长的这位在军队服役超过 50 年，经军团同僚投票后被提拔为百夫长。他任百夫长长达 46 年，曾在约克的第六胜利军团等 13 个军团中服过役。他的儿子则没这么幸运，英年早逝，时任卡利恩的第二奥古斯塔军团百夫长。与这些人相比，我们还注意到有几个骑兵军官被直接委任为百夫长。其中一个是来自努米底亚的尤里乌斯·奎亚德拉图斯（M. Iulius Quadratus），他曾在达契亚和非洲服役，在被派往不列颠的第二奥古斯塔军团之前战死。

根据现存资料，生于公元 1 世纪的百夫长中有许多人来自意大利，比如第二十军团的费文纽斯·法西里斯（M. Favonius Facilis），在科尔切斯特的墓碑上刻画着他全身戎装的模样。也有些人来自更遥远的地方，如公元 43 年时任第二奥古斯塔军团营前长官的阿尼修斯·马克西姆斯（P. Anicius Maximus）便来自皮西迪亚（*Pisidia*）的安条克（Antioch）。哈德良长城的石块上记录了众多百夫长的名字，其中有一些“希腊人”可能主要来自多瑙河流域，一些可能有意大利血统，以及一些充满军队风格的姓名暗示他们是高级官员的后人。虽然据估计不列颠出生的百夫长人数会随着时间的推移而越来越多，但考虑到驻守不列颠的军团规模，以及百夫长在行省之间而非军团之间流动的情况，表明总体上，百夫长不怎么受到征兵的影响，并保持其多民族混合的构成。在切斯特发现一块立于 3 世纪的墓碑，其主人叫奥勒留·内波斯（M. Aurelius Nepos），墓碑上刻有这个惨遭处死的百夫长和他妻子的画像，据推测很可能出生于不列颠。当然，这个雕刻的精美程度远不如科尔切斯特的费文纽斯·法西里斯雕像。

百夫长经常要承担特殊任务，包括在远离堡垒的区域指挥军团小分队或辅助步兵队。塞克斯图斯·弗拉维斯·奎托斯（Sextus Flavius Quietus）在当第二十军团首席百夫长期间，曾于 1 世纪 40 年代在摩洛哥指挥一支远征军，返回不列颠后被任命为不列颠舰队的长官。现存资料中也提及几个百夫长兼任“地区行政官员”。第六胜利军团的弗洛里迪斯·纳塔利斯（T. Floridius Natalis）是位于里切斯特（Ribchester）一个村落（numerus）的掌权者。第二奥古斯塔军团的西维瑞斯·埃默里图斯（C. Severius Emeritus）据记载是巴斯的地区百夫长（*centurio regionarius*），在当地重建了一处“被粗野的百姓毁坏”的神祠。文多兰达堡垒档案中有一封信提到了卡莱尔另一个地区百夫长和现已证实是其第四管辖区的地区，该地区以卡斯尔福德（Castleford）驻军聚落为中心（*regio Lagitiensis*）。说明肯定还有更多地区百夫长。在其他行省现已证实有兼任“部落长官”（*praefecti genti*）的军官，但在不列颠还缺乏直接证据。

很显然，百夫长通常拥有奴隶，有时甚至会指定后者为继承人，在主人死后可成为自由人。例如，费文纽斯·法西里斯的自由奴隶维尔坎度斯（Verecundus）和诺韦伊修斯（Novicius）为他树立了纪念碑。百夫长寿命越长，他拥有妻子或拥有后代继承自己职位的可能性就越高。其中一些人的妻子很有可能是不列颠人，比如驻扎安敦尼长城的弗拉维斯·维尔坎度斯（Flavius Verecundus）的妻子韦比娅·帕卡塔（Vibia Pacata），或者洛丽亚·波狄卡的名字让人联想到布狄卡。

在幸存的铭文记录中，其他军团士兵并不像他们的军官那样有着细致的记录。他们的来源并不清晰，但有极少部分的证据表明，在克劳狄征服时，大多数人（81%）是从意大利招募的，但在公元1世纪末前这些人中的大部分便被陆续转移，直到现存的比例（意大利人约占20%）。其他行省的招募兵源主要是来自帝国西部战斗经验丰富的殖民地，尤其是西班牙和高卢，还有日耳曼、雷蒂亚行省和诺里库姆行省。也有记载提及从帝国东部征兵，但所征人数不多。从哈德良统治开始，不列颠显然减少了从意大利招募士兵的人数，而记录上几乎都是在本地征兵。有些人的名字具有凯尔特风格，但不符合拉丁语法，显然是本人捏造的，这部分人可能包括从不列颠招募的男性。这样的例子有哈德良长城附近的康哲修斯（Condrausius）和切斯特的埃克缪斯·贝利西恩斯·维塔利斯（Ecimius Bellicianus Vitalis）。在巴斯去世的尤利乌斯·维塔利斯（Iulius Vitalis）自称是贝尔吉族（*Belga*），具有北高卢人或不列颠的血统。彭波尼·瓦伦斯（C. Pomponius Valens）也同样可能在不列颠入伍，因为他在伦敦的墓碑上刻着其为维克切森人（*Victricens*）。罗马殖民地维克切森（*colonia Victricensis*）是位于科尔切斯特的老兵聚落的另一个名称，而且这里很快便第一个成为可以让有资格的不列颠罗马公民入伍的地方。

现存的几处资料表明罗马军队从北非招募了一批先遣队士兵，最有力的证据是博多斯沃德（Birdoswald）发现的一块墓碑，其主人是来自阿尔及利亚的希波（*Hippo Regius*）的科苏提斯·萨特尼努斯（C. Cossutius Saturninus）。近期一项研究从安敦尼长城上和切斯特附近霍尔特的军团工坊出土的罗马陶器中发现了非洲风格的炊具，比如，在霍尔特的陶器制造工坊发现一幅新迦太基时期（neo-Punic）的雕画，以及典型非洲样式的火盆和灶台。有人认为，在公元 1 世纪 40 年代毛里塔尼亚战争（Mauretanian war）军情紧张时，第二十军团的首席百夫长指挥不列颠援军也参与了战斗，因此战后可能会有大批北非新兵加入不列颠军团和辅助步兵队。事实上，这种临时的兵力转移也打破了不列颠驻军传统，给整个不列颠守军带来新的文化。

公元 1 世纪 60 年代中期部分军团曾撤离出不列颠，随后第十四军团在 70 年代撤离了，80 年代中期撤回了第二辅助军团，公元 2 世纪初撤回了第九西班牙军团（*IX Hispana*），并且在公元 71 年与公元 122 年分别对第二辅助军团和第六胜利军团进行人员调整。众所周知，布狄卡起义后与哈德良在位期间，大批军团被调入不列颠以弥补守军损耗的战力，而且在公元 1—3 世纪的不同时间点，先遣队也曾离开不列颠去协助对外战争。在某种程度上，这种部队的转移会压制本地现役士兵人数增加的趋势，避免了军团中不列颠人占主导地位的情况。约克出土了向“非洲、意大利和高卢的圣母们”致敬的献词以及温彻斯特（由一个免除兵役官员设立的）献给“意大利、日耳曼、高卢和不列颠的圣母们”的铭文，说明直到公元 3 世纪军团中仍保持高度的民族多样性。

近年来人们逐渐认识到，不列颠军团的活动范围远远超出了他们驻扎的要塞基地。尽管 1 世纪后期只有 3 个主要基地，但显然这些基地并未持续运转到满员的状态。其中一个原因可能是哈德良与安敦尼时期对边境线的建设方针导致的，但在其他地点也有小型分遣队驻扎，特别是科布里奇、卡帕尔和伦敦。非常重要的一点是，在行省分裂后，这种军团的转移活动仍在进行，同时下不列颠尼亚军区内驻扎着来自上不列颠尼亚军团的分遣队（以及免军役官员），表明了军政间的高度合作状态。

前文已经略微提到了军团为不列颠执行基本行政任务所做的贡献。根据现存资料，我们很难判断免军役行政官员（*beneficiarii consularis*）和总督的下属官员发挥了多大作用。我们偶然可以发现一些线索，比如他们在哪里工作，但却很难清楚地了解他们从事的工作。在某些地方，他们似乎有特定的行政办公场所（*stationes*），在其他情况下又可能有其他临时任务。显而易见的是，他们的办公范围涉及行省内的军区和平民区域。史料显示，文多兰达堡垒（铭文和文件）、豪斯特兹堡垒以及哈德良长城南北两侧主干道上的堡垒［莱辛汉（Risingham）、格利塔桥（Greta Bridge）、兰卡斯特（Lancaster）、兰彻斯特（Lanchester）、宾切斯特（Binchester）和卡特里克］均有免军役行政官员，同时还有在该行省的平民区域如罗克斯特、温彻斯特以及泰晤士河畔的多尔切斯特。一些免军役随军官员，比如在切斯特和伦敦，受军团长和护民官差遣。

辅助步兵队的数量要远远超过不列颠军团，可能在公元 70 年代达到最盛，但只有约 80 处铭文提到了辅助步兵队，其中大多数的内容与这些分遣队的低级军官有关（比如百夫长和地方议员）。另一方面，在一些虽然没有明确隶属于步兵队的驻军聚落发现的几段铭文也很可能与步兵有关。可以在一些带有雕像的石碑上明显看出这种关联。切斯特斯堡垒（Chesters）的一段墓志铭虽然只提到其主人奥勒留・维克多（M. Aurelius Victor）名字及年龄，但墓碑上的雕像清晰地刻画了他的骑兵身份。成为官员（哪怕是低阶的）算得上有一份体面的工作，或者说明此人有决心闯出一份事业；在等级制度中，他们一般通过向旁人炫耀自己军阶和所属部队来展示自己的优越地位。但对于其他级别的人来说，情况却并非如此。士兵们更愿意在等级提高后（比如获得双薪，成为部队文员、非现役军官或军队旗手）再介绍自己的工作细节。拥有更高薪水和更高地位的骑兵部队是目前已知的比较常见的低等级部队。在驻军聚落内竖立铭文石碑的行为是在军人社群中表达身份和地位优越性的一种手段。士兵可以自行决定是否要在铭文上提及部队名称，但这一选择可能取决于是否需要为添加该信息而付出额外费用。毫无疑问，薪水更高的士兵，比如骑兵部队，更倾向于在墓志铭或教会记录中提及所属的部队。

不列颠的辅助步兵队士兵的铭文提供了有关其命名、出身、地位和服役年限等信息。至少在理论上，辅助步兵队不具备公民身份，需签署服役 25—26 年。实际上，特别是在克劳狄 – 弗拉维时期，许多人服役的时间更长，但可能会在 25 年后获得公民身份。同时一些士兵，尤其是初级骑兵军官，也具备公民身份，且辅助步兵队成员的儿子也经常会被招募进军队中，这种现象在公元 2 世纪变得越来越常见。在战斗中有英勇表现的步兵队士兵也会被集体赋予公民身份。典型的例子有一群色雷斯（Thracian）族骑兵，其中一人叫朗吉努斯·思达佩泽（Longinus Sdapeze），其父名为马提古斯（Matygus），朗吉努斯在第一特拉克姆骑兵队（*ala I Thracum*）服役，葬在科尔切斯特。同在色雷斯族步兵骑兵混合营服役的鲁弗斯·斯塔（Rufus Sita）和提比略·克劳狄乌斯·提林提斯（Tiberius Claudius Tirintius）则分别死于格洛斯特和罗克斯特。马提古斯及其儿子的名字可能是将自己入伍时使用的本族名字拉丁化了，但他们还没来得及成为公民。提林提斯可能已经服役超过 25 年并获得了公民身份。同样来自特拉克姆骑兵队的塞克斯图斯·瓦勒里斯·甄尼亚里斯（Sextus Valerius Genialis）是标准的古罗马三名法（tria nomina）名字，在塞伦赛斯特去世时已经是一名公民，但他有弗里斯的血统，而非色雷斯人。当然也有一些人保留了代表自己母族的姓名，例如同样葬于塞伦赛斯特、隶属印第安纳骑兵队（ala Indiana）的丹尼克斯（Dannicus）显然来自上日耳曼尼亚。

文多兰达堡垒的记录大大丰富了现代人对罗马士兵的姓名和生活方式的了解，虽然这些档案显示出军事人员之间相互熟悉的程度有一些随意性，导致许多人虽有名字却不清楚具体职位。有些信件写到了来自“共餐之友”的问候。目前档案中能辨认出大约 200 名巴塔维亚族和佟古累族士兵，大多数只提到名字，而且也不是罗马公民。这些名字里有相当多的显然是日耳曼或高卢人名，少数是拉丁化的日耳曼和高卢人名，但绝大多数是简单的拉丁名字——有可能是入伍时他们的军官选的。几个女性的名字［厄尔庇斯（Elpis）、维尔坎达（Verecunda）、托特娜（Thuttena）、克丽丝帕（Crispa）、因珍诺娃（Ingenua）和瓦仁妮拉（Varranilla）］也位列共餐之友的军队小班（*contubernales*）中，这符合我们前文提到的情况，即一些士兵可能与“妻子”或妾侍在堡垒同居。这些相对罕见的名字说明堡垒中的女性成员在这个时期仍然相对较少。

在 20 世纪 70 年代刚开始破译文多兰达堡垒信件时，其中一封提到了寄给士兵的袜子、凉鞋和内裤，令许多研究人员感到非常有趣，但目前为止许多已翻译出来的文件中都提到了衣服。确保有合适的服装以抵御北方冬季显然是这些人的主要关注点；同时，文件中也很清楚地提到有许多衣物从远方寄来，甚至远到高卢。另一样受士兵们长期关注的事物就是钱。他们不仅收入可观，还能向同伴借款或向军团预支工资。有相当多的文件似乎记录了债务账目，款项一旦付清就会被划掉。所涉及的金额大多是一小笔款项，但其中好几笔款项超过了一年工资，还有一笔 2 000 第纳尔的巨额费用似乎来自一名官员。除了服装，士兵们还花钱购买玻璃器皿、餐具、煮锅、食物、盐、啤酒、木柴、靴钉、线和鞋带、金属、动物油脂、毛毯和毛巾、浴室用的木凉鞋，以及修理物品。

步兵队负责提供生活必需品，但士兵们可以通过各种商品的交易来改善生活质量、饮食和衣橱。有一份冗长的清单记录了小麦的配额，展示了堡垒内军人社群的复杂情况。除了拨给辅助步兵队士兵的部分，该清单还列出了发给军团士兵和一个免军役行政官员的配额，以及“树林里的牧牛人”（oxherds in the wood）、“负责养猪的卢科”（Lucco in charge of the pigs）、一个可能是奴隶的人和一个被称作“父亲”的人。文档中很多情况下将部队内部的分配和住在部队附近的平民的分配份额混合在一起。

退伍军人也是军事共同体平民成员的重要组成部分。服役 25 年后，兵团士兵退役时能得到一片土地或一笔现金。如果需要遣散大量军人（如内战之后），或者是在帝国持续扩张的阶段中，罗马皇帝倾向于将退役军人安置在专门设立的城镇（殖民城镇）并分配土地。这种分配也包括了该地区人民被没收的土地。到公元 2 世纪，更常见的情况是退伍军人被派到现有的殖民地，那里有闲置的土地，或者只给遣散费，由他们自行安排。一些士兵可能领到这笔钱，然后回到自己的出生地，或去往气候更适宜的地方，或回到他们曾服役并发迹的行省。另一方面，几个因素也可能使他们留在不列颠，比如许多人在服役时已建立了家庭，以及当地的土地相对容易获得且价格便宜。对于选择定居不列颠的人来说，他们有几种去处。首先，专门容纳退伍士兵的城镇无疑会吸引许多军人，因为这里能在几代人之间依然保留着强烈的军旅风格。科尔切斯特、格洛斯特和林肯是他们在不列颠仅有的三个选择，从刚刚建立开始，这里就已经逐渐收纳了大批退伍军团士兵。另一方面，位于卡利恩、切斯特和约克等主要要塞附近的驻军聚落（*canabae*）也逐渐增加，这为军人们提供了另一种退休去处，许多军团士兵甚至可能已将家人安置在那里。从这些聚落招募到的新兵在出身上被称为“*castris*”（字面意思是“来自堡垒”）。位于乌斯河（the Ouse）对岸的一个单独的异邦城镇最终也被纳入约克的驻军聚落范围，这座新并入的镇最终在3世纪被提升为荣誉城镇。由于军团与约克两个异邦城镇并存，因此这个镇的军事特征非常明显。在不列颠境内，军团士兵退役后的另一个常规去处便是伦敦，许多人可能曾因总督在这里度过了很长的时间。还有一种潜在的方案便是购买乡村庄园。

辅助步兵队的士兵退伍时收到的遣散费不多，但他们离职时可以带走积蓄，以及经过辛苦打拼才得到的罗马公民身份，如有需要，他们可以得到一块刻有这个身份的青铜牌子。这些“遣散牌”在2世纪后期逐渐变得罕见，并且在卡拉卡拉扩大罗马公民身份范围后显得很多余。这种牌子的数量下降可能反映出辅助步兵队招募到越来越多已拥有罗马公民身份的人。在其他行省发现了一些在不列颠服役的士兵凭证，但是与军团一样，可以明显看出许多辅助步兵队的士兵在达到退伍年龄时已经在驻军聚落组建了家庭，并选择留在不列颠。有些人会因自己的职务选择留在当地，也许是利用他们的储蓄投资贸易或商业，其他人则更倾向于拥有更强的军事属性的城市中心或者土地廉价的地区。无论是否具有罗马公民的地位，退伍军人的儿子们都是自愿入伍的主要后备人选。

目前发现有11段铭文提到从辅助步兵队退役的军人，其中有10段与不列颠北部的驻军聚落有关［切斯特斯堡垒、老卡莱尔村、老彭里斯（Old Penrith）、柯克比－托雷（Kirkby Thore）、安布尔赛德（Ambleside）、格利塔桥、马尔顿堡垒、坦坡伯勒（Templeborough）］，虽然很多老兵似乎搬离了原部队驻扎的地方。剩下的一处铭文来自林肯的城镇。另一方面，退役凭证显示出一些截然不同的景象。在不列颠发现的16个例子中，有5个来自军事区域［文多兰达堡垒、切斯特斯堡垒（2）、雷文格拉斯（Ravenglass）、约克］，2个来自柴郡平原靠近切斯特的地方（马尔帕斯和米德尔威奇），1个来自南约克郡斯坦宁顿（Stannington）。另外4个来自城镇（科尔切斯特、伦敦、罗克斯特和诺维奇的凯斯特），4个来自乡村地区［巴斯附近的沃尔科特（Walcot）、肯特的西德纳姆（Sydenham）、北安普敦郡（Northants）的阿尔德文科（Aldwincle）和诺福克的格雷－邓纳姆（Great Dunham）］。因此，辅助步兵队士兵退休后的选择可分为三类：要么离开不列颠，要么因为明显的归属感而继续留在军民共居区，要么融入平民区。最后一类人可能会选择一些军事氛围浓厚的城镇，而罗克斯特比其他地方离军区的距离更近。需要说明的一点是，前文提到的选择在罗克斯特养老的退役士兵来自高卢－比利时（*Gallia Belgica*）的特里尔（Trier），并非重返家乡的不列颠人。

驻军聚落的平民在数量上总是占优的。研究人员已在约有100个堡垒区域发现堡垒外有与之相关的建筑结构，因此推测在其他尚未经过仔细调查的地点也可能有类似的特征。并非所有的驻军聚落都一模一样，重要的是要区分哪些聚落可能只是在堡垒通向外部的道路两侧、由临时的棚屋和帐篷组成，哪些已经逐渐发展成精心建造的小镇。军团附近的聚落自然规模较大，结构相对复杂，反映了军团的规模、经济实力及其在通信和供应网络方面所处的节点位置。

驻军聚落的居民和军队的关系一般十分紧密。如前所述，较低级别的士兵在铭文上提及所属部队的频率较低。因此，堡垒外竖立的许多男性墓志铭上虽未提及所属部队，但很可能是军人或其直系亲属所立。表明他们是军人的线索包括拥有公民身份或提及遗嘱和继承人（虽然在卡拉卡拉的公民身份法令生效后，这些线索的可信度下降）。至少在公元1—2世纪，这些人如果不是军人，几乎就能肯定是该地的新移民。在边境地区开展业务的许多商人都会认为自己与军人社群关系密切，而有趣的是他们的墓志铭上并没有明确他们的营生是否与军队有关。帕米若纳·巴拉瑟斯（Palmyrene Barathes）的例子便是如此，由于墓碑上模棱两可的缩写令他的身份引发争议——既可以理解成旗手（军人），也可以理解成卖旗帜的商贩（平民）。考虑到他逝世时的年纪（68岁），两者皆是也并非不可能。

驻军聚落有不少宗教祭祀品，根据目前能辨认出的军事人员奉献的物品似乎能总结出一些规律，为辨别其他身份并不明确的参与者提供了参考。墓碑则是另一项重要的类别，可分为以下几种情况：由继承人或妻子埋葬的男性，由家人埋葬的女性或孩子，或者由社团组织埋葬的人。第三类的例子有一个由奴隶社团（*collegium conservorum*）埋葬于霍顿－切斯特斯堡垒的奴隶，这意味着在堡垒中存在相当数量的奴隶。没有提及遗孀或继承人的军人墓碑是比较常见的，这些费用可能由军人殡葬社团组织支付。一些由妻子负责殡葬的人明显于服役阶段逝世，而且他们的“婚姻”在公元197年塞维鲁改革（the Severan reform of 197）前是不合法的。另一方面，“配偶”经常在退役凭证上有提及，虽然这只是为了确定他们的权利。以上两者都表明非官方性质婚姻的存在。总的来说，缅怀士兵们的更可能是他们的妻子，而非其他人。一项对罗马帝国约1 000块军人墓碑的研究发现，其中有102块来自缅怀丈夫的妻子，55块来自缅怀妻子的军人。造成这种情况的一种原因可能是许多士兵比他们的妻子年龄大得多，一般在退役后才建立起长期关系。

有一个典型的例子来自一对夫妇，他们的儿子将他们合葬于朗斯代尔的伯罗（Burrow-in-Lonsdale），丈夫奥勒留·普辛努斯（Aurelius Pusinnus）去世时53岁，他的妻子去世时37岁。大部分在服役期前15年内离世的士兵在墓碑上没有提到配偶，如果有提到的话，继承人也往往是同胞士兵或死者解放的奴隶。

用永久保留的墓志铭（有时墓碑上还有浮雕）纪念一个人在罗马社会中很普遍，但在不列颠地区，这种方式在军事地区比在其他地方更常见。因此它可以作为一项判断军人身份的特殊指标。军人们为了向同辈炫耀身份，会采用比较张扬的纪念方式，权位高的甚至会回顾其军旅成就，身份普通的则仅提到有盈余的资金能留下这块纪念碑。在资源允许的情况下，这种做法自然便扩散到他们的家庭和其他亲属（包括妻子、孩子、兄弟姐妹、奴隶和自由奴隶）。

尽管在公元2世纪末之前，官方反对士兵婚姻，但有趣的是，妇女在军事领域发挥了重要且突出的作用。前文已经提到指挥官的妻子，而且军团百夫长至少也有权在服役期间结婚。现役士兵的妻妾和退伍军人的妻子依附其丈夫的地位和收入来获得社会地位。但我们不应过于乐观地看待妇女在这个社会中的整体地位。出于种种原因，妇女们能够在驻军聚落生活，但主要从事与军队有关的活动。由于许多年轻士兵连非正式的妻子也没有，因此可以肯定的是，妓女是驻军聚落的宝贵“商品”。目前尚不清楚她们如何提供服务，存在雇佣女性奴隶的妓院的可能性较大。不执勤的士兵光顾的酒肆也可能在后院提供性服务。雇佣其他地区的妓女可能也可以避免与当地居民发生冲突。更富有、级别更高的军人可能已经自行购买女性奴隶来满足各种需求，自然也包括作为性伴侣。马库斯·寇克·菲尔姆斯（Marcus Cocceius Firmus）是一位在安敦尼长城驻守奥亨达维堡垒（Auchendavy）的军团百夫长，已考证他拥有一名女奴隶。庞培·奥普塔图（Pompeius Optatus）在切斯特为家中奴隶生下的3个孩子购买了一块墓碑，虽然他的职业不清楚，但很可能是一名现役士兵，且为了纪念自己与一名女奴生下的孩子而购置这块墓碑。奥勒留·普辛努斯的妻子奥勒莉亚·厄比亚（Aurelia Eubia）的名字表明她可能曾经是他的奴隶，因为奴隶经常被赐予这样的希腊名字。帕米若纳在南希尔兹为他的不列颠妻子雷吉娜（Regina）建造了一块精美的纪念碑，将她描述成一位罗马主妇。虽然她起初是他的奴隶，但成为自由奴隶后，他便可以与之结婚。事实上，她出生时是卡图维劳尼族人，在部落被征服很久以后才成为奴隶，说明她可能是被家人卖掉的，并清楚知道性剥削会成为她命运的一部分。雷吉娜无疑是“成功”的例子，因为她的主人不但解除她的奴籍，还与她结婚，但史料中更为常见的情况是在军队中服务的女性往往不幸地处于非常低下的地位。

在行省内部社会中的权力差异并未限制人们获取性服务。有明令禁止总督和指挥官与工作所在行省的当地女性缔结正式婚姻(虽然允许订婚)。这项措施显然旨在保护富有的行省级地方官员的家庭利益，使其免受与罗马政府高级成员结亲的压力。但士兵却不受这样的限制，而他们在社会中的权力会令不列颠女性遭受来自他们具有掠夺性的威胁，虽然随着驻军聚落规模逐渐扩大，人口逐渐稳定，军人社群可能已提出更明确的要求规范其婚姻市场。

在不列颠北部发现的一些军人妻子的名字表明她们来自教育良好或对地位敏感的军人家庭。来自萨洛纳（Salona）的奥勒莉亚·阿依娅（Aurelia Aia）[其父亲叫提图斯（可能以前是军人）]，嫁给了一个叫奥勒留·马库斯（Aurelius Marcus）的士兵，在3世纪驻守卡乌兰堡垒（Carvoran）。她被描述为“没有任何瑕疵”。而像奥勒莉亚·厄比亚这种出身可能是奴隶的人，墓碑上也强调严谨的家风。她的名字甚至有“可敬”的含义。切斯特的军团士兵盖尔斯·瓦勒里斯·尤斯图斯（Gaius Valerius Iustus）在哀悼他的妻子寇克西娅·艾琳（Cocceia Irene）时称她是“最忠贞和纯洁的”。也有不少女孩在驻军聚落长大，这些家庭显然会强烈关注女儿的名声和婚姻条件。奥勒莉亚·罗曼娜（Aurelia Romana）和奥勒莉亚·萨碧娜（Aurelia Sabina）在格利塔桥为她们的父亲设立了纪念碑，而葬于莱辛汉的有奥勒莉亚·奎亚提拉（Aurelia Quartilla）（13 岁）和尤良娜（Iuliona）（16 岁）。另外，有一些士兵需要照料住在驻军聚落的其他亲属：迪恩修斯·福特纳托（Dionysius Fortunatus）将他的母亲奥勒莉亚·路普拉（Aurelia Lupula）葬在莱辛汉，而尤利乌斯·马克西姆斯（Iulius Maximus）将他的岳母坎帕尼娅·杜比塔塔（Campania Dubitata）（与他的妻子和 6 岁的儿子）埋在里切斯特。一个名叫卢里奥（Lurio）的日耳曼人也在切斯特斯堡垒悼念他的妹妹乌尔沙（Ursa）、他的妻子和儿子。还有叔伯舅舅一辈的悼念侄子外甥一辈的例子。这里的人有一些亲属在外地，但其他人显然跟随军人搬到其就任的地方。

自然也有一些妇女以自己的名义悼念亲属的情况。前文已提到不少军人的墓志铭落款是其妻子，但她们也悼念自己的姐妹和孩子。从这里我们可以看出，纪念碑不仅仅是为了维护现役或退役军人的群体利益，这一习俗并不是军人强加于别人的个别行为。

个人姓名和某种程度上的宗教偏好有助于识别驻军社区中的少数民族。但同样地，现役军人和平民家属也很难区分。士兵入伍时偏好另取拉丁名字，以及之后获得公民身份，都会使姓名的问题变得更加复杂。但偶尔这个棘手的问题也能得到解决。例如，人们在哈德良长城地区发现一段涉及60多人（包括妇女和儿童）的日耳曼文字，而此地从3世纪以来便有一支弗里斯族的辅助步兵队（*a cuneus of Frisii*）和一个叫作厄迪费底的村落（*numerus Hnaudifridi*）。豪斯特兹堡垒的一段铭文记录了一些死者，包括维诺卡瑞斯（Venocarus）的儿子……恩尼恩斯（…enionus），费西欧（Fersio）的儿子格拉图斯（Gratus），阿里马胡斯（Alimahus）的儿子罗姆鲁斯（Romulus），戴鲁斯（Dailus）的儿子斯密里斯（Similis），塞恩修（Senicio）的儿子曼修提斯（Mansuetius），奎亚提欧（Quartio）的女儿佩文喀（Pervinca）。以上全员的继承人自称"戴芬努斯（Delfinus），来自上日耳曼尼亚的拉提欧（Rautio）之子"。这串混合了日耳曼和拉丁"军旅"风的名字暗示了不少信息。日耳曼族步兵队是不列颠驻军的重要组成部分，在后来的2—3世纪仍有一些组建不久的日耳曼军队被派往这里。

在边境的不同地方也零星分布着一些高卢或不列颠以及希腊形式的名字。除了巴拉瑟斯，还有另一个东方人叫萨尔马内斯（Salmanes），将他同名的儿子（15岁）葬在安敦尼长城上的奥亨达维堡垒。不同地方所拥有的种族情况有很大差异，但位于不列颠北部和西部的驻军聚落可能有相当复杂的种族混居情况。我们目前还未遇到全部由当地不列颠人组成的原始聚落，这些位于堡垒边上的聚落因为长时间的密切接触而成为"罗马人"。一些驻军聚落可能已经吸纳了一些本土不列颠人，但这些不列颠人会在社会中占据特别的地位，因为他们所处的这个社会结构既是军事共同体，也是多种族国际化的混合体。

坎布里亚的布鲁厄姆堡垒（Brougham）发现了大量名字，记载在当地一个叫作贝勒图卡鲁斯（Belatucadrus）的人的宗教献词或者墓碑上。其中与军官阶级有关的成员人数相对较少，而且这个地方经常被视作低级的“边疆地区”的代表。一名男子认为自己是骑兵部队的成员，但目前尚未发现有其他人提到过军事组织，当地很可能也不存在这种组织。几乎所有人的名字都只是一个词，这是一个特殊的特征，而且也符合当地属于“低级别”的理论推测。安尼乌斯（Annius）、奥勒莉亚、克里希恩提斯（Crescentius）、伊恩努里斯（Ianuarius）、尤利恩斯（Iulianus）、鲁那里斯（Lunaris）、普鲁马（Pluma）都是直截了当的拉丁名字，这些都暗示其与军事社群有关，尽管有些是罕见的，甚至是独一无二的名字。安纳莫里斯（Annamoris）、奥达古斯（Audagus）、巴库洛（Baculo）、库……温达［C（uno）vinda］、尼缇尼斯（Nittiunis）、雷索纳（Ressona）、塔里欧（Talio）、提图斯、维达利斯（Vidaris）和……欧利克斯（…orix）很可能是不列颠或北欧姓名的拉丁文版本。考虑到出现时间的不同，整体上来看这一组的特征与文多兰达堡垒记录上的士兵姓名没什么不同。这有效印证了这样一种观点：驻军聚落铭文中的大多数人是现役军官或士兵、退役士兵、与士兵或退伍军人密切相关的人，或者是非本地但已习惯并效仿军营主要文化特征的商人。关于布鲁厄姆堡垒的成员身份将在下一章末尾部分再次进行讨论。

第七章

军人身份的形成

罗马军事社群中的士兵来自不同的地方，使用不同的语言，秉承不同的社会习俗；军队驻地的平民同样如此，他们也来自不同的地方，使用不同的语言，秉承不同的社会习俗。这使军队内部的文化呈现多元化，而这种多元化也提醒今天的我们：罗马军队实际上是一个自下而上由“人”组成的组织，而其中的某些部队有时候并不好管理。然而，虽然罗马军队内部存在很大的差异，但是其在重要的行为模式和社会观上存在共同之处。这些共同之处使这支军队能够纵横整个帝国，拥有共同的自我身份，被称为“同胞士兵”。军队的文化在军队驻地有很强的影响力，同时也渗透到该行省的其他地区。

本章将更加详细地探讨促进这支军队独特身份形成背后的原因，以及这种身份如何强化其统一感，如何使其与不列颠的其他军队区分开来。同样重要的是，军队之内罗马的概念及其附带的社会行为与军队之外的平民概念截然不同。罗马军队远非“古罗马理想（精神）”的代理人，他们建立起了自己的文化和身份，突出了其力量以及与普通平民之间的差异和距离。而那些努力效仿军队的平民群体，通常都通过婚姻、亲属关系或者贸易与军队建立了密切联系。

语言和文化水平：传统习惯

拉丁语是构成罗马士兵身份的基本要素。罗马士兵在入伍时通常要使用新的名字（或使用拉丁语名字），并且要用拉丁语宣誓效忠，入伍之后他们接受的指令也是用拉丁语下达，规章制度也用拉丁语书写。另外，我们已经知道书面形式的交流与记录在军队的日常活动中发挥着重要作用。文多兰达堡垒的考古发现彻底改变了我们关于埃及以外的罗马军队文字交流的程度和规模的看法。罗马的木制写字蜡版早就为人所知，蜡版表面的凹槽里填满了蜡，文字信息就刻在蜡上面，这种设计使得每块蜡版可多次重复使用。没人料到北方诸行省会大量生产另一种用墨水书写的写字板，这种写字板只能使用一次（或者最多单面文件的背面可再使用一次）。单面书写的特点显然意味着军队驻地每年都会大量生产这种石板。文多兰达堡垒考古中发现的许多信件都是发往或者来自其他地方［宾切斯特、布里加、卡莱尔、卡特里克、科布里奇、伦敦、尤卢西恩（Ulucium）、约克］。不列颠的卡莱尔、伦敦和卡利恩等地也有过这种墨水写字板。这提醒我们，从记录和通信方面来讲，大规模使用这种写字板在罗马军队中很盛行，覆盖范围也很广泛。考古发掘出来的写字板上的内容表明，很多写字板被地方行政长官记录在案，但是当军队变换驻地时，这些写字板就会被销毁［在不列颠北部的诺森伯兰郡（Northumberland），一场暴雨熄灭了军队销毁写字板的篝火，一块当时常规的写字板得以保存下来］。文多兰达堡垒考古也发掘出了大量的木制写字蜡版，但已经无法将它们表面刻写的内容誊写下来。这些写字蜡版窄窄的边缘上有墨水字迹，表明它们有时会被放在盒子里或架子上（就像 CD 光盘一样）。这清晰地表明，罗马军队在保存其军事记录时设置了检索系统。当时，生产页形写字板肯定比生产写字蜡版容易得多，也便宜得多，这促进了罗马军队的大规模联络交流。今天的研究表明，驻扎在不列颠的罗马军队在占领不列颠的几个世纪里肯定产生了数千万份文件。

在多语言和多民族的罗马军队中，拉丁语交流变得越来越重要。并非所有士兵都能正确使用拉丁语，有些士兵显然对拉丁语一窍不通。但当时在罗马军队中，懂拉丁语不仅是获得晋升的一个重要条件，而且会给士兵带来不小的威望，虽然古典学者可能会嘲笑当时出现的“拉丁语军营”里所犯的语法错误。在罗马军队这样一个依靠书面形式进行交流和记录的系统内部，书面语言的使用显然远远高于不列颠行省的其他区域，但是缺乏良好阅读和写作技能的士兵仍然在其间发挥着作用。文多兰达堡垒考古发现中还有一点非常引人注目：写字板是由多人一起生产的（考古已经确认有几百个人参与了生产）。此外，没有证据表明文多兰达堡垒军营中的军事记录只是由一小群文员和奴隶完成的。虽然文稿中的标点符号和缩写方式多种多样，但也能看出士兵们在记录时遵循着一套共同的惯例框架。另外，文多兰达堡垒的文稿材料与帝国另一边的其他军队文稿在形式和内容上也有一定的相似之处。古文字学研究表明，这些文稿上的笔迹风格与当时埃及地区的书写风格（称为古罗马草书）基本相同，但是每个人的书写功底不一，字迹有优雅的，也有丑陋的。所以可以得出结论，一个新近调到不列颠的识字士兵一眼就能看出文多兰达堡垒地区使用文件的基本类型和重要性。

大量证据表明，驻不列颠的罗马军队中有些人渴望获得比其他人更高的文化水平。这毫不奇怪，因为部队指挥官的拉丁语水平在部队中都很突出。这种语言水平上的突出不仅体现在拼写和语法上，还体现在对文章质量的关注上。科瑞阿里斯的档案中的许多信件似乎都是他本人发出的文件草稿，其中一些文件上有痕迹显示他在写文章时进行过很多删改。其他地方发现的推荐信在遣词造句上存在相似之处，这表明，军队内部可能有一些标准文件的优秀模板。信件中还有一些明显的文学典故，例如来自维吉尔的《埃涅阿斯纪》(*Aeneid*) 和《农事诗》(*Georgics*) 中的一些引用，这暗示至少有两名指挥官的家中有书籍。在文多兰达堡垒还发现了克劳迪娅·塞维拉（Claudia Severa）写给苏庇西亚·勒皮蒂娜的信件，有趣的是，信件中附录的文件是由与驻军有关的妇女所写。虽然信件上克劳迪娅·塞维拉的笔迹显得相当僵硬，但很可能信件的正文是由她用非常优雅的拉丁语向一位抄写员口述的。大多数情况下，低级别官兵撰写的文件不仅形式比较庸俗，拼写也有问题。当文件没有明确说明作者的地位时，文件字里行间透露出来的文采水平就会隐射出作者的相对地位。从发现的写字板上，我们可以感受到强烈的友谊感、强烈的共同价值观和强烈的忠诚感。这一点，在文件中的一些惯用词语中体现得淋漓尽致："兄弟和老友""上帝和兄弟""小兄弟""我的兄弟和餐友"，这些用语都强调共同的军旅生活经历。这种亲密感在女性当中也存在，克劳迪娅·塞维拉在信中就将苏庇西亚·勒皮蒂娜称为"姐姐，我最亲爱的人"。最后需要注意的一点是，文多兰达堡垒发掘出来的文件中，有些可能是由经常在军队附近做生意的平民商人撰写的，也可能是写给他们的。一位被殴打的商人写的投诉信就是一个典型。平民商人与军队打交道时用这种书面交流方式把他们与当地的其他人区分开来，并加强了他们对罗马军队身份和事业的认同感。

石刻铭文是对罗马军队使用文字的另一个研究窗口。以整个不列颠为例，绝大多数石刻铭文可以追溯到罗马军队统治不列颠时期，保存完好有自然地质的原因，也是人为保护的结果。城镇和乡村地区出现的石刻铭文就没那么漂亮了。“石刻铭文”不仅仅是对团队建设工作的记录，也不只限于军官阶层。正如前面所说，宗教性质的碑和墓碑由各级别的官兵建立，也为各级别的官兵所有，从卑微的列兵到尊贵的分部指挥官。显然，在罗马军队内，纪念一个人的生命和亲属的生命是一件重要的事情。从我们对罗马军队的了解可以看出，只要可行，低级别的士兵也能做指挥官和军官们做的事情。墓碑的使用不仅限于指挥官和军官，普通士兵和他们的家人都可以使用墓碑，这是罗马军队建立群体认同感的关键因素。

即使在不列颠一些墓碑数量很少的地区，士兵的墓碑数量也占多数。这至少表明，与罗马帝国统治下的不列颠人相比，罗马军队更为重视碑文这种纪念方式。事实上，罗马军队或帝国政府成员在各个居民区域内建造各种石碑的频率都是惊人的。

在更普通的层面上，罗马军队士兵的个人财产经常被贴上标签以便于识别。比如，在一个红色的萨摩斯陶杯底部刻上姓名就可以避免对其所有权的争议。军事区发现的容器上的这种涂刻比在居民区发现的两倍还要多（后者包括具有明显军事特征的城镇，如罗马公民殖民地)。在其他类别的个人财产上，也存在类似的标记模式。仅仅基于此，我们就可推断：罗马军队的识字率远远高于罗马统治下不列颠社会中的其他主要人群。

文多兰达堡垒发掘出来的陶器和其他小物件让我们得以一窥“物件上的文字”的真实规模和程度。各种陶瓷器皿（粗陶器、双耳瓶和精陶）都刻上了人的名字，陶器和瓷砖上也印上了制造商的标记。骨头和陶制筹码/圆形物上也刻上了名字，金属制品上（包括武器、盔甲、记录笔、铁刀片）和石磨上也刻上了名字。双耳细颈瓶碎片上也有彩绘铭文，标出容器的重量、所装东西以及负责运输的商人的名字。其他有铭文或雕刻的材料包括铅制秤砣、铅制印章、宝石、铜合金匙和其他军用金属器皿。由于正常的条件下保存下来物品的稀有性，最引人注目的是带有雕刻或烙印的标记和姓名的有机人工制品，其中包括大量的木桶板或盖子、其他木制品、皮革制品以及边角料。有趣的是，一个装饰华丽的马头护甲与另一个标记为 VIILDIIDII SPONDII（此处 II 代表 E）的边角料密切相关，而写字板上提到的维尔德底乌斯（Veldedeius）或维尔底乌斯（Veldeius）是总督的马夫，他的马可能叫斯庞德（Sponde）。这个马夫名字的第四个变体维利德底乌斯（Vilidedius）出现在靠近墙壁的一个墓碑上，这很好地佐证了拉丁化的北欧名字拼写并不规范。

除此之外，考古还发现了用于冲压或对人工制品进行标记的东西。在文多兰达堡垒，一个 C 字形烙铁（反向）很有可能是 CE（RIALIS）的一部分。考古发现的很多制陶人印记来自军队驻地和不列颠南部的主要陶瓷生产中心。在卡恩和切斯特的军团要塞中发现了铅制和黏土制的模具，表明罗马军队甚至在日常吃的面包上都盖上了印章（按军团纪律）。因此，普通罗马士兵生活在文字的世界里，他们使用文字来传递信息、标明个人财产和强化身份。

文化和社会特征

罗马军队非常遵守时间。也就是说，军队内的事务是按照独特的罗马时间概念来进行安排的，无论是计算一天的时长来确定执勤名单，还是标记日期。文多兰达堡垒发现的许多文件都以罗马计时系统的日期为标题（例如，*vii kalendas Maias*，表示4月25日）。从帝国其他地区发现的证据可知，罗马军队按照罗马的宗教历法来开展军队层面的宗教仪式和其他仪式活动。在文多兰达堡垒的一些发现表明，罗马军队在不列颠也是如此。例如，6月24日是幸运女神（*Fors Fortuna*）的节日，所以这天市场上有更多平时吃不到的食品。对于宗教色彩的农神节和新年，也有相应的活动。罗马计时系统对士兵的职业生涯期限也有相应规定，士兵需要在部队中服役25年。值得注意的是，许多士兵的墓碑上不仅标明了士兵的死亡年龄，还标明了其服役时间。

罗马士兵享有法律特权。例如，西部各行省的辅助部队是唯一可以根据罗马法指定继承人的非公民群体。士兵墓碑上的铭文一般都会说明继承人和遗嘱，这不仅清楚地说明这条法规的重要性，同时也说明士兵们通常都有财产和储蓄留给自己的继承人。我们在威尔士北部的沼泽地里发现了一份罗马遗嘱中的部分内容，几乎可以确定是一位罗马士兵所写，遗嘱遵循罗马帝国核心的法律规定。法律对士兵也有各项限制，例如对婚姻的限制和承认（或不承认）所生孩子的合法性。虽然罗马法律严令禁止服役期内的士兵所生的孩子在其服役期满之时从他和他的妻子那里继承公民身份，但法律同时也允许士兵可以将遗产留给非正式的妻子和孩子，这就使罗马法律显得没那么严苛。事实就是如此。此外，士兵偶尔会有机会直接向总督甚至皇帝提出上诉或请愿，解决法律上的困难。古罗马诗人尤维纳利斯（Juvenal）曾暗示过，古罗马时期士兵对平民的袭击并不少见，但士兵很少被定罪，因为平民对士兵的诉讼总是在军营内部的法庭内审理，而非民事法庭内审理。他还断言，法庭处理涉及士兵的财产纠纷总是比处理平民的财产纠纷更快。这些古代证据充分展示了军队对平民的军事压迫，军队利用自己的权力和特权为自己谋利（例如行军时征用平民的运输工具，将平民的房子用作临时兵舍)。帝国各个地区都有证据表明，罗马军队内一直存在欺压百姓的行为。偶尔罗马士兵也会遇到势均力敌的平民，但很少会通过正当的法律程序解决问题。坎特伯雷（Canterbury）就曾经发现过一个古罗马的墓穴，里面有两具被绑在一起的男性尸体，墓穴里面还有军用腰带和骑兵剑。看起来是两个士兵在不执行任务时被人所杀，也许就是平民干的。

另一方面，罗马军队的军事纪律可能非常严苛。百夫长严格执行纪律，使用藤杖惩罚违反纪律的下级士兵。军队内的处罚包括训斥、罚款、苦役、调动、降级和开除。然而高阶士兵、老兵和老兵的儿子可以免受某些惩罚，例如矿井苦役，他们还不会受到虐待。并非所有军人都拥有相同的权利，但很明显，一个人与军队的关系越近，他享有的权利就越多。最重要的是，军队驻地中多数人读过罗马法典，他们的合法权利受到法律条文的保护。这是军队人员与当地原住民居民又一个不同之处。

军队身份认同感在物质文化上也有表露。英国出版的罗马雕塑全集显示一些地区军事雕塑的数量有着压倒性优势。两个数量最大的藏品库涉及哈德良长城的东西部地区，共有 940 件雕塑，几乎全部是军事雕塑。那数量较少的非军事用品情况如何呢？威尔士的 97 件藏品来自哪里呢？(除 17 件无法确定归属或来源的藏品外) 62 件藏品出自卡利恩的军事要塞，16 件来自后备要塞或军用物资仓库，15 件来自卡尔文特（Caerwent）的首府城市，4 件来自兰特威特梅杰（Llantwit Major）。因此，近 80%的藏品来自与军事明显相关的环境。

不列颠罗马军事雕塑为罗马帝国各行省雕塑生产树立了典范。这一时期卓越的作品相对较少，最著名的作品也来自军队要塞。然而，威尔士卡利恩、卡纳芬和哈德良长城上卡罗堡、卡乌兰堡垒等地发现的青铜合金雕像（包括“身披盔甲的人物”，可能是皇帝像）碎片表明：现在的罗马雕塑全集里还有很多雕像未被收录。这些高质量的雕塑作品可能产自专业的雕塑制作中心，然后被运往罗马军队的各个驻地。它们在罗马军队的要塞内肯定很常见，但大多数最终会融化。比青铜合金雕像更为常见的是祭坛或墓碑上的浮雕。很多浮雕高度拟人化，代表着神话中的各个神灵。虽然浮雕中的神既有罗马神话中的神，又有不列颠神话中的神，但这种用浮雕刻画神的方式似乎是不列颠北部和西部的一种罗马式创新。这些地方的浮雕（主要是所谓的“凯尔特人”）很少是由军队以外的人制作的。

军装是一种彰显士兵身份和力量的明显标记。现在可以确定罗马军队中有三种类型的服装：标准盔甲套装（用于执勤和作战）、礼仪盔甲套装（用于礼仪场合）和休闲套装（用于休息时间和在堡垒内的一般场合）。在军队中，人们用差异化的服装和装备来区分士兵的等级和地位。虽然人们怀疑士兵的战斗军服和辅助军服会在一定程度上相互排斥，但在公元1—2世纪，至少通过服装和装备大多数情况下能够一眼确定士兵们部队的类型和自身等级。从公元3世纪开始，各个类型的罗马驻军在装束上出现了融合，但同时军队也为新型机动部队引入了不同风格的装束。不列颠被罗马征服后，罗马的军队装束风格也传入不列颠，与不列颠本土的军服款式在关键要素上存在差异。这种情况持续了很长时间，说明驻不列颠的罗马军队与不列颠本土的军队存在区别。从平民的角度来看，即使身着休闲服装，军人也很容易被认出来。军人是平民尊敬的对象，同时也是他们畏惧的对象，这在一个只有军人才会日常携带武器的社会更为突出。

公元 1 世纪中叶，罗马军队的战斗服装上主要装备是环片铠甲（*lorica segmentata*）。重叠的铁板安装在皮革带上，在激烈的战斗中给士兵提供了极好的保护，但这种盔甲很沉重，日常穿戴很麻烦。辅助士兵似乎通常都穿戴链甲或鳞盔上衣，但是这种装束也只是针对某些任务，例如警戒、行军或者其他需要离开堡垒的任务。军团和辅助人员都装备了很多华丽的金属头盔和大型盾牌，盾牌上装饰着军事图像、部队徽章和标志。骑兵部队装备更加精致的头盔，他们的马匹上也会装备精致的挽具，挽具通过合金配件连接，这同时也是一种装饰。因此，战场上阵列中的罗马士兵不仅自己本人能得到明显的保护，士兵身上象征军事能力和相互团结的那种气势也能得到保护。这一点在许多部队的军旗手身上体现得更加鲜明，他们用独特的动物皮毛装饰自己的头盔。部队士兵的工资会被扣除一部分，用以给他们发放武器和盔甲。士兵如若丢失自己的剑，将是重大违纪行为（这毫无疑问是因为丢失的罗马剑会被人秘密卖给国外的“野蛮人”）。此外，不管在什么地方，罗马军队会尽可能回收利用士兵的装备，伦敦发现的一个罗马军队头盔的颈部护甲上印有至少 4 个名字，就说明了这一点。

士兵在礼仪场合所穿的盔甲更加精致，尤其是骑兵部队的礼仪盔甲。不列颠（里切斯特、纽斯特德以及其他几个地方）发现了几种骑兵头盔。这些头盔表面为铜合金护套，铸模成形，前面有一个铰接的完整面罩。在某些情况下会采用镀银、镀锡或镀金等工艺使头盔外观更加漂亮。骑兵坐骑还配有压纹皮革马头护甲和青铜合金护眼罩。这些骑兵外形宛如神话英雄，在骑术演习中显得威风凛凛。游行场地位于军事堡垒外，这使得公众能够看到这种常规的军事游行，军队也可以借此加强其实力和威望。

士兵墓碑是一个重要的代表类别，原因如下：墓碑引入了（如果需要风格化的话）个人形象的概念，还给士兵带来了军队身份、权力和优越感，把其他地方的一些罗马殡葬文化规范带到不列颠。每逢葬礼，罗马军队会在死者墓前建造石碑，石碑上会雕刻死者的半身或全身像，这种做法早在希腊时期的意大利就有，并在1世纪早期由意大利北部传到莱茵兰的军队，然后从莱茵兰传到了不列颠。许多精美的墓碑可以追溯到罗马征服不列颠的早期。典型的罗马浮雕上的士兵通常身着军装、全副盔甲。浮雕上的士兵如果没有穿盔甲，那身上肯定别着独特的军用腰带、带着随身武器或是穿着军旅风格的披风。如果浮雕上是个百夫长，他惩罚违规士兵所用的藤棍会很突出（不列颠科尔切斯特的费文纽斯·法西里斯和切斯特的奥勒留·内波斯就是如此）；如果浮雕上是个军旗手，那么他挥舞的军旗会很突出［不列颠约克的L. 杜西乌斯·鲁非努斯（L. Duccius Rufinus）就是如此］；如果是一名初级军官或文员，那么他用来装运写字板的小箱子就会很突出。浮雕上的骑兵通常身跨骏马，碾压一个裸身的野蛮人［来自格洛斯特和丹尼克斯的鲁夫斯·西塔（Rufus Sita）和来自塞伦赛斯特的塞克斯图斯·瓦勒里斯都是这种类型］。浮雕里加入的那个被击杀的敌人乃点睛之笔，把观众的注意力从墓碑这种不吉利的东西上转移走，突出了罗马士兵的强悍以及反抗他们的下场。有些骑兵的墓碑上同时有两个场景，其中一个为死者斜倚在筵席的睡榻上，另一个是他的马夫牵着他的马。不列颠和莱茵兰发现的军事墓碑中有一半以上是骑兵的墓碑，其余部分是数量大致相同的军团士兵和辅助步兵。

罗马帝国各行省的日常服装风格自然会反映当地的气候和环境。不列颠的大多数服装是羊毛材质，几乎没有人符合标准的地中海穿着风格。士兵们穿着束带短袍，搭配独特风格的披风，而浮雕上的男性平民都身着宽松的高卢外衣，不系腰带，两者形成了鲜明对比。士兵穿的披风分两种：一种披风近似长方形，通过胸针固定在右肩；另一种披风从肩上下垂到身体前方，而且带风帽。辅助人员经常穿长袖衬衫和裤子。此外，士兵们一般还穿护腿、围巾、内裤、袜子和平头钉靴子，这样一来，普通士兵的穿着都比大多数平民更好。

第六军团的退伍士兵 C. 阿瑞西乌斯·萨恩乌斯（C. Aeresius Saenus）、其妻子弗拉维亚·奥古斯蒂娜（Flavia Augustina）以及她的两个婴儿的墓碑生动地描绘出了一个军人家庭。根据墓碑上的铭文，虽然这 2 名婴儿在不到 2 岁时夭折（死亡时间不同），但是他们在墓碑上的形象是缩小版的成年人。墓碑上浮雕里的 4 个人都穿着长长的上衣，披着厚厚的披风，穿着高脚踝鞋子。其中，男人和男婴穿的披风都是军队风格的。弗拉维亚和她的丈夫紧握卷轴，这表明他们识字。其他典型的表现形式包括宴会场景，这不仅使人们看到了丧葬宴席，也让我们知道聚餐在罗马社会的重要性。女人通常会以体面的女主人形象出现，她们经常坐着，穿着自己最漂亮的衣服，戴着靓丽的珠宝，干着自己应该干的活，比如剪羊毛。南希尔兹的雷吉娜的形象就完美地刻画了罗马社会女人的形象，尽管她的碑文表明她曾经是个奴隶。罗马军队建立的这些各种类型的墓碑通过重复的图案表明了群体身份的特征。

与罗马军队有密切关系的女性在着装上也与不列颠的平民女

性存在差异。军队女性通常穿着比男人更长的高卢外袍，一般情况下还会身披披风［不列颠卡莱尔发现的穆瑞尔·希尔（Murrell Hill）女士就是一个很好的例子］。

公元1世纪不列颠本土的女性在日常穿着上稍有不同，她们会戴更多胸针，穿着融合了长袖、短袍和披风等元素。这表明，罗马士兵的妻子可能在不列颠行省开创了新的穿着时尚风格。2世纪末和3世纪，女性衣服上扣针的使用量减少，这表明平民女性的穿着风格已经部分向军队女性的风格转变，但是目前所有展示这一时期“典型”女装的浮雕均来自罗马军队生活区，而非平民区。

另一个主要类别的雕塑涉及建筑铭文的装饰细节，最好的例证是安敦尼长城上的瑰丽浮雕，它记录了每段长城的竣工情况。这些浮雕块多种多样，许多构图相对简单，浮雕上面常见的元素一般包括罗马军团的徽章（第二奥古斯塔军团的摩羯和飞马，第二十瓦雷利亚－胜利军团的野猪）、胜利女神、战神玛尔斯、帝国的英勇形象、不列颠尼亚、俘虏和被击杀的野蛮人（其中有些是被罗马骑兵击杀）、罗马军旗手和宗教祭祀品。所有浮雕中最大最复杂的一块当属布里奇尼斯浮雕，位于安敦尼长城的东端。在铭文的左边，一名罗马骑兵骑马踩踏至少4名裸身战士（其中一位双臂被绑，头颅已被砍下）。浮雕右边描绘了罗马祭祀所用的猪、羊和公牛（这种同时用猪、羊和公牛祭祀的通常是洗礼仪式）。在管乐伴奏下，随着祭祀牲畜被宰杀，一个罗马人把祭酒倒在祭坛上，他所穿的托加长袍显示出他地位很高（可能是第二奥古斯塔军团的使节，因为后面有第二奥古斯塔军团的旗帜）。其他浮雕上也反复出现全裸或半裸的双臂被捆绑的俘虏，突出强调了罗马的强大，反抗罗马的人都会惨死。带有罗马主流殡葬浮雕的大型墓碑和陵墓在军队活动区很常见，但在不列颠的其他地方则极为罕见。例如，狮身人面像和狮子（通常蹲在一些猎物上）经常被放在坟墓旁用来辟邪和守护坟墓，其松锥体顶蕴含着不朽的意思。这些大型墓碑展现了罗马社会贵族的地位和其文化亲和力，但是在其他大城市中心却没有多少人模仿这种墓碑，这表明人们存在不同的行为模式。

对军团基地之外军事区内的大量雕塑做一番客观分析就能发现，当时的社会普遍缺乏受过专业训练的雕塑家。大部分的雕塑一看就知道是士兵的作品，最多也只是业余雕塑家的作品，或者就是普通石匠的作品，而远非艺术家的作品。令人惊讶的是，虽然这些雕塑缺乏艺术美感，当时的人们却在这种事物上花费不菲，这表明雕塑对这些社区很重要。有人已经注意到，不列颠在稚拙派雕塑（sculptural naivety）艺术上影响越来越大。什么是稚拙派艺术？举个例子，稚拙派艺术将杏仁形的大眼睛和有许多碎片的凸出嘴唇视为刻意的抽象，而其他艺术流派则会将其视为一门粗制滥造的艺术。真相可能介于两个极端之间：随着罗马军队越来越依赖不列颠为其补充兵员，不列颠人对雕塑的理解就会影响罗马军队生产的雕塑风格。应当注意的是，军事区内的雕塑反映了一种大众化的军事艺术风格。正如我们前面所看到的，雕塑传达的信息往往相对简单直白：罗马人的勇猛无敌，野蛮人惨遭失败、遭受羞辱，描绘已经被命名的神灵、罗马军队里的士兵。虽然当时缺乏一流的艺术家，但是这些艺术品仍然表明了罗马军队的理想和志向。

当时伦敦以及约克、卡利恩和切斯特的军团基地可能有更多高水平的雕塑家，证明他们存在的证据也是一些雕塑。我们在约克和伦敦发现了一些大理石碎片，值得一提的是，在约克还发现了放在浴室里的裸体男性雕像，在伦敦还发现了来自沃尔布鲁克密特拉教的雕塑和浮雕，其中至少有一个浮雕的费用是由士兵支付的。另外，还有来自约克（君士坦丁的半身像）和伦敦的优质石灰石雕塑，在巴斯发现的一些最好的雕塑作品可能受过罗马军队的影响。

对于总督、使节和指挥官们来说，他们在部队里一般来回调动，所以不方便购买固定的雕塑作品，更不能大量购买；对于百夫长们来说，他们可能随时要继续前进，所以也不方便大量购买雕塑。因此，在大部分地区，我们很难发现罗马镶嵌画和其他精美的壁画。只有在军团驻地，我们才能看到罗马镶嵌画。军队倾向于购买金属制品、珠宝和彩色布帛。银制餐具是高级指挥官用餐的首选，但工资高的士兵也会购买精美的餐具。萨摩斯陶器和功能性金属器皿充斥着罗马军队生活过的地方，其中有些萨摩斯陶器上还有精美的花纹。金属和陶瓷器皿上的装饰通常采用传统的罗马风格场景：狩猎，经典的万神庙，角斗士，军事和香艳场景。我们还发现了一些金属艺术品，举个例子，我们在古罗马军事要塞博多斯沃德附近发现了一尊古罗马皇帝康茂德的精美雕像，该雕像把康茂德描绘成了大力士，其材质为青铜合金。这尊雕像可能是某个指挥官的随身物。很多罗马军队的要塞内曾经也使用过玻璃器皿，玻璃有一定的装饰用途。军队生活区域的玻璃消费与平民生活的区域存在基本差异，这可能与不同的文化选择和供应机制有关。相比于平民生活环境，装饰灯在军事要塞内更为常见，装饰灯所选择的图画常常能反映古罗马的传统军事和宗教价值观。

精美的胸针和腰带配件通常只在军队生活过的地点发现，或者在军队生活过的地点最常见。有些腰带和肩带配件上带有拉丁语铭文和军队徽章，比如，鹰。通常只有军队佩戴指环，许多指环上装饰着精美的宝石。令人惊讶的是，在不列颠发现的 1 000 颗宝石上都是传统古罗马主题。在宝石的分布上，军队生活过的场所与平民生活的场所又一次出现差异，虽然平民生活的主要城镇也普遍出产过宝石，而这些宝石在南部的神庙和庄园里比较常见。细致的分析表明，军队生活过的场所特定类型的宝石比较普遍：军事场景(战神玛尔斯、智慧女神密涅瓦、阿喀琉斯、埃阿斯、赫拉克勒斯、战舰、军旗、军事装备、鹰、军团徽章)、其他神和神话中的英雄、想象中的野兽、寓言场景、拟人化的事物，还有皇帝。一些军事类型的精美宝石也出现在平民生活的场所，暗示不列颠的罗马军队之间进行过合作。根据斯内蒂瑟姆珠宝库的情况来看，有些凹雕宝石的制造可能在不列颠境内进行，因此恒定的经典主题就显得非常重要。人们购买宝石既展示了地位，同时也是一种特定的社会行为。宝石上的凹环是为封装信件、文件和包裹而设计的，这再次使我们认识到识字在罗马社会很重要。

许多便于携带的艺术品都有一个特点：它们会采用常规的罗马风格，其中既有军事风格，又有宗教风格。例如，宗教风格就包括经典的万神庙和一些传到不列颠的东方宗教元素。这种小众艺术的使用与罗马帝国和庇佑帝国的众神有关的图像，其目标似乎是加强罗马军人与帝国之间的紧密联系。

军队的后勤供应以及武器和盔甲等东西的数量问题决定了军队中各种便携物资的消费模式。陶器的供应就包含各种方式，比如，有时在靠近军队基地的地方制造陶器，由与军队签订合同的平民管理或偶尔由熟练的士兵管理。另一种方式是从不列颠南部甚至欧洲大陆远距离运输陶器满足军队需要。不列颠南部遍布许多陶器生产中心就暗示了这种陶器供应合同的存在。同时，哈德良长城上发现的科尔切斯特大型搅拌钵（mortaria）和黑色抛光锅又暗示：

当年罗马军队从陶器生产中心订购的陶器中有很多是这两种烹饪锅。在某些情况下，这种贸易模式持续了几代，表明这种模式的关键因素是军队的购买力和合同观念，而非陶器生产人或陶器经销商的个人意愿。向军队供应陶器的一些生产中心也供应军队所需的其他商品，如原料、盐、铁等。供应给军队的容器类型反映了军队内部采用了某种标准化的餐饮流程。比如，使用大型搅拌钵来研磨和混合食物，普遍使用较深的烹饪锅来烹饪食物，每个人使用单个的器皿用于吃饭和喝水。这些器皿不仅烹饪食物，也代表了罗马士兵的身份。对于许多新兵来说，入伍就意味着要适应新的烹饪方式和饮食习惯，特别是在 1 世纪的时候。

我们已经探究过罗马士兵和他们的亲人朋友如何通过大量使用个人装饰品来突出他们的军队元素，这些装饰品包括戒指、胸针和其他珠宝。某些类型的扣针在罗马军队生活过的地区分布较多，也可被视为一种军队风格的装饰品。军队是各种人工制品的重要生产者，同时也是产品的重要消费者，所以当时有手工匠人为军队市场提供产品的现象也就不足为奇了。许多罗马－不列颠胸针跟所谓的喇叭形或龙纹形胸针一样，都是铁器时代的设计，金属加工工艺加工。流线形和曲线形图案上通常镶嵌珐琅，尤其是红色和蓝色的珐琅。罗马军队在欧洲西北部大量招募新兵，所以这些“凯尔特”风格的胸针在那里流行并不奇怪。

在一系列镶嵌珐琅的青铜合金器皿（碗和小平底锅）上罗马风格和高卢/不列颠风格的融合体现得尤为明显。很明显，既然这些器皿上的铭文里出现了哈德良长城西部一些堡垒的名字，军队就是这些“纪念”产品的目标市场，所以西北部极有可能有个生产中心（卡莱尔？）。拉奇杯和亚眠圆盘上画了哈德良长城及其锯齿状堡垒的抽象图画，但2003年斯塔福德郡伊拉姆出土了一件容器，上面画了更多东西，还有一条“凯尔特”风格的华丽彩色卷轴围绕着器身。容器上的铭文里有哈德良长城上四个堡垒的名字，还有一个人的名字，这个人可能是个士兵，这个容器就是为他而造的。在布鲁厄姆的伊顿谷也发现了相关的容器（曲线设计，但上面没有铭文），在约克郡北部的碧德蓝姆村（Beadlam）也有相关发现（只有一段铭文），在巴斯也有相关发现（设计跟拉奇杯和亚眠圆盘一样，但上面没有铭文）。这些容器的发现为我们研究罗马军队的士兵退伍后的活动提供了有用的指南。

一个人的身份还可以通过其他社会方式来表现，例如天黑后房屋的照明方式。地中海地区传统的照明方式是橄榄油灯，有证据表明这种灯和橄榄油在早期就出口到了罗马统治下的不列颠，伦敦和罗马军队曾生活过的地方这种灯比较多。到了2世纪，这种灯具不再出口到这里。不列颠敞开式灯具和烛台的设计表明，脂肪脂和蜡烛是适合长期使用的照明燃料，因为这更符合不列颠的自产自用。然而，罗马军队仍然是照明设备的重要消费者，也是入夜后在人工照明下保持正常生活方式的消费者。

宗教

现代宗教观倾向于强调在罗马不列颠时期综摄主义的重要性，即两个社会之间宗教习俗的相互融合。一种观点认为，对于“解释”（*interpretatio*）这一罗马概念，我们应该了解的是：“它们和外来神祇及宗教仪式的解读息息相关”（塔西佗语）。这句话的意思是，通常认为不列颠的神和罗马的神之间就像科基狄乌斯（Cocidius）与玛尔斯（Mars）一样是彼此匹配的——不列颠科基狄乌斯神和罗马战神玛尔斯都有很多尚武特征。罗马人和不列颠人也都认可神明之间名称彼此配对的观点。然而有证据表明，不列颠的罗马宗教习俗比双方认可的综摄主义模式要更为复杂，差异更大。以下三点可以说明情况：第一，军事因素主导，这甚至可能转变我们对“罗马—不列颠宗教”的认知。第二，“解释”模式不应该看作善意的整合，而是权力不对称运作中统治阶级的一种殖民行为。第三，命名和崇拜形式比“解释”模式更多。事实上，不列颠宗教铭文中，246 个“凯尔特”名称里有 169 个是单独的不列颠神名，有 12 个古典和非古典神名没有能与之相配对的，仅有 65 个（占比 26%）是神名能配对的。

不列颠所有刻着铭文的传统罗马式宗教祭坛，绝大多数出自罗马的军事基地。同样引人注目的是，在已命名的神中，与战争有关的比例比不列颠其他地区更大，包括从罗马主神、帝国君主崇拜、东方宗教崇拜以及其他外来的地方神灵，到本土神和本土化的不列颠神灵。军事区的神殿要么是典型的古典样式，要么是独特的军队样式（如堡垒中在司令部的神龛，带有基座）。总的来说，我们可以推测，基于献祭供奉、兑现誓言、惯例清洗、履行职责的行为，军队也是在一个传统习俗框架内运转。这种习俗千篇一律且充满迷信，旨在获得（或维持）神对作战单位和自己的支持。国家规定某些官方祭祀仪式在宗教日历上具有突出地位，尤其是对神王朱庇特的祭祀和帝国君主崇拜。许多宗教祭祀活动以完整作战部队为单位进行，活动与宗教日历上的特殊日子有关，或与一个作战分队（或其指挥官）有特别意义的崇拜行为有关。在玛丽波特（二十一）

和博多斯沃德（二十四）地区对神王朱庇特的大型祭祀活动则是以多个作战分队为单位进行的，说明这可能是官方的年度例行祭祀行为。同样，在科布里奇进行宗教雕塑组装和整合铭文也为观察这些官方宗教活动提供了有力的材料。还有一些更特别的铭文，譬如M. 卡埃希利乌斯·多拿提阿努斯（M. Caecilius Donatianus）在卡乌兰堡垒为致敬众神之母而用十行六步抑扬格创作的拉丁文诗歌。其他行省的士兵纷纷仿效这种形式的文字，其中还有两个出自利比亚沙漠。

个别士兵敏锐地发现祭拜当地神灵的必要性。在卡洛堡地区有很多人祭祀水泽女神科文提纳（Coventina），因为女神的泉水为驻军提供了饮用水。各个作战分队中军人的出身不同，这就彼此扩大了信仰神灵所管辖的范围。罗马军队的多神教倾向很强烈。百夫长M. 科塞乌斯·菲尔穆斯（M. Cocceius Firmus）恰好能够体现这一点，他在奥亨达维堡垒的4个祭坛上祭祀了总共11个不同的神灵：月亮女神狄安娜、太阳神阿波罗、不列颠的土地神、神王朱庇特、与皇室成员健康相关的维多利亚、战神玛尔斯、智慧女神密涅瓦、阅兵场上的守护神、大力神赫拉克勒斯、牧马女神艾波娜和胜利女神。用带铭文的宗教祭坛祭祀的高级别军官就跟墓碑一样比比皆是，而其他级别的士兵也纷纷模仿这种祭祀行为。弗鲁兹提乌斯（Fruzyntius）是比伦地区的一名步兵，通过祭祀“所有的神”来获得钱财，因为代表宗教行会（集体）或驻军的其他分部进行公共祭祀时可以减少自己的祭祀成本。这些祭祀者一般是军人，而非当地平民，但祭坛上的铭文并未说明这些人的身份地位，因此既有军人，无疑也有平民。妇女参与祭祀则表明通过刻撰铭文与神交流的行为并非士兵或男性所独有。

“解释”行为本质上是正名——为罗马境内的殖民主义和权力轮转正名。战争的胜利不仅意味着罗马敌人的败亡，更意味着罗马诸神对敌方守护神的征服。罗马宗教的包容才使其成为最终的胜利者，而“解释”行为更像是一种自顾自的阐述行为，而非与他人的交流。不列颠 65 个有名字配对的神中有 36 个与罗马战神玛尔斯有关。在前线军队中发现对战神的崇拜并不奇怪，且大多数是在祭祀战神科基狄乌斯、战神贝拉图卡德路斯（Belatucadrus）以及在哈德良长城附近发现的其他战神。事实上，对于究竟是什么人创建了神灵名称配对的研究已经表明，军人占主导，且多为军官或指挥官。如果在不列颠低地地区出现神名配对现象，那么个中必有特殊缘由。低级别军人很少纠结于准确的神名配对，只是单独使用不列颠（或高卢或日耳曼）的神名也并无不妥。卡洛堡地区有 14 篇铭文表达对水泽女神科文提纳的崇拜，其中两篇祭祀者是作战分队的指挥官，一篇是百夫长的副官（an optio），一篇是某位军官。另有 10 篇祭祀者似乎均是普通士兵。

更引人注目的是 50 多篇崇拜维特利斯（Veteres，另有 Vitiri，Hveteri 等不同拼写）的铭文，它们集中出现在北部边境地区，可能是用日耳曼语（如 Hveteri 的拼写所示）书写。大多数祭祀者是男性，有 2 个是士兵，另外有 3 个可能是女性。然而，祭祀者中 5 个人有 2 个拉丁名字，12 个人仅有 1 个拉丁名字，另外，有 13 个是英语名字（或可能是日耳曼语名字）。事实上，这些人可能是低级别的士兵及其家人，而非本地的不列颠人。这些铭文的出土几乎无一例外都在驻军聚落，如此便说明了军事基地存在低级别的宗教活动，而在远离军事堡垒的原住民聚落中却没有相似的祭坛和罗马式神龛。

在不列颠还有很多其他崇拜，这些崇拜似乎只在军队中才有。有些崇拜似乎还带来了特定的作战分队，如高卢的战神卡穆卢斯（Camulus）、战神佗塔特斯（Toutates）和牧马女神伊波娜（Epona）或日耳曼的战神辛克苏斯（Thincsus）和阿来西阿盖伊(Alaisiagae)。其他的则是对军人有着特殊吸引力的东方宗教，比如密特拉教。这种“神秘崇拜”基于一系列不同层次的入会仪式，有着严格的等级之分。这非常适合有着衔级意识的军人，也适合进行某种宗教活动的团体。事实上，所有显性证据都表明，不列颠的密特拉教起源于军事基地——即使伦敦的沃尔布鲁克密特拉教神殿似乎也与驻守的士兵有着密切的关联。对叙利亚神多利切努斯(Dolichenus）的诸多祭祀活动也与此类似。

军队不仅遵循罗马传统，具有统一的祭祀方式和使用人形神像礼拜神灵，而且还建立了新的神殿，在里面设置祭坛，安放神像。安特诺西迪库斯（Antenociticus）是一个不列颠小神，只在纽卡斯尔附近的本维尔地区为人所知。其带有后殿的小型神殿建造在堡垒外，这代表另一种对待宗教的方式。不太清楚当地居民对安特诺西迪库斯的崇拜程度，但可能接受程度并不高。在对待当地神灵的态度上，士兵们强行推广了他们自己的做法和要求。绝大多数神殿靠近堡垒和驻军聚落，这表明，让驻军获得便利更重要，而非翻新已有的当地神殿。因此本土居民和外来军队在最初阶段能够宗教融合很值得怀疑，而且文字记载实质上也仅仅强调了军队活动。

军队的宗教信仰最引人注目的一点是多神交织混杂，传统宗教和众多其他崇拜混合，共同构成一个文明的、人神同形的总体框架。小型神庙和神殿四处林立是驻军聚落和堡垒的一大特征，为的是供奉众多的神灵，祭祀行动通常表现在刻撰献词或修建神灵的浮雕等方面。文多兰达堡垒一个大规模发掘的遗址提供了极佳的神祇种类以及祭祀者身份多样性的例证（如表5所示）。集体祭祀主要对象是传统的军队神祇，譬如神王朱庇特和战神玛尔斯。指挥官必然对安抚当地神灵［军队所驻地区的地方神（*genius praetorii*）］很上心。当地人崇拜的神，也吸引着罗马指挥官们，战神科基狄乌斯便是其中一例，但是他们似乎对低级别的当地神灵更有兴趣。而文多兰达驻军地区居民（*vicani Vindolandesses*）的祭祀意义非凡，因为这是对罗马帝国的拥护和对罗马匠神伏尔坎的信奉。相比之下，诸如特克托韦底部落的教派（*curia Textoverdorum*）祭祀当地的女神是该地少数的宗教活动证据之一。在文多兰达，祭祀活动也许在军事监控下进行，或者可能是在一个并不固定的乡村神庙进行。前者的可能性应该更大。很多对维特利斯（该名称拼写有差异）的祭祀也很有意思。如前所说，虽然对祭祀通常是以作战分队为单位进行，缺乏一些具体细节，但并不妨碍鉴别出祭祀者中多数人是低级别士兵。事实上，在不列颠北部的军事基地中，祭祀维特利斯的显著证据恰好证明了这一点，维特利斯似乎对普通士兵特别有吸引力。

表5　文多兰达的宗教祭祀

祭祀对象	祭祀者	RIB编号或来源
朱庇特、地方神，以及军队神祇	佩特罗尼乌斯·厄比克斯，第四加洛朗军团指挥官	1686
朱庇特和军队神祇		*Brit* 24：366－367
朱庇特和守护神	卡埃希利乌斯·多拿提阿努斯和第四加洛朗军团	1687
朱庇特	普登斯，第四加洛朗军团指挥官	1688

（续表）

朱庇特		1689—1690
玛尔斯·维克托	提图斯·卡尼尼乌斯（指挥官）和内维里第三军团	1691
罗马命运之神	尤利乌斯·雷提库斯，第六弗拉维亚百夫长	1684
军队神祇	皮图纽斯·塞坤杜斯，第四加洛朗军团指挥官	1685
墨丘利	—	1693
涅普顿		1694
西尔瓦努斯	奥勒留·莫德斯特乌斯，免军役行政官员和奥古斯塔第二军团士兵	1696
圣所，帝国守护神和伏尔坎	文多兰达驻军地区居民	1700
马特瑞斯	—	1701
马古萨诺	—	*VindResRep* 2003，59
萨塔达 *	特克托韦底部落的教派	1695
科基狄乌斯	卡雷利乌斯·维克多，内维里第三军团指挥官	1683
摩贡和地方神	卢普卢斯	*Brit* 4：329
摩贡	—	*Brit* 2：291
马特瑞斯和帝国守护神		1692
马特瑞斯		*Brit* 1：309
维特利斯	—	1697—1698
维特利斯	瑟纳库斯	1699
维特利斯	朗基努斯	*Brit* 4：329
维特利斯	塞尼利斯	*Brit* 4：329
维特利斯		*Brit* 6：285
维特利斯		*Brit* 6：285
维特利斯	—	*Brit* 8：432
维特利斯		*Brit* 24：368
维特鲁姆	—	*Brit* 10：346
维特利斯	—	*Brit* 24：369

* 号代表来自贝廷汉姆的文本，其位于文多兰达东南方约 3 公里的地方。

饮食和消费

军人餐单管理有序，与不列颠大多平民群体的饮食区别开来。基于文学作品的描述，人们过去常常认为所谓的军人餐单就是以谷物为基础，很少涉及肉类食品的饮食习惯，这种饮食或许对野战更有效。根据文多兰达堡垒出土的文献记载，再结合考古证据所显示的信息，人们发现了比此前推测的食谱更加多样化的饮食清单，肉类实际消耗也要大得多。谷物供应看来是文多兰达堡垒文献的主要关注点，同时小麦、大麦和一种用于制造麦芽/酿造的谷物也多有记载。谷物用于制作不同形式的面包、粗面粉、粥、意大利面和稀粥，这些都是军队饮食的关键主食。

大麦可能既用于酿造啤酒，也作为马匹和骡子的饲料。从文多兰达堡垒文献中我们可以看到，肉类食物也多出现在军人的菜单上，各种各样的动物被以不同形式烹饪食用：猪肉、猪排、培根、火腿、乳猪、猪蹄、猪膘肉、猪油、山羊、狍、鹿肉、鸡、鹅。奇怪的是，虽然军营到处都能看到牛骨和羊骨，但是文多兰达堡垒文献中没有明确提及牛肉和羊肉。此外，记录还提及鱼、鱼露、牡蛎、鸡蛋、黄油、豆类、扁豆、独活草、萝卜、苹果、李子、蜂蜜、橄榄油、橄榄、胡椒、香料、盐、葡萄酒和啤酒等。然而，以上记录中提到的多项肉类食物似乎表明士兵是专门购买肉类的，可能只是为了补充常规饮食或是为特殊场合和献祭做准备。

根据在军营发现的各种动物骨头残骸可以看出，牛骨和猪骨要多于绵羊/山羊骨。军团要塞所发现的猪骨一般比辅助堡垒更多（前者数量大约占总数的20%），这反映出前者的地位更高。与多数乡村居民点、城镇以及乡村住宅区相比，军队基地的骨头残骸数量更多，一般在乡村居民点发现的绵羊/山羊骨头占该地区所发现骨头总量的30%—40%，而城镇和乡村的该项比例也有所不同。几乎一半的军事场所都存在70%以上的牛骨。在一些辅助堡垒，猪、牛的消耗数量与绵羊/山羊的消耗数量比例要略低于高卢和日耳曼的军事场所，造成这种差异的原因可能是不列颠本地居民在被征服前的饮食主要以绵羊、山羊为主。不列颠的军队不得不从现有的生产基地中提取部分物资。来自驻军聚落的材料反映了军营里的各类骨头构成，这与民用区小城镇的饮食习惯区别开来。在军营中发现的野生物种中鹿占主导地位，野兔也很常见。另外，我们注意到了文多兰达堡垒文献中有组织狩猎的记载。

植物遗骸在考古记录中的保存较少，但却为文学证据提供了补充素材。在贝尔斯登（Bearsden）发现的种子经分析鉴定得出其中包括小麦、大麦、豆类、无花果、莳萝、芫荽、罂粟、榛子、覆盆子、野草莓、黑莓、越橘和芹菜等。大多数谷物可能是通过征税或从相对靠近当地的供应渠道购得，但同时也有奥尔切斯特、伦敦、卡利恩和南希尔兹等方面的证据显示其是从欧洲大陆进口来的。

用于运输葡萄酒、橄榄油、鱼酱和一系列其他（主要是液体）商品的双耳细颈瓶是军事场所常见物品。此外，桶在北部行省经常使用，但很少像文多兰达堡垒文献中提到的那样大量保存。通常人们都是用它们来搬运腌肉和啤酒。以上这些商品的定期大规模流动也进一步使1—2世纪的军事社区与当时的民用市场区别开来。例如，从西班牙南部进口橄榄油和从高卢进口葡萄酒可以通过跨越行省的军事合同实现。尽管一些民间贸易可能也会受到此类合同的支持，但民用中心和军事用地之间商品的总体分布仍然不同。军事供应系统最终旨在为军队提供多样化和持续性的饮食支持。虽然在不列颠服役的许多士兵来自温带欧洲，但却有地中海风格（使用橄榄油、鱼酱和葡萄酒)。也就是说，这里并不能排除区域偏好；显然，文多兰达堡垒文献中提到的巴塔维亚族队列消耗了大量现酿造的啤酒。

古代军事身份的偏差

本章提供不列颠军装和军人身份连贯性的证据，重点关注了罗马统治的最初几个世纪，但必须强调的是，随着时间的推移和军事身份内部的变化，这些也在发生改变。到了公元 4 世纪，士兵们似乎不再偏好建造大型纪念碑铭文，而军事区也因此变得不再那么显眼。然而，即使在早些时候，军人们的行为也会有所差异，这一方面是因为士兵的出生、背景各不相同，另一方面是因为在 2—3 世纪，从不列颠本土出生的个体中招募的新兵数量稳步增加。值得强调的是，当地招募迅速取代在其他行省进行的外部征兵，这一常用的假设（例如在公元 2 世纪的非洲就很明显）可能会夸大不列颠转型的速度和深度。一方面，不列颠的驻军规模非常大（可能是非洲的 4 倍)，而且殖民地和军团的数量相对较少（约占非洲数量的 1/6)。不列颠军团和辅助人员的书面记录对当地士兵招募少有提及，但为海外士兵招募提供了更多证据。

其他身份标签也有迹可循，要么强调种族，要么坚持外来的日耳曼崇拜或独特的饮食、烹饪习惯。然而，尽管其队伍和单位存在等级差异和多样性，但罗马军队确实生成了很强的社区意识，与其密切相关的平民群体也一样具备了军人的文化特征。最初构成驻军聚落人口的相当大一部分人可能以前是士兵、外国人或外来人员，后来驻扎到了这一地区。

假设这些聚落中的不列颠本土元素随着时间的推移增加了，人们会认为，自己在这个过程中也被同化，融为军事区的一部分，并且呈现出高度一致的身份认同感。鲜有证据能证明这种军队文化从驻军地区传到了不列颠北部和西部更广泛的乡村社区。记录中有一些女性是土生土长的不列颠人，如南希尔兹的卡图维劳尼人雷吉娜（Catuvellaunian Regina），伊尔克利一位不知名的科尔诺维女性，以及艾克兴乌斯（Excingus）的多布尼妻子维尔坎达·鲁菲利亚（Verecunda Rufilia），可能是在坦坡伯勒的驻军。这些妇女都不是最终自己去世的堡垒所在地的原住民。

从某种层面来说，驻军聚落的文化多样性可能只是表明士兵与平民、军官和士兵、军团之间、骑兵和辅助步兵之间的地位差异，民族和所属军队的地位有时也可能是重要因素。即使辅助单位的招募群体与单位名称所包含的种族意义无关，单个单位的团队历史和传统仍然很重要。因此，先后驻扎在单个堡垒的多支部队也可能留下并不相同的痕迹。

在公元 3 世纪，我们仍然可以在不列颠找到具有强烈民族特色的地点。日耳曼军队在豪斯特兹堡垒的足迹不仅仅可以通过厄迪费底村和弗里斯族辅助步兵队的铭文看出来，也可以通过日耳曼神灵［战神辛尼克乌斯（Thincsus）和两位阿拉斯阿奇（Alaisiagae）神——贝达（Beda）和费米勒那（Fimmilena）以及他们的随从、治愈和祝福女神宝迪希利亚（Baudihillia）和伏厄戈比思（Friagabis）］以及日耳曼特定的身份表达来体现，还可以通过现场发现的弗里斯陶器来揭示。然而，从根本上说，在豪斯特兹堡垒的日耳曼驻军代表了军事身份的一种变体，但变化又不大。已经提到了通过军团（*VI* 和 *XX*）的非洲特遣队和 2 世纪中期的辅助部队的陶瓷特征进行识别。虽然在某些方面可以明显看到这些士兵在其服役期间很好地融入了军事社区，但这些人很可能在他们的家庭生活中仍然会长期感受到某种不同。

这是一个惊人的例子，就是对布鲁厄姆的伊顿谷中的罗马军事公墓的发掘。这个墓地于公元 200 年建造，使用了大约一个世纪后被废弃。共挖掘了大约 200 个火化墓葬，有证据表明灰烬四处散落，沉积在坟墓中，只包括一小部分火堆残迹，有一小部分里面根本没有人类残骸。在墓地所在的时期火葬显得有点不寻常，但对军队而言并无多大差异。从该遗址中可以看到 25 个铭刻墓碑的碎片，还有另外 4 个浮雕墓碑碎片。虽然并没有明确说明是否发现士兵，但是在一些火堆残迹中找出了包括武器碎片和其他特殊军事类型的碎片，一些浮雕墓碑的碎片看起来像是军队用品。其中有 3 个人年龄在 70 岁以上，有几个人是死者的妻子或孩子。被纪念者有凯尔特（10）、拉丁（3）或日耳曼（2）名字。之前的命名法解释了大部分“凯尔特人”的名字可能都是当地的不列颠人。然而，对墓葬仪式和墓葬物品的分析表明，整个墓地的大陆特征更为明显。有几种吊坠在不列颠是迄今为止最特别的类型，似乎与中欧的多瑙河地区有关。许多火葬场似乎发现了为死者陪葬的马群，在不列颠也没有发现其他相同的墓地，但可能在大陆和日耳曼地区有相似情况。还有其他发现与日耳曼和多瑙河地区有特定的联系，包括一些不寻常的玻璃珠。总的来说，葬礼仪式以及这些发现明确表明了一个与跨多瑙河或日耳曼地区有着强烈种族联系的群体，也有明显标志强调需要遵守军事社区的规范。如果在 3 世纪这个驻军社区的居民中有来自该地区的本土不列颠人，他们很难通过物质方面的发现来识别。与士兵有关的妇女和儿童都具备他们的许多文化特点。总而言之，无论是在与其他地区士兵的共同点上，还是在一个军事岗位上有很多不寻常的文化特征上，这似乎是代表驻军潜在复杂性的一个完美例子。同时，布鲁厄姆墓地也预示着后来帝国的重要发展方向，即罗马军队的日耳曼化。

第八章

不列颠的破坏：衰亡与陷落？

衰落是对罗马不列颠晚期历史占据主流的认知，这点被吉尔达斯（Gildas）等后罗马视角的英国作家放大。他在可能著于6世纪早期的作品中写道：

> 罗马人因而告知不列颠，他们不能再继续频繁、大规模、耗费过多精力地远征；罗马帝国权力的象征，那伟大而光荣的军队也不能被那畏首畏尾、行踪不定的强盗消耗了海洋、陆上的精力。因此，他们呼吁不列颠人自力更生，习惯拿起武器……
>
> ——《论不列颠的毁灭》（*De Excidio Britanniae*）

衰亡与陷落的主题同样也存在于罗马晚期作品中。西罗马帝国陷入混乱时不列颠被整体放弃这种观点，在现代对罗马晚期和罗马统治下不列颠的认知产生了深远影响。究其根源，是罗马帝国军队效率降低、精锐部队不断抽调支援罗马帝国其余地区的共同结果，使得不列颠行省战火频发且维护成本不断上升。当然这有一种将衰落主题的文学描绘当成史实的风险。我们需要仔细审视罗马帝国晚期变化的证据，试着寻找其根源及影响，在困顿的外表下寻找到坚实的证据。对罗马帝国 3 世纪早期到 5 世纪早期之间政治变化的基础性了解，对于理解本观点十分必要。

3 世纪中叶，在严重的内外战争、地方篡权和政治中心暗杀事件的共同作用下，不列颠行省开始出现破裂。尽管罗马帝国维持住了稳定，但“三世纪危机”影响深刻。公元 235—284 年，超过 20 名被官方认可的君主及数不胜数的摄政王、篡位者无法得以善终。朝不保夕的君主及篡位者共同召集军队，打击“蛮族”及波斯人的袭击，并驱逐反对者。例如，公元 255—260 年，不列颠军团中的骑兵部队就驻扎在日耳曼尼亚和潘诺尼亚行省。许多其他部队和特遣队有可能因为欧洲大陆上的长期战争而被调走，其中一些部队可能就没有再次返回。

公元 235—255 年，共有 10 名受官方认可的君主。当罗马帝国皇帝瓦勒良（Valerian）和其子加列奴（Gallienus）分治罗马东西两部分时，情况有所好转。但公元 260 年出现新的低谷，瓦勒良为波斯国王沙普尔一世所击败并被俘虏（随后在俘虏期间病逝），一支朱通（Iuthungi）军队入侵意大利。为了争夺从这支撤退的军队手中夺回的战利品，莱茵河下游的军队统帅马库斯·波斯图穆斯（Marcus Postumus）反对加列奴。波斯图穆斯没有出兵攻打加列奴，而是迅速在西罗马帝国外创建了一个帝国行政体系与法庭的复制品。这个高卢帝国包括高卢、日耳曼、雷蒂亚、不列颠和西班牙的行省，事实上在罗马帝国边境形成了一个独立的小国。高卢帝国存在了 14 年，给西北行省带来了某种程度上的稳定。公元 269 年，波斯图穆斯被暗杀，高卢帝国涌现出一批在位时间短暂的皇帝。只有两枚钱币（其中一枚来自牛津郡）记录了图密善乌斯

（Domotianus）极其短暂的政权。随后，奥勒留（Aurelian）在公元274年再次统一了这个分裂出去的小国。

法兰克人（Franci）、朱通人、阿勒曼尼人（Alammani）和其他莱茵河、多瑙河流域的蛮族造成与实际人数不成比例的巨大影响。总体来说，这些强盗向罗马军队灌输了恐惧感，并引起了前所未有的信心危机。为回应真实存在或想象出来的“蛮族”威胁，罗马帝国首都北迁至米兰。3世纪末期则出现了更多的帝国首都，每一个首都都十分靠近一个或多个主要军团驻地。

3世纪中叶时的政治不稳定使得行省管理出现了许多临时变化。毫不意外，帝国对潜在反对者的疑虑达到了前所未有的高度，同时，有越来越多行省总督和军队长官来自罗马骑兵团。这预示着古罗马社会中职业士兵地位的进一步提升。公元3世纪（及之后）的许多皇帝出身相对低微，有军队服役背景，而非来自传统贵族所偏好的参议院。罗马在3世纪大部分的皇帝来自巴尔干地区，早前许多罗马皇帝的故乡都在地中海地区的核心行省。

3世纪晚期及4世纪早期，在一系列强大君主的引导下，罗马帝国的行政及军事架构出现了重大改革。公元284年上任的戴克里先用几年时间开发出了一个新的分权体系，希望用其终结帝国继位的混乱状况。他首先任命了一位奥古斯都——马克西米安作为副皇帝，并将整个帝国分为东西两部分，当然，他本人在联合统治中地位更高。接着，两人各自指定一位副恺撒——事实上的潜在继承人。这个被称为四帝共治的体系给一代人带来了稳定，但随后西罗马帝国在一位反对者的军队干预下分崩离析。这位新皇帝是君士坦丁大帝，他于公元306年在不列颠登位。

四帝和君士坦丁都推行了一系列的改革，后来的改革以前者为基础。我们应该认为，这些改革从根本上是为重塑罗马帝国稳定做出的努力，而非为打造一个全新的“罗马”。特别是，许多行省进一步分裂，数量比行省长官人数多一倍。当时，这些行省被重新分组，分组后由主事（*vicarii*）这样的行政区高级管理人员管辖。行政区按组归属于一系列地方禁卫军长官。不列颠行政区（见图 9）于公元 312 年成立，包括 4 个行省，分别为马克西米安恺撒里恩西斯（*Maxima Caesariensis*），弗拉维恺撒里恩西斯（*Flavia Caesariensis*），第一不列颠尼亚（*Britannia Prima*）和第二不列颠尼亚（*Britannia Secunda*）。这些行政区最终由高卢大行政区禁卫军长官全权管辖。新政治架构的主要影响之一是增强了不列颠和大陆的连接，禁卫军长官（有时是西罗马帝国皇帝）位于特里耶（Trier），有一个大本营。

行省的总督（*consulares* 或 *praesides*）当时几乎没有可调配的军队，因为军队被移交到了不同的军队指挥官（*duces* 和 *comites*）手中。这些指挥官受新骑兵和步兵（magaister eqitum 和 magister peditum）高级指挥官管辖。3 世纪的事件使得边境部队和护卫皇帝的新式部队之间出现差异。4 世纪早期，薪酬、生活条件和职责的不同清晰界定了陆军部队（*comitatenses*）和边境部队。下文军事组织部分将详细阐述这些变化。

4 世纪早期的基本架构似乎一直持续到不列颠行政区终结。不列颠各行省位置及对应省会不能确定，虽然马克西米安恺撒里恩西斯有极大可能位于英格兰东南部，伦敦为其省会（见图 9）。第一不列颠尼亚似乎位于英格兰西部，塞伦赛斯特或格洛斯特为其省会。东部中原可能是弗拉维恺撒里恩西斯的中心，林肯是其省会。这样，第二不列颠尼亚便应该在不列颠北部，以约克为中心。4 世

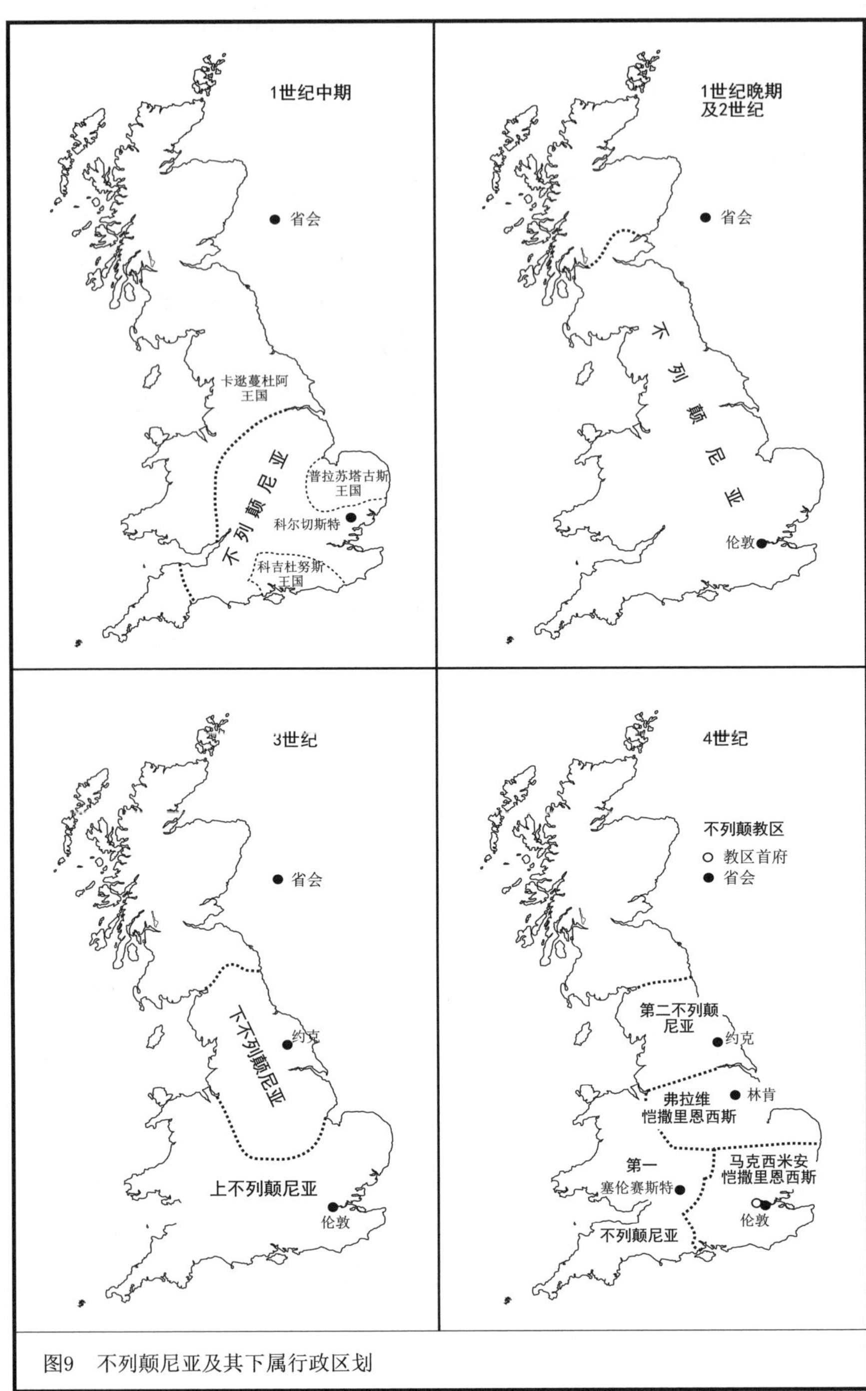

图9　不列颠尼亚及其下属行政区划

纪晚期可能还出现过第五个省，但尚不明确。但公元 368 年，狄奥多西（Count Theodosius）收复该行省，并将其重新命名为瓦伦提亚时该行省应该早已存在。它可能是马克西米安恺撒里恩西斯或其他 4 个行省之一，不过更换了名字。目前，这些问题难以解决，也是我们对罗马不列颠晚期了解有限的一个例证。

4 世纪另一个重要的新情况是基督教的逐渐崛起。在四帝共治时期，基督教受到严重压迫。但加莱利乌斯（Galerius）及君士坦丁（Constantine）分别在公元 311 年及公元 313 年认可基督教为合法宗教；君士坦丁晚年时还成为第一位信仰基督教的皇帝。除了 4 世纪时几次异教“复兴”之外，4 世纪 90 年代狄奥多西一世宣布所有异教信仰不合法，罗马帝国的基督教化彻底完成。

4 世纪第三个增强的趋势是西罗马帝国不断的“日耳曼化”。这是日耳曼人群迁居边境及在帝国军队中人数比重不断增加的结果。尽管日耳曼人适应了军队的某些方面，但这一群体的人口比重及文化差异对罗马社会整体，特别是军队群体带来了深刻影响。当狄奥多西一世（Theodosius I）于 395 年去世时，这些变化的后果变得更加突出。尽管狄奥多西一世之子霍诺里乌斯（Honorius）名义上是西罗马帝国在公元 395—423 年的皇帝，但大权实际掌握在军队手中，其中以弗拉维斯・斯提利科（Flavius Stilicho）最为有名。具有汪达尔血统（Vandal descent）的斯提利科是西罗马帝国的事实统治者，并在其统领的罗马军队中越来越多地运用蛮族同盟军（fedrates）。日耳曼人被收编后身份分成两类：一是为了满足常规军队在某些地区定居的军户（*laeti*），二是单纯由于兵力需求增加被成批招募的同盟军。日耳曼人大规模流入罗马帝国也是减轻边境地区压力的一种方式，鉴于来自东边的匈人迫使他人向西或南迁徙。

加之外部攻击及内战的影响，此类日耳曼人群对欧洲大陆行省社会影响十分重大。某种程度上，不列颠与这些影响最大的地方隔绝，但不能完全免于这些影响。

公元 3—4 世纪时对战争（及在不列颠发生的事件）的记载与 2 世纪相比更加支离破碎（见表 6）。因为早先尽管有偶发的抢掠及少量沿海强盗到来，不列颠行政区经受的重大威胁似乎相对较少。某些更为严重的军事冲突可能是继位或内战导致的，例如西部的恺撒君士坦提乌斯·克罗尔（Constantius Chlorus）于公元 296 年夺回不列颠的战役。

卡劳修斯与阿勒克图斯的事迹表明了罗马不列颠后期的一个重要功能——不列颠是帝国权力篡夺者休养生息之地。卡劳修斯是来自如今比利时境内的美那匹亚人，在马克西米安第一场高卢战役中脱颖而出。战功加上之前做水手的经历，他在公元 286 年被授予特殊指挥官职位，以整合舰队扫荡英吉利海峡两岸的日耳曼海盗。卡劳修斯似乎非常成功，但有证据显示缴获的战利品被他私吞了，而非以合适的方式归还行省或者国库。当他得知马克西米安下令处决他时，卡劳修斯“反叛帝国并占领了不列颠”。很明确的是，在一段时间内卡劳修斯同时控制了高卢北部和其海峡港口，同时从至少有 9 个军团所使用的钱币图案来看，可以说明他控制着隶属于不列颠、日耳曼、梅西亚和意大利的军队。他的军队规模可能不足以实现伟业，但已足够控制一块较大的领地。

表 6 235—409 年在不列颠发生的战争、内战和起义

时间	君主（篡权者）	事件	出处
235—3 世纪 80 年代		罗马帝国 3 世纪危机——内战频繁	
260—274 年	波斯图穆斯及其后继者	3 世纪中叶，不列颠部分地区变成高卢管理	*RIB* 2260
276—282 年	普罗布斯（不确定）	普罗布斯击败高卢和不列颠内试图篡位的尝试	HA *Probus* 18.5；Zosimus 1.66.2
286 年	马克西米安	卡劳修斯被任命为防御沿海强盗的指挥官（法兰西人、萨克森人、皮克特人和苏格兰人）	奥勒留 · 维克托 39；欧特罗皮乌斯 9.21；《君士坦提乌斯恺撒颂歌》11—12
286—296 年	马克西米安，君士坦提乌斯	（卡劳修斯和阿利克图斯）卡劳修斯将不列颠和高卢北部从帝国分裂出去。293 年收复布伦，君士坦提乌斯于 296 年发动海军、陆军，登陆并重新夺回不列颠	奥勒留 · 恺撒，*de Caes* 39.20 - 21；《君士坦提乌斯恺撒颂歌》11—20
305—306 年	君士坦提乌斯一世	君士坦提乌斯在不列颠北部与皮克特人及加勒多尼亚人交战	Aurelius Victor 40；欧特罗皮乌斯（Eutropius）10.1—2
306—312 年	君士坦丁（马克森提）	父皇君士坦提乌斯驾崩后（306 年），君士坦丁在不列颠称帝，为与马克森提争夺西罗马帝国，带走不列颠精兵良将（312 年）。在 314 年前一段时间，不列颠被划分成 4 个省	Zosimus 2.15.1
312—314 年	君士坦丁一世	君士坦丁可能与不列颠某股敌对势力作战	Eusebius, *de Vita Constantini* 1.8, 25

（续表）

342—343 年	君士坦斯	君士坦斯冬季到访不列颠——阿米安认为与北部边境的边防兵有关	Julius Firmicus Maternus, *de errore profanarum religionum* 28.6; 阿米安 28.3.8
350—353 年	君士坦斯（马格嫩提乌斯）	在不列颠的支持下，马格嫩提乌斯在高卢发动起义。主力部队在不列颠境内血洗报复	阿米安 14.5
360 年	朱利安	不列颠被皮克特人、苏格兰人、萨克森人和阿特考替人掳掠	阿米安 20.1，26.4
367—368 年	瓦伦提尼安	蛮族阴谋——萨克森海岸和不列颠统领受伏击。后狄奥西斯通过陆军 / 海军作战收复不列颠南部和北部	阿米安 27.8，28.3
382 年或者383 年	格拉提安	马格努斯·马克西姆斯击败皮克特人和苏格兰人	452 大事记
383—388 年	格拉提安（马格努斯·马克西姆斯）	不列颠指挥官为首反抗格拉提安，初得胜，后在意大利被击败	吉尔达斯，《论不列颠的破坏》14—15； Zosimus 4.35—7； Orosius 7.35
396—398 年	荷诺里	斯提利科（其部下）打击皮克特人和苏格兰人	克劳狄奥·斯提利科（Claudian Stilicho）2.247—55； 欧特罗皮乌斯 1.391—3
406—407 年	荷诺里（马库斯、格拉提安、君士坦丁III）	接连 3 个篡位者带走了不列颠军队，以争夺大陆领土	Orosius 7.40； Zosimus 6.2
408—409 年	荷诺里	不列颠受到萨克森猛烈攻击，但缺乏威武之师以自我防御	Zosimus 6.5.2—3

开始镇压卡劳修斯的尝试并不成功，并不只是因为他控制了海域。虽然初期试图穿越不列颠海峡均以失败告终，但是到了公元 290 年，马克西米安差不多已收复大部分欧洲大陆的领土。卡劳修斯与在位的统治者达成妥协，发行了印有自己、戴克里先和马克西米安头像的钱币，头像上印有“卡劳修斯与皇帝兄弟们”（*Carausius et fratres sui*）的铭文。很明显，由于其他更紧急的军情，他们之间曾签署过某个暂时的休战协议。但公元 293 年，马克西米安将君士坦提乌斯派往卡劳修斯位于高卢的前哨布伦，随后攻打不列颠本土。布伦陷落时，卡劳修斯已被部下阿利克图斯（可能是其禁卫军长官）暗杀，后者篡夺了他的位置。公元 296 年，在经过长期准备后，罗马帝国进入不列颠南部。阿利克图斯变成了这次入侵的主要目标。由阿斯克列庇欧多图斯（Asclepiodotus）指挥的罗马舰队成功在索伦特海峡绕开了叛军部队并击溃阿利克图斯部队。阿利克图斯在一场决战中被杀死。出于意外或者是某种精心设计，部分舰队及时抵达伦敦，防止其被叛军残余部队洗劫。

就卡劳修斯崛起与衰落来说，我们关于罗马的资料是不可靠的——相当多材料是对君士坦提乌斯和马克西米安长篇累牍的赞美。就像俗话说的，历史总是由成功者写就的，对于失败者是不利的。从这个角度来看，卡劳修斯和阿利克图斯不仅仅只是“海盗”，他们的军队也不仅是一支“溃败的海盗军队”。考古学和这一时期的钱币证据显示，卡劳修斯的政绩不止于此。他明显希望能够被罗马帝国的奥古斯都平等看待，能够像本土的皇帝一样执政。将其占据的领土重新纳入西罗马帝国时间之长表明了卡劳修斯的军事实力。他和阿尔拜努斯（Clodius Albinus）及高卢皇帝有非常相似的地方，在罗马皇帝塞维鲁和奥勒留（Aurelian）做好行动准备前控制着情况差不多的地域。一些学者假设，为攻击南部阿利克图斯，驻军被大规模调走，导致公元296年哈德良长城沿线受到严重袭击，但是相关的证据比较间接且可信度并不高。在不列颠被罗马帝国收复后，四帝共治时期城墙堡垒出现了重建的痕迹。但这是出于建筑损毁重建的需要，而非敌对行为被破坏的原因。

公元305年，君士坦提乌斯带着军队返回，与北部不列颠人（现被称作皮克特人）对抗。就像先前的塞维鲁一样，有迹象显示他深入北部领土，但没有实现什么巨大的胜利。公元306年7月他在约克去世时，他与塞维鲁的相似程度更进一层。君士坦提乌斯之子君士坦丁被军队拥为奥古斯都，在一众奥古斯都、恺撒和篡位者之间进行长期而剧烈的战斗，谋取最高权力。君士坦丁出现在不列颠绝不是偶然的。公元305年，戴克里先和马克西米安同时宣布自己不再担任帝王职位，他们的副手君士坦提乌斯（Constantius）和伽列里乌斯（Galerius）由恺撒升至最高共治者。但公元305年5月，当宣布新恺撒人选时，马克西米安之子马克森提乌斯（Maxentius）与君士坦提乌斯败给了支持伽列里乌斯的那些人。君士坦丁当时与伽列里乌斯一起在尼科米底亚（Nicomedia），他克服了相当大的困难才获得准许，按其父要求一起远征不列颠。

伽列里乌斯通过将君士坦丁任命为西罗马帝国奥古斯都这一方式，接受君士坦丁被拥护为皇帝的既成事实，马克西米安之子马克森提乌斯则自己发动了起义。加之四帝共治时期各方面多年相互角力，混乱随之而来。君士坦丁抵达权力顶峰的复杂过程及四帝共治分权尝试的终结与我们的主题无关。公元312年，君士坦丁成为西罗马帝国公认的最高权力［公元313年，李锡尼（Licinius）在东罗马帝国战胜马克西米安，进一步巩固了这一地位］。公元317

年，君士坦丁在两个仅存的奥古斯都中占有统治地位，在其单独统治下罗马帝国在公元 324 年完成重新统一。尽管君士坦丁的帝国统治从不列颠起步，并以特里河为据点开始自己的恺撒生涯，但从公元 313 年开始，他的兴趣开始逐渐向东方，即向巴尔干地区及其东部转移。公元 324 年他创建了新首都君士坦丁堡，这一举措意义深远。不列颠尼亚没有完全消失，因为在公元 307—314 年有一次乃至多次远征的痕迹，同时君士坦丁在公元 315—318 年接受了不列颠最伟大的胜利者（*Britannicus Maximus*）头衔。这意味着其间存在一场胜利，但到底是对抗篡位者还是皮克特人获得的胜利尚不确定。

君士坦丁的儿子之一，君士坦斯（Constans）皇帝明显在公元 342—343 年冬季中出访过不列颠，但是具体情况不明。罗马史学家阿米安·马塞林乌斯（Ammianus Marcellinus）认为该行程与边防军有关，即与驻扎在哈德良长城北部的边境军队（*the areani*）有关。考虑到所处时期，可能是南部出现了一个潜在的篡位者。

公元 350 年，君士坦斯遭暗杀，马格嫩提乌斯（Magnentius）篡夺了他的位置。东罗马皇帝君士坦提乌斯二世在公元 353 年大败马格嫩提乌斯之后，对马格嫩提乌斯的不列颠支持者实施了多次报复行为。一个西班牙裔皇族特使鲍罗斯（Paulus）被派到不列颠，拘押某些军队成员，但范围很快扩大到平民。由于凭空捏造的指控，加之绝望的总督（*vicarius*）试图尝试谋杀鲍罗斯、随后自杀这一事件不断发酵，当时明显出现了“大规模的谋杀与破坏”。当时，作为一个军事行政区，不列颠已经混乱至此，其军队和财产可能会被挪用并且支持篡位者，与正统皇权进行对抗。

在 4 世纪 60 年代早期，众多外族人在海岸边的掳掠活动使得沿海环境不断恶化，进而导致了一场严重的军事危机，也就是公元 367 年出现的蛮族阴谋（Barbarian Conspiracy）。阿米安对此详细记述有些不寻常，之所以如此，毫无疑问是因为被派去解决这一问题的将军是狄奥多西，狄奥多西一世的父亲。后者恰好是阿米安著书时的罗马皇帝。这一事实应使我们警惕，可能阿米安严重夸大了进攻的严重程度。当时，沿海掳掠的确不断增多，来自荷兰北海海岸的萨克森人（Saxones）、苏格兰的皮克特人、爱尔兰的阿提奥尼人和苏格兰人都发起了攻击。我们知道，在公元 360 年，由于皮克特人和苏格兰人的袭击，朱利安（Julian）不得不在冬天——这时间通常意味着紧急情况——调遣大将卢皮奇努斯（Lupicinus）前往不列颠。公元 367 年战争与前次不同的原因是，这些数量众多、地域间隔甚远的民族似乎协同合作，对不列颠行政区展开了精心策划的袭击。有证据表明，来自北部军团的罗马边防军（*areani*）出现了背叛行为，可能向其中一方泄露了罗马军队部署相对薄弱的部分，又向另一方提供了并不准确的情报。来自爱尔兰、苏格兰和北海海岸的不同军队沟通联络的具体方式并不明确，但他们最初取得的胜利令人震惊——杀死两位罗马高级将领中的一个，并成功埋伏袭击（可能成功杀掉）另外一个。第一个罗马将领是纳克塔迪乌斯（Nectaridus），他被称作“海岸区公爵”，因此可能就是萨克森海岸的公爵；第二个将领弗洛法德斯（Fullofaudes）也被称为公爵，因此可能是不列颠尼亚统领（*dux Britanniarum*）。军事力量明显遍布整个不列颠，直到哈德良长城的极南端；他们的破坏行动包括掠夺、纵火和谋杀。

西罗马皇帝瓦伦提尼安一世在公元 367 年夏季正好在高卢北部，并朝着海峡群岛进发。他先派出了自己手下的指挥官（*comes demosticorum*）塞维鲁。但这员大将很快被召回，由时任骑士统领（*magister equitum*）的埃依维乌斯（Iovinus）取而代之。塞维鲁甚至可能没有抵达布伦，但当瓦伦提尼安一世在亚眠（Amiens）一病不起时——当时的情况使得埃依维乌斯这样的大将必须回归——他并不在附近。因此，公元 367 年战役末期，第三位候选人狄奥多西被派到不列颠。尽管没有明确说明，但他当时可能有着军队指挥官（*comes rei militaris*）的头衔。狄奥多西从布伦前往里奇伯格，只带了 4 队护卫，在伦敦附近遇到了掠夺的军队。从这些强盗手中获得一些战利品后，他进入伦敦城，在那里度过了冬天。他利用冬季这几个月，召回危机期间擅离职守的士兵，因而手上可支配的兵力增加了。只随身带着 2 000 人的军队这一事实显示出这一任命的不确定性。当时，敌人仍逍遥猖獗，于公元 368 年分别在海上与陆上采取了进一步军事行动。一位新统领达尔西提乌（Dulcitius）上任，这代表着对狄奥多西的支持。最终，狄奥多西恢复了和平局面，并解散了叛国的兵团。阿米安称，从敌人手中收复了一整个行政区，并被重新命名为瓦伦提亚。除了蛮族军队，狄奥多西还处理了一场暴乱，这场暴乱是由流亡至不列颠的、名为瓦伦提乌斯（Valentinus）的人发起的。

尽管蛮族阴谋带来的影响不应被淡化，但需要指出的是，这一危机被一支人数极少的远征军解决了，军队中的不列颠特征也经受住了蛮族最开始的屠杀考验（假如罗马军队在堡垒内闭门不出，可能保留下来的比例还会更高）。阿米安高度赞扬了狄奥多西在不列颠行政管理及军队调配方面改革的彻底性。其中一些说法和罗马历史中出现的“好将军”形象相融合，也和阿米安想要向狄奥多西一世致敬相符。我们了解到，狄奥多西“重建了城市和驻军的堡垒，让哨兵来保护边境”。但问题是，经过考古学家们研究，发现基本上 4 世纪晚期任何建筑似乎都是在蛮族发动阴谋之后完成的。狄奥多西自己可能也没有看到他要求进行的重建与增强防御的工作，因为似乎在公元 368 年晚期，狄奥多西就回到了瓦伦提尼安的中枢地区。这里大部分重建工作一定是在公元 368 年大获全胜后进行的，可能由狄奥多西之后不知名的军队及民众所完成。

然而公元 383 年，另一位篡位者在不列颠被拥戴为王。马格努斯・马克西姆斯（Magnus Maximus）击败并杀死了西罗马皇帝格拉提安（Gratian），并于公元 388 年在阿奎莱亚被东罗马皇帝狄奥多西一世杀死。他的职业生涯早期经历并不明确，部分是因为在早期威尔士文学中他被当作一个强有力的人物，和亚瑟王一样神秘；部分也因为对罗马篡位失败者常见的同情。马格努斯可能有过一段非常漫长的军事服役生涯。他曾在公元 367 年为狄奥多西一世效力，可能是由于对不列颠军事情况有所了解而被派遣到不列颠。公元 383 年他在不列颠的任职不明，有一份资料显示，他反叛的部分原因是不满狄奥多西一世（也可能是其皇亲）没有授予他“荣耀职位”。但由于他曾有指挥军队的经历，并战胜过皮克特人和苏格兰人，因此他应该有指挥官或统领的头衔。这意味着他拥有陆军部队的指挥权以及在与莱茵河的日耳曼军队作战的战功。同样，只有担任高级别军队，而非北部边境边防军等军队军官的情况下，史料中对他抽调不列颠军队谋取高位的表述才说得通。这就引入了罗马不列颠晚期另一个常出现的主题：篡位者不断带走不列颠军队。毫无疑问，阿尔拜努斯、君士坦丁一世、马格嫩提乌斯、马格努斯・马克西姆斯和君士坦丁三世这样的人都会从不列颠带走最优秀的部队，支持他们在欧洲大陆的重要事业。但是，部分不列颠驻军的质量在 3 世纪晚期发生了变化。这些篡位者很可能不会带走不列颠所有的军队，而是要求多数边境军队最好还是留在自己的驻地，因为他们在高卢或者意大利进行的战争中派不上用场。

最后一个我们有记载的罗马在不列颠发动的战役是弗拉维斯・斯提利科（Flavius Stilicho）的入侵。诗人克劳狄安（Claudian）认为这场战争是公元 398—399 年与萨克森人、皮克特人和苏格兰人作战的胜利。但对斯提利科本人是否亲临不列颠指挥作战这一疑问，答案可能更倾向于指挥作战的是其某部下。通常，人们认为，正是在这个时间点，罗马建立了不列颠尼亚随行总管行营（*comes Britanniarum*），这一机构对一部分专门为不列颠服役而募集的军队（但随后被召回到高卢区）拥有指挥权。当君士坦丁三世开始争夺皇权时，毫无疑问，他在公元 407 年带走了不列颠所有留存的陆军，也画上了不列颠行政区的句点。

罗马帝国晚期军事架构的变化

与 2 世纪时的军队相比，尽管部队名称仍保持一致，某些旧据点也仍然有军队驻扎，但是 4 世纪时的不列颠军队已经发生了重大变化。记录罗马帝国晚期军队最重要的文献是《百官志》（*Notitia Dignitatum*），这是一份政府官员官阶和军队（包括其总部）的列表。《百官志》中关于不列颠的部分可能完成于 4 世纪 90 年代，但书中其他部分的修改一直持续到公元 428 年，但是到了那时，不列颠部分的信息已变得无关紧要。该书反映了从 3 世纪开始军事架构出现的变化（见表 7）。其中一个部分记录了哈德良长城沿线（*per lineam valli*）的军团，以及位于不列颠西北部，在不列颠尼亚统领管辖下以旧式军团和翼军（alae）为特色的军团。和 2 世纪相比，这些部队可能规模小得多。有人曾认为每个部队士兵的人数可能降低至 50—100 人（或是之前鼎盛时期的 10%）。但最近的研究显示，在 4 世纪早期，普通的辅助部队可能仍保有 200—300 个士兵。相反，位于不列颠东北的内陆堡垒（同样受到统领管辖），包括位于约克的第六军团、10 支轻骑兵部队和 3 支骑兵部队。这些部队的规模同样不确定，但当时这些军团人数可能不超过 500 人，其他军团最多有 200—300 人。萨克森海岸（the Saxon Shore）有单独的指挥部，指挥部下属第二奥古斯塔军团、一个旧式大队及许多属于新型轻骑兵、骑兵和民兵部队的军人。所有这些部队理论上来说都是边境军队［他们被认为是陆上边防军（*limitanei*）或者水域边防军（*ripenses*）］。我们还有关于一支陆军部队的记载，它归不列颠尼亚指挥官指挥。假设《百官志》记载的是通用配置，那么 4 世纪军队的整体规模是这样的：由一个可能有 5 000—6 000 个陆军组成的核心团队，另外可能还有不超过 1.25 万人的边防军军团。换句话来说，军队的总体兵力只有 2 世纪的 1/3。

表 7 《百官志》中不列颠军队记载

		不列颠尼亚统领（Dux Britanniarum）			
军队种类（以及大致人数）	萨克森海岸指挥官	内陆	长城与西北部	不列颠尼亚指挥官	总数
旧式军团					
军团（*legio*）（< 500）	1	1			2
大队（*cohors*）（< 300）	1		16		17

（续表）

盟军（*ala*）（< 300）			5		5
新式军团					
侧翼军（*cuneus*）			1		1
蛮族雇佣军（*numerous*）	4	10	1		15
罗马骑兵（*equites*）	2	3			5
民兵（*milites*）	1				1
野战军（*Comitatenses*）					
蛮族雇佣（1 000）				3	3
罗马骑兵（500）				6	6
总数	9	14	23	9	55

但有证据显示，《百官志》记录的列表并不完整。例如，在书中没有提及威尔士的堡垒（其中一些堡垒在4世纪晚期时仍有人驻扎），并且《百官志》没有记录数量相当多的不列颠北部堡垒，已证实其中都有人驻扎。早期记载不完整的部分原因可能是这些军队被分到多于一个的驻军据点，其中只有一个会被认为是他们的主要驻扎地。此外书中也没有对海军的详尽描述，但假设没有海军力量，很难想象海岸防御如何正常运作。

关于陆军到底是不是不列颠常规驻军的问题更加难以评估。一些人士认为，《百官志》中陆军的表格显示驻军很晚才离开，由斯提立科下令。公元367年不列颠尼亚指挥官大事件中对此缺少记录，这通常被认为是早期陆军部队并非常规驻扎军队的重要证据。陆军军队需要有高级陆军军官指挥。格拉济亚努斯（Gratianus）——瓦伦提尼安一世（Valentinian I）和瓦伦斯（Valens）

之父——和狄奥多西明显曾以军队指挥官身份在不列颠执行过紧急任务。格拉济亚努斯被派遣到这里的时间是 4 世纪 40 年代晚期，狄奥多西被派遣的时间是公元 367 年。这段时间，骑士统领（*magister equitum*）卢皮奇努斯（Lupicinus）曾在公元 360 年派出过另一支远征军队。西罗马皇帝有充分理由限制派遣到不列颠王牌军队的数量，因为不列颠素来就有篡位者摇篮的名声。但是不列颠行政区在 4 世纪晚期同样也面临着严重的军事问题，直到 5 世纪早期，不列颠士兵也拥护着层出不穷的篡位者进行夺权。很难想象，假如只有边防军，像马格努斯这样的人是如何战胜莱茵河的日耳曼人的。因此尽管其中一份参考文献显示，马克西姆斯认为自己的职位配不上自己的荣誉，说明他很可能只是一个级别并不高的陆军部队指挥官。假设在 4 世纪晚期，陆军军队不是长期驻守在不列颠，那么很可能目前我们知道的陆军部队统计表格是不完整的，同时直到公元 398 年，越来越多的陆军部队被临时派驻到不列颠，直至不列颠行政区统领或指挥官设立。

爱尔兰人（阿特考替族）可能在 4 世纪下半叶定居威尔士西南部，同时也有很多日耳曼民族在不列颠定居的证据，这意味着这里有军户甚至有日耳曼军队存在。在公元 277 年打败汪达尔人和布隆迪人后，普罗布斯（Probus）把战俘送到不列颠，“他在那里定居，并在有人反叛时派上用场”。这听上去像是罗马早期将手下败将送到不列颠，将他们安全纳入罗马军队监督的政策的延续。克劳修斯也在自己的军队中大量使用蛮族人，而他的继任者阿勒克图斯在公元 296 年最终的失败也被描绘成对法兰克人的巨大胜利。当君士坦丁于公元 306 年被军队拥护称帝时，背后最大的唆使者是日耳曼国王库尔克斯（Crocus），他统领这一支阿勒曼尼（*Alamannic*）

部队。372 年，瓦伦提尼安将新任的阿勒曼尼国王派遣到不列颠，授予他“强大阿勒曼尼特遣队”的护卫官称号。这个名称像是一个常规部队，而非临时的同盟军（*foederati*），这一部队的士兵可能来自不列颠已有的军户军队。日耳曼人和同盟军的常备部队会被皇帝及多位篡位者视作应急兵力来源，所以不可能有长期的驻扎地。但毫无疑问，这些军队时不时会成为不列颠军队的重要组成部分。该军队更有可能会随着某个篡位者来到欧洲大陆，就像马格努斯和君士坦丁三世时那样。

对不列颠罗马时期防御工事的研究为军队构成发生的变化提供了更深的见解。直到罗马不列颠终结，哈德良长城仍有军队驻守；没有发现整体暴力破坏的明显证据，证明哈德良长城是防御北方陆上袭击相对有效的工事。罗马不列颠晚期主要的威胁来自海上，皮克特人跨过了长城，阿特考替人和苏格兰人越过了爱尔兰海，萨克森人占据了北海南部及海峡群岛的海岸。罗马帝国早期，英吉利海峡部署着一支不列颠舰队，其主要堡垒（约 12 公顷）位于布伦。证明不列颠舰队（*Classis Britannica*）存在的最后文献证据可追溯到 3 世纪中叶，随后这一舰队可能被正式解散，其人员和船只则被编入新的、3 世纪后期出现的海岸卫队。《百官志》中提到了另外一支安德烈提亚舰队，隶属于高卢巴黎地区的步兵统帅，这可能代表一支原先归佩文西堡（the fort of Pevensey，又称安德利塔 *Anderita*）的海军特遣队后期从不列颠行省被调走。

新威胁开始出现的顺序就是 3 世纪早期不列颠东南部堡垒开始建立的顺序。最后在《百官志》中，它们被统一归类为萨克森不列颠指挥官（*comes litoris Saxonici per Britanniam*）。“萨克森海岸”（Saxon Shore）这个名字引起了人们不同的看法。人们认为这个海岸可能是暴露于萨克森人范围之下，也可能是萨克森商人在5世纪早期被招募进护卫军团中，才出现了这个说法。折中两种可能性的说法则是，萨克森人以自己的名字命名这一片他们正在进攻的海岸。在不列颠发现的证据需要同时考虑在比利时和法国海岸发现的类似防御工事。可以确定的是，在某一时间段，这些防御工事受到统一指挥，而在某些时间，存在着独立但又相互关联的更高级别的指挥官。不列颠最早的军事驻点位于多佛、布兰克斯特（Brancaster）和热克鲁夫（Reculver），相对传统的纸牌形堡垒分别在2世纪早期、2世纪晚期和3世纪早期建造。这一体系在3世纪的第三个25年中有了更长远的发展。布尔城堡（Burgh Castle）、华尔顿城堡（Walton Castle）、布拉德韦尔（Bradwell）、里奇伯勒（Richborough）、多佛、林姆尼（Lympne）、波特切斯特（Portchester）修建了新的堡垒。这些3世纪晚期的堡垒形状截然不同，有着长方形和梯形的围墙，高而厚的墙壁，以及朝外的高塔。这些堡垒通常只有一扇大门，而非传统罗马堡垒常见的四扇门。位于佩文西的堡垒是椭圆形的，除此之外，其他部位的建筑风格都相同。

这些罗马帝国晚期建造的堡垒以整体防御为特征，但堡垒内部并没有修建紧密的建筑。早期兵营等常见建筑的缺失可能是由于某些堡垒维护不当造成的。一些更耐久材料建成的浴室、总部建筑保留至今。可能很重要的一点是，这些堡垒和此前的辅助军团堡垒大小相似。如果这些堡垒预计容纳人数少于100人，那通过减少围墙长度，这些堡垒的防御力可以变得更强。在面对掠夺者侵袭时，哪怕里面只有少数士兵，这些堡垒的高墙也能够让他们相对更安全。从另一方面来看，参考其他时期，这些堡垒并不会长期有上百人驻扎。将一些部队派驻到其他军事基地和附近城镇可能是一个原因，罗马帝国晚期军队规模缩小则是另一个原因。这些堡垒可能曾经有平民居住，特别是军人社群中的成员。同时在波特切斯特发现的女性物品遗存也证明了这一点。这些堡垒对海军的用途也非常明显，因为从总体上看，它们整体远离罗马道路网络，普遍位于海港或海岸的港口一带。这样的地理位置就需要水手驻扎在某些堡垒中。翻看罗马帝国晚期军事作家韦格蒂乌斯（Vegetius）的作品，可能我们会看到不列颠水域的 40 艘带桨船，上面有船帆、索具和穿绿色伪装的船员。

受萨克森指挥的堡垒明显不只存在于不列颠。考虑到欧洲大陆堡垒及海峡群岛海滩的那些防御型城镇，这样说是有一定道理的。从西布特尼到比利时的海岸，有约 20 个相关的遗址。《百官志》证明至少存在 2 个与之相关的军事基地。阿摩尼卡[①]和荷兰地区长官（*dux tractus Armoricani et Nervicani*）以及从加莱海峡到莱茵河口地区的比利时第二行省[②]长官（*dux Belgicae secondae*）。这两者在《百官志》中都被特别提到，并且特别指出其位于萨克森海滨。布伦似乎和以前一样，在罗马帝国晚期仍然是一个重要的军事堡垒。3 世纪末在不列颠舰队被毁掉的兵营遗址上建立了一个有防御能力的小镇。但是《百官志》中列出的舰队（*classis Sambricae*）和 2 个边防军部队位于比利时海岸的其他海港。阿摩尼卡和荷兰地区军事长官管辖疆域广袤，跨 5 个高卢行省边境，9 支作战部队受其指挥。

---

① 古代地名，指高卢塞纳河与卢瓦尔河中间的区域。

② 比利时第二行省是比利时高卢（Gallia Belgica）行省于公元297年拆分后形成的一个罗马行省。

萨克森海滨辖区特别重视不列颠南部，但考古证据显示不列颠其他地区在沿海防卫方面也是有所加强的。公元 260 年，威尔士南部的卡迪夫建造了一个新的堡垒。这一堡垒模仿萨克森海岸堡垒的样式，但规模更小。兰卡斯特有外部塔楼，另有一座碉堡靠近霍利黑德（Holyhead）的卡尔吉比（Caer Gybi）。不列颠西海岸其他河流或通航区域的堡垒仍有人使用（卡纳芬、切斯特、里切斯特、拉文格拉斯、玛丽波特），一些旧堡垒也可能被重新启用（隆巴、尼斯、卡尔温），并由有防御工事的城镇（格洛斯特、卡马森、卡尔文特、卡莱尔）和瞭望塔（靠近卡纳芬和霍利黑德）作为后勤物资补给基地。

威尔士北部也负责护卫东部海岸，在亨伯河畔的布拉夫（Brough-on-Humber）可能部署有军队，由位于约克的军团堡垒负责。南希尔兹的堡垒控制着泰恩河（Tyne）河口。4 世纪下半叶，亨伯和蒂斯（Tees）之间建设了一系列灯塔［费里（Filey）、斯卡布尔（Scarborough）、瑞文斯卡（Ravenscar）、亨特克里夫（Huntcliff）、戈德伯勒（Goldborough），可能还包括桑德兰（Sunderland）］。通常人们把这些灯塔看作公元 368 年后堡垒的复兴，留存至今的灯塔组成了体系，还有一系列带围墙的石塔。海峡群岛（Channel Islands）的奥尔德尼（Alderney）也有类似的外墙。但在约克郡，则没有发现通过灯塔发送信号的罗马时期海港痕迹。在这一片海岸，最可能是罗马时期海港的港口位于惠特比（Whitby），那里有众多罗马遗迹的记载，但在这个地中海及现代的海港城镇中并没有发现成规模的罗马建筑。

不列颠军队在 3 世纪规模和重要性都有所降低。这一趋势在卡利恩最早出现，当地驻军于公元 230 年放弃了主要的驻地，在 3

世纪 50 年代，该分遣队出现在欧洲大陆。铭文显示，卡利恩在 3 世纪中叶仍然是第二奥古斯塔军团的总部。最晚的铭文可追溯到 3 世纪 70 年代，到 90 年代则开始出现拆除行政建筑的现象，这与卡劳修斯（Carausius）离开帝国时期发生的紧急事件有关。3 世纪时，极少出现长期将军队驻扎在小堡垒的行为，所以出现被遗弃的堡垒并不一定意味着军团完全从该地离开。《百官志》中记载了军团留守人员在里奇伯格的行踪，但其最终离开卡利恩的时间并不明确。当时，至少到 3 世纪中叶，堡垒北部持续有人居住，4 世纪晚期的罗马货币发现量很少，但也有存在。卡利恩在大巴尔默（Great Bulmore）最主要的室外建筑自公元 290 年起被遗弃，该地居民可能随后进入堡垒，和部队留守人员一起居住。切斯特的证据也相似，公元 300 年前后，存在营房被拆毁的证据，在这些防御工事内极少有人居住过的痕迹，但是浴室和总部建筑明显仍存在使用过一段时间的痕迹，一直持续到 4 世纪。不管怎么说，虽然没有出现在《百官志》的记录中，但是第二十军团最后被提及的时间是在卡劳修斯统治时期。人们认为只有第六胜利军团仍留在原先约克的基地里，但是考古证据再一次证实，支持这一观点的证据有些虚无缥缈。西南地区的防御工事面对着乌兹河，在 4 世纪早期被改造成瞭望塔，但是原始的证据更为模糊。切斯特和卡利恩军队的规模可能在 3 世纪晚期一直被缩减，并在 4 世纪定型。

除了卡迪夫的海岸堡垒之外，4 世纪晚期的佛登戈尔（Forden Gear）、整个 4 世纪都处于使用状态的卡纳芬，以及在一些使用时间较短的其他据点证实了威尔士在罗马晚期存在军事活动。在罗马不列颠的最后时期，威尔士似乎仍存在着一支小规模驻军，在《百官志》中关于威尔士的驻军明显不足问题引出了这样一个猜想：当时部分活跃的据点很可能是民间武装力量。这里面有一定的以讹传讹因素，比如上面记录缺少诸如七河口指挥部等特殊据点，但是不能排除它在4世纪某一时期曾是重要军事据点这种可能性。

对于不列颠北部的文献及考古历史，我们能够确定的内容更少。《百官志》中一个有趣的地方就是，哈德良长城沿线大部分有记载的据点和3世纪时记载的据点重合，而不列颠北部海岸和罗马道路沿线的军队与早前军团布局则大相径庭。因此，似乎长城沿线的军团没有大规模重新调整，在其他区域则有更具有戏剧性的重塑。从另一方面来说，在博多斯沃德发现的四帝共治时期的铭文及众多来自长城军队驻扎点的考古学证据显示，约公元300年，北方军团经历了一个重要的调整阶段。

附属堡垒能够更清晰地体现出军事据点的变化，传统的兵营区（由细长、狭窄长方形区域构成，预计最多能容纳80人）被一排排短小、半分离的“农舍小屋”建筑所取代，对此种变化有众多解释，例如这些建筑可能是为已婚士兵和其家人提供的居所，或是为规模较小的军事团体提供的住所。但最近的研究显示，这些所谓的“农舍小屋”其实比原先想象得更普遍，在3世纪文多兰达和沃尔森德（Wallsend）就已出现。共用承重墙和位置固定的灶台表示这些小屋仍是军队制式管理。另外，一些小屋似乎是2世纪骑兵营房的变体，但套间（一间住马，一间住人）数量从9—10个缩减到了5个。这些骑兵营房不可能是为单个士兵及其家人提供的，因为马槽是由3匹及以上的马共同使用。因此，半分离的军营应该是罗马帝国晚期标准军营建筑，而这一设计则意味着在普通辅助营房中军人的数量更少，减少了50%左右。南希尔兹（建筑时期为公元286—312年）的最后时期，明显有10个区域，每个区域5个后勤小队。有一些证据显示，帝国晚期，军队更偏好 6 人一组，而非早先 8 人一组的后勤小队。在这一基础上，堡垒驻军大约为 300 人。当然，实际上，军队满员情况可能不会出现，花名册上人员的数量可能自 3 世纪中叶到 4 世纪末期在不断减少。

目前证据显示，3 世纪中叶，大部分附属军队的规模是 2 世纪时的一半。但堡垒仍按照旧有规模建造。这意味着空间分配更为充裕，也可能是因为与军队共同居住的非战斗人员数量在不断增加。加之近卫军团数量迅速减少（在 3 世纪末时降级到其余边防军同等地位），这意味着行省整体驻军人数的大量减少。

4 世纪，堡垒外的许多驻军营地也出现了活动减少的迹象。这就说明士兵已经离开了营地，否则这些营地中的平民也不会离开。堡垒内部可能会有越来越多的平民出现，特别是当实际居住的人口总数要低于建筑能容纳的人口时。各个堡垒情况可能各不相同，就算是在同一个堡垒内，也会随着情况的变化而变化。在豪斯特兹堡垒“小屋”兵营发现的人类活动证据显示女性只出现在较高阶的军官住所中，而南希尔兹的考古点则发现，4 世纪时埋葬的婴儿越来越多，这与之后发现的单独个例情况截然相反。同时，在据点内部也出现了越来越多室内空间非制式改造的痕迹，这可能说明军队的管制已经很少了。

行省里驻军数量的减少通常被认为是罗马不列颠衰退的原因之一。但从另一个角度看，3 世纪晚期和 4 世纪时出现的变化也可以被解读成不列颠行省有了更经济、更高效的方法。假设在 3 世纪中叶，军人数量大量减少，人数大概减半，而行省还在 160 年间没有旁落他人之手，这也可以说明不同于 2 世纪的过分扩张，罗马帝国晚期的布局相对经济高效。建造的瞭望塔和前哨说明驻军仍然在大范围维持着，只是在这一时期人数减少了。同时，尽管当时存在一些军事危机，但其严重程度有超过军团常驻士兵人数更多时发生的危机吗？直到罗马时期结束，不列颠驻兵数量都相对较多；同时以西罗马帝国的标准来衡量，它也是一个相对和平的地区。事实告诉我们，罗马军人社群可以在更低成本的情况下，仍然履行自己在帝国和行省的职责。

军人社群及军人身份的变化

同样，军人行事风格和身份也出现了重大变化。例如，在 4 世纪，军人树立的碑文少之又少。在罗马其他地区也有铭文使用减少的现象，至少能够部分体现出一种广泛的变化。但考虑到早期文字记录对于军队身份认证的重要程度，弃用铭文这一变化令人震撼。这一现象有许多可能的原因。在叙利亚和北非找到与文多兰达木版同类的军事档案显示，军队保留着高频次使用文字的习惯，另外，从埃及找到的纸莎草表明，这种文字记载行为一直持续到 4 世纪。但是，长时期以来帝国军队中的变化、日耳曼军人在军队的崛起及边防军实际上的降级对于军队的招募及提拔都有影响，可能对于识字的重视程度较以往有所下降。不列颠有一份确认是 4 世纪晚期的军事文字记载，上面应该是记录了约克郡海岸的一个哨塔，但拉丁文极难看懂。

同样，指挥官层面的变化也让不同人群进入军人阶层的顶层，过去的地中海骑士阶层被来自日耳曼、多瑙河及巴尔干地区的职业士兵所取代。连不列颠指挥官都已不再定期记录建筑工作、献礼或者为家庭成员竖立墓碑，这些事实凸显了记录习惯的变化。低级军官抛弃该习俗也就毫不奇怪了。不列颠辅助部队和军队薪水、待遇不断变差，因此需要耗费大量物力的铭文纪念也减少了。最后，在4世纪，基督教变得越来越普及，这对军队其他宗教信仰的祭拜方式也有巨大影响。所有因素综合在一起，减少了4世纪不列颠军人社群通过铭文记录的习惯。同样地，雕刻也逐渐减少，这样确定具体的历史时期难度变得更大。

这些并不意味着军队身份或者士兵的集体感消失了。两者现在有了崭新的表达方式，可能越来越偏向于个人装备方面。武器和铠甲在3世纪有了进一步发展，可能是因为在作战时不敌自由日耳曼和东部敌人。传统罗马骑兵越来越多地只在对抗以同样方式战斗的军队时有效，在3世纪这种战斗通常意味着对手也是发动无数次内战的罗马军队。“蛮族”如今装备精良，也有了经过不断改良的战斗策略，其中最著名的是铠甲。这种变化导致了罗马人能够继续胜利的原因是其军队中吸纳了数量众多的日耳曼人。环片甲（*lorica segmentata*）消失了，取而代之的是锁子甲或者鱼鳞铠甲，长方形的古罗马军团盾牌被所有军队统一使用的椭圆形盾牌所取代。其中的一个后果就是，正式军团与辅助军团之间的界限变得越来越模糊。陆军演变为骑兵和机动步兵团带来了新的亮点，两者配备了各种投掷物及剑类武器。

士兵着装衣料和颜色的相对统一会强化军人群体的身份认同。被纳入帝国军队的日耳曼士兵仍然保持着自己的着装习俗与作战武器，但他们会运用配饰融入罗马边防军体系中。早前，士兵通过不同的腰带展示自己的身份，他们在束带上公开显露自己的武器，军队风格的斗篷及别针。十字弓胸针在帝国后期是非常典型的罗马军队和高级军官配饰。它被用于系紧右肩上的斗篷，别针尖朝下。腰带配件特征可以作为3—4世纪的时间分界线，随着时间推移，腰带款式越来越宽（5—10厘米），还有更精美的装饰物。一些装饰用金属物件，包括小条的皮带扣和配件应用非常广泛，因而日耳曼军人也广泛采用。这一材料由莱茵河畔及多瑙河畔、高卢北部为军队及行政机构服务的工坊（*fabricae*）统一生产，更强化了其统一性。英国发现的物品均来自东南部，意味着它们可能与政府官员、陆军或者日耳曼同盟军有关。腰带配饰融合不同风格，西北地区行省发现的罗马帝国晚期墓穴中的武器——当时由于基督教的影响，陪葬品越来越不常见——都是军人团体追求自身文化的佐证。

罗马军队越来越多地从自己的日耳曼邻居（有时是对手）中招募士兵。通常认为，这种情况是行省内征兵需求难以满足导致的。从德米里安执政开始，征兵数量又重新增加，世袭服役制也用到士兵的子孙身上。很明显，鉴于接二连三的外来侵略及内战影响，自愿参军人数在不断下降，这并不奇怪。在某些地区及社会军队并不受欢迎，特别在对那些士兵自大排外有亲身经历的行省。到4世纪，部分军队招募依赖于当地权贵，要求他们提供与自己产业规模相匹配的士兵。强制进行“自愿参军”不可避免地遭到当地怨恨。另一种选择是，在定居边境的日耳曼民族中挑选大量士兵。他们通常有着尚武的传统，与从农耕社区中强制拉来参军的人员相比有着天然的优势，同时，他们可能对军队提供的机会有更高的热情，甚至连边防军的部队也大量从驻扎营地当地征兵。尽管狄奥多西伯爵和马格努斯·马克西姆斯是西班牙人，但是公元406年的一位短暂篡位者格拉济亚努斯（Gratianus）可能是不列颠人，军官阶层向日耳曼和巴尔干人倾斜的趋势在4世纪不列颠的高级军官中非常明显［格拉提安（Gratian）、耐克塔督斯（Nectaridus）、弗洛方得斯（Fullofaudes）、斯提利科］。阿勒曼尼军队指挥官在君士坦丁执政期间的影响力体现了日耳曼人在军队体系中的重要作用，阿勒曼尼部落的法马里乌斯（Fraomarius）也发挥了类似的作用。但是几位知名内政高官［副财政主管（*vicarri*）和罗马行省总督（*praesides*）］则来自高卢［弗拉维斯·杉克途斯（Flavius Sanctus），弗拉维斯·乔韦努斯（Flavius Jovinus）和维克特里努斯（Victorinus）］。

4 世纪军队酬劳也不再以现金结算；同时服役期仍然很长(20—24 年)。比薪水更重要的是赏赐的变化（通常是以金银而非钱币支付）。高级军官有资格获得更多的配给，这对那些需要养家的人来说是一个重要经济来源。给士兵的儿子也会发放配给物资(至少发放到公元 372 年)，这体现出军队和家属驻地之间必要的紧密关联。关于军队薪水比例的切实证据不多，但是可以确定的是陆军军团比边防军和河流巡防部队（*ripenses*）收入更多，因此也有更多资源和动力通过物质条件来展示自己的阶层。陆军军队的提拔速度会让这个差距变得更大。

因此，我们需要对不同军种中出现的不同军事身份认可度进行更多思考。笼统来说，我们可能会认为，军队中偏日耳曼文化的现象可能与近卫军或日耳曼同盟军，而非边防军的比例有关，当然后者也不能阻挡新风尚的某些因素，例如十字弓胸针。但是在北不列颠军队的驻扎堡垒极少发现罗马晚期军队腰带吊扣（当然这些地区公墓被清除的程度对此也有影响)。发现的“军事”金属物件大部分来自南部城镇，例如伦敦、多尔切斯特及温彻斯特，这意味着这些军队可能曾驻扎于此。另一个解释是，民政官员同样使用了这些权力和权威的新象征，并且在行省管理上部分取代了之前由军队人员抽调士兵来实现的职责。

来自不列颠北部堡垒的证据显示，直到4世纪晚期，战士们仍保留着过去的纪律，因此也和驻扎营地之外的民众有完全不同的身份认知。接受定量配给及其他货物、免于缴纳人头税等因军事服役而获得的特权，以及完成任务带来的奖金，仍让士兵群体具有特殊地位。在3—4世纪，哈德良长城驻军堡垒的长期稳定状态毫无疑问会让其中很多军团越来越多地在驻地招募士兵，文化认知也倾向于当地。这些部队慢慢朝着民兵团体退化，这也使得他们越来越不可能在常规情况下被帝国征用，参与到海峡两岸的篡位者战争中去。可能我们在这里看到的是在跨国军队中军人（*commilitones*）身份认同的不断弱化，子承父业的职责使地域性认同不断增强。

在拉迪亚德·吉卜林的名诗《罗马百夫长说》（*The Roman Centurion Speaks*）中，我们看到一位在哈德良长城服役40年的罗马军官正不情愿地整理自己的行囊，离开此地，因为帝国终结的大幕在遥远北方已经落下。当然，这个虚拟士兵的文化身份与不列颠关系更加密切。事实上，不列颠军人群体在5世纪早期已经分化成了3个主要的部分：北部边境部队，其余位于长城以内及英格兰南部的边防军部队及陆军军团。这些部队最初的成员可能主要从不列颠北部的军团驻地招募而来，他们的集体认同身份在军团传统、乡土观念降低的共同作用下大为弱化。第二部分和第三部分更为机动灵活，应征人员来源地域和背景也更为广泛。陆军军团最为机动，他们在使用物质文化保护自己的权力感和重要性方面有最强的原动力。

不列颠不同军队履行的职责也出现变化，北部军团仍相当注重整体安全并对边境两边民众进行监管。海岸防卫显示出打击沿海侵略者和重新配置军队的能力。陆军部分最为灵活，同时由于驻扎和补给，也可能是给民众带来压力最大的军队。陆军部队的运用十分灵活，视情况在不列颠与欧洲大陆之间灵活调度。

最后，需要强调的是，4 世纪时不列颠驻守军团整体规模缩减的同时也减少了支撑军队人口的直接与间接成本，这些都可能给不列颠行省整体经济带来积极影响。与最开始描绘的无政府、日渐衰落的图景不同，在 4 世纪很长一段时间内，相比临近的欧洲大陆，不列颠在军事方面可能相对和平。我们将会看到，不列颠社会的某些领域发展到了新高度，该时期的财富则相对稳定。尽管历史上人们常认为这支军队与帝国早期巅峰状态相比逊色不少，但不列颠晚期的罗马军队仍相对高效，维护成本也低廉。同时，罗马军队仍维持着自己的鲜明特色，在极大程度上独立于社会中的其他团体。

第三部分

公民社会

第九章

城镇的形成：城镇的发展历程

罗马殖民体系中建立的堡垒必然会导致城镇的产生：这是罗马行政体系成功的核心，也被理所当然地当作与罗马皇权和解的合理象征。一旦征服一片土地，罗马人就会在此建立以城镇为基础的民政。统治的智慧就这样流传了下来。当然其中也有复杂的情况，尤其考虑到罗马帝国征服的多是位于乡村地区的民族。在这里必须注意两个问题，它们是不列颠与其他行省区别的关键所在。罗马帝国的地中海核心地区在被并入帝国版图之前，城镇化程度就相当高，其城镇的行政结构也构成了行省管理和税收的基础。因此，若既有的城镇行政结构有助于帝国的统治，那么各行省政府就可以采取适应原则。但如果帝国扩张到了没有城镇，或者只有城镇结构雏形的地域呢？罗马军队在快速行军中征服了一片又一片土地，确立了各行省的范围，一般在 100 年内就会调走大规模驻军，给社会管理留下生长空间。但当帝国停止扩张，对各行省实行长久的军事占领时，会有什么后果呢？

公元 1 世纪罗马帝国的行政主要依靠各行省总督，他们大多数由帝国皇帝任命，少部分由元老院任命。不列颠这种有大批军队驻扎的行省，其总督几乎都只听命于皇帝。上文已经提及了他们的军事职责，此处不再赘述。民政也非常重要，涉及城镇地区的司法、公共秩序、交通和监管。不列颠这种大行省的金融职责会分配到以贵族财政官为首的专业官员手中。他们必须与执政官保持紧密联系，并有权查阅有关人口数据之类的材料。总督的最高行政职责是主持正义、维护秩序，以便财政官及其下属官员实现罗马皇帝在该行省收益的最大化。总督是行省各团体和个人向皇帝进贡的中转人。虽然各行省中向来都没有一个特定地点被正式定为省会，但通常都有一个事实上的中心地点，即行省总督、地方财政官和下属人员所在的地方。这通常是一个大型城镇，处在道路和通信网络的交会处。总督不会一直待在这里，除去与军队一同行军或检阅军队外，总督们还会在行省中主持一年一度的巡回法庭。在少数大城镇，严重的罪行一般自动提交到巡回法庭，而非交由皇帝特使处理。总督及其侍从在途中会在其他城镇逗留。一般总督在 3 年任期内会行经本行省内绝大多数大城镇。地方财政官因财政相关事务也会在行省巡游。

不列颠行省城镇的发展与道路网络紧密相关，这些道路不仅服务于军事，还有利于民政。《安敦尼行程指南》（*Antonine Itinerary*）一书中列举了不列颠行省境内的 15 条主要道路，表明官员巡游的重要性（见表 8）。官员巡游路线一般不拘泥于目的地与出发地之间的最短距离，而是迂回绕行，途经不列颠行省境内所有军团要塞和大型城镇（表中名为 *Praetorium* 的地点应该是如今的亨伯河畔的布拉夫）。表 8 中的 2—4 号路线是官员前往或离开港口的最佳捷径。表中有 7 条路线在伦敦交会，另有一条途经伦敦。其他交通枢纽还有约克和锡尔切斯特（2 座城镇分别有 4 条路线经过）。除伦敦之外，路线的起点一般是港口或者乘船容易到达的地方，可以看出官员们应该是乘船出海前往目的地，然后迂回回到伦敦。

表 8 《安敦尼行程指南》及罗马不列颠各城镇之间的联系

路线编号	起点（通过何种方式到达）	终点（通过何种方式到达）	途经大城镇	重叠路线（相连路线）
1	*Bremenium*（海罗彻斯特）（罗马北部城墙边界）	*Praetorium*（亨伯河畔的布拉夫）（水路）	科布里奇？奥尔德伯勒、约克、布拉夫	2、5 号路线
2	*Bratobulgium*（毕伦斯）（罗马北部城墙边界）	*Rutupiae*（里奇伯勒）（水路）	卡莱尔、奥尔德伯勒、约克、切斯特、罗克斯特、圣奥尔本斯、伦敦、坎特伯雷	1、3、4、5、6、10 号路线
3	*Londunium*（伦敦）（2、4、5、6、7、8、9 号路线）	*Dubri*（多佛）（水路）	伦敦、坎特伯雷	2、4 号路线
4	*Londunium*（伦敦）（2、5、6、7、8、9 号路线）	*Lemanis*（林姆尼）	伦敦、坎特伯雷	2、3、5 号路线
5	*Londunium*（伦敦）（2、3、4、5、6、7、8、9 号路线）	*Luguvalium*（卡莱尔）（水路）	伦敦、科尔切斯特、诺维奇的凯斯特、林肯、约克、奥尔德伯勒、卡莱尔	1、2、4、9 号路线
6	*Londunium*（伦敦）（2、3、4、5、7、8、9 号路线）	*Lindum*（林肯）（5 号路线）	伦敦、圣奥尔本斯、莱斯特、林肯	2、8 号路线
7	*Regno*（奇切斯特）	*Londunium*（伦敦）（2、3、4、5、6、8、9 号路线）	奇切斯特、温彻斯特、锡尔切斯特、伦敦	15 号路线

（续表）

8	*Eboracum*（约克）	*Londunium*（伦敦）（2、3、4、5、6、7、9号路线）	约克、林肯、莱斯特、圣奥尔本斯、伦敦	
9	*Venta Icenorum*（诺维奇的凯斯特）（水路）	*Londunium*（伦敦）（2、3、4、5、6、7、8号路线）	诺维奇的凯斯特、科尔切斯特、伦敦	5号路线
10	*Glannovebta*（瑞文格拉斯）（水路）	*Mediolanum*（惠特彻奇）（2号路线）	无	2号路线
11	*Segnotium*（卡纳芬）（水路）	*Deva*（切斯特）（2号路线）	切斯特	
12	*Moridunum*（卡马森）（水路）	*Viriconium*（罗克斯特）	卡马森、卡利恩（？）、罗克斯特	13号路线、14号路线（？）
13	*Isca*（卡利恩）（12、14号路线，水路）	*Calleva*（锡尔切斯特）（7、14、15号路线）	卡利恩（？）、格洛斯特、塞伦赛斯特、锡尔切斯特	12号路线、14号路线
14	*Isca*（卡利恩）（12、13号路线，水路）	*Calleva*（锡尔切斯特）（7、13、15号路线）	卡利恩（？）、巴斯（？）、锡尔切斯特	13号路线
15	*Calleva*（锡尔切斯特）（7、13、14号路线）	*Dumnoniorum*（埃克塞特）（水路）	锡尔切斯特、温彻斯特、多尔切斯特、埃克塞特	7号路线

2号路线可从哈德良长城的西端到达英吉利海峡，路程较为曲折，首先途经奔宁山脉到达卡特里克和约克，然后再次穿越奔宁山脉抵达切斯特，随后沿着华特灵大道向东南方向穿过罗克斯特、圣

奥尔本斯和伦敦。1 号路线也更像一条军事路线，从哈德良长城东端的前哨堡垒到约克，并很有可能以位于亨伯河畔的布拉夫的军事基地（也可能是个异邦城镇）为终点。5 号路线以伦敦为起点，途经科尔切斯特到达诺维奇的凯斯特（在 9 号路线中有一段相反的路程），然后到达林肯、约克、奥尔德伯勒和卡莱尔。6 号和 8 号路线有部分重叠，都从伦敦沿华特灵大道向西北方向延伸，随后转向东北方向通往福斯路（途经圣奥尔本斯、莱斯特和林肯），在此 8 号路线继续延伸至约克，而 7 号路线则再经过温彻斯特和锡尔切斯特蜿蜒至伦敦［连接了科吉杜努斯（Togidubnus）王国的 3 个中心城镇］。西北方向的两条路线应该是军事专用，其中 11 号路线以切斯特为起点，卡纳芬为终点，10 号路线从雷文格拉斯的堡垒向南延伸，到达切斯特南部的惠特彻奇。12 号路线从卡马森经过卡利恩的军团堡垒到达罗彻斯特。从卡利恩通往锡尔切斯特的路线还有两条，分别是 13、14 号路线。13 号路线途经格洛斯特和塞伦赛斯特（但在附表中因抄写失误略去了塞伦赛斯特），14 号路线途经卡尔文特，穿过塞文河口，再到巴斯。15 号路线从锡尔切斯特出发，途经温彻斯特和多尔切斯特，最终到达埃克塞特。

行省官方地图收录的路线必须符合罗马国家邮驿系统规定，这些路线上也会设置官方的驿站（分为供食宿的驿站和供更换马匹的驿站），供公务人员更换马匹，并在必要时留宿。较大的驿站还提供能运载重型货物的交通工具，并配备了能储存货物的仓库。每个驿站之间间隔 20—35 罗马里，其间有能更换马匹的驿站。因为相关材料的散佚，这些驿站的基础设施配备尚有争论。在军队驻地（如梅兰德拉城堡、纽斯特德、卡纳芬）和大型城镇（如卡尔文特、圣奥尔本斯、锡尔切斯特）、小型城镇（如切尔姆斯福德、戈德曼彻斯特、沃尔），都有大型带庭院的房子，并设有独立式洗澡间。这些地点都是驿站，但也不排除其中一些建筑或其他建筑充当了驿站的作用。当没有相应设施时，公务人员有权要求平民提供住宿和马匹（但这种权力的滥用现象十分普遍）。很显然，这些设施是为了不同等级官员而设立的，从随从人员到高级官员、从通信兵到普通士兵。士兵因行政任务（如收税或其他任务）而离开军队后，可能会帮助管理这些驿站，自治市也可能会提供相应费用和马匹。从《安敦尼行程指南》中收录的110处地点可以推论，那时的不列颠要么就是已有完善的设施，要么就是被命令为帝国官员提供相应的服务。书中应该还有一些重要的路线未收录，但标出了各地之间的最短距离——尤其是伦敦向北的路线。

不列颠行省交通发展深受罗马帝国行政和军事需求的影响。在罗马人的殖民进程中，城镇是不列颠地区基础设施创新中的重要元素。

城镇的功能

在理想的罗马帝国行政体系中，城镇应当是具有半自治性质的地方政府，帝国分划一定范围的土地，并赋予其对周边较大乡村区域的财政及司法管辖权。一些城镇是为安置罗马军团退伍军人设立的，一些则为获得罗马公民身份的当地人设立，其他城镇的形成则有更复杂的原因，包括因贸易发展形成城镇，等等。前文提到，部分帝国驻军可能也在城镇担任某些公职。他们监管当地的司法审判、税款征收及各类国家义务的履行，从事合法商业活动并管理当地其他事务。城镇分为不同级别，其中高级城镇必须实行罗马帝国宪法对城镇的相关规定。但实际上，尤其是在没有其他现成管理模式的地区，当地政府往往倾向于模仿帝国的管理模式。虽然现存关于不列颠行省地方政府部门的相关资料十分稀少，但根据现有材料可以推断，当时已经模仿了罗马帝国的双元老院制度，双行政长官制度和低级财务人员制度。现存很多资料都来自不列颠行省城镇的周边地区，包括在亨伯河畔布拉夫发现关于帕里西部落行政官的记录、在老彭里斯地区找到卡尔维蒂部落议员担任贵族财务官职位（也理应负责财务相关事务）的证据，以及在凯尔文特地区发现了锡鲁尔拉姆城议会设置的圣坛。这些都强有力地证明了不列颠行省大城镇沿袭了已有的行政结构。

城镇公民所享受的特权可以决定城镇的法律地位。当时大城镇大致分为三类：殖民城镇、自治城镇和所谓的异邦城镇。殖民城镇由帝国特许给罗马公民，实行以帝国宪法为基础的管理办法。很多殖民城镇建立在被征服地区，以安置被遣散的军人。当时不列颠境内这类城镇共有三个，分别是科尔切斯特、格洛斯特和林肯。人们通常认为这些城镇有利于长治久安，但由于这些城镇会并入战败民族的土地，也不能忽略其特殊地理位置所隐含的惩罚意味。虽然殖民城镇公民也有罗马公民身份，但一些殖民地显然也居住着原住民，他们并非罗马公民，所以在城镇中也只有次等地位。科尔切斯特就是一个明显的例子，而布狄卡起义的爆发也受到了这一因素的推动。罗马帝国一旦确立一个行省，当地城镇就会发起请愿，希望提升城镇级别，成为光荣的殖民城镇，约克郡就是如此，而伦敦则更不必多言。

自治城镇也是帝国特许的城镇，城镇前任官员自然有权成为罗马公民。殖民城镇和自治城镇应实行罗马法律，因此人口和土地范围也有相应规定。这类城镇人口混杂，也有很多不具本地公民身份的居民；异邦人在这里非常少见。人们通常认为圣奥尔本斯是不列颠行省境内唯一的自治城镇。但公元 211 年罗马皇帝塞维鲁的逝世地约克也曾是自治城镇，后于公元 237 年被提升为殖民城镇。

异邦城镇通常被认为是为某一民族专门设置的主要城镇。在地中海一带，这些城镇的地理意义要大于种族意义，而且都围绕历史古老的城镇建立。在欧洲西北部，异邦城镇是罗马帝国定义的，不同于数量巨大的部落和地区性群居人口的新定义。虽然异邦城镇比其他特许城镇的地位低，但也扮演了政府角色。如果当地有现成的不成文法或成文法，可以直接沿用。长久以来，帝国内有很多异邦城镇因发展良好而被提升为自治城镇或殖民城镇。不列颠行省境内大概有 16 个异邦城镇是围绕之前的城镇建立的，其中包括圣奥尔本斯（后被提升为自治城镇），以及公元 3 世纪建立的卡莱尔。距离稍远的还有后来建立的 3 个异邦城镇——科布里奇、沃特牛顿（Water Newton）、伊尔切斯特——虽然这三地发现的证据还远远不够。

不列颠行省内有 20—24 个大型城镇，包括 4—5 个殖民城镇（伦敦的地位尚不确定，但应该已经达到了殖民城镇的级别），以及至少 1 个自治城镇（见图 10）。剩余的 15 处缺少证据来证明其曾上升至异邦城镇的级别（虽然某些情况下有提升至自治城镇的可能性，如塞伦赛斯特、约克、伦敦）。不列颠行省境内异邦城镇的数量和密集程度都低于在非洲、高卢、西班牙的发现，而且异邦城镇提升为自治城镇和殖民城镇的机会要少很多。

在这三个级别之下还有其他的聚落，人们通常也称之为城镇。

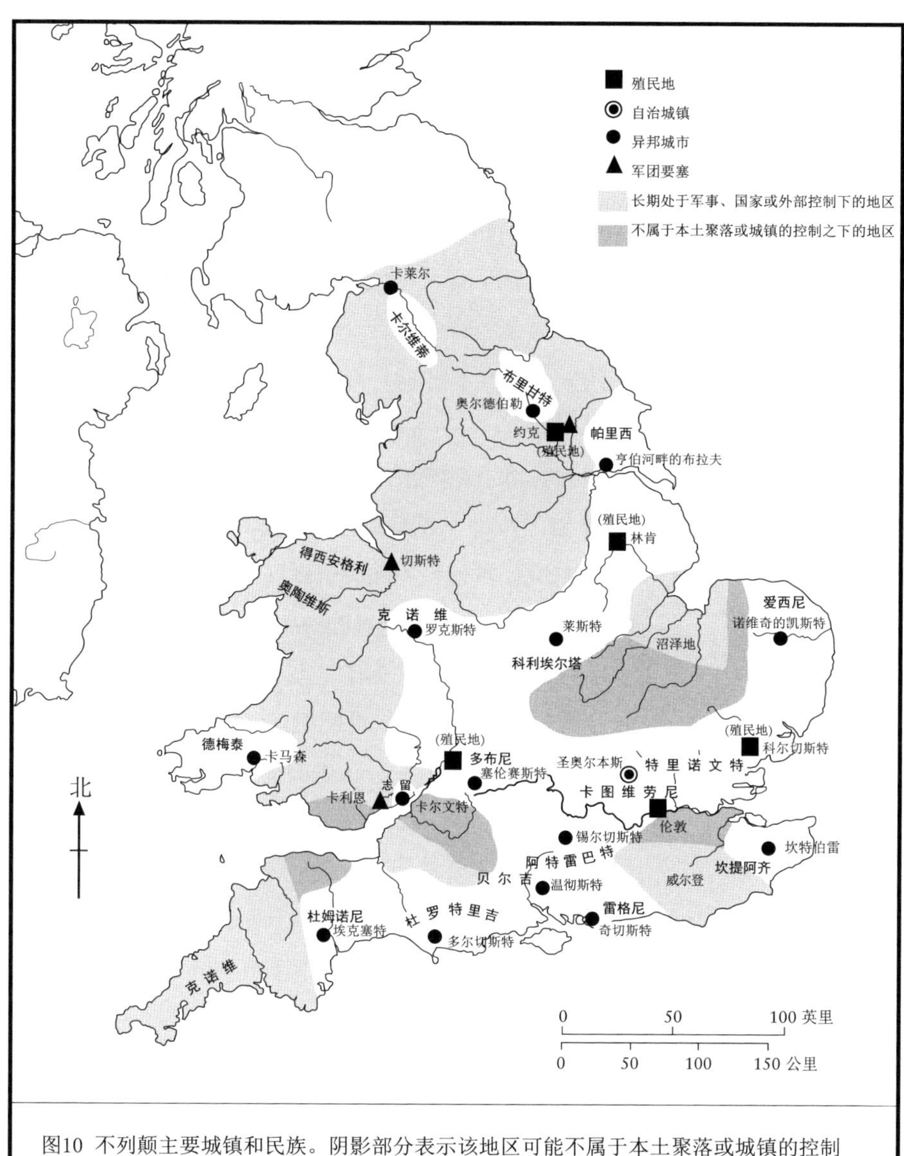

图10 不列颠主要城镇和民族。阴影部分表示该地区可能不属于本土聚落或城镇的控制之下

这些小型城镇数量巨大且较多样，将在本章最后详细解释。其中至少有一些在行政上是从属于大型城镇的，并与之有密切的联系。那时大概有超过 100 个城镇化的复杂多样的小型聚落和村庄，但目前还没有区别城镇与非城镇的公认标准（见图 11）。大小型城镇的主要区别在于是否建有正规的道路网络系统和广场 / 会堂建筑群。然而一些所谓的小型城镇也配备了与大型城镇类似的防御体系，而且从规模上看，两种类型的城镇还有所重合。大型城镇的封闭区域从 128 公顷（伦敦）到约 6 公顷（卡马森），而小型城镇则为约 18 公顷（沃特牛顿）到约 1 公顷（Cave’s Inn）。

我们对罗马不列颠时期的城镇所知极其有限，因为这些古代城镇都发展成了现代城镇。当时不列颠行省境内大约 2/3 的大型城镇后来成为现代城镇的基础，其他乡村和临近地区的石材也被用作城镇的建材。目前研究程度较深的是锡尔切斯特的一片绿地，但随着挖掘的深入，人们对 100 多年前发掘得出的图景的准确性以及该遗址是否具有代表性都产生了怀疑。20 世纪掀起了一股圣奥尔本斯研究潮，人们发现之前的研究并不充分，进而彻底颠覆了之前的印象。城镇规模较大——在不列颠大概是 40 公顷——导致从一小部分样本中总结出整体规律并不容易。从现代城镇之下进行深入分层挖掘则更加困难，因为挖掘地点完全是由开发者们选择的，专业研究人员无权过问。将来在英国任何城镇的挖掘都可能彻底改变人们的看法。

《安敦尼行程指南》展现了不列颠行省完备的基础设施状况，与其鲁莽地说这些计划本来就十分周全，不如说这是长期决策和协商的结果（这种设想显然更加合适）。伦敦是发达的行政网络核心所在，但很明显在公元 43 年罗马人入侵之后，伦敦才拥有了这

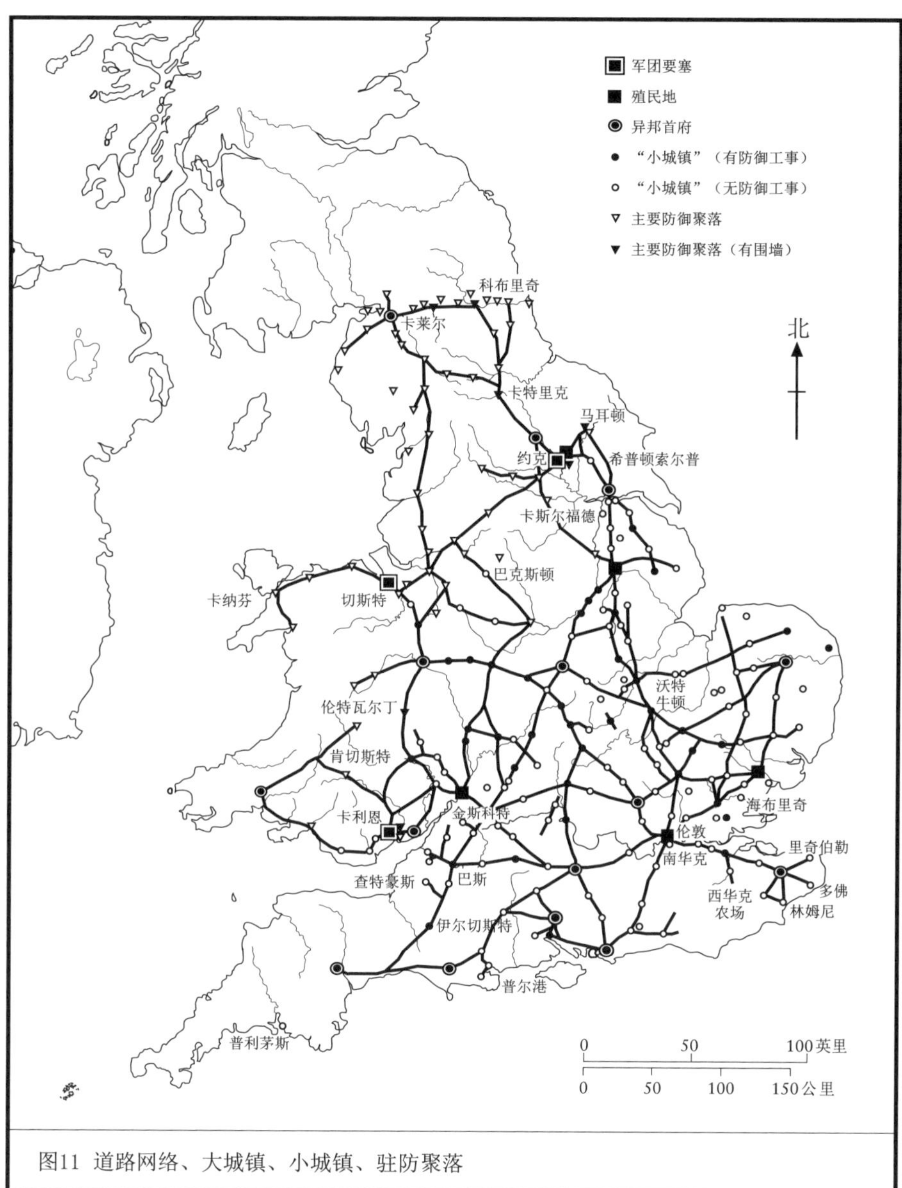

图11 道路网络、大城镇、小城镇、驻防聚落

样的地位。塔西佗在公元 60 年写道：“（伦敦）商贸发达，闻名天下”，但据资料显示约公元 50 年之后伦敦才有人定居。目前没有任何证据能说明公元 60 年前伦敦已经成为不列颠行省的政治中心。不列颠总督克拉斯西亚努斯（Classicianus）在公元 60 年代中期被葬于伦敦，说明他至少是居住在此地管理行省事务的，很多人认为在布狄卡起义之后，不列颠行省政府就从锡尔科尔切斯特迁移到了伦敦。另外我们也不能确定那时就已有了民政的概念。因此以伦敦为中心的行省行政体系应该是弗拉维王朝时期的产物，约公元 70 年时伦敦建起了第一个木质圆形竞技场。公元 1 世纪晚期，帝国于克里普盖特修建了第一座堡垒，供那些担任总督保镖的退伍士兵居住。

不列颠行省早期的道路网络与以后的道路网络还是有区别的，因此我们可以看出英国南部有与伦敦地位类似的城镇，例如建有堡垒 / 殖民城镇的锡尔科尔切斯特和建有堡垒的奥尔彻斯特。后者的状况很有趣，因为那里随后的小城镇都是模仿堡垒的体系而建设的，而对于大城镇周边的小城镇，这种情况并不多见。所以这里很可能曾被规划为异邦城镇（很可能是为在英国东部的多布尼人分支规划的），但因为某种原因废弃了计划。罗马帝国显然可以在合适的时机剥夺被征服者的“部落”身份，例如公元 1 世纪晚期科吉杜努斯王国被并入不列颠行省之后，罗马人在其人口（包括贝尔吉人、阿特雷巴特人和雷格尼人）中至少分立了 3 个异邦城镇。奥尔彻斯特并没有出现在《安敦尼行程指南》中，说明当时这里还不是大型城镇。罗马帝国在这里建立交通枢纽计划的失败，至少有一部分是因为伦敦作为要津的崛起。不列颠行省境内很可能还有异邦城镇规划搁浅的案例，尤其是在弗拉维王朝早期。

科吉杜努斯王国作为帝国附庸国时的自治程度也鲜有人研究。在罗马人入侵之后数年内，科吉杜努斯很可能并未对罗马皇帝称臣。塔西佗在记录科吉杜努斯与欧斯托琉斯·斯卡普拉的会面时写道:

> 不列颠距离帝国最近的地方开始慢慢形成一个行省，这同时也是一个退伍士兵聚居区。科吉杜努斯王获得了一些领地，在我们的年代，他对帝国忠心耿耿。

这说明在约公元 50 年前，科吉杜努斯王国的大片土地还未被瓜分。当时奇切斯特和附近菲什本的大量军事建筑也可以说明这一点，虽然阿特雷巴特地区的缓慢交接程度与其和平接受（如果不能用欣然接受的话）罗马统治的观点略有冲突。虽然有的地区没有大型卫戍部队驻扎的证据，但征服之初很可能是有军队驻守的。

城镇的起源及其早期发展

如今关于罗马时期不列颠城镇起源的争论共有两个焦点。第一，很多地方已经发掘出大量铁器时代晚期证据，其中一些形似早期的奥皮达。第二，公元 1 世纪晚期及 2 世纪的城镇布局有很强的早期罗马军事风格。在研究城镇起源时，研究者们对于两种因素的侧重不一。现在公认的观点着重强调城镇形成过程中当地居民的作用，否认军事监管和军事因素起到了决定作用。这些“原住民决定论”者很赞同铁器时代晚期专家们的看法，而一些罗马主义者则认为这些历史修正主义式的看法过于无视了罗马帝国的力量。两派的争论点在于国家组织形式（罗马帝国的行政要求）和载体（不列颠行省当地的反应）。

而当时的事实很可能比如今专家们的认知要微妙得多。一方面，罗马帝国本着分割地方政府权力的原则，把不列颠行省内的城镇分类，并据此赋予不同的行政级别和实际职能（见表9）。罗马征服后的第一代本地居民的社会政治倾向会影响帝国的决策，是对该城镇进行干预还是任其发展：罗马帝国在面对罗马城镇殖民者和英国北部原住民时也持不同态度。不列颠民族是在何种情况下投降，或承认罗马帝国宗主国地位，以及以上行为的快慢，都会影响到帝国赋予其初始地位。一个部落越顽固反抗，被征服后所受的军事监管力度可能就更大。罗马帝国在公元43年入侵不列颠，但对一些原住民聚居点的军事占领明显相对简短，这里的城镇化进程在公元50年代就开始了，而其他地方却长期被帝国只用作军事基地。

附庸国统治者在一些城镇的早期发展中扮演了重要角色。在铁器时代，锡尔切斯特、温彻斯特、奇切斯特当地以及三地周边的不列颠南部小城镇，都被划归由科吉杜努斯管理，并都显示出了城镇发展的早期迹象。科吉杜努斯很可能在罗马待过一段时间，见识过标准的罗马城镇。但他见过的都是罗马类型的城镇吗？从奇切斯特挖掘出的一些铭文资料就能看出，科吉杜努斯治下的城镇展现了他对“罗马”城镇的理解。根据奇切斯特一座供奉尼普顿和密涅瓦的神庙中发现的弗拉维时期之前的献祭石刻铭文记载，这座神庙是以科吉杜努斯王之名，在一个人称普登提努斯之子的人捐献的土地上，为了罗马皇室的福祉，由当地工匠协会（*collegium fabrorum*）修建的。另外一块尼禄皇帝时期的献祭石板则确定来自奇切斯特中心地带的一块纪念碑。这些篆刻在波倍克大理石上的献词都证明了这里于公元 50—75 年修建了砖石建筑。另一方面，研究显示奇切斯特道路网的修建日期不早于公元 70 年代，这有力地证明了罗马帝国征服的影响。这些早期建筑很可能是科吉杜努斯王国核心地区神庙建筑群的一部分，但那里也并未具备城镇的各类重要特征。

表 9　标准罗马不列颠城镇的考古现状（排除掉了大部分所谓“小城镇”）

古代名	现代名	城市类型	面积（公顷）	罗马入侵前铁器时代	罗马堡垒	公共建筑
Camulodunum, *Colonia Victricensis*	科尔切斯特	殖民城镇（退役士兵）	47	附近有奥皮达	军团要塞早于城镇	神庙、剧院、环形广场
Lindum	林肯	殖民城镇（退役士兵）/ 公元 4 世纪行省省会	40	附近有其他聚落	军团要塞早于城镇	广场 / 会堂建筑群、神庙、浴场、排水沟
Glevum, *Colonia Nervia Glevensium*	格洛斯特	殖民城镇（退役士兵）	19		军团要塞早于城镇	广场 / 会堂建筑群、神庙、浴场、排水沟
Eburacum	约克	殖民城镇（光荣授予）/ 公元 3 世纪行省省会	40		军团要塞与城镇同时存在	广场 / 会堂建筑群、神庙、浴场、排水沟
Londinium, *Augusta*	伦敦	疑似殖民城镇（光荣授予）/ 行省省会	128		军团要塞早于城镇 / 与城镇同时使用	广场 / 会堂建筑群、神庙、浴场、环形广场、排水沟

（续表）

Verulamium	圣奥尔本斯	自治城镇	79	当地有奥皮达	城镇建成之前可能有堡垒	广场 / 会堂建筑群、神庙、浴场、剧院、市场、排水沟
Isaurium Brigantum	奥尔德伯勒	异邦城镇	22	附近有其他聚落	城镇建成之前可能有堡垒	浴场
Petuaria Parisiorum	亨伯河畔的布拉夫	城镇 / 疑似异邦城镇	6		堡垒早于城镇	剧院
Venta Silurum	卡尔文特	异邦城镇	18		城镇建成之前可能有堡垒	广场 / 会堂建筑群、神庙、浴场、圆形露天竞技场、排水沟
Venta Icenorum	诺维奇的凯斯特	异邦城镇	14		城镇建成之前可能有堡垒	广场 / 会堂建筑群、神庙、浴场、圆形露天竞技场、排水沟
Durnovernum Cantiacorum	坎特伯雷	异邦城镇	52	当地有奥皮达	城镇建成之前可能有堡垒	广场 / 会堂建筑群、神庙、剧院、浴场、排水沟
Luguvalium Carvetiorum	卡莱尔	异邦城镇	28		堡垒早于城镇	剧场
Moridunum Demetarum	卡马森	异邦城镇	6		堡垒早于城镇	浴场、排水沟
Noviomagus Reginorum	奇切斯特	异邦城镇	39	附近有奥皮达	堡垒早于城镇	广场 / 会堂建筑群、神庙、浴场、圆形露天竞技场
Corinium Dobunnorum	塞伦赛斯特	异邦城镇 / 公元 4 世纪行省省会	88	附近有奥皮达	堡垒早于城镇	广场 / 会堂建筑群、神庙、浴场、圆形露天竞技场、市场

（续表）

Durnovaria Durotrigum	多尔切斯特	异邦城镇	33		附近有山堡	广场 / 会堂建筑群、圆形露天竞技场、排水沟
Isca Dumnoniorum	埃克塞特	异邦城镇	36		军团要塞与城镇同时存在	广场 / 会堂建筑群、浴场
Ratae Corieltauvorum	莱斯特	异邦城镇	48	当地有其他聚落	堡垒早于城镇	广场 / 会堂建筑群、神庙、浴场、市场
Calleva Atrebatum	锡尔切斯特	异邦城镇	42	当地有奥皮达	城镇建成之前可能有堡垒	广场 / 会堂建筑群、神庙、浴场、圆形露天竞技场、排水沟
Venta Belgarum	温彻斯特	异邦城镇	55	当地有奥皮达	城镇建成之前可能有堡垒	广场 / 会堂建筑群、神庙
Viroconium Cornoviorum	罗克斯特	异邦城镇	77	附近有山堡	军团要塞与城镇同时存在	广场 / 会堂建筑群、神庙、浴场、排水沟、市场
Lindinis	伊尔切斯特	疑似异邦城镇	10	附近有奥皮达	堡垒早于城镇	
Coria	科布里奇	疑似异邦城镇	15（?）		堡垒早于城镇	神庙、浴场、排水沟
Durobrivae	沃特牛顿	城镇 / 疑似异邦城镇	18		堡垒早于城镇	剧院

在锡尔切斯特，我们可以很明显地看出，约公元前 50 年（铁器时代晚期）建立的城镇是以一些大路的交会点为中心按某种规律修建的。这些大路的方向与之后帝国修建的道路网络成对角线分

布。虽然深入研究发现锡尔切斯特的总体规划有些异常，但人们通常都把这里视为罗马不列颠时期城镇规划的典范。这里相当多的石头建筑距离道路网络较远，一些道路的走向也很奇怪。这说明了即使在罗马帝国征服之后建立了垂直的道路网络，那些最早修建的道路布局仍然影响深远。锡尔切斯特西北区域“四号公寓”项目（Insula IX）挖掘出的证据显示，一些高大的建筑不仅距离帝国建设的道路较远，而且其中一部分直到公元3世纪还经历了不断的重修。这里一座弗拉维时期广场下还有围绕庭院修建的大型木结构建筑残留。这座克劳狄王朝时期的建筑虽然用途不明，但已出版的研究报告称之为早期圆形剧场。这座建筑修筑时这片区域还属于附庸国，表现出了稍后时期罗马城镇南北东西垂直走向的特征。锡尔切斯特还有其他弗拉维王朝之前的典型建筑，包括一座浴场，以及有铭文记载但现已消失的一系列尼禄时期皇家建筑。但我们可以确定锡尔切斯特在公元初世纪的60年代之前拥有一座或多座瓦屋顶建筑。这里的圆形露天竞技场始建于公元初世纪的60—70年代，对于一个普通城镇来说非常之早。这里的道路网络很可能是弗拉维王朝时期重建的，木结构建筑群则约在公元85年建成。圆形剧场与南北向道路网络稍稍偏离，说明这座弗拉维时期的剧场/会堂是在罗马征服之前修建的。从剧场延伸出来的主路向东通向一片宗教活动区域，其中有两座罗马－凯尔特神庙。从伦敦通往这里的大路绕过了这里，这块土地的重要性不言自明。

是什么导致了锡尔切斯特的发展？这是一个具备各种特点的复杂“城镇”，包括罗马式的纪念碑和被征服前修建的其他功能性建筑，但在弗拉维时期之前，这里缺少关键的行政办公建筑和总体的合理规划。一切都显示出这是一个附庸国国王的试验品，该国王熟知罗马社会，但在自己的领地内却实行着另一种统治规则。在锡尔切斯特挖掘出了很多金属制罗马军事用具，但其背后的意义暂时不得而知。

圣奥尔本斯附近也有一处奥皮达遗址（这处遗址中一片较大的圈占地后来被一个广场所取代）。这里没有明显的军事占领迹象，在临街面有很多公元 50 年的木结构建筑。公元 55 年左右被掩埋的愚人巷为我们提供了新的角度。被罗马帝国征服后的几年内，这里很可能由一名被帝国信任的不列颠酋长所统治。圣奥尔本斯发展早期的建筑工程并没有受到军事因素影响，而是由高卢工匠们参与其中。愚人巷的圈占地在被掩埋后建起了一座罗马－凯尔特神庙，这些工匠修建的城镇道路都要经过此处。在这里，城镇发展的起初阶段也有显著的罗马和非罗马因素混合的奇妙特色。

虽然相关证据并不多，但人们认为坎特伯雷是城镇早期发展的另一处代表。斯陶尔河的转弯处在铁器时代晚期有人口居住，但是在罗马帝国征服后的数十年内，这里看起来并没有太大变化。这里的道路网络有些不规律，可以看出经历了不同的发展阶段（大概以公元 1 世纪晚期为始），并且以一个至少建有两座罗马－凯尔特神庙的梯形状宗教圈占地为中心。证据显示，这里在约公元 80—100 年之前并没有很大的发展，而且一部分道路网络沿多弗路走向，而非大多人预想的里奇伯勒路，因为里奇伯勒路直接斜指向城镇的中心——宗教圈占地。现今的地图已经不能用罗马城镇发展的传统视角来解读了，早期的道路更像是延续了铁器时代居民围绕宗教建筑进行规划。同样也有证据显示，直到公元 1 世纪晚期这里才有正式的异邦城镇。

科尔切斯特的城镇模式则完全不同。罗马人在这里修建了一座军团要塞，并在东部王国的一座奥皮达满是工事的广阔区域修建了一座堡垒，特里诺文特部落显然在被征服后处于罗马帝国的全面军事监管之下。罗马帝国为了继续向西扩张，在约公元 49 年调走了这里的驻军并留下老兵建立了殖民地，此时城镇核心的建设才真正开始：殖民者重新启用了之前的军团要塞，并摧毁了东部的防御设施，为罗马皇帝克劳狄建立了巨大的神庙，开辟了大片公共区域。当地的居民还包括布立吞人（不列颠原住民），他们被迫出资出力建设城镇。在这被迫进行并受到严密管制的城镇化过程中，特里诺文特部落态度显然并不积极，随后他们与爱西尼人联合发动了布狄卡起义，将这里洗劫一空。罗马人重建被毁城镇的同时也惩罚了特里诺文特人（这在不列颠东南部的大型部落中很少见），不允许他们拥有独立的异邦城镇。罗马人在这里重新建立了殖民城镇，并出乎寻常地在公元 1 世纪晚期就建设了充足的公共设施，包括英国境内目前已知的唯一的战车竞赛环形广场。

另外两处退伍军人聚居区于公元 1 世纪末在林肯和格洛斯特建立，这两处与科尔切斯特一样，都是利用废弃军团要塞建立起来的。科尔切斯特在不列颠行省早期的和平化和城镇化进程中具有战略意义，而前两者则是不断扩大的帝国版图中城镇化进程的结果。帝国虽然在科尔切斯特投入了很多资本来修建壮丽的神庙建筑群，但仍然有人（至少是原住民）居住在从前修筑的偏远要塞的营地内。格洛斯特早期的建筑具有简朴实用的特点，也利用了一些之前修筑的军事建筑。林肯的城镇是在公元 1 世纪晚期建立的，随后的几年内并没有开始修建石头圆形剧场，而是利用一片开阔地或木结构建筑来勉强应付。有观点认为罗马殖民城镇是为了宣传罗马帝国的城镇政策而修建的，但有些殖民地显然没有成为这方面的典范。

林肯的城镇更像是简陋版本的退伍士兵殖民地。另一方面，在这些地方针对神庙建造和罗马帝国形象的投入往往是优先的。在林肯和格洛斯特的殖民地挖掘出了英国目前唯一的骑兵铜像群的一部分，这些铜像应该是仿照历代罗马皇帝形象制作的。而从塞特福德附近阿什希尔的爱西尼部落遗址也发现了同属这一铜像群的铜像，应该是在布狄卡起义中从科尔切斯特掠夺而来的。

很多本土异邦城镇的发展模式与之前提到的类似。埃克塞特和罗彻斯特都是以被废弃的军团要塞为基础形成的，这些遗址附近的道路在原先要塞周围道路的基础上延伸开来。这样就很容易得到一个结论，即这些城镇是罗马帝国征服之后征用本地城镇的土地而建立起来的。埃克塞特有一座现已不复存在的军人浴场，就是为了建设广场而摧毁的（广场起初可能是木质的，公元 2 世纪时就都由石头制成）。罗彻斯特也有类似的现象，当地一座建于公元 2 世纪的石头广场之下有一座未建成浴场的遗迹（其具体年代未能确定）。在这些案例中，罗马帝国蓄意摧毁了一些还可使用或利用的军事建筑，并对当地城镇的规划进行了改进。

至于其他大城镇，有些确定受到军事活动的影响（如塞伦赛斯特、卡马森、亨伯河畔的布拉夫、卡莱尔、约克），有些则不确定（如坎特伯雷、莱斯特、卡尔文特、诺维奇的凯斯特、多尔切斯特、奥尔德伯勒）。优先考虑罗马政治地理的城镇选定模式并不适用于这些大城镇（虽然坎特伯雷和莱斯特是例外）。罗马帝国通过武力征服或不列颠人投降而获取的巨大权力在重新划分当地版图的过程中至关重要，这正好满足了帝国建设新交通网络的需求。但建设过程既是有序的，又没有沿用之前的任何社会政治架构。我们不能小觑铁器时代晚期政治结构在罗马帝国的作用及其最终满足行政需求、推动城镇化进程的效率。那些认为罗马帝国在被征服地区的城镇化是毫无章法的观点是错误的。在莱茵河畔的瓦尔德基尔梅斯发现了一座奥古斯都时期的城镇，专家研究后发现在一些异邦城镇的早期发展阶段，军事占领有很大的影响。城镇发展是一种活跃的双向互动，其中的罗马帝国一方在必要时会使用强制手段。如此一来，继续拥护城镇化是由帝国单方面施加于“落后”的布立吞人的观点就很愚蠢了，但若忽视帝国在早期异邦城镇发展中的干预，也是短视的观点。在公元 1 世纪大部分时间内，军事和民政的区别并不清楚，也很难对两者加以区分。而在布狄卡起义发生之后，罗马帝国就更没有理由相信被征服的布立吞人了。

在早期城镇中，伦敦是最与众不同的：这里的发展看起来并非由政治驱动的。很多专家认为，虽然之前帝国可能将伦敦规划为泰晤士河上的安全渡口，但这里却是作为贸易中心发展起来的。伦敦有早期军事行动的迹象；如果联系到公元 50—55 年早期城镇发展的主要阶段，可以推想伦敦可能是一个补给基地。泰晤士河是铁器时代晚期各部落的分界线，不受任何一方控制，也就成了理想的贸易渡口（虽然有证据显示，在当时没有任何地位相当的其他地点）。根据塔西佗的记录，在布狄卡起义时期，伦敦有很多商人。伦敦当地有很多罗马公民（很可能是“罗马公民聚集地”），因此伦敦也应该享有特殊的地位。这种情况在罗马帝国西部很常见，并常常被列为典型的罗马城镇。

同样地，在伦敦的早期发展中，我们也不能忽视帝国的角色及其需求。伦敦是航路和陆上交通的交会处，罗马帝国本计划将伦敦建设成军队的物流和行动基地。塔西佗的记录并没有告诉我们公元 60 年代不列颠行省真正的首府是科尔切斯特还是伦敦（只是模糊地暗示了伦敦的地位)。然而考古证据显示，伦敦在布狄卡起义前是沿着泰晤士河岸向南北方向发展的。北岸人口集中在河边、渡口，以及两条大致平行的街道上。南岸有一个大概 12 公顷的聚落，坐落在河流南岸的两座潮汐岛上，这里相对安全，在发展早期可能是官员们居住的最佳地点。在南岸区发现了很多罗马军事装备和货币，更显示了帝国士兵常驻的可能性。虽然在这里并没有发现堡垒的遗址，但北部地区南端一条军事风格的排水沟却也是有力的证据。临河地区有一些布狄卡时期之前和弗拉维时期的砖石建筑遗迹，规模很大。不列颠的财政官很可能曾在这里工作，当时肯定有大宗进口货物在这里流通。南华克的其他大量装饰豪华的建筑是公元 2—3 世纪修建的，其中一座建筑中发现了有关负责修建的军团分遣队的记载。根据现有证据，军团士兵有时会参与民用建筑的修建，但绝大多数情况下只修建军用建筑和办公建筑。因此南华克的核心区域很可能修建过办公建筑群。

伦敦主要在泰晤士河北岸发展，后来在这一侧修建的防御建筑占地 128 公顷，这个数字是不列颠行省境内后来建立的最大城镇面积的 1.5 倍，也是平均城镇面积的 2—3 倍。伦敦比其他罗马-不列颠时期的城镇更早地修建了更大规模的公共建筑，这一点同样不同寻常。伦敦在公元 2 世纪早期就修建了巨大的广场和会堂，表明伦敦地位很高，或许是光荣的殖民城镇。弗拉维时期伦敦已经修建了第一座广场和会堂，那时就很可能是自治城镇了。在弗拉维时期之前，军队占领的主要是在河流交汇处北边的地区，沿道路向西直线延伸直到沃尔布鲁克河。伦敦并没有关于早期军事要塞的证据，虽然在阿尔德盖特地区很可能有军事壕沟。伦敦在早期阶段比较突出的特点是进口货物数量大，种类多，制造业规模大，货物储存量大。很显然，早期伦敦扮演着转运城镇的角色。

有越来越多的证据表明，公元 1 世纪后期已经有罗马官员在伦敦办公（起码一年中有一段时间）。伦敦出土了带有不列颠行省地方财政官办公室的瓦片和写字板，说明财政官曾在此办公。另外还有明确证据显示，在约公元 100 年时伦敦曾有帝国奴隶。文多兰达要塞的石板有关于派遣士兵去修建克里普盖特堡垒的记录。也有证据显示，总督一个下属来到了伦敦，这是对借调到总督府邸服务的士兵的众多墓志和雕塑证据的补充。文多兰达要塞的证据也凸显了行政档案的需求——无论总督和财务检察官如何游手好闲，他们的下属也都需要一个总部。

弗拉维时期伦敦还建立了一个额外的行政办公室，供法律专家或委任法官使用。委任法官实际上是总督助理，早期担任这一职务的人如 C. 塞尔维尤斯・利贝拉里斯（C. Salvius Liberalis）和 L. 雅沃勒努斯・普里斯库斯（L. Iavolenus Priscus）显然已经到了高级元老级别，他们指挥军队并有一定的执政权。稍后的继任者们职位稍低，且是不定期由帝国任命的（可能是在总督长期征战时）。实际上，阿古利可拉因在不列颠北部长期征战而长期缺席，被认为是公元初世纪 70—80 年代民政加强的关键因素。但很显然这段时间也是行省范围不断扩大的时期，包括对科吉杜努斯王国的兼并和对其他不列颠境内城镇的划定。这些官员和办公处都需要办公设施，即使考古学家们过于急促地将伦敦所有大型建筑群都打上“总督宫殿”的标签，我们也无须置疑这里确实曾经住过很多高级官员。公元 1 世纪晚期之后，行省政府就成了城镇内显眼的建筑。即使当行省在行政上被细分之后，伦敦也一直处在高级地位，并很有可能是公元 4 世纪不列颠总督的所在。

极少数状况下，罗马帝国会因新建行省军事部署和经济贸易发展而设立新城镇。罗马帝国选择交通要点来建立异邦城镇和殖民城镇，这些城镇通常以铁器时代城镇或罗马要塞为基础，或于附近选址，在征服初期和平化与整合阶段，罗马帝国曾利用这些城镇和要塞来监管当地人。驻军向城镇转移可以理解为原住民响应罗马政府的决定，搬迁到别地居住。我们同样应该注意到，通过自我调节由军事统治转化为民政是一个相当漫长的过程。在解除军事管制之后的数年内，当地很可能还有军队驻扎；相反地，在土地没有脱离军事控制之前，道路网是不太可能被修建的。

罗马时期不列颠城镇的起源和后续发展通常都有阶段性划分：克劳狄奥－尼禄时期起建的包括科尔切斯特、伦敦、坎特伯雷、圣奥尔本斯、奇切斯特、锡尔切斯特、温彻斯特；弗拉维时期继续兴建的城镇，包括诺维奇的凯斯特、塞伦赛斯特、多尔切斯特、埃克塞特、莱斯特、罗彻斯特、林肯、格洛斯特；哈德良时期则发展了卡尔文特、卡马森、亨伯河畔的布拉夫、奥尔德伯勒。以上现象在地理上呈现为从英国东南方向聚居点向外扩散的城镇化浪潮，覆盖了中部地区、威尔士边界地区以及西南地区，最终延伸至南威尔士和英国北部的哈德良长城脚下。这种模式有些过于强调统一规范化，而非将城镇化发展视为一个不断发展的过程。人们很容易认为，城镇化的最终模式在其早期阶段就已定型，故以后也不会出现错误的苗头。另一种视角是从罗马帝国和不列颠人民之间的谈判来进行观察。如果按时间顺序划分，城镇化初始阶段（43—70）城镇数量并不多，而且多是混合形式。除科尔切斯特之外，其他城镇可能不处于帝国直接管辖之下，如由附庸国国王管理（奇切斯特、锡尔切斯特、温彻斯特），由部落首领管理（圣奥尔本斯、坎特伯雷），抑或由罗马公民或官员管理（伦敦）。弗拉维时期出现了很多广场、道路网，标志着开始向传统城镇政府的转变。接下来的30年，一些城镇的发展相对较慢，直到公元2世纪建设了更多的砖石结构公共建筑，城镇设施才丰富起来。

科尔切斯特、圣奥尔本斯和伦敦的主要早期城镇遗址大约起源于同一时段（49—50），但是始于三次不同的谈判：分别是与经验丰富的殖民者和特里诺文特人、卡图维劳尼族的附庸领主，以及商人。奇切斯特、锡尔切斯特和温彻斯特应该是在同一次谈判中划定的，但这三地又有截然不同的历史。在弗拉维时期之前，这些地方都没有发展出典型的罗马城镇，虽然在其他行省（比如高卢），城镇早期阶段的痕迹也非常难以找寻。尽管如此，将大片土地划分给亲罗马的附庸者这一行为，至少可以证明与不列颠方面的谈判是持续且成功的。

得益于在圣奥尔本斯的发掘工作，我们才得以一窥弗拉维时期规模巨大的扩张和城镇发展：当地挖出了公元70—80年偏后期的一座石头广场，为塔西佗这段广为援引的话提供了现实图画：

> 这些人向来孤立无知，凶狠好斗，但阿古利可拉不得不与他们打交道；他想通过提供便利的设施，引导他们过上和平安宁的生活。因此他自己出力，加上帝国的支持，建设了寺庙、公共广场和坚固的房屋。他奖赏勤劳之人，责罚慵懒之辈；事实证明，争取荣誉与强制手段都是有效的方法。

然而自20世纪30年代的早期发掘开始至今，圣奥尔本斯的历史先后进行了三次重大修订。早期军事占领阶段现在备受怀疑，卡图维劳尼人的影响则更为显著；圣奥尔本斯更像一个新型的不列颠聚落，包括一些新颖的建筑，例如在布狄卡起义中被摧毁的商店和工坊。相比之下，布狄卡人摧毁的“罗马式”建筑就相对较少了。同样地，这里恢复重建的过程也较为漫长，在公元 75 年之前几乎没有关于重建的记载。圣奥尔本斯重建之后的面貌与之前截然不同：修建了有规划的街道网络，广场 / 会堂建筑群——似乎是为了标志该地作为自治城镇的重建？新的发现表明圣奥尔本斯在布狄卡起义时可能并不是自治城镇，塔西佗表述中的暗指显然已经过时了。弗拉维复兴时期帝国的控制力度减小，以河岸和沟渠为界的网格化区域约有 48 公顷。在公元 1 世纪末，这里已经有饮用水供应、公共浴场、市场大厅，而第一个剧场则到公元 140 年才建成。

随着许多石头建筑的修建日期被重新确定 / 发现其木质的前身（就如锡尔切斯特的弗拉维广场），弗拉维时期相对其他时期更繁荣的观点逐渐受到了质疑。在大多数情况下，弗拉维时期采取的初步措施（如铺设道路网络）似乎直到 30 年后才投入使用。图拉真 / 哈德良时期在很多地方的发展历程中显得十分重要。比如罗克斯特，公元 130 年修建了石头广场和会堂，标志着艰难起步的城镇建筑活动开始重新兴起。实际上，我们可以更加清楚地看到，很多其他城镇建立后的发展十分缓慢。有迹象表明，很多城镇的会堂、公共浴场等重要设施是在公元 2 世纪中叶才修建完成的。

因此除了科尔切斯特的退伍军人聚居区之外，早期城镇的发展通常都是混合形式的，反映了军团铁蹄踏过后的土地的短期安置情况。将不列颠东南部的城镇转变为以罗马式城镇规范化自治的证据都是弗拉维时期的。奇切斯特、锡尔切斯特和温彻斯特被并入不列颠行省后就开始了这种转变。圣奥尔本斯（或许还有伦敦）作为自治城镇的重塑似乎可以追溯到公元初世纪 70 年代早期，与坎特伯雷、诺维奇的凯斯特，以及其他一些可能地点的首个道路网络的建设几乎同期。其确切日期并不能精确定位，应该是分阶段发生的。而阿古利可拉北征结束，就有了非常先进的时间进度记录。林肯的殖民城镇标志着弗拉维晚期（图密善时期）文明统治的延伸，我们也有理由认为莱斯特和塞伦赛斯特周边的异邦城镇是在同期建立的。莱斯特的道路网络似乎建立于公元 100 年，在塞伦赛斯特发现的证据也指向了公元 1 世纪晚期。当然，这些在公元 1 世纪晚期被启用的道路网络很可能在当地被划定为异邦城镇之前用作民用。事实上在被罗马征服之后，莱斯特铁器时代圆屋就被各式各样的直线建筑取代了，其中至少有一座大型石头建筑是靠近广场的，但与稍后的道路网络并不平行。如果莱斯特和塞伦赛斯特是从约公元 100 年才成为城镇的（这同样可能符合其他弗拉维异邦城镇，如多尔切斯特、埃克塞特、罗克斯特），那么在帝国建设之前的道路网络和广场建设活动是什么样子的呢？这仍然是一个问题。

罗马不列颠城镇有什么外在特征？这是个很重要的问题，因为在一些专家的眼中，这与城镇地位有关。不列颠城镇是否必须具有特定类型的建筑才能被视为完全的城镇化？我们可以看看西罗马城镇的典型特征：规划齐整 / 网格式的布局；广场 / 会堂建筑群；古典风格的寺庙；其他罗马式的建筑；剧场、圆形竞技场和战车竞赛环形广场；公共浴场；输水管道和下水道，标志着用水得到了改善；拱门 / 大门和城墙；有序的城镇公墓，等等。一个明显的问题是，这些建筑中有很多特殊变种。此外，城镇设施的建设过程往往很漫长。

罗马帝国不情愿自费修建城镇设施，因此基础设施修建的范围和速度反映了帝国对当地的投入程度。总体来说，不列颠大城镇最后都可能拥有以上提及的建筑，因为这是罗马城镇诸多特点中的一部分。然而，罗马不列颠城镇发展一般都比较迟缓，一定程度上反映了不列颠异邦城镇缺乏资金来建设全套的罗马式基础设施（无论是因为缺少资产还是社会偏好）。虽然考古证据还存在很多不足，但如表 9 所示，用比较规范的城镇标准来看，只有少数罗马不列颠城镇配备了除基础的公共建筑之外的设施。

以上现象的关键在于不列颠公共建筑是由谁出资修建的。我们找不到理由相信罗马军团提供了大量的帮助（除了在殖民城镇和伦敦之外）。专家对不列颠挖掘出的装饰性建筑石雕进行了分析，发现殖民城镇和其他城镇之间的显著差异，也印证了这个说法。普通城镇与高卢北部城镇的建筑风格更加类似，这表明当时的工匠是从高卢地区来的，而非从军团中调配而来。不同城镇的观赏性石雕有很多共同之处，表明它们出自流动性较强的工人之手。

行省省会可能通过帝国国库或由慷慨的帝国官员倾囊相助来获取资金（伦敦在公元 2 世纪修建的巨大广场 / 会堂就是很显著的例子——尽管其耗时多年才完工）。但我们也有理由怀疑帝国国库是否会经常因这种理由大开方便之门，特别是针对异邦城镇。公元 1 世纪后期，里奇堡竖立了一座大理石覆盖的巨大拱门——可能是为了纪念图密善完成了对不列颠的征服——十分雄伟，必定是帝国主持的工程。里奇堡当然不是异邦城镇，但却是进入不列颠的重要港口，因此在这里修建这样的纪念建筑也很合情合理。大多数城镇的建设资金来自当地望族的支持，以及从其他渠道吸收的资金。然而因为大部分罗马不列颠城镇的级别都要低于自治城镇，它们本可以从公职人员的固定收入中获取部分利益（在所有的不列颠城镇中都缺少高级规格住房，这也显示了其议会规模较小）。原则上，行省的精英可以参与帝国治理来巩固自己的社会权力。传统的不列颠地图展示了异邦城镇所占面积较大，当地精英很可能主导甚至垄断当地的剥削活动。但相关证据却显示出了相反的现象，本书的一个关键观点是，当时不列颠城镇的面积要比现在公认的面积小得多。

广场/会堂建筑群是罗马城镇的心脏，有令人敬畏的建筑和广阔的空间，供集会、公共事业、司法和行政使用。除殖民城镇之外，不列颠的广场都具备一个特点，即缺少祭祀朱庇特、朱诺、密涅瓦的神庙（其他古典的集体神庙也一样）。罗马会堂大厅和柱廊广场的布局与军事总部建筑的规划有一定相似之处，但现在人们普遍认为这种相似性并不能说明民用建筑受了军事建筑的影响，更遑论罗马士兵是否修建了不列颠第一个广场，在锡尔切斯特（林肯和埃克塞特应该是如此），发现了石头广场的木质前身的痕迹，而在伦敦，建于公元2世纪的巨大石头广场（166×167米）和会堂（167×52.5米）也是围绕公元1世纪的一个小型广场前身来建造的，这一前身直到2世纪的工程后期才被拆毁。伦敦第二个广场/会堂的建筑工程似乎持续了很久，经历了很多因火灾或塌陷造成的严重延误。这座会堂约在公元90—100年开始修建，但显然在公元130年左右还没有建成。针对不列颠其他城镇（如卡尔文特、凯斯特、莱斯特）广场的研究越来越深入，也展示了不同规格的城镇中这类建筑在规模与布局上的差异。

罗马不列颠城镇的宗教建筑最显著的特点是缺少古典神庙，虽然在林肯、格洛斯特、伦敦、圣奥尔本斯和巴斯都有古典神殿和神庙，但科尔切斯特的神庙是迄今最令人印象深刻的一处。较规范的罗马神庙坐落在高台上，可拾级而上，包括一片带有柱廊、倾斜屋顶和三角形山形墙的长方形区域。这些神庙通常建在宽阔的庭院中，台阶前设有祭坛，在建筑的正面强调其宗教意义。神庙的核心区域（被称为 *cella*）放置了神像和宗教物品，但公开仪式则在露天场地举行。这种建筑反映了宗教仪式的本质，而并不仅仅是一种流行趋势。虽然也有其他山形神庙的例子，但很明显该时期不列颠神庙的主要形式（即使是在城镇中）遵循的是另一种模式。这是一种罗马－凯尔特式的结合，带有正方形、多边形或圆形的核心区域和围绕同一中心建造的回廊。从建筑角度看，这种模式结合了古典传统元素（石墙、柱子等），且都是同轴规划的。这与地中海地区传统罗马神庙不同，但在高卢北部地区民用区域却很典型。这一阶段不列颠的神庙分布在大型、小型城镇以及乡村的圣所；现在发现的神庙很少靠近军团驻军聚落，也很少在不列颠偏远西部和北部的乡村地区出现。在不列颠城镇中，它们可能是独立存在的，也可能在一片区域以两个或两个以上一组的形式出现（例如圣奥尔本斯、锡尔切斯特、坎特伯雷、诺维奇的凯斯特）。

2004 年科尔切斯特城墙外 400 米处挖掘出了疑似战车竞赛环形广场遗迹，在此之前不列颠本土并没有发现其他类似遗迹。这座竞技场长约 350 米，宽约 70 米，看台建立在两座由支撑墙做底的土堤上。罗马时期有少数不列颠城镇有用于狩猎、战斗竞技和角斗士决斗的圆形露天竞技场。与高卢约 100 家剧场相比，不列颠城镇剧场很少。我们期待更多的发现，就像近几十年来我们看到的科尔切斯特毗邻克劳狄乌斯神庙的小岛上的剧场，或伦敦 1 世纪圆形剧场一样。科尔切斯特的一座圆形剧场、伦敦的一座剧场、林肯和格洛斯特发现的圆形竞技场，都可能是那些“失踪”的建筑。另一方面，一些城镇可能只有一两座这样的建筑供娱乐之用；圣奥尔本斯有一座典型的混合建构建筑，结合了剧院和圆形竞技场的特点，这一类型建筑在高卢北部也很常见。塞伦赛斯特是唯一建有剧院和圆形竞技场的地方。这些主要娱乐设施的详细结构可以从很多挖掘中得出（圆形竞技场：锡尔切斯特、塞伦赛斯特、多尔切斯特；剧场：圣奥尔本斯、格斯贝克/科尔切斯特、坎特伯雷）。多数情况下，城镇剧院靠近重要的神庙区域（在坎特伯雷、科尔切斯特、圣奥尔本斯都是如此），与一些乡村和小城镇（格斯贝克、夫里尔福德）的宗教圣地附近也有类似建筑的情况类似。科尔切斯特中心的一座剧院靠近一座古典神庙，除此之外英国其他剧院都建在罗马-凯尔特式神庙附近。这些建筑在宗教节日和更罗马式的“娱乐活动”中的作用显而易见，而宗教区域与剧院之间的空间位置布局也为这些城镇中尚无迹可循的剧院的下落提供了有用线索。如果英国还有其他圆形竞技场，那就很可能是在其他殖民城镇或伦敦外部。即使把范围缩小到一小部分罗马不列颠城镇，角斗士决斗、狩猎动物、战车竞赛也是罗马世界典型的城镇娱乐活动，与其城镇身份密切相关。

浴场是相当普遍的建筑，不列颠发现的军用浴场要比城镇浴场多。此处有一点需要注意，即那些小浴场是为私人用或少数付费客户使用的，而有更大资金投入的大型公共浴场则服务于大多数人。很多城镇，包括很多小型城镇在内，已经发现了小型浴场存在的证据；大型公共浴场则属大城镇特有。在很多地方，建设公共浴场是一项漫长的工程，一些知名的浴场（如莱斯特、罗克斯特的浴场）大概是在公元2世纪中叶竣工的。不列颠行省省会伦敦、锡尔切斯特和小城镇巴斯较为特殊，在公元70—80年代就拥有大型石头洗浴套房。但这些都可以说是特例。圣奥尔本斯有三座浴场：公元 1 世纪的一座小型浴场、一座建于公元 2 世纪的稍大的浴场、愚人巷神庙附近一座带有壁画装饰的大型浴场。

修建公共浴场通常需要一条输水管道来供水，一条下水道来处理废水。正是这些额外的要求使得浴场占用了较多的公共资源。在罗马时期的不列颠城镇，针对水利工程的规模还需要很多研究。这些设施在特定城镇的建设速度和其耐久性可作为评价其成功程度的指标，也可以用来衡量城镇化的程度。

在伦敦、格洛斯特、约克的挖掘工作主要集中在港口设施上，同时也解开了码头和相邻商业仓库面积之谜。伦敦的木质停泊码头和卸货码头规模巨大，保存完好，为罗马考古学提供了独特的重要记录，并强调了罗马港口在欧洲西北部的潮汐河流中的重要性。即使像林肯这样通航不便的城镇，也修建了一些设施。

20 世纪 70 年代前，关于 19 世纪和 20 世纪早期在锡尔切斯特和卡尔文特发掘出的罗马石屋的讨论是关于不列颠居住用房讨论的重点。自从在圣奥尔本斯具有里程碑意义的挖掘之后，情况发生了巨大的变化。随后，伦敦和其他许多有悠长历史的城镇开展了很多抢救挖掘工作，发现了一系列用不同材料（木材、半木材、干黏土砖、抹灰篱笆墙、玉米芯、石头等）修建的房屋的证据。特别值得一提的是，无论是柱洞和枕木梁沟的痕迹，还是水浸条件下保存完好的木材（这是最理想的状况），都能展现出罗马木结构建筑的工艺。现在有一点显而易见，即罗马不列颠时期木质建筑的结构非常复杂，部分工艺是罗马时期之前的，虽然那时经常发生火灾，木质（半木质）的建筑却很普遍。木质结构内外都可以装饰得很华丽。从公元 2 世纪起，砖石建筑的数量开始增长，这与前罗马时代和后罗马时代乡土建筑习惯迥异。

目前最重要的结论之一，就是早期城镇中大部分都是相对实用的建筑，面向道路的一侧通常较窄，但纵深较长。一些建筑，尤其是开放式的条形建筑，可以用于商业或手工业活动；这类建筑主要集中在通往城镇的大街上。除此类实用建筑之外，就是最早的不列颠居住用房，形式简单，造价低廉。随着时间的推移，一些条形建筑的结构越来越复杂，在临街面设有手工商店，起居室则在里侧。伦敦还发现了带有墙面石膏和马赛克地板的木结构建筑和黏土建筑，这说明即使是简单的建筑也可以进行室内装修。随着岁月流逝和建筑的各阶段重建，可以看到财产界限的明显痕迹。

在约公元 150 年之前不列颠很少有精致的住宅，这种情况在罗马时代晚期卡尔文特和锡尔切斯特的规划中就可以看出。公元 2 世纪下半叶是建设精致城镇住宅的关键阶段。这些建筑典型的初始形式包括了带有马赛克和壁画装饰的房间，与带有侧翼的走廊别墅很相似，在那时的乡村已经建立了起来。类似建筑的修筑表明了乡村精英参与到城镇生活。到公元 3—4 世纪，最豪华的房屋设计体现出由侧翼布局向三面或庭院式规划的过渡。然而还有重要的问题亟待解决，特别是在用长期眼光看待城镇的兴衰时，不列颠城镇民用和商业区的相关研究到底能提供多大的帮助。

罗马不列颠城镇的一个基本特征是其内部的建筑大多呈长方形。与采用砖石建筑或石材地基的特点相结合后，就可能是大小城镇发展进程的一个有用指标。很久之前，不列颠城镇街道上典型的建筑就是长方形的，而乡村的圆屋则是在很多地区都最常见的乡土建筑形式。然而现在发现了罗马时期伦敦早期阶段圆屋的痕迹（比如在格雷沙姆街上），关于其他大城镇的进一步发现也十分可期。现有证据表明，这些圆屋在小城镇更加常见（如奥尔斯特、戈德曼彻斯特、鲍尔多克、阿什顿、海布里奇、西华克农场)，虽然有时候其年代只局限于公元 1—2 世纪（如奥尔切斯特、托斯特)。这可能是大城镇逐渐形成其独特身份过程的有力证明。大城镇与其他城镇不同，那些地方的建筑更加混杂。

不同的城镇化：小城镇

小城镇并非一个单一而整齐的划分，也不容易将其归类，因为小城镇在很大程度上与其他城镇类型有重叠（见表 11)。在极端情况下，一些小城镇与大城镇具有相同的特点，因此有升级成为大城镇的可能性。这些有升级可能的城镇对其居民的身份也有影响。一些大型的核心城镇始终与罗马堡垒有密切关系，某种层面上可以将其视为驻军聚落（如卡特里克)。同样还有以经济功能为主的城镇，包括采矿聚落或陶艺制造地，另外还有以宗教区域为核心形成的城镇。其他地点在经过仔细考察后被专家定性为乡村。小城镇的居民代表了不列颠三大主要群体，其呈现的文化特点也可能不尽相同。

大多数地点的法律地位并不确定，但我们可以从书面记录中了解到至少其中一部分在某一时期是城镇。很明显，如果没有帝国政府的干预，这些城镇不可能凭空出现，随后发展壮大，甚至承担特定的职能。帝国严格控制并限制了各城镇的军队驻防和商业活动，这一点非常关键；较为重要的小型城镇也在城镇等级体系中有相当的地位。罗马不列颠大型城镇不多，城镇整体分布较为分散，但都有自己的行政中心。行政结构或多或少是基于下属部门或次级部门的规模来制定的，因此将城镇土地划分为不同的地区或部落。从伦敦发现的一块石板上有相关记录，是关于一片位于坎提阿齐部落异邦城镇中的迪布苏部落领土上的森林。因为一些部落距离城镇比较远，一些小城镇也可能肩负着比较小的行政职能。肯特郡中的坎特伯雷（异邦城镇）和罗克斯特（很可能是一个作为部落行政中心的乡村）附近的乡村聚居区就是典型。

小城镇的起源尚有争议。人们认为军事影响占主导的传统起源模式有很多缺陷，而越来越关注大量遗址石器时代晚期的活动痕迹，以及某一城镇相对于其他城镇的发展优势。然而，无论是前罗马时期的地理因素还是新交通通信和行政结构对不列颠的综合影响，似乎都比不上军事堡垒对于小城镇增长的影响。这三个因素的相互作用可以解释英国境内绝大多数小城镇的起源。考虑到罗马帝国边疆区域的殖民局势，以及核心城镇的概念在前罗马时期晚期已经建立，这种情况并不足为奇。大小城镇的进一步发展都可以从其形态、地位、功能、等级等角度来分析。

小城镇的形态与大城镇截然不同。后者具备规律的道路网络、广场/会堂建筑群和很多独特的公共建筑，而前者则并没有这些特点。如果一个城镇的建筑较为宏伟，那这个城镇一般都有着特殊的功能（通常是宗教功能），比如巴斯的神庙和浴场建筑群，或者夫里尔福德（Frilford）的神庙和圆形剧场。小城镇遗址挖掘出的绝大多数建筑物是简陋的房屋或作坊建筑，包括铁器时代的圆形房屋和长方形房屋。其中最典型的是条形建筑，临街的一面较窄，而且一般规模较大（已发掘的有的约10×20米）。条形建筑一般有手工业作坊的痕迹，人们一般认为是工匠住所和作坊的结合体。富人居住的房屋则与众不同，一般在一个城镇不超过两座，但巴斯和伊尔切斯特例外（这两座城镇都有很多马赛克装饰的建筑）。一些建筑似乎与乡村的建筑相似，如有翼的走廊别墅或有狭长通道的谷仓，说明了小城镇与乡村的区别并不大。其他特殊设施如小型浴场和大型庭院建筑，其中包括供路过官员休息、更换马匹的驿站，一般被认为是官方建筑。但大城镇中这些建筑与贸易建筑的相似性也应引起注意。罗马－凯尔特神庙是小城镇内最常见、最重要的建筑之一。极少数情况下，小城镇内会修建剧院（如格斯贝克）或者露天竞技场（夫里尔福德）。

小城镇的形态演变类型各不相同，大概可以分为五大类：一是在两条或更多条大路的交会处发展起来的城镇，很少能在这些主道路中延伸出更多的道路［如布兰普顿（Brampton）和布伦特里（Braintree）］；二是在单条大路上呈线形发展，在道路的另一侧则没有多少发展［如沃尔和希伯尔斯托（Hibaldstow）］；三是围绕十字路口或线形聚落建造，但其道路系统并不规则［沃特牛顿、肯切斯特（Kenchester）、里奇伯勒］；第四种模式，少数不规则的道路系统并不依赖于穿过其所在城镇的大路，但在一些情况下会受到之前罗马堡垒或其他建筑的影响（伊尔切斯特、柯明顿）；最后，一些城镇有一些稍有规划的街道网络（如奥尔切斯特、伊尔切斯特、卡特里科、科布里奇）。

一般来讲，如果有沿路分布的发达聚落和略有规划的聚落，罗马不列颠小城镇就有可能发展为大型城镇。而其他城镇总体看来则规模较小，发展更缓慢或乡村化程度比较高。如果仔细观察各个城镇特定建筑的位置，也可以印证以上说法。临近道路建筑的密度在不同城镇的情况不尽相同，建筑背面是否有土地和庭院，规模几何，也各有差异。条形建筑的带状发展一般由其正面背后的修筑情况来决定［如阿什顿、鲍尔多克、希伯尔斯托、梯丁顿（Tiddington）］。即使一个城镇拥有规划复杂的不规则道路网络，经过证明也是乡村化比较强的城镇，比如埃塞克斯的海布里奇、靠近肯特郡阿什福德的西华克农场。圆屋的大量出现也更加证明了这些地方更类似乡村，而非城镇。另一方面，一些聚落的核心地区还出现了“公众”或文化中心，这也让它们与小城镇区别开来。像沃特牛顿、科布里奇、戈德曼彻斯特、伊尔切斯特这样的城镇，都挖掘出了其核心区域大幅度重建和大型砖石建筑修建的痕迹。

欧洲大陆也有很多小城镇，尤其是在高卢，这里有约 60 座大型城镇和几百个小城镇。小城镇之间的差异原因在于人们对其功能和活动的重视程度不同。这些城镇所受的官方干预体现在很多方面，如军队供给和士兵招募、贸易监管、税收监督、帝国财产事业管理、行省通信的流畅运行，等等。相关研究已经具体到了路边的驿站，但对于马匹数量更少的驿站能发现什么，这一点尚不明确。在帝国早期，政府倾向于在当地政府建筑旁边修筑驿站，以促进当地经济发展；随着时间推移，一些城镇成功地获得了建立市场或建立防御的许可。罗马帝国晚期甚至在主要道路沿线的一些小型城镇进行驻防，以保护其通信和补给系统。

一些小型城镇毗邻大型别墅（如大卡斯特顿、安克斯特、金斯科特、盖特康比），它们的起源和发展与大型庄园（私人 / 皇家）都有密切的关系。在罗马世界，私人庄园主们热衷于申请定期市场的开设权利，但大部分被帝国拒绝了。然而在帝国晚期之前，私人“小城镇”被授权建立防御的可能性非常之小，这样一来就可以排除一些遗址是城镇的可能性。

围绕宗教圣地建立小城镇的最典型例子就是巴斯［围绕圣地

“苏丽丝之水”（*Aquae Sulis*）建立]。巴斯的中心是一座古典神庙，以及围绕神圣的温泉建造的浴场建筑群。温泉源头水库的、纪念石庙以及浴场建筑群的建设大约是在公元65—75年完成的，那时大型城镇都很少拥有如此规模的宏伟建筑。高卢和日耳曼地区的浴场发展与罗马军方和政府有紧密关系。小城镇的不断扩大必定是以不列颠本地重要的宗教建筑为中心的，这一说法很恰当。尽管一些小城镇的规模不如巴斯，但仍有重要的宗教地点[如巴克斯顿、夫里尔福德、哈洛、内特尔顿、斯普林海德（Springhead）、韦康（Wycomb）]，其中一些城镇的源头要追溯到罗马时期之前。关于神庙有一点非常重要，在罗马世界的乡村地区，商业活动与宗教圣地联系在一起是非常普遍的。商业活动权利受到帝国严密监管，并不能轻易获得。但一个宗教场所可以向帝国政府提出请求，向其说明在节日举办集市的必要性。我们同样需要记住，大型宗教场所作为定期集市和市场的举办地，具有潜在的经济价值。

在罗马不列颠晚期，小城镇的生产、市场角色和整体经济情况都要比一些大城镇强。沃特牛顿拥有发达程度极高的城镇核心区域和面积较大的工业区，是一个很经典的例子，而在其他城镇挖掘出的证据显示当地手工业也不逊色。在少数情况下，这样的证据可以说明当时已经实现了一定程度的工业专门化。这种情况在采矿业较发达的城镇（如切特豪斯、德罗伊特维奇）很明显，当地还有生产盐的盐水井。采矿业和大规模盐业是工业活动中较特殊的类型，一般都被国家垄断。在切特豪斯和德罗伊特维奇，我们至少可以合理地认为国家会对开发进行管控（通过当地的初级财政官或承包商的监督）。在大多数小城镇的工业专门化案例中，市场推动是手工业生产的主要动力。在一些特定的时间和地点，这些市场力量可能会受到军队需求的严重影响，如柴郡平原，那里一些城镇从事多种手工生产，如盐、陶器、瓷砖、玻璃、铁、铜、铅、皮革、纺织品等。罗马不列颠的陶器“工业”中心有一些分布在小城镇（如布兰普顿、布罗克利山、曼切特、沃特牛顿），但罗马晚期的重点手工业中心还是在乡村。我们很难评估这些城镇的经济对于此类生产的依赖性，但可以区分更依赖于手工业与依靠农业发展的城镇。总而言之，我们可以明显看出很多“小城镇”其实更应归于乡村范围。

对于不列颠北部和西部较大的核心聚落的研究表明，这些地方与快速去军事化的不列颠南部在政治状况上完全不同。这种情况部分是由军事行政的松懈或延续造成的。这些地方城镇化进程的限制因素大概有两个。首先，有人认为铁器时代晚期不列颠北部社会集中程度低，等级制度也不森严，因此对于城镇化可能抵触更大（抑或兴趣不高）。其次，不列颠北部大规模的罗马驻军（如奥尔德伯勒、约克、亨伯河畔的布拉夫、卡莱尔等地）给民政施加了更大的阻力，但其他地区在罗马占领期间始终处于帝国军队的监管之下。因此，卡特里克、卡斯尔福德、皮尔斯布里奇等地的文明发展与军事社会的发展类似，而与不列颠南部城镇发展迥异。另一方面，虽然不列颠北部和西部的驻军聚落社会中的物质文化认同与不列颠南部大小城镇不同，但其功能有类似之处。

第十章

城镇居民：人口、文化、身份认同

不列颠城镇化的开端略显拖泥带水，导致公元 2 世纪鼎盛时期发展程度也不太高，随后就迎来了早衰。尽管如此，这些城镇仍然展现了罗马不列颠相比其前罗马时期在社会规范、建筑规范上的巨大转变。城镇中出现了新的社会地位和身份观念，以及随之而来的新聚落。这些聚落与军事聚落和乡村聚落在核心上都不同。与其他行省的城镇相比，也有一些差异和相似之处。

城镇聚落比军事聚落更多样化，结构也稍松散，因此城镇人口身份类型也更多。在某种程度上这是因为城镇类型不同，如殖民城镇与行省省会这种较为特殊的城镇；也可部分归因于身份认同因素，如起源、角色和地位。与军队的联系（尤其是从驻军聚落发展起来的城镇）和与乡村聚落的互动是两个重要的变量，要始终关注这三类聚落基本的联系。

无论是履行政府职能、顺路休假，还是退伍后在此定居，军队聚落（其中包括其他帝国官僚机构）成员在罗马不列颠城镇中都始终扮演着突出的角色。尽管一些城镇作为自治聚落拥有名义上的自治权，但仍然受到罗马帝国的监管、干预。这些士兵和帝国官员与行省城镇居民不同，他们拥有特定的身份特点。

罗马城镇政府是由富豪主导的，罗马不列颠城镇与其他城镇一样，都行使寡头政体（由本聚落最富有的人来统治）。现存纸面记录和考古记录中关于统治阶级（元老）的内容要比地位稍低的人多得多。从一些成果卓著的考古挖掘中发现的高级住房中可以看出，罗马不列颠元老阶层规模并不大。当时 24 个大城镇约有 720 个议员（元老），平均每个城镇约 30 名。如果算上元老的家属，那么元老人数大概占其阶层的 1/5，所以元老阶级约有 3600 人（约占当时 200 万总人口的 0.18%）。在寻找各个身份群体的踪迹时，这一阶级应该是最容易找到的，不仅因为这个阶级有着特定的行为，还因为他们用罗马物质文化和身份标记来强化自己在社会中的权威。在其他很多行省也可以看到类似的行为模式，罗马帝国在这些城镇中特别强调社会精英的角色——一旦当地实现和平——就与其分享权力，享受帝国扩张带来的机会。然而问题在于不列颠人是“迟来的约翰尼”（Johnny-come-latelys），不列颠被并入罗马版图时帝国已经停止了扩张，所以这儿就成了帝国最边缘的地方。

每个新行省内部都有各方希望在变化的形势中获得经济利益。军队来到某地，商人、熟练工匠和投机者们就随之而来，在当地局势稳定下来之后，凭借自身在重建中的不可或缺性，获取各种利益。布狄卡起义的原因之一就是罗马不列颠一部分元老阶层的财政问题，他们将大笔资金外借，以用于重建。特里诺文特部落的贵族被剥夺了大部分土地，失去了其独立性，不得贡献资金以修筑科尔切斯特的克劳狄神庙。狄奥记录了负债的规模，尼禄的导师兼顾问塞涅卡在英国共借出了 4 000 万赛斯特帖姆（在任何年代这都是一笔巨款）。塞涅卡采用强硬手段一次性收回这些贷款显然是起义发生的原因之一。这次事件显示了处在社会高层的罗马人对于不列颠和不列颠人的经济剥削。向不列颠元老阶层贷款的前提条件是这笔钱有合理用途，比如商人和工匠大批涌入伦敦，这就是明显的商机。然而这并不意味着某些地区的不列颠工匠不具备专业技能，而是指在赤裸裸的竞争性消费中，移民的数量大大地增加了。不列颠被征服后很长的一段时间内，异邦人仍然是不列颠很重要的少数群体，我们可以看到他们经常强调自己身份的独特，而非试图融入不列颠民族。那些已经掌握了拉丁语的外国商人和工匠在与罗马军队打交道时有着先天的优势，参与竞争的不列颠人需要改变自己以往的做法。

奴隶和自由奴隶是另一个与众不同的群体。虽然现代社会对奴隶制度深恶痛绝，但在古代社会富人拥有奴隶是很常见的现象，就如同 20 世纪初英国中上层家庭也有家仆一般正常。从出土的奴隶铁链中也可以看出，奴隶制度在铁器时代社会已经存在了，所以我们不应把罗马社会罪恶的奴隶制度与其之前完美运行的平等制度相比。另一方面，罗马不列颠社会是一个“拥有奴隶的社会”，而非完全的“奴隶社会”，后者可以用来形容罗马时期的意大利（那时当地 10%—25% 的人口都是奴隶），也可用来形容内战之前的美国南部。奴隶制在不列颠有两种运作方式。作为征服的一部分，不列颠的奴隶自然会被“出口”到国外，甚至在征服后的一段时间内还有人被奴役（也有可能是贫苦人家将孩子卖为奴隶）。这些不列颠奴隶中的大部分可能最终都被卖到了别处，未能待在不列颠境内。当时也有各种出身的奴隶被带到或卖到不列颠。然而他们的“可用性”较低，而价格又较高，所以在不列颠与自由奴隶相比占据了很小的比例。

我们可以从在伦敦发现的两个关于买卖奴隶的文件中确定当

时曾有行省级的奴隶市场。第一个文件中似乎包含了“将那个女孩换成钱”的指示，而第二个文件则更加详尽，也更加有趣。后者记载了维吉图斯［Vegetus，他是一位名为蒙塔努斯（Montanus）的帝国奴隶的助理，本身也是一名奴隶］的一次交易。他购买的对象是一名来自高卢西部的女孩，名叫福图娜塔（Fortunata），虽然文件中也没有排除其他的可能性（“或者随便叫什么都行”），在别处提及她时就只用“不知名的女孩”来指代。奴隶也可以拥有自己的奴隶，这看似矛盾，但实际上有一技之长和一定职位的奴隶是有能力攒下一定积蓄的（或称特有财产），一般奴隶会用这笔钱来为自己赎身。目前已知的能够拥有自己奴隶的奴隶至少有两种。600 第纳尔（2 400 塞斯特帖姆）并非小数目（大概相当于当时一个军团士兵两年的薪水），但对于在不列颠管理帝国财产的皇家奴隶而言，他们积累财富的机会显然很多。自由奴隶和皇家奴隶是行省行政的一个重要次级单位，在财务管理方面起着非常重要的作用。行省贵族财政官的副手一般都是帝国的自由奴隶，其他的自由奴隶和皇帝的家奴则担负许多初级的财政职责。

乡村奴隶和那些在矿山和采石场从事苦役的人曾度过了一段特别悲惨的时期，但某些类型的家庭奴隶和那些从事商业活动的奴隶则好过很多，尤其在他们识字、有一技之长、体力充沛、能够忍受主人性要求的时候。罗马帝国有一种有趣的现象，虽然在特定的官方部门对奴隶和被解放奴隶的身份毫无顾忌，但一些奴隶和被解放奴隶中有了强烈的认同感，在铭文记录中并不羞于表现自己的社会地位，并形成了一种有意识模仿贵族社会的行为模式。

普通的城镇人口不太容易识别出个人身份，但其一直是城镇居民的主要组成部分。居民中工匠和店主是城镇中家庭单位的主力军。这些条形建筑的装饰显示出在城镇中相关的特定群体身份。虽然在现代人眼中，他们的罗马特点没有城镇元老阶层或军事聚落那么明显，但他们至少与许多乡村居民是截然不同的。虽然缺少大量的石刻铭文证据，但在昙花一现的宗教物品和个人财产的涂鸦上，可以很清楚地了解这一阶层。

铭文

能否使用拉丁语是身份认同的关键，但在当时的城镇中，英语还是主要的交流工具。拉丁语，以及稍逊一筹的希腊语，是商业语言、官方语言，以及身份的象征，塔西佗曾说不列颠元老阶层迫切地希望自己的孩子学会拉丁语，这可能有些夸大其词，但拉丁语的知识是罗马社会进步的关键，这在被征服之前的不列颠也是公认的事实。各个城镇中发现的证据证明了在当时的社会中，身份认同是通过书写进行强化的。根据石刻和器具的证据（不包括小城镇和驻军聚落），城镇中铭文最多的依次为约克、伦敦、科尔切斯特、塞伦赛斯特、锡尔切斯特、林肯、罗克斯特、格洛斯特。我们可以清楚地看到殖民城镇和行省省会的重要性。

虽然绝大多数铭文集中在从地中海到莱茵河罗马军队基地的两条主要陆路上的大小城镇中，但上文提及的模式在高卢地区的城镇中也有体现；而不列颠的一部分和西高卢地区几乎没有铭文记录。此处有一点需要注意，即是否采用拉丁语作为交流工具与帝国的体制紧密相关，而非取决于个人自由意志。一些地方因为地缘政治的关系，识字率远远高于平均水平。

在很多社会，出身都是个人身份形成的重要因素之一。从葬礼和关于职业的铭文中可以看出罗马社会的一些地方也是如此。不列颠最常见的声明自己出身的群体是士兵和官员，比如一位葬于伦敦的名为C. 庞波尼乌斯·瓦伦斯（C. Pomponius Valens）的书记员，铭文记载他来自维克切森（即科尔切斯特）。意料之中的是，很多模仿这种做法的公民都来自驻军聚落，他们受到军团传统的影响，记录下自己的出身或“部落”种族。相关的例子包括嫁到驻军聚落的不列颠妇女，这些例子包括南希尔兹的卡图阿拉纳的雷吉娜（Regina of the *Catuallana natio*）、伊尔克利的康韦纳、坦坡伯勒的多布尼人维尔坎达·鲁菲利亚（Verecunda Rufilia）。当时城镇的铭文材料（除去士兵或官员相关的材料）较少，而且大部分都与异邦人有关。这些铭文大多来自军人和官僚群体比较高调的地方（如伦敦、科尔切斯特、林肯、巴斯），他们在这方面起到了带头作用。在现存较少的英国本土铭文中，有一例在科尔切斯特发现的有关一位肯特郡公民的铭文，以及另一例令人意外的关于名为洛西奥·维达（Lossio Veda）的喀里多尼亚人的铭文。我们当然可以说大多数不列颠人认为在献祭或者在家乡举行葬礼时没有必要追溯自己家族的源头。而不列颠人在不列颠境内家乡以外的地方和帝国其他行省出土的材料上出现的频率也不能完全反映当时他们的流动性。现在可追溯的罗马时期不列颠人的行踪大多与军队相关，比如一位名叫诺万提科（Novantico）的莱斯特人，他在图拉真皇帝治下的多瑙河沿岸服役；M. 乌尔皮乌斯·昆图斯（M. Ulpius Quintus）来自格洛斯特，根据记载，他是罗马城的一名密探。在殖民城镇和军事聚落，公开声明自己出身的现象更为频繁，迁入这些地区的不列颠人和外来人口也受到了影响。另外还有一种说法，认为不列颠人缺乏对地理位置的认知，或者说对罗马城镇没有归属感，认为其身份构成中有远比这些更加重要的东西。

在罗马世界，许多人用铭文来宣传自己的职业和社会地位。意大利上层阶级的罗马人蔑视手工业者和商人，但职业只是身份定义的一个方面，在各行省的铭文中常常被提及。在这一方面，不列颠铭文的军事色彩很强，当然也有商人和工匠的影子。

在不列颠商人中有姓名记载的共有 20 多人，只占总数的很小一部分。位于莱茵河口［栋堡（Domburg）和科莱恩斯普拉特（Colijinsplaat）］北海沿岸的两座那哈勒尼亚女神（Nehalennia）神庙中有 150 例水手和商人留下的铭文，一些已证明身份的是在不列颠的商人。在英国境内发现的其他证据说明了高卢北部和莱茵兰地区许多商人的出身。一位来自法国布尔德日（Bordeaux）名为 M. 维瑞坎丢斯·第欧根尼斯（M. Verecundius Diogenes）的商人定居在了约克。已知的与约克殖民城镇关系密切的商人（*mortix*）还有两例。M. 奥勒留·鲁纳里斯（M. Aurelius Lunaris）用约克郡砂岩建成了一座祭坛，来庆祝自己的成功抵达，并宣传了自己在约克和林肯作为祭司的身份。L. 维度修斯·普拉西度斯（L. Viducius Placidus）是一名鲁昂（Rouen）公民，于公元 3 世纪初在约克出资建造了一座神殿。以上记载体现出了殖民城镇中商人与军队密切合作，为城镇提供基础服务的行为模式。伦敦也有关于另一名商人的记载，提比略·塞勒里阿努斯（Tiberinius Celerianus）是巴黎北部贝罗费西人，但他在记载中声称自己是“伦敦人”。“*Mortix*”一词似乎是由凯尔特语中“海员”一词衍生而来。因此在罗马帝国的比利时 / 不列颠边境的越洋贸易中有着特殊内涵。第三个例子来自科隆，C. 奥勒留 · 韦鲁斯（C. Aurelius Verus）是一位自由奴隶中介，在不列颠经商。相比于商人和船员（*negotiator*，*nauta*，*mercator*，*navicularius*）记载中多用 *Mortix* 一词表述，或附加在这些词后边。这一现象显示了这个词汇会引起一些特殊的身份认同感，或许与行会有关。

在锡尔切斯特的一座小神庙中还出土了三例铭文，证明了这里曾有一个代表“居住在锡尔切斯特的异邦人”（*Collegium peregrinorum consistentium Callevae*）利益的行会。这些在此定居的外来人很可能是某种商人，铭文上的“*consistentium*”一词使人联想到苏格兰卡瑞登堡垒中“*vicani consistentes castello Veluniate*”的铭文。这两例铭文都显示出其指向的人在强调自己与本地人的不同，这对于他们的身份认同十分重要。这些在约克、林肯、伦敦和锡尔切斯特的案例中提及的商人在这些他们不具备公民身份的城镇中充当了明显的公民角色，而且地位较高，这是非常值得注意的。富有的自由奴隶和商人可以在殖民城镇担任君主崇拜宗教［奥古斯都六人祭司团（*seviri Augustales*）］的成员，抑或获得来自其他地区的行会会员资格。在奇切斯特发现了公元 1 世纪工匠行会的铭文，这一工匠行会很可能是由异邦匠人组成的，来到不列颠来完成科吉杜努斯的建设工程，土地捐赠者是普登丁乌斯之子普登斯，很可能也是建设项目的负责人。这里提到了行会，暗示了国外工匠的存在。普登斯捐赠的土地在城镇核心区域，其重要性不言而喻，而他父亲的名字已经有了罗马化的特色，显示了这时已经有非不列颠人拥有了土地。

一些铭文还提到了宗教角色，巴斯有一处引人注目的铭文证明了苏丽丝神殿中有祭司的存在。在此处也挖掘出了一处铭文，记载了一位占卜者（肠卜师）和一个负责神庙运营及维护的工会。一位不知姓名的财务主管在奇切斯特为母神马特瑞斯（Matres）留下的铭文也可能与一个行会有关，而在卡尔文特发现的一处铭文则记载了一位捐赠者因为献出了礼物而被免除了对一个宗教行会的礼拜义务。不列颠行省的议会是一个以促进君主崇拜为目的的组织，而在伦敦发现的一处文本上也记录了一名奴隶属于当时的议会。

图第尤斯之子普里斯库斯（Priscus son of Toutius）是一名来自法国沙特尔地区的石匠，受雇在巴斯工作。布鲁斯图斯之子苏利努斯（Sulinus son of Brucetus）是一位在巴斯工作的雕塑匠人，因为他的名字与苏丽丝女神有关，因此应该是巴斯本地人。辛图斯姆斯（Cintusmus）是一名铜匠，科尔切斯特的一块铜合金板上记录了他还愿的事迹，这是城镇工匠养成铭文习惯的又一证明。出于商业原因，很多工匠对商品进行了标记，而从一些印章中也能看出一些制陶工人从欧洲大陆迁移到不列颠的新行省。

不列颠境内的铭文还有一个引人注目的特点，即关于职业、社会地位和生涯的记录，这类记录在元老阶层的记录中很少，现有的有力证据大多来自殖民城镇（虽然在殖民城镇也不算常见）。科尔切斯特挖掘出的证据指向了两名罗马贵族，林肯的则指向一名什长兼政府公署管理员、格洛斯特的一名什长（死于巴斯），而当地发现的特制瓷砖似乎指向了地方法官，约克则有三位什长和一位贵族（一名前第六军团禁卫军长官）留下的证据。而在异邦城镇，证据则确实少得可怜：在老彭里斯（一个驻军聚落）卡尔文特部落发现了一名参议员的存在，在 *vicus Petuariensis*（即亨伯河畔的布拉夫，这里也是一个军事影响程度较持久的地方）发现了一名民选行政官存在的迹象。其他一些元老阶层的身份则是从他们的丧葬纪念碑、名字、其他特征等方面显示出来的。关键在于他们选择了模糊的方式来表达自己的身份。

公元 212 年罗马帝国处在卡拉卡拉的统治之下，那时罗马公民包含的人群范围出现了极大的扩张。在此之前，罗马公民身份也是一种显贵的身份。多尔切斯特一处重建过的铭文纪念了罗马公民卡里努斯·罗曼诺（Carinus Romano），是由他的妻子罗曼娜（Romana）及孩子鲁菲努斯（Rufinus）、卡里娜（Carina）和阿维塔（Avita）捐建的。我们可以从铭文主人的姓名是否符合罗马三名法来确认其是否拥有完全的公民身份。现有证据可以说明奇切斯特有几位本地精英人士很早就拥有了罗马公民身份，其中最著名的是提比略·克劳狄乌斯·科吉杜努斯（Tiberius Claudius Togidubnus）。奇切斯特地区出土了一枚雕刻印章戒指，其主人名为提比略·克劳狄乌斯·卡图努斯（Tiberius Claudius Catuarus），很可能是科吉杜努斯家族的成员之一。阿米尼乌斯之子卢库勒斯（Lucullus son of Amminius）在奇切斯特也留下了铭文记录。阿米尼乌斯的名字使人联想到库诺贝林（Cunobelin）之子，他在约公元 39 年从不列颠逃到了罗马。他有一个罗马名阿德米尼乌斯（Adminius），但在凯尔特钱币上，显示他的名字是阿米尼努斯（Amminus）。他的儿子很可能回到了科吉杜努斯宫廷，这种说法虽无法证实，但却很有趣。

上文已经提及，奴隶和恢复自由身的奴隶是当时在铭文上表明自己身份的另一群体（这一身份在某种程度上也是一种职业）。帝国一个自由奴隶在约克的殖民城镇建立了一座雕像就是一个明显的例子。另一位名为阿奎利乌斯（Aquilinus）的帝国自由奴隶则资助了伦敦一座朱庇特神庙/神殿的重建，同样出资的还有三位姓名可查的人（他们可能是帝国奴隶）。在科尔切斯特，一位不具备罗马公民身份的自由奴隶伊米利乔（Imilcho，显然是一个非洲人名）与埃苏利林乌斯（Aesurilinus，看起来是凯尔特人名）出资修建了一块大理石匾额。另一位名为维特提乌斯·比奈乌斯（Vettius Benignus）的自由奴隶则履行诺言为月神狄安娜出资建立了一座祭坛。这些自由奴隶都在模仿罗马上等阶级捐建公共建筑、雕像，或传统宗教献祭的行为，通过铭文留下自己的痕迹。有时自由奴隶也会被自己的前任主人所纪念，但其中很多都被证明是出自自由奴隶的后人之手（有的奴隶只有在主人死去时才会恢复自由）。人们在伦敦发现了一块波倍克大理石墓碑，是用来纪念一位军团百夫长和其两位兄弟的，由一位不知名的自由奴隶捐建。卡尔普尼亚·特里福萨（Calpurnia Trifosa）是一位女性自由奴隶，她出资埋葬了自己的丈夫（同时也是前任主人），巴斯的苏丽丝祭司，C. 卡尔普尼乌斯·里塞普图斯（C. Calpurnius Receptus）。奴隶更多的是被纪念的对象，而非纪念活动的发起者。格洛斯特的墓碑上证明了一名 14 岁的青年城镇奴隶的存在。但为自己的妻子克劳迪娅·玛蒂娜（Claudia Martina）修建墓碑的阿内克里特（Anencletus）显然是不列颠行省议会的奴隶。这种行为很明显是具有一定目的性的。

士兵也是奴隶主的重要组成部分之一，特别是军官和骑兵部队。在巴斯有很多为女神苏丽丝修建的建筑，祈求她保佑服役士兵的身体健康和安全，且大多是由他们的自由奴隶捐建的，这些人可能是被特意派到神庙来的。如果一名士兵未婚，他可以指定自己的奴隶作为继承人，在林肯就很可能有一名第十四军团的退伍士兵这么做过。

表演艺人也是另一个独特的团体，其流动性也可能很强，虽然现存的个人证据很少，但也有人认为在伦敦一处尚不明确的墓葬中的遗骸属于一名女性角斗士（*gladiatrix*），但这一说法并未被普遍接受。然而人们在莱斯特发现了一处可能是故意为之的粗糙雕刻，提及了名为维尔坎达（Verecunda）的“女演员”（很可能是妓女的婉称）和“角斗士卢修斯”。

虽然可研究的样本较少，但可以看出城镇中的铭文类型揭示了潜在的社会态度。宗教建筑（神殿、神庙、祭坛、雕像、宗教区域）远比公共建筑群或娱乐建筑要多，个人或捐赠行为捐建的建筑也比其他团体（如工匠行会和议会）捐建的建筑要多。虽然捐款总额并未提及，但大多数记录在案的捐赠数额都不大。在明确记载了捐赠者社会地位的情况中，指向的用户群体也有很多种，包括行省总督、军队、自由奴隶、民选行政官、团体（比如工匠行会）、罗马公民。在 79 座捐建者身份明确的建筑中，只有 16% 的建筑用途不明确，在某些情况下是由于铭文的不完整造成的。

新公共建筑的落成很少见——可能是因为这种 30 年一次的事件在不列颠城镇中需要长时间筹款。即使是殖民城镇也缺少拥有大量财富的潜在捐助者，这些人往往是从军队退伍的军团士兵，退伍时带着大量可支配的财富和积蓄。正如上文指出的，在不列颠城镇发现的两名骑士都来自殖民城镇，而且是在城镇化初始阶段完成之后才到来的。根据记载，不列颠本土人从未达到过元老阶层级别。不列颠城镇发展的真相是其大型公共建筑的修建主要依赖于公开筹款，而非个人一次性的大额捐赠。

不列颠的公共捐助模式与帝国其他西北部行省在数额上基本没有差别，但也有一些细微不同。不列颠和日耳曼地区的参军率要远高于高卢地区的各行省。与比利时高卢和莱茵兰西北部地区一样，不列颠地区很少有关于来自本土的城镇民选行政官的铭文记录，而更多的是工匠行会组织团体和其他类型的团体，表明了这里个人捐助（也称公益捐赠）的程度较低。另一方面，不列颠城镇中显然有很多活动需要筹集资金，包括各类公共建筑、宗教建筑群，以及与这些建筑相关的节日或活动。铭文证据也表明了不列颠城镇精英阶层既不爱捐助，也很少记录这类活动。很多宗教捐助在当时很可能只是一种宗教仪式，而非财力的展示，但如果我们将目光聚焦于少数已受到公认的与建筑的修筑或重建的案例，就能看出一种很明显的运作模式（见表 10）。这 19 处铭文中提及了 26 位捐赠者：2 位行省总督、1 位军团副官、3 位总督府官员（2 名免军役士兵和 1 名运输官）、2 位帝国自由奴隶和 3 位帝国奴隶、1 位百夫长、2 个城镇或城镇、1 个城镇议会、2 个城镇下属分区（*vici*）、2 个行会，以及 7 位平民。这 7 位平民中包括 1 名罗马公民（他也是一位来自异邦的商人）、另外 4 位罗马公民的名字显示出他们出身于意大利或高卢南部，因此很可能是退伍军团士兵或退伍军团士兵的儿子。在约克发现一处铭文上有一个不完整的名字，疑似是退伍士兵或罗马公民。上文提及了在奇切斯特发现的普登丁乌斯之子普登斯（Pudens son of Pudentinus），但公元 1 世纪的不列颠很少有当地名门望族用如此拉丁化的方式起名。因此普登斯很有可能不是不列颠人。综上所述，不列颠公共建筑物的捐建主要有两种方式：一是城镇之间或行会之间的合作，二是由官员、士兵、异邦商人发起的捐赠。这一结论并不排除不列颠本地精英阶层个人捐赠的可能性，而是说这种情况非常少见。

表 10 不列颠大小城镇公共捐助的铭文记录（约克北部驻军聚落除外）

地点	建筑	捐助者	信息来源 / 文献
伦敦	伊西斯神庙（修复）	不列颠总督 M. 马申尼乌斯·普尔切	*Britannia* 7（1976）no. 2
伦敦	朱庇特神庙（存疑）（修复）	阿奎利乌斯（帝国自由奴隶），另外 3 位可能曾是自由奴隶的人	*Britannia* 7（1976）no. 1
伦敦	马特瑞斯神庙（修复）	城镇整体	*RIB* 2
伦敦	重建的神庙	帝国自由奴隶	*Britannia* 10（1979）
伦敦	公共建筑的门框	城镇整体	*RIB* 270
林肯（内特海姆）	郊区玛尔斯·里戈内梅特斯神庙的拱门	Q. 内拉提乌斯·普罗克西姆乌斯（罗马公民）	*JRS* 52（1962）no. 8
约克	塞拉皮斯神庙	第六军团副官克劳狄乌斯·西耶罗尼米阿努斯	*RIB* 658
约克	拱门和神庙	鲁昂公民 L. 维度修斯·普拉西度斯，建在城镇议会指定土地上	*Britannia* 8（1977）no. 18
约克	神庙（修复）	西乌斯（姓名身份不明）	*RIB* 656
圣奥尔本斯	广场 / 会堂建筑群	殖民城镇 / 自治城镇	*JRS* 46（1956）no. 3
塞伦赛斯特	朱庇特神柱和雕像（修复）	行省总督 L. 塞普提米乌斯	*RIB* 103
奇切斯特	尼普顿和密涅瓦神庙	普登丁乌斯之子普登斯提供土地，工匠行会捐助	*RIB* 91
罗克斯特	广场 / 会堂建筑群	殖民城镇	*RIB* 288
亨伯河畔的布拉夫	舞台建筑	M. 尤皮乌斯·伊阿努阿里乌斯，罗马公民、市政官	*RIB* 707

（续表）

温彻斯特	马特瑞斯神庙（修复）	安敦尼乌斯·卢克里蒂安乌斯，免军役士兵	*RIB* 88
多尔切斯特（牛津）	为守护神奥古斯塔修建的祭坛和屏墙	M. 瓦里乌斯·塞维鲁斯免军役士兵	*RIB* 235
多佛	马特瑞斯神庙（修建）	科尔迪乌斯·坎迪杜斯，运输官	*Britannia* 8（1977）no. 4
巴斯	四季图画（修复重涂）	克劳狄奥斯·利圭尔……（罗马公民、南高卢姓氏）、C. 普洛塔西乌斯（罗马公民、北高卢姓氏）、一个行会	*RIB* 141
巴斯	当地的圣地（修复）	C. 塞维利乌斯·埃默利图斯区域百夫长	*RIB* 152

格洛斯特的石刻铭文很少，但科尔切斯特、林肯、约克、伦敦的殖民城镇则有较多材料来研究较发达不列颠城镇的捐赠模式。这些材料大部分是关于宗教的虔诚捐助，比如人们为了还愿捐建祭坛或金属还愿板。伦敦是捐赠记录最多样的城镇，这里发现了密特拉神庙的雕像、所谓的“众神之屏”（Screen of the Gods）、一座神庙雕刻石门的碎片（发现于伦敦西南部），以及一些神庙的部分构造。在伦敦发现的材料上记录的捐建人身份不尽相同，有帝国官员，如不列颠总督 M. 马申尼乌斯·普尔切（M. Martiannius Pulcher），以及帝国自由奴隶（捐助重建伊西斯神庙和朱庇特神庙的阿奎利乌斯）、不列颠行省议会、伦敦的某一下属区域，当然也有普通人［如一位名为提比略·塞利里阿尼乌斯（Tiberinius Celerianus）的高卢商人］。还有一位帝国自由奴隶捐助修复了林肯市政广场上的一座神庙。约克发现的一例有趣的材料记录了另一个高卢商人（同时也是祭司）维度修斯·普拉西度斯（L. Viducius Placidus）在议会指定的地点

捐助修建了献给朱庇特和地方守护神的拱门和神庙。另一个重要的铭文记录了一位名为克劳狄乌斯·西耶罗尼米阿努斯（Claudius Hieronymianus）的第六胜利军团副官捐建了一座塞拉匹斯神庙的事迹，这一记录让人不禁联想到约克的特殊性：那里的军团要塞、驻军聚落和殖民城镇的距离十分接近。约克小型捐赠的大部分对象是祭坛或简单的还愿板，很少有寄托美好祝愿的神灵浮雕，其中有一座幸运女神福尔图纳（Fortuna）的雕塑，是 P. 梅斯乌斯·奥斯皮卡图斯（P. Maesius Auspicatus）的自由奴隶为其主人及主人的儿子祈福而捐建的。其他异邦城镇发现的有关捐建的铭文证据都没有约克发现的多，而且在一些情况下记录的都只有异邦人的捐赠，这也是值得注意的一点。

丧葬纪念铭文则是另一个典型的罗马式习惯，但在不列颠城镇居民中却不那么流行。不列颠南部发现了大约 130 个墓碑，其中不包括在卡利恩、切斯特这样长期军事基地以及约克服役的士兵。在这 130 人中，大约 60 人可能是平民，40 人是军人或帝国官员，其余人则存疑或完整性不足。相比之下，在卡利恩、切斯特、约克这些地方经确定的军人墓碑超过了 100 个。另外，130 个墓碑中有 70 多个来自 5 个与军事团体联系更密切的殖民城镇。尽管科尔切斯特、格洛斯特、林肯等城镇市民区域的一些军人墓碑明显是在罗马驻军于此的征服阶段所修建的，但其中也有一些晚于这个时间，或与退伍士兵有关。事实上，虽然其中部分看似是平民墓碑，但其主人可能与军队或政府有联系。

丧葬纪念铭文中的例外情况也很有趣。一位商人（*moritix*）M. 维尔坎狄乌斯·第欧根尼（M. Verecundius Diogenes）在约克为自己和其来自撒丁岛的妻子购买了有雕刻装饰的石棺，他在约克的殖民地担任祭司，因此很可能是个自由奴隶。虽然他来自布尔日，但他当时预订了自己的石棺，显然已经在约克定居了。异邦人是使用墓碑的人群中的重要组成部分（目前发现的墓碑中大概有10块可确认属于异邦人）；维尔坎狄乌斯（Verecundius）的妻子图利亚·福尔图塔娜（Tulia Fortunata）是撒丁岛人。沃洛希亚·福斯蒂娜（Volusia Faustina）则比较特殊，在林肯发现她的墓碑上刻着她是本地人，虽然铭文暗示了她出身于一个拥有罗马公民身份的望族，而非不列颠人。现存平民墓碑的另一个特点是大多数人的名字都具有罗马风格，无论他们是罗马公民还是用着拉丁化的高卢或不列颠姓名。在锡尔切斯特发现的塔莫尼（Tammonii）家族的名字就是不列颠姓名拉丁化的结果，而且这一家族很可能在当时属于元老阶层。在塞伦赛斯特发现的内莫尼乌斯·维尔坎度斯（Nemmonius Verecundus）则是另一个“不列颠/高卢”名字。还有其他一些人，包括约克地区的曼提妮娅·梅里卡（Mantinia Maerica）、坎蒂达·巴里塔（Candida Barita）、鲁丽娅·布莉卡（Iulia Brica）、鲁丽娅·维尔娃（Iulia Velva）。这些都可能是军人的不列颠妻子，因此具备一定特殊性。不列颠几乎1/3的异邦城镇从未发现平民墓碑，这种现象无法用后罗马时期的洗劫或缺少合适的石料来解释。墓碑在不列颠分布不均匀，不列颠家族也很少采用这种方式，都显示了当时社会的普遍态度。

以上证据有力地证明了不列颠城镇社会中只有小部分人选用永久性石刻铭文来纪念自己的家庭成员。当然，当时很多坟墓也很有可能是用便宜的彩绘木牌来标记的，但即使是在石料丰富的地区，现存记录也不支持在当时的不列颠社会中广泛应用石碑的观点。那些运用石碑作为纪念方式的人主要有以下几种：与军人团体

（无论服役士兵还是退伍士兵）或政府有联系的人、异邦人或商人，还有用这种纪念方式来显示自己高贵身份的不列颠本地精英阶层。

正如上文指出的，罗马宗教活动通常以文化行为为基础，代表了人与神的互动，表现出了很强的程序性和契约性。其中很多涉及向神灵请求援助，或为求神灵援助而履行自己的誓言与承诺。在军人团体中，这种与上帝的联系往往通过祭坛、石板、匾额上的铭文来表现，以求得这种联系的持久。在某种程度上，我们可以说这种宗教行为在不列颠行省的各个城镇都有分布，但这些行为到底是不是宗教信仰的主要表现形式，还有待商榷。

虽然铁器时代晚期不列颠人开始在一些神圣的森林或地点修建永久建筑，但那时的宗教活动完全不同。一些较早的神庙修建在陆地上较为显眼的地方，通常在山丘上，距大型人口聚居区较远。宗教仪式包括牲畜献祭和宴会，以及个人物品的贡献，通常包括军事装备、个人装饰品和钱币。这些不列颠宗教活动物品很快就融入了罗马宗教献祭和物品贡献活动中，虽然被献出个人物品的种类常常变化。不列颠宗教的另一个显著特征就是将物品贡献在河流和沼泽等水体中。

不列颠城镇宗教建筑的主要类型是罗马－凯尔特神庙。这种建筑很可能比正常的地中海类型神庙更加适合欧洲北部的气候。这些神庙通常由神圣的围墙（宗教园林）包围着，通常是两个或多个建在一起。不列颠境内可追溯的最早宗教建筑有一部分建在城镇里，而非相对偏远的乡村地区，这显示出宗教与新兴城镇的重要联系。罗马－凯尔特神庙的形式与不列颠北部边境的那些类型完全不同，更加强调了城镇人口与高卢北部和莱茵兰非军事地区的联系，这两处地方的神庙也多是罗马－凯尔特类型。此处有一个很明显的问题，不同的神庙类型能在多大程度上体现军事团体与平民团体在宗教活动上的差异。要回答这个问题，我们必须考虑相关的铭文证据和文物证据。

在平民团体中，雕刻祭坛远不如在军事团体中常见，至少有一些城镇中的例子可以证明其都是由士兵、退伍士兵和其他帝国官员捐建的。除了上文提及的在伦敦发现的两处祭坛，温彻斯特和多尔切斯特也有现役士兵捐建的祭坛，巴斯则有很多军队人员捐建的祭坛，卡尔文特有一处，约克则有一处由一位帝国自由奴隶捐建的祭坛。平民也曾捐建祭坛：坎蒂部落的希米利斯（Similis）在科尔切斯特捐建一座、一位具有公民身份的副官在林肯捐建一座、三位公民在约克捐建一座、卢库勒斯（Lucullus）在奇切斯特捐建一座、萨比迪乌斯·马克西穆斯（Sabidius Maximus）为自然之神西尔瓦努斯（Silvanus）捐建一座、布鲁斯提乌斯之子苏林乌斯（Sulinus son of Brucetius）为医神苏勒维亚（Suleviae）捐建一座、普里姆乌斯（Primus）也为苏勒维亚在塞伦赛斯特捐建一座。巴斯有自由奴隶捐建的几座祭坛、罗马公民捐建的一座、由来自特里尔的佩里格林乌斯（Peregrinus）和马图鲁斯之子苏林乌斯（Sulinus son of Maturus）捐建的几座。以上只是很多遗址中的一部分。在祭坛捐建活动中，罗马公民、自由奴隶和异邦人再一次占据了主体。布鲁斯提乌斯之子苏林乌斯是一位雕塑工人，但其他四个可能的不列颠捐献者的相关资料还尚不完备。这又凸显了上文提到的城镇和军事聚居区的宗教活动之间的明显差异。

在不列颠南部，比祭坛更为常见的是记录宗教捐赠和还愿的还愿板。这些还愿板有的由石头制成，有些则是大理石材质（或称波倍克“大理石”），例如一个高卢商人在伦敦为皇帝的守护神和战神捐建的还愿板、无罗马公民身份者在锡尔切斯特捐建的一系列还愿板、在奇切斯特发现的科吉杜努斯家族的还愿板。金属装饰板上的铭文也很常见，这些金属板有树叶状或羽毛状，有时还会采用更复杂的设计。其中很多都是铜合金材质，有时镀金，有时是银叶或金叶。另一种记录还愿的形式则是单独的铜合金字母。不列颠出土的还愿板和字母上都有钻好的钉孔，说明其设计初衷是要钉在墙上或神庙内的特殊建筑之上。这些还愿板和字母常出现在城镇和乡村的神庙中，虽然在罗马不列颠北部的军事地点也有发现，但这似乎是罗马不列颠南部宗教活动的独有特征。

这些铭文中至少有一部分采用了传统的罗马方式来记录还愿行为，但也存在未刻字的金属制羽毛/叶子，而铭文记录也显示出了当时人们识字水平的差异。在神庙中发现的很多个人饰品和钱币可能是在没有“书面”记录的情况下奉献的。对于一些信徒而言，与神灵的交流是内化的，而非外化的。可以肯定的一点是，并非所有与神灵的“交易”都要涉及血祭；用仪式酒壶和浅盘进行的奠酒仪式是更流行且低成本的方式，但我们也不能简单地认为这只是单纯地为了降低成本。关于住房投资的证据可以说明市民有足够的资金来支持出于军事目的的大型献祭，但他们可能更倾向于采用小规模的牺牲绵羊、家禽的献祭，以及酒祭。

城镇铭文与军事聚落铭文的另一个巨大区别在于涉及的宗教。不列颠南部有很多以浮雕、雕塑、宝石、马赛克呈现的古典神灵形象。然而在不列颠城镇发现的宗教铭文却不多。有关专家通过罗马名来辨认铭文对应的神灵，如奇切斯特早期铭文中提及了海神尼普顿和战争女神密涅瓦，其他城镇的铭文中不仅提及了朱庇特、玛尔斯、墨丘利、狄安娜、西尔瓦努斯，还提到了当地的一些杰出人才。用罗马方式来记录的例子也不少，比如科尔切斯特发现的铭文中出现了“西尔瓦努斯·卡里利乌斯”（Silvanus Callirius）、“墨丘利·安德斯科西沃库斯”（Mercury Andescocivoucos）、“玛尔斯·梅度西乌斯”（Mars Medocius）的字样，林肯附近发现的铭文中将战神称为“玛尔斯·里贡诺梅特斯”（Mars Rigonometes），锡尔切斯特的铭文中则把大力神称为“赫拉克勒斯·撒伊耿”（Hercules Saegon）。神灵名字的模糊性有时会在铭文中直接体现，如“玛尔斯·雷努斯，又称奥赛乌斯·维拉努斯”（‘Mars Lenus also known as Ocelus Vellaunos’）。玛尔斯·雷努斯和玛尔斯·奥赛乌斯（Mars Lenus and Mars Ocelus）都是当时不列颠的战争之神，而维拉努斯在高卢文化中则与墨丘利是同一个人。将神灵不同名字并列的捐建者中有一部分身份不明，不列颠境内刻有“玛尔斯·雷努斯和玛尔斯·奥赛乌斯”的两处铭文都在卡尔文特，一处是一位军人捐建的，另一处则由一个罗马公民捐建。同样地，在巴斯发现的三处刻有“苏丽丝·密涅瓦”铭文中有两处是罗马公民捐建的，另一处则由一名在役的军团百夫长捐建。唯一的例外是上文提及的雕塑工人苏林乌斯。在科尔切斯特有铭文出现了一些不常见的神灵名字搭配，包括喀里多尼亚人洛西奥·维达和坎蒂部落的希米利斯各自捐建的铭文。虽然这两人在铭文中都没有表现出自己与军队的联系，但根据他们军事特色的行为推断，两人应该都是退伍军人。另外一位自由奴隶捐建的铭文上也有不常见的神灵名字搭配。总而言之，将神灵名字配对的应该有以下几种人：在役士兵、退伍士兵、社会地位较高的人（或模仿上层社会行为的人，比如自由奴隶）。这类人中有两位身份已经确认的匠人（一位雕塑工人、一位铜匠），都可能是制作神灵形象的专业人员，因此他们可能对这种混合身份的认知更加深刻。

另外还有一些铭文中描绘神灵时只用了不列颠名，如苏勒维亚（北欧流行的母神崇拜的分支之一）的名字在塞伦赛斯特、科尔切斯特、巴斯都出现过。不列颠南部还有一些献给母神马特瑞斯的铭文。其他源自不列颠本土或西北欧的神灵还包括巴斯铭文中出现的尼米托那和苏丽丝。“苏丽丝”一名经常单独出现，有时候又被称为“苏丽丝·密涅瓦”。虽然我们知道古罗马女神密涅瓦有一座精美的独立雕像传世，但在当时的不列颠，人们未曾用“密涅瓦”来指代苏丽丝。

东方的宗教（例如密特拉教）在不列颠的军队内部很流行，但在不列颠南部却不尽然。伦敦和约克等大城镇和军事聚落则例外。伦敦的密特拉神庙是目前唯一确定的一例，包含了一些与退伍军人或行省官员相关的个人捐赠。密特拉教的入教资格具有选择性和排他性，因这些特点而受到军队和商人的特别青睐。

不列颠的一些城镇也发现了君主崇拜的相关证据，以科尔切斯特和伦敦为甚。前者明显是君主崇拜活动的中心，当地有很多供奉被神化的克劳狄的雄伟古典神庙，另外还有为皇家守护神和帝国的胜利做出宗教奉献的记录。伦敦也出现了一处由行省议会为皇家保护神奉献的铭文，那时议会的主要任务是在不列颠行省内部宣传君主崇拜。部分地区（如巴斯、林肯、卡尔文特、亨伯河畔的布拉夫）缺少其他相关的记录，与军事聚落的众多记录形成了鲜明对比。这种现象使得捐献者大多是来自军事聚落的说法可能性更大了。

在权力关系极端失衡的背景下，罗马人的政府大大改变了不列颠的宗教习俗。罗马人消灭德鲁伊教士就是最明显的例子。随后罗马式的神灵命名和描述方法也开始在不列颠传播，在重塑神灵的实践中不列颠人采取了适应性策略，使自己与军队和其他异邦人对神灵的认知有所区别。随之而来的就是各宗教的不同侧重，在神灵命名、神庙修建和其他宗教活动中都显示了各类宗教特征的混合。当时并没有统一的罗马－不列颠宗教，也没有容得下不同宗教行为的神圣场所，当时的巴斯就是如此。

罗马－不列颠宗教的一个特点是所谓“诅咒板”（*defixiones*）的广泛使用。在某种程度上，这明显是一种罗马式的做法，通常以拉丁草书的形式用相对标准化和类法律术语在铅薄板上写下诅咒，然后卷起或折叠以待使用。这些诅咒一般是施咒者寻求对曾伤害自己的人的报复；在不列颠发现的超过 300 例记录中，大部分诅咒对象是偷盗财物的窃贼。虽然类似的材料在其他行省也有发现，但在不列颠发现的诅咒板针对盗窃的占比与其他行省大不相同，其他行省发现的材料也有关于诉讼、竞争、商业活动、色情或恋爱活动的内容。不列颠广大的城镇和乡村地区都有诅咒板出现，但军事聚落是唯一的例外。鉴于军事聚落的考古挖掘程度很高，这种现象似乎不能归因于取样偏差。在城镇遗址中，巴斯发现的诅咒板最多（约 130 个），伦敦紧随其后（共有 8 个，包括 1 个在南华克发现的诅咒板），随后是诺维奇的凯斯特，在锡尔切斯特和罗克斯特也发现了类似的文物和相关的咒语文本，以及小城镇（包括旺伯勒、凯尔维登、福斯德切斯特顿、莱茵特沃迪恩、布拉芬、海厄姆费勒斯）。除以上提及的已有成果，应该还会有进一步的发现。

在巴斯发现的一块诅咒板上提及了一个铜合金盆被窃的事件：

我彻底地诅咒那偷走我铜盆的人。我诅咒这贼被送进苏丽丝神庙，无论他是男人或女人、奴隶或自由人、男孩或女孩，并让这窃贼的血洒在那铜盆里。

这段文字是从右到左书写的，诅咒板背面重复刻写了关于神的忌讳。诅咒者为了确保诅咒应验，用词十分谨慎，这在诅咒板中十分常见。当时的人们用这些见不得光的手段来与女神进行秘密交易，以保证诅咒的有效性。镜像书写和从右到左书写是两种已知的诅咒板书写方式；另外有一两块内容令人费解的诅咒板，应该是用不列颠方言写成的拉丁草书。除了卷起和折叠，诅咒板有时候还会被钉子刺穿。巴斯的人们似乎会把诅咒板扔进神圣的泉水中，其他地方人们会把诅咒板扔进泥坑，或者放在还愿的物品中，呈给神灵。

表 11　罗马不列颠时期的诅咒板

地点 / 指向神灵	诅咒起因 / 对象	信息来源 / 参考文献
巴斯 /?	“韦尔比娅”失窃（是人是物尚不明确），列出了嫌疑人名单	*Tab Sul* 4
巴斯 /?	地毯失窃	*Tab Sul* 6
巴斯 /?	一些人名	*Tab Sul* 9
巴斯 /?	手镯失窃	*Tab Sul* 15
巴斯 /?	一些人名	*Tab Sul* 16
巴斯 /?	镴盘上刻写的一些人名	*Tab Sul* 30
巴斯 /?	希维利斯的铧头失窃	*Tab Sul* 31
巴斯 /?	一些人名，并“希望他们短命”	*Tab Sul* 37
巴斯 /?	献出的物品（可能是献给苏丽丝）失窃	*Tab Sul* 38

（续表）

巴斯 /?	反抗错误的指控	*Tab Sul* 40
巴斯 /?	鞍褥失窃	*Tab Sul* 49
巴斯 /?	11 个人名；一些人名	*Tab Sul* 51；95；96
巴斯 /?	洛韦尼斯卡的斗篷失窃	*Tab Sul* 61
巴斯 /?	德奥米奥里克斯诅咒入室盗窃的小偷	*Tab Sul* 99
巴斯 / 玛尔斯	一些送出的物品，除非……	*Tab Sul* 33
巴斯 / 玛尔斯	银戒指失窃	*Tab Sul* 97
巴斯 / 墨丘利	一些人名，并诅咒其同族	*Tab Sul* 53
巴斯 / 苏丽丝・密涅瓦	6 个银戒指失窃	*Tab Sul* 8
巴斯 / 苏丽丝・密涅瓦	多西里阿努斯的兜帽斗篷失窃；斗篷；疑似帽子；斗篷；连帽斗篷	*Tab Sul* 10；43，55，64，65
巴斯 / 苏丽丝・密涅瓦	铜盆失窃	*Tab Sul* 44
巴斯 / 苏丽丝・密涅瓦	维尔坎迪努斯偷走了阿尔米尼亚的两个银币	*Tab Sul* 54
巴斯 / 苏丽丝・密涅瓦	斗篷、袍子、鞍褥失窃	*Tab Sul* 62
巴斯 / 苏丽丝・密涅瓦	坎迪塞娜的浴袍失窃	*Tab Sul* 63
巴斯 / 苏丽丝・密涅瓦	埃克苏佩利乌斯的铁平底锅失窃	*Tab Sul* 66
巴斯 / 苏丽丝・密涅瓦	苏丽丝泉旁判决某人作伪证	*Tab Sul* 94
巴斯 / 苏丽丝・密涅瓦	索林乌斯的斗篷、浴袍失窃	*Tab Sul* 32
巴斯 / 苏丽丝・密涅瓦	多卡丢失了 5 个第纳尔	*Tab Sul* 34
巴斯 / 苏丽丝・密涅瓦	诅咒冤枉自己的人	*Tab Sul* 35
巴斯 / 苏丽丝・密涅瓦	疑似诅咒	*Tab Sul* 45
巴斯 / 苏丽丝・密涅瓦	奥克尼亚被偷一个平底锅	*Tab Sul* 60
巴斯 / 疑似苏丽丝	多西梅迪斯被偷一副手套	*Tab Sul* 5
巴斯 / 疑似苏丽丝	一些物品（不详）的失窃 / 措辞中指向了物品失窃	*Tab Sul* 36，38，41，47，52，57，100，102
巴斯 / 疑似苏丽丝	安尼阿努斯的 6 个银币被窃，并列出了嫌疑人名单	*Tab Sul* 98
布兰顿 / 尼普顿	铁平底锅失窃	*Britannia* 25，no. 1

（续表）

布拉芬 /?	内容难以辨认	*Britannia* 18，no. 8
布雷恩 /?	疑似独轮手推车失窃	*Britannia* 17，no. 6
诺维奇的凯斯特 / 尼普顿	花环、手镯、杯子、镜子、头饰、绑腿、10 个镴盆、疑似斗篷、15 个第纳尔的失窃	*Britannia* 13，no. 9
切斯特顿 /?	衣物失窃	*RIB* 1，243
克劳索	诅咒名为塔西塔的人	*RIB* 1，221
埃尔克斯别墅 / 众神	一位疑似叫布图的人窃取了财物	*Britannia* 17，no. 2
法尔利希斯 /?	涉及 4 000 第纳尔	*Britannia* 35，no. 2
汉布尔河口 / 尼普顿	金索里达和 6 个银阿根蒂奥利（两者都是罗马货币）失窃	*Britannia* 38，no. 1
凯尔维登 / 墨丘利	要窃贼付出代价	*JRS* 48，no. 3
伦特瓦尔丁 /?	一些人名	*JRS* 59，nos 31a/b
伦敦 /?	诅咒 T. 艾格那提乌斯・泰拉努斯和 P. 希瑟瑞乌斯・费利克斯	*RIB* 1，6
伦敦 /?	诅咒特瑞提亚・玛丽亚	*RIB* 1，7
伦敦 /?	提到了普劳提乌斯・诺比利安乌斯、奥瑞里乌斯・萨特恩尼努斯多米提雅・阿提奥拉，以及“我未提及的人”	*Britannia* 34，no. 1
伦敦 / 戴安娜	帽子和衣带失窃	*Britannia* 34，no. 2
伦敦 / 米图努斯（尼普顿）	列出一些人名，并要求复仇	*Britannia* 18，no. 1
利德尼 / 诺登斯	戒指失窃	*RIB* 1，306
莫尔伯勒丘陵 / 玛尔斯	疑似物品丢失	*Britannia* 30，no. 3
老哈洛 / 墨丘利	疑似恋爱诅咒	*Britannia* 4，no. 3
佩根山 /?	入室盗窃 3 000 第纳尔	*Britannia* 15，no. 7

（续表）

索尔河畔拉特克里夫 /?	疑似驴子被窃，入室盗窃两个袋子和其他物品	*Britannia* 24, no. 2
索尔河畔拉特克里夫 /?	护腿、一把斧子、小刀、一副手套失窃	*Britannia* 35, no. 3
乌雷 / 墨丘利	塞纳库斯诅咒偷窃了自己役畜的维塔林乌斯和纳塔林乌斯	*Britannia* 10, no. 2（*Uley* 1）
乌雷 / 墨丘利	萨图尔尼纳诅咒偷窃亚麻布的贼	*Britannia* 10, no. 3（*Uley* 2）
乌雷 / 墨丘利	因入室盗窃丢失 1 个金戒指、一些铁镣铐	*Britannia* 10, no. 4（*Uley* 3）
乌雷 / 墨丘利	毕库斯将自己被窃的物品献给神灵	*Uley* 4
乌雷 / 墨丘利	缰绳失窃	*Britannia* 20, no. 2（*Uley* 5）
乌雷 / 墨丘利	诅咒伤害了农场动物的 3 个人	*Britannia* 20, no. 3（*Uley* 43）
乌雷 / 墨丘利	霍诺拉图斯被入室盗窃偷走 2 个轮子、4 头牛、其他小物件	*Britannia* 23, no. 5（*Uley* 72）
乌雷 / 墨丘利	亚麻、斗篷、2 个银币失窃	*Uley* 52
乌雷 / 墨丘利	斗篷失窃	*Britannia* 26, no. 1（*Uley* 55）
乌雷 / 墨丘利	诅咒那些对自己待遇不公的人	*Britannia* 26, no. 2（*Uley* 76）
乌雷 / 墨丘利	手套失窃	*Britannia* 27, no. 1（*Uley* 80）
乌雷 / 墨丘利	一个银盘和 4 枚戒指（疑似失窃）	*Britannia* 29, no. 1（*Uley* 50）
旺伯勒 /?	疑似与失窃相关	*Britannia* 3, no. 1
韦汀布鲁姆希尔 /?	物品失窃	*Britannia* 25, no. 2

巴斯出土的大量诅咒板在一定程度上对上文的结论产生了质疑，因为其中一部分是那些到巴斯神庙附近浴场洗浴的粗心游客所发出的诅咒，在洗浴时他们的衣服往往无人看管。然而一些金属器皿的盗窃似乎是由熟人下手的，一块出土于巴斯的诅咒板上明确表示了这一怀疑，诺维奇的凯斯特出土的很多关于个人物品丢失的诅咒板上也暗示了这一点（见表11）。一些人在向神灵祈求惩罚窃贼时提到了嫌疑人的名字，表明这些盗窃是熟人干的，而非公共场合的随机盗窃。被窃的物品大多价值不高，而发出诅咒的人则包括普通人和一些单一的拉丁名或凯尔特名。罗马公民的名字只在伦敦出土的诅咒板上出现过，但他们的身份是被诅咒者。因此我们似乎可以得出结论：小额盗窃在不列颠南部司空见惯。穷人常常得不到足够的治安保护或补偿，只能诉诸神灵，用文字语言来祈求他们降祸于损害自己利益的人。

出土于巴斯的诅咒板笔迹多种多样，130块板子中只有2块出自同一人之手；但因为这些浸没在泉水中的诅咒板似乎只能算是这300多年历史中的随机样本，所以也不能排除在神庙有专人负责抄写诅咒板。然而这130多块诅咒板中很多抄自某些样本，而且质量较差，看起来像是在空白板子上随意书写的。有一些铅板完全空白，有一些则是文盲胡乱写就的“假”铭文，说明诅咒并非读书人的专利。如果人们舍得为了一点微小损失而大张旗鼓采取行动的话，一块铅板和雇人抄写（如果当时有的话）显然算不得什么。

不列颠人向神灵寻求复仇帮助的痴迷程度还需要深入研究。巴斯人大部分诅咒是向不列颠神灵苏丽丝（只有少数人称之为苏丽丝·密涅瓦）寻求帮助，也有一部分是祈求玛尔斯或墨丘利降祸于人。其他地方有人向米图努斯（很可能是指尼普顿）、尼普顿、墨丘利提出诉求。诅咒板的同一化和用语特点有典型的罗马风格，其他有书面记录的与神灵进行交换的契约也是如此。但“盗窃诅咒”在帝国其他行省却没有发现，说明这是不列颠行省独有的行为，这里识字的穷人缺少司法关怀，痴迷于这种让自己感觉更有利的请愿形式。诅咒板可以当作罗马帝国的记录来阅读——召唤神圣力量来做人力不能及的事情。军事聚落很少有人热衷这种活动，因为军人们受到了法律，甚至比法律更强有力的保护。

将金属制品献祭在水中是铁器时代独有的特点，被罗马征服之前不列颠就很流行这种做法。不列颠被征服之后，这种习惯依然延续了下来，乡村地区尤为明显，一些城镇也有体现。巴斯的天然泉在当时很受欢迎，可能因为在前罗马时期这里就是献祭的圣地，所以崇拜者们沿袭了这一传统。另一个例子是沃尔布鲁克河，这条河从南北方向横穿罗马时期的伦敦，沿岸是宗教建筑和铭文。这条河流在罗马时期逐渐淤塞，在其河床上也发现了数量巨大的文物，虽然也有人说这是当时蓄意倾倒的垃圾，以稳固沿河的建筑用地。无论如何，这些沉积金属制品至少有一部分可能是罗马时期献祭在水中的。最近的研究表明在河床上发现的金属制品与岸边用来稳固河岸的材料有很大相似性，导致这些物品的宗教色彩淡了一些。然而这里铜合金和铁制的文物比例明显高于其他地方的沉积，而且铁制品在被投入水中时保存状况良好（未被破坏，也没有破损）。所以一些金属制品是出于宗教目的被沉入水中的，尤其在与河谷北部沉积的人类头骨联系起来时，这一可能性应该存在。如果这些沉积物只是罗马时期伦敦典型的垃圾处理产物，那这就说明与古代世界金属再循环利用的习惯相比，那时的不列颠是一个典型的“一次性”社会。

识字人群喜欢在物品上书写以表现自己识文断字的能力。在城镇集市的商品上，经常画着、刻着，或者烙着制造者的商标和信息。一些受过教育的市民会在自己的个人财产上做标记，以预防上文提到的盗窃。对便携物品上的铭文进行研究后，我们发现虽然这种镌刻现象在城镇很常见，但却远比不上军事聚落中的普及程度。这表明了城镇的识字水平可能比较低，因此识字在人们的身份定义中所占比重不大。但从其表现形式来看，那些识字的人也毫无疑问地认识到并乐于夸耀这一事实。银、铜合金、镴质器皿和勺子等餐具上经常用文字来装饰——制作者的印章、拥有者的名字、祝福的话语（“祝愿使用者好运”），或者只有金属材料的重量（也就代表了价格）。巴斯的泉中出土了刻着神灵名字的镴质、铜合金器皿，这类物品似乎是用来还愿的祭祀品。不列颠发掘出的罗马时期盘子和刀叉大都是在乡村地区制作的，但是在科尔切斯特、伦敦、林肯、锡尔切斯特、诺维奇的凯斯特、坎特伯雷、巴斯等城镇中发现的个人物品也表明金属餐具是那里社会地位和财富的重要象征。

特定类型的文物在城镇中广为分布。在伦敦、科尔切斯特、格洛斯特、圣奥尔本斯、坎特伯雷、诺维奇的凯斯特、卡莱尔等城镇中发现了很多描绘战车竞赛的杯子，上边带有颂扬胜者、送别败者的铭文；伦敦出土了刻画有角斗士、战车车手的器皿；在伦敦、科尔切斯特、罗克斯特、多尔切斯特、莱斯特等城镇则发现了带有角斗场面的杯子。这些物品的价值高，在城镇之外极为罕见，表明这是为了在此类娱乐活动场所装饰才购买的。雕刻的玻璃器皿则分布较广，在军事聚落和乡村别墅都有，另外在约克、埃克塞特、卡尔文特、塞伦赛斯特、锡尔切斯特等城镇也可见到。

并非所有的私有物品都刻有铭文，比如胸针上就很少见。但指环却常常被平民和军人刻上信息，无论是用作个人印章还是戴在手上的装饰品，字迹都清晰可见。其中的信息有爱的宣言、好运或长寿的祈祷、个人姓名（或是具备罗马公民身份的人用三名法起的名字）、效忠皇室的宣言、对某一宗教的认可，等等。大约有一半的铭文戒指是在城镇遗址发现的，其余则大部分来自军事聚落，少部分来自神庙或乡村。铭刻宝石的分布也是如此。

铭文骨质圆盘通常被人们视为游戏用具或者计数用具，是大城镇具有代表性的文物之一。这种制品在大城镇出土的铭文器具中约占 48%，在科布里奇这样具备城镇 / 军事聚落双重地位的地方占 9%、军事聚落中占 38%、乡村地区则少于 5%。刻有铭文的陶器圆盘集中在科尔切斯特，铭文砝码则集中在军事聚落和那些曾有军事背景的城镇。特定行业比较发达的小城镇（比如采矿业发达的切特豪斯）的铭文有一定的集中性。罗马军队常用铅标签和铅封，所以在城镇中发现的超过 30 例此类物品很有研究价值。这些铅印章为帝国货物运输提供了证明，当时运输的包含行省政府、某些军团和辅助部队，以及少数城镇政府和个人的物品。在塞伦赛斯特发现的来自格洛斯特的印章是迄今为止私人印章的唯一证明。莱斯特郡出土的一个铅印章提及了莱斯特（当时叫 *Corieltavorum*），但其余信息还尚不明朗。军用印章和官方印章在伦敦、莱斯特、塞伦赛斯特、锡尔切斯特和约克等大城镇出土较多（其中伦敦尤其多），在锡尔切斯特和奥尔德伯勒则发现了一些内容模糊的印章。这类文物的发现表明城镇与军事聚落一样，是艺术活动和贸易活动的集中点，有时会采用新的计数标准和重量标准，至少偶尔还会承担军需或官方供给的职责。

物质材料

雕塑是罗马社会很多方面的一个基本元素，是除去铸币之外皇帝们在物品上描绘自己形象的最佳方法之一（从伦敦、约克、林肯、格洛斯特、塞伦赛斯特发现的皇帝雕像碎片中就能看出）。不列颠（以及高卢北部地区）城镇社会有一点很特殊，即缺少纪念雕像（除皇帝雕像之外）。普通公民很少拥有自己的雕像或铭文记录。卡尔文特出土了一尊公元 3 世纪早期的提比略·克劳狄乌斯·保林乌斯（Tiberius Claudius Paulinus）雕像，当时他还是第二奥古斯都军团的统帅，后来成了下不列颠的总督。这尊体现了雕像在当时的重要性，也表明了在当时的不列颠雕像是一种特殊的存在。

巴斯出土了两尊女性头部雕像，虽然其中一尊制作粗糙，但应该都是在试图描摹人像，卡尔文特一座房屋内发现的一尊粗制人头雕像则更像家庭神龛中供奉的神灵，而非主人的形象。多数城镇没有与宗教无关的雕像，铭文墓碑也非常少见。目前发现的平民墓碑比较少，尚存的一些都发现于伦敦、林肯、约克、切斯特、卡莱尔、科布里奇周围的军事聚落。林肯出土了一块由奥勒留·塞内西奥（Aurelius Senecio）为妻子沃洛希亚·福斯蒂娜修建的墓碑，是一例殖民城镇元老阶层墓碑。塞伦赛斯特则出土了一座墓碑，墓碑主人名叫费鲁斯（Philus），上边刻着一个戴着避雨连帽斗篷的站立形象。费鲁斯是高卢贝桑松人，在当时移民到了不列颠。从一些墓碑上的刻画可以看出，那些生活于军事聚落、埋葬于城镇的人的形象会被刻在他们的墓碑上；富裕的异邦人以及元老阶层中雄心勃勃的人（比如生活在殖民城镇的罗马公民）有时也会采取这样的做法。不列颠城镇居民很少用这种方式来留下自己的形象，并非因为缺少训练有素的雕塑家（毕竟宗教雕塑和浮雕的数目有很多）。雕塑造价昂贵可能是原因之一，但就如铭文一般，这种现象中应该隐含了一定的社会因素。对于很多不列颠人来说，留下自己生活和工作的纪念或是留下自己的形象并没有什么意义，他们意识中的罗马身份是不包括这些方面的。相反地，少数城镇居民有意识地采取这种做法来强调自己与当地人的不同，凸显自己对罗马的认同感。

因为平民很少选择用雕塑留下自己的形象，因此我们很难判断罗马风格的服饰和发型在不列颠有多大的影响。近期一篇关于“罗马不列颠生活”的文章指出，罗马征服之后不列颠男性很快地穿上了罗马式的服饰，但也同时承认了很难找到有关男性穿罗马托加长袍的文物记录。目前发现的这种雕像有两个，都出自军事聚落，很可能与罗马高级行政人员（如总督）有关。非罗马公民是不能穿托加长袍的，而且在公元 3 世纪，军队和殖民城镇之外也很少有罗马公民分布。另外还有一座雕像似乎描绘了罗马神话中的精灵，而非真实存在的人。现有证据表明，英国的标准平民服装与罗马帝国西北部众行省一样，都是较为宽松、带着兜帽的斗篷状高卢式外衣。女性的服装则较长，里边带有衬裙。这些衣服上一般都有钻石状的斜纹，也可染成各种颜色。来自不列颠的大多数肖像文物都属于公元 2 世纪晚期至 3 世纪，但也有证据表明不列颠服装流行随着时间的推移发生了较大变化。早期不列颠人多用胸针来固定服装，铁器时代晚期以及公元 1—2 世纪的文物中有很多证明，但在公元 2 世纪晚期和 3 世纪时就很少了，这也反映了那时高卢式服装的引入和广泛采用。罗马不列颠早期女性服装与高卢北部和莱茵兰地区的女性服装很相似，都是类似希腊女式外套的长袖外衣，并用胸针固定。同时期男性服装的记录则没有那么多，但出土的胸针数量表明男性女性都会用到，而且搭扣方式还能表现出人们身份的不同。根据观察发现，罗马帝国西北部的行省将这种衣着进行了改良，进而模糊了区域差异，形成了一种日常的平民服饰，失去了区别身份的作用。

生活在城镇中的公民有着惯常的优越感，他们通过一定的方式建立了自己的罗马公民身份。罗马不列颠人热衷室内奢华的壁画和马赛克装饰，相关的证据有很多。从早先提到的内容中可以看出，除去军团基地之外，驻军聚落几乎看不到马赛克的存在。军队的壁画往往由简单的色带或色块组成（与有关专家最近在南希尔兹和沃尔森德对罗马时期建筑进行修复后的结果不同）。然而在城镇中马赛克和错综复杂的壁画都比较常见。大城镇中只有诺维奇的凯斯特、卡马森和卡莱尔没有任何古代马赛克或棋盘状人行道的迹象，而在伦敦、科尔切斯特、格洛斯特、锡尔切斯特、塞伦赛斯特、多尔切斯特、卡尔文特则发现了超过 30 例，约克、林肯、圣奥尔本斯和莱斯特则发现了 10 余例。虽然这类装饰广泛见于大型城镇住宅，但却不是独有的，最近在伦敦的挖掘也证明了这一点。随着时间的推移，一些典型带状建筑（临街面带有商店或作坊）的起居区域也建起了棋盘状地面和彩绘墙面石膏。最早运用马赛克的城镇是公元 1 世纪晚期的伦敦，但颜色多彩的人行道最早也只能追溯到公元 2 世纪中期。圣奥尔本斯、塞伦赛斯特、莱斯特、奥尔德伯勒是公元 2 世纪晚期马赛克集中出现的城镇。目前发现的公元 3 世纪的马赛克非常少，但在公元 4 世纪这一装饰却非常普遍。

在用壁画和马赛克做装饰的地方，人们往往会借鉴古典神话和传统的罗马主题。目前出土的公元 2 世纪马赛克中包括科尔切斯特的两个丘比特摔跤的图画，以及在圣奥尔本斯发现的一只雄狮捕获鹿的图画和尼普顿的画像。即使在公元 4 世纪，非基督教主题的装饰仍然不少，比如著名的俄尔甫斯主题人行道。混合主题的装饰都比较折中，代表了不列颠市民和乡村别墅主人们的不同品位。

马赛克铭文相当罕见，但在伦敦、科尔切斯特和奥尔德伯勒发现了带有字母的马赛克碎片。墙面石膏上的彩绘铭文和残缺涂鸦在伦敦、约克、圣奥尔本斯、锡尔切斯特、塞伦赛斯特、罗克斯特、莱斯特、卡尔文特、多尔切斯特、埃克塞特都有发现。涂鸦通常是装饰中的次要补充，涂鸦意味着房屋使用目的的变化，或高级房屋地位的降低。莱斯特蓝野猪路上的 24 处涂鸦包括了用拉丁语写就的淫秽暗示［谁，猥亵（···）你？］。这证明了公元 2 世纪时，部分识字的市民通过把自己的名字和戏谑调笑写在墙壁上来表达自己，当时这种活动是具备一定诋毁性质的，也有一部分转化成了一种行业。

针对罗马不列颠城镇的早期发掘让人们产生了这些城镇都是怡人的花园城镇、鲜有人工迹象的看法。近几十年城镇考古学的重大发现之一就是，许多城镇的建筑密度要高很多，人工活动既多样又普遍。罗马人在伦敦较早的聚居地的临街面很快地建满了狭长的作坊。圣奥尔本斯最早的大型建筑就包括了一座由作坊和商店组成的房子。奇切斯特也有一座修建较早的工匠行会建筑。因此这些地方也就成了活跃的生产中心，主要产出各类金属制品、搪瓷、陶器、玻璃、骨制品、木制品、皮革制品、制鞋、服装、纺织品生产、马赛克及其他装饰品，等等。这些地方也是各类标榜罗马身份的新式手工制品的主要市场。不列颠手工艺人很快就聚集到了这些地方，并接受新式手工制品制作的训练。此类物品的生产也扩展到了那些沿罗马时代新建道路或围绕自然资源建设的新城镇。实际上在罗马时代后期，小城镇在不列颠行省中的经济地位变得越来越高。

在某种程度上，所有的城镇军民都在以某种方式消费着物质文化，而这些方式定义了他们作为城镇居民和罗马帝国臣民的身份。城镇所担任的政治和经济角色使其成为商品生产、分配、销售的集中地。这一模式与军队的后勤模式有一定的重合，但又完全不同。城镇中可购买的商品很多，不同的社会群体都可以根据自己的财力和意愿进行挑选。

在乡村饮食方面相对保守的背景下，罗马不列颠时期的城镇成了重大变革的中心区域。城镇的肉类消费对牛肉和猪肉的需求越来越大，而对羊肉/山羊肉的消费则比乡村少一些。“典型”的城镇更像一个规范化的军事聚落，其肉类供应也应该是遵循专业化的处理和分配模式。一些城镇中发现了用于屠宰、动物角加工、兽皮鞣制的专门区域，这些区域与次级的屠宰废物处理区不同，在当时应该受到了一定程度的规范化管理。考虑到当时三种主要肉类的相对价值，我们推算锡尔切斯特的肉类消费应该由68%的牛肉、4%的羊肉、28%的猪肉组成。从这些数据可以看出不列颠人对牛肉的偏好有着悠久的历史，而且城镇的肉类消费比欧洲大陆要多。罗马饮食的其他与众不同之处还包括城镇对鱼和贝类的普遍消费、家禽肉的食用、通过烟熏或腌制来加工保存肉制品。保存肉制品的技术使得人们可以随时食用肉类，也使得罗马社会生活中（偶尔的宗教生活或日常生活）肉类食用更为常见。不列颠南部寺庙遗址中的证据表明，当时祭祀多用羊和家禽（这些动物体形小、价格低，有时也用于其他宗教祭祀，在乌雷有相关发现），而对鱼类、贝类、狩猎所得的猎物则较少利用。以上现象与较大比例的牛、猪肉和其他物种的食用相结合，反映了当时较固定的消费模式。通过对牲口年龄的测算，也能发现当时利用的多是动物幼崽。

从欧洲大陆进口的典型液体商品，如橄榄油、葡萄酒、鱼酱等，运输时都装在特定的陶瓷双耳瓶内。这些双耳瓶在不列颠城镇的普及程度比我们预想的要低，这也揭示了城镇与军事聚落之间的区别。虽然目前有了足够的证据证明以上三种商品在城镇中都有消费，但与地中海地区相比，其出现概率相对较低。例如在莱斯特的一次挖掘中发现的 5.5 万块罗马陶器碎片中，有 1 700 块是双耳瓶碎片，其中 80% 以上是西班牙橄榄油双耳瓶碎片，这是在英国出土最多的一种双耳瓶。目前发现的葡萄酒和鱼酱双耳瓶较少。地中海城镇遗址中双耳瓶碎片通常可以占到 50% 以上。在帝国中心地带，产品种类和供应来源也更加多样化。很明显，大多数不列颠城镇并没有长期持续的大宗货物进口，但伦敦这一特例也表明了当时少数公民会消费这些商品。整体看来，不列颠文化仍然是一个“啤酒与黄油”的文化。我们实际上可以在陶瓷文物中找到证据，说明当时有新型饮水设备的存在，特别是供饮用啤酒的锯齿酒杯。

现存文献中有一个共同的假设，即罗马时期不列颠人民的健康和营养必定得到了改善。古生物病理学的研究为这种推论提供了一些证据。虽然在当时人们蛀牙发病率有所增加，但这可能要更多地归因于饮食中碳水化合物的发酵（当时人们的口腔卫生状况一般都很差），专家从遗骨中发现了营养不良或饮食不足的证据（低于 7%）。当时男性的身高略有增加，而女性则略有下降。大型城镇公墓需要进行更细致的研究才能确定这一方面评估区域差异程度究竟如何。

公墓也体现了城镇社会中不同寻常的人口模式。在不列颠后来的罗马公墓中（如塞伦赛斯特、温彻斯特、伦敦、庞德伯里/多尔切斯特），妇女和儿童尸骨出现得比较少。虽然城镇中偶尔会出现婴儿墓葬，但也存在孩子们被分别下葬或用不易留存考古痕迹的方式下葬的可能性。墓葬中男女比例不平衡的现象则更难解释，虽然从陪葬品中男性饰品远多于女性饰品的现象中我们可以推断在伦敦等城镇的早期城镇化阶段，墓葬中的女性要更少。这或许说明这些是商人和工匠移民的墓葬。然而，即使在罗马晚期的墓葬中，女性仍然非常少见，而且目前还没有令人满意的解释。我们可以想象，不列颠城镇在被征服的几个世纪中仍然存在人口不平衡的现象，这也可能是社会变革导致的。接下来我们要关注的是罗马不列颠城镇晚期的变化。

第十一章

城镇化的失败？

城镇的衰落和失败是关于公元 4 世纪罗马不列颠的核心话题。一种传统观点认为，城镇历史是进步且单一的，这种特点一直持续到公元 5 世纪初罗马威权的崩溃。尽管公元 5 世纪罗马帝国出现了衰退，人们仍然试图阐明罗马城镇化和稍后盎格鲁 - 撒克逊时期城镇的重新出现之间的关系。然而，考古数据的积累早已表明这种结论的不可靠性，人们因而认为传统意义上的罗马城镇在公元 3 世纪末期就已经完全失败了。人们认为城镇生活在公元 4 世纪仍然延续着，但却是基于与之前完全不同的基础，与个人权力关系更大，而非公共权威。最近的一项研究试图用各种参数将城镇的衰落过程系统化地表达出来，最终结论表明罗马不列颠城镇经历了早衰，但衰落是在公元 4 世纪下半叶发生的。在繁荣和衰退两个极端之间也有人持中庸态度，他们承认城镇生活中数量和质量上已经发生了变化，但同时也认为这些城镇在公元 4 世纪仍然十分活跃。

城镇变化的程度在考古记录中表现得最为明显。现在几乎没有公元 4 世纪不列颠城镇的铭文、雕塑艺术品、墓碑。这种趋势在前几百年早已存在，但算不上明显。城镇中的非基督教纪念碑特别容易受到罗马帝国宗教政策的影响（罗马帝国在公元 4 世纪时将迫害对象由基督徒变为非基督徒)。随着罗马帝国国教变为基督教，非基督教在城镇中不再那么华丽且引人注目了，但并没有证据表明基督教在不列颠城镇中占据了主导地位，或成为民众捐助的新对象(在其他行省则并非如此)。另一方面，公元 4 世纪人们仍在修建大型砖石城镇住宅，那时马赛克艺术在一些城镇也蓬勃发展，不列颠行省也产出了很多罗马帝国晚期的银板，表明当时社会顶层个人财富的疯狂聚敛。虽然有人指出罗马帝国在不列颠的活动早已崩溃了，但也有人认为公元 4 世纪是“黄金时代”。那些看起来似乎自相矛盾的证据或许可以理解为随着政治、经济、社会变化，原来的行为产生了相应的新式社会身份。如今，英格兰东部和西部城镇之间的地区差异也在增加。

城镇防御

城墙防御带和城门是罗马不列颠城镇具有纪念性意义的建筑。公元 3 世纪，城镇的资金更多地投入石墙的修筑当中，这是晚期罗马城镇广泛存在的变化的起因，也是结果。然而，不列颠城镇聚落周围的城墙和堤防的建立要比其他行省早很多，一些遗迹可以追溯到公元 1 世纪，很多遗迹可以追溯到公元 2 世纪，而大多数城镇(包括小城镇)在公元 3 世纪末期都有了防御(见表 12)。这在帝国版图内是一种非常少见的现象，我们可以合理地断言这反映了城镇身份中一个特定的维度。

对罗马不列颠城镇的防御研究主要集中在建筑细节，以及将这些细节按时间顺序排列，建立合理的框架，以便理解。不列颠城镇有很多在公元 2 世纪末之前就修建了防御，其城墙防御带的类型也与众不同，在帝国西部的行省中是比较特殊的一个。较早的观点认为奥古斯都统治时期到公元 3 世纪中期帝国禁止在不列颠行省之外修建城镇防御，但这种说法现在已经站不住脚了。例如与帝国非洲边境相比，那边的较不安全区域在公元 2 世纪起就修筑了很多防御。另一方面，在公元 3 世纪之前，高卢和日耳曼等地区城镇围墙是与城镇地位有关的，那里现已确认的城镇中有一半是殖民城镇，只有 8 例（33%）是异邦城镇，以及 2 个小城镇。公元 200 年之前不列颠行省的各级城镇都修筑了防御体系，包括伦敦、殖民城镇、所有的异邦城镇和 18 个小城镇。不列颠人偏好在城墙后修筑土木工事，这也与欧洲大陆其他行省形成了强烈对比，那里的城墙大多是独立的。这似乎是一种海岛的传统，其他很多小城镇的防御也是这样修筑的。不列颠行省与其他行省之间还有其他显著的差异，特别是不列颠行省的城墙防御带通常包括更大的聚落核心区域，其后的欧洲大陆上的行省却不是如此。不列颠早期城镇建筑中也没有广泛地修筑拱门（林肯的低城墙和伦敦在河畔修筑的城墙是两个例外）。这些都从侧面反映了不列颠城镇防御的时间跨度较长。

表 12　罗马不列颠城镇防御状况（大城镇及规模较大的小城镇）

古代名	现代名	城镇类型	面积（公顷）	一世纪	二世纪	三世纪	四世纪
Camulodunum	科尔切斯特	殖民城镇	47	土木防御工事	石墙 + 土木防御工事		
Lindum	林肯（上城区）	殖民城镇 / 公元 4 世纪行省省会	17	军事土木防御工事再利用（1 世纪末 2 世纪初）	早期土墙基础上建立了城墙	有较多新防御工事或旧工事改造	有较多新防御工事或旧工事改造

（续表）

Lindum	林肯（下城区）		23		土墙石墙并存	新建塔楼	有较多新防御工事或旧工事改造
Glevum	格洛斯特	殖民城镇	19	军事土木防御工事再利用（1世纪末2世纪初）	早期土墙基础上建立了石墙		新建棱堡
Eburacum	约克	殖民城镇 / 公元3世纪行省省会	40			石墙（日期不详）	
Londinium	伦敦	疑似殖民城镇 / 行省省会	128		石墙		新建棱堡，有较多新防御工事或旧工事改造
Verulamium	圣奥尔本斯	自治城镇	79	土木防御工事	土木防御工事	土墙石墙并存	新建棱堡
Isaurium Brigantum	奥尔德伯勒	异邦城镇	22		土木防御工事	早期土墙基础上建立了石墙	新建棱堡
Petuaria Parisiorum	亨伯河畔的布拉夫	城镇 / 殖民城镇（日期不详）	6		土木防御工事	早期土墙基础上建立了石墙	新建棱堡
Venta Silurum	卡尔文特	异邦城镇	18		土木防御工事		早期土墙基础上建立了石墙
Venta Icenorum	诺维奇的凯斯特	异邦城镇	14		土木防御工事（日期不详）	土墙石墙并存	新建棱堡
Durnovernum Cantiacorum	坎特伯雷	异邦城镇	52			土墙石墙并存	新建棱堡
Luguvalium Carvetiorum	卡莱尔	异邦城镇	28			石墙（日期不详）	

（续表）

Moridunum Demetarum	卡马森	异邦城镇	6		土木防御工事	石墙（日期不详）/土木防御工事并存	
Noviomagus Reginorum	奇切斯特	异邦城镇	39		土木防御工事	早期土墙基础上建立了石墙	新建棱堡
Corinium Dobunnorum	塞伦赛斯特	异邦城镇/公元4世纪行省省会	88		土木防御工事	早期土墙基础上建立了石墙	新建棱堡
Durnovaria Durotrigum	多尔切斯特	异邦城镇	33		土木防御工事	石墙（日期不详）/土木防御工事并存	
Isca Dumnoniorum	埃克塞特	异邦城镇	36	军事土木防御工事再利用	石墙（日期不详）/土木防御工事	石墙（日期不详）/土木防御工事	
Ratae Corieltavorum	莱斯特	异邦城镇	48			土墙石墙并存	
Calleva Atrebatum	锡尔切斯特	异邦城镇	42	土木防御工事	土木防御工事	早期土墙基础上建立了城墙	
Venta Belgarum	温彻斯特	异邦城镇	55	土木防御工事	土木防御工事	早期土墙基础上建立了城墙	新建棱堡
Viroconium Cornoviorum	罗克斯特	异邦城镇	77		土木防御工事	石墙（日期不详）/土木防御工事	石墙（日期不详）/土木防御工事
Durobrivae	沃特牛顿	城镇/殖民城镇（日期不详）	18			土墙石墙并存（日期不详）	新建棱堡
	大切斯特福德	?	15				石墙
Coria	科布里奇	殖民城镇（日期不详）	15				

（续表）

Lactodurum	托斯特	不详	10—11		土木防御工事	石墙	
	奥尔切斯特	不详	10.5		土墙石墙并存（日期不详）	土墙石墙并存（日期不详）	
Durovigitum	戈德曼彻斯特	不详	8/11		土木防御工事	土墙石墙并存	新建棱堡
Lindinis	伊尔切斯特	殖民城镇（日期不详）	10		土木防御工事		石墙（日期不详）
Durobrivae	罗彻斯特	城镇（日期不详）	9.4		土木防御工事	早期土墙基础上修建了石墙	
Aquae Sulis	巴斯		9.3		土木防御工事	石墙（日期不详）/土木防御工事共存	
Magnis	肯彻斯特	城镇（日期不详）	8.4		土木防御工事		石墙（日期不详）、新建棱堡
	大卡斯特顿		7		土木防御工事	早期土墙基础上建立了石墙	新建棱堡
	厄切斯特		8		土木防御工事		石墙（日期不详）/土木防御工事共存
Caesaromagus	切姆斯福德		7		土木防御工事		
Cataractonium	卡特里克		5—6				石墙
Cunetio	米尔登霍尔		6/8		土木防御工事（日期不详）	土木防御工事（日期不详）	石墙、新建棱堡
	多尔切斯特（牛津）		5.5		土木防御工事	早期土墙基础上建立了石墙	有新防御工事或旧工事改造
	布兰普顿		6		土木防御工事（日期不详）	土木防御工事（日期不详）	

考古证据常被置于一个特定框架内来理解，这个框架将不列颠城镇的发展分为五个阶段（见表 13）。关于这些建筑阶段的一致性及其所涉及的可能的历史背景有很多争议。有人认为罗马帝国十分注意防御工事的修建，所以那些年代久远的样本组合必然反映了特定时间帝国政策的快速贯彻与实施。而对于公元 2 世纪的土木工事，人们则通过将其中一个工事确定为公元 2 世纪晚期，将这些建筑的修筑日期都确定在这一时段。这种说法一般是将背景设定在公元 193—197 年的内战中，人们认为那时克劳狄乌斯·阿尔拜努斯（Clodius Albinus）已经在不列颠城镇做好了叛乱准备，他计划利用驻守在不列颠行省的军队来争夺罗马皇帝之位。另一些人倾向于将公元 2 世纪的土木工事修筑日期确定在公元 2 世纪 80 年代，但也

表 13　不列颠城镇防御建设主要阶段

阶段	主要特点
1	公元 1 世纪罗马帝国只允许一些城镇建立土木防御工事（如圣奥尔本斯、奇切斯特、温彻斯特）
2	殖民城镇在公元 1 世纪末、2 世纪初建立了城墙，反映了自身加高的地位、准军事功能以及力图避免布狄卡起义中科尔切斯特被劫掠命运的希望（科尔切斯特、格洛斯特、林肯）
3	许多城镇在公元 2 世纪下半叶建立了土方防御工事（但要特别注意的是，伦敦在约公元 200 年建立了石墙）
4	公元 3 世纪，很多早期土方防御工事前半部新建了石墙（少数情况下同时存在）
5	公元 4 世纪下半叶很多城墙防御带前都建立了棱塔（伦敦沿河新建了城墙，作为陆地城墙的补充）。其他城墙防御带强化的证据。城墙外增加了更宽的护城河

有人反对将其视作单一的建筑现象（无论是主动还是被动地对危机做出应对）。他们认为在公元 2 世纪的大部分时间内，不同城镇都有可能修筑防御。因为城墙防御带一般都有文物，所以确定其修筑日期这一行为本身就有内在的困难。那些将土木工事视作同一时期修筑的说法中隐含着一条基本假设，即只有在面临巨大威胁时，罗马皇帝才会批准修筑这种前所未有的防御工事。另一方面，我们也可以说建筑防御工事的动力来自城镇内部，而非帝国命令。考虑到不列颠行省处于边境的特殊位置，不列颠城镇在公元 2 世纪中叶申请建造防御工事也是有可能的。并非所有的城镇都有立即利用这种特权的机会，但公民自豪感以及恐惧都能驱动他们去模仿那些引领防御工事修筑潮流的城镇。

虽然上文提到的确切时间问题尚未解决，但很明显公元 2 世纪晚期不列颠人城镇拥有防御工事已是常态，很多小城镇也有了这一类设施。大多数学者认为在土木工事（或独立式城墙）后修筑石墙这一现象没有必要与公元 3 世纪的个别历史现象（如塞维鲁时期一些城镇修建的城墙，以及一些最晚建于公元 280 年的城墙）联系在一起。同样地，有人认为老狄奥多西乌斯在危机四伏的公元 367—368 年镇压了不列颠人的骚动后，罗马帝国在不列颠地区广泛修建堡垒塔楼并加强防御，这种说法也被质疑（因为有一些建筑是在公元 4 世纪中期或更早时期修建的）。我们需要吸取的教训是，在没有明确的历史参考或铭文证据的前提下，以年代下限法确定修筑时间和以单一历史现象来解释的做法之间会出现矛盾。表 12 总结了目前对于大型城镇和大型小城镇防御工事的相关状况。某些城镇规模的相似程度、发展阶段的重合程度是令人惊讶的。

那么为什么要修筑防御工事？现有的答案往往倾向于关注这

些建筑在危急时期的军事价值。布狄卡起义中有三座缺少防御的城镇遭到了破坏，这一失败很可能导致帝国对于这里先于其他不列颠城镇修筑防御工事的态度更加宽容。有文字记录的历史中，罗马时代晚期的主要军事威胁来自一小群海上袭击者。即使一座有城墙的城镇并没有很多士兵驻守，这种防御工事的存在也会显著增加袭击难度，但城墙防御工事可不仅只有在紧急情况下为市民提供保护的作用。如果城门在晚上关闭，那么土匪劫掠的可能性就会小很多，城镇和相近的市场也更容易维持治安。

城墙和城门也可能是当时城镇身份、竞争力、自豪感的象征。一些城镇的大门很显然加入了较为宏伟的元素，例如圣奥尔本斯和塞伦赛斯特的土木工事中就加入了砖石建筑，科尔切斯特的巴尔克恩大门也包括了一个早期的巨大拱门。因此我们也有理由怀疑对外观的重视程度要高于对防御性能的重视程度，土木工事和城墙防御带也划定了城镇的范围，强调了城镇的地位。

许多城镇建有大型的城墙防御带，其规模远远超过奥尔本斯、罗克斯特、伦敦等建筑密集的城镇，也说明了防御功能是次要的。即使公元 4 世纪一些城墙外部修建了塔楼，修建的初衷也并非主要用于防御。圣奥尔本斯的塔楼修建在城墙东南侧，在从伦敦到这里的道路上就可以远远望到。有意攻击城镇的敌人会很快发现城墙防御带的其他部分要更为薄弱，但新建了的这些宏伟塔楼也有了迎接贵客的作用，比如总督自伦敦来访时就能派上用场。

总而言之，城墙防御带外宽阔的沟渠对于小规模袭击来说是巨大的障碍，也加强了大型城镇的社区意识，促进了防务工作和地位意识的形成。帝国不可能将自身资源大幅投入城镇防御的建设中，所以城镇需要另寻他法筹集资金，并不可避免地妨碍了民用建筑的修建。其他行省可能会拥有更加宏伟的建筑，但不列颠城镇可能会因为城墙提供了保护而在情感上感到平衡。城镇内新社会身份的出现也可能有利于各种边界的树立，如城镇与军事聚落之间、市民与村民之间的差异在心理层面的强化。很多城镇在城墙之外也有面积广大的郊区，因此这些区域的“非城镇”程度如何，也需要深入调查，比如钱币磨损规律就有值得思考的差异（基于城镇和郊区发现的钱币磨损状况的比较下）。城镇核心区域的防御是城镇特征的象征，是特定生活方式的象征。对于将产品带入市场的农民或沿着行省道路前进的士兵来说，进入城门是他们身份转变的一种实际表现。

城墙占地的形状可以让我们进一步了解其建筑背后的心理。虽然几乎所有不列颠行省内的大城镇都有规则的直线道路网格，其城墙防御带却往往采用多边形的形式。与众不同的例子主要是退伍军人聚居区，那里的城墙防御带大多是长方形的，其规模甚至比殖民地建立时军团要塞防线的规模更大。然而许多城镇的城墙防御带展现出了基于多边形或椭圆形的不同布局。锡尔切斯特修建于公元3世纪的城墙在形状和区位方面与其内被掩埋的石器时代晚期土木工事有着异乎寻常的相似性。在模仿高级别城镇防御的同时，当时城镇延展的方式还模仿了铁器时代晚期的凯尔特奥皮达，揭示了当时不那么直截了当的“罗马”城镇身份。事实上，许多早期城镇防御全都是土木工事，而非砖石城墙。这进一步强调了当时城镇与不列颠原始城镇之间的联系。

另外50座建有城墙的小城镇则更加神秘，因为这些地方不太可能有足够资金修筑城墙防御带；实际上很多小城镇没有修筑城墙，其中大多数城镇出现得也比较晚。在许多情况下，尤其是沿大路形成的聚落旁那些建立了防御的小面积区域，我们有理由怀疑帝国可能会采取行动保护这些地方的一些重要功能（比如华特灵大道沿路的很多聚落很可能是帝国公共邮政系统的一部分，或是为军需而设立的收税点或粮库)。一些建有城墙的小城镇也可能是过去不列颠大区内各个行政区之间主要道路的交会点。在较大的聚落，只有经历长期的修建，潜在的城镇、建有城墙的聚落修筑防御工事的可行性才比较大。

变化与转向

城镇规模缩小和活跃程度下降的原因有很多。除去更普遍的经济影响之外，我们也不应忘记自然灾害的作用。在地中海地区，地震是主要的安全威胁，特别是在公元 4 世纪 60 年代地震活动频繁时期。相比之下，罗马帝国西北部各行省有些城镇木制房屋和茅草房屋较多，火灾就成了最大的威胁。根据考古发现，当时火灾祸害极大。布狄卡起义对科尔切斯特、伦敦、圣奥尔本斯的破坏导致不列颠行省的城镇化进程延后了 30 余年。圣奥尔本斯和伦敦在 2 世纪中叶也遭受了严重的火灾，其中部分原因是石头公共建筑旁有很多木结构建筑。圣奥尔本斯的火灾可以定位到公元 155—160 年，涉及了近 1/3 的建筑。火灾波及的城镇核心区域重建比较缓慢，一些区域在火灾发生 50—100 年后仍然空置着。火灾后的经济活动似乎也失去了活力，手工作坊的数量比起安敦尼时期有所减少。在公元 3 世纪末或公元 4 世纪初，虽然没有明确记录的火灾，但圣奥尔本斯的城镇内仍有重大火灾的迹象。伦敦似乎更容易受到火灾的威胁，弗拉维时期晚期、哈德良时期、安敦尼时期都发生了大火，公元 3—4 世纪有一些局部的火灾，这些灾害都造成了巨大的破坏。哈德良时期的大火（发生于公元 120—125 年）似乎是受灾面积最大的一次，当时的广场和会堂幸免于难。许多地方的重建速度相对较快，但密集程度较低，商业和手工业活动迹象不多，说明这些城镇经济的鼎盛时期已经过去了。

其他可能影响罗马时期城镇活跃度的因素还包括瘟疫或其他传染病。有证据表明瘟疫在公元 2 世纪 60 年代波及了帝国西部，而后来的帝国人口统计模型则表明其后瘟疫周期性爆发的严重后果。但瘟疫是否曾波及不列颠却无从确定——这次不列颠地区较孤立的状态起了积极作用——即使瘟疫的确传播到了这里，其影响应该也只集中在伦敦这样的大型港口城镇。但即使没有瘟疫发生，那时的城镇卫生条件也不好。尤其是在建筑密集、人口众多的情况下，人们是纯粹的消费者，也就是说他们无法通过自然繁衍维持其人口水平，必须从周边乡村或更远的地方吸引移民。因此就出现了一个重要的问题，这种平衡是否能在公元 4 世纪及以后一直保持，或者说向城镇迁移的经济移民变少是否会使得城镇的可持续性降低。

我们在解释大城镇的商业和手工制造业活动时需要持谨慎态度。一个明显的问题是，这两类活动的减少是否在其他方面的增长上得到了补偿，尤其是在小城镇，人们向来认为这些城镇在罗马时代晚期的经济地位变得越来越重要。

罗马不列颠晚期行省的行政管理模式有些模糊，幸好《百官志》中有一部分残余的官僚名单，我们才能有大致的了解。《百官志》中列出了不列颠大区内 5 个行省，分别是马克西米安恺撒里恩西斯（*Maxima Caesariensis*）、弗拉维恺撒里恩西斯（*Flavia Caesariensis*）、第一不列颠（*Britannia Prima*）、第二不列颠（*Britannia Secunda*）以及瓦伦提亚（*Valentia*）。前 4 个行省在早先出土于维罗纳的一份名单上有记载（这份名单成于公元 312—314 年）。马克西米安恺撒里恩西斯行省的首府是伦敦，其总督应该是执政官级别的，但目前还缺乏独立的证据。塞伦赛斯特的一处铭文中用诗化的语言提到了第一不列颠一位名为 L. 塞普提米乌斯（L. Septimius）的教区长（或总督），人们认为此处铭文是第一不列颠将其作为首府的证据。关于罗马不列颠的众多地图中，第二不列颠和弗拉维恺撒里恩西斯的位置经常变换，人们默认它们的首府是约克和林肯。事实上我们连这些基本情况都不清楚。《百官志》的确提供了额外信息，说明不列颠大区财政长官和皇室私库总管在伦敦办公。在公元 4 世纪的一些时段，伦敦曾有一座活跃的造币厂，这也展现了伦敦作为地区财政重镇的作用。因此我们也可以推测不列颠大区的教区总管（*Vicarius*）应该也在那里。《百官志》中还有一条信息提到当时一座国家编织工厂（*gynaeceum*）在一座“文塔”（*Venta*）城镇中的具体位置，但并没有更多的信息，比如“文塔”到底是指伦敦、约克、林肯中的哪一座城镇。我们可以从这些片段中得出一个结论，即城镇仍然是罗马不列颠晚期行省行政的重要组成部分。

除去里程碑之外，不列颠记录晚期城镇的 4 世纪石刻铭文非常之少。塞伦赛斯特发现的关于总督 L. 塞普提米乌斯的铭文记录了一座朱庇特神柱的修建，大约是在公元 4 世纪初（但也有一些其他铭文提到了朱利安统治时期公元 4 世纪 60 年代初非基督教的短暂复兴）。目前已知的朱庇特神柱共有 150 个左右，主要集中在高卢北部和日耳曼地区，这种敬神方式显然是罗马和北欧非基督教宗教行为的结合。塞伦赛斯特的这座神柱是英国境内唯一确定的例子，其捐建者是总督这一事实引发了人们对不列颠城镇宗教行为的进一步疑问。

哈德良长城的一系列建筑石块证明了杜罗特里吉、杜姆诺尼、卡图维劳尼等部落的城镇派人参与了翻新工作，但这些文本中提到的公元 368 年之后的重建实际上是完全假设的，这一活动发生的时间可能更早。这些证据至少表明了在罗马不列颠晚期，公民仍然是有政治意义的基本单元。倘若这次重建发生在公元 3—4 世纪，那么就能说明当时有跨行省的劳动力调动。

公元 4 世纪的帝国官僚队伍规模要比公元 1—2 世纪时更大，其书面证据的缺乏也就显而易见了。那时的罗马帝国高级官员失去了之前的记录习惯，虽然别的行省也有类似的现象，但不列颠行省却是最显著的一个例子。这种变化在某种程度上反映了更加广泛的变化，罗马社会当时受来自欧洲军事行省贫苦出身人们的影响越来越大。地中海各行省的老牌贵族越来越边缘化。新统治阶级有着不同的价值观，所以他们的身份特征非常明显。公共铭文和纪念雕像的数量越来越少，使得罗马帝国西部越来越趋于北欧风格。然而罗马帝国的官僚们却不是文盲，这从《百官志》《狄奥多西法典》《查士丁尼法典》的抄本中就能看出。文化曾多以这种形式公开展示，但在公元 4 世纪则开始逐渐式微，更多地表现在服装、装饰、社会仪式等方面。普通官员倾向于模仿之前罗马军队的服装时尚，这是统治秩序改变的另一种表现。不列颠行省的部分精英阶层也可能戴上了日耳曼式的胸针和腰带配饰。

人们对于典型罗马城镇的关注主要集中在其核心区域令人印

象深刻的公共建筑之上，这些建筑的投资巨大，其中公元 2 世纪尤甚。事实上，很多城镇中的此类建筑都已年久失修，甚至坍塌或者另作他用，因此公元 4 世纪往往被认为是标志城镇开始衰颓的世纪。在一些具体案例中有很明显的证据，但所有城镇的情况各有差异。广场 / 会堂建筑群是早期帝国公共行政的中心，所以这些建筑的变化应该是非常值得注意的。在锡尔切斯特进行的现代挖掘工作表明，公元 3 世纪末这里的会堂已经被用作金属加工之用（虽然这种活动相对有序，而非擅自占地的活动）。卡尔文特的会堂在公元 4 世纪中叶已经被拆除了大半，随后会堂的中殿和过道中就建起了金属加工火炉。而在罗克斯特，广场和会堂在公元 300 年左右遭火灾毁坏，再也没有重建，莱斯特的会堂和相邻的市场也似乎被公元 4 世纪的一场大火烧毁，无法重建。格洛斯特的广场被拆毁，表面铺上了鹅卵石。伦敦可能是罗马不列颠晚期最重要的行政中心，但这里的现象更加触目惊心：伦敦的大型广场 / 会堂建筑群在公元 300 年左右就被有条不紊地拆除了。埃克塞特的广场 / 会堂似乎在公元 4 世纪中叶进行了翻新，但在公元 4 世纪晚期也被拆除了，原先的广场 / 会堂变成了空地和金属加工活动的场地，最后变成了公墓。诺维奇的凯斯特的广场和会堂则在公元 3 世纪晚期经历了重修（此前因为大火这里已经废弃了约 50 年，重修后面积有所缩小）。

早期城镇中主要公民空间的流失和变化有何重要意义呢？首先，从各个城镇修建这些建筑之初，当地政府就明白行政是不依附于自身财产的。公民行政和当地司法机构的职能不需要广场 / 会堂就能够实现。公元 212 年罗马公民身份定义的扩大使得更多的人接受了罗马法律管辖，而非当地的习惯法，这也提升了巡回法庭的重要性。行省总督的数量也增加了，其中一个原因可能是为更加标准的法律体系补充更多的法官。因此城镇的地方法院就显得愈发无足轻重，甚至无用。让人难以理解的是，伦敦的会堂最终也消失了，但这座公元 2 世纪的建筑可能过于巨大，养护费用也比较昂贵。法院是一种不能被取代的建筑，但伦敦的法院也可能被搬到了其他较小的建筑中。我们需要认识到在任何情况下，这些建筑消失之后，随后发生的不会是没有秩序的擅自占用，而是对公共空间的规范化再利用，比如用作系统化的金属加工、开放空地，或用作其他建筑的材料。

其他类型的城镇建筑在公元 4 世纪也有类似的改用或废弃的现象。圣奥尔本斯的剧院似乎在公元 3 世纪晚期已经非常破旧了，虽然最后一次翻新是在公元 300 年，但在很短的时间内，这座剧院就变成了城镇处理垃圾的地方。剧院与神庙之间的紧密联系（以及与非基督教宗教节日的联系）可以说明在基督教影响逐渐扩大的公元 4 世纪这些建筑是如何流失的。这样的现象也同样发生在露天竞技场，比如伦敦（又是在约公元 300 年），这反映出了人们对较为血腥的公开运动态度的转变。同样地，这些公共设施的消失之后也必然会系统化地运作起来（比如作为垃圾场），这也暗示了其后有着持续的行政权力的作用。

在不列颠境内的 15 个大型公共浴场中，有 9 个在约公元 300 年时还在运营，但一个世纪之后也都废弃了。大型浴场造价昂贵，维护运营成本非常高，此类建筑在城镇中的不断消失至少能够反映当地精英出于自身目的考量把钱投入自己城镇住房和乡村别墅中的小型洗浴套房的修建上，而非完全拒绝了这种罗马式洗浴方式。专家们在罗克斯特针对浴场、会堂的细致挖掘中发现了证据，表明浴场在公元 4 世纪初时已不再用于洗浴，那时浴场的屋顶已经被拆除，地板用石瓦重新铺设，却仍然被有序地使用着，很可能是用作开放的市场空间。城镇管理部门对公共空间的监管似乎一直持续到了公元 5 世纪，最后这片区域的中心矗立起一座木质礼堂，这似乎是个人所为。

因此古罗马晚期 / 古代不列颠建筑与鼎盛时期的帝国城镇完全不同。城镇对公共建筑群的需求减少，精英们在维护保养大型浴场等设施方面的投入减少，对那些与非基督教节日联系起来的娱乐设施也不那么热衷了，比如剧院，或者为基督徒所厌恶的娱乐方式，如圆形竞技场。尽管如此，不列颠城镇起初与随后的变化差距还是非常大的。

对近 1 400 处罗马不列颠城镇住宅进行分析，可以发现公元 4 世纪晚期住房数量急剧减少。这种民用建筑数量锐减的现象可能由多种因素导致，尤其是最近的考古活动比较容易受到当时房屋性质改变后的各类活动所干扰。公元 5 世纪初手工制造业和商业活动的沉寂也为我们确定这些地点在之后的各种活动出现的年代增加了难度，但陶器生产和货币数量在公元 4 世纪末之后应该是有所增长的。例如，罗马时期伦敦填埋的垃圾场和水井数量在公元 150 年后急剧减少；虽然公元 150—250 年这一数字有所回升，但到罗马不列颠晚期这一数字却远远低于公元 2 世纪初时的水平。这种情况在英格兰地区东部城镇比较普遍，而在西部一些城镇的状况则要好些，比如塞伦赛斯特。

就针对一般的住宅和特定地点房屋结构的证据而言，数据显示公元 4 世纪初时罗马不列颠城镇的住宅土地占比还是很高的，但这一比例在公元 350 年之后急剧下降。另一方面，设备齐全的大型城镇住宅则更像是罗马不列颠晚期城镇的特征，而不会出现在城镇化的早期阶段。这些住宅在约公元 150 年之前很少见，而在公元 200—350 年的占比则达到了最高水平，其中公元 300 年约是其顶峰阶段。这些数据指出，高级住宅的数量在公元 350 年后急剧下降，这与行省内的状况是一致的，所以在公元 400 年时，这些房屋只剩下了公元 300 年时的 1/10。在建筑方面，城镇内的高级住宅沿袭了罗马式设计和装饰习惯。其中有一些类似帝国北部各行省古典乡村别墅的有翼走廊房屋，其他的则是更有地中海特色的庭院式建筑。室内装饰通常是马赛克和彩绘粉刷石膏，也是地中海式的装饰。带走廊的房屋在乡村别墅中非常常见，也更能引起人们对不列颠传统的回味，但在城镇住房中却相对罕见。从广义上讲，城镇精英住房的发展趋势显示了“罗马”个人身份认同随着时间推移而稳固，这与大家认为的民用建筑和公共事务变得无足轻重的结论是相反的。至少在公元 4 世纪中叶，大多数城镇有负责履行城镇地方政府职能的公务人员。

在论及罗马不列颠晚期城镇活跃度降低这一现象的普遍性时，我们需要非常谨慎。锡尔切斯特长久以来都被认为是一座石头建筑较少的花园城镇，但雷丁大学“四号公寓”项目的工作人员在当地挖掘时发现，在已知的道路旁石头建筑中间有很多之前从未被发现的木结构建筑，这改变了人们固有的看法。这些商业地产直到公元 4 世纪末才失去了商业性质。这一新观点之所以能够产生，与当时未发生其他干扰考古的活动，以及相对开放的挖掘环境有很大关系。现在看来锡尔切斯特非常特殊，当时这里似乎有逆转经济衰颓的趋势。

有证据表明，个体建筑一直到很晚才挪作他用，但其“幸存”程度尚有争议。相关的关键证据来自雷丁大学在圣奥尔本斯的“27

号公寓二期发掘”（insula XXVII.2）项目。有人认为，在公元 4 世纪的最后 25 年内，这里建造了一座巨大的庭院宅邸，有超过 20 个房间，其中许多都有棋盘格式地板或马赛克地板，有一间地板下还有供热系统。这里随后还进行了改建和重修，说明圣奥尔本斯在公元 5 世纪时还很活跃。然而到目前为止，无论是在圣奥尔本斯还是整个不列颠行省，都没有发现与这座宅邸类似的建筑，所以不能证明城镇在公元 5 世纪仍然拥有活力和延续性。事实上，在对相关证据重新考量后，专家认为这座建筑的建造日期可能比当时挖掘时得出的结论要早得多，而且与晚期城镇房屋的类型相似。

关于晚期城镇里乡村式建筑的研究也很多，其中一些建筑附近有耕地，证明其保留了农业属性（塞伦赛斯特边缘的一个建筑群就是如此）。结合大城镇的商业、手工制造业活动明显减少的情况，人们开始怀疑当时城镇活动的平衡是否正在由传统的“城镇”生活方式向乡村化的方式转变。

关于晚期罗马不列颠城镇的另一个讨论焦点是对于黑色泥土沉积物的解释，这些沉积物常常覆盖在一大片罗马时期废弃瓦砾之上，在很多地方都有发现——包括伦敦（以及南华克）、圣奥尔本斯、坎特伯雷、林肯、格洛斯特、温彻斯特。在这些黑色泥土层中并没有发现任何建筑表面或建筑结构的痕迹，但其中的确包含了一些罗马时期的人工制品。一种传统说法认为，这些泥土层是城镇的一部分，这些区域上的建筑物在公元 4 世纪或公元 5 世纪初消失了，变成了耕地。关于黑色土壤性质的讨论并没有结束，一些专家认为这些土壤肯定是从不列颠之外运进来的，倾倒于此方便种植，其他人则认为这些富含有机物的土壤可能是城镇废弃区域内用新方法处理垃圾而产生的。还有另一种说法，认为当时城镇房屋越来越多地使用泥土来糊墙，再加上一种蠕虫作用下的生物转化，才产生了这种泥土。前两种说法支持了城镇功能和人口水平全面下降的普遍观点，最后一种则意味着罗马不列颠晚期罗马人的房屋比传统的石墙房屋要更具活力。以上所有说法都比“这只是土地被遗弃后的被动转变”的观点更深入。如果建筑用地被废弃，这块土地也会被用作他用，有时作为菜地用于出租，有时用作垃圾处理。

公共建筑在当时也可能是一种可有可无的奢侈品，但也有一些公共服务可能更加无足轻重。街道、供水系统、公墓的维护也能补充证明罗马不列颠的城镇具有相当的活力。关于公元 5 世纪圣奥尔本斯的管道供水系统正常运作的证据有很多，说明当时有对水渠的长期维护。总而言之，不列颠城镇的各类证据表明，当时饮用水的主要来源是收集雨水、井水、泉水，而非成本较高的水渠长途运输。伦敦和南华克都有约 100 口水井，锡尔切斯特和卡尔文特集中进行挖掘的地区分别发现了 76 口和 16 口水井。这些水井有一部分在公元 4 世纪仍然正常运作。然而从伦敦的详细考古证据却能看出，当时可用的水井数量一直在减少，城镇精英住房在城镇中从有水井或公共自来水的地区迁移到了地势较低的沃尔布鲁克地区，那里的泉水仍然可供使用。这种现象意味着随着公共供水系统的可靠性日渐下降，富裕的城镇居民会选择搬迁到容易开采地下水的地方。

公元 4 世纪晚期还发生了一次重大变化，即公共浴场产业的衰败。其原因之一可能是水渠供水系统的维护问题。有迹象显示当时约克及其他城镇的下水道有堵塞现象。道路的维护（特别是路面重铺）在公元 4 世纪后期相对较少。而格洛斯特广场附近的一条道路不仅遭到废弃，在公元 4 世纪 90 年代还被挖开了。

垃圾处理是城镇公共服务情况的另一个明确指标。城镇制造了大量有机、无机废弃物，当地政府需要想方设法处理这些垃圾，不然城镇就会遭受污浊的环境、有毒的气体、老鼠等啮齿动物的危害。从城镇核心区域将垃圾运出或填埋，这是有序社会的必然现象。将垃圾运到生活区域之外，需要运输用的牲口和车辆，还有收集、搬动垃圾，将其运出城外进行处理的劳动力。有证据表明，帝国一些行省的城镇会采取以上做法，但总的来说垃圾填埋应该是更普遍的处理方式。不列颠行省一些城镇的快速发展为垃圾处理提供了前所未有的机会——木质码头后方的大量堆积物以及伦敦沃尔布鲁克河谷被填埋的一部分都能证明这一点。

当代文献中反复提及了当时很多垃圾未被掩埋，城镇卫生条件恶劣，这显示了当时的卫生标准有所下降。然而这些证据也并不都指向这一结论。罗马不列颠晚期城镇以充满废墟和垃圾而著名，但其原因是罗马统治结束之后的一系列事件，而早期的活动往往会受到之后发展的限制。罗马不列颠时期城镇产生的垃圾其实是一系列建筑工程的组成部分——一座在公元 2 世纪中叶的火灾中被摧毁的建筑物产生的建筑垃圾很可能被用作当地另一座建筑的地基。但如果这一区域在重建之前已经被废弃了 50 年呢（这种现象很常见）？这堆建筑垃圾可能会在很长的时间内被当作垃圾场，直到负责修筑新建筑的人来决定如何处理这些堆积的废弃物。因此，少数罗马不列颠早期城镇的环境条件应该相当差。

虽然如此，公元 4 世纪晚期新建建筑的减少和废弃建筑的增加也使露天垃圾越来越多。除非必要，人们不会把垃圾搬运到更远距离的地方，这是人类的天性，倾倒排泄物一般也只远到最近的街道。考虑到用牲口承载货物和人口本来就会给城镇街道带来很重的异味，人们对自身排泄物的忍受程度很高其实也是意料之中的。人们在处理体积较大的垃圾时有各种各样的办法，但不会在后院挖个大坑直接填埋，而是出点小钱让别人帮忙处理，这是典型的自私的人类反应。我们可以在空房子和建筑物（圣奥尔本斯）、城镇护城河可供考察的河段（伦敦）等地区发现这种现象。往城镇水渠中倾倒垃圾必然是受到官方禁止的，但如果当地政府没有提供公共的垃圾收集服务，又该如何规范城镇垃圾堆积状况呢？有一种可能是当时城镇政府会指定垃圾处理的具体地点，比如丧失了其本职功能的公共建筑。公元 4 世纪晚期圣奥尔本斯有一座剧院中的管弦乐剧场就填满了垃圾，这可能是当时比较务实的空间利用做法。这种现象不是缺少有序组织的体现，而是代表了城镇政府权威的延续。如果城镇人口在公元 4 世纪晚期大幅缩减，那么与城镇早期发展阶段相比，垃圾处理问题的严重程度也应该相应减少了。总而言之，罗马不列颠晚期的城镇与众多前工业化社会中的城镇一样，必然恶臭熏天，但其程度与几百年前相比到底如何，目前尚无定论。

公墓可能是衡量城镇生活活跃度的一个绝佳指标。直到最近只有很少关于罗马不列颠公墓的大规模公开发掘，所以很难概括其具体状况。但这种状况正在迅速转变，一项考古活动研究出了涉及公元 4 世纪公墓的许多数据。

罗马不列颠晚期有多种多样的丧葬习俗，其中一部分与帝国西北部行省的习惯有类似之处，也一定程度上印证了这片区域在传统上较为孤立的看法。正如帝国西部的大部分区域一样，火葬在公元 2 世纪晚期到 3 世纪之间被土葬所取代。尽管一些公墓在公元 3 世纪晚期和公元 4 世纪已经有了火葬的迹象，但这一类墓葬却是军事聚落、小型聚落、乡村的典型做法，在大城镇很少见。许多罗马不列颠城镇已经挖掘出了证据，证明公元 4 世纪时这些城镇的城墙之外，在距早先火葬场地较远的地方，已经有了大规模、有秩序的土葬公墓。但这些做法也没有持续到公元 5 世纪。那时城镇中的普遍做法和行为就如同城镇生活中的其他关键要素一般，统统销声匿迹了。

多尔切斯特的庞德伯里、温彻斯特的兰克希尔斯、塞伦赛斯特的巴斯门直到在公元 4 世纪晚期或公元 5 世纪早期还存在有规划的土葬公墓。莱斯特的纽沃克街公墓是在公元 4 世纪晚期发展起来的，这里与庞德伯里一样，都遵循基督教的丧葬传统。很多小城镇也被证明在公元 4 世纪有很多土葬公墓（如伊尔切斯特、泰晤士河畔的多尔切斯特），但一些城镇也有个人墓葬（或小型集体墓葬），这种墓葬通常在临街个人建筑后方的空地边缘（在谢普顿马利特、伊尔切斯特、奥尔斯特都有发现）。一些大城镇外沿的郊区也有类似的现象，莱斯特就是一个明显的例子。聚落外的公共墓地和靠近住房的私人“家族”区域之间显然有着明显的区别。后者应该是流行于乡村的传统做法，在公元 4 世纪晚期的城镇中也有出现，表明一些城镇也会受到旧式传统的影响。

虽然罗马不列颠时期伦敦的墓地基本已经在伦敦 19 世纪的急速扩张中销声匿迹了，但在罗马时期城镇城墙的西侧、北侧、东侧都有大量墓地存在。南华克郊区河流南岸也有同样的发现。近几十年内，一些大型墓地区域中挖掘出了约 300 例火葬和 1 000 例土葬样本。研究发现，随着公元 1 世纪以来城镇面积的扩张，墓地也距离城镇区域越来越远。一些早期墓葬所属城镇本没有城墙，后来又建了起来；相反地，在南华克没有城墙的聚落，在罗马占领晚期其面积缩小之后，可以看到在各种建筑之间有很多稍晚时期的墓葬。

一些土葬遗迹中还有木棺，但很多情况下只能推断出当时用过裹尸布。铅衬棺材非常少见（其中一部分的棺盖装饰精美），一些铅质和木质棺材中的尸体在下葬时会用白垩粉包裹起来（这种做法与在约克发现的石膏墓葬有相似之处，应该是一种基督教式的做法）。目前发现的还有一些石棺，其中一部分有铅内衬（在斯皮塔夫德发现的一位富有女性的墓葬就是如此）。

在被大幅度挖掘的墓葬中，能确定性别的尸骨大多属于成年男性。伦敦东部公墓中一片被密集挖掘的墓葬中的男女比例为1.7:1，只有25%的遗骨是儿童/青少年的，这种比例有很强的代表性，考虑到罗马世界大致的婴儿死亡率（10岁之前死亡的概率约为50%），儿童在墓葬中的比例应该要大于成年人。这些“人口失衡”现象可以用社会行为来解释：成年男性的丧葬费用更容易被批准；或者有另外一种解决办法，即为妇女和儿童单独设立墓地。但这种现象还可用罗马城镇中男性的优势地位来解释，无论是因为迁入城镇的男性比例较大，还是当时杀害女婴习俗的影响。乡村地区和庞德伯里地区的丧葬数据表明，男女性别比例一般是较接近的，所以上文的现象应该要归因于当时城镇处理尸体的社会习惯。那些埋葬在公墓中的妇女儿童应该是特定社会原因产生的少数案例代表。

长久以来，丧葬仪式和行为的目的都是显示社会地位和身份。前者可通过不同方式来表达：葬礼过程、尸体处理方式、埋葬地点、陪葬物品、坟墓建造、地面标示物，等等。在很多社会中，昂贵的葬礼和仪式意味着死亡和葬礼既是致敬死者的方式，又能反映家族或继承者的社会地位（无论表现出来的地位真实与否）。虽然大部分城镇的墓葬中并未采用铭文作为纪念方式，位于地面之上的高级砖石墓葬也非常少见，但各个坟墓之间很少交叉，这也表明了坟墓的位置在当时应该是一目了然的（可能用树木或土丘来标示），而且在一段时间内不会被遗忘。城镇中高级别墓葬极少，也说明罗马帝国晚期城镇精英阶层仍受一定限制。这些人可能被埋葬在城镇公墓，或者乡村别墅附近的墓地。

罗马帝国早期的火葬中经常有很多陪葬品，要么是与尸体放在柴堆上一同火化，要么与火葬残骸一同放进坟墓中，但在罗马帝国晚期，丧葬礼仪习惯却发生了重大变化。那时只有少数土葬遗迹中有陪葬品，而且基督教的影响似乎也加剧了这种常见于非基督教墓葬习俗的流行程度，墓葬中一旦存在除尸骨之外的物品，就会引起人们的巨大兴趣。尽管城镇和乡村一些标明墓主地位的墓葬之间有很多相似性，不同区域的墓葬沉积模式还是展现了一些独特的区域特征。鞋子是一种常见的陪葬品（当中带有平头钉的一类最容易识别），常在埃塞克斯的男性墓葬中见到，但在多塞特和萨默塞特的坟墓中，男性/女性墓葬中鞋子/靴子出现的比例几乎是相当的。随着相关证据越来越多，复杂性和多样性也显现了出来。其中有一点需要注意，即陪葬物品是被穿戴在死者身上，还是简单地放在用裹尸布裹好的尸体旁边？如果死者穿戴整齐，佩戴个人装饰品，墓葬中有盆、玻璃器皿一类的陪葬品，可以基本确定死者不是基督徒。比起其他做法，不列颠很多地方都更认同非基督教式的习俗。例如罗马帝国西部的多塞特、萨默塞特、埃文、格洛斯特郡就有强烈的非基督教传统。城镇和乡村丧葬仪式有一定相似性，显露出来的身份标记都倾向于表达宗教地位和社会地位。就墓葬中表现的“城镇”“乡村”身份差异而言，这种差异主要表现在公墓的位置和组织形式上。

墓葬物品中最有趣的一种是新式腰带，这种腰带可以代表持有人的官职，而在欧洲大陆上经常与作战部队和官员身份联系起来。弩形胸针作为一种高级装饰，有时也会起到这种作用。兰克希尔斯和温彻斯特发掘出的公元 4 世纪晚期公墓中有一些少见的装饰华丽的墓葬（其中包括一位女性的墓葬，内有手镯和珠宝等陪葬品）。情况类似的还有泰晤士河畔多尔切斯特的戴克山中发现的一对男女墓葬。这些坟墓的仪式和个人装饰品的最大共性在于都具有莱茵河边境地区风格，关于这些物品能否表明日耳曼人曾来过这里的争论持续已久，但这些人是隶属于作战部队，还是从蛮族同盟征召的士兵，抑或是其他帝国官员（不一定是日耳曼人），或者只是行省当地的精英在模仿当权者的行为？最大的可能是这些人在表达自己强烈的身份认同感，以把自己和罗马晚期城镇中的人们区别开来，这些人也很有可能是日耳曼人。这种现象的形成很可能也有晚期罗马官方的参与。不列颠南部的一些城镇（包括伦敦、沃特牛顿、圣奥尔本斯）也发现了一些与众不同的罗马晚期腰带、胸针和其他装饰品。

罗马不列颠晚期的一些丧葬仪式与欧洲大陆的惯常做法类似，但有人指出那时也有更加“孤立”的传统。在不列颠民用区域的很多墓葬中有一类很特殊，即有一个或多个被斩首尸体的墓葬。军事聚落、科尔切斯特、林肯当地没有发现这些墓葬。但这种墓葬在小城镇和乡村更为多见，伦敦、格洛斯特和一些大城镇（如奇切斯特、温彻斯特、多尔切斯特、塞伦赛斯特、莱斯特、约克）则是例外。

罗马不列颠晚期墓葬另一个关键问题在于如何区分基督教和非基督教墓葬，尤其是在基督教成为国教之初，那时还存在各种一定程度上沿袭了之前非基督教传统的做法，宗教区域附近也有一些墓地。现在有很多做法基本确定是当时基督教的习惯：死者呈东西向仰卧、有较少或基本没有陪葬物品、墓地集中在一些特殊地点/陵墓周围、一些墓葬中的遗体还用石膏包裹。当这些因素集合在同一墓地中，这种解释的可信度就很高了。庞德伯里（多尔切斯特）有一座公认的基督教坟墓，是被发掘的墓葬中最大的一座。这片墓地由一系列临近的封闭区域组成，这些土地很可能是在同年代启用的。分析表明，这片坟墓中有一部分埋葬的应该是非基督徒，而其中心区域则具有强烈的基督教特色。后者有很多相邻的东西方向墓葬，陪葬物品相对较少，但从一些细节能看出这些墓葬规格较高(铅质棺材、石膏包裹的尸体、一些墓葬还有彩色装饰)。

罗马法律禁止在城镇范围内埋葬死者，除去建筑物下面常见的婴儿墓葬和奇怪的杀人坑之外，罗马不列颠城镇一直遵循这种规定，直到其寿命的终结。公元 5 世纪时有一些例外，比如坎特伯雷出现了多重坟墓形式，埃克塞特和林肯的广场上也有墓葬（在林肯发现的墓葬在一处教堂之中)。

公元 4 世纪整个帝国的宗教活动都发生了灾难性的变化——以对基督徒的野蛮迫害开始，后来形势发生逆转，非基督教被明令禁止。其中关键的一步是帝国否认了各城镇中总计 341 座非基督教神庙的合法性，但是考古证据显示当时城镇内的非基督教活动并没有停止。另一方面，伦敦最重要的一个古典寺庙被篡位者阿列克图斯（Allectus）的宫殿所取代（根据木料年代学断定可以确定其修建年代为公元 293—294 年)，戈德曼彻斯特一座小城镇的神庙也在公元 3 世纪晚期被摧毁。然而也有一些非基督教建筑坚持到了公元 4 世纪，比如巴斯和伦敦的密特拉神庙（虽然后者可能在公元 4 世纪被重新用于供奉罗马酒神巴克斯）。巴斯常见的钱币奉献在公元4世纪中叶大幅度减少，并在约公元390年时彻底消失。事实上，对城镇和乡村中可确定日期的罗马-凯尔特神庙进行整体研究之后，可以发现其数量在公元4世纪初到达了顶峰，其规律与城镇住宅、马赛克装饰、乡村别墅大致相同。从公元4世纪罗马帝国对非基督教教徒的镇压措施上也能看出，那时某些地区非基督教的生命力仍然很强。

在罗马不列颠时期，城镇核心区域的教堂直到公元4世纪晚期还相当少见，但不列颠城镇教堂相关证据的缺失还是很令人惊讶。伦敦塔附近发掘出的一座大型会堂很可能是公元4世纪晚期伦敦教堂的代表，但也不能排除这座建筑处在各个阶段的用途不同。林肯一座广场的中心矗立着一座小型木质教堂，地层位于稍后的城堡内院的圣保罗教堂（St Paul in the Bail）之下，很可能也是在罗马不列颠晚期修筑的。鉴于公元314年阿尔勒公会时不列颠地区至少有3个主教辖区（伦敦、约克、林肯），这些城镇的教堂应该可以追溯到公元4世纪上半叶。其他疑似基督教教堂的有伊克灵厄姆残缺的一座、锡尔切斯特难以定性的一座、罗克斯特尚未发掘的一座。

不列颠主教数量并没有像其他行省一样飞速增长（也不排除这些主教未参加后来的公会议），这表明基督教在城镇中的影响只是相对成功。公元314年出席阿尔勒公会议的3位主教和1位不列颠神父很可能是来自4个行省省会的代表。公元360年的里米尼公会议上有3位不列颠主教，但他们并没有受到个人资助，只有国家为他们提供了旅费。这表明了当时不列颠基督教会很可能规模很小，且缺乏资金，但也有证据显示他们其实有更大的财力和活力。

例如有一些证据显示主教们也活跃在三四个大城镇之外的地方，而且在教会内积攒了很多财富。德比郡里斯利公园出土了一个不列颠手工银盘，属于主教埃克苏佩利乌斯（Exuperius）的教堂。柴郡出土的一块用于制盐的铅锅碎片跟主教维文丘斯（Viventius）和另一位神职人员有关。教会参与手工制造活动在其他地区也很常见。主教维文丘斯所属的教堂尚不明确，但很可能位于罗克斯特。英格兰东部发掘出了几个标有基督教符号的铅罐，可能是当时的洗礼仪式用具。

在沃特牛顿发现了很多公元 4 世纪晚期的基督教银器，包括 9 个银盆（其中 4 个有铭文）、1 个金质铭文圆盘、17 块银质还愿板（其中 9 个有铭文）。其中 2 个银盆上的铭文记录了它们是专门献给教堂的礼物，分别是由因诺森提亚（Innocentia）和维文提亚（Viventia），以及普布里阿努斯（Publianus）送出的。后者送出的银盆上明确写着“我虔诚跪拜，主啊，您崇高神圣的圣所！”还愿板则与早期不列颠南部神龛非基督教传统中用于还愿的金属叶很相似。其中一个还愿板除了刻有代表基督的圆形符号之外，还刻有“*Iamcilla*”或“*Amcilla votum quod promisit conplevit*”的字样，意为“神灵的女仆已经实现了自己的诺言”。我们在前文中已经提到，这是基督教表示崇拜的一种惯常做法。

罗马不列颠城镇的发展是一段缓慢前进又过早结束的旅程。城镇性质的多变部分归因于经济，但社会因素也是不可忽略的。罗马不列颠城镇有很多肉眼可见的大变化。尽管城镇在政治、经济发展历程中扮演了重要的角色，在物质文化、社会观念、人口身份认同上也起到了决定性作用，但罗马城镇化却未能持久，这是很矛盾的。这种现象只能部分归因于后来的蛮族入侵。罗马城镇文化的根源太浅，社会基础也不够稳固。现有证据表明，罗马晚期城镇的外观和设计理念与早先的罗马城镇不同，并且在公元 350 年之后还经历了深刻的变化和衰落。罗马人在约公元 409 年真正意义上结束了对不列颠的统治之后，人们所知的城镇生活显然再也持续不下去了，并在公元 450 年迎来了真正的终结。在旧城镇基础上诞生的是一种更持久的，基于新的政治、社会结构的生活方式。来到不列颠东部的早期日耳曼统治者们不需要城镇的存在。

第四部分

乡村社会

第十二章

乡村别墅与圆屋

罗马行省政府的一个基本原则是区别对待被击败或主动投降的敌人，土地就是这种区别对待的一种具体表现。在某些区域形成聚落是一个漫长的过程，在此过程中土地测量员（*agrimensores*）、帝国政府各部门的官员（行省总督、司法人员、地方财政官）都要各司其职。虽然不列颠很晚才被并入罗马帝国版图，但其土地的处理也应该遵循罗马扩张时形成的大致规则。一位名叫西库勒斯·弗拉库斯（Siculus Flaccus）的土地测量员总结了这一过程：

> 一些顽固的民族曾向罗马人宣战，一些见识过罗马军事力量的民族则选择和平，而其他认识到罗马人守信、正义的品质之后，选择臣服于他们，并经常拿起武器对抗罗马人的敌人。所以罗马帝国根据各民族的表现划分了聚居区域：如果那些频繁破坏和平、做伪证、主动发起战争的民族也能得到那些忠诚民族一样的待遇，就毫无公平可言了。

一开始时，被征服或投降民族的土地会被纳入罗马民族财产范畴（帝国财产在某种程度上可以算作人民财产这一广义概念的一部分），任由罗马民族处置。一些土地会被习惯性地占据，并以指定的分配方式分给罗马殖民者们（通常是服役期满的军团老兵）。被征服的土地一般有一部分会归于国家名下（起初称作公田，后来多被称为皇家土地），随后出租以赚取收益。经过一段时间的军事控制，局势稳定之后，土地也会按照各臣服民族的表现被分配给他们。土地会直接或间接地被划归在异邦城镇或其他大型城镇范围内。直接分配通常是直接授予城镇土地，城镇可以将其出租以获取收入作为当地行政管理资金。城镇的行政和财政领域也可包括不受其直接控制的土地，通常为私人所有或私人拥有租赁权的大量土地，这些土地可能是帝国赠予、售卖、长期租赁的。所有土地，包括非帝国所有或分配给殖民地的一般要交税或进贡；自然地，其分配程度也能表现出帝国对特定群体态度的相对倾斜。之前受其他民族/群体控制的广袤土地在被征服后会公开向个人售卖，退伍军人、新近来到不列颠的罗马人（主要来自高卢地区，但社会各阶层都有分布，包括元老院议员），或者不列颠其他区域的富人。外来人持有土地之后可能会转租给不列颠人，或者自己使用。

从另一个角度来看，在一些极端情况下不列颠人的土地会最终脱离他们的掌控（最初罗马人还允许不列颠人留在他们传统的农场上劳动，并收取他们的进贡），或者他们变成租户，在这块地主的私人财产上耕作（地主往往只购买土地，而不在此居住）。另外，帝国还会给部分不列颠人以特殊待遇。正如西库勒斯·弗拉库斯所说："并非所有战败者的土地都会被没收，罗马民族出于对个人的尊敬，为表现感谢或友好的态度，不会染指他们的土地。"

不列颠被征服初期土地所有权发生了重大变化，土地占用也受到了一定影响。殖民地的建立涉及土地分配，军队要占据部分领域，罗马帝国也要划定公田或皇家财产（特别是在自然资源丰富的地区）。很显然，一块土地被第一次削减之后，仍然可能因为其他殖民地的扩张而再次被削掉一部分——布狄卡起义之前的科尔切斯特就是这样的。

无论是殖民城镇、自治城镇还是异邦城镇，中心城镇附近的许多乡村区域都处于它们的监管之下。殖民城镇行政长官的区域司法权最大，自治城镇行政长官次之。异邦城镇可能没有那么广泛的区域责任，即便附近一些小城镇和乡村受其监管，也不能妄下结论。我们无法从留存的证据中找寻当时的细节，但我们可以想象当时不列颠各地土地所有权分别属于不同人的"马赛克"式地图，帝国以各种方法控制大面积土地，将一块块土地分配给不同的团体（城镇、原住民、比部落稍小的聚落）和个人，还可能因宗教原因分配。帝国和各城镇之间还有一些聚落，它们根据分配给城镇的土地的多少有相当不同的处理方式，将附近的土地出售或授予个人，当地聚落监督广阔地区的财务和行政事务。

罗马帝国征服并长期占据不列颠绝非无私的利他行为，土地和资源开发是不列颠行省成功的基础。虽然近年来的研究一直在强调不列颠本土精英的贡献，并尽可能地削弱殖民者的潜在作用，我们仍然不能忘记军队和其他定居者在不列颠其他地方也扮演了重要的角色——其贡献比例甚至要大于人口占比。除去在科尔切斯特、林肯、格洛斯特的军团退伍军人聚居区之外，由退伍士兵组成的聚落也很常见。例如铭文证据证明，在不列颠南部曾有 12 名辅助军团退伍士兵定居（诺福克 2 名、北安普敦郡 1 名、林肯 1 名、埃塞克斯 1 名、柴郡 / 什罗普郡 3 名、伦敦 1 名、泰晤士河畔的肯特 1 名、格洛斯特郡 2 名）。退伍军人的轨迹能否保留下来要受到很多因素的影响，所以上述 12 名退伍士兵在重新融入不列颠市民生活的军人当中所占比例应该是极小的。不列颠原住民在当地乡村建设中的贡献当然不可否认，但无疑在由殖民者构建、为殖民者服务的城镇中，不列颠原住民与他人一样，也在法律和经济限制范畴内发挥了自身作用。公元 2 世纪初罗马人通过较血腥的方式征服了达契亚（即现代的罗马尼亚），随后建立的聚落也具备以上的特点。罗马帝国官方的记录表明大多数达契亚人被“消灭”或奴役之后，又迁入了很多人口。然而考古研究证明，当时乡村的人口比较混杂，原住民人口与新移民生活在一起。

罗马帝国统治下的不列颠有很多村落，其历史很少被记录，因此很难被整合进不列颠行省的通常叙述中。人们一直认为罗马时期的乡村是围绕具有罗马式农场特征的精英庄园建立的，但对很多非罗马特色的村落，却没有形成正确的认识。

罗马不列颠时期的乡村人口一直远大于城镇人口（后者的数量从未超过 20 万），也多于军事聚落人口（大约 20 万，包括与军事聚落有关的公民在内）。根据对乡村聚落的现有了解，估计当时乡村人口约为 160 万人（占总人口的 80%）。从这些数据可以看出，当时的不列颠与其他行省一样，基本上属于乡村社会。如果罗马时期的人口实际上高于 200 万，那么这些“多出来”的人口中大部分一定是乡村人口。

与地中海国家相比，航空摄影在不列颠考古中的作用要大得多，一旦涉及实地考察，其作用将会更大。仅英格兰境内铁器时代晚期和罗马不列颠遗址就超过 10 万处。虽然数据质量可能随着研究深入发生变化，但这些信息数量之大，地理覆盖范围之广，极大增加了对地方和行省各级别聚落进行准确分析的可能性。罗马不列颠乡村地理研究将在此基础上建立起来。

还有一个基本问题需要注意，即学术界将某些地区和特定聚落类型作为研究对象的优先程度。参考英国地形测量局的《罗马不列颠地图》(Ordnance Survey *Map of Roman Britain*) 就能很容易地理解这一点。《罗马不列颠地图》长期以来保持着相对一致的分类标准 (尽管命名略有变化，其收录标准一直以罗马为中心)：大城镇 (殖民城镇、异邦城镇)、设防的小城镇 (聚落，有防御工事)、一些不设防的核心聚落 (一般建在行省主要道路沿路)、温泉小镇、乡村别墅、乡村其他大型建筑、神庙、军团要塞、堡垒、小型堡垒、通信站、供应基地、临时营地、边境工事、道路、里程碑、灯塔、水渠、人工河道、矿场、制盐场、陶器/瓷砖场、罗马坟墓与陵墓、大型贮藏区。这些选址分级标准非常严格，但其目的仍然是说明“罗马式”的分类方法。从这些分类方法中我们可以看出政府、统治、精英社会等特色。

但《罗马不列颠地图》尚未收录的内容也很重要：许多大型村落/村庄 (尤其是那些距主要道路较远的地方)、公墓、独特的地区性聚落，比如不列颠西部和北部的大型堡垒聚落 (比如康沃尔郡的圆形聚落、威尔士设防的核心聚落、苏格兰的圆形石塔和石屋)。如此一来，测绘罗马不列颠的地图就面临一个基本问题。在罗马类型的聚落比较少见的地区 (包括但不限于康沃尔、威尔士、不列颠北部)，除去各个用大写字母标示名称的罗马帝国驻守的聚落的军事部署之外，地图其余部分都是空白的。事实上，那些空白处的政府管理方式不同，还有各式各样的原住民聚落。《罗马不列颠地图》中的聚落分类甚至没有收录不列颠本土最大的那些聚落，只有苏格兰特拉勃莱茵劳的山堡作为大型聚落被标记了出来 (但没有标记名字)。在小型地图上绘制每一个圆屋和原住民聚落显然不切实际，但即使在核心聚落的分类之下，《罗马不列颠地图》收录的也多是具备罗马特色的典型代表。在小型地图上为避免混乱而省去一些细节是可以理解的，但这些地图中省略的是包含了绝大多数人口的众多聚落，尤其是几乎没有收录不列颠北部和西部的任何非军事聚落。这些学术偏好导致这幅地图描绘的是“罗马帝国的不列颠”，而非“处于罗马帝国时期的不列颠”，我们需要认识到这两者之间的区别。

这种制图方式导致夸大了同质性，而并未探索差异性。笔者的视角更加强调乡村聚落的异质性，力求挖掘聚落形态的地区化差异，相比传统研究做法，将目光更多地聚焦于“非罗马”区域。这两种做法的差异之中隐藏着一条重要线索，有助于研究不同群体之间不断变化发展的文化认同。

目前对罗马时期不列颠乡村发展的研究倾向于关注乡村别墅、道路网络、小城镇这一类常见的对象。另一方面，针对不同地理、社会群体又有了各种考古研究，反映了不同区域的历史和显著的乡村特征。当我们研究罗马统治下重新改造的地区景观时，可以总结出不列颠作为帝国行省时一些较为独特的特点：集中分布的军事聚落、这些聚落旁的道路网络和通信站，大型港口和市场的财务与安全控制，城镇和水渠，宗教场所和宗教活动的变化。我们从乡村聚落发展中看到的变化也代表了帝国统治之下多变的身份认同。同样地，这些发展也反映了土地租用和所有权的变化。罗马帝国与战败的不列颠各族之间的谈判在某种程度上也导致了罗马时期不列颠各聚落之间的差异。

铁器时代晚期的不列颠在各种地图上常被描绘为一系列连续的

“部落”区域，与罗马帝国官方规定的城镇完全一致。这些字面下隐含了很大的土地面积——最大的面积相当于现代两个郡大小。传统上对大型城镇的粗略描述中存在的问题比我们想象的更大：我们并不清楚当时的土地所有权状况，也不了解铁器时代晚期或罗马不列颠时期的人民。例如铁器时代钱币分布的区域与罗马城镇之间有着广为人知的对应关系，但却并未得到重视。罗马统治之后的城镇某种程度上只为行政之便，我们并不能假定城镇与之前铁器时代聚落之间有地理联系或社会相关性。虽然笔者将特定的人群与地理区域联系在了一起，但这并不意味着两者之间有从属关系。有一点非常重要，即罗马帝国分配给这些人的土地往往比我们认为的要少。

另一方面，将很多地方行政职责下放给各个城镇的确为罗马帝国省去了很多麻烦。这意味着从属于城镇及其核心区域的乡村地区很可能被置于城镇的行政监管之下。但乡村大部分地区在何种程度上受军队或财政官的管理，也是值得思考的问题。图 10 中有一个关于这种马赛克模式如何运作的假设。传统上认为罗马不列颠划分了以城镇为核心的大面积行政区域，但这种马赛克模式的相关证据很少，甚至不如前者的多。

在考虑城镇周围的乡村时，我们需要对城镇直接控制的区域、更广大的偏僻地区、与城镇接壤的各类聚落进行区分。考虑罗马各行省土地所有权形式的不同也是恰当的做法。在帝国其他行省，城镇面积比通常假设的不列颠行省的城镇要小，周围的大片区域被划分为私人地产、皇室 / 国家土地、宗教土地、军队控制区域，等等。我们对不列颠地缘政治学的看法也需要一定的修正。

罗马帝国政府的基本统治工具之一是对土地所有权范围和质量的精确测量，而罗马人很擅长这一活动。尤利乌斯・弗朗蒂努斯（Iulius Frontinus）是公元初世纪 70 年代中期不列颠的总督，他记录了不列颠三种基本土地形式：被分割后进行分配的土地(百户区)、大致测量过的土地（划定了边界)、没有测量过的土地(未划定边界)。最后一种称呼显然适用于所有未测量但被国家宣称为公田的土地。

在一些被征服的地区，尤其是在公元前几世纪的西地中海区域（意大利、高卢南部、非洲、西班牙、巴尔干半岛)，大片土地被精确调查、测量、划定过。这些直线型的土地——通常呈现为边长约 706 米的正方形，人口为 100 人，通常被称作百户区——在现代仍然可以清楚地看到。土地边界的直角角度和田间较规则的垂直道路网络相结合，是古代百户区的标志。虽然罗马入侵不列颠时新近征服的地区很少有这种大规模的土地改造，人们还是纠结于不列颠境内百户区相关证据的缺失。在弗拉维时期，罗马帝国在北非废弃的军团要塞上建立了名为阿马达拉的殖民地，其土地曾进行过正式的网格化测量。考虑到当时给退伍军人分配土地的标准，公元 1 世纪不列颠的三个殖民城镇应该也有百户区。百户区规格是否曾在更广层面的规划上使用（如用来规划分配给不列颠本土城镇的土地)，目前还不能确定。

不列颠地区的确缺少百户区分布较广的相关证据，但这并不等同于罗马帝国没有在不列颠行省境内严谨地划定和量化土地所有权。土地测量员的记录表明他们的工作在整个罗马占领时期都在进行，除去正式的百户区之外，他们还会去被占领地区进行更加基础的土地测量，测量土地面积，评估土地质量，作为行省记录和税收的依据。土地测量员会评估之前的记录，将其作为行省记录的基础数据。不列颠行省刚刚建立的罗马行政机构面临一项重要任务，即建立人口普查制度，从而对不列颠土地所有权进行了前所未有的细致汇编与登记。

其他被测量过的土地和被划分成众多百户区的土地一样都有精心制作的地图，展现这片土地的整体形状和分配细节，以作为土地分配的证明。虽然这些地图不是土地测量员绘制的，但很明显他们在这些地方也发挥了自己的作用。与在百户区土地进行的细致调查不同，土地测量员们在此的主要目的是大致定义土地范围，确定向当地适当征税的额度。在所有类型的土地上，相邻区域之间用标识来标记边界，标识可采取多种形式，如石头、木柱、倒置的双耳瓶、在树木上做标记、自然标记（如山丘、斜坡、水稻、分水岭）、建筑/挖掘标记（如墙壁、沟渠、道路，等等），另外还有一部分遵循当地的习惯。西库勒斯・弗拉库斯特别提及了村长的作用，他们征用农民来修建和维护乡村道路（这些道路不仅能连接其他聚落，也有确定土地边界的作用）。

这就是罗马统治之下的另一个巨大变化，即土地被量化、考察、个人拥有土地的面积远超之前的水平。罗马人书面记录的习惯众所周知，遗憾的是现存资料并不多。肯特郡的一块写字板上记录了一片小森林的出售（这片森林属私人所有，并用标识标记了边界），我们可以想象那时的纸面文件到底遗失了多少。这类文件和土地调查并非官僚主义；这是罗马帝国剥削不列颠的关键，税收和进贡的评估取决于大型土地调查和正式人口普查的书面记录。所有不列颠的土地都要纳税或进贡，现金或实物皆可（后者多见于公元1世纪）。进贡也可通过参军、劳动、提供役用牲畜（供矿场、菜市场、道路运输系统使用）形式实现，这些一般用于公共层面，而非个人层面。

不列颠地区缺少百户区的相关证据令我们惊讶，但在几十年前其程度更甚，那时人们以为罗马帝国对土地的清理程度要小很多。而通过观察不列颠大部分地区土地的发展，我们已经可以确定罗马人将铁器时代的农业土地进行大幅扩张的事实。维塞克斯和英格兰北部很多山地地区都有所谓“凯尔特土地”的遗迹，但通过航空摄影在不列颠低地部分的大部分地区也发现了类似的土地。对诺丁汉郡和约克郡南部的探索在这一研究层面十分重要，当地发现了迄今为止未曾见过的半常规（砖砌）土地的存在，其面积包括一片人们曾认为在罗马时期仍是森林的土地。

征服后初期的情况相对简单，当时大部分土地都属于罗马帝国国家财产，另外还有分配给那些忠诚度很快得到认可的附庸者的土地，他们要像其他附属的行省一样向帝国进贡。罗马皇帝们会在掌权后很快用自己的方法通过土地获得税收，其实现方式也会通过土地征用和继承而变得逐渐多样。征服之初罗马帝国会在施加军事监管和要求进贡的前提下，允许很多不列颠本地群体继续占有自己传统的领地。在罗马帝国将当地群体由军事监管转向民政统治的过程中，这些土地的作用非常重要，成为帝国表达善意的介质和罗马军队继续征伐的后盾。我们从其他行省出土的资料可以看出，这种安排一般是帝国与各个原住民群体谈判的结果：罗马人根据自己对这些群体相对忠诚程度、品质、进步的情况来做出决定，导致相邻民族面临的待遇各不同。

因此，不列颠土地在罗马时期发生了极大改变。大型道路的修建、针对各类用途和不同利益相关者的土地划分、土地规划新模式、新型植物的引入（果树），以及建筑类型的扩充——这些因素合力产生了持续的变化。但很多证据也说明了铁器时代晚期不列颠的各种变化，少数与高卢北部地区相关。孤立聚落、核心聚落、圈占地、田地、小路和小型围场是罗马不列颠时期的景观特点。这些特点与地中海聚落严格的规范化或百户区规划模式形成了鲜明对比。在这个层面，不列颠行省与其他行省一样，都是帝国边缘独具特色的一部分。

不列颠一些地区之所以在考古层面比周边地区更为重要，有时是因为当地有对罗马帝国意义重大的自然资源。罗马人在开发重要资源时有很多方法：直接开发、通过与个人和团体签订合同间接开发、对地方进贡提出具体要求以实现间接开发、将土地重新分配给当地人让他们实现自然资源的经济价值、保留那些资源已经被划归为帝国/皇家财产的土地，但暂不进行充分开发。不列颠本土并没有相关的明确证据，但其他行省之间的比较研究表明，罗马帝国曾仔细评估这些被征服领土上的可用资源，矿物、装饰石材、盐的储存一般也被置于帝国的管控之下。在那些罗马帝国不直接开发的地方，帝国政府往往倾向于与有经验的承包商签订合同来开发资源，但并不让其在当地占据主动权及资本。如果资源的大规模有效利用难以实现（例如沿海盐业），罗马帝国很可能会参与部分生产活动，并豁免当地租金或税金的缴纳。在笔者所提出的马赛克土地模式之下，这些资源会受到国家的谨慎保护，一般情况下不会完全回归不列颠本土人的掌控之下。

罗马及之前时期的景观

随着考古工作的进行，前罗马、罗马、后罗马不列颠时期不列颠景观的细节越来越清晰。考古专家对从湖泊和泥炭沼泽中提取的花粉进行了研究，得出了各个年代景观变化的结果。对残存植物（一般是碳化的种子）的宏观分析说明了栽培的植物和杂草的分布范围。建筑用木材和木炭残留物则更少见，从中可以分析出当地是否存在过一些物种、是否实施过林地管理。对动物骨骼的分析同样可以确定物种及其相对数量的一些衡量指标。也有一些数据可以分析出动物的体格大小、外形特征和死亡年龄（从而看出该动物是供食用还是生产乳制品、羊毛这些二次产品）。最后，农业物质文化也留下了许多痕迹：铧头、镰刀、磨盘、羊毛梳的形状都很容易辨认。通过牛棚、粮仓、玉米烘干炉等也能看出有农场的存在。

综合了环境相关数据之后，我们可以肯定史前不列颠土地的清理和耕作程度远比考古学家曾经得出的结论要高。这些新数据揭示了铁器时代农业的规模大、范围广、相对复杂性高。人们曾以为铁器时代景观的主要特征是被茂密的森林和沼泽隔开的小型聚落和耕地，这种说法轻易地填补了聚落相关信息的空白。但随着人们对环境和乡村聚落模式的深入了解，这种观点最终被证伪了。根据花粉记录，林地主要是在 3 000 多年前的青铜时代晚期被清除的。一直到铁器时代，不列颠很多地区都在继续清除林地，导致罗马时期的树木 / 灌木花粉数量首次低于花粉记录总数的 50%，但这一数据还是远远超过铁器时代晚期的比例。

植被的区域性差异研究也越来越容易。不列颠东南部在青铜时代清理了很多林地，但在铁器时代大部分时间内这一活动仍在进行。农业活动的证据有很多，例如很多遗址有大型粮食储存设施、土地制度的痕迹。安格利亚东部地区沼泽地带发现了很多林地清除活动持续的证明，还有海洋入侵导致人口活动减少之前的谷物留存。诺福克布雷克兰地区的花粉证据表明铁器时代晚期林地清除的面积非常大。英格兰西南部的记录则不同，萨默塞特等地在铁器时代的森林覆盖面积仍然很高。远至西南的大片荒地（例如达特穆尔、博德明高沼、埃斯科穆尔）在青铜时代时就清除了大面积林地，也有证据显示铁器时代晚期这里的景观较为开阔，有很多农业聚落和畜牧业。不列颠中部地区的花粉样本反映了铁器时代大范围清除过林地，但很显然也保留了当地一些大型林地，英格兰西北部和东北部也有青铜时代晚期和铁器时代初期至中期林地被清除的迹象。哈德良长城地区的大量证据表明，铁器时代晚期当地加快了清除植被的速度。植物学证据也表明当时农作物种植范围有很大的扩张，东北部地区尤甚（比如索普休利斯）。苏格兰和威尔士也有青铜时代大面积清除林地的证据，也有证据显示铁器时代晚期或罗马时期（或两者兼有）在加快清除林地速度。不列颠高地的确也发现了很多当时的谷物花粉。

铁器时代不列颠的农业和畜牧业进步巨大，急速扩张。人们曾认为谷物种植是不列颠南部地区的专利，但事实证明公元前几世纪时不列颠北部和西部地区的谷物种植已经相当发达。人们将实行土地制度并具有边界特色的广大区域分割开来，并以圆屋为代表的众多聚落为中心。二粒小麦（*Triticum dicoccum*）是新石器时代和青铜器时代不列颠的传统作物，但在与斯卑尔托小麦（*Triticum spelta*）的竞争中落了下风，甚至还不如面包小麦（*Triticum aestivum*）。多棱皮大麦（*Hordeum vulgare*）是少见的高质量谷物中分布最广的。燕麦（*Avena*）和黑麦（*Secale cereale*）也是罗马时期之前就有种植的作物。谷物种类的扩张，特别是适合各种情况下种植的小麦和大麦，表明农业已经超越了早期农民所青睐的干燥、轻质土壤的限制。科研人员在汉普郡巴斯特山的一个铁器时代农场重建实验中发现，以上多种谷物在此都很高产，开启了一个生产过剩时代的前景。这里杂草众多也说明当时农业在向更潮湿或更黏重的土壤发展，不列颠北部和西部高地地区的花粉证据也证明了这一点。其他农作物还包括豌豆（*Pisum sativum*）、大豆（*Vicia faba var. minor*）和亚麻（*Linum usitatissimum*）。牛、羊、猪是当时的三大主要牲畜，但它们的相对重要性有一些显著的区域差异(牛在水源较少的低地地区不常见，羊在湿地环境中较少见)。其他常见家畜包括马、狗，以及铁器时代晚期驯化的家鸡。

铁器时代景观的图画逐渐清晰，混合林地是其主要特点，但铁器时代晚期都变成了开阔地。当时密度较大的森林相对少见，一些地区的林地面积水平已降至最低。在一些被淹没地区发现的证据表明，林地管理的主要实现形式是矮木的采伐。农业拓展到多种土壤可能是不列颠乡村景观的最大变化，表明当时农业改良的范围很广。铁器时代中后期不列颠许多地区的农业很显然发生了飞速的动态变化，这里绝不是一个充满原始森林和农业水平有限的国家。但罗马时期不列颠的变化仍然很大，正如我们需要审视对前罗马时期的看法一般，我们对罗马统治下不列颠的乡村历史也需要重新思考。

罗马不列颠的自然和农业景观与铁器时代不列颠的生态环境有很多相似之处。虽然罗马时期并非一个出现农业革命或大幅度变革的阶段，其特点主要是乡村生产向高处转移和农业多样化。例如，罗马时期引入了重要的新植物品种：葡萄藤和果园作物（苹果、枸杞、樱桃、李子等）；许多园林植物（比如芦笋、甜菜、卷心菜、胡萝卜、芹菜）。乡村的面貌也发生了变化，过去路过的旅者不会想到这片罗马帝国的土地将来会发生多大的变化。罗马帝国建立了大量远超铁器时代传统路线的道路网络系统，在渡口修建了很多桥梁，形成了新交通框架。这些道路连接着堡垒、城镇、市场和宗教中心——这些地方或多或少地被标记了出来，与其之前的建筑进行区分。在通往城镇的路上需要路过公墓、教区，偶尔还有水渠。即使在较为保守的乡村地区，时常也会看到更具罗马风格的建筑，也可能观察到这种通过建筑划分界限的趋势。

渐进式变革的观念阻碍了人们对罗马时期历史的分析。有人认为罗马统治下不列颠经济呈现线性增长，人民的生活水平也逐渐提高，这是每个人都渴望实现的不言自明的目标。换句话说，人们认为每个乡村都有成长为乡村别墅的可能性，只需要改善农业活动、开发新市场、促成农民渴望的资本缓慢积累，就能达成这一目标。当然也有人反对这一看法。正如上文指出，我们已经可以证明铁器时代晚期不列颠很多地方的农业得到了飞速发展。在不列颠北部一些地区，与较早的铁器时代扩张时期相比，罗马时期的开发水平基本在原地踏步，甚至略有缩减。对农业技术的研究、对栽培植物和动物分布范围及产量的分析都能表明，罗马统治早期与铁器时代的农业水平变化不大，更为重大的创新成就发生于公元前几世纪和罗马统治晚期。这背后的原因是什么？

不列颠许多地区的建筑有着明显天生的保守主义色彩。如果说乡村别墅是“罗马帝国的不列颠”的代表建筑，那么“处于罗马帝国时期的不列颠”的代表建筑就是圆屋。虽然圆屋在一些地区逐渐被长方形房屋所取代，但在其他地区仍持续了很久。针对这种现象有一种解释，即是否接受新式乡村建筑对于铁器时代晚期的上层社会来说是切身的问题，而对其他大多数民众就不是这样了。对于这种说法有一个基本层面的反驳，即不应假设不列颠精英群体迫切地想采用罗马式建筑，学习罗马式礼仪和风度。如果罗马模式的影响力如此之大，那么在帝国很多地方乡村别墅的建立不应如此缓慢。尽管一些早期乡村别墅可以作为讨论依据，但罗马征服之初几百年一些发达聚落也展现出了对罗马式风格相对保守的态度。

目前各类观点过于聚焦乡村别墅一类的高级建筑。人们普遍认为罗马征服对这里产生了积极影响，改善了不列颠本土经济。他们采用二分法，将不列颠分为乡村别墅主导的民用区域和圆屋主导的军事区域。许多相关书籍采用了平面图和重建图纸，说明潜意识假设使我们过滤了当地的原生特征。虽然越来越多的证据表明别墅和圆屋曾建在一起，但人们还是会从乡村别墅的画面中忽略圆屋。我们不能否认乡村别墅在评估乡村变革时的重要性，也不能否认为这类特定建筑提供修建资金的人对社会经济产生的作用。但除了乡村别墅之外，我们还应该在乡村地区找寻更多有关区域历史和发展轨迹的信息，这些问题更有难度，也更有趣味。

驻军使得长期的地区差异更为明显。在最一般的层面上，我们可以设想把不列颠的景观风格分成三部分：一是处于各种形式公民治理之下的区域，二是处于军事管理之下的区域，三是行省之外的地区。我们可以在这些大致分出的类别中进一步猜想其差异程度。

对于乡村聚落的总数以及罗马不列颠时期的总人口数，我们目前只能猜测。对于当时最大人口数，多年以来有多种差距悬殊的猜测：20 世纪初的观点是 40 万—50 万人，20 世纪 80 年代时则为 400 万—600 万人。许多评论家认为真实数据应该在这两个极端中间，并保守估计在公元 150 年时有 200 万人。人口估值上升的关键因素之一是航空摄影和实地调查，这两项活动使人们认识到罗马不列颠时期乡村聚落的密度要比原先的设想大得多。20 世纪 50 年代对不列颠景观的一项经典研究忽略了罗马人的影响——这项研究的基础是当时已知约 100 个城镇和小城镇，以及 2 500 个乡村遗址，其结论是罗马时期不列颠大部分地区是森林和未开垦的荒地。

爆炸式增长的新数据表明不列颠许多地区的聚落密度大概为 1 个 / 平方公里。虽然这些聚落不是同时存在的，我们也不能认为自己可以很快重现当时聚落的分布，但这对潜在耕地面积和人口的估计仍然具有重要意义。事实上，古代聚落被发现的速度越来越快，20 世纪下半叶时发现的古代聚落数量比以前增长了 40—100 倍。

另一方面，乡村别墅遗址的发现速度要远远慢于其他类别乡村遗址的发现速度。这种现象的主要原因是乡村别墅有着独特的考古学特点，因此大部分乡村别墅遗址已经被发现了（例如在 20 世纪 50 年代的挖掘中，此类建筑占据了当时乡村遗址的 20%，但现在只有 2%）。罗马时期的现实或许更加严峻，因为未确定的乡村遗址数量将远大于“遗失的”乡村别墅数量。因此乡村别墅并不能算作典型的乡村遗址，乡村别墅与其他类型乡村聚落（具备不列颠铁器时代的特色）的比例可能是 1∶25，甚至更大。其他混合类型的聚落则反映了当时建筑、空间利用方面的创新。

有人认为乡村别墅是不列颠经济发展的代表，而不列颠北部和西部欠发达地区的景观（非别墅类型）则是当时社会经济发展缓慢的另一面。这种观点可能过于简单化，所以我们需要考虑其他的可能性。还有另一种将不列颠土地分门别类的办法，即充满机遇的地区、主动抵制的地区，以及这两个极端之间的许多分级。这种办法比传统分类模式更具优势，因为它引入了一种超越经济的因素，而且抛弃了所有不列颠人都想要像罗马人一样生活的假设，也没有预设罗马帝国希望不列颠所有地区保持一致的发展水平。我们已经了解了罗马统治者与原住民之间就土地分配问题进行谈判的过程。这是胜利者与失败者之间的不平等谈判，并没有遵循某一种特定的模式。

因此当时最“成功”的区域不一定是农业最发达的地区，我们可以根据一些例子推测其中缘由。同样，不列颠西北部相对贫困和欠发达也只能部分解释为土地质量或社会人口构成的问题。罗马帝国认为不列颠某些地区更适合或更应该获得机会与优势，而有些地区则因抵抗程度较强，没有这种资格。我们同样不能排除罗马帝国在确定聚落性质时的现实情况发挥的作用。例如军需紧张可能会影响到罗马帝国在不列颠西部和北部的规划，使当地居民长期处于不利地位。不列颠原住民的态度则是另一个重要因素，尤其是在他们认为罗马帝国给他们提供了机遇的时候，抑或他们发现自己获得的资源不足，滋生了或微妙或被动的抵抗情绪。

不列颠的乡村别墅

乡村别墅是罗马行省研究中最为完善的乡村聚落分类之一，但在实际应用中的定义在不同地区、不同学者之间的差别很大。古代对乡村别墅的定义是一种乡村房屋，但很明显那时人们将乡村别墅视为社会上层人士的住所，而非乡村简陋的房屋，他们认为奢华的别墅与生产型的罗斯卡别墅（*villa rustica*）之间有巨大的区别，但实际上这两者在一些地方都很常见。然而考古学家在描述地中海地区各行省有奢华生活迹象或大规模生产设施的大型遗址时，却很少用到“乡村别墅”这一术语。面积较小的建筑，甚至那些带有瓦屋顶的石屋都被称作农场或农庄。不列颠对此则有一种不同的表达办法：乡村别墅的基本定义是“罗马风格的乡村建筑”(其关键特征是使用石头或砖 / 瓦、长方形规划、棋盘格式人行道或马赛克贴砖、洗浴设施)。这种定义有一个问题，即侧重于“房屋”元素，然而大多数情况下除去房屋之外还有很多附属建筑，而这类建筑在考古层面并没有得到很好的研究。这种概括性描述当然会面临内涵广泛变化的挑战。比如伍德切斯特这样的大型乡村别墅，占地约 1.4 万平方米，内含 50 多个独立房间和走廊，较小的则有洛克雷斯占地 200 平方米，带有 5 个房间和木质门廊的别墅。尽管在上文提到的两个极端之间很难划定界限，但近年来人们也越来越怀疑“乡村别墅”这一广泛定义的适用性。另一方面，选择更具罗马风格的建筑而非传统形式的建筑，这本身就是一个重大的选择，也印证了“歧视”的存在。洛克雷斯遗址原先只有简单的一排房屋，后来的建筑则各具风格，导致这里最终被归类为乡村别墅。

那当时到底有多少乡村别墅？这一数据的最小值来自《罗马不列颠地图》中的记录，在总共 563 个建筑中只列出了 278 个乡村别墅和 285 个其他大型建筑。在一份地名词典中列出了约 2 500 处可能是乡村别墅的遗址，其中有一些很难定论，所以 2 500 应该是这一数据的最大值。为了继续讨论，我们可以把这一数字定在 2 000，这在英格兰遗址的铁器时代晚期和罗马时期共 10 万个乡村遗址中只占 2%。豪华别墅在不列颠则很少见——可能只有 20—30 座，其他别墅绝大多数是小、中、大型农场，一些带有棋盘格式人行道或马赛克，反映出当时普遍存在的财力展示现象。这些乡村别墅很多是较晚的公元3—4世纪后期才建成的。

考古人员在诸多建筑群中总结出了一系列类型不同的乡村别墅，按规模复杂程度排序为：长方形房屋、带走廊的房屋（前部带有走廊或门廊的长方形房屋）、有翼的走廊房屋（与上文提及的相同，但在走廊外墙的末端带有突出的房间或空间）、带侧廊的房屋（应该是从铁器时代晚期的房屋演化而来）、带庭院的乡村别墅（在封闭院落的至少三面修建建筑）、风格精致的大型乡村别墅（一般带有庭院）。正如前文所说，这些不同类型建筑的规模和夸饰程度之间有着巨大的差异，将建筑类型之外的因素纳入考虑范围也是很重要的。房间数量、精确的建筑面积、室内装饰的丰富程度、是否有洗浴套房、洗浴套房规模如何，都可以影响乡村别墅的奢华程度。根据数据我们可以得出大致结论：“小型乡村别墅”的单独房间应该不多于10个，“中型乡村别墅”则有10—29个，“大型乡村别墅”则有超过30个。

乡村别墅与发达城镇区域的分布很接近，主要在不列颠南部和东部，北部和西部则相对较少。然而这种被奉为公论的西北/东南差异掩盖了不列颠各个乡村别墅聚落密度、类型、时期上的巨大差异。罗马征服初期乡村别墅数量较少，大部分别墅与绝大部分宏伟的房屋修建时间都相对较晚，一般都是在公元4世纪。这对于我们在征服之初几个世纪罗马帝国对乡村影响的认知具有重要意义，但却没有得到足够重视。

乡村别墅在不列颠的民用区域分布不均衡，有的区域甚至没有别墅，这种现象通常反映了经济或社会发展的程度。但这一现象也可能代表了不同的土地使用模式。英格兰东部沼泽地区、索尔兹伯里平原、威尔德的部分地区没有乡村别墅，有人据此推论当时这里被保留为皇家地产。然而我们并没有充分理由认为皇家地产上就一定没有别墅，因为这些地产经常会被外包给个人以获得利润。比如北非农业区域核心地区的大面积皇家地产上就布满了农场、村庄和乡村别墅。然而不列颠部分地区没有乡村别墅也可能说明这些土地当时可能归多方所有，不强调个人对土地的所有权，而重视资源和土地公开获取。事实上，乡村别墅发展程度较高的区域才更有可能是皇家地产，这些地区乡村文化和身份认同也远超不列颠其他地区的平均水平。但乡村别墅不是当时任何一个群体的专利，我们应该考虑所有权和所有者职业的多种可能性。他们可能包括：罗马皇帝和国家的代表、不露面的土地所有者、军队、不列颠市民、移民群体（主要是持有资金的退伍士兵）、私人（不列颠人或异邦人）、宗教或经济团体。

那么乡村别墅又意味着什么？这个问题并不简单，尤其考虑到不列颠各个别墅之间的异质性。有人将一些别墅与近代不列颠贵族的豪华庭院进行比较，尤其是那些大量使用马赛克、彩绘墙面石膏、进口大理石、雕像等装饰物的大型多房间乡村别墅。此处有一个有趣的历史层面的联系：通过 18 和 19 世纪发掘的早期乡村别墅得出一个结论，乡村别墅所在土地的所有者一般都是愿意与当时的罗马人产生联系的人。

帝国其他地区也发现了充足的证据，证明当地也有修建豪华乡村房屋的强烈倾向，这种现象一般发生在生产型的农场建筑群中。帝国地中海各行省的精英常参与政府活动，活跃在城镇中，因此他们一般在城镇和乡村都有房产，在两片区域之间来回，通过行政监督和租户来实现自己名下土地的经济价值。我们不能确定不列颠精英是否与意大利或非洲的精英行为一致，但按常识推论应该存在一定程度的差异。有证据证明，公元4世纪社会精英修建乡村建筑的费用要远大于在城镇建筑修建上的花费，尽管我们还不能证明那些最奢华乡村别墅的主人也是城镇的统治阶层，帝国官员或富有的移民，抑或是来自其他行省的不露面的拥有者。18世纪的不列颠贵族喜欢住在乡村，虽然他们在伦敦和其他度假城镇（如巴斯）也有房产。我们在考虑这些贵族与大型乡村别墅拥有者之间的相似性时需要慎之又慎。然而毫无疑问的是，大型乡村别墅整体上都是颇具规模的高级住宅——其中令人印象最深的能与阿尔卑斯山以北地区的建筑相媲美。

另一种观点则认为乡村别墅是罗马式庄园的要素，在这里土地所有权和租赁都必然受到罗马特色的正式契约和法律文件控制。在这个层面，乡村别墅是经济、社会关系的象征。但乡村别墅在各地区铺开的时期较晚（再加上在英国东南部发展的不均衡），说明乡村别墅的建造是一个备选，而非罗马式庄园的必要组成。很多农场虽然没有别墅式的建筑，但仍然是以罗马方式完整记录在册的土地。另一方面，在不列颠西部和北部乡村别墅很少见，这说明那里大部分土地的法律地位应该是不同的。

乡村别墅通常被视作罗马式农场。也就是说，采用城镇建筑标准的农场与铁器时代晚期和罗马不列颠时期乡村地区的建筑规范形成了鲜明对比。乡村别墅多采用长方形建筑规划，使用灰泥涂抹石墙或石头地基，有时还会用重型屋顶材料（如瓷砖或石板），与主要的曲线建筑类型（如圆屋）以及对木材、抹灰篱笆、茅草的使用偏好形成了对比。即使是小型“别墅”（例如一间只有三居室的小屋），也是主人在建筑层面表现自己身份和愿景的产物。

乡村别墅的发展也反映了不列颠城镇的缓慢演变，公元1世纪时不列颠只有少数别墅，其中至少有一些是特殊的定制建筑，可能属于帝国官员、地位较高的移民或者非常重要的不列颠人士。一部分早期乡村别墅建立在不列颠东南部，主要修建在东部和南部各王国发行的铸币已经流通的地区。其中最著名的是奇切斯特附近菲什本地区的豪华别墅，这座建筑一般被认为是科吉杜努斯的住宅，其规模、建筑风格，以及对大理石和马赛克的使用，在公元 1 世纪的不列颠都是非常杰出的。

还有一些其他设施齐全的早期中型乡村别墅，这类别墅可能是比较特殊的建筑项目。巴甘顿奥皮达附近有一座铁器时代圈内的沟渠乡村别墅。整个英格兰只有不到 10 座带有马赛克装饰的乡村别墅，从中可以看出早期石质乡村别墅非常少见。更常见的早期别墅是小型长方形木结构建筑，在很多地方取代了铁器时代的圆屋。

公元 3—4 世纪毫无疑问是乡村别墅的重要发展时期，但乡村别墅的数量并没有暴增，而是逐年增长。很多地方有证据显示当时财富和奢侈品在逐步积累（额外的房间、浴室、供暖热坑）。许多历史悠久的乡村在公元 3 世纪末或 4 世纪初就修建了石质“别墅”建筑。公元 4 世纪时，人们修建了很多乡村别墅，并极大扩建了已有乡村别墅的面积，增加了很多奢华装饰（代表性的例子有比格诺尔、切德沃思、图尔克迪恩、伍德切斯特）。但必须强调的一点是，这些是个例，而非常态。

人们对公元 4 世纪乡村别墅快速发展的原因讨论已久，其中出现最多的解释是高卢地区的富裕家族为逃避法国北部野蛮人的入侵而移民至此，购买不列颠房产。在戴克里先改革之后，罗马帝国在不列颠的官僚机构也越来越分裂，这也常被强调是一些最特殊的乡村别墅的修建原因。还有一种说法是，公元 4 世纪是罗马不列颠经济发展的巅峰，一些不列颠家庭的财富达到了前所未有的水平。这些理论都存在争议，但这些解释也可能都是对的。

有人倾向于将罗马乡村的发展形容为一个自然的、线性发展的、不断上升的过程。然而许多地区的乡村别墅建设进程受到了阻碍，许多乡村别墅并没有坚持到罗马统治结束；事实上很多乡村别墅在公元 4 世纪中期就已经衰败了。此外，修建和维护的投入有时会超过主人的经济能力。例如一些别墅的浴室似乎未曾完工，也没有加热设备，这说明乡村别墅的建设是一项昂贵而漫长的工程。

乡村的其他建筑

不列颠传统圆屋通常被称作“圆形小屋”，这种称呼下意识地强调了这类建筑与精英居住的乡村别墅之间的区别。一些发掘揭示了同一乡村地区从圆屋到乡村别墅的过渡，这一过程已被确定为罗马式乡村的一个关键要素。然而越来越多的人开始认识到，圆屋是罗马不列颠景观中一个更为持久的特征，而且当时人们对圆屋和乡村别墅的理解是复杂多变的。即使是在乡村别墅遗址，罗马占领时期建造的也多是圆屋。此外，我们也不应自动将圆屋归为低级别建筑或贫民窟。虽然圆屋通常是由不耐久的材料（木材、泥巴、茅草）修建的，但较大圆屋的尺寸确实大得惊人，其内径通常超过 5 米，有记录的最大内径为 16 米。这些都是重要的建筑，其内有较大的空间，是不列颠传统社会中的许多社会仪式和互动的场所。因此，更大、更精致的圆屋是成熟社会的显著标志。

一个来自殖民时期的例子提醒我们，不列颠的情况可能没有这么简单。纳尔逊·曼德拉（Nelson Mandela）在回忆录中记录了他的监护人容辛塔巴（Jongintaba）在特兰斯凯的一座农场。容辛塔巴是当地被不列颠殖民者承认的酋长，他的住宅由两栋粉刷成欧式风格的长方形建筑组成，配有铁皮屋顶和较高级的圆屋。欧式风格的建筑是容辛塔巴殖民权力和责任的象征，在父亲去世，自己离开家乡的非洲小村庄之前，曼德拉从未见过这样的建筑。容辛塔巴乡村别墅中复杂的社会行为和空间利用是两个传统之间的转换。长方形建筑用来迎宾和供客人娱乐，但酋长大家庭仍然在后面 6 个传统圆屋中休息，日常活动也都在那里进行。虽然这不意味着不列颠的别墅也是如此，但这引出了殖民社会中社会选择的有趣问题。我们是否可以像一些评论员一样假设，不列颠人若有选择权，一定会选择舒适的别墅而非圆屋？至少对于一些不列颠精英来说，乡村别墅修建相对缓慢，使用频率也不均衡，所以他们可能会做出不一样的选择。此处还要考虑另一个极大的可能性，即罗马只为一小部分不列颠精英阶层成员提供经济和社会支持。

因此在乡村别墅附近也会有圆屋，虽然各个地区往往有自己的特色，但实际上圆屋在乡村景观中十分普遍。当时还有铁器时代的长方形建筑，因此长方形建筑自公元 1 世纪开始日渐普遍的原因就可能有两个：铁器时代已有的趋势或罗马人带来的影响。直到公元 3—4 世纪乡村别墅蓬勃发展的年代，不列颠大部分地区仍然以乡村聚落的传统圆屋为主，新式建筑物和结构形式非常少见。住房长期采用前罗马时期建筑形式在不列颠北部和西部更加常见，更加持久。

但默认建筑形式一成不变的观点也是错误的。石质建筑的建造标志着许多乡村开始发展，即使其中部分建筑并非长方形的。不列颠有大量公元 2 世纪至 4 世纪晚期的石质地基圆屋，至少有一部分是居住用房。圆屋还有可能用作神庙、工业 / 农业建筑。将长方形建筑广泛地引入不列颠传统的曲线形式建筑中，是罗马时期的一个重大变化。许多新建筑像圆屋一样采用木材和泥巴修筑，但有些则采用了更为复杂的木工技术（用枕木取代土方柱子来做屋梁），有些建筑则安上了瓷砖屋顶或石板屋顶。后者是变化的重要标志，因为支撑重型材料屋顶的技术与支撑茅草结构屋顶的技术是完全不同的。

带有通道的礼堂是罗马不列颠最常见的长方形建筑。这种建筑有时被称作“带通道的谷仓”，已发掘的带通道礼堂既可供居住，又可供农业生产，是一种多功能的建筑。有些带通道礼堂的历史可以追溯到公元 1 世纪。在罗马帝国入侵前，不列颠东南部就已经有了这种建筑。无论如何，这种礼堂都是不列颠独有的特色，在高卢和日耳曼地区各行省并不常见。从公元 2 世纪开始，不列颠地区修筑了很多带通道的建筑。

带通道的建筑从前被当作执法者和工人的宿舍，或是乡村别墅的辅助农业用建筑（抑或两者兼具）。但最近挖掘出的带通道建筑则改变了这种看法：其主要部分建在石质地基之上，显然是供居住用的，通道的终点部分则包括马赛克装饰和浴室。米恩斯托克一座建筑中倒塌的山形墙就是能看到这些建筑的细化结构和高度的实例。带通道的礼堂在大部分民用区域很常见，而且采用了一定程度的混合形式，与乡村别墅和非别墅建筑都有相同点。它具备了圆屋的较大内部空间和使用灵活度，也展现了新式建筑结构产生的影响以及建筑规模的增大。一些学者推测过在大型氏族群体社会中这种大型公共空间的适用性。考虑到考古证据的质量，这些社会关系的细节一般都很模糊（虽然在旺伯勒北部已经有考古活动尝试在一座带通道的乡村别墅按功能分区和按性别分区）。从越来越多的发现中我们可以看出，不列颠许多乡村地区的建筑与欧洲大陆截然不同。即使当时采用了罗马式的建筑外形和展示实力的传统，不列颠人仍然遵循着自己原有的习惯。

许多铁器时代晚期的乡村聚落都是在圈占地内修建的，被称作“围墙建筑群”。典型的围墙建筑群可能同时包括 2—3 个圆屋，可以看出这里的社会单位应该是一个大家庭或家族。虽然也有孤立的家宅，但这些复合式的建筑群表明不列颠乡村社会通常是以这些大型建筑群为中心的。曾有人试图总结乡村别墅之间的相同点，提到了在这种“围墙建筑群”内的居住用房似乎是一模一样的（最典型的是哈尔斯托克、罗克伯恩、盖顿索普的乡村别墅，其间有很多对大小和等级一模一样的建筑）。这些所谓的“单元别墅”或许可以证明一些罗马建筑术语是从不列颠传统中引入的，但有时这一问题的讨论可能会走偏，因为每一个乡村别墅都需要被重新评估，以确定其是否适合大家族使用。埃文河畔布拉德福德的一座双别墅建筑是一个很有趣的例子，虽然两处别墅的设计几乎相同，但其功能却截然不同。如果单元别墅随处可见，那我们可能就会运用一个模型去取代另一个类似模型，承担以偏概全的危险。尽管如此，考古活动也证明了单元别墅很可能是不列颠原住民乡村社会的重要特征。

另一个值得关注的领域是乡村核心聚落：主要是村落或村庄。这些聚落与小城镇这一分类略有重合，尤其是那些建造在主要道路旁的聚落（很多二级聚集区通常距离主要道路网络较远）。古代村庄和乡村别墅的发现越来越多，其中一些是共存的。另一方面，一些村庄显然发源于乡村别墅时代之前，另一些则距离乡村别墅较远。两者都代表了不列颠部分地区的另一种前罗马时期的社会倾向，即人们更愿意生活在较大的社会团体中。同样地，我们在罗马统治时期找到这些聚落持续存在的证据时，也不需要大惊小怪。

第十三章

行省景观

本章旨在研究逐个区域（图 12—15）以阐述上文的一些主题。在概述区域状况时，应避免简单化的倾向，尤其是在某些领域本身就存在简化叙述时。然而，此处笔者的目的只是展现乡村景观及发展的区域性差异。不列颠行省各地区景观和聚落模式不同，罗马人与臣服的不列颠人之间的谈判导致了这一系列不平等的、独具特色的现象。

不列颠东部和南部地区

东部乡村

埃塞克斯特里诺文特部落的土地被罗马帝国没收，在此建立了科尔切斯特的殖民城镇，这块土地也当然属于帝国所有。当时特里诺文特部落应该是附属于殖民城镇，并未被允许单独建立一个城镇。因此这里乡村聚落的居民应该有不列颠原住民、退伍士兵（及其后裔），以及其他有财力购买房产的人。考虑到不列颠东部被征服后又反叛，且殖民聚落较多，不列颠本土精英在这些高级聚落的

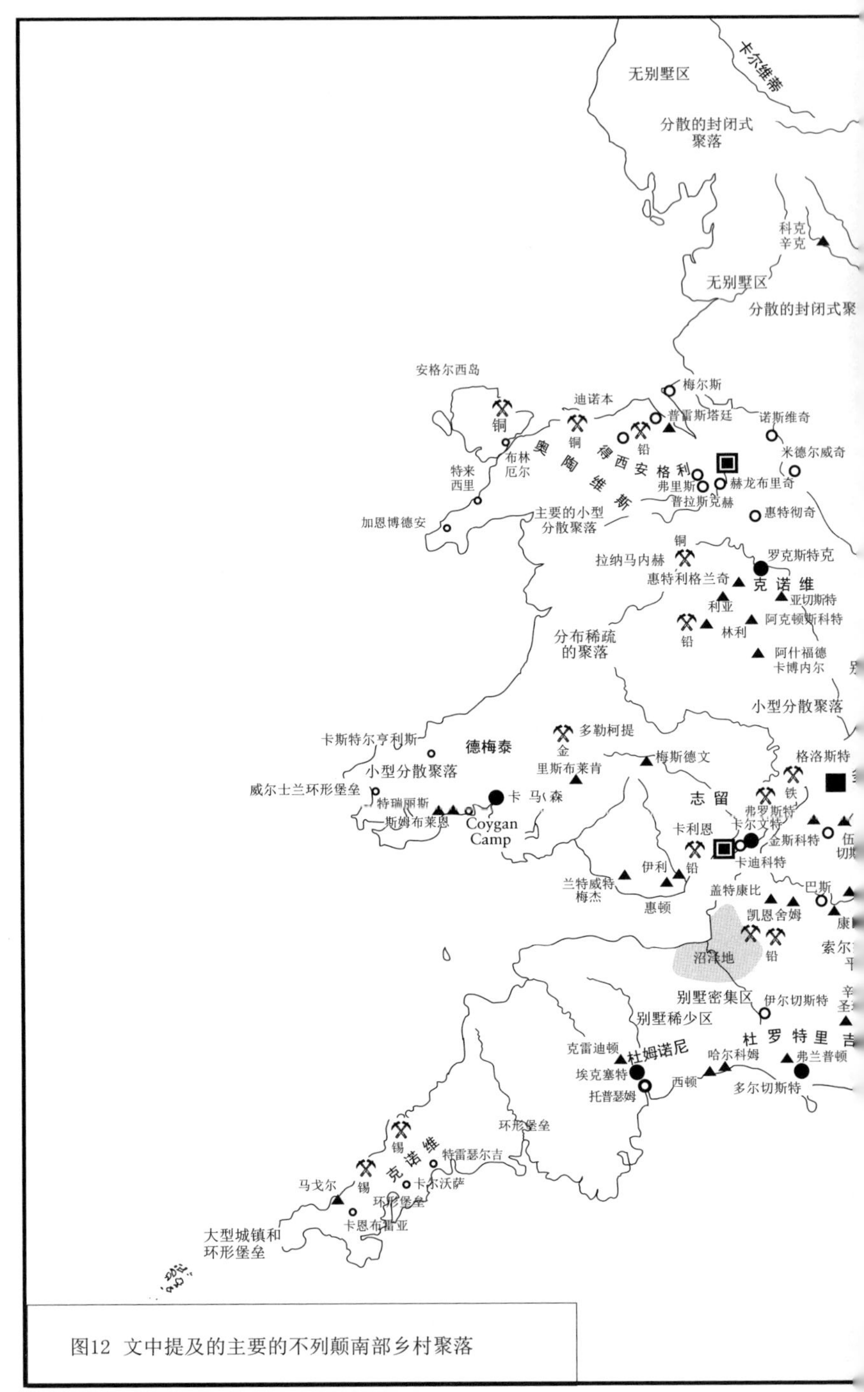

图12 文中提及的主要的不列颠南部乡村聚落

军团要塞
殖民地
异邦城市
“小城镇”/主要聚落
庄园
其他有名称的地点
神庙
采矿地点
沼泽地
碧德蓝姆村
奥尔德伯勒
拉兹顿
哈珀姆
约克
帕里西
亨伯河畔的布拉夫
温特顿
德拉贡比
斯堪普顿
林肯
曼斯菲尔德
伍德豪斯
克伦威尔
索斯威尔
卡尔大坝
湿地
内内河
洛金顿
西斯尔顿
利埃尔塔
莱斯特
德雷顿
沃特牛顿
格兰奇石圈
查特里斯
铁
斯坦威克
沃拉斯顿
乌斯河
别墅稀少区
诺维奇的凯斯特
爱西尼
别墅稀少区
班克罗夫特
特里诺文特
科尔切斯特
利文海尔
诺斯里
卡图维劳尼
戈勒姆伯里
齐格纳尔
凯尔维登
海布里奇
博克斯穆尔
圣奥尔本斯
公园街
切姆斯福德
赛斯特
莱登派克
伦敦
别墅稀少区
锡尔切斯特
卢林斯通
坎提阿齐
坎特伯雷
别墅稀少区
别墅密集区
阿特雷巴特
西华克农场
福克斯通
韦尔德
铁
温彻斯特
雷格尼
比利其
比格诺尔
普尔伯勒
博思威克
菲什本
安格默林
奇切斯特
伊斯特本
港
北
0
50
100 英里
0
50
100
150 公里

参与度要远低于不列颠南部的水平。

高级乡村聚落在不列颠东部非常少见，已知的乡村别墅只有约 35 个，其中大规模的比较少。利文海尔有两处相邻的乡村别墅和核心聚落，很有可能是一块大型私人领域的中心。齐格纳尔圣詹姆斯村则有一座稍显夸饰的有翼走廊别墅。不列颠东部已知的乡村别墅似乎发源较早，约在公元 1 世纪末或 2 世纪，在相同位置有一些是以铁器时代晚期聚落为基础而建立的。

埃塞克斯地区有很多“本地中心”或村庄，并或多或少地发现了一些乡村别墅遗址。这些核心聚落的建立有多种原因。有些可能与乡村别墅建筑有关（如利文海尔），有些则可能担负乡村地区的行政职责。然而埃塞克斯和沙福克南部的大量聚落既有孤立的农庄，也有很多核心建筑群（通常是圆屋）。

库诺贝林王国的西部地区则略有不同。卡图维劳尼王国的首都城镇位于圣奥尔本斯，其附近乡村别墅的密度非常高。然而这里景观的风格却并不统一，当时奇尔特恩丘陵的土地所有权比较割裂，可能是一部分原因。虽然圣奥尔本斯东西部的生态差异很小，但东部几乎没有乡村别墅，西部则有很多。这里确认的乡村别墅约为 130 个，另外有 100 个遗址很可能也是乡村别墅。奇尔特恩部分地区的别墅分布非常均匀，每 2—3 公里就有一个乡村别墅。当地一个小型建筑群的起源较早，很多乡村别墅也是在铁器时代晚期的聚落上建立起来的，公园街和戈勒姆伯里也发现了一些可信的建筑持续使用，而非被没收的案例。但这里的乡村别墅属于移民而非不列颠人的可能性比较高。

戈勒姆伯里是不列颠东部乡村地区发掘程度最高的遗址，距离圣奥尔本斯不到 1 公里，发源于公元 1 世纪初，那时还是一片重要的圈占地。经过几个阶段的发展，圈占地内部形成了一个包含很多引人注目建筑的建筑群，外部则有一个多为实用建筑物的建筑群。这里最早的建筑都由木头建成，例如圆屋和一座在罗马入侵前就可能存在的带通道的礼堂。第一座石质建筑约建造于公元 100 年，包括一个简单的长方形住宅区域和小型浴室，圆屋则建在围墙之外。在公元 2、3 世纪之交，主要的房屋开始大规模扩建，形成了一座有翼的走廊别墅，并将浴室并入别墅内。公元 3 世纪的一段时间，这些建筑曾处于半遗弃的状态，面积有所缩小。两个圈占地中的乡村别墅在公元 3 世纪后期都进行了翻修，并在公元 4 世纪每况愈下，最终在公元 350 年停止使用。

公园街、加德布里奇和博克斯穆尔都有公元 1 世纪的洗浴套房，通常被认为是罗马征服后一些幸存的不列颠贵族采用罗马建筑风格的产物。但我们也不能排除移民接管土地的可能性（特别是在布狄卡起义之后），也不能忽视其中一些乡村别墅，这表明卡图维劳尼人可能接受了罗马建筑风格。早期乡村别墅大致如此，在不列颠乡村地区只占少数。

在通常被认为属于卡图维劳尼王国的偏远地区，绝大部分乡村别墅都集中在北部的内内河谷、乌斯河谷，以及西部的泰晤士河谷。其中大多数是结构相对简单的中小型乡村别墅。这里乡村别墅发展的主要阶段是公元 2 世纪末到公元 3 世纪初，其后的修建非常有限，在公元 4 世纪中期显现出明显的普遍衰退迹象。内内河谷在流经厄切斯特和沃特牛顿的部分城镇之间有大量乡村别墅。但在这片地区非乡村别墅聚落的逐渐出现也是非常值得关注的：1931 年时发现了 36 处遗址，而今已经超过了 500 处。这片区域有一些发源于铁器时代晚期的核心聚落和村庄，但其他聚落则与乡村别墅联系密切，例如福瑟陵格的村庄通过一条直线道路与其东南端的乡村别墅相连。斯坦尼克则是另一个典型，考古人员围绕当地一座乡村别墅进行发掘时，发现了一座同一年代的村落，其间有很多圆屋。

最常见的聚落类型是孤立的农庄，通常由单个围栏包围起来，有时按照一定的土地制度来规划。有些遗址则包括了一系列圈占地和建筑物，例如威兰山谷的威克利。罗马时期的威克利在一系列铁器时代晚期圆屋和圈占地的基础上又增加了长方形木结构建筑，其中包括一座公元 2 世纪晚期带通道的建筑。奥德尔有一个字母 D 形状的公元 1 世纪初围墙建筑群；这里的人们一直住在圆屋中，直到公元 4 世纪才建起了一座长方形的木屋。

在内内河谷沃拉斯顿地区的调查与发掘中发现了一座罗马时期的葡萄园，这代表了当地景观的重要变化。虽然葡萄藤在罗马时代被引入不列颠，但人们认为这种植物在这里的重要性远不及在高卢北部和莱茵兰地区的水平。

爱西尼部落的核心地带（包括诺福克、英格兰东部沼泽地区、沙福克）因布狄卡起义而遭到了摧毁。罗马人开展了长久的报复行为，爱西尼人将要承受他们的怒火。当时爱西尼人直接控制的领土与其曾占有的最大面积相比简直微乎其微。诺维奇的凯斯特的异邦城镇面积极小，也能印证这一结论。城镇必要设施减少，说明城镇面积减小，以及当地上层社会权力与规模的缩小。

爱西尼人曾在诺福克西部，塞特福德、萨汉姆托尼附近有约 60 个聚居地，所以将其文明中心迁移到诺福克东部可能对于西部的原住民本身就是一种惩罚。爱西尼人为了避免被完全吞并，曾将普拉苏塔古斯（Prasutagus）王国的一半国土奉献给尼禄，所以爱西尼人的土地必然有一部分属于皇家财产。在布狄卡起义之后，尼禄曾将大面积土地尽可能地划为自己可继承的财产。从战死或投降的爱西尼贵族手中获得的土地可能被罗马帝国卖给了个人，诺维奇的凯斯特以南约 40 公里的福斯蒂尼乡村别墅（Villa Faustini）应该就是此类私人庄园的代表。

诺福克地区的乡村别墅很少，那里发现的遗址大多是大型核心聚落，多数位于罗马时期的道路上或在其附近。这些聚落与一系列生产活动相关，包括陶器生产、制盐、金属加工，等等，其中有 4 处似乎有着比较重要的宗教地位（塞特福德、霍克沃德、沃尔辛厄姆、威克伍德）。

瓦士湾周边的沼泽曾是一片重要的湿地。铁器时代晚期，这片沼泽地区已经建立了聚落，并有制盐活动。在这片未经开发的景观上，罗马人的活动更多是巩固加强，而非殖民化。根据古代钱币记录，铁器时代晚期科利埃尔塔维人曾活跃在林肯郡沼泽区域，爱西尼人也在沼泽区域中部和东部活动过。传统观点认为，布狄卡起义发生之后，整片沼泽地区都被划归为皇家财产。从格兰奇石圈的一座巨大石塔、沼泽中心地区查特里斯的一座带通道的石质建筑，以及沼泽地区边缘沃特牛顿一座非典型的大型别墅建筑群中可以看出罗马帝国在聚落扩张中所扮演的角色。沼泽西部边缘有一些古老的大型堤坝，其中最著名的是卡尔大坝。卡尔大坝曾用作水运航道，现在则是一套大型排水系统的重要组成部分。公元 2 世纪时沼泽地区建立了一个以砖石建筑为主的城镇聚落，因此格兰奇石圈在当时的地位显然很高，虽然这个聚落似乎并未曾完全建立，其面积在公元 200 年后急速缩小。相比之下，大多数聚落在布局、建筑类型（圆屋和简单的长方形结构）、建筑材料以及物质文化方面都显得非常保守。

尽管罗马皇权在沼泽地区景观塑造的过程中发挥了重要作用，但我们不应忽视原住民社会群体的贡献。原住民展示自己地位的方式与沼泽边缘地区群体的方式有很大区别。有些聚落因为没有修建别墅建筑最终被遗弃（比如格兰奇石圈），这可以解读为当地民众未能抓住罗马帝国赐予的机会，但原住民的做法则显示出了对罗马的做法带有抵抗性的适应，也有部分完全的拒绝。虽然沼泽核心地区没有乡村别墅，但建筑类型的变化和“精英”物质文化标记的出现也显示了当地适应罗马规范的特殊模式。例如在淤泥沼泽地区的聚落中（罗马时期那里的排水得到了显著改善），我们可以根据精英文化标记将其分为两大类——沼泽地区北部的建筑元素发生了改变（例如瓦屋顶）；南部地区多见便于携带的物品，与很多物质文化相对匮乏的聚落区别开来。在受控制程度较低的地区，如沼泽中心区域的格兰奇石圈、查特里斯、格兰德福德，淤泥沼泽上和泥炭沼泽中小岛上的聚落分布相对集中，一般经过大型运河和河道通往沼泽边缘。

除了将土地收归自己所有，另一个方案对于罗马统治者也很有吸引力，即把该地区的一部分划为公田，允许不列颠原住民居住并按帝国要求缴纳租金，用农产品纳税。湿地是盐的主要产地，也是帝国需求较大的其他商品的重要来源，包括动物制品（肉类、皮革）。沼泽地区的肉类可能会在用盐腌渍后装桶，卖到边境地区。

沼泽地区西部边缘的景观则与众不同。这里有发展较好的小城镇（沃特牛顿），景观以乡村别墅为主，显示出了独特乡村身份的建构，适合罗马帝国中的任何人口类型居住。

东南部各郡

虽然针对坎提阿齐部落的研究倾向于认为其面积覆盖了整个肯特和苏塞克斯东部，但其异邦城镇的中心实际上是坎特伯雷。考虑到诸多原因，坎提阿齐部落似乎不太可能有那么大。罗马不列颠的主要港口都在肯特海岸上，位于伦敦的行省首府与这些港口之间的土地是新近来到不列颠的人们的主要投资目标——无论他们是来自意大利或高卢地区的投资者，还是帝国官员。另外还有一些自然资源值得人们注意。例如在肯特郡韦尔德北部有密集的乡村别墅分布，但在威尔登以炼铁为主的区域却几乎没有乡村别墅。从这一现象可以看出罗马帝国定义的坎提阿齐领土集中在肯特郡北部，南部的土地属性则完全不同。在北部地区，大多数别墅距离坎特伯雷较远，集中在大型河谷（达伦特、梅德韦）和泰晤士河河口的溪流边。如果对现有证据进行简单解读，可以得出以下结论：坎提阿齐部落只覆盖了肯特的东北部，铁和木材资源丰富的韦尔德地区处于帝国管控之下，而西北部则租赁或出售给私人土地持有者。肯特的一些土地也可能被划拨到伦敦的管辖范围内，或成为皇家财产（比如坎特伯雷和里奇伯勒之间的伊克姆乡村别墅）。

因此该地区最大、最富裕的乡村别墅应该与坎提阿齐部落的精英无关。福克斯通附近一座公元 2 世纪的豪华别墅就是如此，该建筑采用了典型的不列颠印章瓷砖，但别墅主人的身份尚不确定。厄克斯梅德韦山谷一座面积最大、建设最早的乡村别墅也能反映出罗马帝国和资本投入的影响。这里的第一座石头建筑可以追溯到约公元 65 年，其中有一些带有棋盘格地板的房间，另外有一间年代较早的独立浴室。达伦特一座更大的乡村别墅面积约为 1.5 公顷，囊括了至少 6 个大型建筑群，包括 1 座有翼走廊、2 座几乎对称的附属建筑，以及 2 座带通道的建筑。这座乡村别墅的寿命大概从公元 100 年左右延续到了公元 4 世纪末。肯特最著名的乡村别墅位于卢林斯通，虽然在其鼎盛年代主要部分面积仍然较小。这座别墅始建于公元 1 世纪末，之后经历了一系列复杂的扩建和重建，并最终于约公元 385 年归属于一些基督徒名下，直至停止使用。

当地还有很多较小的乡村别墅，以有翼的走廊房屋和带通道的建筑为主，大型村庄和小城镇也有类似的建筑（查尔顿、西华克农场）。然而最大规格的乡村建筑是由围墙建筑群内的圆屋组成的。罗马不列颠晚期这些地方才出现了很多直线型的建筑，但那时肯特东部许多乡村地区建筑的面积已经开始缩小，甚至被过早地遗弃。

苏塞克斯铁器时代晚期和罗马时期的聚落主要分布在南唐斯和奇切斯特的滨海平原轻质土壤之上。北方的韦尔德则以重黏土为主，盛产铁和木材，该地区比较特殊，资源开发模式也较为独特。雷格尼部落的首府位于奇切斯特，代表了科吉杜努斯统治下的附庸国部分罗马化的现象。该地区有很多年代较早的精美乡村别墅（菲什本、安格默林、伊斯特本、普尔伯勒、绍斯威克）。此处有一个关键的问题：这些早期别墅是在附庸国被并入行省之前所修建的，还是在动荡之后，作为安抚当地精英们的手段而修建的？无论如何，从这些别墅中不同寻常的建筑风格和材料（包括地中海式的规划、马赛克、大理石地板和其他大理石部件）中就能清楚地看出，这些建筑是借助外来技巧和材料构建的。菲什本的发展脉络很清晰，以所谓的“原始宫殿”为原点，并在公元 1 世纪后期进行扩建，成为不列颠最广为人知但也最不典型的乡村别墅。安格默林、伊斯特本、菲什本都出土了相同的烟道瓦片，说明当时这些地方是一个整体。普尔伯勒和绍斯威克与菲什本在建筑特点上也有共同之处。菲什本有一座扩建规模很大的乡村别墅，有人认为这是科吉杜努斯和他直系亲属的休憩之地，也有人认为这是罗马行政官员的基地，以便全程监督该王国并入行省。公元 1 世纪晚期菲什本散发着罗马贵族的品位，科吉杜努斯家族也曾接触到罗马高层社会的生活。

尽管随后几百年内这片地区又建立了很多乡村别墅，但这些建筑的规模通常要小很多，而且很多都是原住民聚落向罗马式房屋演变的结果。其中有一部分别墅的主体部分修建了大厅，这一做法在汉普郡也很常见。在一些地方也有一系列长方形的木结构建筑，其修筑日期要比当地的第一座石屋还早（这座石屋最早修建于公元 3 世纪）。

苏塞克斯和肯特还有一个共同点，即很多建在海岸边的乡村别墅在公元 4 世纪就开始衰落甚至被遗弃了。很多人都把这归因于撒克逊人的劫掠或撒克逊海岸堡垒驻军。总而言之，这两个地区在公元 4 世纪缺少较富裕的乡村别墅，只有苏塞克斯的比格诺尔是个例外。比格诺尔的这座乡村别墅坐落于南唐斯的北坡之上，靠近连接奇切斯特和伦敦的斯坦恩街，起初是一座修建于公元 2 世纪晚期的长方形木结构建筑。公元 3 世纪早期，这座木结构建筑升级成了一座石头排屋，修建了走廊和简单的拐角房间。这座简单的别墅在公元 4 世纪发展成为不列颠南部最大、最精致的别墅之一，在这一区域出现这种建筑十分出人意料，并非典型现象。最终这座乡村别墅的主体结构定型为一个大型庭院，内有 3 个巨大的豪华住所，二级庭院内还建有额外的建筑。整个建筑群占地 1.5 公顷，包含至少 70 个房间，其中许多有马赛克装饰或棋盘格地板。虽然比格诺尔这座别墅与不列颠西部的一些大型乡村别墅还有一些区别，但目前来讲，这座别墅在英格兰东南部是独一无二的。

苏塞克斯很多别墅建立在沿海平原上，有的位于小溪和水湾的上游，有些则位于南唐斯丘陵南向的肥沃山谷中，另外还有一些位于南唐斯北部的绿砂地上。这些地区同样发现了很多其他类型的聚落。丘陵地区很多聚落似乎由铁器时代晚期的聚落演变而来，逐渐由早期圆屋向直线型建筑形式转变。许多遗址是从前孤立的农庄，但也有一些规模较大的聚落。帕克布让的一处遗址包括了 5 个小型长方形房屋，其中一座带有瓦屋顶、玻璃窗户、抹灰篱笆墙，墙上涂抹了红色石膏。

中南部各郡

从伦敦西来的帝国官员们在阿特雷巴特部落北部的大部分领土上修建了住所。该地区已发掘的别墅布局变化很多，有翼走廊别墅较少。当地只有两处遗址被确定为早期乡村别墅——分别在阿什斯特德和沃尔顿希斯。罗马时期遗址的分布集中于丘陵、绿砂地、重黏土河床上，但也有一些别墅是建立在黏土地之上的。不列颠中南部聚落分布较为稀疏，但在斯坦恩街附近，小城镇尤厄尔、法纳姆的艾利斯霍尔特陶器生产地区 10 公里以内的范围中也有一些部落集中分布。锡尔切斯特城镇腹地中有很多证据，说明铁器时代晚期分散分布聚落的长期延续，但却几乎没有任何别墅。

贝尔吉部落的城镇似乎是由罗马人按照罗马方式改造的，其首府在温彻斯特。贝尔吉部落的核心区域显然是在汉普郡和威尔特郡南部，是不列颠南部西南部分的典型代表。汉普郡的聚落与西苏塞克斯的聚落有很多相似之处，但两地都缺少早期豪华乡村别墅的证据。这里的乡村别墅大多数规模相对较小，而且根据细节可以看出是由之前的本地聚落演化而来的。罗马统治期间，前罗马时期通行的土地划分和土地制度仍然被广泛应用。在很多乡村别墅遗址中发现了不列颠农场和别墅装修的痕迹（格雷特利南部、霍顿、富勒顿、尤厄尔)。有趣的是，这些地区大部分有带通道的大厅，有时是辅助建筑，偶尔作为主要住宅，配有浴室、马赛克、地板下供热系统。

罗马不列颠中南部各郡聚落分布有一个显著的特点，即广阔的索尔兹伯里平原上虽然有 11 个铁器时代和罗马时期的村庄，但那里却没有乡村别墅。其中一些村庄面积很大，例如最著名的奇森伯里沃伦的一座村庄——占地约 6 公顷，一条弯曲道路两侧有约 80 座建筑物，并与一块面积至少为 80 公顷的地区相邻。关于这里为何没有乡村别墅的争论有很多，很多评论家认为这应该归因于这里曾是一片皇家地产。我们可以轻易看出，这片土地与乡村别墅聚落的布局是完全不同的，但这里属于皇家还是国家，抑或是被分配给臣服的不列颠人的公共土地，我们都无从确定。类似的聚落在别处也有发现，例如查尔顿周围汉普郡的丘陵地带。考古人员在当地约 20 平方公里的土地上进行详细调查后发现，当地规划齐整的土地上至少有 3 个村庄、14 个农庄和 4 座砖石建筑。

中东部地区

人们一向认为不列颠中东部的重黏土地区人烟稀少，那里多发洪水的山谷和湿地地区也是如此。最近的研究显示罗马不列颠时期这里有很多聚落，其中大部分由分散的农庄和圆屋聚落组成（见图 13)。现在许多地区发现了高密度非乡村别墅聚落分布，这张地图就是一个很好的例子。林肯有一座军团要塞的地基和一座退伍军

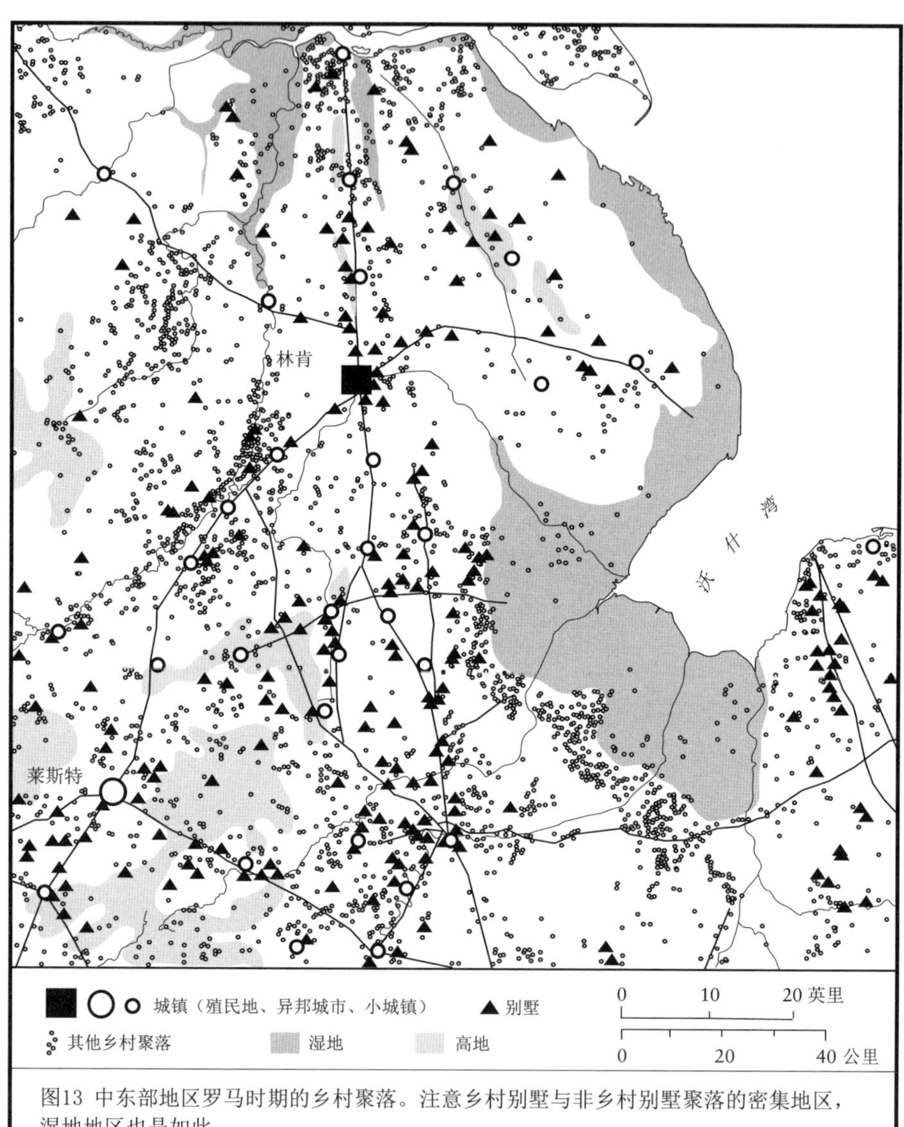

图13 中东部地区罗马时期的乡村聚落。注意乡村别墅与非乡村别墅聚落的密集地区，湿地地区也是如此

人聚居区，这都显示出罗马人对科利埃尔塔维人的镇压措施，这些措施在当时的不列颠东部形成了一个新的权力中心。因此罗马统治之下科利埃尔塔维人的土地和权力范围很可能被限制在了西部地区，并以莱斯特的城镇为中心。莱斯特周围的土壤多是重黏土，这片区域并非铁器时代建立城镇时的首选。另一个复杂原因是不列颠中东部地区靠南一带有大量铁矿，而且很显然罗马人对这些矿产进行了大规模开采。这里很可能受到帝国一定程度的控制，并产生了一些经济利益，尤其在早期阶段。

不列颠中东部地区靠北一带大概有 100 座已知的乡村别墅，但大中型的却很少见（索斯威尔、斯堪普顿、温特顿、西斯尔顿、曼斯菲尔德伍德豪斯），更没有豪华规模的乡村别墅。有趣的是，这些较大的别墅大部分位于科利埃尔塔维部落区域之外——有一些在特伦特之外或亨伯附近。温特顿是考古发掘最完善的地区之一，包括了以一系列 U 形分布的建筑物，这些建筑以乡村别墅区域为中心，两侧是垂直于该区域的带通道建筑物。这些修建于公元 3 世纪早期的建筑是由公元 2 世纪一些石质地基圆形建筑和一个长方形木结构建筑发展而来的。虽然乡村别墅周围很多直线边界沟渠展现了罗马特色的土地划分，这些早期建筑和带通道大厅中的圆形元素也突出强调了不列颠本地传统的延续。该地区其他一些乡村别墅的主要建筑建在双层长方形围墙内（克伦威尔、洛金顿），这或许再次表明了这些地方的人们试图用这种明显的方式将自己与采用典型长方形结构或曲线圈占地的乡村聚落区别开来。

这些乡村别墅大多聚集在河卵石地层、林肯北部南部石灰岩山脊和林肯郡丘陵西侧的轻质土壤上。特伦特河谷西部和北部也有一些别墅，但与主要的分布规律相悖。曼斯菲尔德伍德豪斯发现了一座乡村别墅，是由圆屋（公元 1 世纪）和木结构建筑（公元 2 世纪早期）在公元 2 世纪晚期发展而来的。在不列颠中东部的乡村别墅中，马赛克比较少见，棋盘格路面则更少，洗浴设施也很少有独立式的，更多的附属在其他建筑内。许多“乡村别墅”实际上是由带通道房屋发展而来的，通常带有棋盘格路面，房子一端有供暖房间（艾博尔斯通、大卡斯特顿、德雷顿）。

非乡村别墅的发现越来越多，尤其是在采用了航空测量技术之后，但目前发掘的遗址数量还很少。铁器时代晚期和罗马时期常见的乡村聚落都是小型封闭式聚落，面积不大于 0.5 公顷，通常包括一个或多个圆屋，由沟渠或堤坝环绕起来。其圈占地一般是 D 形的（科尔斯特沃思、恩德比）或大致的直线形（韦克利、威灵顿）。这些聚落通常都是独立的，有时也会发现直线边界、土地制度或古道的痕迹。核心聚落也很常见，通常是由一些类似独立农庄的圈占地连接起来形成的。这些聚落形式在铁器时代晚期就已存在，并在罗马占领的大部分时间内继续在乡村地区占据主导地位。然而德拉贡比却有证据显示铁器时代晚期圆屋已不再占主导地位，大型长方形建筑更为多见，许多建筑有带通道的大厅，带有碎石路和水井，在秩序井然的聚落中分布。

与罗马不列颠的其他一些地区相比，不列颠中东部乡村别墅的发展在公元 2 世纪末之前都比较缓慢，总数也非常少。在若干遗址中能观察到传统圆屋聚落或带通道大厅发展成乡村别墅的现象。

来自林肯郡的航空摄影证据表明，罗马不列颠时期这里的景观变化很大。林肯北部的石灰岩山脊和丘陵上的聚落分布较为分散，只有一些聚落相连。另一方面，林肯南部和湿地地区有更大的聚落，通常由古道和土地体系相连接。

中西部地区

牛津郡很可能是铁器时代各政权的边界区域，这里的聚落以低洼地区的奥皮达为主，分布在泰晤士河畔的多尔切斯特、阿宾登、卡辛顿、萨蒙兹伯里，以及科茨沃尔德边缘的低洼地区。科茨沃尔德的乡村别墅分布密度极高，主要集中在河谷和罗马时期连接奥尔切斯特和塞伦赛斯特的大路上。诺斯里有一座特殊的庭院乡村别墅，有超过 50 个房间。这座豪华建筑群装饰华丽，有马赛克和多种高级别墅特点。这里在公元 100 年左右就形成了简单的早期别墅，公元 4 世纪发展到了顶峰。诺斯里的乡村别墅是公元 1 世纪晚期早期别墅中最成功的一个，这一类别墅都位于以格里姆氏壕沟为界的科茨沃尔德南部地区（另外还有塞克诺阿、迪奇里、布里克洛斯、卡罗山、斯通斯菲尔德）。这一分布体现了帝国对某个群体的青睐，根据其位置来看，这个群体是不是不列颠人尚不明朗。

迪奇里的一座乡村别墅包括一座有翼的走廊房屋，坐落在长方形围墙和沟渠圈占地的中央。别墅的主体部分前正中央有一个水井，旁边有一座圆形的石质地基建筑（起初被认为是打谷场，现在则被认定为是与塞克诺阿和伊斯利普等地乡村别墅的圆屋一样的建筑）。圈占地前部有两座长方形的石质建筑，其中一座是粮仓。这座乡村别墅与伊斯利普乡村别墅的规划都很齐整，并在起初就规划了直线和圆形建筑的结合。在塞克诺阿，一座 3 世纪中叶的有翼走廊别墅后来被部分废弃，并随后建立起了一座用于居住的带通道大厅，以及一座石质地基圆形建筑。在建筑发展方面，这座乡村别墅表现出了不列颠带通道建筑和圆形建筑风格的回归。

牛津郡非乡村别墅聚落的考察面临着一个问题，即这里采用的建筑技术使得建筑保存程度较差，考古活动很难进行。在铁器时代晚期，圆屋建筑方法从掘立柱建筑方式转变成大型建筑方式，如坚固的砾石（土）墙，而这些特点很难用考古手段检测。牛津郡铁器时代晚期和罗马时期的聚落通常是一片小圈占地（面积小于1公顷），包括一座或多座圆屋（沃特金斯农场、诺斯穆尔、格拉韦利盖）。虽然乡村聚落的确存在过，但当地只有一些很像乡村聚落的遗址（保灵格林农场、谷地斯坦福、科特）。

航空摄影为我们展示了泰晤士河谷大片景观的细节，并显示罗马时期聚落旁边还有一些小面积农田和围场，这些遗址之间有古道相连，有时会延伸到偏远的牧场。一些遗址的古道交会处有大片的空地，与村庄绿地类似（格拉韦利盖），可能在当时起到仓库的作用。大体上看，泰晤士河谷乡村别墅较少，每个聚落都布满了不规则的、彼此相连的田地和古道。奥尔切斯特小镇呈现为网格布局，附近还有一片长方形规则区域，是一种布局严谨和局部叠加的景观模式。

从更广大的聚落数据和在泰晤士河谷进行的发掘中都可以看出，这里地貌形态和土地使用模式存在着明显的不连续性，尤其是在罗马征服早期和公元130年左右。这里许多新地基是在公元2世纪中后期修建的，现已确认的乡村别墅中很大一部分也包括在内，这是一种新的聚落模式。中西部地区早期或原始的乡村别墅很少，巴顿法庭农场有一座。克莱登派克有一座长方形围地，内部有围栏、古道、两座带通道的建筑，另一块围地中可能有一座神庙，这些围地的前身都是铁器时代晚期的曲线形围地。考古人员在当地发现了军事装备、配件以及有关军事的粗制雕刻，表明这里与军队有一定的联系（但也有可能是退伍士兵来到农场居住）。罗马不列颠晚期时这里修建了一座小型联排乡村别墅，其边界无规律可循，脱离了罗马占领早期边界的限制。无论该遗址的原始意义如何，它都很好地说明了乡村聚落的动态性质和景观不断变化的可能性。

罗马占领时期沃里克郡的聚落中乡村别墅很少（不超过15个，大多位于埃文河南部），财富也不多。这里绝大多数聚落的围地是类长方形的，主要是私人农场，但偶尔也会形成较大规模的建筑群（例如瓦斯珀顿）。总而言之，该地区在罗马时期的变化程度不算太大。

人们通常认为科茨沃尔德西部是多布尼部落的核心区域，那里有很多关于乡村变化过程和精致大型乡村别墅的证据（见图14）。格洛斯特郡、萨默塞特郡北部、沃里克郡南部、牛津郡西部发现了很多铁器时代晚期多布尼人的钱币，表明这一部落的影响范围很广。巴甘顿地区的奥皮达被大规模的堤坝系统包围着，而为了在塞伦赛斯特建立首府，这座城镇又向南移动了几公里。与其认为多布尼人在罗马不列颠阶段十分成功，不如思考一下这些聚落证据到底能够说明什么。例如从格洛斯特一座退伍军人聚居区的地基遗址就能看出，多布尼人的领域被大大削减了。

格洛斯特郡有约50座乡村别墅，大部分位于科茨沃尔德绵延起伏的丘陵地带，也有一部分建在山丘和赛文河之间的狭长土地上（弗洛塞斯特就有一座）。这些乡村别墅中有些规模大且装饰豪华，伍德切斯特的豪华建筑群就是其中之一，斯普雷伍德、大威特科姆、图尔克迪恩、切德沃思也有类似的建筑。从时间上来看，格洛斯特郡乡村别墅发展比较迟缓，直到公元2世纪晚期才有所改观，而且这里大多数乡村别墅是公元3世纪晚期后才迎来自己的主要发展阶段。其中一些乡村别墅似乎是公元4世纪新修建的，此时很多乡村别墅已经发展到了顶峰。北塞尔尼的一座小型别墅则是

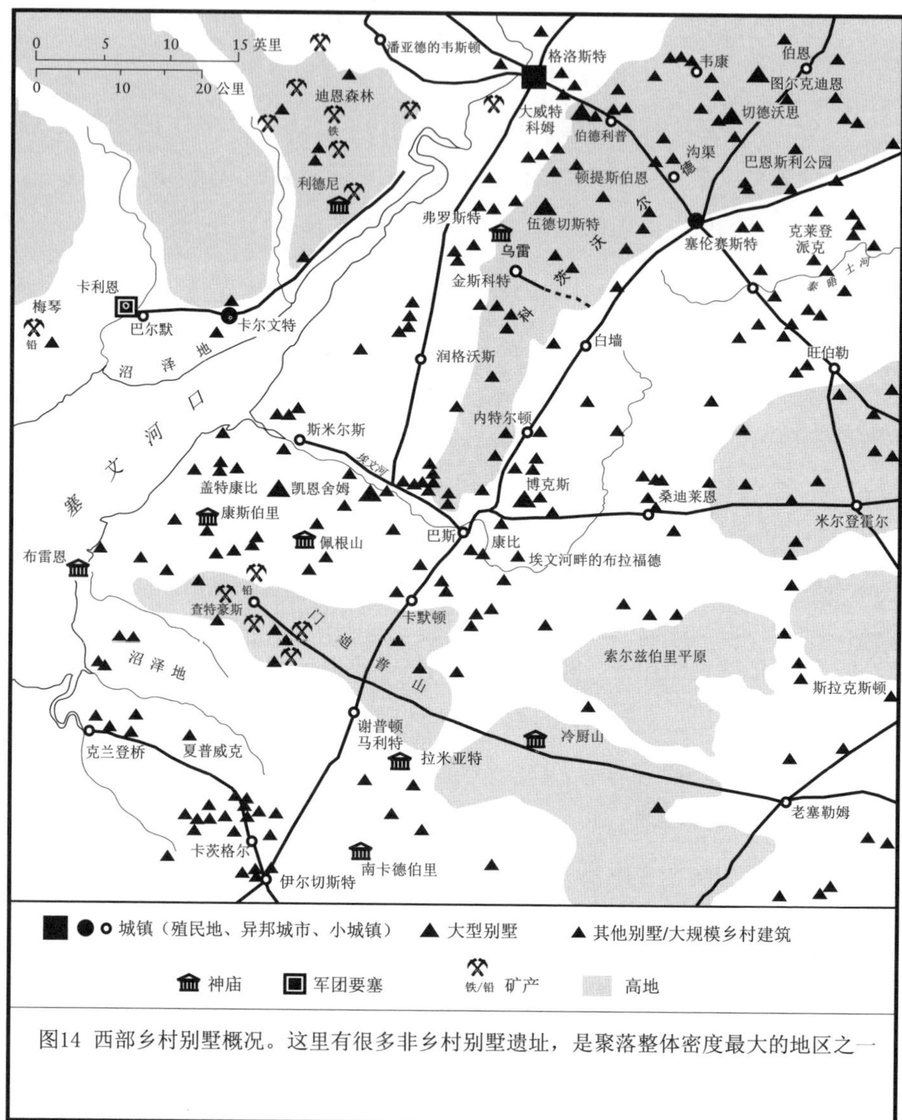

图14 西部乡村别墅概况。这里有很多非乡村别墅遗址，是聚落整体密度最大的地区之一

个例外，这座别墅位于巴甘顿奥皮达西北方一块名为沟渠的铁器时代设防的圈占地当中。这座简单的有翼走廊别墅与当地的流行趋势完全不一样，似乎是在公元 1 世纪中叶修建的，并在公元 3 世纪晚期被遗弃。我们很容易会认为这座早期的罗马式住宅属于当地有权势的人——很可能就是这块圈占地所归属的家族。虽然这座别墅是不列颠最早的别墅之一，但其规模和奢华程度远不及菲什本的乡村别墅。

伍德切斯特的一座乡村别墅拥有至少 64 个房间，分布在面积共约 2 公顷的两个院落中（也有可能是 3 个）。此处遗址中出土的证据显示了这里的独特性：大理石雕像和地板、马赛克，建筑元素包括柱子、基底、雕刻字母。主接待室内有英格兰境内最大的马赛克地板，大约有 15×15 米，约由 150 万块小块马赛克组成；整个建筑群中马赛克地板的覆盖面积达到了 1 000 平方米。这一非同寻常的建筑群属于谁，目前还没有多少线索，但它很可能是一座巨大庄园的核心，也许与向西 5 公里的乌雷附近的西山和向南 8 公里金斯科特的大型聚落有关。乌雷是一个著名的宗教中心，信徒留下的文字记录非常出名。金斯科特的聚落有约 70 多个长方形建筑（多数有石墙），分布在约 30 公顷的土地上。

其他非常豪华的乡村别墅都在距离塞伦赛斯特 18 公里的范围内，大概在公元 4 世纪达到了顶峰。切德沃思的乡村别墅经过考证应该建于公元 2 世纪早期，并经历了许多阶段的局部发展，于公元 3 世纪晚期或 4 世纪形成了一个整体，最终形态类似于双庭院乡村别墅。尽管有人认为这个建筑群很可能是一个宗教中心，但将其归于比较少见的大规模乡村别墅更为合理——这里有 40 多个独立房间，包括 2 个洗浴套房和至少 15 个铺设了马赛克地板的房间。图尔克迪恩的乡村别墅发现于 1996 年，也是一座双庭院建筑群（面积为 140×80 米），还有一些附属区域。这座建筑群很明显是在公元 2 世纪修建的，公元 4 世纪时经历了大规模的扩建。塞伦赛斯特是罗马时期不列颠四个行政区之一的首府，这可能会导致其修建了一些晚期风格的高级乡村别墅，但当中也很可能有经济因素的作用。塞伦赛斯特地区的镶嵌师当时负责了这些乡村别墅的装饰，在至少 30 个乡村遗址中都发现了他们的痕迹（与其他地区相比，这样的装饰在已知的乡村别墅中占比很高）。

科茨沃尔德以西发掘程度最高的一座乡村别墅位于弗洛塞斯特。这里用沟渠划界的圈占地内坐落着一些简陋的排屋，其正面慢慢形成了一座有翼走廊建筑，公元 4 世纪时又在正前方修筑了一座带围墙的庭院花园，但其主要建筑中的独立房间从来没有超过 20 个。这座建筑的有翼走廊设计和规格（正面 25—30 米）在格洛斯特郡其他简单的乡村别墅中也有出现（例如法明顿、巴恩斯利公园）。

考古人员在科茨沃尔德也发现了很多带有传统建筑形式（例如圆屋）的封闭聚落。比较高级的乡村区域（巴恩斯利公园、水上伯顿）中也发现了石质地基圆形建筑，有人认为这些建筑是牛棚或者神龛，但也可能是当时的住所。

包含了巴斯著名温泉的埃文河谷，以及铅、银资源丰富的门蒂普山，在罗马征服之前很可能是多布尼人的领地。虽然托勒密认为巴斯属于贝尔吉人，但关于这块土地是否属于多布尼人的争议还有很多。一方面，我们不能因为这块土地在被征服前与多布尼人有关系，就确定罗马帝国通过行政手段处理这片土地的方式也是这样，埃文河谷有一座独特的乡村别墅群，大约修建于公元 3 世纪晚期。这些乡村别墅中，博克斯有一座拥有超过 40 个房间的大型庭院别墅。盖特康比的一座大型别墅似乎也是在罗马不列颠晚期修建的，但其石质建筑下方有明显的更早期建筑。这里也发现了关于一座乡村别墅的零碎痕迹（在铁道路堑中），但这里最显著的特点是大量长方形辅助建筑，包括两个带通道的大厅，修建在一块约 6 公顷的圈占地围墙之内。当地还发现了很多关于这些建筑的制造生产活动遗迹。

凯恩舍姆也有一座大型庭院乡村别墅。虽然目前只进行了部分发掘，这座乡村别墅的规模宏大、建筑华丽，其主要建筑的两端有六角形房间。这座别墅附近的一处遗址中发现了可能与租户有关的铭文，与塞伦赛斯特地区不同，这里很多遗址中没有公元 2 世纪的乡村别墅，也没有明显的原住民建筑痕迹。巴斯郊外的康比镇一座别墅遗址中发现的一位帝国自由民的铭文表明那里曾有一座皇家庄园。门蒂普山的矿产资源起初是直接在罗马帝国军方管控之下开采的，后来被私人承包，但也应该受到了代理官的监督。巴斯还出土了一位百夫长的祭祀铭文，表明当地在公元 2 世纪时应该还有直接的军事监管。公元 3 世纪后期开始这里的乡村社会发生了巨大变化，特别表现为乡村别墅建设的急剧增加，可能代表土地出售或租赁新模式的产生。

西南部各郡

多塞特和萨默塞特的杜罗特里吉部落在公元初世纪 40 年代强烈地反抗了罗马人的入侵，因此这里乡村别墅发展迟缓也就不足为奇了。这里的发展模式与多尔切斯特城镇发展演变大致相同。有说法认为伊尔切斯特在罗马统治晚期成为一个独立的城镇，根据这里的规划情况和马赛克数量，可以确定伊尔切斯特的确是一座不同寻常的小城镇。当地很多乡村别墅的年代已精确确定，其发源不早于公元3世纪晚期（费夫海德内维尔、辛顿圣玛丽、哈尔斯托克、杜利什），已经是不列颠被征服之后300年。唯一的例外是汉普郡边界附近的洛克伯恩的一座乡村别墅，那里的建筑可以追溯到公元2世纪中期。萨默塞特的伊尔切斯特是公认的异邦城镇边界，这里有稍早一些的乡村别墅建筑痕迹，但仍然是在公元3世纪修建的（布拉顿西莫、索恩福特、韦斯特兰、伊尔切斯特梅德）。另外，这一地区还有很多修建于公元3世纪晚期或4世纪的乡村别墅（海汉姆、斯帕克斯顿、卢夫顿）。

萨默塞特的湿地上很少有乡村别墅，温伯汉姆是个例外，那里应该曾是地产中心。罗马帝国在当地实行高强度剥削，再加上文化进步迟滞、对罗马的消极抵抗，在这种环境下工作（就如上文提到的英格兰东部沼泽地区一般）的本地群体并没有很多财富。多塞特的普尔港产盐，该地区提炼和生产许多商品，并在行省内行销而开始繁荣。波倍克大理石和基默里奇页岩是罗马不列颠的重要装饰品，罗马人在征服后数年内进行了大规模开采。不列颠行省中各地都有普尔港附近生产的黑色抛光陶器，表明该地区经济上的特殊性。

即使在不列颠行省最发达的地区，其成功也是相对的，取决于各地的选择、财富、帝国偏好、外部投资等诸多因素。当时也有很多奉行保守主义的地区，那里传统建筑、景观与罗马时期的新特征共存。各个地区的发展在时间上完全不同，一些地区经历了很多发生巨大变化的阶段。较早的发展和过早的衰退都能找到相应的证据——后者在不列颠东部尤为明显。

不列颠西部和北部地区

东德文郡

埃克塞特是不列颠西南部最典型的城镇，但上文也提到，顿诺尼亚部落是否包括康沃尔还不确定。德文郡有关乡村聚落的证据显示，埃克河谷和德文郡东部与德文郡其他部分完全不同。罗马帝国在不列颠西南部铺设的唯一道路就在德文郡，特别是福斯路南端将埃克塞特与伊尔切斯特、塞伦赛斯特、中部地区连接的路段，以及从西到东通往多尔切斯特的一条道路。有迹象显示曾有一条道路从埃克塞特向西延伸，但其长度尚不确定。

虽然顿诺尼亚部落有一些乡村别墅被掩埋在了现代牧场之下，但其领土上乡村别墅的总数仍然很少。克雷迪顿东南部有一座包含了 6 个房间的有翼走廊别墅（另一说法是 7 个），坐落在一块长方形圈占地内。霍尔科姆也有一座乡村别墅，是在一座铁器时代晚期原住民农场的基础上发展而成的。公元 1 世纪晚期的一些长方形的木结构建筑在公元 2 世纪末被两座带通道的大厅（其中一座有石头地基）所取代。公元 4 世纪初这座乡村别墅最终成型，由一座石质地基的带通道大厅扩展为一座正面长约 50 米，包含了 15 个房间的建筑，并有走廊将各部分相连。这里有一处罕见的特征，即在别墅西南端有一座约建于公元 300 年的八角形建筑，也许是浴室（这一较晚的时间与凯恩舍姆、埃文河上的卢夫顿、萨默塞特有共同之处）。其他已知的乡村别墅坐落在多塞特 / 萨默塞特边境，例如埃克河谷、奥特顿沿海地区、西顿附近的蜜蜂谷。蜜蜂谷遗址的独特之处在于这里有很多简单的长方形石头建筑，包括一座公元 3 世纪的洗浴套房、两座长条形的木制营房式建筑。这里发现了一块第二奥古斯塔军团的瓦片，因此也不能排除这里与军队有关系。该建筑群是在一座本土圈占地圆屋农场的基础上建立的，公元 2—4 世纪一直在使用。

虽然罗马道路网络系统中罗马不列颠类型的核心聚落非常少，但埃克塞特和霍尼顿之间的波默罗伊森林中很可能有令人意想不到的遗址存在。波默罗伊森林聚落沿着罗马时期的道路东西向延伸了约 700 米。在公元 2—3 世纪，这一聚落主要是由木结构圆屋和四柱粮仓组成的，内部还划定了边界。有迹象表明公元 3 世纪晚期这里的圆屋被废弃了，聚落性质也发生了变化。埃克塞特西部出土了一些证据，表明布里巴顿的罗马堡垒附近曾有某种封闭聚落（布里巴顿可能就是宗教献祭地区）。托普瑟姆还有另外一个小型城镇，也是在军事聚落的基础上发展而成的。

非乡村别墅聚落一般通过航空摄影来考察。这种聚落通常是铁器时代晚期和罗马不列颠时期的形态——在有限的数据中完全可以得到这种结论（例如海耶斯农场）。这些由沟渠划定的圈占地大多都很小（小于 1 公顷），直线和曲线的都有。南德文郡的长方形圈占地似乎比其他地方更多，在斯托克加布里埃尔发掘的长方形圈占地就是一个典型的例子。这块圈占地内有一座椭圆形的石质地基房屋，在公元 1—4 世纪一直被使用。虽然这些乡村的内部建筑保存状况往往不太好，但各种建筑类型，从圆屋到椭圆形房屋到小型乡村别墅，在这里都能看到。

康沃尔和德文郡西部

那么不列颠岛的西南部其他部分又如何？从很多层面上看，德文郡西部和康沃尔都是一块与不列颠西部隔绝的土地。距离是一个重要因素——兰兹角到伦敦的距离和伦敦到苏格兰边境的距离一样远。德文郡和康沃尔的景观以荒地为主，最引人注目的是达特穆尔和博德明的大片花岗岩和埃克斯穆尔的砂岩高地。另一个影响地质的重要因素是植物茎杆，这是德文郡北部和西部以及康沃尔东北部大部分地区重黏土的成因之一。深入陆地的潮汐河阻碍了陆上交通。塔玛河及其流向普利茅斯湾的各支流、卡里克港口区域的法尔河与其他河流的支流是流向南方的重要河流系统。这片区域北部的主要河流则是塔乌河和托里奇河、阿伦和卡默尔河。在这些河口修建起现代桥梁之前，这片区域的主要道路沿着中心的分水岭向下分布。这里水路交通的潜力更大，普利茅斯湾、法尔河口等地都有大型天然避风港。

托勒密曾将利泽德半岛称为“杜姆诺尼海角，或奥克里诺姆海角”(*Dumnonium sive Ocrinum Promontorium*)，在此基础上现代人认为康沃尔人是杜姆诺尼人的一支。但托勒密却没有记录达特穆尔南部同样重要的岬角，这表明他将这两地混为一谈了。如果奥克里诺姆海角是指利泽德半岛，那么杜姆诺尼海角可能就是德文郡南部的索尔科姆海角，通往以埃克斯河谷为主的杜姆诺尼人领地的西部。这种解释与德文郡和康沃尔铁器时代晚期陶瓷风格的明显差异相吻合，普利茅斯以东很少发现来自康沃尔的器具，东德文郡则有很多西南部传统装饰的器具。康沃尔陶瓷器具的传统一直延续到了罗马时期，用来自利泽德半岛的独特黏土生产所谓的辉长岩器具。

因为康沃尔缺少人力或其他资源来发展常规的行省基础设施，因此在关于罗马不列颠的书籍上经常被忽略。然而该地区并非没有自然资源等优势：这里的矿产储量颇丰，锡最多，还有铜、铅，甚至黄金，并在不同的历史阶段吸引了很多投机者和大量采矿群体。

这些丰富的矿产显然是帝国将康沃尔留作自己开发的原因之一。海洋则是另一个可能的重要因素，不仅因为鱼类的其他海产品，还包括与欧洲大陆通商的可能性。普利茅斯湾巴滕山史前时代晚期的海港是一处重要的地点，可能就是名为依克提斯的潮汐岛，该岛是早期贸易的重要港口。康沃尔与布列塔尼的阿莫里克人也有紧密而长久的联系。在罗马占领时期，康沃尔半岛周围的海上航线在不列颠西海岸的海上交通中扮演着重要角色。为了避开兰兹角附近狭长而危险的海域，当时也有一些陆路通往布里斯托尔海峡的港口。

在铁器时代晚期，这里也并非一片空旷的荒地。康沃尔和西德文郡曾分散着一些被称为环形堡垒的设防聚落，还有河岸和沟渠划界的大型椭圆形聚落和圆屋。目前已知的此类聚落约有 1 500 个，面积大多低于 2 公顷，平均密度大约是 2.2 个 /4.5 平方公里。已发掘的很多遗址形成于铁器时代晚期，并一直延续到了罗马时期，也有一些是罗马时期才建造的。这些聚落无论是建筑还是物质文化发展水平程度都不高。整体看来，这些聚落的社会层次结构没有不列颠东南部那么分明，主要围绕地位大致相同的家庭单位来构建。

“峭壁古堡”也是一种聚落类型：这种聚落一般是小山堡的形式，坐落在可防御的海岬上，面积一般不大于 2 公顷。德文郡和康沃尔仅有 7 处山堡超过 6 公顷，其中至少有 1 处在铁器时代晚期和罗马时期使用状态仍然非常活跃。卡恩布雷亚是围绕一处新石器时代聚落发展起来的，铁器时代建造的墙壁把这块 15 公顷的土地划分成很多圈占地。卡恩布雷亚发掘出 17 块大约生产于公元前 50 年的高卢金币，表明这里在铁器时代晚期可能也是权力中心之一。对于其角色和功能我们只能猜测，但该遗址位于卡姆伯恩附近的一片主要矿区，这也能为我们带来一些线索。

环形堡垒一般都位于肥沃的土地上，彭威斯半岛和利泽德地区有很多农作制度的痕迹，环形堡垒也非常多。手推石磨和镰刀的发现也暗示了当地混合经济中农业的重要地位。圣奥斯特尔附近的特雷瑟尔吉是发掘程度最高的环形堡垒。这里面积约为 0.2 公顷的圈占地中心部分铺满了鹅卵石，周边密集分布着建筑物。此地可确定的主要使用阶段共有 9 个，大概在公元 2 世纪中叶—6 世纪。这里和其他许多环形堡垒遗址的主要房屋都是椭圆形的厚墙单房间建筑。特雷瑟尔吉的一些房屋内发现了火炉的痕迹，两栋建筑物的内侧还有用布隔开的区域。此类房屋中较大的占地为 80—140 平方米，旨在减少房屋中间部分的压力，使得内部空间最大化的设计在这些聚落中也很常见——在特雷瑟尔吉这样的遗址中有 20—50 处。尽管这些遗址的物质文化都不怎么发达（特雷瑟尔吉出土的陶器绝大多数是当地的辉长岩器具），但偶尔发现的钱币、萨摩斯陶器、双耳瓶、黑色抛光器皿、罗马玻璃盆，都能表明商业活动的存在。这些也反映了经济活动的不活跃、不规范。另一方面，冶铁活动的痕迹和一枚锡锭的发现都能证明金属资源开采在当地经济中的作用。

所谓的庭院住宅是一种重要的开放式聚落。这是一种石头建造的椭圆形建筑群，有铺设好的庭院，围绕庭院的厚石墙中分布着不规则的小型房间。奇索斯特和卡恩尤尼是两个较为典型的遗址，这里布满了庭院住宅。在这两处还有另一种独特的建筑，即地下走廊 / 地下室。此类建筑在康沃尔最西南的地区很少见，但在南端的布列塔尼岛、爱尔兰、苏格兰有很多类似建筑分布。戈德赫灵和朴茨梅尔是两处环形堡垒内建有庭院房屋的遗址，与这一类别有些许重合。

这类聚落最典型的标志就是介于个人住宅和大型核心聚落之间的中型规模，表明这里缺少等级和社会差异。这些建筑由大家庭或小部落使用。相对较小规模遗址的数量很多，表明当地有很多分散居住的人口。如果我们将一个环形堡垒内的最低人口设定为20人，假定康沃尔同时存在的环形堡垒为1 500个，那么这里的人口最多约3万人。总体而言，康沃尔半岛乡村地区物质相对贫乏，缺乏与行省文化和经济主流的融合，这里的遗址在几百年来也一直保持着稳定。

罗马帝国是如何控制康沃尔和西德文郡的，这方面的考古记录还是空白。考虑到彭威斯、凯里尔、布莱克摩尔，以及博德明、圣奥斯特尔、彭赞斯之间丰富的花岗岩储量，罗马帝国在这里的经济活动应该是不会随着公元1世纪的撤军而停止的。法尔潮汐河口和普利茅斯湾是不列颠最好的两个自然港湾，但前者从来没有发现过罗马港口聚落，后者在罗马时期的活动也模糊不清。在普利茅斯境内发现了约60枚钱币，其中有8处钱币囤积，这些发现地点主要在普利茅斯中央（北部）部分、东部海岬，覆盖了一大片俯视着普利茅斯海湾的地区。这些钱币的年代跨越了公元1—4世纪。其他不同寻常的考古发现包括了一尊青铜雕像和一座小半身雕像，面向巴滕山半岛的萨顿水塘（Sutton Pool）出土了一些包括罗马瓦片在内的建筑材料。塔玛河和塔维河河岸上也发现了罗马时期的建筑材料。这些发现综合起来就是惊人的证据，说明普利茅斯湾周边在罗马不列颠时期有很多聚落。很明显，罗马不列颠时期的聚落已经远远超出了铁器时代普利茅斯湾东部巴滕山港口的范围。从普利茅斯湾东部和北部港口的位置来看，它们可能与罗马时期达特穆尔侧面的矿业活动有关。

目前并没有足够的材料来确认康沃尔的法尔河口有大型港口，但西南部一个大型矿区很可能也有一两处停泊点。直到近代，法尔河口的河流都可以通航，河流上游也有一些停泊处。卡尔沃萨的特鲁罗东部有一处面积约为 2.3 公顷的大型类长方形圈占地，此处遗址有很多弗拉维时期之前的精美器具、玻璃、铜质搭扣，而且是接近法尔河的众多聚落之一。卡尔沃萨有很多原住民聚落，极易使人联想到这一时期的罗马军事聚落，这意味着附近可能存在尚未发现的堡垒或港口。

康沃尔目前发现的只有两个距离较近的乡村别墅，分别是位于圣艾夫斯湾矿区的马戈尔和罗斯沃恩。考古显示马戈尔有着悠久的历史，在公元 2 世纪中期就在一块铁器时代晚期的圈占地内建立了乡村别墅式的建筑。罗斯沃恩则是研究者们通过棋盘格路面的碎片发现的，这意味着当时这里可能存在过一座巨大的砖石建筑，但也有可能是一座以矿业为主的乡村别墅的浴室。这些遗址的重要性尚不明了——它们肯定不是常见的乡村别墅类型——将其定义为矿业或冶金活动建筑似乎更为合适。我们只能推测这些建筑可能是负责监管矿物开采的罗马官员的住所，或者活跃于康沃尔矿区私人承包商 / 租户 / 不列颠原住民的住所。这些遗址的建筑特征告诉我们，这里的景观殖民色彩较重，而在康沃尔发现的 5 块公元 3 世纪罗马界碑也印证了这一点（这些石头可能是用来标记帝国矿区边境的）。

假设这块西部地区一直处于杜姆诺尼人的控制之下，那么康沃尔和埃克斯河谷之间的差异就变得非常引人注意了，康沃尔错失了矿物开采和贸易发展的机会也同样令人好奇。康沃尔原住民遗址中的聚落缺乏变化发展，物质文化相对贫乏，这实际上是不列颠军事区域的典型特征。对现有考古证据进行合理解读，我们可以确定：杜姆诺尼人的领土被罗马帝国限制在了德文郡东部，并以埃克斯河谷为中心，半岛西南部的土地性质则不一样——可能是公田或皇家财产。实际上，考古人员在埃克斯穆尔早期堡垒遗址附近发现了罗马时期大规模铁矿开采和冶炼的痕迹，这表明德文郡北部并不在杜姆诺尼人的有效掌控之下。康沃尔的人们当时可能被称为科尔诺维人，但他们自己显然无法发展出独立的城镇。

锡利群岛位于不列颠群岛最西南端，属于不列颠的极端情况。更复杂的是锡利群岛一直在向大西洋底滑动，罗马时期这里是一个更大的主岛（古苏利纳或锡利纳），而今则变成了许多独立的岛屿。群岛和附近的浅滩是水手们望而生畏的危险地带，但当时这里与大陆有定期联系。这些岛屿在地理上的孤立并没有让其脱离罗马的掌控，古代记录中罗马帝国将政治或宗教不安定分子放逐到了这里。

威尔士边区

威尔士边区与塞文河谷下游完全不同。什罗普郡平原上的乡村别墅不超过 10 处，规模都较小，结构简单。在塞文河谷上游和罗克斯特内陆地区的航空摄影调查（主要集中在科尔诺维的异邦城镇）已经发现了一部分乡村聚落。尽管如此，由于罗马时期乡村聚落的陶瓷物质文化有一定的区域性特征，所以这里铁器时代晚期和罗马时期的聚落仍然很难详尽描述。边区乡村地区陶瓷的缺乏与罗克斯特陶瓷的丰富形成了对比。乡村别墅出土的陶瓷较少，罗克斯特附近的惠特利格兰奇的一座别墅在被多次发掘后也只产出了不到 70 片陶瓷残片。一些核心聚落的物质文化非常丰富，如梅奥勒布雷斯（罗克斯特以西约 6 公里），但这里的双耳瓶和罐子在小型乡村聚落没有被发现，这一现象说明这里不太可能是区域性市场。

该地区的典型聚落是分散的圈占地农庄，尽管罗克斯特附近的长方形圈占地和稍远区域的曲线圈占地也很常见。这两种类型的聚落似乎都是从铁器时代开始出现的，并延续到了罗马时期。沙普斯通斯山有一块不规则的长方形圈占地，中央有一座圆屋，后来被一个简单的长方形木结构建筑所取代。在一些遗址中，我们只能猜测从前罗马时期的圈占地到乡村别墅的发展过程。阿什福德卡博内尔的遗迹就是如此，那里有一片围墙建筑群，围绕着一个小型有翼走廊房屋和一座带通道的大厅，其下是一块大型类长方形圈占地，大约是铁器时代或罗马不列颠早期的产物。

恩格尔顿和阿什福德卡博内尔的乡村别墅都是规模适中的有翼走廊建筑，阿克顿斯科特有一座带通道的大厅，一端有一间浴室，而利亚克罗斯（Lea Cross）也可能有一座。惠特利格兰奇、利亚克罗斯、亚切斯特的乡村地区都出土了马赛克。这些地区的石质建筑可能根本不是传统的乡村别墅，而是采矿活动的指挥中心（林利地区就是如此）。这里出土的铅锭和山上的直线沟渠都能证明这一点。

罗克斯特附近的邓科特农场有很多变革的证据，那里铁器时代不规则的土地划分制度在公元2世纪早期被规则的长方形土地划分所取代。边界沟渠后来被填埋，并在罗马不列颠晚期被一片大型工业圈占地所覆盖，证据表明，当地乡村地产边界的设立经历了多次巨大变化，其中第一次划分确立了该城镇的基础。这种地域界限的巨大变化似乎多发生在城镇附近。

这片地区的另一个复杂因素是与罗马军方和其他国家机构的长久关系。威尔士边区的矿产价值高，其开采也并不都只为城镇利益服务。当时可能有获取官方允许的开发者在林利开采铅矿，在拉纳马内赫开采铜矿；而科尔诺维人的领地则没有这些人的活动。柴郡平原的核心聚落也是如此（例如诺斯威奇、米德威奇、惠特彻奇的聚落）。这里曾是工业中心，无论是作为以切斯特为基础的军队预留土地，还是小型军事聚落，这些聚落都与城镇核心区域有着一定程度的区别。

威尔士

威尔士的景观与康沃尔的一样，虽然没有发展混合农业和其他经济开发模式的潜力，但与英格兰东南部的景观相比却显得更加具有挑战性。威尔士中心地区以山地丘陵为主，但其中富含矿藏。低地则位于威尔士南部、西部、北部山地靠海边缘，以及威尔士边区的边缘。在威尔士南部和西部沿海平原，从彭布罗克到怀河都有优质耕种土壤，北威尔士沿海也有一些。安格尔西岛长久以来都是北威尔士重要的耕地。从山上发源的河流将狭窄的沿海平原割裂，并使高地边缘的交通变得困难。

威尔士西南部有很多小型带防御聚落，其中大部分有很多圈占地。康沃尔环形堡垒这样简单的圈占地在威尔士被称作拉斯（raths），威尔士境内近600个山堡中有230个面积小于0.4公顷，德梅泰人的领地中占了大多数。威尔士兰环形堡垒是一个最著名的例子，这是一片椭圆形的圈占地，有1条沟渠和1座堡垒，并有2个入口。该聚落内部结构最初比较密集，包括了至少6个木结构圆屋和许多四柱粮仓。威尔士兰环形堡垒能储存大量粮食，这表明当地铁器时代晚期实施的混合农业制度。罗马帝国在征服后遗弃了这座堡垒，在公元3世纪时才重新启用，修起了一座石头地基的长方形建筑和圆屋，这里还发现了罗马陶器。在这里，罗马占领时期的景象远不如铁器时代后期的景象有趣。

达费德郡的一些遗址展现了封闭聚落到罗马式农场的过渡，以铁器时代传统的圈占地聚落为始，建立起了后来被称为乡村别墅的长方形石质建筑。最明显的两个例子是卡马森附近的斯姆布莱恩（Cwmbrywn）和特瑞丽斯（Trelissey），这里的建筑都是用砂浆和石头砌筑的。虽然这两地的建筑都是简单的排屋，但前者包括了一个小浴室，后者则有一个能加热的坑屋。斯姆布莱恩同样也是发现罗马不列颠式“玉米烘干设备”最西端的地区。罗马人在这里从公元 2 世纪中叶一直占据到公元 4 世纪。在复杂性和装饰程度上，这些建筑算是不列颠乡村别墅遗址中最简朴的一类，而威尔士其他地方类似的建筑却很少。坐落于特依瓦河谷上端附近的里斯布莱肯（Llys Brychan）是一个值得注意的例外。此处聚落很显然是公元 3 世纪之后建立的，虽然只进行了部分发掘，但这里的石头建筑带有彩色石膏、棋盘格地板、两个带有热坑的房间和瓦屋顶（稍后用大石板取代）。考虑到其独特的内陆位置，这应该是非典型的现象。

除了山堡和环形堡垒，这里还有海岬堡垒和众多圈占地聚落。当时也有开放式的聚落，但数量很少。伍德赛德、丹科尔德（Dan y Coed）、潘科尔德（Pen y Coed）附近都有更为复杂的带城墙防御带（环形堡垒），这里的聚落使人联想到铁器时代韦塞克斯一种形似班卓琴的聚落，很可能做仓库之用。这些遗址多集中于铁器时代晚期，人们也没有重视丹科尔德的防御，这里在被征服时期很可能被遗弃了一段时间。尽管如此，这里在公元 1 世纪晚期又被重新使用，建筑形式由木结构圆屋转变成了简单的长方形建筑。以上聚落在公元 2 世纪都衰落了。

科伊甘营地是一处已发掘的海岬堡垒遗址。该聚落形成于铁器时代中期，但在罗马时期仍在使用（在公元 1 世纪有所中断）。通过考古发现的经济方面记录显示这里是一个专门的畜牧营地。这里发掘出的文物数量和范围在此类聚落中很少见，罗马统治晚期的公元 3 世纪，这里还出现了伪造钱币行为。

威尔士主要聚落类型是较小、较简单的圈占地聚落，形状有椭圆形、圆形、类长方形等。聚落内的建筑通常是圆屋，最大的聚落中也包含了一些别的建筑物。卡斯特尔亨利斯是铁器时代晚期较为发达的聚落，在被罗马征服后遭到遗弃。这座聚落的防御工事之外又建立起了一座较小的、不设防的农庄。

虽然罗马征服前后威尔士的聚落类型都很相似，但综合现有证据可以发现其中存在一些变化。许多已发掘遗址出现了使用时期中断的现象，并且在稍后又被重新使用。公元 1 世纪中后期是一个分界点，此时的聚落逐渐忽视了防御功能，有的聚落也迁移到了不易防御或更为开放的区域。公元 2 世纪还出现了一些聚落不稳定和被遗弃的现象。威尔士地区目前的聚落数据并没有充分考虑到公元 4 世纪及之后的爱尔兰移民的影响。

卡马森在罗马时期聚落规模较小，其最大的乡村聚落仍然比较贫困，这显示了卡马森当时土地面积有限。考古学认为卡马森北部和东北部的多山区域不同于达费德的其他地区，那里的特依瓦河谷和泰非河谷的聚落分布较为稀疏。罗马人试图通过军事部署控制这些河谷的中上游，并开发山脉中的矿产。因此这块土地很可能不属于帝国分配给德梅泰人的领土。多莱克西金矿附近广布的平民聚落数量超过了公元 2 世纪早期罗马帝国撤离的驻军数量，人们在这里的活动一直持续到了公元 4 世纪。财务官或承包商从帝国手中承包了这片土地及其基础设施，并在此监督。

格拉摩根郡和格温特郡的志留人顽强地阻挠了罗马人的脚步，公元 1 世纪在任的总督斯卡普拉被志留人反复的攻击所激怒，据说他下令剿灭了这一部落。但志留人仍然生活在以卡尔文特为中心的城镇一带显然驳斥了这一说法，卡尔文特是罗马不列颠最小的城镇之一，受到卡利恩一个军团基地的监督。这片区域的发展说明当地民族在与罗马方面谈判后开始向民政转变时的条件非常差，远低于其他城镇化程度更高的罗马不列颠地区。

这片区域包括高尔半岛、格拉摩根河谷，以及蒙茅斯郡的低洼地区，被尼思河、塔夫河、乌斯克河、怀河分割，可以说是威尔士优质土地最密集的一片地区。考古证据指出志留人的腹地聚落较为稳定，实行混合农业经济，因此罗马人将他们称为志留人（即来自山区的野人）就很值得玩味了。这里罗马时期的聚落分布模式长期受到卡利恩的第二奥古斯塔军团、卡尔文特的城镇，以及一些小城镇或驻防聚落（如阿伯加文尼、乌斯克、蒙茅斯、卡迪夫、考布里奇）的影响。这些聚落可能会因为其地理位置而对乡村聚落、乡村经济产生一定影响。这片区域聚落等级与达费德类似（但很明显也有更高级的聚落）：山堡和海岬堡垒，简单的椭圆形、长方形圈占地聚落（面积一般不超过 0.5 公顷）。其中一些圈占地发展成了罗马式的农场或乡村别墅。

这里的社会、经济发展也有类似于民用区域的“正常”模式，尤其是愈发清晰和鲜明的乡村地区罗马式建筑。现在已经有 10 个确定的和 5 个可能的乡村别墅，大多数位于海岸几公里的范围内。惠顿是罗马统治时期仍在活跃的带防御聚落的一个典型，并随时间推移形成了一座乡村别墅。公元 1 世纪早期的圆屋被一系列始于 2 世纪的长方形石质建筑所取代，这些新的建筑有的使用了瓦片或彭南特砂岩石板做房顶。其中一座建筑包含了一个简单的热坑，另一座则有一个阳台，而且可能是一座两层建筑。这只是格拉摩根由原先长方形圈占地发展为乡村别墅的聚落中的一个（还有兰道，兰特威特梅杰也很有可能）。卡迪夫附近的伊利乡村别墅是一座大型的L形建筑群，包含了洗浴套房、矮柱廊、马赛克、棋盘格路面以及瓦屋顶。这座建筑在公元2世纪末到公元4世纪初一直都在使用。调查称毕格里斯（莫尔顿）和丹格雷戈（Dan y Graig）曾修建过带走廊的房屋。格拉摩根最大、最精致的别墅位于兰特威特梅杰（卡尔米德）。从公元2世纪晚期开始，这一建筑群规模越来越大，也越来越复杂。在其鼎盛的公元4世纪，包含了围绕两座庭院分布的建筑群，占地面积近1公顷；这里令人惊讶的特点还包括餐厅、马赛克、浴室和一座大型带通道大厅。这一建筑群在南威尔士的乡村别墅中脱颖而出。另一个例外则是布雷肯山上乌斯克河源头附近梅斯德文一座尚未完全发掘的乡村别墅。这座建筑只有浴室是可以确定的，但其马赛克装饰的数量和质量都表明这种建筑在该区域绝非一般。

针对这两个富裕的遗址，人们都有特别的解释，但这不应该影响我们对其他遗址的认识。格拉摩根和格温特典型的乡村别墅都是中小型的，装饰适度，但也有一些配有小型浴室、马赛克，或者棋盘格地板。总体看来，这些乡村别墅一般距离首府卡尔文特较远。靠近城镇的乡村别墅只有3座，绝大多数位于南格拉摩根的卡迪夫之外。克罗斯卡恩艾力恩是靠近卡利恩的一个例外，而奥伊斯特茅斯则是高尔河西部地区的一处例外。

铁器时代晚期的一些长方形圈占地展现了乡村别墅发展的另一条轨迹。麦尼德巴肯（Mynydd Bychan）是一处铁器时代的聚落，原先建有圆屋，后来为石质建筑所取代，反映出传统建筑的一种形式简单的更新迭代。另外还有许多圈占地圆屋聚落，在罗马占领晚期仍然被使用着，比如卡尔迪科特和桑维尔农场。

罗马时期的另一个重大变化是开垦格温特地区大面积的沿海湿地。最近的调查证实这里在罗马时期曾有改良湿地活动和广泛施行的土地制度。戈德克里夫的一处铭文记录了一支军团分遣队修建了名叫“33 罗马尺”的工程（从位置来看必然与沿海排水工程有关）——这是军队参与此类工程的最明显证据。虽然这里的聚落能轻易地接触到罗马文化，但这里建筑一般还是木结构的。目前我们还不能断定这些牧场上的居民是当地人还是外来者。开垦活动主要发生在公元 2—3 世纪，公元 4 世纪中期之后的证据就非常少见了。

影响聚落模式的另一个要素是军团基地，包括其附近的驻防聚落（*canabae*）和其他堡垒附近或沿着大路新建或发展而来的核心聚落。布尔穆尔是一处重要且特殊的遗址，是一座位于卡利恩要塞以东 2.5 公里的直线形聚落。这个“郊区”主要由垂直于地面的条形石头建筑组成，最早的建筑上有带着军团标记的瓦片，表明了罗马帝国在这座聚落建造中发挥了作用。有人认为布尔穆尔可能是帝国安置退伍军人的地方。罗马人会在志留人的土地上划分出大块土地（预留地）供军队使用，附近退伍军人的聚落则需要更多的土地。军团或退伍军人控制的面积有可能一直延伸到了乌斯克河谷，甚至包括乌斯克河，一直延伸到戈德克里夫的海边、布尔穆尔的东部、德恩森河和利斯卡附近的罗马铅矿 / 银矿开采点及聚落。这些土地最终包含了 200 多平方公里的优质农田和从志留人手中掠夺而来的资源。但这一现象也使我们对志留人是否曾活跃在南格拉摩根农田产生了疑问，因为军团预留地将这些农田与卡尔文特的城镇在地理上割裂开了。从这个角度来看，到底是南格拉摩根被罗马人归还给了志留人，还是退伍军人或其他军事社群推动了这一地区乡村别墅的发展呢？综合考虑，罗马帝国分配给志留人的土地很可能仅限于格温特的部分地区。

得西安格利人（*Deceangli/Decangi*）占据了迪河到克卢伊达郡康威的土地，以迪河河谷上游为其南端界限。在这片土地核心区域的克卢伊达郡中有丰富的铅矿和银矿。罗马征服前，得西安格利人的土地可能向东延伸到了柴郡平原北部和威勒尔半岛（该半岛上的米沃斯是铁器时代和罗马占领早期重要的港口）。他们的土地在征服初期有军队驻守，切斯特的军团堡垒不是建在得西安格利人的土地上，就是科尔诺维人的土地上。得西安格利人似乎没有自己的城镇，该区域也似乎一直处在罗马军事监督之下。

由于这里许多遗址很难考察，乡村聚落陶瓷制品的特点复杂，因此很难确定这里聚落的历史。但我们能大概看出，这里大多是迪河和克卢伊达河谷内测和沿海地带的低地圈占地聚落。这些聚落大多是带有单层防护土墙的小型聚落；罗马时期留存的痕迹很少见。迪诺本一座 2.5 公顷的山堡在公元 1 世纪被弃用，但在公元 3 世纪又被重新使用，当时很可能是一座神庙或宗教中心。

切斯特的驻军聚落规模距离大型城镇很近，切斯特南部郊区的赫龙布里奇也有一个聚落——使人联想到卡利恩的布尔穆尔。霍尔特的一座陶器和瓦片生产中心也处于罗马军队的控制之下，表明军事控制领域朝这一方向延伸了至少 12 公里。雷克瑟姆附近的普拉斯克赫有一处面积超过 10 公顷的聚落，内有石质建筑、水井、玉米烘干设备，很可能与军团驻地及军团补给基地有某种联系。其他带有罗马风格建筑的大型聚落包括驻军聚落（例如普雷斯塔廷、里辛，里兹兰也很有可能），以及与矿产开采有关的工业聚落（例如普雷斯塔廷、弗林特、弗里斯）。得西安格利人很可能作为劳动力顺利融入了采矿和冶金活动中，在西班牙西北部也有同样的现象。弗林特的聚落（公元 1 世纪晚期至 3 世纪中期）包括了一座石头建造的办公建筑群（由一座木结构建筑发展而来），以及石头和木结构的条形建筑。发现的带有第二十军团标记的瓦片表明了该聚落受官方控制，这里的大型建筑应该是罗马矿业官员的总部。普雷斯塔廷的聚落只挖掘了一小部分，但已经发现了有第二十军团标记的瓦片、1 座浴室、1 座手工作坊。弗里斯同样发掘出了军团瓦片、浴室，以及其他木结构和石头建筑。普雷斯塔廷和弗里斯的主要活跃时期都在公元 1 世纪晚期和公元 2 世纪，之后的活动则很有限。这三个环绕着富含铅矿的克卢伊达山脉的聚落可以让我们了解罗马人在征服后是如何开发一片富含矿产和经济潜力的土地的。该地区发现的生产于公元 1 世纪的铅锭上标记着“得西安格利”字样，指明了罗马人铅和银的出处。因此罗马人的占领给得西安格利人带来更多的是消极影响，他们的土地大多处于军事控制或帝国管控之下。

奥陶维斯人是威尔士西北部的居民，按塔西佗的说法，阿古利可拉就是在奥陶维斯人的反叛之后才开始攻击安格尔西岛的。另一方面，关于公元初世纪 40 年代战役的资料中也提及了这些人，这表明他们的属地更接近威尔士边区及南威尔士志留人的土地。因此人们普遍认为奥陶维斯人控制了安格尔西岛和塞文河谷上游之间的土地。斯诺登尼亚山北部有很多高地遗址，因此考古人员在此进行了细致的研究。这些遗址大部分位于与梅奈海峡大致平行的西北山脊高地上，高度在 150—250 米。这些遗迹几乎没有受到罗马人的影响，让我们能更好地了解聚落风格及其生活方式。通过对安格尔西岛和阿尔丰地区低洼地区的适当评估，我们同样可以看出奥陶维斯人不只是山区中的牧民，他们也在可耕地上建立了很多圈占地聚落。

高地聚落有很多是大型山堡，例如加恩博德安、康威山、特来西里（Tre'r Ceiri），其中特来西里在被征服时仍处在使用阶段，并在其后的几百年保持活跃。高地地区常见的聚落类型还包括椭圆形、线形、多边形的分散圈占地聚落。当地也有开放的圆屋聚落，其中一些实行小规模的土地划分。铁器时代典型住宅是圆形石质建筑，这一传统也延续到了罗马时期，并在周围添加了一些直线形式的建筑。最近的研究表明这里还曾有黏土墙壁的木结构圆屋，有些位于开放的聚落，旁边还修建有石质地基的建筑。

安格尔西岛和阿尔丰地区的低地聚落形态则较为特殊，其中一类聚落的长方形圈占地以土垒作为边界。安格尔西岛目前发现的此类聚落共有 10 例，考古发掘证明，布林厄尔的一处木质圆屋聚落从公元前 500 年左右一直延续到了罗马时期。其他遗址也发现了长方形建筑，比如鲁德盖尔和卡尔勒布。随着考古人员对肥沃土地上聚落的深入研究，我们需要重新估量自己对于高地部落物质贫乏、高度分散、社会孤立的印象。布林厄尔和布什农场都发现了低地的圆屋聚落，伴有许多罗马陶器和商品。例如布林厄尔发掘出的 600 块罗马陶片，就至少来自 100 个陶器，布什农场发现的 400 块陶片则至少可组成 76 个陶器。同样地，安格尔西岛的丁里格威是一座多边形的圈占地聚落，包含了优质砖石结构建筑和圆屋，并且与高地聚落相比有着更多的罗马陶器和钱币。这座聚落靠近帕瑞丝山的铜矿，因此可能才有很多罗马时期的物品。通过铜锭上的印记可以看出，罗马帝国雇用了承包商或租户在这里进行铜矿开采。与铜矿开采相关的聚落和行政中心还尚未发现。

考古人员认为斯诺登尼亚人烟稀少，但奥陶维斯人似乎在东南部也有分布。赛文河上游地区的密集聚落以及老奥斯沃斯特里、拉纳马内赫的大型山堡应该都属于奥陶维斯人。后者是不列颠最大的遗址之一，占地面积 57 公顷，中心部分有一处巨大的铜矿，这里在罗马时期曾有大规模的开采活动，但对于这些活动和相关的聚落遗址，我们几乎一无所知。

奥陶维斯人没有建设城镇或乡村别墅，与得西安格利人一样，他们领土内的财富聚集仅能从一两个特殊的原住民聚落中了解到。在公元 2 世纪后期，威尔士已知的 5 座辅助堡垒中有 3 座都在这个地区（卡纳芬、凯尔苏斯、福登盖尔）。这说明罗马人想尽办法榨取山脉矿产和安格尔西岛耕地的价值，满足帝国需求，也导致本地区原住民的相对贫穷。

英格兰北部

人们通常错误地认为布里甘特人占据了不列颠北部的广大地区，从奔宁山脉向两侧延伸，从柴郡北部和南约克郡绵延到泰恩河－索尔威湾。这很大程度上要归结于塔西佗将其描述为不列颠人口最多的部落，托勒密又特意指出布里甘特人的领土从海岸延伸到另一侧的海岸。鉴于这片土地的物理特征及其各个组成部分的多样化和割裂化，事实无疑没有那么简单。一般来说，奔宁山脉东西部有着巨大的差异，并形成了一条通向北海和爱尔兰海之间独立河流系统的高地分水岭。奔宁山脉两侧由南到北的聚落形态和物质文化也有巨大差异。如果布里甘特人真的统治了“海与海”之间的土地，那也很可能是联盟或者其他北方民族霸权控制的结果。从书面和铭文记录中都可以看到其他民族的名称：亨伯赛德北部的帕里西人、北约克郡海岸的加布兰托维斯人、兰开夏郡北部的塞坦提人、伊顿谷的卡尔维蒂人，以及可能活跃于泰恩河谷的特克托弗迪人。

英格兰北部铁器时代和罗马时期的聚落分布在地理上都很相似，密布于河谷地区和低洼地区，在奔宁山脉的高地、湖区、北约克沼泽则较为稀疏。罗马不列颠之前的重要城镇都分布在奔宁山脉东侧，罗马人征服之后也必然将布里甘特人的土地划分在了这一侧。该地区有许多山堡，这一点早已广为人知；虽然奔宁山脉以西的聚落更少——主要的遗址还是从南到北分布的，例如马姆托尔、英格尔伯勒、卡罗克瀑布，安南达尔的伯恩斯沃克则是北方较为特殊的一处遗址。

人们认为奔宁山脉东部、卡里克戴尔的阿尔蒙德伯里、埃尔梅特的巴里克、斯塔尼克的奥皮达都可能是布里甘特人的核心区域。但无论如何，该部落的心脏地带都应该位于约克谷和戴尔斯山谷较低的部分，位于阿尔蒙德伯里、巴里克、约克三地形成的三角形区域内，向北最远到斯塔尼克。斯塔尼克的大型遗址有精心设计的土木工事，使人联想到南方的奥皮达。托夫茨很可能有一个建筑群，通过这里发现的从前弗拉维时期进口的罗马精致商品可以看出，这里可能是一处皇家住所。弗拉维时期之后这里几乎没有什么活动迹象，表明这里已经被遗弃，不再是该民族的中心。

罗马人在伊苏利姆（Isurium）为布里甘特人规划了一个新的城镇，位于约克郡西北部的乌尔河上，在那里戴尔斯山谷延伸至乌斯河谷相对宽阔和肥沃的土地。罗马人是否将不列颠北部的其他民族也视作布里甘特人，还尚不明确。虽然约克郡东部帕里西人的大型城镇之前被视作一个小城镇，但他们后来很可能拥有了自己独立的城镇。约克和亨伯北部地区都有别墅式建筑的证据，但是数量较少(约 30 处可能的遗址)。几乎所有良田和混合农田都位于较大的低洼地区，少数位于丘陵或荒野地区边缘宽阔的山谷中。这类“乡村别墅”景观只在奔宁山脉东侧分布；西侧地区没有类似遗址，即使在卡尔维蒂人在公元 3 世纪建立了城镇的伊顿谷也没有。西侧最不同寻常的例子是奔宁山脉靠近斯基普顿的核心区域中的科克辛克，处于艾尔峡谷这条穿越奔宁山脉捷径的关键位置。该聚落是在一个原住民圈占地聚落的基础上形成的，原先的圆屋在公元 2 世纪被一座带有棋盘格地板、一间浴室、几个热坑的小型长方形建筑所取代。这个地点的特殊位置使得我们难以解释其成因，但无论它代表什么，都是本区域非典型的一种模式。奔宁山脉以西的地区在物质文化、畜牧业活动、经济方面与东部地区不同——这进一步说明存在“前罗马时期联邦”以及罗马时期布里甘特人的领土被大大削减的说法不太可靠。不列颠北部的大量驻军聚落也集中在奔宁山脉东侧，如埃德尔、唐卡斯特、卡斯特福德、牛顿基姆、马尔顿、皮尔斯布里奇和最著名的卡特里克。这些地点也限制了布里甘特人领土的面积。

奔宁山脉东部乡村别墅有一半都修建在帕里西人的土地上。这些乡村别墅以沃尔茨荒原为界，分为两组，第一组靠近亨伯河畔的布拉夫（这里可能曾是一座异邦城镇）。另一组则在皮克灵谷中。一些靠近布拉夫和马尔顿的乡村别墅有马赛克路面装饰（布兰廷汉姆、比德拉姆、哈珀姆、拉兹顿），在其他别墅也发现过棋盘格地板。这些别墅中有几座是在较早的原住民圈占地聚落基础上发展起来的（例如拉兹顿）。

在奥尔德伯勒北部地区，德尔大街附近乡村别墅和罗马式建筑很少。约克附近也有一些乡村别墅，目前确认的至少有达尔顿帕尔劳斯一处，这里的乡村别墅于公元 2 世纪在一座早先铁器时代建立的曲线形圈占地聚落的基础上建立起来，但其使用时期有间断。虽然这些乡村别墅中发现了小型浴室和马赛克，但一般都是中小型规模。我们不能武断地认为北部乡村别墅大部分都属于当地的布立吞人，尤其是因为约克也有城镇，而且马尔顿和约克长期的军事占领无疑也会产生很多退伍军人聚居区。约克的军团、平民区，以及稍后建立的殖民地肯定都位于乌斯河下游地区附近。约克城镇中的定居者或富裕的居民也当然可以拥有自己的别墅。因此尽管一些别墅必定属于布里甘特人和帕里西人的城镇精英，但他们绝不是乡村别墅唯一的所有者。

卡特里克之外也有一些偏远的别墅，特别是皮尔斯布里奇堡垒附近的霍尔姆豪斯，老杜伦也很有可能（当地只发现了一个洗浴套间）。霍尔姆豪斯的乡村别墅建立于公元 2 世纪，比大多数东北部的别墅要早。这里一座简陋的排屋里增加了一个小浴室和一个带有加热设备的餐厅。对这些遗址的解释尚不明确，但过去人们倾向于将其解释为军事聚落。然而新近在查普尔豪斯农场和采石场农场也发现了一些别墅，这表明蒂斯河谷在农业方面的潜力也可能是一个影响因素。

蒂斯河谷北部乡村聚落的分布较为分散，其中许多都是面积不大于 0.2 公顷的长方形圈占地，内有一些简单的圆屋。地势较低的聚落通常会修建沟渠和堤坝，而在多岩石的高地区域，只需要简单的墙壁或成堆的碎石有时就足够了。有迹象表明铁器时代晚期这里是一片应用农业新技术、耕地面积扩大的土地，种植了新的谷物，清理出新的土地，农业种植也逐渐延伸到了高地。植物学证据表明，许多遗址至少在公元前 500 年时已经种植了许多谷物，而且也发现了疑似在生产地和消费地之间运输谷物的证据。

诺森伯兰郡的聚落保存很好，是现在研究比较透彻的聚落之一。该郡的一端有一些很大的圈占地聚落，例如格里夫斯阿什就有 30 多个圆屋，外部还有一系列附属的圈占地，更常见的则是椭圆形或类长方形的圈占地，其内有 1—4 个圆屋，例如诺克山和肯内尔霍尔诺尔。这些遗址多数显示出了从铁器时代晚期到罗马不列颠时期的连续性，关于征服后出现变化的证据很少，罗马物质文化的影响也相对较小。

在艾尔河以南，奔宁山脉和特伦特河之间，有很多铁器时代晚期土地划分痕迹和相关遗址证据，但乡村别墅和罗马式建筑物却很少。目前主要的例外是唐卡斯特南部的一些小规模遗址。一般来说，土地划分制度（其中一部分非常规律）以及简单的圈占地聚落类型（例如邓斯顿的克拉普）都很好地延续到了罗马时期。罗马征服之后，这片地区聚落的特点与约克谷和特伦特河谷的聚落特点截然不同。

奔宁山脉西部地区的聚落以小型圈占地为主，但与东侧的长方形聚落相比，其形态的弧形特征更为明显。默西谷和柴郡北部的聚落模式目前还不清楚，因为这里现代都市较多，畜牧业传统悠久，铁器时代的陶瓷很多，很难判断其具体模式。里布尔山谷有一些聚落证据，但更北的半月山谷和伊顿谷已经发现了更加密集的聚落。再加上索尔威沿海平原，这些区域在人口数量方面脱颖而出。雷克兰山丘上有很多聚落，但密度比较低。索尔威附近的圈占地聚落起源似乎要晚于英格兰北部其他地区的聚落。而且这些聚落中已经发掘的部分（尤其是长方形圈占地聚落）似乎是在罗马时期建立的。西北部的大型聚落都是堡垒附近的长期驻军聚落，例如曼彻斯特、里布切斯特、兰开斯特、安布尔赛德、布鲁厄姆、卡莱尔。卡尔维蒂人的城镇在公元3世纪才建立起来，其民用区域位于伊顿谷内，面积可能非常小，而且没有任何乡村别墅。

罗马人在不列颠北部的军事占领持续了很久，大片区域甚至一直处于罗马帝国的军事管理之下。奥尔德伯勒、亨伯河畔的布拉夫、卡莱尔及其附近区域发展的相对滞后强烈表明罗马军方的持久干预或影响。本地公民向更大驻军聚落（科布里奇、卡特里克、皮尔斯布里奇等）迁徙的规模可能会随着时间的推移而增大，但不列颠本土人能否成为领导者，这一点还不确定。在城镇和乡村别墅发展较差的北方区域，聚落在物质文化层面一般都比较贫穷，也没有标志精英阶层的高级建筑。对不列颠北部的许多人来说，他们效忠的是以总督、财政官员、军事指挥官、地区行政官员为代表的国家。

苏格兰

铁器时代晚期（公元前200—78），苏格兰人的社会、经济组织发生了重大的变化（见表7、表15）。苏格兰大多数区域社会组织的特点是分散的小型聚落，这表明社会高度分裂成为家庭或部落等单位。但当时也有集体行动和权力集中的迹象——尤其在一些边界地区和森林的逐渐砍伐行为中有所体现。此外，经历了一段与不列颠南部和欧洲大陆隔绝的时期之后，各地区之间的艺术和物质文化也出现了一定程度的重新融合。

根据托勒密的说法，苏格兰低地的主要居民是沃塔迪尼人、塞尔戈瓦伊人、诺瓦泰人、杜姆诺尼人。另外，安南达尔的阿纳维昂内斯人也曾与罗马人打过交道。托勒密的叙说中没有提及这些人民是生活在集中的王国、部落、小酋长国，还是好战部落形成的松散临时联盟中。

苏格兰南部聚落有各种类型的圆屋，包括石头圆屋和木结构圆屋。与苏格兰北部地区相比，这片区域与驻军较久的英格兰北部更为相似。随着时间的推移，这些聚落的物质文化和精英建筑的发展都相对一般，而那些更北更西区域的社会分化现象则更为明显，这里有不同类型的精英建筑，即石屋和圆形石塔（在下一章会详细论述）。在哈德良长城的两侧似乎都有大面积的欠发达乡村聚落，在整个罗马占领时期都保持着相似的状况。

传统说法认为，沃塔迪尼人分布在哈德良长城到福斯河口洛锡安区之间的土地上，当然这一说法也需要一些小小的修正。这片区域有众多山堡和大型设防聚落，虽然现有证据说明其中很多早在铁器时代就已建立，但在公元 1 世纪被遗弃。在东洛锡安区的布罗克斯茅斯有一座荒废的山堡，还有一座在罗马入侵时期逐渐建立防御的开放式聚落。德里布恩布里奇的一处遗址起初是一个圆屋聚落，周围建有椭圆形的围栏，但后来演变成了有着环形沟渠的开放式聚落。到罗马征服时，该地区的聚落也更广泛地分化到了小型农庄中。

我们有理由认为沃塔迪尼人的核心区域与洛锡安区有很大的重合，并在 1—2 个大型地点集中了一片密集的聚落。特拉勃莱茵劳的山堡（占地 16 公顷）占据了爱丁堡东部沿海平原的耕地，并在整个罗马时期似乎有着重要地位，爱丁堡罗马时期由社会上层使用的城堡下发现了火山岩证据，这一地区后来成为罗马帝国附庸国戈多丁王国的首都（该部落显然是沃塔迪尼人的继承者）。

这片肥沃的农业区在罗马占领之前聚落非常密集，证据表明这里曾用共坑排列的方式来划分土地（埃斯克谷也是如此）。洛锡安区东部圈占地聚落的密集程度令人印象深刻（特拉勃莱茵劳附近每平方公里都有1个以上聚落）。一些传统铁器时代聚落位于椭圆形或圆形的圈占地内，但在特拉勃莱茵劳有一座独特的长方形圈占地，似乎是在罗马时期建成的，代表了罗马时期聚落形态的创新（与哈德良长城附近诺森伯兰和坎布里亚郡的聚落类似）。洛锡安区东部缺少密集的驻军聚落，特拉勃莱茵劳可以长期存在各类活动，被当作是沃塔迪尼人地位较为优越的结果，这种说法有一定道理。

人们通常认为塞尔戈瓦伊人领土的核心区域包含了博德斯地区的一部分，他们的首府则是特威德河谷上游艾尔顿山北侧面积为16公顷的山堡，但这一民族领土的具体位置实际上是与沃塔迪尼人领地南部边界密切相关的。问题在于，在托勒密权威的说法中，沃塔迪尼人的领地延伸到了博德斯地区的东海岸，穿过特威德河谷下游，并经过切维厄特山东部通向泰恩河谷。据此，现代地图通常将塞尔戈瓦伊人的土地定位在特威德河谷上游，靠近卡莱尔和克莱德之间的大路。尽管这种二维地图的展示非常明了，在考古学层面却是错误的。如果我们认为托勒密将东南边境地区的遗址划分到沃塔迪尼人名下的做法是严重的错误，那么将塞尔戈瓦伊人的领土向东经由特威德河谷扩张到海边，则是更合理的说法。如果这些土地属于“敌对的”塞尔戈瓦伊人，而非“友好的”沃塔迪尼人，那么特威德河谷下游的罗马行军营地和堡垒的存在也就不难理解了。

埃尔登山北部罗马时期活动的证据比较少，有迹象表明山堡的防御能力在罗马人到来之前就已经被忽视了。然而特威德河谷是古代农业和聚落分布的重要地点，而博德斯地区的大部分土地是崎岖的山区。纽斯特德（*Trimontium*，意为“三山之上”）的一个大型罗马基地表明这里是罗马控制的重地。托勒密将纽斯特德划归在塞尔戈瓦伊人的领土内，这是我们在特威德河谷及其支流中确认这一民族位置的最强有力证据。纽斯特德罗马堡垒附近的勘查工作中已经发现了原住民聚落的踪迹。这些大多是圈占地圆屋聚落，有的圆屋是木结构的，有的则有石质地基。椭圆形和类长方形形状的圈占地都有发现，但能确定其确切日期的证据现在还很少。

切维厄特山上有很多小型铁器时代晚期/罗马时期石质建筑聚落，通常在椭圆形或类长方形圈占地内修建石质圆屋；有时这些聚落以梯田的形式坐落在山坡上，被称作“洞型聚落”。这些高地的经济主要以畜牧业为主，但种植痕迹（人力工具留下的）和石堆标记表明农业也发挥了作用。此类聚落在特威德河南部支流源头附近密集分布，这些可能是塞尔戈瓦伊人聚落。而北泰恩河的源头、里兹代尔、库克特河附近高地的聚落也可能与某个特定群体有关。

人们一般认为诺瓦泰人是苏格兰西南部的民族，集中在威格顿和加洛韦的马尔岛地区（罗马时期的“诺瓦泰海岬”）。目前我们还不清楚诺瓦泰人的土地向东边的邓弗里斯和加洛韦延伸了多远。这两地都是聚落相当密集的区域，但特点各有不同，这里西部地区有很多石屋和岛屋（湖泊上的木结构建筑），东部地区则以安南达尔为中心，建立了很多多重围栏防御聚落和山堡。罗马人似乎更多地集中在后者这片区域内，显然这就是阿纳维昂内斯人的领土(从文多兰达石板上可以找到证据)，但托勒密却全然没有提及。这里的原住民聚落通常建立在圆形圈占地之内，通常有多层围栏，也有很多山堡。但这里土地划分制度的证据却不多。

在诺瓦泰人和阿纳维昂内斯人的领土北部，沃塔迪尼人和塞尔戈瓦伊人领土的西部就是杜姆诺尼人，我们可以确定他们就是克莱德斯戴尔民族。杜姆诺尼人大片核心区域被后来大格拉斯哥的扩张所掩盖。这里还发现了一些石屋，尤其是在克莱德河谷西侧的埃尔郡，但这里很少发现圆形石塔。另外还有一些地下通道，表明河谷内可能有更多开放聚落。

总的来说，罗马人对苏格兰低地实施军事占领的时间较短：在弗拉维时期持续了10—25年，哈德良时期的前哨堡垒也都建在城墙以北的大路上，安敦尼时期占领了25年，后来只建了一些前哨站，直到塞维鲁时期才重新启用，又建立了一些新的前哨站。粗略一看，罗马人对苏格兰聚落和社会的影响非常有限。这里的聚落类型与铁器时代晚期的几乎相同，罗马人对整体聚落动态影响的证据基本不存在。

与英格兰北部和威尔士相比，苏格兰的少数堡垒已经证明了驻军聚落的大规模发展。现在这些堡垒还仅限于一些安敦尼城墙周围的堡垒，福斯和博德斯地区的大型低地堡垒——克拉蒙德、因弗雷斯克、纽斯特德、伊斯特哈普鲁、卡斯尔戴克斯。随着驻军的撤离，驻军聚落也消失了，这表明这些聚落与当地人的关系不大，主要是为驻扎军队服务的。

苏格兰有超过200个原住民聚落中有罗马物质文化的痕迹，虽然其分布很普遍，但并不均匀（见图7和图15）。一些考古发现较为集中，这一现象某种程度上符合上文对苏格兰低地原住民核心区域的判定。例如博德斯地区东部就发现了很多罗马物品，特威德河谷和切维厄特山北部也是如此（正与我们假定的塞尔戈瓦伊人的心脏地带一致），还有一个集中点在洛锡安（沃塔迪尼人），以及邓弗里斯沿海地区和加洛韦地区（诺瓦泰人和阿纳维昂内斯人），埃尔郡和克莱德河谷（杜姆诺尼人）。另一方面，博德斯地区西部、邓弗里斯北部、加洛韦北部还有大片空白区域，这表明主要民族的核心区域之间有一定的距离。

因此在罗马的统治之下，不列颠不同地区的乡村历史有着巨大的差异。乡村别墅的形成在东南部非常重要（见图 17），但其分布在不同地域、不同年代。笔者倾向于景观中的重要区域，尤其是那些拥有非凡自然资源或起初抵制罗马统治的民族所在区域，是与那些规划给不列颠异邦城镇管理的土地区别开来的。不列颠西部和北部的情况更加严峻，罗马时期的社会经济停滞与原先铁器时代晚期的发展形成了鲜明对比，也凸显了罗马及其驻军对这些地区的严密控制。这些不同的景观最终为我们展现了不列颠作为帝国财产的最终地位。

第十四章

自由的不列颠尼亚：边境之外

有关罗马统治不列颠时期的书面资料记录了罗马帝国与未并入不列颠行省范围的地区之间颇具规模的交流，这种交流包括直接与间接两种形式。公元 4 世纪的一位作家欧特罗皮乌斯曾记录奥克尼群岛的一位国王在公元 43 年向克劳狄投降，这一说法往往被认为不太可信。但奥克尼群岛上也出土了一些不同寻常的罗马早期物品，表明我们不应完全排除这种说法的可能性。古代资料显示这些边缘社会是原始、堕落、一成不变的，但考古记录则显示出帝国与这些邻居之间的另一种关系，以及这些接触所带来的不同影响。

> 不列颠周围还有一些小岛，其中最大的是爱尔尼岛（爱尔兰）……关于这个岛屿我并不了解，但我知道这里的人民要比布立吞人更加野蛮，他们是贪婪的食人族。此外，他们认为吃掉自己父亲的尸体是光荣的事情，公开性交也是如此（其对象不局限于没有血缘关系的女性，也包括母亲、姐妹）。

斯特拉波《地理学》中的这段话不仅反映了古典世界对其西北边缘偏远地区的无知，也体现了地中海人民对“野蛮”邻居的偏见和刻板印象。斯特拉波是在奥古斯都统治时期写下这段文字的，那时罗马官方不愿与不列颠群岛发生直接接触。食人和多配偶制显然是没有可靠依据的，但这却是罗马人提及野蛮民族时的标准说法，描述了罗马人对堕落行为的极端想象——食用父辈的尸体，以及乱伦。本章我们将探讨罗马帝国与其北方、西方邻国之间的关系。罗马时期是这些地区变革最大的时期，而罗马帝国面临的社会转型将对后来不列颠的历史产生巨大影响。

苏格兰北部和西部

尽管罗马时期的文献中反复提及了“喀里多尼亚森林”，表明这是一处未清理、未开垦的地区，但如今我们知道苏格兰的森林在铁器时代晚期已经遭到了大幅砍伐。其剩余部分应该不可避免地会引起罗马人的注意，尤其在早些时候 3 个罗马军团在日耳曼条顿堡森林战役中被屠杀的前提下。但罗马人未能征服并占领不列颠最北端，并不能简单地归因于地形问题。这片地区其实在铁器时代晚期的经济、社会发展程度较高，因此我们也不能因为这片远北地区比较原始，就得出罗马人未曾涉足这里的结论。

福斯－克莱德运河以北的苏格兰人可以分为三类：高原地区东部至马里湾的苏格兰人、苏格兰最北端以及奥克尼群岛上的苏格兰人、大西洋海岸和西部岛屿上的苏格兰人（见图 7 和图 15）。根据托勒密的说法，苏格兰高地山丘以东生活着维尼科内人、瓦科马吉人、泰扎里人，这些民族聚居在法夫、佩思郡、安格斯和马里湾（泰赛德区和格兰坪）的混合农业地区。考古证据证明罗马时期

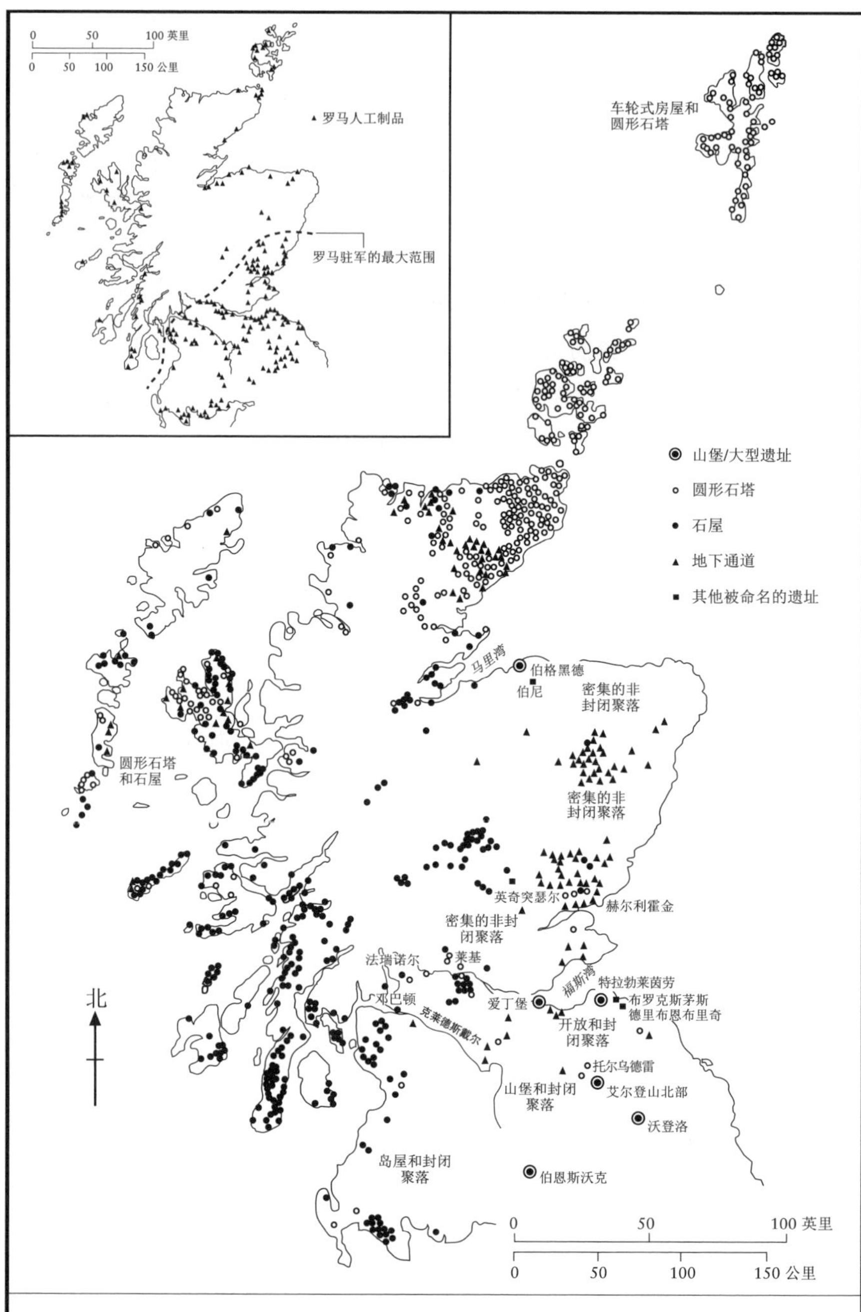

图15 苏格兰乡村聚落分布区域性较强，不列颠北部文中提及的遗址以及罗马物质文化分布

苏格兰高地到北海沿岸的狭长地带上有密集的聚落，对应各个民族的领土，同时这里能够经常见到具有罗马物质文化特点的物品。生活在苏格兰最北部（凯恩内斯郡和萨瑟兰郡的高地地区）是科尔诺维人、斯莫泰人、路吉人、德康泰人、喀里多尼亚人，但目前这几个部落的确切位置还没有定论。托勒密提到的西大西洋海岸民族可能是金泰尔半岛的厄皮蒂人，以及阿盖尔郡和伊斯特罗斯的克雷奥内人、卡耳诺纳恺人和凯雷尼人。这些民族都发源于不列颠凯尔特人，使用 P 凯尔特语。而厄皮蒂人虽然乍一看属于 P 凯尔特语使用者，但现有证据却说明他们生活在 Q 凯尔特语特色很强的地区。虽然曾有人将这解释为北安特里姆郡达尔里达人入侵的结果，但在这片被多山的“不列颠脊梁”将苏格兰东部人口稠密地区割裂开的高地线上，也有很大可能与爱尔兰的文化、民族有着长期的密切关系。

由于托勒密记录的民族很难与确切的地点或地理特征联系起来，所以我们通常很难在地理上确定这些部落的位置（但厄皮蒂海岬应该就是如今的金泰尔海岬）。很多民族（厄皮蒂人、克雷奥内人、卡耳诺纳恺人、凯雷尼人、喀里多尼亚人、科尔诺维人、路吉人、斯莫泰人、德康泰人）的聚居点并没有记录，表明这些民族与罗马帝国的直接接触非常有限。为了继续讨论，我们姑且假设这些地区在公元 1 世纪晚期还没有建立罗马堡垒，而这些民族的名字是在公元 83 年帝国派出人员在不列颠最北端快速巡行时收集到的。

这些民族的相对地位应该是不平等的——有些可能是以氏族为基础的小型社群民族，有些则是区域性民族。苏格兰靠近大西洋部分的考古结果与低地地区和东苏格兰的考古结果截然不同，有很多地域界限很强的民族。与此相反，塔西佗则指出当时存在以一位名为卡尔加克斯（Calgacus，意为“剑士”）的战争领袖为首的大型喀里多尼亚民族联盟。在公元 83 年遭遇失败后，阿古利可拉将自己的舰队派往不列颠北端环行，并可能与托勒密记载的民族有所接触；与此同时他又向南行军，路过一些从未见过也未曾命名的民族的土地（很可能在苏格兰高地线附近）。罗马人从当地人口中得知了他们民族的名字，伴随着舰队航行的翻译们将其记录了下来。其中很多民族并未被托勒密所提及（见图 3）。

罗马人到来之前这些民族是否曾被记录下来，这些民族是否在面临罗马入侵时联合了起来，目前还不得而知。罗马人的威胁的确引起了区域性民族之间更高级别的联合，晚期罗马文献也不再使用各个民族的名称，而是进行了区域化的概括：公元 3 世纪初开始使用喀里多尼亚人和迈亚泰人的称呼、公元 4 世纪则出现了皮克特人的说法。这些与日耳曼地区的证据类似，那里为了响应或反对罗马帝国，在长期固定的边境上建立了越来越大的“部落”联盟。在后罗马时期，这些苏格兰民族很可能建立起了小王国（戈多丁、皮克特、思克莱德、达尔里达 / 达尔里塔 / 斯科蒂）。

将苏格兰北部人民一分为三的做法在聚落考古和物质文化记录中能够找到一些支持依据，但是苏格兰东部与苏格兰西部、北部人民之间的差异非常大，而后两者之间的共同特征却很多。山堡遗址主要集中在低地和高地线上。苏格兰靠近大西洋地区的聚落都是小型设防聚落，在北方被称为圆形石塔，西部地区则称为石屋。这展示了社区组织规模的基本差异，南部和东部的单位较大，西部和北部的氏族结构则更为松散，虽然低地地区一些较大的山堡在罗马人到来之前就被遗弃了，但也有证据证明罗马人后来也使用了这些地方，其他大型聚落（包括圈占地型和开放性）的分类也很清楚。

聚落证据表明罗马人在此形成了一系列相对稳定的社会群体，逐渐转向定居农业，并慢慢恢复了此地好战的传统。

在福斯－克莱德运河的北部，罗马长期控制的主要区域是高地地区东侧低洼的山谷和较低的山丘（大部分在法夫和泰赛德）。该区域开放的聚落数量很多，其内有很多圆屋，带有地下通道和地下室。对地下通道有各种解读：避难所、仓库、宗教建筑，目前还没有形成共识。这三种作用也可能是同时存在的，这些建筑也只能保护人和财产免受小规模袭击的侵害。一旦警报声响起，小规模的袭击者们就只能尽快逃离了。

最近几十年的航空摄影活动在福斯河和马里湾之间发现了很多遗址。早期的山堡在罗马人到来之前就已经被遗弃了。这片地区的聚落模式与低地地区相似。与其他高地东部地区一样，虽然有一些圈占地聚落，但这里发现的圆形石塔比较少。这里还有一些类似洛锡安的长方形聚落，但在未发掘的情况下，我们还不能确定其修建日期和性质。尽管福斯河北部没有发现与苏格兰低地地区一样的铁器时代晚期土地划分痕迹，但这里的聚落密度，以及手推磨和地下室的发现都具有典型的农业特色，而非游牧风格。总的来说，这里的维尼科内人和瓦科马吉人在罗马入侵之前保持着相对的稳定与和平，农业经济不断扩张，包括谷物种植。

苏格兰大西洋地区、西海岸北海岸以及岛屿上的聚落考古结果有些不同。高地地区有很多建立在湖边木桩平台上的湖泊聚落（岛屋）。这些聚落的年代从公元前1000年延续到公元后1000年。建造这种聚落需要投入相当的人力，说明它们在当时的社会中有着举足轻重的价值，是一种可防御的聚落。环境证据表明这些聚落参与到了混合农业经济当中。

石屋和圆形石塔是西部和北部地区的高级聚落类型，石屋是对大型石质建筑的通用称呼，通常带有防御工事，或者修建在圈占地内，这与经典的圆形石塔定义并不相符。石屋在阿盖尔郡、莫尔群岛、斯凯岛、赫布里底群岛都很常见。格兰坪中部到兰诺赫湖东西部之间也有一片集中地。

圆形石塔是高塔式的房屋，通常由两个同心圆石墙包围着，内有房间、走廊/楼梯（其底部厚度可能超过5米）。塔楼内有木质地板的痕迹，有迹象表明主要居住区域可能是在二楼或者更高的楼层，一楼则可能起到存储物品之类的作用。一些圆形石塔位于蜂窝式或不规则形状的类乡村聚落的中心，一些则在土方工程或沟渠之内（奥克尼群岛上的古尔内斯就是一处典型）。圆形石塔的修筑可以追溯到公元前几世纪和公元1世纪（例如奥克尼群岛上的豪威）。公元最初几个世纪出现了很多圆形石塔，尤其是在大陆沿海地区以及许多岛屿之上。比如奥克尼群岛上就至少有20个圆形石塔村落。设德兰群岛和西部群岛上目前还没有发现圆形石塔村落，但这里车轮式的房屋却很常见。车轮式房屋是一种独特的半地下圆屋，经常在沿海沙丘上建造。此类房屋通常包括一个上有盖顶的入口通道，一个直径达10米的圆形房间，一圈石墩围绕中央的炉膛呈环状排列，支撑着一部分屋顶。圆形石塔和车轮式房屋在分布上或多或少有着互斥性，但这种差异在建筑流行中的重要性尚不明确。

圆形石塔、石屋、车轮式房屋代表了石头圆屋建筑的顶峰，有的圆形石塔甚至竖直向上演变成了大型塔楼（现存最高的一座位于设德兰群岛中的穆萨岛上，高度超过13米）。这些遗址的作用引起了很多争议，但我们几乎可以肯定它们都是造价昂贵的建筑，反映了那些集中劳力修筑这样建筑的人所具有的威望。圆形石塔周围有一些较贫穷的村庄，这也证明了圆形石塔是支离破碎的宗族社会地方权力和权威的中心。它们代表了与罗马接触最少的社会中的等级制度，而苏格兰东部和苏格兰低地罕见的圆形石塔和石屋也表明它们在不列颠北部社会中有着一定的地位。东部和南部地区的圆形石塔和石屋似乎修建于公元 1 世纪之后，而且在某种程度上反映了罗马人的入侵，不是因为这些房屋能更好地抵御罗马人的进攻（实际并不能），而是因为它们象征着地位和一种特殊的蔑视敌人情结。

罗马帝国并没有对高地线以东的沃土实施全面控制，而是将其从高地地区割裂出来，使这些民族的低地领土与西部高地其他民族的土地隔绝开。一些评论家认为这些农业社群在某种程度上受到了罗马人的保护，免受“凯尔特牛仔们”的骚扰。然而苏格兰东部人口众多，他们自己也是罗马的主要军事目标之一。这里的考古证据非常明显，法夫和泰赛德布满了阿古利可拉、塞维鲁的行军营地(其他时期也很有可能存在)，这会让我们想到罗马文献中的一支军队缓慢而有序地前进，掠夺着这片土地，与当地敌人交战。毫无疑问，这里人口减少的速度与罗马人前进的速度一样快，但从人力和财力上来讲，我们似乎没有理由怀疑，维尼科内人和瓦科马吉人也在福斯 - 克莱德运河上游地的主要“敌人”之列。类似地，塞维鲁时期这片地区战事密集，表明后来被称为迈亚泰的民族是之前这片肥沃土地上的维尼科内人和瓦科马吉人的后代。

托勒密将因弗里斯到利内湖之间的大峡谷认定为喀里多尼亚人的领地，但随后发现的证据可以看出他们的土地不止于此。托勒密有限的地理知识来源可能来自公元 83 年后罗马人短期存在的聚落记录，那时喀里多尼亚人可能已经被分裂成了高地线以东一系列易于管理的小群体，这些分裂的高地聚落又被冠上了更为统一的名字。罗马人这样的做法并不成功，公元 2 世纪晚期的记载提到喀里多尼亚人和迈亚泰人是反抗罗马的两支主要力量。如果后者是指法夫和泰赛德的民族，那么前者可能就是马里湾（之前是泰扎里人），以及格兰坪高地地区的民族。大西洋沿岸和西部高地的人们可能偶尔会向其东北部的邻居提供援助，但总体来看他们与罗马世界的交流不多。

到公元 4 世纪初，罗马方面有了“皮克特人和其他喀里多尼亚人”的说法，而最新的说法则认为皮克特人是罗马人在不列颠北部的主要反对者。拉丁语中皮克特的意思很简单，即“涂鸦的人”，这表明罗马人在面对不列颠北部一些高级别的联盟时，只是简单地使用了一个描述性术语，反映了该区域人民于战前在身体上涂鸦或脸部文身的习惯。然而皮克特这一名称和皮克特兰这一地名（又称皮科塔维亚，*Pictavia*）在罗马人撤离后的苏格兰仍然使用了很久，所以该词更可能是一个本地词语或人名的音译。对皮克特人的研究经常涉及人们假设中这个王国所具有的神秘性和各类问题，但实际上我们对这一民族的了解程度要多于对大多数早期不列颠群体的认知。他们是苏格兰东北部的民族，覆盖了福斯－克莱德运河以北的地区，并延伸到遥远的北方。他们的文化向西影响到了高地线，但在大西洋沿岸停止。他们的心脏地带可以通过地名以及马里湾、泰赛德、法夫的艺术品及人工制品来确定。换句话说，皮克特人代表了喀里多尼亚人和迈亚泰人不断扩大的联盟，但我们并不能确定皮克特王国的形成日期。我们可以从现有物质证据中找到线索，将皮克特人分为北部和南部两组，与迈亚泰人和喀里多尼亚人早期的分隔相对应。将这两族人隔开的是高地线向东延伸至阿伯丁郡海岸的一段山岭。

关于皮克特人的语言也有很多讨论，特别是关于他们是否部分继承了前凯尔特人的语言，尽管大多数人认为他们使用的可能是P凯尔特语的一种独特方言。最近对皮克特人的研究表明他们并没有那么独特，而且非常符合我们对罗马不列颠北部邻居的描述，他们的发展也反映了其他群体的演变。虽然皮克特人的分布区域很明显，其核心地点在考古学上却难以确定，马里海岸伯格黑德的一处大型海岬堡垒肯定是其中之一。这一时期也修建了许多新堡垒，邓巴顿洛克就是一处；还有在史前防御工事的基础上修建的堡垒，例如克雷格帕特里克山；或在遗弃已久的罗马军事要点建立堡垒，如英赫图梯。从中世纪早期记录中可以发现，皮克特人的核心地点有时会与考古证据有所出入，但泰河周围应该有一些（包括司康和邓凯尔德地区）。从现有证据中我们可以得出大致的总体印象，在罗马统治晚期，苏格兰东部经历了一次防御性建筑的更新，大多数情况下还伴有一种独特不列颠风格的浮夸石头浮雕。虽然罗马帝国官方将皮克特王国的活动定性为野蛮人的滋扰，但地方的资料和考古证据证明当时皮克特王国远非那么简单。

阿塔科蒂人（可能来自爱尔兰南部）和斯科蒂人在罗马统治晚期袭击不列颠地区各罗马行省，并与皮克特人有一定联系。斯科蒂人的确切起源和位置尚有争议，但他们应该很类似阿盖尔郡和安特里姆郡的达尔里达人。这些说Q凯尔特语的民族是否源于爱尔兰，是在古代晚期还是中世纪早期迁移到了金泰尔半岛，是否能代表爱尔兰海两岸Q凯尔特语民族的长期联盟，我们都无从确定。然而从零碎的历史记录中可以看出，苏格兰西部的一个地区起初与罗马帝国并无多少联系，但在罗马统治晚期却变得异常重要。这片地区与苏格兰低地地区和皮克特兰在语言和文化上有一定差异。我们在本章稍后将继续讨论斯科蒂人，但我们需要关注罗马统治晚期的海盗袭击，这些民族孤立的地理特征可能使罗马人报复行动的难度增加。

罗马物质文化证据的发现让我们对苏格兰北部区域民族有了更多的了解。在福斯－克莱德运河的北部，最著名的遗迹群在斯特林地区和法夫（维尼科内人）和泰赛德（瓦科马吉人）、格兰坪地区分布较少，马里湾也有分布（泰扎里人）。除去西部和北部之外，罗马物质文化分布较为稀疏，基本都在沿海地带，凯斯内斯、奥克尼群岛、阿盖尔郡有少量聚集。苏格兰西部群岛的证据也比较少。这些罗马进口货物的获取和使用在不同地区之间存在着明显的差异，40%的低地遗址中有罗马风格物品，但西部和北部的“自由阿尔比恩”地区的罗马风格物品只有25%。苏格兰境内后来被罗马统治的地区与那些免受罗马统治的地区之间的关系不同，后者发现的往往是独特的人工制品，而非多种物品的集合。虽然这些物质材料中大部分来自聚落遗址，但也有一部分重要的文物来自墓葬和文物堆。几乎所有的文物堆都是在低地地区和苏格兰东部发现的，这一事实反映了罗马战争的影响，并不出人意料。总体来看，带有罗马物品的墓葬非常少，集中在苏格兰东部地区。

弗拉维时期之前的文物很少，表明在阿古利可拉主导的战役之前苏格兰和不列颠南部之间的联系非常有限。大多数考古发现可以追溯到弗拉维和安敦尼时期，表明大部分罗马物品是在帝国占领低地地区时进口的。这里的遗址中也发现了许多稍晚时期的人工制品，某种程度上算是尊贵物品。安敦尼时期之后的第纳尔银币在这里很常见，证明罗马帝国为保持和平给了北方民族一些补贴——这一高成本的政策存在性在其他边界地区也得到了证实。马里湾埃尔金附近的伯尼圆屋聚落已经发现了两处钱币堆，两处都是塞维鲁时期的钱币，总数超过 600 个第纳尔。这些钱币显然被放在皮质袋子里，装在盆内，埋在聚落中一个大圆屋的周围。在这一时段，军团士兵每年的军饷大概是 600 第纳尔，所以这些钱币的数目并不少。公元 3—4 世纪的物品在一些精英聚落才有发现，在整个社会中发现较少。

许多遗址中只发现一件人工制品，但一些聚落显然有各种类型和材质的罗马物品。文物构成也有一定的区域差异。在博德斯东部，富裕的精英聚落之间也有显著差异，例如托尔乌德雷的圆形石塔、特拉勃莱茵劳的山堡城镇（后者的银器很多，也有很多其他罗马物品）、艾尔登山北部、坎普豪斯、爱丁堡城堡、利利斯利夫的一个长方形圈占地。这似乎是该地区存在某种等级制度的有力证据，这里重要的城镇有着获得罗马物品的特权，并借此展示自己的社会声望。在博德斯地区西部，到邓弗里斯和加洛韦以及埃尔郡，精英聚落的证据较少，只有惠特霍恩和布里托郡有两处较特殊的遗址。总的来说，这片地区各个遗址的罗马物品数量更少，但也更加均匀。

在福斯－克莱德运河北部，只有一处罗马文物的遗址所占的比重更大，但一些精英聚落的文物组合规模更大，也更多样，包括赫尔利霍金、法瑞诺尔的圆形石塔（后者 30% 的人工制品来自罗马）以及莱基。越靠近格兰坪地区等级结构越不明显，许多遗址中有罗马物品，但价值一般较低。科威萨洞穴中的宗教储存物品和皮克特人在伯格黑德的遗址是目前仅有的例外。在遥远的北方和大西洋西部，罗马时期的物品只占总体的一小部分，而且这里的遗址都难以达到低地地区进口物品的丰富程度。奥克尼群岛和凯斯内斯是发现最广的地域，但数量比较少。

除去钱币之外，原住民遗址上的大部分文物可以分为两类——与饮食相关的物品和个人装饰品。有趣的是，这里萨摩斯陶器的比重比粗糙制品的比例更大，这与行省内罗马不列颠遗址和堡垒的情况相反，表明了边境之外这些物品的社会意义要更大。罗马武器和金属制品也偶有发现，但很可能只是原先存在而又被运回英国北部总数中的一小部分。

爱尔兰

“堡垒遗址重见天日，罗马曾入侵爱尔兰”，《星期日泰晤士报》于 1996 年 1 月 21 日的这一头条引发了一场现代政治层面的议论。这一说法是基于都柏林附近德鲁马纳（Drumanagh）（见图 16）一座沿海海岬堡垒中意外发现罗马物品而出现的。这块约 16 公顷的土地朝向陆地的一侧有多层土木防御工事，并俯瞰一处可以作为避风港的海湾。这是一处面积巨大的重要遗址，虽然海岬防御的规模和防御工事性质都不常见，但此处遗址很大程度上具备了爱尔兰特色，而非罗马军事特色。关于是否存在罗马入侵的金属探测结果尚未公布，但其中肯定不包括罗马军事人工制品，而陶器、钱币及其他罗马物品则可能通过很多方式运达爱尔兰的土地上。但如果不是军事方面的证据（《星期日泰晤士报》的头条显然有些离谱），德鲁马纳又有什么证据能告诉我们爱尔兰与罗马帝国之间的联系呢？

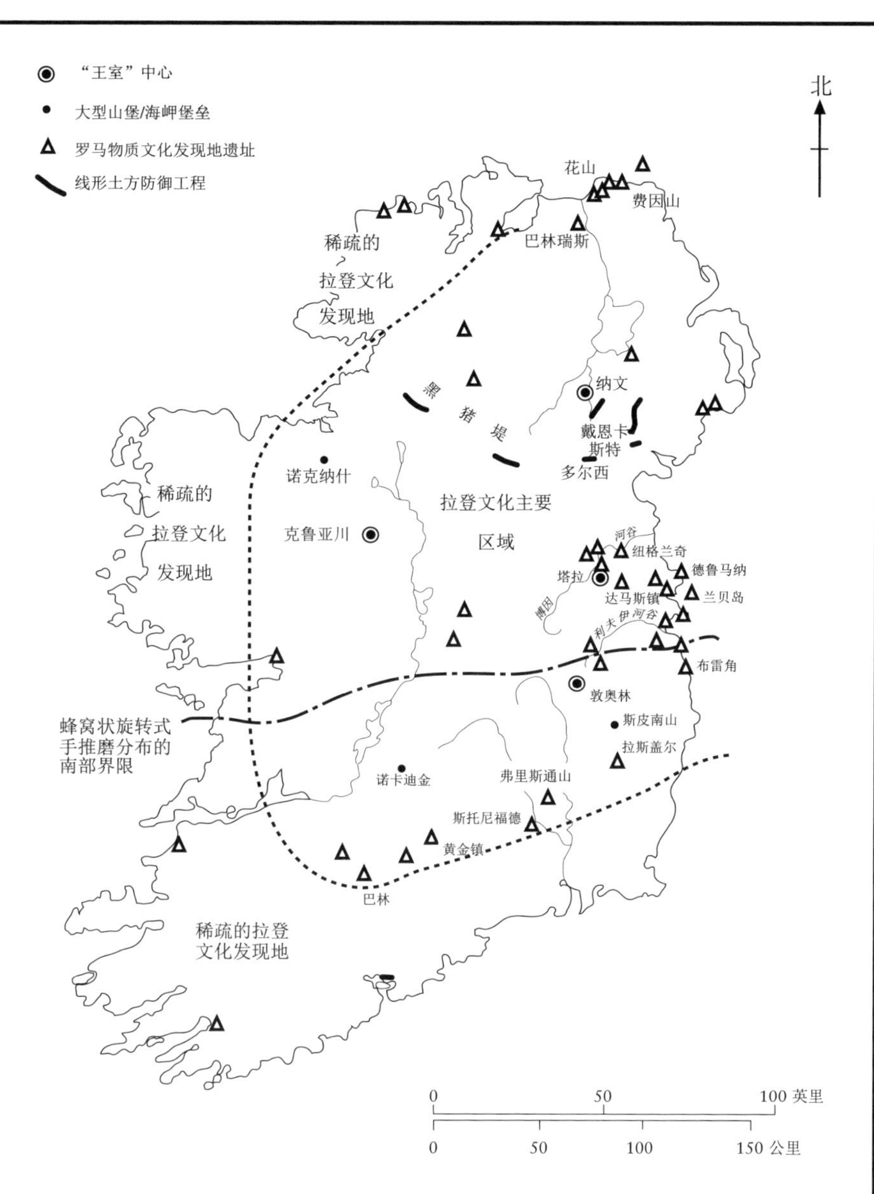

图16 铁器时代晚期/罗马时期的爱尔兰，图中显示了文中提及的大型遗址和罗马物品的发现地。虚线表示蜂窝状旋转式手推磨分布的南部界限以及拉登文化主要区域的南部和西部界限

罗马对爱尔兰进行军事干预的主要证据集中于公元 1 世纪晚期的各类事件中。当阿古利可拉于公元 81 年第五次战役的尾声在苏格兰西部海岸排兵布阵时，他显然向提图斯皇帝提出过建议，希望可以继续进军，认为仅依靠一个军团和一些辅助军队就能轻易征服爱尔兰。但阿古利可拉并不知道提图斯已经驾崩，他的弟弟图密善继位，并在北方福斯－克莱德运河之外发动了新的战争。尤维纳利斯（Juvenal）在写作关于“在爱尤维尔纳（爱尔兰）和新近占领的奥克尼群岛的行军，以及夜晚极其短暂的强大布立吞人”的讽刺诗时有一种类似现代手法充满诗意的暗示，表明阿古利可拉希望继续向爱尔兰进军的请求得到了准许，但很可能是由他的继任者来指挥。虽然如此，在爱尔兰并没有发现罗马军队活动的考古证据。在没有任何依据的前提下，假设认为罗马军队接受了臣服于罗马帝国的爱尔兰酋长的帮助，这种可能性还是比较大的。这个向阿古利可拉寻求庇护和支持的人曾被迫逃离自己的家乡。早期爱尔兰历史中有很多流亡酋长们回归故土的记录，例如图阿塔尔（Tuathal Techtmar），有时人们会认为他是阿古利可拉时期的流亡酋长（这种只是推测性的说法）。

从塔西佗和托勒密的著作中可以看出，公园 1 世纪晚期罗马人征服威尔士、北不列颠，在不列颠西海岸开辟海上供给线之后，罗马世界对爱尔兰和爱尔兰海的了解程度直线上升。在陆地上对罗马人的抵抗行动都被粉碎，所以难民们也很有可能如涓涓细流般横穿爱尔兰海。这也可能用来解释东部沿海地区一些罕见的发现，例如靠近德鲁马纳的兰贝岛。这里的一些土葬遗址中包括一位战士的墓葬，陪葬品有一把长剑、盾牌和其他装饰品。兰贝岛上还出土了一面镜子、两件金属板艺术装饰品、公元 1 世纪类型的胸针、一个手镯和一个串珠颈环（以上物品都是铜合金制品），另外还有一个开口手镯。这里的串珠颈环与不列颠北部的相似（大部分来自布里甘特人的领地），开口手镯也是如此。这片爱尔兰境内的土地缺少爱尔兰人工制品，其文物聚集又很独特，这表明此处很可能是不列颠大陆难民的聚居区，甚至可能是对罗马帝国反抗程度最甚的那部分人。兰贝岛靠近大型海岬堡垒和德鲁马纳海港的地理位置也表明这群人在新的政治环境中谨慎地寻求立足点，而且没有足够的信心和人力在大陆上占据一席之地。

虽然爱尔兰海风暴多发，爱尔兰人也被认为是不友好的好战民族，但爱尔兰与不列颠大陆地理上的相互临近意味着这两个民族之间交流的可能性很大，索林诺斯等作家都有类似的说法。两地在海上最近处位于安特里姆郡的费尔角到金泰尔海岬之间，约有 22 公里，但贝尔法斯特湾到加洛韦海岬的距离只有约 40 公里，而德鲁马纳到安格尔西岛的距离则有 90 公里。罗马征服了不列颠西海岸，并愈加频繁地通过水路来补给北方军队，无论是蓄意还是无意，这些行为都必然对这片区域产生影响，东西向的航运也是如此。

托勒密对罗马帝国地理的描述以皮瑞塔尼克群岛开始［即爱尔兰（爱尔维尼亚）和不列颠（阿尔比恩）］。有趣的是，他描写未被帝国征服的爱尔兰的篇幅甚至占到了阿尔比恩篇幅的一半。这揭示了罗马人对爱尔兰的兴趣，以及他们对爱尔兰的海岸线及其内部政治结构的密切关注。总体看来，托勒密对沿海地区的特点非常重视，他列出了一些商人和其他海上贸易可能关注的特点：这里至少有 6 个沿海半岛或海岬、15 条河流、13 个岛屿、3 个沿海聚落和 16 个土地与海洋相接的民族。另外还有一组共 7 个“城镇”（城邦）被定性为“内陆”城市。这份清单在解读时有一定困难，但目前公认的民族分布如图 3 所示。从东北开始向南，罗伯格丁人（德里和安特里姆郡）、达里尼人（安特里姆郡）和奥尔斯特（阿马和邓恩郡）是现代北爱尔兰地区主要的民族。沿海的埃布拉纳（或许就是德鲁马纳）是埃布拉尼人的领地，也是现代的都柏林郡，乔希人则在利夫伊河谷沿西、南方向分布。从威克洛到韦克斯福德的东南部地区上分布着马纳皮人、科利昂蒂人和布里甘特人。布里甘特人可能沿着沃特福德南部海岸分布。科克和科里则是乌斯迪埃人和爱尔维尼人的领地，西海岸的利默里克地区则生活着维拉伯里人。由西海岸往上，托勒密还列出了甘加尼人（克莱尔郡？）、奥忒尼人（高尔韦）、纳加泰人（梅奥郡、斯莱戈郡）、埃尔佩迪塔尼人（利特里姆、弗马纳郡？）以及维尼锡尼人（多尼戈尔）。

托勒密给出的民族名称可能与如今爱尔兰语的发音相去甚远。虽然其他证据都表明爱尔兰大部分人说 Q 凯尔特语，但这些文字却更接近 P 凯尔特语。这引起了不必要的恐慌，因为托勒密的名单是吸纳了来自水手们的材料而形成的，而那时他最容易接触到的爱尔兰海相关贸易的见证者则应该是从不列颠大陆出海的以布立吞语为母语者。上文提及的三个沿海聚落都以当地民族命名：东海岸的埃布拉纳和马纳皮亚，以及西海岸的纳加塔。外来的见证者也提供了内陆城市的相关记录，两处聚落被称为雷吉亚或“皇家场所”，另一处则被称为杜诺（即“防御”之意），爱维尼斯则显然是爱维尼人的主要地区。其余的名词（里埃巴、拉贝罗斯、马克利康）则可能是爱尔兰的地名。有人曾在仲夏日来到爱维尼斯和里埃巴并做了记录，而且该见证者很清楚仲夏日的特殊性。我们应该注意到托勒密的记录中最重要的一点，即其反映的是以布立吞语为母语的商

人 / 中间商的看法，而非爱尔兰本土人的看法，所以这只能反映复杂现实的一小部分，只是匆匆一瞥。

中世纪早期的文学经典《阿尔斯特史诗》(*Ulster Cycle*) 展现了爱尔兰研究中的另一种复杂性。这部作品是了解铁器时代晚期阿尔斯特的一个窗口，蕴藏着重塑其历史元素的巨大可能。然而要使用这些关于基本事实和英雄（例如库丘林）的高度神话化证据显然也有困难。其他问题还包括故事中潜藏的时间错误。例如对《阿尔斯特史诗》的详细分析表明，其中提及的衣着、武器、物质文化都是基于中世纪早期的史实，完全不能与铁器时代晚期社会的考古证据相匹配。但是完全忽视《阿尔斯特史诗》所代表的爱尔兰人看法也不可行。毕竟与我们的一些经典证据相比，这些故事也没有那么的不可思议。人们普遍认为这本书中的事件发生在公元前 1 世纪或公元 1 世纪，作为当地传统流传了下来。如果我们能谨慎对待早期爱尔兰的故事和历史，这些故事也有助于我们理解这些罗马帝国邻居的自我认知。

《阿尔斯特史诗》展现的社会被分为若干个王国或部落(*tuath*)，彼此交战或劫掠。史诗中有国王和王后、英雄和恶棍、非基督教神灵、德鲁伊信徒。有考古证据证明阿尔斯特的区域处于分裂状态，我们可以从中发现物质文化的区别，例如安特里姆郡和阿马之间的不同（前者出土了环形针，后者则出土了扣针）。北部的班恩河谷与阿尔斯特南部一带（弗马纳、莫纳汉、阿马、卡文）也有很大不同。艾明马恰（*Emain Macha*）是《阿尔斯特史诗》中的伟大都城，人们通常将其定位在如今的纳文地区。诸王的统治是早期爱尔兰资料中的主要主题，塔西佗的记录也证实了这一点，他提及了一位流亡的爱尔兰王子。反复出现的流亡国王和领袖故事表明爱尔兰人不奉行世袭制，而是根据英勇和威望来选出首领。书中重复出现的另一个主题是五个地区之间的冲突，分别是北方的阿尔斯特（*Ulaidh*）、西部的康诺特（*Cruchain*）、东南部的伦斯特（*Laghin* 或 *Galian*）、西南部的明斯特（*Mumha*），以及中部的米斯郡（*Mide*）。此处有一个很明显的疑问，托勒密是如何确定阿尔斯特、康诺特以及其他王国位置的？有人认为阿尔斯特人是托勒密提到的沃伦蒂人的分支，但总的来说，爱尔兰民间关于自身历史的说法与从罗马殖民视角出发的托勒密的列表之间似乎并无相关性。对于阿尔斯特王国与爱尔兰东北部古老的达尔里达王国以及苏格兰金泰尔/阿盖尔之间的确切关系，人们也争论已久。达尔里达人以盖尔语为母语，可能就是罗马晚期记录中多次与皮克特人联合反抗罗马人的斯科蒂人。罗马统治晚期斯科蒂人曾从爱尔兰大规模移民至阿盖尔的说法一度很流行，而现在则不这么认为了。很明显，比起苏格兰其他讲布立吞语的民族，西部高地和岛屿上的居民更愿意与讲盖尔语的民族建立紧密的联盟，斯科蒂人的出现则经历了长久的过程。

虽然艾明马恰被可能就是被简单地称作雷吉亚（*Regia*）的北部城市，但我们无法将托勒密命名的内陆城市与爱尔兰文献提及的王家城市一一对应。有考古证据证明，一些内陆城市可能就是《阿尔斯特史诗》和托勒密书中记载的大型集会和就职典礼发生的城市。尽管其中一些遗址修建了封闭的土方工程，但纳文、塔拉、敦奥林（Dun Ailinne）堤防内的沟渠表明这不是防御建筑，而是举行具体大型宗教仪式的建筑群。

纳文堡垒［Navan Fort，阿马（Armagh）以西5公里处］是一个约5公顷的圆形圈占地，其内部呈直径50米的环形堡垒，中间有直径为40米的土丘。该堡垒的建筑细节和建筑时期尚有争议，但其内包括一个直径16.3米的大型圆屋（其基础是先前一座直径约20米的大型圆形建筑）。土丘包含了一个非凡的圆形建筑，直径约37米，外部有垂直的木板墙，中间则有很多圆柱围绕着一个巨大的中央立柱。目前通过建筑重构发现这是一座高约12米的封顶建筑——外观就像一个巨大的圆屋。建筑内没有暖炉，如果这座建筑是用作定期集会或宴会的话，这种情况就很合理。这座建筑使用的木材是在公元前95—前94年砍伐的。在修建开始不久，这里就堆积了约2.8米深的石质地基，后来用草皮覆盖，土丘的高度达到了5米。这样的建筑背后代表的意义很难确定，但宗教活动是具有最大可能性的解释，其规模也足够容纳数量众多的信徒。该遗址最有趣的发现还有一块北非巴贝里短尾猿的头骨，其日期可追溯到公元前几世纪，这再次说明了这一庄严遗址的重要性。这代表着这片区域与地中海民族有直接或间接的联系。

塔拉则是其他所谓庄严遗址中最大、最复杂的遗址。在能追溯到的最早记录中，塔拉被称作布瑞加王国（*Brega*，现代的米斯郡）的都城，稍后则作为爱尔兰最高王权的中心而为人所知。这里有约40个独立的建筑沿着山脊绵延了将近1公里。主要的圈占地（5.9公顷）以堤坝和内部沟渠为界，呈椭圆形，其内有很多纪念建筑，包括新石器时代晚期的一座带通道的坟墓（其上后来立起了一块被称作“命运之石”的巨石）。另外还有两个相连的圈占地，以沟渠两侧的双层堤坝为界。主要圈占地以南约100米处有一个更小的圈占地，有堤坝和沟渠，而背面则有一个三层堤坝圈占地（或是一个环形堡垒）。除此之外，这里还有一个以堤坝为界的长方形圈占地（约180×30米）。其他圈占地或土丘则在稍偏向西北的倾斜地面上分布着，而且山顶上显然有很多史前墓葬。塔拉的大部分建筑都未经发掘，除去已经出现的罗马时代早期的环形堡垒，其他一些元素的意义尚不明确。但这是一个长久存在的仪式场所，这一点很明显。

克鲁亚川（*Cruachin*）是香农以西的康诺特省的主要王家场所，是塔尔斯克（罗斯康芒）的一处遗址。这是另一座复杂的仪式场所，有近 50 个不同类型和年代的纪念建筑。当地有个大型土丘（直径 88 米），当地人称之为拉斯克罗甘（Rathcrogan），很多圈占地和环形墓地似乎是围绕这一土丘而修建的。另外还有一些直线形的土方建筑成对排列，可能是为仪式用的大道而修建的，这些大道最长的超过 600 米。目前这里只进行了有限的发掘工作，但我们可以确认这里是铁器时代王室中心的遗址（有些纪念建筑的修建年代可能更早或更晚）。

敦奥林［基尔代尔（Kildare）］有一处修建在山顶的巨大椭圆形圈占地（13 公顷），这里周边堤坝内部同样修建了沟渠。经确认，这里是早期书面资料中提到的奥林，也是伦斯特的早期王室中心。在这附近的发掘工作发现了 3 个连续的铁器时代圆形建筑，由 3 个同心的圆形栅栏划定（直径分别为 22 米、28.5 米、37 米）。在最大（也是最后修建的）的栅栏之外竖立着一圈大型独立木柱（直径为 25 米），其中心有一座小型圆形建筑。有迹象表明这附近可能举行过仪式性的宴会。这里的文物跨越了公元前几世纪到公元几世纪的时段，包括了罗马胸针和其他文物。

虽然以上 4 处遗址并非仅有的包含大型仪式建筑的遗址，但这些所谓的“王家”场所在爱尔兰铁器时代晚期背景的考古学中很显眼。目前发掘的遗址都是非防御性的圈占地（堤坝内有沟渠），以及没有生活痕迹和炉子的复杂大型建筑。这些特征与文字记录中供大型集会、集市（*óenarchs*）、与王权相关的非基督教复杂仪式（例如就职典礼）使用的王家场所的传统相似。然而目前还几乎没有证据证明王家场所出现过密集人口。从另一个角度来看，这些带有丰富仪式建筑群的爱尔兰王家场所也引发了对于不列颠大陆城市原始功能传统解读的质疑。

虽然爱尔兰发掘出的大部分山堡没有铁器时代晚期活动的证据（其中许多可能起源于铜器时代晚期，并在公元前几世纪之前就被废弃了），但这些大型圈占地中也有可能有一部分是王家场所——尤其考虑到这里有与塔拉类似的早期墓葬和其他仪式特征的痕迹。大多数山堡面积较小——通常只有几公顷，只有少数面积超过了 10 公顷。这里还有一些较大面积的遗址［诺克纳什（Knocknashee）和斯莱戈的面积达到 22 公顷，诺卡迪金（Knockadigeen）和蒂珀雷里则有 16 公顷，斯皮南山一处圈占地面积竟达到了惊人的 132 公顷］。铁器时代晚期这里一些沿海海岬和内陆山堡也可能处于活跃状态，但那时数量并不多。爱尔兰各地山堡的密集程度不同，相比南方，北方已知的山堡数量更少。我们可以确定德鲁马纳的海岬山堡是在公元 1—2 世纪使用的，其他一些在罗马时代也一直有活动的迹象（例如弗里斯通山和基尔肯尼）。

爱尔兰考古学中的关键聚落类型是环形聚落（或称为拉斯）——这基本上是一种设防的聚落。这些聚落一般小于 1 公顷，大部分是圆形的，其内有圆屋或者长方形房屋。环形聚落在爱尔兰非常常见（阿尔斯特就有超过 1 万处），但大多数未经发掘，其中一些已发掘的遗址是古代晚期和中世纪早期的产物，其他的则肯定是铁器时代晚期的聚落，并发掘出了罗马时代的文物（卡拉格奥林、利默里克）。威尔士、康沃尔、苏格兰一部分地区也有这种聚落，但爱尔兰的设防农庄却比较少见。爱尔兰乡村与不列颠西部和北部的另一个共同点是地下室，这种建筑经常在环形聚落中见到。

先前关于王家集会地点的讨论也有助于我们理解以部落为基础的小型环形聚落以及爱尔兰王国之间较为碎片化的人口统计学记录，这些记录的基础是集会、仪式、集市的“时间表”。弱小的王国可能会臣服于强大的王国，这一行为也使各地区更加紧密。

目前与罗马时期爱尔兰经济相关的研究较少，部分原因在于许多遗址动物骨骼的保存状况较差。根据现代标准，这里牲畜的个头很小，但我们还需要更多数据来评估这里的养殖业是否有改善，就像已经证明的罗马时期不列颠大陆一样。牧场质量优良是古典作家关于爱尔兰极少的积极评价之一（麦拉曾记录这里的草场非常茂盛，声称如不加以限制，牲畜“将在长期喂食后被撑死”，这种说法略显夸张）。

罗马时期爱尔兰考古学和历史研究起初与罗马帝国或不列颠大陆并无联系。铁器时代晚期的王国形成了独特的区域性拉登文化特征以及复杂的王权仪式，看起来封闭性较强。阿尔斯特王国的都城还在纳文时，王国的南部边界似乎有大型线形土方防御工程［例如黑猪堤（Black Pig’s Dyke）、多尔西（the Dorsey）、戴恩卡斯特（Dane’s Cast）］。这些都表明了对爱尔兰其他民族的关注和对罗马世界的整体性拒绝。但这种结论可能过于简单化，而且夸大了《阿尔斯特史诗》中展现的阿尔斯特活力的延续。这是与德鲁马纳的发现最相似的地方，在这里我们见到了一种不同类型的遗址（或许是一种沿海港口），开辟了罗马行省与其爱尔兰邻居之间沟通的道路。

爱尔兰很多地方出土了罗马物质文化遗存，最大的集中区域应该在爱尔兰的东半部，这也在我们的意料之中。博因河谷（Boyne Valley）至利夫伊（Liffey）海岸线之间的文物遗存集中在德鲁马纳周围，展现了当时这里作为罗马商品门户的角色，罗马商品可能在这里进行交换，也可能被带入爱尔兰社会。来自罗马时期威尔士矿区的典型铜锭在德鲁马纳和内陆的达马斯镇（Damastown）都有发现，这表明当时进行交易的绝不是普通的小物件儿。罗马物质文化在爱尔兰社会中的作用非常有趣。博因河谷纽格兰奇的新石器时代大型墓葬的部分发掘已经出土了大量的罗马人工制品，实际上是一系列小规模的存款（从图密善到阿卡狄乌斯时期的 25 枚钱币）。其中几枚金币曾被作为吊坠或护身符佩戴。这些文物包括很多黄金制品，散落在一座早先建好的纪念碑周围作为祭品，这座纪念碑显然仍具有宗教意义。塔拉的山上还有各种各样的罗马进口产品，包括萨摩斯器具、玻璃、各种铜合金文物。敦奥林也是一处出土了罗马制品的爱尔兰“王家”场所，弗里斯通山（Freestone Hill，基尔肯尼）和拉斯盖尔（Rathgall，威克洛）的山堡里也出土了罗马金币。

另一组罗马早期文物遗存出土于安特里姆郡北部，包括费因山和花山两处较大的钱币囤积点（分别有 500 枚和 300 枚钱币）。除钱币外，“罗马－不列颠”类型的铜合金胸针也有大范围的出土，有零散的发现，也有在聚落中的发现。罗马陶器在各聚落中也有发现（如萨摩斯陶器或阿雷坦陶器），这些陶器在生产后很久才来到这里，应该是爱尔兰社会对这种外来物的集中展示。

另外还有一处非同寻常的发现，即一块纹理细密的板岩上刻有一个眼睛状图案，这可能与蒂珀雷里古尔登的一处墓葬有关。这是不是一位自罗马帝国前来医治爱尔兰人眼疾的雄心勃勃的商人的长眠之地，我们不得而知，但并非没有这种可能。斯托尼福德（Stonyford，基尔肯尼）附近的一处火葬遗址中有装着骨灰的罗马玻璃骨灰盒，以一块青铜镜封顶，另外还有一个玻璃瓶，这都是非常罕见的，表明墓主不是爱尔兰本地人。公元19世纪人们在布雷角（威克洛）发现了一处土葬墓地，这里的遗骨旁发现了公元2世纪的钱币。土葬和钱币陪葬都不是爱尔兰本土的习俗。贝塔格斯镇（米斯郡）和博因河谷的诺斯也各有一处类似的土葬坟墓（但没有钱币）。在纽格兰奇发现了一段被切割的传统爱尔兰金颈环，与一处新石器时代通道坟墓中的一块立石放置在一起，应该是出于仪式需要。这个颈环上刻着拉丁大写字母：SCBONS·MB，虽然其确切含义尚不明确，但其重要性却不言而喻——这属于当时某一认识拉丁字母的人。然而，在我们在得出所有这些罕见文化现象是外国人来到爱尔兰或在此定居的结论之前，我们应该思考爱尔兰人是否可能曾参与爱尔兰海上贸易或作为辅助部队被招入罗马军团。如果他们参加罗马军队，就可以从海外带回新习俗、手工制品和观念。

按照时间顺序，罗马物品在公元3世纪的分布存在着一些差别，而公元4世纪和5世纪初期则更具代表性，根据爱尔兰劫掠者的文字记录确认了两处文物堆。伦敦德里北部海岸附近巴林瑞斯有一处文物堆，有1 506枚钱币和15个银锭（包括两张带印章的牛皮），以及重达5公斤的碎银，由碗、盘、碟、勺子的碎片组成。里面最新的钱币制作于公元5世纪早期。两个带印章的银锭上分别写着CVR MISSI和EX OF PATRICI，表明其出自不列颠大陆官方。利默里克靠近西海岸附近的巴林的文物堆包含了2个完整的兽皮状银锭，与巴林瑞斯和其他两处文物堆的部分银锭类似，另外还有3个银盘碎片、1个串珠碗的边缘、1张托盘的一角和一个盘子上的狩猎图画。这里并没有出土钱币。其中 3 个银锭上有印刻：分别是 EX OFFIC ISATIS、EX（代表十字架的符号）OFC VILIS 和 EX O NON。两个文物堆中完整银锭的重量接近，都在 314—318 克。肯特的遗址中有一两个这一类型的银锭，但这并不意味着爱尔兰人曾在此劫掠，因为银锭可能是不列颠西部一个官方银 / 铅矿区所生产银锭的一部分。虽然碎银很可能是爱尔兰人袭击不列颠市民区的战利品，但银锭也可能是用来招募爱尔兰人加入晚期罗马军队的军饷。从这些证据中我们可能得出的最重要历史结论就是，这可以代表爱尔兰原住民的活动。爱尔兰人在罗马帝国晚期以新的方式或更紧密的方式与帝国进行了交流。

爱尔兰铁器时代物质文化与欧洲主流的哈尔施塔特文化只有些许共同点。虽然爱尔兰中部和北部有一些拉登文化中高级的金属制品（有进口的，也有本地生产的），但西南部却几乎没有受到拉登文化的影响。因此考古中能看出公元前几世纪爱尔兰南北之间的巨大差异，北部更接近不列颠大陆的发展模式。颈环、精细铜合金制品和马具表明公元前几世纪精英阶层的出现，特别是在阿尔斯特。蜂窝状旋转式手推磨是铁器时代晚期的发明，这一工具的出土则更有力地证明了精英阶层的存在。以上提到的物件仅能在爱尔兰北部和中部看到。

在罗马人来临前夕，爱尔兰一些地区在文化层面仍是一潭死水，以上考古证据显然能证明这一点。有趣的是，最具活力的拉登文化区似乎就是由《阿尔斯特史诗》中提到的阿尔斯特国王的领地及其在西方的敌人康诺特王国组成的。在聚落分散的模式中，王权仪式中心的演变令人惊讶，并于铁器时代晚期在苏格兰、威尔士、康沃尔形成鲜明对比。罗马帝国在这里扮演的角色很难完全评估，需要在关键地点进行更多的实地考察。但有一些证据表明爱尔兰的政治和社会权力发生了南移，博因河谷和都柏林郡腹地中丰富的罗马元素就能证明这一点。显然德鲁马纳的遗址在这一方面是继续深入研究的重点区域。奴隶可能是爱尔兰的主要出口商品，他们是当时区域间相互劫掠的产物。

巴林宝藏以及爱尔兰西南部出土的罗马时期其他物品展现了地区财富之间的变化，以及这片地区与不列颠之间的联系。在爱尔兰和威尔士的历史中，有证据表明古代晚期爱尔兰南部有人迁移到了威尔士西部，并有一个颇具说服力的案例将这些人与罗马文献中的阿塔科蒂人联系在一起。几乎可以肯定的是，阿塔科蒂这个名字来自爱尔兰语中表示附庸民族的术语——*aithech thúatha*。阿塔科蒂人在罗马历史中只在公元 4 世纪 60 年代以劫掠者的身份短暂地出现过，但公元 4 世纪晚期部分阿塔科蒂人也曾在不列颠大陆服役。这将他们与未被招募服役的皮克特人和斯科蒂人区别开来，也说明阿塔科蒂人已经被帝国正式承认为邦国成员，可以在帝国内部定居。爱尔兰的文献记录指出迭西人和蓝斯维尔人（*Uí Liatháin*）曾被驱逐到达费德，而威尔士南部出土的晚期欧甘（显然是由某些通晓拉丁语的爱尔兰原住民发明的）铭文也能证明这次部分人的迁移。欧甘铭文在爱尔兰南部很常见，而北部、康沃尔郡、苏格兰的使用程度较低。这是一条重要的信息，提醒我们罗马方面经常提及的袭击活动可能会涉及更加复杂的移民以及民众的流离失所。

对自由不列颠尼亚人民的影响是罗马统治不列颠最有趣的后果之一。有迹象表明苏格兰和爱尔兰的王权和精英权威都得到了加强。不同的派系（可能彼此敌对）聚集在一起，变成了数量更少但规模更大的区域性集团。为了抵抗罗马人对苏格兰的入侵，托勒密笔下的众多民族后来合并成了喀里多尼亚人和迈亚泰人，最后变成了皮克特人。虽然皮克特王国的鼎盛时期是在罗马人离开之后出现的，但很明显这一形成于罗马统治晚期的民族是对罗马帝国做出的回应。苏格兰人民起初是从自卫立场反对罗马入侵，到罗马时代晚期，他们越来越主动地对帝国领土采取军事行动，在边界进行劫掠。虽然罗马军队从未涉足爱尔兰的领土，但罗马帝国通过外交压力来接近并支配未被征服民族的愿望显然会对爱尔兰社会的长远发展产生影响。有迹象表明在罗马时期爱尔兰的面积也在扩大，其军事行动和移民范围在罗马统治晚期也远超希伯尼亚（拉丁语爱尔兰之意）的领土。罗马帝国对不列颠统治消散之后出现了一个悖论，即罗马人离开后，比起不列颠古老的内陆低地地区，边缘地区比原先更为强大，更加重要。

第十五章

乡村文化与身份认同

在估计出来的不列颠总计 200 万的人口中，乡村人口的比例超过了 80%，是目前发现的三个主要社群中规模最大、最多样化的一个。考古学层面最明显的群体是精英阶层，他们有时会有意识地建造罗马式的建筑，通过消费衰落的大都市文化来展示自己的社会地位。但我们必须记住他们只是乡村人口中的极少数（可能只有 2%）。从考古学层面来讲，他们是目前为止最独特的群体，虽然其构成并不统一，但各部分都有共同的身份标记，并与城镇的精英行为和精英文化相关。

乡村精英包含了行省内一部分最富有的人。与罗马世界其他地方相同，这里的城市贵族很大程度依靠的是自己在乡村的土地，如果人们从贸易、手工业或其他职业中获利，投资地产显然是最稳定的手段。罗马征服不列颠之后，一种新的土地市场模式产生了，也向新的土地持有者敞开了大门。关于不列颠土地所有权的现存文件较少，在其中一例公元 118 年的记录上有 3 位土地所有者的名字：凯森尼乌斯・维塔利斯（Caesennius Vitalis）、T. 瓦列利乌斯・西尔维努斯（T.Valerius Silvinus）、L. 伊乌利乌斯・贝里克乌斯（L. Iulius Bellicus）——3 人都是罗马公民，虽然最后一个名字有着

不列颠 / 高卢特色，但这一时间段的 3 人很可能都是移民。不列颠土地中有一部分很可能优先卖给非不列颠买家，以现金形式出售土地对外国投资者更友好，不列颠原住民则不然。

这些改变给不列颠南部的贵族和王室家庭同时带来了积极和消极的影响。从前的垄断和权力可能会被一扫而空，但在某些情况下，罗马人对承认罗马宗主国地位的人比较慷慨，后者因而巩固了自己的土地所有权，以维护现存精英阶层的利益。苏塞克斯的科吉杜努斯家族是这方面成功的典型，他们不仅在菲什本有一座华丽的宫殿，还有许多其他早期的精致别墅，这些别墅很可能与本土精英有关。很明显，不列颠许多地区的主要乡村精英都是耕种祖传土地的不列颠后裔。从公元 2 世纪开始发生了一个重大变化，即乡村贵族也发挥了城市精英的作用，在城镇中拥有自己的第二居所。

不列颠人的社会地位也受到了挑战，外来投资、异邦人建立的聚落，因暴发户增多而扩大的乡村精英群体都可能给他们带来较大的冲击。新行省产生了可投资的新土地，帝国出售或租赁土地，以弥补征服该地区时付出的高昂代价。不列颠很多区域有欧洲大陆的移民。我们已经在城镇和驻军聚落的铭文中注意到了来自高卢北部地区的移民数量。这些人中至少有一部分可能投资了不列颠的土地和庄园。军队则是另一个潜在的投资者来源，军队设立了退伍奖金和储蓄金以供退伍士兵购买土地，从而获得社会地位。在不列颠被征服早期，有些人可能会选择在被遣散时返回家乡，但科尔切斯特、格洛斯特和林肯的退伍士兵聚居区也为不列颠行省的聚落奠定了坚实基础。林肯周边乡村曾有过庄园，这从布兰斯顿出土的一块罕见墓碑上的铭文就能看出，内容是：他埋在自己的土地之上。不列颠南部出土了一些遣散证明，表明哪些地方的土地可以买卖，哪些地方是退伍士兵定居的区域。巴斯附近的沃尔科特和肯特郡西部的西德纳姆都不属于城镇范畴，那里可能有可供购买的土地。在乡村别墅遗址附近发现的军事制品也提供了一些额外的信息，其中最著名的可能是拉齐之杯，这个来自哈德良长城的士兵纪念品出土于威尔特郡的一座乡村别墅。在约克郡彼德拉姆的一座乡村别墅中出土的青铜杯上刻有意义不明的文字，可能也是退伍士兵的标记。西约克郡达尔顿帕劳斯的一座乡村别墅是在一个铁器时代聚落的基础上建立起来的，但发掘显示这一过程并非逐渐地演变，而是由一位与驻扎于约克的军团有密切联系的人直接代替了一个原住民家族（从出土的军事装备、印有第六军团标志的瓦片、约克瓦片碎片就能看出）。一些在罗马军队服役的不列颠人也可能会退伍回到大陆。但无论其种族背景如何，与军队有联系的农民都在文化层面与其乡村邻居有着截然不同的特点。同时他们也有购买能力。考古证据中对土地价格有明确记录（肯特郡 2 公顷的森林只要 40 第纳尔）足以说明这里的土地相对便宜。虽然价格肯定会随着土地质量发生变化，但罗马军团高达 3 000 第纳尔的遣散金足够购买一处体面的庄园。

征服土地，镇压叛乱后，国家和皇家都会因没收土地以及行省精英的遗产而得益。罗马皇帝最终会成为大多数行省中最大的地主之一，这些土地是通过总督办公室和罗马晚期同等作用的机构来管理的（两者都在伦敦）。乡村发展的潜在投资者还包括罗马社会最高阶层的成员，他们在廉价土地上建造了庄园。有记录显示公元 5 世纪初的土地所有人中有一位名为梅兰尼娅（Melania）的女性，决定处理掉她分布在意大利、西西里、西班牙、非洲、不列颠价值数百万的土地。

公共土地上的庄园，或者由皇帝和其他在外土地所有人拥有的土地，可能是由帝国的执行官或小官员、主要租户，或通过土地安排体制来进行管理。他们的职责是从在这些土地上工作的不列颠人身上榨取价值。在没有多少书面证据的情况下，我们很难切实确定这些大型庄园的位置，从考古的角度看，他们与其他私人农场相似。巴斯附近康比镇的乡村别墅是一处值得关注的例子，这里的铅封没有一处来自上不列颠，而且也没有皇家自由人和帝国助理代理官修建建筑的铭文，所以认为此处遗址可能是皇家财产的看法也站不住脚。东肯特郡伊克姆的一处遗址则可能是皇家财产，那里出土了两组公元 4 世纪的皇家铅封。其他潜在大型庄园的考古标记包括非典型性的乡村村庄，在金斯科特、盖特康比、格兰奇石圈等地已经有所发现，这些遗址的规模及其建筑特色将它们与区域性的乡村风格区别了开来。

帝国官员使用乡村别墅的状况尚不确定。考虑到他们任期较短，除非打算在该行省长期居住，一般不会为自己建造并装修别墅。帝国也不太可能为高级官员投资修建奢华别墅。总督和高级官员可能会定期邀请他们到著名民间人士的乡村居所中消闲，也可能利用自己的地位，以牺牲他人利益为代价来享受乡村生活。然而一些小官员的职责范围就在乡村地区，例如在皇家财产性质的矿山和采石场服务的代理官。这些人中至少有一部分可能居住在舒适实用的住宅中，这些住宅在建筑层面也可以归类为乡村别墅。康沃尔郡、威尔士高地地区、不列颠北部单独的乡村别墅也可能属于这一类。

来自欧洲大陆的富裕逃亡者也可能拥有自己的乡村别墅，例如公元 3 世纪受到莱茵河边境地区大规模入侵影响的人们。在过去关于罗马不列颠晚期乡村别墅风格的讨论中，这种存在被夸大了很多，但我们不能完全排除这些罗马不列颠晚期的建筑中包含了新的外来资本投资。另外还有一些记录涉及了帝国其他地区被流放到不列颠的著名人士［例如史学家阿密安·马塞林乌斯（Ammianus Marcellinus）在公元361年、369年和370年不断被驱逐，以及公元4世纪80年代被镇压的普里西利安派］。锡利群岛很可能是放逐目的地之一，对于社会地位较高的人来说，这是一个偏远而不太舒适的地方。但其他人的遭遇则可能好一些，他们在不列颠南部购买或租赁合适的乡村住宅，总督也可以密切关注他们，这也是很有可能的。

在罗马统治晚期，帝国范围内遵循相同的模式，捐赠和遗嘱赠予使基督教会成了主要的大地主。虽然缺乏证据，但高级神职人员也很有可能使用这些乡村别墅，甚至有些建筑会被转变为宗教社区。

只要稍稍考虑一下前几章的信息，我们就能发现即使是在乡村别墅繁荣的地区，不列颠各地的乡村发展格局也存在着区域性差异。这一现象的必然结果就是相应的精英阶层财富差异，以及社会地位较高的人的行为和生活方式的不同。我们有理由相信有些人会乐于炫耀财富和自己对罗马高级文化的理解。这些人可能是来自高卢的军团退伍军人、商人、工匠，也可能是科吉杜努斯家族的成员或者其他社会地位较高、试图在罗马统治下寻求快速成功的不列颠人。菲什本的宫殿是乡村“精英游戏”初期的代表，但大多数早期别墅和马赛克装饰的意义并没有这么简单。一般来说，不列颠对罗马精英阶层身份特征的吸收是缓慢且不平衡的。在不列颠东南部，“乡村别墅精英”这一概念可能是在公元3世纪才形成的，并不适用于不列颠西南部、西部、北部的大部分地区。

并非所有的乡村精英都居住在乡村别墅，尤其是在罗马统治开始的最初几百年。我们需要仔细考虑，例如湿地地区、康沃尔、威尔士和苏格兰的原住民是如何表达自己相对于社会中其他人的文化优势和差异的，以及罗马宗主国的地位在多大程度上改变了这些行为。

精英行为的流行

石刻铭文在乡村很少见，道路旁里程碑上的文字是最常见的一种形式。不列颠在这方面并非个例，主要原因之一是相对驻军聚落或城镇来说，乡村并不适合文化展示（前者的识字人口密度更大）。不列颠西部和北部常见的罗马里程碑是高达 2 米的圆柱，而南部的典型里程碑则是较小的四棱柱（还有一些边长 30 厘米的正方体），铭文上的内容一般都是皇家头衔。大多数石刻铭文位于已知的罗马道路附近，但也有一些例外，包括一些距离罗马道路几公里的乡村别墅遗址中的石刻铭文，以及康沃尔郡的一处集中发现点。这些矩形石柱中至少有一些可能用来标记当时较重要的地标，例如皇家地产的边界，或矿区的边界（康沃尔的石柱）就是如此。从白鼬大道至沃特牛顿南部的一块里程碑似乎标记了公共财产（*publicum*），而内内河谷的特拉普斯顿出土的另一块界石则刻着“PP”的字样，也可能标志着公共区域的边界。当时的乡村肯定有很多边界标识，但大多数可能是木质的。

乡村铭文中的另一个重要主题是宗教奉献。这些铭文很多来自乡村神庙，但已知的乡村别墅中或其附近（查德沃斯、达格灵沃斯、西科克、塞克诺阿）也有发现。宗教奉献的性质各不相同。已出土的文物中刻有铭文的祭坛很少，配有小段文字的神灵浮雕较多，少许雕刻雕像、较多的羽毛状还愿板，相当数量的诅咒板和私人的青铜字母（可能是个人为还愿而购买的）。皇帝崇拜的铭文则很不同寻常，巴斯的两处铭文似乎与皇家地产有关。康比镇出土的文本是由助理代理官奈维乌斯为皇帝祈福而捐赠的，而在靠近凯恩舍姆一座大型别墅的萨默代尔，盖乌斯·因度提乌斯·费利克斯（Gaius Indutius Felix）则捐赠了一座刻有罗马皇帝保护神形象和自然之神西尔瓦努斯形象的雕像基座，上有铭文“*con vic ga*”，这可能与一位打理一片皇家乡村财产的主要负责人有关，他的名字是以 *Ga* 开头的。

除去巴斯和乌雷两地发现的大型诅咒板之外，其他地点也发现了较孤立的文物，主要集中在乡村神庙，这表明诅咒板是不列颠南部更加普遍的宗教行为（见表 11）。起初我们认为大多数诅咒板出自神庙中专业抄写员之手，但乌雷和巴斯出土的诅咒板中却没有发现彼此相同的字迹。

如此看来，让诅咒力量生效的一个重要因素就是个人在模范文本的基础上自己进行刻写，这样就会导致最终成品上经常暴露出作者拉丁语知识的匮乏和较差的书写笔迹。这表明诅咒只有在奉献者和神灵之间保密才能生效——诅咒铅板经常被卷起或折叠以防止他人阅读，这更加验证了这一点。诅咒板的日期是通过书写痕迹变化来判断的，其中一些至少产生于公元 1 世纪末或公元 2 世纪初，而一些用新罗马手写字体的诅咒板则制造于公元 4 世纪。乡村诅咒板反映出的整体质量和文化水平与巴斯诅咒板所体现的相同，表明小城镇和乡村神庙中的信徒组成并没有显著差异。这两个群体之间甚至可能有部分交叉，例如一位名叫多西里阿努斯（Docilianus）的人在巴斯丢失了一件斗篷，而他可能就是乌雷一块字迹极为相似的诅咒板的主人多西林乌斯（Docilinus），在这块诅咒板上他指出了有可能伤害自己农场中一只动物的三个嫌疑人，并寻求对他们进行报复。那么乌雷的诅咒板在乡村神庙诅咒中的代表性如何呢？虽然利德尼、布雷恩、佩根山、老哈洛、韦汀布鲁姆希尔/布兰顿也有一些诅咒板出土，但这些诅咒板的许多特征都指向了乌雷周边区域，这些区域组织结构完整，可能是皇家地产或其他大型地产的一部分。因此这一遗址可能不具典型性，而其他出土了诅咒板的乡村神庙中至少有一个非常接近一处可能的皇家地产（凯恩舍姆附近的佩根山）。

墓碑（或雕刻石棺）在乡村地区极为罕见。受军事社群影响较大的约克郡仅发现三例。其他大部分例子来自不列颠南部的乡村别墅（皮特尼、旺斯福德、塔兰特辛顿、伍尔、曼斯菲尔德、伍德豪斯），或者小城镇周边（卡里克戴尔、斯米尔斯、巴斯、卡尔特豪斯），只有一处发现来自乡村神庙遗址（伍德伊顿）。目前出土的此类文物都与非乡村别墅的乡村聚落无关。东伦敦巴金的一处遗址类型尚不能确定，但这里也出土了印有在伦敦办公的代理官印章的瓦片，所以这里也可能曾是一座乡村别墅，正如巴克斯的桑德顿乡村别墅一般（这里也出土了类似的印章瓦片）。格洛斯特郡出土的三块墓碑都位于金斯科特大型核心聚落周边一两公里之内，这里曾是宗教铭文、浮雕，以及其他装饰性石雕的著名出土地。铭文中涉及的人物也能体现金斯科特的特殊性：一位名为梅特图斯的格坦人（达契亚人）提到了继承人，立一份遗嘱。乡村铭文的另一个重要集中点在乌雷神庙西北方向几公里处。格洛斯特郡在这一方面也非常突出，这块约 600 平方公里的土地是不列颠乡村铭文、宗教图像、雕塑作品、装饰石雕、祭坛、墓碑最多的区域之一。我们当然无法做出完美的解读，但这片乡村区域在铭文记录方面显然不同寻常。

乡村建筑室内装饰中的铭文元素也是乡村别墅拥有者显露自己文采的手段之一。马赛克铭文在不列颠非常少见，目前出土此类铭文的乡村别墅位于比格诺尔、卡勒恩、弗兰普顿、辛顿圣玛丽、利特尔顿、卢林斯通、拉兹顿、斯拉克斯顿、温特顿、伍德切斯特。而奥尔斯福德、戈德曼彻斯特、格里特维尔、卢林斯通、奥特福德、罗克伯恩的乡村别墅壁画上则有一些零碎的铭文。班克罗夫特、东莫林、菲什本、皮丁顿、拉兹顿、斯坎普顿、塔兰特辛顿则有一些石膏涂鸦。尽管乡村建筑室内装饰铭文分布较广，但也有一些迹象显示这些铭文分布偏向更豪华的别墅（比格诺尔、菲什本、伍德切斯特），或者靠近行省首府/殖民城市的乡村别墅（奥尔斯福德、东莫林、格里特维尔、卢林斯通、奥特福德、斯坎普顿、温特顿）、军事社群（拉兹顿？），或者马赛克装饰别墅比较密集的地区（弗兰普顿、辛顿圣玛丽、利特尔顿、罗克伯恩、塔兰特辛顿、斯拉克斯顿）。其中两处马赛克铭文（弗兰普顿、卢林斯通）包含了文学性较强的话语，有一处是宗教劝诫（伍德切斯特），但大多数铭文内容只是描绘事物名称或作者的名字（温特顿、拉兹顿、卡勒恩、比格诺尔）。斯拉克斯顿的马赛克装饰很不寻常，一是因为其出土于一个中等规模的带通道房屋，二是因为铭文中的名字“昆图斯·纳塔利乌斯·纳塔林乌斯和博德尼”(Quintus Natalius Natalinus et Bodeni)。第一部分是一位行省内罗马公民符合罗马三名法的名字，最后一个名字可能是他的签名或他的英文名博登乌斯(Bodenus)。他应该是这座公元4世纪乡村别墅的主人。在这座典型的带通道房屋中，马赛克地板应该是后期加入的装饰，这可能受到附近一个早期坟墓和圣坑周围圈占地的影响。建筑出现罕见的马赛克元素以及这个中等富裕的土地所有者的想法似乎远远够不到科茨沃尔德更大、更豪华的别墅档次。

一项针对书写工具的调查在乡村遗址中也有大量发现。不出所料的是，书写工具大多出土于乡村别墅中（73处遗址中发现了251支尖头笔），但许多遗址只出土了1—2支尖头笔，只有4处有超过10支（最多的一处是白金汉郡汉布尔登的一座乡村别墅，出土了70支）。非乡村别墅聚落也出土了相当多的证据（50处共出土了94支尖头笔）。这些数据同样有区域性差异，尽管这些差异可能是各郡乡村发掘规模不同的结果，因为汉布尔登较多的发现以及沃里克郡汀丁顿的一座核心聚落的发现（30支）显然与普通的分布模式不符。尽管如此，书写工具的分布中还有一些有趣的空白地区（康沃尔郡、德文郡、莱斯特郡、诺丁汉郡、德比郡、什罗普郡），这些地方的乡村别墅比较少。

尽管农民可能基本上是文盲，但至少有一部分是在有文化的地区生活的，许多地区之间很可能有经济上的交流（可能都从属于更大的房产所有者），但我们现在无法知晓。一些特殊的残存痕迹暗示了经济交流的存在：伦敦出土的一块写字板上记录了肯特一块小森林正在出售，而丘斯托克一座乡村别墅出土的法律条文写字板(很不幸，这块写字板是破碎的）也很相似，可能是作为购买空置财产的证明。克莱登派克和比斯特一处公元2世纪的乡村遗址也出土了较多的写字板碎片，表明写字板曾经应用较广。在不列颠较发达的地方，土地的丈量、持有、租赁、征税、交易显然都是根据书面文件进行的。

埃文 / 萨默塞特和格洛斯特郡是皇家地产和其他大型地产的主要集中地，这两片区域出土的尖头笔比例超过了不列颠乡村出土总数的 22.5%，再次体现了这些地区潜在的不同特征和那里乡村精英的社会观念。

乡村社群识字率的另一个指标是个人财产上的涂鸦，这种行为常用于标记所有权。正如我们在前面的章节中所说，这种做法在军事社群中非常普遍，在城镇中也有很好的体现。在出土了涂鸦萨摩斯器皿的 151 处遗址中，有 73 处军事遗址（其中 31 处出土了 5 个以上器皿）、26 处城镇遗址（其中 14 处出土了 5 个以上器皿）、13 个乡村别墅（只有 1 处出土的器皿超过 5 个），以及 39 个乡村遗址（没有一处出土的器皿超过 5 个）。一些小型乡村遗址实际上是神庙或者某些被当作小城镇的地区，除此之外都是中等规模的农场。

虽然姓名证据受到人群记录姓名习惯不同的限制，罗马公民范围扩大也导致了人们姓名的同质化，但个人姓名也可以很大程度地展现不列颠乡村的社会融合。石刻铭文和金属还愿板上的记录是可供参考的第一类资料，尽管这些资料涉及的人大部分是社会地位相对较高，或自认地位较高的人。个人财产上的涂鸦通常采取缩写形式，所以重构全名比较困难。这些名字中大多是典型的拉丁人名，但其中的确包括一些不列颠或高卢人名。格洛斯特和林肯出土的印章瓦片上采取了三名法的罗马公民名字缩写（T.P.F 和 L.V.L.），而陶器（尤其是搅拌钵）上的印章则贡献了 250 个名字（或缩写），这些人的作坊通常位于乡村。大多数有名字记录的陶匠要么只有一个拉丁名字（超过 60 例），要么有一个不列颠 / 高卢名字（超过 100 例）。使用三名法取名的陶匠不多，但其中很多显然是罗马公民或外国人，在罗马军队征服不列颠初期就迁移到了这里。公元 1 世纪有一位名为 Q. 瓦列利乌斯・维拉尼乌斯（Q.Valerius Veranius）的男性活跃于肯特郡，他曾作为一名拥有公民身份的陶匠生活在高卢东北部。在不列颠被征服的早期阶段，肯定还有像他一样的商人，其中较成功的人可能还购买了土地。

诸如霍克森文物堆这样的文物宝藏代表了罗马不列颠社会的最高水平。霍克森宝藏中的每个物品都刻着人名，其中一只手镯上刻着伊尤莲娜女士（Iuliana）的名字。10 个勺子上提到了一位名为奥勒留・乌尔西齐努斯（Aurelius Ursicinus）的男子，另外还有许多拉丁或希腊名：西尔维克拉（Slvicola）、达蒂安乌斯（Datianus）、佩里格林乌斯（Peregrinus）、爱荷里乌斯（Euherius 或 Eutherius?）、潘塔达（Patanta）以及福斯提乌斯（Faustinus）。这些文物代表的财富证明这一家族位于不列颠行省社会的最高层，他们的祖先可能来自欧洲大陆，那里很多名人叫乌尔西奇努斯。

其他一些名字显然属于罗马公民，例如内特海姆的 Q. 内拉提乌斯・普罗克西姆乌斯（Q. Neratius Proxsimus）和布兰斯顿的奥里利亚・孔切萨（Aurelia Concessa），这两地都靠近林肯的殖民城镇。还有很多名字是一目了然的拉丁语（但并不能排除其不列颠原住民身份）：女性有赛坎达（Secunda）、特尔提娅（Tertia）、福斯塔（Fausta）、马克西玛（Maxima）、辛普里西娅（Simplicia）、韦内利娅（Veneria），或者肯索林乌斯（Censorinus）、费尔米努斯（Firminus）、阿马图斯（Amatus）、里希尼乌斯（Licinius）、弗洛伦提乌斯（Florentius）之类的男性名。另外还有一些凯尔特人名，因而他们可能是不列颠人或高卢人。林肯附近一座战神玛尔斯雕像是克拉苏尼乌斯·布鲁斯乌斯（Colasunius Bruccius）和克拉苏尼乌斯·卡拉提乌斯（Colasunius Caratius）捐建的，他们的名字就属于这一类。西北欧的名字在这里也相对常见：例如女性名贝尔利西娅（Bellicia）、米娜（Mina）、莫库西索玛（Mocuxsoma）、苏丽丝娜（Sulicena），男性名贝里库斯（Bellicus）、瓦提奥库斯（Vatiaucus）、韦尔尼西奥（Vernicio）。我们要牢记以下名字的主人不一定是不列颠原住民：西科克乡村别墅中出现的伊文提乌斯（Iventius，也可能是 Iuventius）·萨宾乌斯的名字似乎是一个捏造的公民名，但他对玛尔斯·利基萨姆乌斯（Mars Rigisamus）的宗教奉献体现了高卢风格，因为利基萨姆乌斯只在阿瓦利库姆（布尔日）出现过。

乌雷和其他乡村圣所的诅咒板则涉及了一个更大的社会阶层，尽管仍然只限于社会阶层中有文化的那一部分。巴斯和乌雷文物上的名字中，不列颠/高卢人的名字要多于拉丁名（数量比为 95∶83）。拉丁人名中只有一个姓［例如萨图尔尼乌斯/萨图尔尼尼亚（Saturninus/Saturninia）］，而非氏族名与家族名的结合，后者往往意味着该人为罗马公民。不列颠人名则包括在巴斯发现的赛诺瓦拉（Senovara）和乌雷发现的赛诺瓦鲁斯（Senovarus），另外还有一些显然是在不列颠人名的基础上产生的——在巴斯发现的多卡（Docca）、多西利斯（Docilis）、多西利娜（Docilina）、多西里阿努斯（Docilianus）以及乌雷文物上的多西利乌斯（Docilius）——这些名字中显示了两处神庙的教众有重叠之处。巴斯圣泉出土了一个锡盘，上面刻有一系列以不列颠传统方式命名的人名和父名，例如“马里尼安乌斯·贝尔卡迪……贝尔拉乌斯·贝利尼”（Marinianus Belcati…Bellaus Bellini），意为贝尔卡图斯之子马里尼安乌斯，以及贝利尼乌斯之子贝尔拉乌斯（Marinianus son of Belcatus，…Bellaus son of Bellinus）。

不列颠一些地区几乎没有人名记录。康沃尔郡的例子就比较少，其中有一个刻在矿区井口锡盘上的名字埃利乌斯·莫德斯特乌斯（Aelius Modestus）。这种记录方式表明此人可能是一个外来者，可能是个从事铅矿开发的承包人或代理官，或者是军方的管理员。

马赛克装饰是罗马不列颠时期卓越的奢侈艺术装饰，目前发现的约有 2 000 例，其中大部分分布在乡村别墅和大型城镇中。菲什本的宫殿中有一些马赛克装饰，公元 2 世纪时这种装饰在乡村别墅和高级城镇住宅中更为普遍。精确定位于公元 3 世纪的马赛克装饰相对较少，但公元 4 世纪初却出现了大规模的马赛克装饰，现已确定日期的马赛克大多属于这一时期。马赛克的铺设在一定程度上依赖训练有素的工匠组成的工坊，针对地区性工坊的分析有很多，目前认为这些工坊都集中在塞伦赛斯特这类的大城镇。

许多早期马赛克装饰都有几何设计，有些还相当复杂，在罗马时期马赛克主要应用于人行道铺设。人物形象在后期更为常见，通常与神话场景有关。关于这些图像的社会意义有两种说法：有人认为这些马赛克是标准罗马艺术图案的随机组合，没有任何具体的个人意义或寓意——马赛克图案基本上是从工匠准备好的样本中选取的；另一种说法认为富有的顾客对于马赛克主题非常感兴趣，图案背后更深层次的象征意义是最重要的。两种说法中马赛克地板都意味着对文化艺术品的巨额投资，而文化艺术品本身就是人们展示自己罗马身份和受教育水平的载体。

不列颠马赛克图像主题在罗马帝国其他行省马赛克艺术主题中都能找到，尽管由于保存状况不佳或艺术表现不雅（两者也可能同时存在），马赛克图像的精确识别也很有争议。尽管如此，不列颠马赛克艺术的整体模式表现出了一些独特的偏好，似乎在反复暗示着海洋这一图像。四季主题（比格诺尔、查德沃斯、卢林斯通以及其他9处遗址）、俄耳甫斯用琴声驯服怪兽（巴顿农场、威辛顿、伍德切斯特、温特顿等地）、酒神巴库斯（查德沃斯、斯通斯菲尔德、皮特尼、斯拉克斯顿）都有很好的展现。与此同时也有其他古典神话的明确表现形式，例如柏勒洛丰射死喷火怪兽喀迈拉（克劳登、弗兰普顿、辛顿圣玛丽、卢林斯通）、欧罗巴与公牛（凯恩舍姆、卢林斯通）、维纳斯（下汉姆、拉兹顿）、维吉尔《埃涅阿斯纪》中的场景（弗兰普顿、下汉姆）、朱庇特和伽倪墨得斯（比格诺尔）、阿喀琉斯生平的场景（凯恩舍姆、霍克斯托？）。其他不列颠特色的传统马赛克主题还包括战车和环形广场的场景（卡勒恩、霍克思通、拉兹顿）、角斗士（比格诺尔、布拉丁）、竞技场中的野生动物狩猎（拉兹顿）。动物狩猎一般是高级艺术品中常见的图像，是富人最青睐的休闲活动之一（马尔顿、温特顿）。其他神灵和神话人物的形象也有出现：墨丘利（拉兹顿）、尼普顿（弗兰普顿、威辛顿、拉兹顿）、美杜莎（比格诺尔、达尔顿帕尔劳斯）、忒修斯和米诺斯迷宫（老科特斯）、神话中成对的恋人们（皮特尼）。仙女、丘比特、孔雀、双耳酒杯、海豚、人鱼等海洋生物也是常见的艺术元素。

不可否认的是，不列颠马赛克装饰的主题都被严格限制在既定的经典主题之内，虽然有时负责镶嵌马赛克的人偶尔会犯细节错误。不列颠的马赛克装饰中缺乏乡村生活场景，这与其他行省形成鲜明对比。这一切都显示出铺设马赛克路面的主要动机其实是炫耀或显示对古典罗马文化知识的了解。在当时的社会，这种知识就意味着力量，马赛克艺术就是充分表现知识和社会地位的载体。下汉姆和弗兰普顿马赛克装饰中埃涅阿斯的生活场景可以理解为一种主人显示自己熟识维吉尔杰作的行为。甚至有人提出马赛克镶嵌的灵感来自负责人自己以小型画作形式呈现的初稿，而非马赛克工匠已有的图集。同样地，卢林斯通出土的欧罗巴和公牛的场景也能让人想起《埃涅阿斯纪》的开头以及奥维德的诗意风格。罗马不列颠时期很少有对古典文学的具体指代，所以这些例子就更加引人注目。肯特郡奥特福德乡村别墅走廊壁画上一处破损的题字则几乎明确地提到了《埃涅阿斯纪》的内容。

带有篡位者卡劳修斯（Carausius）头像的一些神秘钱币则提供了另一种证据，钱币上有维吉尔《牧歌》第四首的连续两句：*RSR* 代表了 *Redeunt Satunia Regna*（“黄金时代回归”），*INPCDA* 则是 *Iam Nova Progenies Caelo Demittitur Alto* 的缩写，即“新的后裔如今已从天堂降临”。钱币上还有很多维吉尔笔下的典故，这些钱币应该通行于受到维吉尔影响的行省，抑或至少是能够了解卡劳修斯这种文化游戏的行省。

这些有限的证据不足以让我们评估不列颠个人藏书的容量，但马赛克在整体上证明了精英阶层对古典神话和流派的认识和理解。问题在于我们无法了解这些委托别人制作并有鉴赏能力的人的想法。但这并没有阻止学者们进行这方面的尝试，而且他们还取得了不同程度的成功。例如俄耳甫斯的图像就被解读为罗马晚期新柏拉图哲学的标志。有人认为俄耳甫斯在罗马晚期非基督教以及精英文化中获得了更加深刻的哲学和宗教意义。也有人认为不列颠人将俄耳甫斯融入了森林神灵中。俄耳甫斯在几世纪以来一直都是马赛克艺术中的经典形象，描绘他用七弦琴驯服一群怪兽的景象需要展现较高的技艺，但俄耳甫斯形象广布的原因应该不止于此。不列颠的俄耳甫斯地板一般位于房屋和乡村别墅最重要的接待室内。伍德切斯特有一块位于主要住宅区域中心大餐厅的俄耳甫斯马赛克路面，是目前最著名的一块。这种马赛克当时在不列颠西部负有盛名，至少有一些俄耳甫斯路面都是模仿这一块制作的。这些说法有一定程度的合理性。然而其他因素也有可能导致了俄耳甫斯形象的广泛采用。因为这一形象广为分布，人们有时也会讨论马赛克地板房间的宗教意义。威尔特郡利特尔科特一座大厅中非同寻常的俄耳甫斯马赛克地板引起了最多的讨论。此处伴随俄耳甫斯左右的不是其他马赛克装饰中常见的野兽，而是四个女性形象（可能是代表四季或四个女神），她们站在一些动物背后或一侧。目前对这一图像隐含寓意最细致的解释十分巧妙，但最终还是无法证实，而且其他证据也显示这里并非新柏拉图教派的教堂。与这种建筑形式最相似的是罗马统治晚期的接待室和餐厅。

公元 4 世纪的绝大多数马赛克是非基督教主题。然而多塞特郡弗兰普顿和辛顿圣玛丽的两处基督教元素马赛克装饰引发了人们的思考。这两处马赛克装饰中融入了代表耶稣的符号，而非布满了传统的非基督教元素（柏勒洛丰、狩猎场景、巴库斯、尼普顿、维纳斯、丘比特、神话中的夫妻和英雄传说、海中仙女、海豚、海马等）。如果那些代表耶稣的符号未能完好保存，剩余的部分将使我们毫不犹豫地将这些马赛克装饰归于不列颠其他非基督教马赛克装饰中。虽然有很多人试图从非基督教图像中寻找基督教方面（正统教派和诺斯替教派）的解释，但罗马晚期贵族认为把新的基督教象征与传统视角中受教育精英的视觉表达放在一起并无不妥，这种可能性也不小。因此，基督教身份超越了既定的“教化”（希腊语

paideia）概念，整个罗马帝国的精英都试图划清自己与传统看法中受教育程度较低人群之间的社会界限。这样新旧传统的融合也出现在了肯特郡卢林斯通，这里一个地下室被改造成了基督教教堂——通过具有明显基督教特色的壁画就能看出，而这里的主接待室却保留着早期的马赛克地板，描绘了柏勒洛丰与喷火怪兽、四季、欧洛帕和朱庇特 / 朱庇特化身的公牛形象。

能够识别艺术形式中的文学典故和神话人物，熟识故事中的细节，会适当引用维吉尔或其他著名作家的名言——这些都是社会地位较高者的特点。从其他乡村别墅的建筑和装饰中，我们可以确定至少有一些不列颠人渴望加入这一特殊阶层。

马赛克图像中缺少明确的不列颠元素，但也有一些可能的例外情况，比如圣奥尔本斯一块壁画上的“尼普顿”头上有两个鹿角，应该是其原始形象与不列颠一位长角的神灵结合的产物。拉兹顿的维纳斯图像常被人们引为失败艺术的例子，一个拙劣的不列颠工人笨手笨脚地将这位裸体女性描绘成了引人发笑的样子。另一种观点认为这是为了体现“凯尔特”特征以及对梨形身材女性的偏好而特意采取的抽象艺术形式。毫无疑问，这种艺术还比较幼稚，但我们在此应该注意的文化参照是罗马元素。除去维纳斯之外，拉兹顿此处遗址的地板上还有一个男性人鱼（海之信使)、墨丘利的头(可能当时旁边还有一个巴库斯的形象，但现已不存在)、四个猎人(斗兽士或猎手）与四只野兽在竞技场里搏斗的图像。其中两处有具体的名称，分别是“杀人者的公牛”和“暴烈的狮子”。拉兹顿一些遗址也有高级马赛克装饰，如此看来，那幅公元 3 世纪晚期维纳斯图像之所以比较抽象，应该是因为当地缺乏能工巧匠。在那大约 30 年后，当铺设其他新的马赛克时，当地马赛克装饰的水准就明显高了很多。

不列颠的马赛克装饰铺设年代都比较晚。公元 2 世纪时这种艺术形式并不具备古典文化的广泛影响力。实际上最初的马赛克图像并没有什么花样，至少在乡村大部分早期路面还都是几何图形状的。许多公元 4 世纪装饰了精美马赛克的乡村别墅在公元 2 世纪甚至还未建成。罗马晚期乡村文化特征的独特性是毋庸置疑的，但也代表了精英行为在较晚时期的巨大变化和拓展。较大的乡村别墅与其复杂的装饰图案相结合，这与小农场以及其中作为符号化装饰添加的单个马赛克之间也有显著的差距。虽然某种程度上文化在乡村精英阶层之间是共享的，但这并不代表每个人接触知识的程度都相同，也不意味着他们会对罗马精英文化产生同等程度的共鸣。

壁画是另外一种重要的装饰艺术，广泛地应用于城镇和乡村别墅中。这些壁画以地中海壁画为蓝本，两者的颜色方案、主题、图形元素惊人地相似。出于材质原因，这种形式比马赛克更加零碎，但研究表明抹灰泥并加以涂画的墙壁要比马赛克装饰更为普及。墙壁上经常画着想象的建筑景观——都是庞贝第二风格和第四风格——此类壁画在不列颠也有出现。很多墙壁被当作大型的画板，中央画着微型场景，尽管一些罗马晚期绘画中还包括了近乎真人大小的人物形象，覆盖了整片墙面（金斯科特就是如此）。在场景主题比较明确的地方，标准罗马神话和社会主题的表现与马赛克装饰别无二致，肯特郡奥特福德的壁画上有维吉尔作品中的形象，金斯科特的壁画上则出现了维纳斯和玛尔斯，而塔兰特辛顿有美少年纳西索斯和森林之神萨蒂尔的图像。许多乡村别墅的洗浴套间内还有海洋场景，例如菲什本、斯帕肖特、卢林斯通、温特顿。

大理石地板和墙面镶板（碎块大理石装饰，*opus sectile*）的分布要比马赛克少得多，只在少数地方存在，例如比格诺尔和菲什本的宫殿——为这两地服务的大理石工坊可能也为周边安格默林和贝里顿的乡村别墅提供了服务。大理石雕像在不列颠似乎非常罕见，伍德切斯特是出土碎片数量最多、质量最高的地方。卢林斯通、菲什本、布罗德布里奇、博瑟姆出土了大理石半身像，而大理石像则在一些乡村别墅（德里山、斯普雷伍德、班克罗夫特）以及少女城堡和乌雷的乡村神庙中有发现。

非大理石雕塑和浮雕是乡村地区乡村别墅和主要神庙的特色。一些乡村别墅中出土的宗教浮雕使人们认为某些别墅可能曾是神庙，供朝圣者住宿、洗浴。然而这些功能的重叠只能表明个人乡村别墅与乡村神庙之间的赞助关系，以及乡村别墅内部私人神庙的建立。

不列颠乡村地区石雕的区域分布严重不均，与带有马赛克装饰的高级别墅较多的地区有明显相关性。这类文物在格洛斯特郡科茨沃尔德和巴斯周边地区非常丰富。除去拟人雕塑之外，大多数雕塑具有宗教特性，在这些地区主要遗址的发掘工程也产出了装饰性的建筑元素以及石头家具，例如碎石制作的餐具柜。

不列颠和爱尔兰许多地区还出土了许多粗制的圆形人头状雕塑。其中一些来自目前已知的罗马乡村别墅、小城镇以及其他聚落，但其他雕塑还不能精确确定其所处的具体罗马时代。虽然这些雕刻整体上缺乏风格的延续性，但通常被称作“凯尔特人头”。虽然这些雕塑已经被纳入已出版的罗马不列颠雕塑目录之中，但其真实属性却备受争议，它们的时间跨度可能更长。这些被确切定位在罗马时期的雕塑是目前罗马时代精英产物中独特的艺术表现形式之一。无论如何，这些雕塑都能告诉我们一个事实，即常规古典艺术主题之外的艺术品水平都很低。

银盘也是一种精英装饰艺术品，不列颠也出土了很多引人注目的收藏，但有趣的是大多集中在安格利亚东部，这片土地上发掘的乡村别墅质量一般。从乡村地区发掘的两处最重要文物堆分别是米登霍尔和霍克斯尼。后者包括了近 1.5 万枚钱币（其中包括 569 枚金币，但相对银币数量来说非常少），29 件黄金首饰、78 只银汤匙和 20 只长柄勺，以及 11 件餐具（小碗、花瓶、胡椒瓶）。霍克斯尼文物之所以重要，是因为该地距离《安敦尼行程指南》中记录的福斯蒂尼乡村别墅非常近，该别墅显然是罗马道路附近的一个大型庄园。这里发现的一个箱子显然不够大，无法容纳这里出土的大盘子和碗，所以应该还有尚未发现的第二处文物堆。

不列颠精英们早在铁器时代晚期就迷上了罗马银器，韦林一处坟墓出土的两个银杯就能证明这一点。飨宴和奢侈用品的展示是铁器时代和罗马社会共同的特征。精英身份的真正标志是所持有银餐具的数量和质量。一些银器上标注了主人的名字，另一些则用夸张的言辞来标注器具的重量和容量。不列颠是其他地方出产的银器的主要消费地区；还有迹象显示不列颠的手工制造也很发达。不列颠人制造了锡制容器来作为更廉价的替代品，其中至少有一部分用作还愿的奉献品，这在康沃尔郡的圣加斯特、卡默顿、兰兹顿、韦斯特伯里、内特尔顿（都在巴斯附近）、格洛斯特和威特科姆、锡尔切斯特和兰顿（约克郡）边境都有发现。锡制器皿的设计和装饰明显模仿了银器，虽然这种器皿保存下来的很少，但在当时“乡村别墅精英”中分布比较广泛。然而用具标准也可能会降低，例如诺福克郡韦尔尼出土的装饰简单的锡盘，上边本应写为“VTERE FELIX”或“祝使用者好运”的祈愿被写成了“VERE FELEI”。

在带有图案装饰的银器上，我们通常会看到古典神话和非基督教图画。米登霍尔出土的海神之盘的中心是尼普顿头像，周围围绕着海马、仙女和其他海兽。盘子边缘则是关于酒神崇拜的舞蹈，亚历山大大帝和他的母亲，以及各种野兽。但这里也出土了三只带有耶稣符号的勺子，可能属于基督徒。正如马赛克装饰一般，基督教和非基督教图案的结合带给我们的困扰远比公元 4 世纪晚期这个偏远行省的贵族带来的多。里斯利公园（德比郡）的一幅野猪狩猎场景也有非基督教元素，但由主教埃克苏佩利乌斯捐赠给了教堂(具体位置不明)。

总而言之，这些奢侈艺术表明了不列颠很多乡村精英展现了一种在罗马帝国其他地区通行的文化标准上生成的身份。这一概念的核心是乡村别墅，在此我们必须对完全用作农业的石墙瓦屋顶房屋与包含旨在反映社会地位的建筑元素以及罗马外观（彩绘墙、马赛克或棋盘格地板、浴室、地下供暖设备）的建筑做出区别。识字是这一文化表现应有的组成部分，规模宏伟的别墅与文学行为的具体表现之间有一定的相关性。这种精英身份与军事身份有很大不同，虽然与城市精英文化有部分重叠，但我们也可以找到不同之处。

在那些将罗马土地所有权概念融入自身社会等级最深的地区中，将建筑装饰和室内装饰作为财富表现形式的行为最为广泛。反映了社会层面亲罗马的精英文化强化了土地所有权、劳动力和租户的控制权以及地产管理。虽然一些乡村别墅的主人一定曾在军队服役过，我们在乡村考古记录中观察到的权力和社会声望信息都能看出，退伍士兵会在退居乡村后尽量消除一些展现军人身份的特点。乡村地区的权力主要基于法定的所有权、文化知识、教育，而非武力。退伍士兵（无论是不列颠人还是异邦人）似乎都在努力融入周边的人群，虽然这意味着他们将抛弃自己部分的军人身份。另一方面，乡村地区罗马军事装备和军用胸针的频繁出土也表明军事/乡村二元要素是可以并存的。

乡村非精英文化

关于乡村人口的生活方式，目前还有很多尚未解开的谜团。乡村别墅地区的大部分居民必定依赖于持有土地的精英阶层，这两类人最终要响应国家的税收需要。“乡村别墅景观”中圆屋的长期存在以及罗马陶器风格和手工制品的低分布率都能证明乡村大多数人的抵抗保守主义。希望未来的研究可以让我们对乡村低级阶层以及帝国对其实行的统治措施有更多了解。

与那些拥有上地或仰慕拥有土地阶层的人相比，大部分乡村人口的生活是截然不同的。他们对新物质文化的利用更为有限。过去对物质文化的研究往往轻易地将“罗马”制品的存在等同于模仿罗马行为和风尚的愿望。如果萨摩斯器皿中装的是用传统方式制作的传统食物，那么这就算不上很大的文化进步，因为这些食物之前也是被盛在特殊器皿中的（这种习惯在铁器时代晚期应该就形成了）。一个罗马搅拌钵（mortarium）的出土则可能更为有趣，因为这代表了一种新的食物制作方法，以及一种新式瓷器风格。消费模式会受到市场力量以及个人选择的影响，新手工制品的使用可能仅仅是因为此类制品的使用性更好。因此乡村地区文化的变迁非常有趣，因为这里手工制品的种类丰富程度可能远逊于城镇或驻军聚落。此外，我们还要考虑新物质文化的用途。因此具体而精确的情境和用途是解读这些世俗用具的关键。相关研究还应明确不列颠人或非罗马人使用的人工制品类型和行为。

近年来，英国的人工制品文物研究取得了两项巨大进展。第一个包含了对遗址文物堆的仔细考察，以及相似遗址或不同遗址之间的对比。军队、城市、乡村社区之间的确存在着普遍的差异，这一点愈发明朗。虽然其中一部分差异可能是供应源和市场造成的，但这至少可以证明较强的身份分歧已经出现了，每个群体都按自己的想法强化其罗马身份，并与其他群体区别开来。关于罗马陶瓷的研究表明，乡村地区与城市地区的各类器皿（如罐子和餐具）的相对比例和陶器类型都有差异。与乡村别墅相比，非乡村别墅聚落的双耳瓶、带装饰的萨摩斯器皿、搅拌钵等比较落后，而乡村别墅地区又落后于城镇和军事基地。针对玻璃和动物骨骼的研究也有类似的发现。

第二个则是在各类遗址中分析不列颠地区特定人工制品分布的背景数据，包括军队、主要大城镇、其他城镇、乡村别墅、其他乡村聚落，等等。一项关于 140 处不列颠各类遗址出土钱币的前沿分析揭示了城镇与乡村遗址，以及不列颠东西部之间钱币使用情况的巨大差异。有一点值得注意，即大型城镇郊区的钱币使用情况与城镇中心被围墙包围的区域不同，却与乡村整体相似。

一项分析显示，油灯在与军事有关的地区和罗马征服早期两个大城镇（科尔切斯特和伦敦）分布最多。乡村地区（包括乡村别墅）只占很小一部分。非军事区的人们在公元 1 世纪就使用了橄榄油（当时大多数油灯是进口的），但这种油显然没有被布立吞人用作照明。另一方面，对一系列小型金属卫生用具（通常是成套的镊子、针、指甲清洁工具）的分析也看到了另一种分布。这些器具是在铁器时代晚期从罗马帝国引入不列颠的，虽然随后在欧洲大陆变得越来越少，但在罗马不列颠一直是流行的美容用具。因此，此类物品象征着一种孤立的文化特征。此类文物在军队遗址和大型城镇很少见（而且这类遗址的发掘数量本来就很多），但在小城镇、乡村别墅和其他乡村地区却很丰富（共占所有发现的 66%）。出土了小型金属卫生用具的乡村别墅和乡村地区比例占到了 38%，小城镇则占到了 32%。这些物品是铁器时代晚期的地位象征，但在罗马时期的分布却更加广泛，或许代表了本地个人卫生传统的长期延续。

本章剩余部分将关注三个特别重要的领域，这三个领域展现了各式各样的乡村身份，分别是饮食、丧葬习俗、宗教。

消费和饮食

食物是生活的基本需求，但也能反映该地区的社会信仰。“人如其食”这一俗语中隐含的区别可以在考古层面看出来。各类饮食和烹饪方法应该与身份联系在一起。在许多社会中，饮食是一个依靠经验的保守领域，即与既定的自给经济相关，又受到乡村家庭代代相传烹饪传统的影响。因此那些与传统饮食大相径庭的做法必定有其缘由。任何社会中的精英都必定过着闲适的生活，因为他们会经常雇佣自己同族之外的人来做厨师，这些仆人或奴隶不仅不依附于这些社会精英，而且受传统束缚的程度较低。在殖民背景下，食物变革的可能性很高，既可以表示地位，也可以定义新的社会行为。相反地，对社会变革的消极抵制作为一种增强认同感的手段，也为传统饮食方法的延续提供了出路。

罗马不列颠时期的饮食、烹饪、餐桌习惯必定经历了巨大的变革。军队、城镇、乡村精英站在了实践新方式和食物消费的最前沿。葡萄酒、橄榄油、鱼露等进口商品是这种实验最典型的对象，从根本上改变了烹饪和人们的品位。铁器时代晚期东部、南部王国的贵族对此做了广泛尝试。在菲什本豪华别墅的下方有一处铁器时代晚期地位较高的遗址，这里出土了很多具备罗马宴会风格的陶器和食物。这一过程在罗马统治下较高级的地区得以延续，促成精英阶层对欧洲大陆罗马文化的理解和宣扬。正如下文所说，这一过程既不统一，也不全面。偶尔使用橄榄油与把橄榄油当作日常食用脂肪是完全不一样的。

意料之中的是，饮食习惯改变标志最常见的地区仍然是军事聚落和大型城镇：牛和猪骨头的比例较高，绵羊和山羊的比例较低；家禽数量众多；鱼类和贝类的消费量增加，即使在距离主要河流和海洋较远的地方也是如此；葡萄酒、油、盛放鱼酱的双耳瓶；“奢侈品”的植物残留和进口食物；大量用于食物处理、烹饪、盛放的陶制和金属质地容器。尽管数据中也存在着社会和区域性差异，乡村地区的饮食变化却没那么显著。例如非乡村别墅遗址出土的陶器往往以烹饪用的罐子为主，用于食物处理和盛放。搅拌钵、酒壶、双耳瓶——这些与异域食物处理和口味相关的容器——非常少，萨摩斯器皿和其他精美盛盘也是如此。饮酒通常是尺寸较大的杯子（用于盛啤酒），而非通常用于葡萄酒的稍小的杯子。乡村聚落出土的动物骨骼以绵羊 / 山羊为主。其中一部分原因是这些动物在城镇和军事市场上受欢迎程度较低，所以更有可能在乡村消费；另外还有这些地区羊毛生产开始起步发展的原因。广义上来说，不列颠考古学中牛、猪占比较多的罗马色彩浓厚的遗址与绵羊为主的乡村和“本地”饮食导向的地区之间有较大的差异。尽管如此，一些乡村地区存在在罗马时期开始向牛肉生产和养猪业转变的证据，对牛羊骨头数量的增加进行分析后可以看出，这两种生物从欧洲大陆进口到了这里，饲养技术也有改进，区域差异非常明显，例如牛骨头在泰晤士河谷上游占比就很高。

猪肉在日常饮食中的角色一直备受争议，人们普遍认为，不列颠的铁器时代和罗马时代社会中，猪肉对大多数人来说只是偶尔才吃的特殊食物。猪肉用于宴会和宗教献祭似乎在两个社会都存在。一些不列颠神庙遗址中，首选祭祀动物是绵羊（如乌雷、哈洛和达切斯特福德），尤其是小羊羔。这表明这些宗教场所的非基督教活动中有一种季节性的循环。另外，猪肉消费与社会地位也密切相关，人们习惯于邀请他人来见证并参与这一行为，也促进了猪肉的消费。

在不列颠部分地区，许多乡村聚落的物质文化只能用贫瘠来形容，罗马人工制品很少。康沃尔郡和西德文郡、什罗普郡、威尔士、中部地区北部和不列颠北部都是如此，而其他不同的遗址则很快激起了人们想要一探究竟的好奇心。这种做法可能被解读为与生俱来的保守主义更为合适，而非抵抗性的行为，但这也可能意味着相比其他民族来说，不列颠地区的人民财富积累或社会进步的机会比较少。

总的来说，地位较高的乡村地区（尤其是乡村别墅地区，但也包括得林肯郡德拉贡比这样的大型乡村地区）在粮食栽培、动物产品、陶瓷（大量各类造型和功能的器皿）方面比较丰富。在罗马时期，不列颠精英与非精英阶层食物之间的差距明显扩大。在乡村别墅中我们可以发现相应的建筑证据，如装饰华丽的餐厅，为富人提供了以食物为享受的完美舞台。另一方面，所有乡村地区出土的双耳瓶数量都很少。这表明尽管人们偶尔会饮用葡萄酒，食用橄榄油（或许供特定情况下社交用途），不列颠人的日常饮食还是传统的主流食物，如啤酒和黄油。然而即使在社会地位较低的地方，也有一些迹象表明这里在罗马时期也有饮食的变革和尝试；随着相关证据越来越多，这幅饮食地图应该会越来越清晰。

丧葬仪式和纪念活动

虽然高级墓葬一直是讨论的焦点，但丧葬习俗也是乡村社会非精英阶层行为的重要考察证据。罗马统治时期，不列颠人对待逝者的方式明显发生了巨大变化，但这并非一个快速或直接的过程。铁器时代晚期丧葬行为已经有了很大的区域性差异，骨肉剥离（曝尸荒野）、活人献祭、头颅崇拜的广泛出现使得情况更加复杂。铁器时代遗址中一些罕见情况下，尸体碎块也会呈规律地出现；有时会在房屋地基中或边缘出现。尽管人们倾向于认为那些出土于有铁器时代背景的聚落的尸体是之前铁器时代的残留，但这种情况在罗马不列颠也并不罕见。活人献祭最著名的例子应该是柴郡沼泽中发现的“林道人”，其日期可以追溯到公元 1 世纪晚期和罗马帝国刚入侵时。头颅崇拜（将头颅作为战利品的做法）在罗马文字资料和高卢铁器时代民族的考古数据中都有显示。不列颠聚落遗址中出土的头骨表明这一行为也可能曾流行在岛屿上的某些地区。标志着头部被剥皮去肉的刀痕和颅顶骨抛光的证据都能说明这一点。铁器时代晚期和罗马时期沼泽地带南部的乡村聚落也发现了此类证据，而圣奥尔本斯愚人巷公墓也有一处罗马时期被剥皮去肉的头骨，伦敦的沃尔布鲁克也出土了很多头骨。这些都表明不列颠各地区针对死亡和尸体的习俗在罗马时期有很长时间的延续。

目前出土的墓葬以高级墓葬为主，从罕见的铭文记录和文物质量来看都是如此。圣奥尔本斯附近的哈彭登出土了两处特殊的火葬遗址，共出土约150件物品，包括13件青铜器皿、14件萨摩斯器皿、9个玻璃杯、2个银质胸针和一些象牙碎片。这些文物应该是公元2世纪初的产物，墓葬靠近铁器时代早期的一座乡村别墅。一些本地陶器和铁器时代青铜滤盆的存在暗示了墓主可能是本地人，但从墓葬物品整体看来，这里不仅体现出罗马精英文化的渗透，还展现了更重要的与罗马文化的直接接触。另一方面，这一时段这片地区的火葬墓地平均数量少于两个，所以无论墓主出身如何，他们应该都是地位显赫的人。

一般来讲，不列颠东南部地区从铁器时代晚期就实行了火葬，并延续到了罗马时期，陪葬物品的种类也逐渐增多，包含了更具罗马特色的陪葬品（如钱币和油灯）。困难在于如何区分布立吞人和外来者，因为在考古记录中布立吞人一般都占据主导地位，而各地方的习惯则很可能快速融合到一起。不列颠东南部各郡装饰华丽的火葬墓地非常多，但在这片区域以外却很少见，那些地区在铁器时代以土葬和其他墓葬方式为主。军事聚落是较为特殊的场所。不列颠东南地区的区域差异非常大，例如泰晤士河以南的墓葬中出土了很多器皿，而北边却非如此。这也反映了哈彭登的两位墓主可能是移民。

墓主的地位可以通过多种方式表现出来，例如墓葬装饰，以及通过棺椁选择、地面标记、尸体处理体现出的丧葬仪式。不列颠东南部常见的地面标记是大型坟堆，但偶尔也有陵墓和其他石质建筑。乡村别墅和军事聚落中高级墓葬的比例要高于城镇，在出土总数中占的比例也更多，例如埃塞克斯巴特洛山有7处坟堆，可能与附近的乡村别墅有关，卢林斯通和班克罗夫特的乡村别墅附近也有陵墓分布。

与城镇地区相比，乡村地区从火葬转变到土葬的过程通常较慢。但公元 3 世纪末不列颠南部大部分地区已经采取了土葬方式，墓葬也有些许装饰，有时还有棺材。在稍后的罗马时期，大型城镇作为文化潮流引领者的角色愈发明显，从帝国其他地区引入的新习俗（例如一些高级墓葬中的石膏裹层）也主要出现在城镇。

尽管如此，乡村丧葬仪式仍然具有自身特点，以及不受罗马影响的一面。死者仍然被埋葬在聚落的边缘，乡村遗址中零散的部分遗体表明那时将骨肉剥离的行为仍然存在。城镇公墓中有时还会出现被斩首的尸体，其中一些尸首的头会被放在死者双腿之间，而在乡村这种现象更加常见，尤其是从多塞特到瓦士湾宽广的地带上。多塞特、萨默塞特、泰晤士河谷上游、科茨沃尔德、内内河谷、埃塞克斯、剑桥郡等地都有明显的尸体被斩首的墓葬，而肯特东部、诺福克、苏塞克斯、林肯郡、西中部地区的北部却没有这种现象。此类墓葬的重要性备受争议，而且内部还有一定分化。一小部分死者似乎是被斩首致死的；另一些则是在死后才被砍下了头；其他头骨则是在尸首被细菌分解后才与身体分离的。此类尸首包括男性、女性，甚至婴儿。虽然把这些人当作外来者或社会边缘人也很合理，但我们不能将这种现象总体解释为对罪犯或行为不轨者的惩罚。这些行为可能与罗马时期之前的头颅崇拜有所关联。无论如何，用较规范的罗马丧葬习俗来解释这种常见的奇特仪式是很困难的。虽然在一些乡村别墅附近也有发现，但这种丧葬仪式似乎在乡村地区分布更广。俯身（面部朝下）埋葬也常见于乡村地区。在规划齐整的城镇公墓中，被俯身埋葬和斩首埋葬的尸体都被放置在了边缘部分，表明他们或多或少被视作异类或不受欢迎的人。

婴儿的埋葬方式通常与年龄较大的儿童和成人不同，这在乡村地区尤为明显。他们通常被埋葬在建筑物的地板下面，或者被埋在墙壁下面的地基中。一些学者并没有把这些发现解读为杀婴，而是认为婴儿死亡率与生育率密切相关。婴儿墓葬与农业建筑的联系比较紧密，表明儿童的死亡和土地的生产潜力之间有某种固有联系。类似地，被斩首的死者大部分是女性，这也可能与当时人们对生育和死亡的看法有关。无论如何，这种不同寻常的习俗常见于乡村地区，说明这里存在着相当程度的文化保守主义和非罗马习俗。

宗教信仰

乡村与军事社会和城镇的宗教行为有一定程度的重合，但乡村与后两者在很多重要方面都有所区别。我们需要解释城市精英在城镇住宅和乡村庄园之间的迁徙，以及军人从堡垒到农场的迁居(或仅仅是到乡村神庙参拜)。我们对乡村宗教证据的解读几乎都局限在不列颠省内的乡村别墅/民用区域（见图 17)。康沃尔到威尔士和不列颠北部的地域上，不列颠乡村大部分地区的宗教活动没有纪念碑，没有铭文，也没有图像。

乡村神庙大部分是罗马-凯尔特类型的，但也有少数布局像会堂，利德尼公园就是如此。一些神庙靠近大路或者位于乡村别墅聚落内部（内特尔顿、海布里奇、西华克农场)，但其他位于重要地形或文化地标上的神庙也很多，例如少女城堡、钱克顿伯里、卡德伯里南部山堡内的神庙，离岸地带也有分布（例如海灵岛)。那些装饰最豪华的乡村神庙，尤其是那些出土了铭文证据的神庙，都位于大型别墅或疑似皇家地产/其他大型地产：乌雷地区几英里范

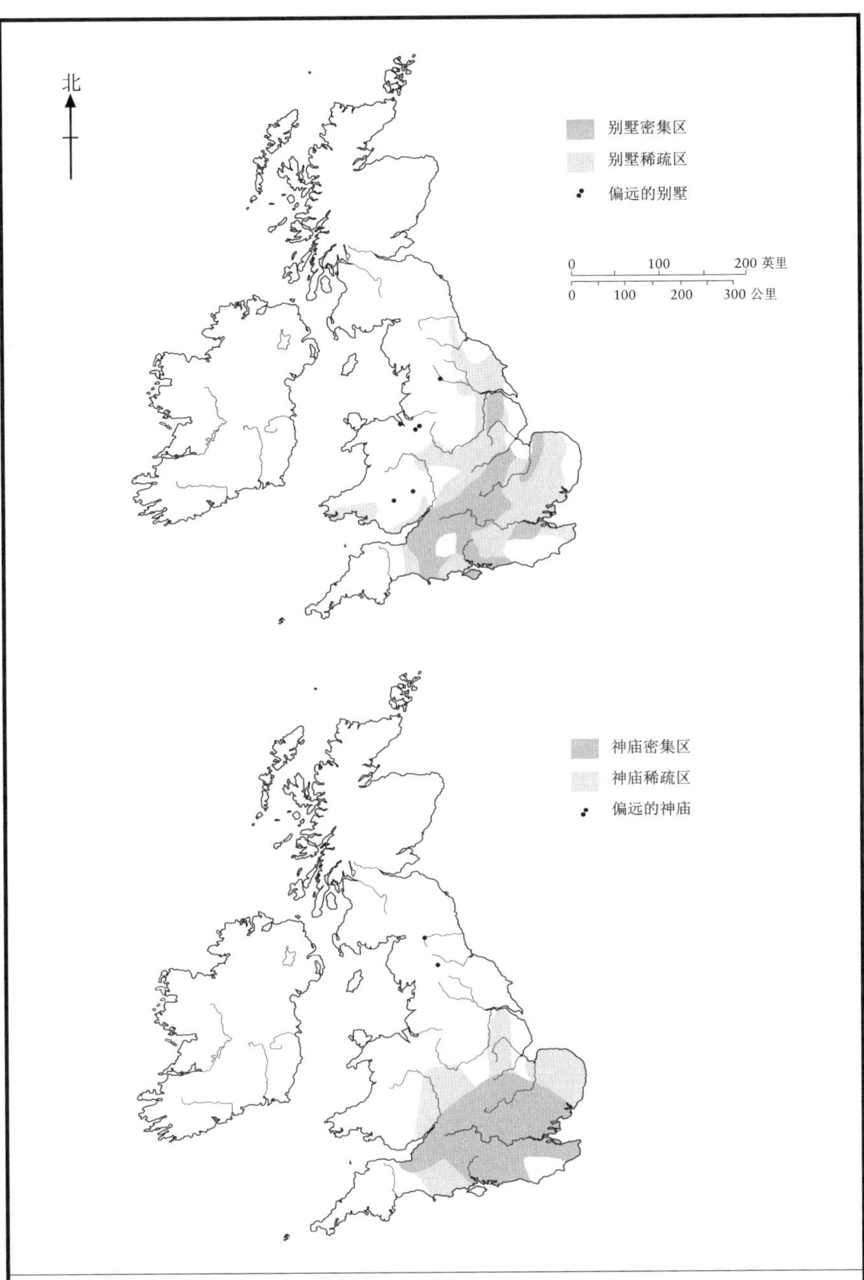

图17　乡村别墅和罗马-凯尔特神庙的相对分布。注意图中的马赛克分布，不仅体现了不列颠东南部和西部/北部之间的巨大差异，还说明了所谓“民用区域”的变化

围内就有金斯科特、伍德切斯特、弗洛塞斯特三处，凯恩舍姆附近的佩根山也有一座。许多较为孤立的乡村神庙建立在神圣的圈占地内，周围围绕着附属建筑。利德尼公园一座公元 4 世纪的玛尔斯·诺登斯神庙建在一个废弃的海岬堡垒内部，其中还包括了居室和浴室，以及主神殿。这些遗址中至少有一部分有着前罗马时期的渊源——尤其是乌雷、海灵岛、旺伯勒。

目前考古活动进行比较顺利的遗址中有很多动物祭祀、各类用作还愿贡品的个人物品，包括钱币、珠宝等装饰品及清洁用具、还愿板 / 叶形金属板、字母、器皿、勺子、陶器、小雕像。这些遗址中的武器显然没有铁器时代宗教遗址的多，偶尔用武器模型或工具代替。祭司服饰（其中有一些明显不具罗马特色），包括仪式用头饰和节杖，在霍克伍德（诺福克）、卡文纳姆（萨福克）、威灵汉姆沼泽（剑桥郡）和旺伯勒（萨里）都有出土。旺伯勒出土了一个轮状头饰，周围有链条支撑。这一主题在铁器时代和罗马时期高卢的宗教活动中很常见，可能是与高卢人崇拜的主神（与朱庇特等同）有关。其中一些文物则是带状的头饰，上面有银质还愿板和小型人类面具。节杖顶端一般有人头像或者神灵头像，还有鸟类的象征。

虽然罗马人彻底消灭了旧德鲁伊教，但在随后的时间里许多神庙仍然有正式的祭司。利德尼神庙中有一处公元 4 世纪的马赛克，是用为神灵捐赠的财物修建的，由提图斯·弗拉维乌斯·塞尼利斯（Titus Flavius Senilis）和维克托利纳斯（Victorinus）共同监督修建，前者是教内管理人（*praefectus religionum*），后者是一位通灵师。维克托利纳斯的名字处在铭文第二行，而且不是管理人那样的三名法全名，只有单名，说明他的地位稍逊。巴斯也有一处铭文，涉及了一次由天降祥瑞引发的宗教奉献。

乡村神庙中带有铭文的石质祭坛十分罕见，尤其是在排除掉非典型的科茨沃尔德/巴斯地区（乌雷、内特尔顿、切德沃斯乡村别墅）之后。虽然一些圣所中出土了带有铭文的金属还愿板或树叶/羽毛状金属板（西斯尔顿、西科克乡村别墅、利德尼），石刻铭文仍然非常少见。除去树叶/羽毛状还愿板之外，还有很多普通的还愿板，这说明买得起此类还愿板的人中很大部分没有在上面添加文字信息的能力。神庙中出土的绝大多数“还愿”文物是珠宝或钱币一类的个人物品，没有与神灵进行书面交流的痕迹。巴斯和乌雷出土了一些铭文诅咒板，也有诅咒板上没刻字，甚至还有不成文的胡画乱写。虽然诅咒板整体表现出的乡村识字水平出人意料，但以上证据表明识字并非乡村宗教活动的必要因素。

从乌雷出土的文物中可以轻易地看出，墨丘利是这里宗教的主要崇拜对象（玛尔斯也有提及）。哈洛出土了一块皇家守护神祭坛碎片，但皇帝崇拜物品有时会被归于其他祭品中，过去人们曾认为哈洛当地主要崇拜墨丘利，他的名字在诅咒板上明确提到过。诺福克霍克伍德神庙中出土的一块诅咒板则是向尼普顿祈愿的，汉普郡汉布尔河出土的一块诅咒板也是如此。莫尔伯勒丘陵出土的诅咒板上提到了玛尔斯，格兰奇石圈出土的叶状金板则是向女神密涅瓦奉献的。虽然这些文物上用了神灵的古典名称，但我们仍不清楚其背后是否有一个不列颠当地的宗教。

作为祭品的单个金属字母也可能说明宗教活动很少涉及文字。这些字母上一般都有钉洞，用以固定在竖直的板子上，目前在不列颠南部的许多宗教圣所都有出土。利德尼出土的字母形式相对较多（A、C、D、E、F、L、M、N、O、P、R、S、T、V），有人据此推论信徒们会购买单个字母再拼凑成自己想要的文本。但事实上大多数有字母出土的遗址中有很多单字母出现两三次的情况，所以更可能是单个字母具有自身特定含义。因此这些字母可以构成一种最基本的“文化”宗教交易。字母在军事聚落和大型城镇基本没有发现，这也很值得注意。

神灵的浮雕和小雕像比较常见，古典神灵通常都可以通过其特点识别出来（例如持手杖的墨丘利，通常与山羊/公羊、公鸡同时出现）。不列颠南部最常见的神灵是朱庇特、玛尔斯、密涅瓦、墨丘利、阿波罗、赫拉克勒斯、维纳斯。然而这些雕塑上一般没有文字，所以我们不知道这到底是罗马传统形式与不列颠/高卢宗教结合起来膜拜罗马神灵的产物，还是本地神灵披上了古典神灵的外衣，而仅仅保留了古典神灵的名字呢。根据神庙守护神的形象，各个神庙的宗教行为可能有所不同。

个别乡村神庙有时尊崇的不止一个神灵。例如在乌雷，墨丘利无疑是主要的焦点，但这里也出现了朱庇特、巴库斯、太阳神索尔、丘比特的形象；在伍德伊顿，人们膜拜的神灵主要是玛尔斯，另外也有维纳斯、赫拉克勒斯、密涅瓦、丘比特；内特尔顿的主要神灵是阿波罗，另外还有狄安娜、西尔瓦努斯、墨丘利。当然这里用的古典神灵名都是推测的，那些形象代表的也可能是不列颠本土的神灵。斯托尼斯特拉特福德和巴克韦出土的两处还愿板堆中包含了分别对朱庇特、武尔坎努斯和玛尔斯、玛尔斯和尼普顿的祈愿(虽然这些文物可能来自不同的神庙)。我们必须小心，不能将最古典正统，最“罗马”的神灵与不列颠本土的宗教准则混为一谈。例如格洛斯特郡的许多遗址有玛尔斯的祭坛或身着古典装束的玛尔斯雕像［比斯莱可门、国王斯坦利（King's Stanley）、内尔斯沃思］。

这些浮雕几乎都是在伍德切斯特大乡村别墅几罗马里范围内出土的，所以不具典型性。

有时人们会让不列颠神灵披上罗马形式的外衣，但保留其不列颠名称，最显著的一个例子就是鲍尔多克的一处发现，其中 19 个还愿板中 12 个有密涅瓦形象，另外还有一个银质密涅瓦雕像，但在所有提及她名字的 6 件文物中，其姓名都是目前仍然未知的不列颠女神瑟努娜（Senuna）。巴斯的苏丽丝·密涅瓦女神也以其不列颠单名苏丽丝出现在了很多文物中。其他没有罗马神灵名称可供参考的宗教崇拜包括巴克斯顿的阿尔内梅地亚（Arnemetia）、希尔斯顿戴尔的维特利斯（Veteris，但除此地外只有不列颠北部军事区域出现过）、安克斯特的维里迪乌斯（Viridius）、戈德曼彻斯特的阿邦迪努斯（Abandinus）和莱明顿的蒂亚·雷吉纳（Dea Regina）。

神灵名字融合的情况在乡村地区比较少见。一位名为克洛狄卡（Crotica）的人在一座八角形神庙中为阿波罗·库诺马戈鲁斯（Apollo Cunomaglus）捐建了一座祭坛，还有一块铜牌，只写了“阿波罗”这一名字，另外有狄安娜、墨丘利、罗斯默塔的浮雕。一位罗马公民（大概来自殖民地地区）在林肯附近的一个乡村圣所中为玛尔斯·里戈内梅特斯（Mars Rigonemetes）捐建了一座拱门。与玛尔斯这一神灵名结合的例子还有西科克的玛尔斯·利基萨姆乌斯（Mars Rigisamus）、切德沃斯的玛尔斯·雷努斯（Mars Lenus）、利德尼的玛尔斯·诺登斯（Mars Nodens）、比斯莱的玛尔斯·奥鲁蒂乌斯（Mars Olludius）、马特尔舍姆的玛尔斯·克洛蒂阿库斯（Mars Corotiacus）、巴克韦的玛尔斯·阿拉托尔（Mars Alator）和玛尔斯·托塔蒂斯（Mars Toutatis）——这些被再次命名的神灵中有一部分来自高卢宗教。虽然奉献者的社会地位并不确定，但其中至少有一部分社会地位较高，而且并不全是不列颠人——有一些可能是高卢移民。塞特福德出土的一些银勺上刻着与福纳斯（Faunus）有关的一系列变体名。那么福纳斯后添加的不列颠名代表的是其与各类不列颠神灵的融合，还是做出奉献的信徒的名字呢？

缺少东部地区宗教和神秘信仰的相关证据，这是乡村神庙铭文和图像中的主要空白区。除去霍克伍德一座尚不确定的阿提斯（Atys）雕像和伍德伊顿一个埃西丝（Isis）崇拜护身符之外，大多数证据指向了基督教，这一宗教在公元4世纪被罗马帝国正式认可，与其他不列颠东部的宗教截然不同。乡村中出现的罗马国教和古典万神殿中的神灵形象也比城镇少。

与军事区域相比，不列颠南部总体缺少对古典神灵的单独献祭或对融合神灵的献祭。这表明这些只是个别小团体采取的行为，而非罗马式解读（*interpretatio Romana*）在社会中的广泛应用。特别提到缺少履行誓言的祭坛和其他奉献品，这也与军队风格相背离，而例外的情况需要部分归结于乡村社会高阶层人士的个人行为，他们的宗教身份是最接近罗马规范的。另一方面，到处可见的诅咒板也表明识字并非罗马式做法广泛应用的主要障碍。

与巴斯出土的材料一样，乡村地区的诅咒一般针对盗窃行为（见表11）。在乌雷，我们可以看到信徒向墨丘利报告的各类失窃案件，对象包括役畜、亚麻织物、一个金指环和一些镣铐、一条缰绳、一个盘子和四个戒指、亚麻、一个斗篷、两枚钱币，最长的一份清单里提到了两个轮子、四头牛，以及一间房子里其他失窃的物品。其他乡村诅咒板记录各种失窃物品，包括钱财（法尔利希斯、佩根山、索尔河畔的拉特克里夫）；农具（布瑞恩丘陵）、珠宝一类的个人物品（利德尼公园）；书写工具（在格洛斯特郡，尚未证明)；一个铁平底锅（霍克伍德附近的布兰登)；一头驴、一座房屋内的一些物品以及两个袋子；绑腿、手套、一把斧子和一把刀（来自索尔河畔拉特克里夫的记录)。一些文本诅咒了特定的嫌疑人，包括佩根山的瓦斯西鲁斯（Vasicillus）夫妇、班克罗夫特附近克劳索的塔西塔（Tacita)、利德尼的赛尼希阿努斯（Senicianus)、乌雷的维塔利努斯（Vitalinus）及其子纳塔利努斯（Ntalinus)。但许多诅咒没有指向明确的罪犯，信徒在向神灵祈祷时会提及各种可能性："男人或女人，奴隶或自由人"及类似组合是最常见的说法。在乌雷一个指向对象最多的诅咒板上，我们可以看到"无论是男孩还是女孩、男人还是女人、士兵还是平民"。诺福克霍克伍德神庙附近的韦汀布鲁姆希尔的另一处诅咒要求神灵报复一个"无论是奴隶还是平民……公民还是军人"的小偷。虽然诅咒句式包括了很多不同的选项，但如果这些选项是针对所有可能的情况，其实也说得过去。诅咒板提到了乡村地区的奴隶和士兵，并将他们与平民男性女性分开，这一现象非常有趣，但不意味着这几类人很多。乌雷出土的一块诅咒板上提到了铁镣，表明乡村社会中可能有奴隶的存在。

虽然很多窃案规模都很小，说明发愿者一般是社会中层人，但也有两个案件涉及了相当大数目的金钱。佩根山有人丢失了 3 000 第纳尔，法尔利希斯有人丢失了 4 000 第纳尔，大概相当于公元 2 世纪一位军团士兵 10 年（或更久）的军饷，也与单个士兵 3 000 第纳尔的退伍奖金相符。这些大数目的钱财可能是藏在房屋中，而其他窃案则似乎是针对农舍和其他乡村建筑物的入室盗窃。

平民社会的宗教习俗是以选择和吸收不同元素的复杂过程为基础的，而非不列颠宗教表达与标准罗马行为的直接结合。平民的宗教习俗与高卢北部的一些宗教行为有类似之处，我们也需要认真考虑该地区移民在传播宗教（例如对马特瑞斯、罗斯默塔、依波纳、戈拉努斯、雷努斯的崇拜）和神庙建筑方面的影响。然而前罗马时期的本地宗教习俗的影响可能会更大，虽然这些古老习俗只能从现存证据重建中得窥端倪。铁器时代晚期的一个重大发展是个人崇拜宗教。愚人巷大型墓葬后来被罗马－凯尔特神庙所取代，以此为基础，专家们研究了一些以有名气的王子为崇拜对象的神庙。海灵岛的神庙在这方面似乎也颇具研究价值，这座神庙可能是在阿特雷巴特国王科米乌斯（Commios）的坟墓上建立起来的。

一种与众不同的罗马－不列颠胸针也与宗教活动有关，即所谓的骑手与马形胸针。这种胸针多见于公元 3 世纪，上面有一位骑在马背上的人的彩饰图画。这种胸针几乎都来自军事区与大型城镇之外，绝大多数是从小城镇和乡村地区出土的，这里的文化背景十分明显，宗教仪式物品堆积较多。安格利亚东部有一处特殊的聚集点，西南部也有稍小的一处（多塞特、威尔特郡、萨默塞特）。浮雕和骑士战神小雕像也有出土（同样分布在非军事地区），明显是一种与玛尔斯的古典形象不同的本地宗教类型，但也有一个浮雕上刻着玛尔斯·克洛蒂阿库斯的名字。这些乡村地区神灵在不同地区的名字也不同。

军队的宗教崇拜与乡村社会崇拜的不列颠、高卢、日耳曼宗教有一些重叠部分。例如很多不列颠神灵有角，可能与欧洲大陆的科尔努诺斯（Cernunos）相似。母神（一般三个成一组出现）在哈德良长城很常见。另一组以三个形象共同出现并且位置也相似的是吉尼·库库拉蒂（Genii Cucullati），他们一般穿着长长的连帽斗篷来抵御不列颠糟糕的天气（行走于全世界，就像徒步者的守护神一样）。

虽然公元 4 世纪晚期基督教在不列颠普及程度应该很高，但乡村、城镇都难以捕捉到基督教的踪迹。伊克灵汉姆（萨福克）的遗址附近有一处很大的基督教还愿物品堆，当地还有一个教堂和一个洗礼堂。这里基督教物品的密集程度和还愿物品的性质都非同寻常，表明这里很有可能有高度区域化的宗教活动。尽管在辛顿圣玛丽和弗兰普顿出土了基督教主题的马赛克，卢林斯通乡村别墅的地窖中也发现了室内“教堂”，编写物品上也有基督教符号或铭文。除去以上证据外，不列颠并未出土其他任何令人印象深刻的证据。事实上，正如前文所说，“基督教”马赛克和银器上的图画很多是非基督教的。这说明“基督教的胜利”尚未完全实现。在西部王国的某些地区，乡村地区的圣所在公元 4 世纪繁荣发展。这在一定程度上抵消了城镇中非基督教的衰落，后者面对罗马帝国愈发强硬的命令，非基督教难以为继。科茨沃尔德很多神庙中出土了钱币，表明这里在公元 4 世纪末仍然是活跃的祭品集中地，泰晤士河谷也有一处祭品堆积区。在这一方面（也如大多数情况下），乡村地区与军事社会和城市社会都有所区别。

第五部分

比较视角与结论性思考

第十六章

不同的经济，不同的身份

简单的罗马化范式并不能解释罗马占领时期的不列颠，帝国在这里的“差异性经验”更为丰富。在撰写本书的过程中，我希望表现出现有证据的复杂性，同时也展现出基于这段政治、文化、历史总结出不同观点的可能性。我们可以从概述不列颠的经济轨迹开始，绘制出不列颠这一罗马帝国财产的资产负债表。

经济

罗马从不列颠获取资源的渴望深深地影响了这里的经济，这对罗马帝国也是常见现象。征服往往都意味着罗马帝国国库积蓄的增加，起初是战利品（这些东西很大程度上可能用来弥补战争损失，或者随后的庆祝仪式），随后就是对特定地区可利用资源的开发：土地、矿产、人力。相应地，臣服者也必然期待罗马帝国提供一些服务。政治是影响征服时机的重要因素，但这些土地的价值也会引起隐忧。当斯特拉波论及奥古斯都时期的不列颠群岛时，他重复提及了一条确定的官方路线，并指出直接统治带来的利益并不会高于税收和海关贸易的回报。斯特拉波笔下不列颠公元 1 世纪初的出口货物包括谷物、家畜、金、银、铁、奴隶、皮革。历史学家阿皮安发现，即使是在克劳狄入侵之后的 100 年后，不列颠行省也没有付出什么代价："（罗马人）已经占据了这里面积较大、较好的土地，但他们并不关心其余土地。即使是现已占有的部分，开发潜力也不大。"这一说法表明当时有一些官方的利润指标，虽然可能比较粗劣，但也被应用于各行省。当时是否有导致收支失衡的特别因素？这种金融状况又给不列颠行省带来了什么影响？不列颠在罗马晚期的出口货物与斯特拉波列出的相差无几（谷物、纺织品、羊毛制品、陶器、金属、奴隶），但也有经济发展的迹象。公元 3 世纪晚期关于君士坦丁一世的一篇颂文赞扬了他从反叛的卡劳修斯和阿列克图斯手中夺回了不列颠：

> 实际上……对于国家而言，失去这片种满谷物、广布牧场、矿藏丰富、税收极高、良港遍布、面积旷阔的土地，并非无关痛痒的损失。

正如这句话所说，在罗马人看来，不列颠经济中最重要的因素是分散的农业和矿物开采活动。鉴于当时不列颠人口多分布在乡村，农业应该是古代经济的支柱。金属是帝国货币铸造、军械、各类设备的基础，在日常生活中也有多种应用。一项对格陵兰冰盖的研究表明，罗马时期是工业革命之前北半球铜污染和铅污染程度最高的时期，也证明了罗马时期冶炼活动规模之大。纺织品制造和服装生产也是另一类重要的经济领域，但在考古学层面则是最不容易证明的一类。实际上，对于所有主要的经济因素，都没有很容易量化的考古证据。在讨论生产力、进口、出口时，现存物质证据稀缺的状况使我们不得不关注一些更耐用的产品，例如陶器和钱币。在这一方面，我们必须警惕基于材料丰富而得出对经济活力的错误推论。虽然零钱的出现是货币化的重要指标，但无论是零散出土的货币还是货币堆，钱币的最大数量极易受到其他因素的影响，例如公元 3 世纪晚期许多钱币的价值极低，或者就是政治原因导致财富积累越来越难实现。

在衡量阿皮安说法的价值时，有一个问题，即通常人们认为的罗马不列颠“经济”实际上是一些经济活动领域的集合，这些领域彼此重合，但又各自在重要方面有所区别。即使是在罗马时代，当记录比较完整时，要综合考量并计算该行省的总收入支出必定非常困难。下文我将提出三种不同的情景：帝国经济、行省经济、行省外经济。

帝国经济

在罗马攫取资源为其军队和官员服务的大背景下，不列颠发生了很多经济活动，这些经济活动可以分解为很多领域。

不列颠的帝国经济主要支出项有军队（军饷、奖金、遣散奖金、材料、装备、补给）、行省政府基础设施和运输、涉及公共土地和帝国财产的资本投入和运营成本、给附庸部落和国王的外交性质补贴费用。这些支出都无法精确量化，但其数目肯定不小。据估计，当时帝国军队每年总薪水和遣散奖金大概是 1.5 亿第纳尔，如果不列颠行省按名义来讲占据了 15%，费用大概就超过了 2 250 万第纳尔。此外，我们需要考虑到元老院重要成员和贵族官员的巨额薪水。罗马不列颠的执政总督每年的薪水可能高达 20 万第纳尔

(根据公元 3 世纪早期阿非利加行省的一位总督每年 25 万第纳尔的薪水推断)。我们可以看出在帝国统治早期不列颠区域每年的成本很可能达到了数千万第纳尔，而我们也无法确定不列颠行省最初就能产出相当数量的收益。对于不列颠东南部以外缺少重要城镇的欠发达经济体来说，这是一个巨大的数字。不列颠行省的“死胡同”地位则是另一个复杂因素，因为贸易并没有自然地从这里流向其他罗马行省。

罗马帝国和皇室有各种各样的手段来从行省收回自己的投资。对人民的剥削主要是通过税收、贡品、劳力、礼拜、奴隶、征兵等方式实现的。私人财产，特别是易于携带的财富，是罗马军队的主要目标，但个人财产也会以遗产的形式定期充公，或者被收入皇帝囊中。帝国通过对遗产、废弃地产、土地售卖租赁、帝国地产、国家土地等的收纳和重新分配，使得土地也流动了起来。乡村生产则更多地以租金、固定费用、征用、定价的方式实现自己的价值，当然还有税收（包括实物税)。自然资源的开采是罗马帝国掌控的另一个重要领域，塔西佗明确地将其称作“战利品”。帝国的垄断主要针对矿产和贵金属，盐和装饰石材也包括在内。有证据表明罗马帝国统治晚期对自然资源开发的投资和维护投入力度明显减少，西班牙矿区就是如此，帝国在这里的收入愈发依赖于水涨船高的税率。

罗马帝国也可以通过在行省边界的关口、市场收取附加费用来在市场、港口、贸易中获利。最后，军事补给系统因其运作方式（合同）以及运输的性质和程度（长途以及国家补贴）也对贸易的演变产生了深远影响。帝国的经济影响有一些是短期的，例如针对最初被征服地区的掠夺，但其他地区则经历了时间更久的演变。

然而从根本上讲，在不列颠驻军的高额成本使行省政府负有尽可能地实现利益最大化并降低国家付出的额外成本的责任。这实际上就意味着不列颠的经济潜力是为罗马利益服务的，当地奉行的并不是旨在实现更广泛经济发展的开明政策。与东南部相比，不列颠西部和北部的土地明显不同，后两者的土地所有权和利益实现的方式明显不同，出于降低军事补给成本的目的，前者被压榨的程度更甚（从总可用盈余中该地区所占的比例就能看出）。同样地，重要矿藏和其他自然资源要么是由国家直接开发，要么是由承包商或不列颠原住民凭借某种许可或遵循某种生产协议来进行开发，在这些契约中，国家的抽成特别大。现在没有证据表明单个城镇在其公认的管辖范围内通过自然资源开发获得了巨大的利益，包含此类资源的土地很可能被划归于皇室或国家名下。有充分证据表明刚开始的资源开发只在军事监管的前提下进行，后来承包商代理的比重越来越大，他们直接听从矿产区帝国官员的命令。尽管不列颠出土的明确证据有限，但国家财富获取转移到私人手中的现象是罗马帝国的一大特征。

人口普查和土地、财产所有权归属的整理和详细记录在罗马帝国任何角落都很常见。虽然那些数量巨大的卷宗散佚了很多，但我们仍可以确定这些数据就是行省税收、土地分配、军事政府、民政政府的基础。我们有理由相信罗马时期也有类似英王威廉一世制作的《土地赋税调查书》[又称《诺曼末日审判书》(*Norman Domesday Book*)] 的记录。当然，罗马帝国关于税收的决定以及行省最终的盈利能力，都是以土地兼并当中连续的调查和信息收集为基础的。公元 1 世纪末苏格兰南部安南达尔民族人口普查的书面证据也使我们得以一窥不列颠各个阶段的发展过程。

罗马帝国早期税收的基础是土地税和人头税（*tributum soli* 和 *tributum capitis*），另外还有一些偶然的税收，例如奴隶销售、奴隶解放、（罗马公民的）遗产继承。行省内外的做法和税收安排不尽相同，个人和群体一直都追求税收的减免。虽然税收一般是以现金形式征收的，但很明显有时也有实物税——这种征收方式在不列颠可能更为常见，至少在被征服早期是如此。不同年代的税收都要涉及收税人，他们在国家合同、当地城市权威，以及帝国金融官员（包括执政官、财政官、皇室自由民和奴隶）的约束下，为罗马帝国争取利益。我们不知道帝国在何种程度上将不列颠的征税转化为了当地城镇精英的责任；我们有理由怀疑在任何时候都需要加强税吏和小官员的安排，尤其是在涉及军事区域和自然资源的时候。在任何帝国体系中，税收制度的效率都会受到被征服人民逃避税收或是完全服从的影响。根据前工业社会的标准，罗马帝国在税收方面的效率很高，即使是在不列颠抵抗势力最强的地区，罗马驻军也为税收人员的工作提供了强有力的支持。在涉及生产能力需要大量评估的领域，税收人员和逃税者之间的持久斗争也会带来潜在的副作用，即当地社会财富展示和炫耀性消费的积极性会越来越低。这种现象在康沃尔郡、威尔士、英格兰西北部和苏格兰低地等地的大部分地区尤为明显。

因此，帝国经济代表了不列颠资源利用翻天覆地的变化，这一变化由帝国主导，但也有被罗马殖民主义带来的商机所驱动的众多个人的参与。在公元 43 年的政权“更迭”之后，罗马对行省的巩固同样引发了抵抗和金融投机。

行省经济

以市场、自由贸易和消费模式为基础的行省经济的平行演变很难完全脱离帝国经济运作的影响。后者还对已有的经济结构产生了深远影响。不列颠被征服前的传统经济相对落后，主要依赖于自给自足的生产和社会关系，与大家庭或早期精英有关。东南部以外的市场发展相对较差，这里受大陆贸易影响较大。市场是帝国经济的产物，但市场在社会运作中的作用使其成为行省经济的重要组成。随着时间推移，货币购买商品的行为将会增加，尽管以物易物在许多市场也可能非常重要，特别是在乡村地区。很难说行省经济水平会随着时间推移而显著增长，不仅能满足国家自上而下的需求，也能满足消费者自下而上的需求，以及手工制造者和商人的想法和创新。如果用简单的方法来衡量公元 50—350 年的经济状况，就会发现有大量证据指向城市市场的演变及其与乡村地区的融合，还有大片地区（军事、城市、乡村地区）钱币使用的普及、制造活动的扩大、多种商品消费的增加。另一方面，这些现象在公元 400 年后很短时间内就消失了，也是无可争辩的事实。无论公元 5 世纪的不列颠还有多少“罗马生活”残留，行省经济都与帝国经济一样突然崩塌了。这表明行省经济在很大程度上依赖于自己的连体双胞胎，即帝国经济。

货币的制造和使用最初更多是帝国经济的范畴，用来为军队和官员提供资金。文多兰达出土的文件表明，军事补给通常通过现金交易，虽然有时也用合同交易。在行省其他地区，现金经济的出现比较慢。货币的供应，特别是面额较小的零钱，在之前仍算不上充足和稳定。公元 1 世纪中叶，官方货币在不列颠小面额钱币流通中占比非常大，应该是为军事活动专门制作的。在公元 3 世纪的危机年代，官方造币的供应明显受到了干扰，大量低成本假币混入流通之中。这表明帝国在提供丰富的低价值物资以促进行省经济货币化方面的能力和兴趣都极其有限。

市场，尤其是城镇市场（乡村地区也有可能），是罗马帝国保留监管特权的核心领域之一——其他大国也是如此。在适当考虑地理分布和周期性（许多古代市场是在某一地区周期性举行，或者与特定的宗教节日联系在一起，那时会有更多的消费者进入城镇或者乡村圣所）的前提下，市场必然受到官方控制，而特权下放一般也比较少见。我们没有掌握关于不列颠市场组织的详细文件，但显然当时所有大城镇都有特定的市场功能。实际上有三个城镇属于“文塔”级别（贝尔吉人、爱西尼人、志留人的城镇），另外还有两座以上城镇被称为“马格斯市场”（*magus*）。许多较大的小城镇也必然具有公认的市场功能，而且由于周期性市场的出现，一些地方可能也得到了具体的发展。巴纳文塔（惠尔顿洛奇）就是一个典例。

目前没有关于官方市场准确位置的铭文证据，但当时眼科医生（*collyrium*）的戳记为市场模式的构建提供了一个可能的线索。医生们用多边形石头压着治疗眼疾的药物，形成了这些戳记。这些铭文上包含了药物和负责人的名字。英国目前出土的眼科医生戳记共有 30 个，分布在各大主要道路网络上，有超过一半的大城镇出土了 1 例，其他的戳记则分布在小城镇（巴斯、剑桥、肯彻斯特、斯泰恩斯）中可能的市场中。考虑到这些在不列颠土地上均匀分布的戳记及其与药物制作、销售之间的关系，根据这些材料，我们可以合理地推测药剂师们就居住在这些便捷区域的市场中。

手工制品生产加工也与市场的发展密切相关。在罗马时期之前，奢华商品的分配权可能很大程度掌握在社会精英手中，而罗马时期得到明显发展的是与市场相关的制造业活动。同样地，此时也会产生如何区分军事相关生产与其他制造业的问题，而在某些情况下两者似乎是一体的。例如军需物品，军人们应该每两年需要一套短袍、一副斗篷、一块毛毯（需求最大时以上物品每年 2.75 万套），大概需要 55 万天的劳动和超过 20 万只绵羊的毛。关键的军需用品消耗了专业生产商和家庭编织活动的大量时间和资源。

不列颠南部乡村生产的增长也说明那里有以市场为基础的经济。针对铁器时代农业技术和农作物种植的研究表明，这里农业和畜牧业在被征服之前都很先进，并在公元前 1 世纪后期发生了一系列重大改革。罗马时期的关键创新集中在规模和专业化层面。较大的仓库、机械磨、玉米烘干设备都反映了以市场为导向的生产，有一部分还出现在了乡村别墅经济当中。有证据表明在重土壤上使用的犁得到了改进，畜牧业的进步也使牲口体形变大，另外还有一些引进的新产品，例如葡萄藤、植物、果园作物。玉米烘干炉应该至少有两种用途，但其主要功能是用于烘干大麦以酿造啤酒。过去的乡村地区没有这些设备，而在后来罗马时期的聚落中却更为常见，这表明如果仅仅针对国内的啤酒市场，烘干炉并非必需品。因此许多乡村地区的玉米烘干炉就是面向更广大市场的啤酒生产的有力证明。乡村别墅的发展在罗马晚期迎来了高峰，再加上其他乡村财富增加的证据都高度说明了行省农业经济得到了一定程度的增长。

不列颠地区各行省的经济似乎一直都处在罗马各行省经济的垫底位置。不列颠北部大部分地区的经济大多被牢牢控制（卡特里克这样的驻军聚落和艾登河谷中卡尔维蒂人的异邦城镇是例外）。北部边境原材料的开发或货物制造似乎刺激了城镇与军队之间物资的流通，而非民用市场之间的流通。

行省外经济

行省间的贸易是罗马帝国所有行省的共同特点，跨省贸易的商品也要缴纳关税。特定类别的货物，例如根据军队供应合同运输的货物，会被排除在行省边界附近收取的标准费用（*portoria*）之外。人工制品的分布和铭文证据都显示出行省与欧洲大陆的贸易。莱茵河口附近的圣所出土了商人（谈判者）的铭文记录，其中非常具体地提到了陶器和服装商人。由于农产品、纺织品、服装、奴隶、金属等商品在考古层面难以追溯，所以跨越英吉利海峡的贸易总体规模很难估量。虽然金属比有机材料更容易保存，但纯金属锭却很少出土，很多金属制品会被回收，不会与其他家庭垃圾一样被丢弃。

公元1世纪中后期，不列颠大量的进口商品或多或少地证明了国家在军队方面的支出，以及对征服的渴望。但这并不能看出当时不列颠的财富或本土经济的健康程度。即使国家没有提供合同担保，商人和匠人们也乐于前往那些容易得到军队经费、国家补贴的地区。伦敦尤其如此，这里早期的商业繁荣就是这样来的。科尔切斯特、林肯、格洛斯特的退伍军人消费群体也使这些地方早期的经济发展在众多城镇中脱颖而出。另一方面，与科吉杜努斯王国相关的大型聚落的进口规模，以及奇切斯特和菲什本的外国匠人都反映了科吉杜努斯国王所持有的资源之丰富（土地收入、皇帝发放的补贴，之前积攒的财富），在战后余波中，很多不列颠人再也没有接触过此类资源。

公元1世纪晚期不列颠进口商品的数量逐渐减少，主要原因有两个：一是征服之后出现了更加稳定的驻军部署，因此也丰富了大型军事基地附近关系密切的供应来源；二是从长远来看，如果想降低军队成本，进口替代品是至关重要的。这一方式的成功可以通过以下事实来判断：公元 3—4 世纪来自欧洲大陆的手工制品在不列颠各行省都很少见。这在很大程度上说明“不列颠制造”的替代作用，当然官方为了降低军事供应成本而对相关政策做出了调整。例如从公元 3 世纪初开始，不列颠对西班牙橄榄油的进口几乎停止了。这次转变很突然，但应该也是一个经过深思熟虑的决定。再考虑到那时不列颠驻军中来自地中海的军队很少，这种用其他脂肪来代替植物油的决定无疑可以省去巨大的费用。

通过临时转移或永久撤退等方式，不列颠驻军规模变得越来越小，这也是不列颠行省降低成本的一种明显做法。因此随着时间的推移，不列颠行省的出口能力逐渐增长，这从罗马晚期莱茵河地区曾从这里进口粮食的记录中就能看出。同样地，公元 3—4 世纪行省别墅经济的崛起也可以视作减轻军事负担和改善行省经济状况的必然结果。

从公元 3 世纪初不列颠行省被分为两个次级行省，内部边界就产生了，随之而来的还有相关的港口边界。随后的进一步划分将不列颠行政区分为至少 4 个行省，这也必然增加了对行省边界所在主要道路上的小城镇进行监管的必要性。

我们目前为止讨论的行省间的交易可以归为帝国或行省经济的一部分。然而不列颠兴盛的一个重要特点就是它处于帝国边界，所以与边界之外民族的经济关系也值得我们留意。因此行省外经济则被定义为与邻近社会接触的纯物质结果，在不列颠地区，邻近社会主要包括苏格兰和爱尔兰的居民，以及各种岛民。另外不列颠地区也有与莱茵河之外的北海沿岸民族通商的可能性。过去人们倾向于认为这些交易掌控在罗马帝国的手中，通过补贴、贡品、交易货物来实现。但对爱尔兰和苏格兰的罗马商品进行分析后，我们发现情况远没有那么简单，原住民社会在这些活动中的积极性很强，罗马物质文化在这些社会中的各个区域以多种形式得到了展现。

有迹象表明行省外经济保持着与罗马帝国的贸易和支付之间的消极平衡。在东部，这种现象是因为沿着丝绸之路或红海而来的贸易货物价值较高，在北部行省，维持和平的代价越来越高。有记录证明塞维鲁时期帝国曾与迈亚泰人和喀里多尼亚人有现金交易，而最近在马里湾附近出土的银第纳尔似乎就是这些交易的证明。同样地，特拉勃莱因劳出土的大规模罗马晚期银器堆（大部分变成了碎银），以及还有出土于马里地区的一个精致弩形胸针，都很可能是被掠夺的宝藏，所以之前应该都是昂贵的礼物。关于罗马不列颠最讽刺的事实之一就是在不同经济规则支配下的帝国外部地区，竟然没有那些最精美的罗马人工制品。爱尔兰和苏格兰的原住民经济可能相对简单，但他们的首领却拥有罗马精英身份特征中最亮眼的一些物品。

与罗马世界的接触也给这些社会带来了消极影响。将当地人掠为奴隶不仅是罗马人入侵苏格兰的一个副作用，而且还可能是帝国与其邻国贸易中长久存在的商品，部落间战争中的俘虏被出售，而这些战争本来就意味着一个帝国产生的可能性。在西非社会中已经有了类似的影响，即沿海的欧洲奴隶驿站。从国境之外招募士兵加入罗马军队也很有可能——这让我们想起了科尔切斯特已被证实的喀里多尼亚人洛西奥·维达，抑或调查不列颠反罗马活动的秘密警察的起源。这些人作为北部驻军的探子，在“蛮族阴谋”中背叛了不列颠，应该就是在边境之外招募来的。另外还曾有一位神秘的爱尔兰人居住在罗克斯特，名为马括斯－科利尼之子库诺利克斯

（Cunorix son of Maqqos-Colini），也是移民进入罗马帝国的例子之一。

行省外经济还涉及一个方面，即不列颠行省通过租赁、采掘业、贸易、制造到底流入了多少财富。这一指标我们无法量化，但帝国、在外土地持有者、外国商人、被遣散并在别处定居的士兵，以及承包团体内的投资者都有可能消耗了大量的钱币、农产品和金属。

不同的经济，不同的社群

本章剩余的大部分内容关注上文提到的不同经济体，以及本书界定的三个主要社群。军事社群与帝国经济密切相关，尽管士兵的消费能力既可能使经济活动向军事方面倾斜，又会刺激行省经济的生产规模。城市社群则必须在最初为满足帝国经济需求而设立的框架内运作。对于大多数布立吞人来说，罗马统治最初的几十年必定是艰难的。但有一些平民也准备随时抓住眼前的机会。行省经济最终都是围绕着城镇内的市场进行的，这些市场作为消费中心的地位也会受到城市地位的影响。乡村社群则受到帝国经济的巨大影响，这里土地的所有权、固定收费、义务等都会被转化成优先为国家，其次为地方精英创造经济利益的经济结构。在不列颠北部和西部的部分地区，社会经济的发展长期以来都被罗马过于强烈的需求所扼制。从广义上讲，最靠近军队或行省内主要矿藏的地区似乎也没有相应的独立经济增长潜力。这种说法并不是为了美化前罗马社会，这些社会往往是精英主导，实行奴隶制、剥削的社会。但“罗马统治之下不列颠一些地区较贫困阶层被剥削的程度越来越深”，这种说法是很有道理的。

我们不能仅凭罗马不列颠城镇繁荣和萧条时期累积的不均衡证据来推断其经济活力。一方面，根据公民消费能力、公共建筑和居住用房的记录，这里的水平要低于帝国其他地方的标准。手工制造和商业在城镇中很常见，难以通过有意义的方式量化来证明不列颠远程贸易的水平远不及地中海核心行省。另一方面，一些学者已经从马赛克、棋盘格地板、彩绘石膏墙这类奢侈品以及陶片数量的增长中推断出了经济增长较快的时期。在某些时期一些城镇也经历了危机，这一点也毋庸置疑，例如伦敦和圣奥尔本斯，在数次火灾后经济复苏都非常缓慢。此外制造业活动也从大城镇逐渐转移到了小城镇，因此公元 4 世纪初的大城镇虽然有设备齐全、装饰精美的房屋，但却没有生产基地。

通过研究流入伦敦等港口城市的进口物品规模来衡量行省经济发展程度时，我们也容易掉入陷阱。伦敦的文物中，进口双耳瓶和精致器皿的数量和百分比都非常小。但这不一定就完全代表了经济疲软。这也可能是不列颠产品成功代替进口产品的后果，从而提高了不列颠行省经济的独立程度。

另外，以植物残留和动物骨骼为代表的食物生产和消费的记录也与人工制品研究同等重要。针对不同地点的骨骼堆，专家已经归纳出了其各自典型的“特征”，更多数据的获得也会加强这些模型的准确性，并很可能成为评估那些难以界定其城镇 / 非城镇地位的小型城镇的评判标准之一。城市动物骨骼中牛骨所占的比例很高，若按重量计算，牛肉是当时人们最常食用的肉类。这标志着铁器时代晚期社会和经济实践的重大变化，当时绵羊肉在很多地区还是主要的肉类。在家庭经济中，为了举办宴席，主人会屠宰绵羊或猪，并把剩余的部分保存下来。牛这样的大型动物则更适合城镇市场，众多消费者都会购买牛肉和内脏。有证据表明当时已经有了处理动物尸体的专业手段，包括鞣制牛皮，割下牛角、蹄、骨头。一般城镇居民食用肉类的频率和量无从确定。但城市中出土的证据则显示当地每天都有肉食供应，以便有购买能力的人使用，而并非只在需要进行宗教献祭时屠宰动物。专业的屠户都在大城镇工作。这反映了行省经济的发展，也间接说明当时有集中市场售卖其他食品。

隐形的经济：土地产品

“隐形”商品的经济重要性虽然无法量化，但无疑会比陶瓷等廉价耐用品大。罗马晚期的记录中提到了朱利安皇帝建造一支由600 艘船组成的舰队，从不列颠出口谷物，以供应莱茵河边境以及其他地方的军队。尽管我们无法判断这支舰队的规模在公元 360 年时的水平，以及谷物运输在公元 4 世纪的持续时间，但那时的不列颠盈利能力之强是毋庸置疑的。我们同样不清楚这些粮食中有多少属于国家、有多少是实物税所得，以及在公开市场上交易的数量。

乡村经济产出了很多初级产品（肉类、谷物、蔬菜、草药和药用化合物、豆类、木材）、二次产品（牛奶和乳制品、动物脂肪、皮革、羊毛、啤酒），以及用这些产品人工制作的商品，如纺织品和服装、鞋子、皮革制品、木质容器、工具和家具。这些经济领域都有一些变革和专业化的迹象，例如新食物品类或奢侈食物的植物学证据，出口到欧洲大陆的不列颠连帽斗篷的主要来源记录。有证据说明公元 4 世纪初乡村财富有一定增长，表明行省经济中不列颠传统产品的流动取得了较大成功，应该是发生在帝国对行省的直接经济需求降低，并减少驻军规模的时期。这种现象也表明经济能力正在逐渐增长。

乡村生产力一直都是帝国经济和行省经济的核心，国家与公民精英同时对土地和劳动力进行剥削。行省范围内所有人都要缴税，在这里，土地所有权取决于更高的所有权，即租赁权。就如其他历史时段，农民的盈利被剥削殆尽一样。城镇市场的增长，再加上大型乡村圣所的季节性市场，共同促进了经济一体化，确保了众多必需品的供应。市场同样促进了乡村生产专业化程度的提高，牲畜、谷物、啤酒等都有涉及。不列颠行省与其他行省经济状况类似，在早期都发展缓慢，但到了公元 3—4 世纪，则有更多的主体参与了进来，这在传统不列颠农庄转化成石质建筑农场的速度，以及乡村社区手工制品的传播中就能看出。

矿产与冶金

矿产资源是殖民地最重要的资产之一，罗马帝国对此类资源非常重视。不列颠的主要矿藏包括门迪普丘陵、峰区、奔宁山脉、威尔士多处地方富含银的铅矿；安格尔西的帕瑞山和威尔士拉纳马内赫的铜矿；康沃尔的锡和其他矿产；维尔德、迪恩森林和东中部地区的大量铁矿；南威尔士多勒柯提的金矿。从提比略时代开始，罗马皇帝喜欢将新发现的贵金属纳入国库，但这些资源所在的土地也可能属于公共地产。在这两种情况下，国家都保有资源开采的控制权，且是主要的受益者。不列颠的矿区显然不如西班牙地区已开发的矿产，也比不上 2 世纪初被罗马人征服的达西亚。然而与其他行省相比，不列颠地区的矿产量较大，而且可能会因为这里庞大的驻军规模和收支不平衡而具有更大的重要性。

罗马人在公元 43 年时并没有开始染指大部分矿区，而这些矿产无疑也是军队继续向北、向西前进的动力之一。罗马人控制了门迪普（公元 1 世纪 40 年代晚期）和威尔士（公元 1 世纪 70 年代中期）之后快速开展了采掘活动，这清楚地证明了连续征服和关键资源开发之间的联系。帝国的直接剥削（通过军事人员，还有可能有当地被强迫的劳动力来实现）在开发的初始阶段就出现了。查特豪斯的一座罗马堡垒与最早发现的铅矿（地表壕沟状矿藏）距离很近，庞普塞特有一座靠近多勒柯提金矿的指挥堡垒。来自其他行省的证据表明矿区的具体行政安排有很大的区域差异，基于这些矿区不同的开发日期和各自的地质条件，我们不能武断地给他们贴上统一的标签。贵金属（黄金，以及银含量最大的铅矿）是军事监管开发的首要目标，尤其是在征服早期。随着军队行进，或者最容易开发的资源被开采殆尽，矿区就可能被置于代理官的控制之下，或被出租给个人承包商，以及由投资者们组成的“公司”(*socii*)。

不列颠金属锭上的印章则展现了各种具体做法。铅锭一般很重（平均重量 74 公斤），工人将铅融化后倒入模具，制作成独特的细长形状，像被截短的金字塔。铭文可能是用阴文刻在模具中，也可能是金属冷却之后按压上去的。门迪普出土的铅锭一般有一系列标记：帝国头衔、日期、负责人、标志其产自不列颠的标记(表明这些铅锭可能会通过船运到达欧洲大陆，虽然欧洲大陆出土的不列颠铅锭只有 4 个)。大多数铭文内容说明该物品是铅矿银制品（*ex arg*)，目前出土的一些铅在经过分析后也证明已经被提取走了银。门迪普出土最早的铅锭的制作有第二奥古斯塔军团的参与，而在弗拉维时期这一矿区曾被命名为“*Veb*……”，也涉及了私人承包商的参与（*Socii Novaec*)。尼禄时期有一位名为 C. 尼皮乌斯·阿斯卡尼乌斯（C. Nipius Ascanius）的人曾在查特豪斯活动，他的名字也出现在了维斯帕先治下北威尔士出土的一枚铅锭上。他可能是承租人或者负责开采的代理官。类似地，门迪普铅锭上的人名 Ti. 克劳狄乌斯·特利非鲁斯（Ti. Claudius Triferus 或称 Triferna）在峰区的铅锭上也有缩写（*Ti.Cl.Tr.*）。此人很可能是一位皇家自由民，因此只可能是监督角色，而不能承包开采业务。有的铅锭会刻着公司（*socii*）的印章，但公司的皇家头衔也意味着该金属是帝国财产。德比郡峰区的矿业活动集中在卢图达恩瑟矿山（可能在卡辛顿），代表了早期阶段帝国的剥削，而这里负责人的名字同样有迹可循。稍后承包商（卢图达恩瑟公司）的名字则被刻在了金属锭上。北威尔士和约克郡的一些银锭中提到了当地民族（得西利安人和布里甘特人），但即使如此这些铅锭仍然是属于帝国的，所以这些“部落”印记显然是为了确定来源而刻上去的。

安格尔西的大矿区出产的铜锭都是小圆包状的，重量很小（13—20 公斤），在数量极少的保存完好的印章中，所能获取的也仅有名字缩写而已。在大多数情况下，该缩写代表监管人员还是承包商都无从确定，但其中有一例指向了一位“居住在罗马的伙伴”（*sociorum Romae*），再次说明起码这些矿区在某一时间段内是合同外包的。康沃尔出土的锡锭非常罕见，其中只有一块带有印章，标明这块金属属于两位掌权的皇帝。目前出土的镴锭（锡铅合金）都来自伦敦的泰晤士河，根据其上刻写的“西亚格利乌斯”（*Syagrius*）和其他基督教信息，说明这些金属很可能出自同一工坊。带印章的银锭一般产于公元 4 世纪，那时这些银锭代替了钱币，被付给官员和部队。目前出土的银锭上提到了相关负责人和其负责的官方生产基地（*officinae*），分别是西威利斯（Civilis）、库尔米苏斯（Curmissus）、荷诺里努斯（Honorinus）、伊萨斯（Isas）、里奥（Leo）、帕特里修斯（Patricius）、乌尔皮阿努斯（Ulpianus）。只有一个特殊的银锭上标出了其工坊在特里尔，其余的银锭应该是由开采自不列颠的银制作的。

公元 2 世纪后期之后的铅锭上不再有帝国头衔，可能说明了行政而非生产系统的转变。罗马帝国应该会继续从活跃在各大矿区的承包商手中抽取分成，但标准应该放宽了。罗马帝国其他行省的矿区也存在类似趋势。那时民用市场中铅的比重可能会增大，从铅棺、盐盘、洗礼盘的分布就能看出。布列塔尼海岸的普罗马纳赫（Ploumanac'h）有一处罗马晚期船只失事的遗骸，其中有 271 枚铅锭（22 吨），其目的地显然是爱西尼和布里甘特人的城镇。巴斯周围镴生产的证据较为集中，进一步说明不列颠铅矿开采与愈发活跃的康沃尔锡矿开采之间有一定联系。

康沃尔没有罗马时期大规模矿业活动的证据，是不列颠矿产丰富地区中最神秘的一处。人们通常会将这种现象归因于罗马帝国早期西班牙锡矿的主导地位。理论上来看，只有在公元 3 世纪开始，不列颠才能填补西班牙锡产量下降留下的空白。康沃尔只有一些帝国早期的产物能说明当地早期曾有的生产。然而即使在罗马晚期，康沃尔锡矿的留存也仅限于几个锡锭、一些与矿业相关的罗马人工制品，以及该时期不列颠锡产量的增加记录。这种证据的相对缺乏可能部分源于中世纪及后来的采矿活动掩盖或模糊了罗马时期的痕迹。后来采用的类似罗马时期的锡导流和矿石碾碎技术也使专家在未发掘的情况下难以辨认罗马时期遗留的痕迹。罗马时期的康沃尔还有很多谜团未解开。我们不应该排除罗马官员或指挥中心存在的可能性，这从坎伯恩矿区核心地带梅戈的乡村别墅、圣艾夫斯附近伯森斯一处水晶中出土的镴杯［由埃利乌斯·莫德斯图斯（Aelius Modestus）献给战神玛尔斯］就能看出。这一人名在哈德良长城以军官身份再次出现，如果两者是同一人，那么他可能是从哈德良长城前往康沃尔担任监察职位。

虽然有三大地区的采矿和冶炼证据比较多，但罗马不列颠的铁生产活动非常普遍。韦尔德应该是早期（公元 1—3 世纪）三大矿产地中最重要的一个，而且一些主要生产地（特别是博波特公园）都有与不列颠舰队联系的迹象。迪恩森林与不列颠中东部的铁矿要比韦尔德地区的延续时间更长，生产活动持续到了公元 4 世纪。在这三大矿产地中，从小聚落到村庄到处都有冶炼活动的痕迹，还有大矿渣堆以及更专业化的操作。韦尔德地区有三处超过 1.5 万立方米的矿渣堆（博波特公园、奥克兰兹公园和福特兰兹），但大约 80% 已知的小生产点应该处于国家的管控之下，如果土地所有权属于帝国，那么当地就会用铁来缴税款和租金。不列颠铁生产活动在此时达到了顶峰，在公元 3 世纪有所下降，而再过 100 年就只有少数生产点仍然活跃着。其中部分原因可能是对韦尔德林地的过度开发。

迪恩森林的冶铁遗址很多，虽然这里有一些大型生产中心和围绕于周边的小型生产基地，但总体被研究程度很低。这里的活跃程度从时间上看与韦尔德地区类似，有些许迹象表明铁的产量在公元 3 世纪后期下降，而一些别墅则在罗马晚期成了生产重点。在不列颠中东部地区有很多小生产基地和少许大型生产基地，其中拉克斯顿是专业炼铁的地方。有 5 个大冶炼炉和占地 0.4 公顷的矿渣堆。这很可能是帝国官方生产或私人承包商的冶铁基地。

克利普舍姆则是另一处大型生产基地，那里的矿渣堆面积达到了1.2 公顷。

当时应该也有由国家控制的其他自然资源开采。例如多塞特南部波倍克大理石挖掘几乎不可能是私人行为。这种专业活动可能需要外来承包商在帝国要求下实施。至于纹理细密建筑石材（例如巴斯岩）的早期开采和长距离运输，行省政府向承包商开放或出租矿场也是最合理的解释。一处位于巴斯郊外康比镇的皇家奴隶乡村别墅很可能是为了监管采石场而建造的。盐业一直都被当作罗马帝国的关键资源，也自然会被视作帝国垄断或控制的目标（这与近代一些皇权的做法别无二致）。罗马堡垒建立在大型盐水泉和岩盐矿附近（德罗伊特维奇、诺斯维奇、南特维奇），形成了一条早期的控制线。在不放弃财产权的前提下，皇帝可能会陆续出租这些资源的开发权。沿海盐业仍然活跃，但一些关键湿地区域很可能被罗马帝国划为自身财产，通过人口普查制度监管，并由帝国官员监督，当地居民有义务缴纳实物税或其他税款。

有很多证据说明罗马对不列颠煤田进行了广泛开采，200 多处遗址有用煤炭作燃料的迹象。不列颠北部很多军事基地的燃料都出自杜伦煤田，另外约克郡、诺丁汉郡、德比郡、迪恩森林、南威尔士和萨默塞特也在各自所属地区起到了相同的作用。虽然我们尚不清楚煤产量有多少控制在帝国的手中，但至少有一些产品已经进入了城镇和乡村市场，而我们从煤在军事场所的常见性中至少也能看出罗马人对煤炭经济价值的认识。

军事补给

罗马军队的粮食、服装、其他需求很大。帝国会通过税收 / 贡品征收、直接购买、强制征用（有时会提供补偿）等办法来实现目的。行省当地供应当然是首选，但帝国初始的征服进程似乎并不能保证这种方式的实现。尽管有证据表明征服之前不列颠东南部许多地区经济都在发展，但入侵部队的规模和当地生产的不稳定性使得罗马帝国各行省在被征服的数十年内都高度依赖长距离供应。即使军队对谷物这种基本食物的需求都需要借由欧洲大陆来满足［伦敦、奥尔切斯特、卡利恩、南希尔兹的植物学材料（时间差异很大）就能说明这一点］。海运供应决定了罗马帝国在沿海或通航潮汐河流上建立早期关键军事基地的位置。伦敦是陆上运输的枢纽，因为通过泰晤士河可以将航运渗透到帝国最初征服的土地的中心位置，科尔切斯特也位于伦敦的东部边缘。军队供应合同主要侧重食品，但许多其他制成品也可以在提供食品的地方来获得。不列颠从先前军事供应路线中形成了一条分支，从地中海穿越高卢以支持莱茵河畔的军队。其中主要路线沿着罗纳河一直延伸到里昂，然后分叉到达瑞士的莱茵河上游，或者经由索恩河和摩泽尔河谷到达莱茵河下游。帝国会支付或部分补贴运输费用，行省边界的固定费用免除及其他类似的做法促进了水路、陆路运输。

现存军事补给合同证据大多出土于埃及，但可以合理推测也是其他地方的典型做法。这些合同都是遵循罗马法的标准民事合同（*locatio-conductio*），并对商人有一些额外激励以保证合同履行，例如提供合同中的货物或者钱财，还有免除这些货物的税款和其他费用。当时有一些基地有负责长距离运输的专业人士。有一份名为“Hunt's Pridianum”的军事文件中提及了一个位于多瑙河上的运输基地，表明当地有些人被派往高卢寻求特定资源的供应。

文多兰达写字板上记录了很多关于运输组织的信息。有文件指明当时有运输建筑石材的货车组织、布立吞人用推车运送谷物，以及驻地内粮食收集的说明。一位名为奥克塔维厄斯（Octavius）的人书写了一封篇幅很长、信息量很大的书信，收件人是坎迪杜斯（Candidus），我们很难确定这两人是士兵抑或平民商人，但从文多兰达堡垒中发现的这封信则说明两人更有可能是肩负堡垒供应特殊职责的士兵。奥克塔维厄斯要求坎迪杜斯提供资金来支付他当时已经购买并正在脱粒的谷物。同时前者还参与了动物筋和皮的现金交易。奥克塔维厄斯应该距离他的基地堡垒（很可能靠近卡特里克）较远，并代表他所属的单位参与了一系列复杂的现金交易。其他几个写字板上提到了被派去执行特殊任务的士兵（例如传递信息或参与运输活动）。在这些活动中，官方似乎要求他们提供旅行费用的证明。

除去军事合同涉及的各方，军需运输系统还依赖于平民商人和企业家。在高卢和日耳曼地区，有很多由商人或自由民在运输路线和莱茵河前线地区留下的铭文（通常都与贸易相关），此类铭文在高卢其他地区并没有发现。

军事合同不仅影响军事市场，还保证了贸易和其他商品的流动。从罗马方面的法律文件中可以看出，与军事合同相关的费用免除和补贴滥用现象十分严重。混合货物运输有一部分有相应合同，其他的则被排除在了运输成本补贴的考虑范围之外。因此商人们可能会试着在同一次运输中加入更多的货物，而非按照合同约定来运输，并利用法律漏洞来要求相同的免除优惠，以增加利润率。商人们还有其他可利用的盲点：将物品包装起来，增加统计难度，并虚报运载数量，声称自己需要更多的补贴来抵销途中的自然浪费和磨损。当时可能采用彩绘铭文、印章和标牌、金属牌和标签、运输清单、纸面记录等手段来识别并量化被运输的货物。但总的看来，帝国一定着力处理了泛滥的滥用行为，并容忍了一定程度的回扣。因此帝国经济与行省经济的运作就更加紧密交织，因为城镇的供应必然有相当部分是由军需驱动的。

陶器的消费模式

陶器在考古记录中的分布并不均衡，因此也是经济活动中最多的证据。人们普遍认为陶器在古代世界并非奢侈品。高品质陶器的价格其实非常便宜，社会各阶层的人们都有使用。陶器的大规模生产是罗马帝国的一个显著特征，工人用轮制法制造陶器，运到远方售卖。高卢南部有一座大型萨摩斯陶器生产基地，这里有一些巨大的窑炉，单次可烧制超过 1 万个陶器。据估计，阿韦龙河（La Graufesenque）最大的生产基地制造了数百万出口到帝国西部的陶器，也卖到了不列颠。然而廉价陶器的远程运输可能并不是因为其本身的价值，这种运输的重点更在于其他一同上路的价值更高的货物，以及针对交通成本的隐性补贴。我们同样需要认识到大多数陶器的售卖地距离生产地并不远，北高卢的陶工在公元 1 世纪中期迁徙至不列颠，这说明与新市场和消费群体的距离也是一个重要因素。科尔切斯特有早期陶器存在，伦敦和圣奥尔本斯之间（尤其是布罗克利山）也是如此。大型器皿生产基地也会遭遇变革的命运，阿韦龙河与其他北高卢的生产点日渐式微，让位于高卢中部和东部崛起的新生产基地。关于陶器分布可以在何种程度上说明食品贸易的情况，目前还有争议，但陶瓷供应的变化是与公元 1、2 世纪之交甚至到哈德良统治时期的帝国对不列颠行省的军事补给情况密切相关的，这种说法的可信性很强。由于大规模生产的廉价陶器的进口量大幅下降，甚至可以忽略不计，我们因而可以推断随着不列颠行省农业生产的发展，这里已经成了向莱茵兰地区供应谷物的纯出口地。不列颠行省与欧洲大陆在陶器上的长期贸易关系主要体现在莱茵兰和北高卢地区。

葡萄酒、橄榄油、鱼酱等液体商品通常保存在双耳瓶、大容量陶器中运输——一般规格是25升的葡萄酒和高达70升的油。虽然2世纪时莱茵兰地区的葡萄种植技术已经相当成熟，一般放在桶里运往外地，也使这里运往不列颠的葡萄酒无法量化，但不列颠地区进口的大多数双耳瓶葡萄酒来自高卢南部。木桶这种容器极易腐烂，但文多兰达堡垒中有很多碎木桶片，记录了桶内货物的种类和所属，有时其他地方的涝渍环境中也会有保存较好的木桶（例如有些地方会用旧木桶连接水井）。由于不列颠地区从公元3世纪初就停止进口来自西班牙的“德里塞尔20”（Dressel 20）型号双耳瓶，所以进口橄榄油在不列颠也就不复存在了。同样，罗马式的鱼酱双耳瓶也越来越少。虽然葡萄酒和鱼酱可能是运到了那些惯用桶的区域（不列颠行省就是如此），但这一推测并不适用于橄榄油。随着时间推移，这种趋势有利于供应来源的集中，有利于自给自足，或者在没有经典的地中海产品时充用。

军事社区、大城镇、小城镇、乡村地区的萨摩斯陶器分布并不相同。军事社区进口的餐具比较多，其需求通常应该是通过合同来满足的。在这里，萨摩斯陶器在总陶器数量中所占的比例相当高，普通容器装饰的比例也很高，基本比全行省平均水平高25%。大城镇与军事社区情况类似，小城镇、乡村，以及神庙中陶器很少出现，带装饰的普通容器比例则更低。乡村地区的萨摩斯陶器在数量上也非常小，而且很长时间内容器都被人们精心收藏（重新修复）。在乡村圣所中，虽然有时会有人捐赠其他类型的陶器，但萨摩斯陶器却并不是人们捐赠的选择。早期罗马墓葬中萨摩斯陶器分布的区域差异很明显，例如圣奥尔本斯此类陶器就非常少，高卢－比利时器皿在这里更受欢迎，而肯特的萨摩斯陶器就很常见。因此这种有光泽的红色陶器并没有在文化术语中占据很高的地位，而其使用情况也说明了社会不同阶层都做出了自己的选择，而其中经济因素并不是唯一的因素。

陶器生产的区域分布利用了各地相对丰富的黏土和林地，不列颠东南部大部分地区有陶窑的名录。罗马不列颠陶器生产与被征服前的模式有很大不同。与用夹具烧制相反，罗马不列颠陶器都是用轮制法成型，并在专用陶窑中烧制的。与铁器时代陶器烧制时不规则的颜色情况相比，粗制陶器一般很少见到灰色痕迹。细黏土和制备过程的创新导致了陶器质量的提高，以及白色/奶油色搅拌钵的出现。陶器类型也有所扩大，尤其是食物容器、饮用器皿等方面，器皿表面处理技术和拉丝装饰技术也开始出现，一些陶工会在产品上刻上自己的印章，陶窑的改进也使燃烧条件和烧制结果得到了优化。总的来说，不列颠国内的陶器生产被市场导向的陶工们运作的作坊所统治。类似的情况在其他许多工艺生产中也能见到。罗马帝国的经济结构有利于专门工匠的崛起和靠近市场的作坊生产。

虽然从数字上看，乡村人口的规模非常巨大，但人工制品最容易打入的市场还是军队和城镇社群。这两个市场的货币化程度更高，消费能力最强的人们也集中于此。在公元1世纪，军事用陶器主要有三种来源：高卢地区的远程进口、不列颠南部（例如布罗克利山）新制陶点的合同、军队陶工的自主生产（例如布兰普顿、韦尔德斯普尔、霍尔特）。搅拌钵上的刻印也可以用来追溯紧随军队前行的陶工们的足迹。例如 C. 阿提乌斯·马林乌斯（C. Attius Marinus），他在拉德利特和布罗克利山制陶，随后又向西北沿着华特灵大道前往曼赛特。从长期来看，许多民间陶工倾向于居住在民用市场附近，同时也能与军队签署服务合同。因此大型陶器生产基地通常都在罗马主要道路和城镇附近，并更偏向于小城镇，因为大城镇距离黏土质量最好的地区较远，可用燃料的需求竞争也更大。除去科尔切斯特和林肯这两个个例，大型陶器生产基地都在沃特牛顿或曼赛特这一类小城镇。一些陶器生产基地明显位于大型部队集中地，人们因此推论军事合同可能是其中最重要的原因：唐卡斯特、利特尔切斯特（德比）、亨伯河畔、马尔顿附近的克兰贝克、约克等地都是如此。塞文河谷、牛顿区域、普尔港区域、泰晤士河口以及内内河谷的陶工们考虑的主要因素则是河流和海洋。艾利斯霍尔顿（法纳姆）、新弗瑞斯特、曼赛特的陶器则依赖于原先的陆路运输。

到公元 2 世纪，大多数陶器的销售范围局限于其制造地 25—50 公里的范围，但也有一些例外，这类“非本地分布”现象有很强的军事特点。例如塞文河谷下游地区的陶窑产品具有双向分布特征，分别朝向本地以及西海岸军事基地周围分散的次级城镇集群（切斯特、哈德良长城西端、安敦尼长城的堡垒）。同样地，韦尔德斯普尔的产品主要出现在不列颠西北部的军事基地，这一分布表明这些货物是经过初始的河流和海上运输流出的。北部边境的东端也有类似的特征，主要靠科尔切斯特和其他靠近北海航线的生产基地的产出。罗马晚期陶器生产基地（内内河谷、牛津郡、新弗瑞斯特、艾利斯霍尔特）对北部军事市场的实际影响很有限，这反映了南方行省经济的增长，以及军事采购计划的变化。

区域外分布中最特别的例子是一种黑色抛光的实用陶器。这种器皿最早是在多塞特的普尔港地区生产的，沿用了铁器时代手工定型和夹钳烧制的做法。当时多塞特西南部、泰晤士河口、唐卡斯特附近的罗辛顿都开始模仿这种做法，但多塞特东南部的生产基地（SEDBB 1）仍然占据主导地位。这种陶器的时间跨度很久（公元1—4 世纪），有很多非常罕见的特征。不列颠行省各地都有少许该种陶器出土，而在不列颠西南部和西海岸地区则占比非常高。这种陶器被售卖到法国海峡沿岸大多数港口，在不列颠北部和威尔士的军事社群中也非常常见。这样的分布范围和隐藏于背后的巨大产量使这种陶器在所有不列颠陶器中脱颖而出。具有强烈保守特征的制陶工艺也与更加常见的罗马陶器轮制法和窑炉技术背道而驰。根据推测，这种陶器价格低廉且坚固，功能性强，因此取得了广泛且持久的成功。但从这种陶器在军事社区和通往军事基地的供应路线沿线出现的巨大数量也可以看出，为了服务主要的机构性质顾客，分布模式也会受到影响。对遗址发掘文物的分析显示，除去普尔港的海上出口之外，经由多尔切斯特和伊尔切斯特沿陆路通往赛文河口也是这种陶器运输的主要方式（克兰登桥附近的一个港口先前不被注意，现在已被确定是通往布里斯托海峡、北威尔士、不列颠西北部周边其他地点的港口）。根据多塞特东南部生产基地（SEDBB 1）的产品在不列颠西南部 121 处地点所有陶器中的占比（约 31%）以及当地的人口水平、家庭规模、家庭对陶器的需求情况，专家推算出普尔港地区此类陶器的年产量可能超过了 128 万—166 万个。陆路运输的陶器被装在木条板箱里，每年的运输可能需要 1 万—3 万头驴。根据传统陶器行业的人种学分析，每年这一区域可能需要600 名全职陶工才能达到如此生产水平。

这种计算中存在许多不确定性，但罗马不列颠陶器行业在顶峰时期年产量能达到数百万，解决了几千人的就业，这是非常可能的。令人惊讶的是，在公元5世纪的次罗马转变阶段，这种制造业和消费者能力迅速而彻底地崩塌了。

从城镇和制造业的变化来看，公元4世纪下半叶应该是经济形势愈发恶化的起点。如果公元350—400年的经济下行还算缓和，那么接下来的50年就是经济层面的灾难。早先统治顺利阶段时收效良好的经济结构为何突然失效，这是关于罗马结束对不列颠统治的众多谜团之一。最后一章将根据我们对当时国家政治环境分裂的认知来考虑这一问题。罗马帝国晚期经济的一些重要变化很可能导致了这种突然解体。

在罗马统治时期，行省经济特别容易受到帝国经济情况和经济要求的影响。公元3世纪中叶至下半叶与高卢人的政治争端和卡劳修斯的叛国都只能通过将不列颠各行省与帝国整体财政割裂开来，从而阻碍帝国经济的运作。那时也可能是金融活动频率增加的时期，而公元3世纪马赛克装饰的相对减少也可能说明了行省经济财富的减少。另一方面，行省军队规模从公元4世纪初开始削减，这可能是有利于行省经济扩张的一个因素。虽然帝国为支持军队而收缴的实物税不断提高，但整体而言，不列颠各行省的运营成本已经大幅下降，而且首次实现了盈余。罗马帝国对不列颠行省施加的财政负担可能有所减轻，而行省政府的更多盈余则意味着与欧洲大陆贸易的增加。这一现象与表明行省财富累积增加的证据一致。而不列颠经济喘息的时间并不长。

罗马作战部队集中在高卢、意大利、伊利里库姆等核心行省，而蛮族入侵、叛乱、内战又陆续发生，西部各行省也就得到了新的优势，可以实现收入和供应的增加。虽然罗马皇帝们曾试图控制税收增加的速度，但执政官们都会由于缺少税收凭证而收取高额税费，弗洛伦提乌斯（Florentius）于公元357年在罗马就是这么做的。马格嫩提乌斯（Magnentius）和马格努斯·马克西姆斯（Magnus Maximus）的篡位无疑也使这种状况在不列颠行省变本加厉：首先，篡位者们会向不列颠强加罕见的财政要求；其次，一旦回归帝国，不列颠随即又会遭受惩罚性措施。保罗乌斯（Paulus）是一位帝国官员，公元353年被派往不列颠去“将一些敢于加入马格嫩提乌斯军队的军人押回”，但他很快就越界了，牵扯进了很多支持篡位者的平民，瞄准了“众人的财富，带来了破坏和毁灭”，甚至监禁了一些人。教区主管的介入迫使保罗乌斯自首并自杀。在此类事件之后，利巴尼乌斯（Libanius）又记录到当朱利安在公元4世纪50年代晚期还是高卢地区的恺撒时，他“派遣会计们（前往不列颠），去监管那名义上是出于军事目的，实则被将军们中饱私囊的费用”。会计们调查的是导致马格嫩提乌斯这样的篡位者在不列颠得势的滥用行为，但任何涉及“派遣会计”的行为所产生的影响可能会更大，这一次就与公元360年不列颠恢复向莱茵河地区军队大规模粮食出口的行为密切相关。这些谷物有一部分（甚至是绝大部分）是以税收形式征收的。

公元4世纪晚期不列颠出现了多位篡位者，这可能是出于对高税收、海上袭击威胁的不满。罗马帝国要求变多，而回报变少。当最后一位来自不列颠的篡位者为了追求自己的皇位而穿越英吉利海峡并消失之后，不列颠发生了最后一次叛乱。这次没有篡位者作为代表，但整个不列颠教区都脱离了帝国，不再承担为帝国经济服务的义务。公元4世纪后期帝国变本加厉的榨取很可能就是不列颠经济下滑和不列颠最后一次反叛（针对康斯坦丁三世）的核心原因。这种说法也可以解释帝国经济的突然衰退导致了不列颠经济崩溃的现象。

文化认同：总结性思考

文化认同是贯穿本书的主题。很明显，不列颠行省（以及其他行省）并没有统一的“罗马身份”，同样地，不列颠人民也没有一套统一的价值观，以及如何才能“成为罗马人”的共同认知，更遑论齐心协力“以罗马人的身份生活”。实际上很多群体没有把文化当作表现罗马社会普遍性身份认同的载体，而是用文化来表达自己与社会其他群体的身份区别和隔离。这种情况尤其符合士兵社群。本书的研究成果之一就是“罗马人”的概念几乎有无数个版本。为方便起见，我将罗马时期的集体身份分为三种：军队、城市、乡村，同时展现了这些群体的一些区域、时间、社会差异。这些社群不只在地理上有区别，心态也迥异，个人在某种程度上会在地理意义上进入其他社群。

宗教行为差异应该是不同社群身份差别的最好例证。传统的罗马宗教有很多节日，以及一个供奉众多公认神灵的万神殿，这些神灵具有代表性的形式（拟人）和属性。宗教活动通常与文字相关，代表人类与神圣力量互动的方式也高度公式化，甚至契约化。从前的研究倾向于形成统一的不列颠行省身份，而非追求实际中的多样性。罗马人征服前后的宗教行为之间存在着明显的变化，特别是对神灵拟人化的愈发关注、书面文字作为人神沟通媒介的重要性、宗教奉献品的组成，等等。从前几章的分析可以看出，不列颠行省不同地区有多种多样的宗教习俗，反映了罗马军队、城市，以及公民区域和军事区域的乡村居住者之间的差异（见表 14）。军队是多神论观点最普遍的地方，但其宗教行为也是最传统的。在不列颠东南部，石刻铭文和祭坛都非常罕见，但诅咒板却常出现在特定类型的神庙中。与此相反，军事区域则根本没有诅咒板和罗马－凯尔特神庙的踪迹。城镇社区的宗教方式则更加混合化，从神庙建筑中就可以轻易看出，其中包括传统古典神庙以及众多罗马－凯尔特神庙。在伦敦、巴斯等地，标准罗马宗教铭文和诅咒板也常常出现。不列颠西部和北部的宗教行为考古难度较大，没有代表性的结论。表 14 总结了这些大体差异，是身份差异在宗教层面的体现。

表 14　不同区域宗教差异

区域类型	神庙类型	祭坛	誓约	还愿羽毛/叶	还愿书	诅咒板	奉献在水中的还愿贡品	不列颠宗教	混合宗教	古典宗教
军事区域	古典	很多	很多	中等	很少	很少	中等	中等	很多	很多
城镇（包括小城镇）	古典/罗马－凯尔特	中等	中等	很多	中等	很多	中等	中等	中等	中等
乡村（“公民区域”）	罗马－凯尔特	极少	极少	中等	很多	很多	很多	中等	中等	很少
乡村（“军事区域”）	无	无	无	无	无	无	中等	中等	无	很少

本书的另一个主题是区域在界定差异与身份认同方面的重要

性。许多区域群体的历史可以追溯到铁器时代晚期，但罗马帝国与这些群体之间的谈判也是帝国统治之下维持或突出区域特征的重要活动。某个民族或王国的经济和社会发展轨迹很可能取决于他们向罗马人投降的时间点。在罗马征服这里并保持密切监督的30年内，民族/王国的合作和抵抗程度会对自身经济、社会发展带来极大的消极/积极影响。乡村社会的帝国主义特色很强，包含了各种形式的土地所有权。虽然传统的居住形式和土地制度在很多地区保留了很久，但大小城镇、道路站、道路、里程碑、边界标记、土地制度、新式乡村建筑（别墅、神庙、陵墓、村庄），这些都是发生巨大变化的表现。军事基地和随后形成的驻军聚落是不列颠北部和西部道路网络的焦点。

行省区域中的聚落和经济发展模式并不统一，罗马帝国与臣服民族之间的权力谈判可能会导致不同的结果，这从罗马－凯尔特神庙和乡村别墅的分布图中就能看出（见图17）。不列颠行省只有很小一部分（面积不到不列颠群岛的1/4）土地上拥有这两个罗马乡村身份的关键标志。

行省人民获得的惩罚性/奖励性聚落都是罗马与本土之间对话的结果，可以粗略描述为“抵抗区域”和“机遇区域”。当然在实际中这是两种保持长久存在的状态，最初被惩罚的一些民族可能会在一段时间后获得更好的土地分配，而其他最初受到帝国温和待遇的民族则可能因为不当行为或被随意摆布而失去土地和特权。

在不列颠东南部，有几个区域可以用“充满机遇”来定义：塞伦赛斯特、科茨沃尔德、奇切斯特、苏塞克斯、奇尔特恩丘陵、肯特郡西北部。“抵抗势力”则包含了埃塞克斯、诺福克、湿地地区、韦尔德、索尔兹伯里平原、罗克斯特和柴郡。“抵抗区域”与受布狄卡起义影响地区或公元 43 年被入侵的地区（或者两者都有）、罗马帝国选择保留开采自然资源权力的地区都密切相关。总体而言，即使在乡村别墅发展的区域，乡村的发展步伐似乎也相当缓慢，如果我们仅关注公元 1 世纪或 2 世纪初，“机遇区域”基本是不存在的。公元 4 世纪不列颠最富裕的地区能脱颖而出，这种情况并不常见。在一些地区（例如格洛斯特郡科茨沃尔德或巴斯地区）皇家地产或其他大型地产应该起到了一定作用。

不列颠西部和北部大部分地区的抵抗情绪似乎都很强，这可能与罗马帝国严重的优先权以及乡村社区的政治、经济愿望有很大关联。帝国在向公民政府分配土地时非常严格，土地从军队或国家转移到不列颠社群手中似乎受到了地域的限制。布里甘特人与一座军团要塞和殖民军共享约克谷的肥沃土地；志留人只保留了威尔士南部沿海地区的一部分土地；埃克塞特的杜姆诺尼人集中在东德文郡，卡尔维蒂人则生活在艾登河谷的狭窄地区。军事区域的大部分土地仍受国家控制，并允许人们用土地来进贡或支付税费。

虽然我们并不了解不列颠行省非公民区域管理的细节，但军事单位无疑在各地区的治理中发挥着重要作用。帝国一般不会将不列颠的矿产财富物归原主并任其开发。无论是通过军队、执政官的直接控制，还是通过合同分包，帝国的目的都在于利用这些资源谋取经济利益。峰区，康沃尔，威尔士南部、中部、北部矿区的原住民聚落模式都很稳定，这与罗马时期采矿力度加大的趋势相悖。这种盈利模式在不列颠本土好像基本不存在。

从定义上来讲，行省外区域应该是对罗马抵触情绪非常强的地区。但即便如此我们在这片区域的内部也能看到聚落和社会的巨大差异，以及罗马物质文化应用的不同。苏格兰低地中罗马军队最容易进入的地区是福斯－克莱德运河南部和东北部，这里与“自由不列颠尼亚”其他区域在以上两个方面相比就显得与众不同。横跨这片区域的众多罗马行军营不仅展示了罗马帝国对行省外区域的破坏能力，也展示了当时帝国试图征服这里的决心。即便罗马军队从未踏足苏格兰靠近大西洋的区域以及爱尔兰，其野心也是非常明显的。罗马与爱尔兰签订条约，进行外交交涉，再加上商业接触，对爱尔兰的政治产生了一定影响。

罗马不列颠方面的许多材料都强调了未被征服的远方“蛮族”是行省发展的隐患。但如果反过来看，罗马显然也是这些不列颠民族心中长期存在的威胁。最初罗马人对苏格兰的入侵是对相对和平的原住民社会的无端入侵。爱尔兰人也不会把罗马人可能插足自己社会的谣言当作无稽之谈。随着苏格兰和爱尔兰政治上的日渐强大，当地反对罗马的势力也得到了机会。不列颠行省的难民会被爱尔兰社会所接纳（目前有很多指向性很强的证据），苏格兰应该也是如此。更重要的是，我们可以确定随着爱尔兰和苏格兰在罗马统治晚期形成了一些大型王国，有能力向罗马帝国派遣军队远途征伐、发起劫掠，这两地都出现了更高层次的民族融合。在这些大型联合起来的群体出现的同时，我们可以推断罗马帝国与这些行省外民族的经济关系会发生变化。作为强势的一方，罗马帝国可以轻易地从边境民族手中获取贡品和奴隶，但在罗马统治晚期，这种权力平衡就被打破了，罗马帝国经常给予边境民族补贴，以确保边境安全。

我对罗马帝国运作的看法远不如一些现代评论家那么乐观。殖民主义是一种剥削性质的政府体系，在超过 350 年的时间内，不列颠大部分地区处于外族的直接统治下。对于后来的大英帝国来讲，即使19世纪的英国殖民者依照自己对罗马世界的认识来塑造自己的时代，但罗马的统治绝对算不得一次舒适的前期彩排。针对殖民体系的比较研究表明，罗马人的主要动机绝不是为臣服的绝大多数民族谋求最大化的利益。虽然殖民政权经常强调自己对该地区文明化的能力。良好的行政能力和获得公正的好处，但这些好处往往是有代价的。罗马帝国统治强行剥夺的不仅是被殖民者的自治权，还有对资源的控制权。殖民地资源和人力开发的规模的时间和空间差别都很大。但毫无疑问罗马帝国的财政需求很大，而且大部分压力集中在了一些行省身上。

关于罗马不列颠资产情况的看法有时会出现两极分化，有人赞美罗马帝国及其带来的社会和文化利益，有人则对其恨之入骨。但在我看来，我们必须适当考虑罗马帝国带来的积极和消极影响。虽然近年来有一种强调本土代言人的重要性，即布立吞人在行省发展方面做出的积极选择，但我们必须充分认识到这种表达背后的政治背景。罗马帝国统治的权力动态极不平等，殖民者全球化倾向的影响也不容小觑。本书讨论的不同身份反映了人们对罗马统治做出的不同反应，从紧密结合到抵制，取消了所有人的特权。当时必然也有来自不同社会和经济背景的人们努力支持自己心中的罗马价值观和文化。最近的研究更加强调“永居外国人”在不列颠行省文化转型中的作用。北高卢人和莱茵兰地区的移民在军事社区、商业、熟练工匠等方面做的贡献尤其大。这些人都从殖民统治带来的机会中获益，他们也自然形成了自己针对传统罗马身份的变体，这也是他们与行省政府联系的一种方式，因为后者是他们的幕后支持者。原住民布立吞人（尤其是社会上层成员）也投入了对罗马帝国意识形态和文化的模仿中，但这往往不是对军队、官僚、外国人的完全模仿。与标准精英行为和物质文化的接触在某种程度上是一种服从——特别是在公元 4 世纪的顶级乡村别墅社会中——但在其他方面，一些单独的特点也是令人惊讶的。民间铭文和个人表达（包括丧葬纪念）的使用水平之低和公民捐助（行善）的缺失在其他行为中显得很刺眼。一般而言，罗马身份在行为、物质文化方面的表达在社会、空间、时间上存在很大差异。有一点也很明显，即大多数不列颠人一直过着自己的生活，并有意识地以减少罗马特色或模糊的方式来定义自身身份。

从考古层面来看，抵抗比顺从更难考察。然而我们知道罗马人在公元 1 世纪入侵时遭受了长久的武装抵抗，布狄卡起义也让人们意识到了罗马人对新征服的民族有着过度的专注和残忍。有人失去生命，这对于想要让大部分人民相信帝国统治会带来正义和利益的目的并没有益处。罗马占有不列颠行省的军事力量和暴力机构，以及罗马士兵参与公民区域管理的现象会不断加强当地人被征服的感觉。公元 1 世纪罗马统治下的臣民并没有长远的眼光，不能从发达的城镇和成熟的行省经济中看到针对社会精英之外的群体获得的潜在经济机会。他们只能看到日复一日的现实，包括外族统治、税收、罗马殖民体系中的不公（对于行省人民，权力的天平往往更加偏向于士兵、官员、罗马公民）。但这并不意味着所有的布立吞人都是反罗马的，或者所有的阶层（士兵、商人）都持有意大利上层阶级罗马人的价值观。毫无疑问，人们的志向和梦想会受到自己在社会和国家权力体系中所处地位的影响。这两者会随着时间推移发生变化，尤其因为有收入阶层会与布立吞人通婚，行省驻军也大多是在不列颠本土招募的。然而我们必须认识到，罗马帝国的存在给其臣服者带来了一系列连锁反应，包括抵抗或不接受、合作或参与。随着社会政治结构实现某种程度的规范化，个人在皇权统治下找到合适生存方式的可能性也会随着时间的推移而增大。一些罗马不列颠人可能会有两副面孔，他们有时会表现得像一个有教养的罗马人，其余时间则是完全不同的不列颠文化身份。虽然人们逐渐适应了罗马的统治，但他们作为被征服者的地位并没有改变。典型的铁器时代晚期社会原住民是否被剥削，这并不重要；被征服者们最终都会对罗马帝国做出自己的评价。在罗马统治晚期，不列颠人民都把自己的目光集中在税收和对离岸权力的争夺上，这种权力往往倾向于剥夺他们，而非打压敌人以获得安全，或者从压迫他们的人身上讨回正义。

罗马不列颠最特殊的一个方面是其物理、文化层面变化的规模。即使罗马人没有入侵，这个岛屿的部分地区应该也会因罗马文化、社会的全球化影响而深刻改变。这一现象首先出现在铁器时代晚期东南部的各个王国中。尽管如此，公元350年罗马直接统治之下的建筑和物质成就仍令人惊讶，每一个前往各个大城镇、乡村别墅、堡垒、博物馆的人都会注意到这一点。大英博物馆收藏的罗马不列颠纪念品和珍宝尤其引人注目。许多层面都发生了巨大变化：城镇化、建筑、建筑技术和材料、供水系统、卫生系统、奢侈艺术品、种类丰富的艺术类产品和人工制品、交通、运输、农业生产、景观标记、市场经济、钱币使用、矿产开采、金属生产、宗教、丧葬习俗、服装、饮食和烹饪/用餐习惯、社会习惯（例如洗浴、识字、教育、人口普查和各种记录）。在所有记录中我们能看出不列颠行省与其他罗马行省有共通之处，这些都是先前罗马化范式下各类研究的焦点。

最后，不列颠的情况与其他罗马统治下的地方有着巨大的差异。罗马不列颠的故事并不会沿着一条单线且永远向上的道路发展；相反地，这是一段复杂交织的历史，在各地区和各社会层面都有令人意想不到的起起伏伏。城镇和国家最初缓慢的发展速度可以解读为对罗马统治缺乏热情的表现，不列颠北部和西部城镇及乡村别墅发展的长期相对停滞表明罗马帝国的统治和管控与本地的自治一样收效甚微。同样地，如果我们坚持认为所有布立吞人都一心一意地接受罗马的统治及其文化，那么我们就无法理解罗马文化特征在不列颠的突然消亡。

不列颠地区远离欧洲大陆帝国的孤立地位导致这种差异，其极端的地理位置进一步导致其融合程度的降低。罗马帝国在此驻军规模大、时间久，不仅带来了“军事”区域特征，还深远地影响了“民用”区域的治理。罗马帝国想方设法榨取不列颠地区所有的价值，从而最大限度地降低其他统治地区的交叉补贴，这些都是军队成本高导致的经济层面后果。简言之，不列颠受压榨程度远比大部分其他行政区高。正如我们所见，不列颠经济增长和财富创造的高峰时期出现在公元 4 世纪初，那时驻军的规模已经大幅下降。随着西罗马帝国在军事上的瓦解，来自高卢和日耳曼各行政区的收入下降，不列颠肩上的担子更重了，在公元 4 世纪后期又迎来了经济衰退。

第十七章

“不再受罗马法律约束”

罗马不列颠的终结是一个有许多理论、少量史实的历史事件。在考古学层面来看，正如前面几节所述，公元 350—450 年发生了重大变化。在公元 402 年之后，大多数传统年代测定法不再有用，因为缺乏从欧洲大陆进口的铸币，制造行业的萎靡也导致缺少具有新风格的文物。即使流通进来的物品在 5 世纪时仍被使用了一段时间，它仍然标志着物质文化一个真正的断层。尽管在一些城镇和村庄中可以找到某种程度的社会延续，但当 409 年不列颠脱离罗马帝国时，它迈向了通往另一世界的大门。

杰罗姆（Jerome）给了不列颠一个令人难忘的名字：“篡夺者的沃土”。当然，军队选举篡权者为身着紫衣的人，在罗马帝国最终解散行政区的过程中发挥了重要作用。在野蛮人跨过莱茵河进行大规模入侵之后，统治西部的皇帝霍诺里乌斯（Honorius）应对不列颠行政区需求的能力显然受到了限制。在新一轮海上袭击的威胁下，不列颠军队的一些成员采取了选举篡夺者当权这一臭名昭著的常规做法。在公元 406 年或公元 407 年，他们宣布马库斯（Marcus）为皇帝，但随后发现这位皇帝不讨他们喜欢，于是很快就谋杀了他并选了另一位皇帝。第二位篡位者格拉提安（Gratian）

只掌权了 4 个月就受到同样的对待，于是他们提出了第三位候选人。康斯坦丁三世（Constantine III）有一个护身符般的名字（显然这是选他代替格拉提安的一个重要考虑因素），但他似乎很快就带着军队离开了不列颠，以便把日耳曼和高卢军队的残余力量争取到自己的阵营中来。我们对前两个篡权者所知甚少，不过，考虑到军队是很积极地拥戴他们为帝，所以两人很可能都是军人或罗马官员——那种可能团结西方各行省军队的人。康斯坦丁很快就卷入了与高卢行政区野蛮入侵者和萨鲁斯（Sarus）的战争中，萨鲁斯是斯提利科（Stilicho）派来代表霍诺里乌斯对付康斯坦丁（Constantine）的将军。尽管最初遭受了挫折，康斯坦丁还是控制了高卢的大部分地区，并通过儿子康斯坦斯（Constans）的外交斡旋赢得了西班牙各行省的支持。409 年，霍诺里乌斯（Honorius）被迫承认康斯坦丁为联合统治者，尤其是因为阿拉里克人（Alaria）和西哥特人（Visigoths）对意大利发动了进攻。这种休战是短暂的，在公元 410 年，霍诺里乌斯抓住第一个机会，他派遣另一支由康斯坦提乌斯（Constantius）指挥的军队在高卢南部与康斯坦丁对阵。康斯坦丁于公元 411 年在阿尔勒（Arles）被俘并被处决。

与此同时，不列颠似乎遭到撒克逊人的新一轮攻击，并且是在没有康斯坦丁的支持下。该地区在公元 409 年对康斯坦丁发起了反抗。这一事件的主要制造者佐西姆斯（Zosimus）指出，布立吞人民“有义务摆脱罗马的统治，独立生活，不再受罗马法律的约束。因此，布立吞人拿起武器并……将他们的城市从威胁他们的野蛮人手中解放出来”。当霍诺里乌斯在公元 411 年重新获得高卢区的控制权时，他似乎没有尝试让不列颠与帝国重新统一起来。虽然佐西姆斯提到他在公元 410 年给“不列颠城镇”写信，“让他们要为自己的行为做一些准备”，但现在人们普遍认为这封“诏书”与布鲁顿（Bruttium，意大利南部）的城镇有关。因此，我研究发现最后的年份应为公元 409 年，这一年标志着该行省起兵反抗康斯坦丁，以及后来不列颠城镇拒绝和霍诺里乌斯通信。考虑到当时西罗马帝国的混乱状态，野蛮人大举入侵罗马，而霍诺里乌斯最初没有能力让不列颠与帝国统一。当高卢恢复秩序时，帝国本可能试图收回失去的地区，但实际却并没有这样做。这或许可以表明，人们认为不列颠在这段时期发生了重大变化，问题重重。

附近欧洲大陆混乱的局势和不列颠脱离罗马带来的经济方面影响是惊人的。在康斯坦丁三世定下最初发行的货币版本之后，不列颠既没有进口该钱币，也没有在当地开始铸币，这清楚地表明，不列颠的财政和税收制度已经停止运作。流通中的钱币足够满足一段时间的需要，但钱币边缘已被裁剪得越来越小。公元 409 年之后无论是出于对哪种罗马税制的长期维护，本来都应该要求重新铸造钱币，所以这本身就表明了财政控制的崩溃。帝国支出也停止了，城镇政府没有能力为士兵或服务支付费用。在公元 409 年以前，陶器和其他许多商品的生产就已经衰落，无法证实它们的生产一直持续到 5 世纪，与欧洲大陆的商品贸易似乎也突然停止了。这些可能是不列颠市场经济和交通系统更大范围崩溃的症状，而非原因。即使在罗马时代晚期，政府合同也会为依靠现金的客户和分销网络的制造、运输、市场活动以及由专业工匠生产的工艺品提供经济担保。

如果在公元 409 年后类似行省政府的机构存在，那么崩溃的速度可能会慢一些，影响也会小一些。这说明，公元 409 年起义之后不列颠处于无政府的状态，社会重要机构已经崩溃：行省级行政管理、税收、帝国租金和应收费用、货币经济、官方采购和订单、区域间贸易，甚至可能包括市场监督。这是这一时期与 3—4 世纪早期分裂主义时期的关键区别，当时不列颠仍像罗马领土一样被统治着。康斯坦丁的行政区总督被驱逐，但并没有被一个有效的影子政府所取代。到 5 世纪时，城镇政府职务对富人来说是一种不受欢迎且必须有人做的苦差事，因此取消行政区和行省的上层政府可能在公民层面产生了联合效应。

最优秀的军队为支持康斯坦丁的夺权行动而离开了不列颠，这削弱了军权的力量；边境部队和留下来的低级部队对执政当局的不满在面对新的海上袭击、孤立无援时被激发起来，但可能也与他们发不出军饷有关。因此，不列颠军队的力量和影响力前所未有地弱小。城镇社区显然已经感觉到自己受到了威胁，国家的保护不够有力。半个世纪以来，由于国家持续施加沉重负担，城镇生活方式一直在退步。乡村社群抵御袭击能力差，出于各种原因憎恨行省税务人员。因此，毫无疑问，360 多年的殖民统治在社会某些部分构成了不满的基础，对帝国不满有众多直接原因。因此，三个社群都有理由在此时抛弃行省政府（或者像军事社区一样，在被推翻的情况下保持被动）。如果分裂是在某种形式的民众起义（而非军事政变）之后发生的，那么行省档案馆中的重要记录很有可能已经遭到破坏，从而使随后的殖民政府结构重组变得更加困难。无论如何，行省政府似乎已被某种更分裂、基于当地统治者或专制权力的形式所取代。

后罗马政府的性质确实是虚无的。吉尔达斯（Gildas）提到，在 5 世纪中叶，某个类似不列颠议事会的机构仍在向高卢的罗马指挥官埃提乌斯（Aetius）寻求帮助，尽管其他文献表明，暴君和军阀的地方统治地位此时处于日益增强阶段。最知名的一个做法是，沃蒂根（Vortigern）邀请撒克逊人亨希斯（Hengist）和霍萨（Horsa）作为不列颠的盟友。沃蒂根可能是一个虚构的人物，但显然他代表了一个当地的君王。后罗马政权或王国可能使用了罗马术语［与西南部的杜姆诺尼（Dumnonia）王国一样］，但它们似乎与晚期罗马行省无关。总而言之，公元409年以后，不列颠的权力很有可能进一步分化，城镇成为地区王国的中心，由个别统治者统治，而邻近地区或许只是在危机时刻才偶尔采取集体行动。有迹象表明，不列颠内部的一些派系可能倾向于与帝国的其余部分再次统一，至少有一位不列颠战争领袖——里奥塔穆斯（Riothamus）——在公元469年左右带领一支军队，按照联盟条款越过边境，来到欧洲大陆。但显然，并非所有人都热衷于再次成为罗马的臣民，更不可能采取统一行动。

反对征税的民众起义被认为是结束行省管理的一个因素，如果不列颠重新被纳入罗马帝国，征税肯定会重新实行，这是不列颠方面主动寻求与罗马统一的强烈阻碍。公元6世纪，当拜占庭帝国从汪达尔人手中夺回非洲时，最严重的军事抵抗并非来自汪达尔人，而是来自反对重新实施税收制度的非洲农民。一些早期的中世纪资料暗示不列颠在公元409年之后与罗马重新统一，推翻这个可能的主要论据是，在大约公元407年之后钱币进口停止了。某些罗马晚期税收是以实物形式进行的，但没有钱币就代表没有行省政府。

现在看来，罗马不列颠和撒克逊英格兰之间的城镇社区并不存在真正的连续性。但是，由于城镇生活和在城镇生活之间存在着巨大的差异，城镇生活究竟是什么时候从罗马模式中脱离出来变得不可辨认的呢？目前证据存在矛盾：圣奥尔本斯的一所大房屋和谷仓可能一直被罗马使用到 5 世纪，但时间的先后顺序仍然存疑。在坎特伯雷（Canterbury）和科尔切斯特（Colchester）的废墟中出现了撒克逊的格鲁本豪塞（*Grubenhäuser*）（地板下沉式建筑）；大部分住宅建立在罗克斯特（Wroxeter）的长方形公共浴室内；林肯的广场上存在一个小教堂。还有许多其他零碎的资料暗示，在一些城镇的围墙区域内存在持续的活动，但早期阶段缺乏连贯性。外围建筑，如塞伦赛斯特和切斯特的圆形剧场，可能是强化防御的避难所。许多普通物品的生产似乎已经停止，但从罗克斯特（Wroxeter）的长方形公共浴室等遗址的发现表明，对许多“罗马”艺术品的精心管理和持续使用一直延续到 5 世纪。许多遗址发现了由铆钉修复的陶器，说明更换这些物件很有难度。早在公元 409 年以前，主要城镇及其公共设施就有衰落的迹象。这种帝国早期标准发生的极端变化并没有完全与更流行的罗马晚期城镇发展相脱节，即使在意大利北部也是如此。然而，不列颠模式似乎演化得更远、更快。有城墙的伦敦城似乎在 5 世纪早期就被完全废弃了，后来撒克逊人在泰晤士河向西 2 公里处建立了伦登维克（Lundenwic）。不列颠的孤立一直是一个重要因素，在这个后罗马时期也发挥了主要作用。

军事基地最后阶段的历史同样难以追溯，尽管在哈德良长城的博多丝瓦德（Birdoswald）堡垒，一名后罗马时代的酋长似乎在堡垒一个毁坏的粮仓上修建了一个大厅。公元 5—6 世纪时，一些活动继续在约克要塞的主场地内进行，尽管看起来更像农业行动而非军事行动。更常见的是，堡垒似乎已经被遗弃，而 5 世纪的关键防御工事可能是主要农业区中心的有围墙城镇。在缺少稳定的海洋军事力量的情况下，能够有效防御海上袭击者取决于从防御工事内撤退的能力，而进攻行动将侧重于在马背上追击少数袭击者的能力。从这个意义上说，不列颠的城镇最初可能可以较好地应对来自皮克提人、爱尔兰人和撒克逊人的袭击。但随着日耳曼人的到来，情况发生了深刻的变化。

乡村聚落存在的最后年代是公认的难以确定，很多地方发现了考古工作者倾向于称之为“擅自占领”的痕迹。当被遗弃的大规模居住点被遗弃，偶尔有小股人在曾经的大村庄废墟中露营的情况必须要仔细识别。大多数“擅自占领”同样可以解释为是对乡村建筑的最终改造，而非对基本上已被毁坏或遗弃的地方的重新占用。雷德兰兹农场（北安普敦郡）的小庄园等场地似乎已被部分拆除，以便保留建筑的一部分作为住宅。对其他一些庄园的占领延续到了5世纪，比如位于弗罗塞特附近的皮丁顿（Piddington）、罗克斯特（Wroxeter）附近的惠特利格兰奇（Whitley Grange）等地区的情况。圣帕特里克家族在不列颠西部拥有一个小农场或村庄，可能是在5世纪后期，当这里摆脱爱尔兰的奴役时，“擅自占领”仍然是一个持续的问题。然而，位于靠近海岸和可通航河流的地区，或英格兰东部的最大最富有的房屋会成为各种危险活动的目标地点，从抢劫到农民起义，再到外来者入侵。在最不稳定的地区和时期，要么选择离开，要么选择死亡。在这一时期，许多山顶堡垒被重新占据，也许这是比住在没有防御的庄园（科茨沃尔德庄园区的克里克利山或南吉百利）更安全的选择。

虽然考古证据不足，但各种历史资料表明，罗马时期的思想一直到5世纪都十分活跃。基督教会在此方面的影响至关重要。其中一个主要异端是一个5世纪的教派，出生于不列颠的牧师伯拉纠（Pelagius）的著作催生了这一教派。伯拉纠大部分人是在不列颠之外生活的，他提出的教义在罗马被谴责为异端邪说。伯拉纠派主教塞韦里亚诺斯（Severianus）之子阿古利可拉（Agricola）向不列颠教会介绍了这一异端思想。公元 418 年，这一派系被谴责为异端并在欧洲大陆遭到镇压。但不列颠教会内一个重要机构继续坚持伯拉纠主义，引发罗马帝国关注。随后，一位著名的主教，欧塞尔的日耳曼努斯（Germanus）两次访问不列颠。第一次访问发生在公元 429 年，第二次发生在 5 世纪 30 年代中期。日耳曼努斯赢得了与伯拉纠派神职人员的神学辩论，确保流放异教徒，治愈了一名护民官的女儿，参观了圣奥尔本斯的陵墓（并从中提取了文物），并激励不列颠军队战胜了皮克特人和撒克逊人，因此声名远播。将事实与虚构区分开来是困难的，但很明显，在 5 世纪早期教会仍然是不列颠一个重要的机构，并与欧洲大陆保持着定期的联系。另一方面，异端问题和日耳曼努斯访问不列颠的本身特殊性质表明，不列颠的基督教已经走上了孤立的道路。

日耳曼努斯出访不列颠也体现在这一后罗马时期，特别是爱尔兰伯拉纠教徒改变信仰和苏格兰西南部重要修道院的修筑。救赎性的基督教显然在这些陷入困境和创伤的时期茁壮成长。因此，在 5 世纪晚期和 6 世纪，基督教传统延续下来的最有力证据都来自英国西部，那里似乎是吉尔达斯生活和研究历史的地方，也是爱尔兰海盗出发占领圣帕特里克的地方。这也是我们发现许多拉丁文铭文（所谓的一级铭文）的区域，许多铭文上显示拉丁语命名法，有些用拉丁语指称人的身份地位，如医生、牧师、地方法官。由于 4 世纪资料相当稀缺，平民使用拉丁铭文却开始复兴，这很令人震惊，可以确定这个社会正在经历一场身份危机。这些晚期拉丁文本与爱尔兰语中所谓的奥格姆铭文之间存在着有趣的重叠，这种文字在不列颠西部也广泛存在，通常以双语文本的形式结合使用。对上述情况一个合理的解释是，爱尔兰移民、雇佣军或军事领袖融入了日益陷入困境的不列颠罗马－基督教社会。

这与 5 世纪的另一个重大变化，即袭击者转变为定居者，以及身份转变对不列颠产生的长期影响有关。日耳曼人迁徙到不列颠的规模仍然备受争议，其最终起源也不明确。吉尔达斯的《萨克森探险》(*Adventus Saxonum*) 描写了一个特定的时段，但考古学研究则认为这是一个更加漫长的过程。一个相对较小的日耳曼群体如何能够战胜数量上更占优势的布立吞人是一个未解之谜。一个可能的原因是，一个或多个后罗马时期的不列颠统治者失去了对日耳曼雇佣军的控制。不列颠使用日耳曼雇佣军对付其他日耳曼人或野蛮人群体的情况是相当多的，将行省疆土分封给其中一些群体的情况也同样常见。因此，如果不是更早就已经开始了的话，那么这绝不会是不列颠社群在公元 409 年之后才认真考虑的一个方针。文献资料中出现了一种长期流传的不同说法，撒克逊盟军 / 雇佣军会背叛他们的不列颠雇主，开始夺取更多的领土，同时得到了北海沿岸日耳曼民族增援的支持。吉尔达斯和其他资料将此情况描述为经过一段时间合作后的撒克逊叛乱。

一个被广泛讨论的问题是，变化何时发生的。在对现有文献资料进行仔细分析后发现，"撒克逊人"的本质在大约公元 440 年时发生了变化，尽管考古发现显示，从约公元 425 年开始，不列颠东部的墓地中已有越来越多日耳曼风格的显著文物。情况可能是这样的：权力的天平逐渐从不列颠社群向日耳曼群体倾斜。《高卢编年史》(*The Gallic Chronicle*) 强调，公元 440—441 年是撒克逊人在不列颠取得某些特殊胜利的时期，在公元 441—442 年或公元

445—446年，不列颠岛（或该岛的某些重要部分）似乎被明确认为是属于撒克逊人的地区。吉尔达斯的著作可能写于6世纪早期，这一资料是我们研究后续史实最好的向导，但并不可靠。尽管安布罗修斯·奥雷连诺斯（Ambrosius Aurelianus）在某些时段曾进行了抵抗，但日耳曼人的进攻和不列颠的后撤仍然是5世纪下半叶的主旋律。安布罗修斯·奥雷连诺斯是另一个不列颠后罗马时代的传说人物，实际存在的证据模糊，也许仅次于亚瑟王。他的名字表明他来自一个贵族家庭；吉尔达斯暗示他的家族可能在某个阶段与“紫色”家族有关联（也许是与篡夺者有亲属关系），但更有可能的是，这只是想表明他有着行省内最高贵的血统。我们有理由接受，曾经出现过一位有贵族姓名的战争领袖，在危机时刻领导抵抗日耳曼人的入侵，并在一段时间内遏制了日耳曼人的袭击浪潮。他与沃蒂根有关联的传说是否存在事实依据则更具争议。

到5世纪末，不列颠被分为北部皮克特王国，一个“东部”区域（其西部边界贯穿汉普郡、格洛斯特郡东部、莱斯特郡、林肯郡和约克郡），以日耳曼火化场地和土葬坟场为特征，以及一系列西部地区（多塞特郡、萨默塞特郡、德文郡、康沃尔郡、威尔士、英格兰西北部），在这里，部分基督教和拉丁化的不列颠文化得以保存下来，爱尔兰人迁移到威尔士和苏格兰部分地区也对此产生了影响。日耳曼人就这样控制了罗马各行省生产力的中心地带。未来掌握在日耳曼人手中，那些生活在他们统治下的不列颠原住民显然很快就使用了日耳曼人制定的文化范式。我们所设想的场景不应该是另一个民族完全取代了一个统一的民族。不列颠和日耳曼两方都有广阔的地域和种族差异。但中世纪早期英格兰的文化特征主要是日耳曼文化，古代基督教群体的典型特征仅存在于遥远的西部。从地中海世界和高卢进口的晚期古董主要集中在不列颠西部沿海地区，这表明了这样一个事实：与旧罗马世界保持部分联系的是西部布立吞人。欧洲大陆与日耳曼化地区之间贸易缺乏表明不列颠东部的外来移民强烈摒弃罗马文化，并且"撒克逊"宗主统治下的不列颠东部民众接受了这种新的非罗马人身份。

日耳曼人的迁移以及不列颠在后罗马时代向盎格鲁－撒克逊英格兰的转变是本系列下一本书的恰当主题。从罗马角度来看分崩离析的过程，一些可能的因素导致了不列颠境内罗马权力相对迅猛而全面的崩溃。首先，5世纪初时，罗马文明本身与1世纪时产生了根本不同。正如我们在整本书中所看到的，"成为罗马人"是一个地位游戏，最深入地参与其中的是那些接近社会顶层的人。在任何时候，受过教育的阶层在人口中所占的比例都相对较小（可能至多10%）。有太多的布立吞人对罗马文明缺乏足够的思想层面的互动，而市场和制造业的实际停止削弱了他们获取物质文明并加以使用的机会。

4世纪晚期的考古证据表明，不列颠精英阶层的人数已经开始削减。如果5世纪是一个充满灾难的世纪——劫掠、战争、瘟疫、无政府状态、农民起义——就像文献资料所揭示的那样，精英的数量只会进一步减少。5世纪中后期，一旦日耳曼人在英格兰东部大量出现，拥有大量土地和财富的不列颠精英阶层就特别容易受到攻击。在不列颠发现的公元100年左右钱币储藏的分布位置表明，不列颠东部精英阶层取回储存财富的尝试遭遇了巨大的失败。相比于不列颠西部几乎没有这种窖藏的情况，上述证据尤其引人注意。最大的窖藏来自萨福克郡的霍克斯尼，包含近1.5万枚钱币，最后发行的只有2枚带有康斯坦丁三世的铭文，发行时间为公元407—

408 年。窖藏中许多其他银币的边缘大量腐蚀表明，窖藏时间可能已经持续了几十年。

当东英格兰的上层社会秩序被切断或强制去除时，这个士气业已低落的社会被强行瓦解了，而日耳曼人对城镇、乡村别墅和基督教最初的摒弃行为也破坏了在罗马统治下建立起来的那种精英社会。在这些地区，到 5 世纪后期，罗马身份已失去了广泛而牢固的基础。有资料证实，在 5 世纪，一些布立吞人移民到欧洲大陆，最后在布列塔尼、高卢和西班牙北部形成高度集中的聚落。基督教和罗马传统的一些外在特征也保留在后罗马不列颠，特别是在西部王国。矛盾的是，这些情况也标志着不列颠某种程度上回到了罗马统治前的社会。尽管对酋长国和小王国的关注以及对山顶城堡和海角堡垒的再利用都是值得怀念的，但海峡间的低贸易水平、陶器和工艺品生产量下降以及钱币消失都体现出了一种衰退，落后于铁器时代晚期已经达到的社会和经济水平。

黑暗时代进行考古的一些专家坚持认为，罗马统治的历史存在着深刻的延续性，而在 5 世纪，不列颠与西方其他古老的社会相似。然而，仍然很难反驳不列颠非常不愿意被罗马占领的观点，因为罗马人长期从布立吞人身上压榨出高昂的代价。罗马统治结束后截然不同的社会形式迅速崛起。也许，后罗马时代最具讽刺意味的是，那些长期保持着罗马和基督教传统的地区，恰恰是那些在罗马统治下经济和社会交流程度最低的地区。苏格兰的皮克特王国、德文郡和康沃尔郡的杜姆诺尼（*Dumnonia*）王国、威尔士西南部的达费德（*Dyfed*）王国、威尔士西北部的格温内思王国及威尔士和不列颠北部其他地区的国度，都是有着地位下降的罗马身份和铁器时代对罗马进行极力抵抗的布立吞人的最终庇护所。

参考书目

关于罗马不列颠的文献浩如烟海，我无法在此处提及写作时参阅的全部书籍。在尝试为各类读者和研究人员提供有用资源的同时，我必须重点关注最近20年的作品，而非前几代学者的研究成果。将本书参考文献与P.萨尔维的《罗马不列颠》（牛津，1981）的参考文献进行对比，这一主题自从该书出版以来的研究进展脉络就十分清楚了。为方便起见，我用本书章节结构的形式来书写参考书目。我还另外收录了很多作品，这些作者的思路与我的完全不同。我略去了作者的姓名缩写与作品出版地，作品在被某一章内第二次被提及时可能会缩写标题。

历史概述，来源与缩写

在浩繁的相关著作中，叙述最明晰的就是P.萨尔维的《罗马不列颠》（牛津，1981），在《牛津插图版罗马不列颠历史》（牛津，1993）中也可看到本书的重装版和更新版；另外还有S.S.弗雷里《不列颠尼亚——罗马不列颠的历史》（第3版，伦敦，1987）；M.托德《罗马不列颠（公元前55—400）》（第2版，牛津，1997）。另外一部更理论化的著作：I.里奇蒙德的短篇研究《罗马不列颠》（哈蒙兹沃思，1955）；修订版（M.托德与1995年编辑）已经在售50余年。我常常翻阅的另外两部具有里程碑意义的著作是R.G.科林伍德与J.N.L.迈尔斯合著的

《罗马不列颠与英国聚落》（牛津，1937），以及 A.L.F. 里维特《罗马不列颠的城镇与乡村》（第 2 版，伦敦，1964）。

M. 米列特《不列颠的罗马化：考古解读论文》（剑桥，1990）的影响力巨大，远不止于提出了一种更聚焦于考古的研究方法；J. 科瑞恩顿《不列颠尼亚，一个罗马行省的诞生》（伦敦，2006）则为这段历史的初始阶段提供了新的视角。其他理论考古学派的主要代表则有 M. 米列特《罗马不列颠》（伦敦，1995）；P. 萨尔维主编《不列颠岛屿牛津简史：罗马时代》（牛津，2002）；B. 琼斯和 D. 马丁利《罗马不列颠地图集》（重印版，牛津，2002）所包含的内容则并不止于标题中的“地图”二字。R.J.A. 威尔森《罗马不列颠遗存指南》（第四版，伦敦，2002）则是一本标准的指南；P. 克雷顿《罗马不列颠指南》（牛津，1980）中也包含了一本有用的地图集。从英国历史角度观察罗马统治这段插曲的作品还有 D. 迈尔斯《不列颠的部落》（伦敦，2005）；F. 普莱尔《公元元年之前的不列颠》（伦敦，2004）；C.A. 施耐德《布立吞人》（牛津，2003）。

文献研究：1959 年之前的作品收录在 W. 邦瑟尔《罗马不列颠参考书目》（牛津，1964）中。《不列颠岛屿考古简报 / 考古参考书目（1949—1987）》则囊括了 1940—1980 年的相关作品，后续类似作品还有《英国考古摘要（1987—1991）》《英国考古书目》（1992 年至今）。较近的作品和资源则可参考 A.C. 金《不列颠与爱尔兰考古：书目指南》（曼彻斯特 / 纽约，1994），与 C. 拉威尔《不列颠与爱尔兰考古手册：资料与来源》（爱丁堡，1997）。英国罗马时期发掘与发现的年度总结则见于《罗马研究报》（1921—1969），《不列颠尼亚》（1970 年至今）。

罗马不列颠铭文的相关出版物非常丰富：

《罗马不列颠铭文》I=R.G. 科林伍德与 R.P. 怀特《罗马不列颠铭文》卷一《石刻铭文》（牛津，1964，修订版，此版加入了 R.S.O. 汤姆灵的附录和更正；斯特劳德，1995）。

《罗马不列颠铭文》Ⅱ .1=S.S. 弗雷里、M. 罗赞、R.S.O. 汤姆灵合著《罗马不列颠铭文》卷二：《器具，第一部分：家庭用具；军事身份证明：金属锭、镶嵌物、模具、标牌、铅封》(斯特劳德，1990)；《罗马不列颠铭文》Ⅱ.2=S.S. 弗雷里、R.S.O. 汤姆灵合著《第二部分：重物：金盆、银盆、铜盆、铅盆、镴盆、岩盆、玻璃盆、勺子》(斯特劳德，1991)。《罗马不列颠铭文》Ⅱ.3=S.S. 弗雷里、R.S.O. 汤姆灵合著《第三部分：胸针、指环、宝石、手镯、头盔、盾牌、武器、铁制工具、配饰、金，银，铜质贡献品、铜管、圆盘、架子及其他铅制品、石圆盘、陶器、骨圆盘、其他骨制品》(斯特劳德，1991)；《罗马不列颠铭文》Ⅱ.4= S.S. 弗雷里、R.S.O. 汤姆灵合著《第四部分：木桶、书写板、木制品、羽毛、眼科医生戳记、墙纸、马赛克、手推磨、石板、石球、鹅卵石、小型石质许愿品、石质杂物、黑玉、泥像、黏土制品、瓦檐、第二奥古斯塔军团、第六胜利军团、第九西班牙军团、第二十瓦雷利亚胜利军团的瓦片、辅助军团的瓦片》(斯特劳德，1992)。罗马不列颠铭文》Ⅱ.5= S.S. 弗雷里、R.S.O. 汤姆灵合著《第五部分：不列颠舰队的瓦片印章；皇家、元老、公民瓦片印章；个人瓦匠的印章；瓦浮雕铭文与瓦片上的涂鸦》(斯特劳德，1993)；《罗马不列颠铭文》Ⅱ.6= S.S. 弗雷里、R.S.O. 汤姆灵合著《第六部分：双耳瓶上的绘画与涂鸦、搅拌钵上的绘画与涂鸦、白色浅盘里的铭文、粗制陶器上的图画、萨摩斯浅盘或烧铸铭文》(斯特劳德，1994)；《罗马不列颠铭文》Ⅱ.7= S.S. 弗雷里、R.S.O. 汤姆灵合著《第七部分：萨摩斯器具上的涂鸦（密封陶器）》(斯特劳德，1995)；《罗马不列颠铭文》Ⅱ.8= S.S. 弗雷里、R.S.O. 汤姆灵合著《第八部分：粗制陶器上的涂鸦（铭刻前，烧铸后)；粗制陶器上的印章，第 1—8 部分的附录和刊物》(斯特劳德，1995)。

《罗马不列颠铭文》Ⅲ =《罗马不列颠铭文》卷三《石刻铭文》(即将提及)（这部分将会继承《罗马研究报》(1955—1969）的年度考古发现的记录作用)，以及《不列颠尼亚》(1970 年起)。

另外还有 R. 古德伯恩与 H.W. 瓦合著的《罗马不列颠铭文 I：石刻铭文、铭文表格》(格洛斯特，1983)；S.S. 弗雷里《罗马不列颠铭文Ⅱ：家庭用具：各类铭文列表》(斯特劳德，1995)。

另外一些有关雕刻和装饰性石刻的作品包括：《罗马帝国标志集合

1.1》，选自 E.J，菲利普斯《罗马帝国标志集合，大不列颠：第一卷第一部分：科布里奇、北泰恩河以东的哈德良长城》(伦敦，1977)；《罗马帝国标志集合 1.2》=B.W. 坎利夫与 M.G. 弗尔福德《罗马帝国标志集合，大不列颠：第一卷第二部分：巴斯与维塞克斯郡其他地区》(伦敦，1982)；《罗马帝国标志集合 1.3》=S.R. 图非《罗马帝国标志集合，大不列颠：第一卷第三部分：约克郡》(伦敦，1982)；《罗马帝国标志集合 1.4》=L.J.F. 基派《罗马帝国标志集合，大不列颠：第一卷第四部分：苏格兰》(伦敦，1982)；《罗马帝国标志集合 1.5》=R. 布鲁尔《罗马帝国标志集合，大不列颠：第一卷第五部分：威尔士》(伦敦，1986)；《罗马帝国标志集合 1.6》=J.C. 科尔斯顿与 E.J. 菲利普斯《罗马帝国标志集合，大不列颠：第一卷第六部分：北泰恩河以东的哈德良长城，卡莱尔》(伦敦，1988)；罗马帝国标志集合 1.7》=M. 亨尼戈《罗马帝国标志集合，大不列颠：第一卷第七部分：科茨沃尔德的罗马雕塑》(伦敦，1993)；《罗马帝国标志集合 1.8》=K. 哈钦森《罗马帝国标志集合，大不列颠：第一卷第八部分：东英格兰的罗马雕塑》(伦敦，1984)；罗马帝国标志集合 1.9》=M. 亨尼戈《罗马帝国标志集合，大不列颠：第一卷第九部分：英格兰中东部地区的罗马雕塑》(伦敦，2004)。《罗马帝国标志集合》中未包括罗马伦敦，可参见 M. 亨尼戈的"罗马伦敦艺术"，选自 I. 海恩斯等人合著《地下的伦敦》(牛津，2000)；C. 希尔等人《罗马伦敦河畔的墙与纪念拱门》(伦敦，1980)。

20 世纪 90 年代罗马考古学领域最重要的发展是一个研究生会议的发起，通过新的理论方法激起了新的讨论：

《罗马理论考古学大会》第 1 期 =E. 斯科特主编《罗马理论考古学：第一届大会论文集》(埃夫伯勒，1993)；《罗马理论考古学大会》第 1 期 =E. 斯科特主编《罗马理论考古学：第一届大会论文集》(埃夫伯勒，1993)；《罗马理论考古学大会》第 2 期 =P. 拉什主编《罗马理论考古学：第二届大会论文集》(奥尔德肖特，1995)；《罗马理论考古学大会》第 3 期 =A. 莱斯利主编《罗马理论考古学：第三届大会论文集》(格拉斯哥，1999)；《罗马理论考古学大会》第 4 期 =S. 科塔姆、D. 敦沃斯、S. 斯科特、J. 泰勒合编《罗马理论考古学 1994 年大会：罗马理论考古学会第四届年度大会论文集，杜伦，1994》(牛津，1995)；《罗马理论考古学大会》第 5 期 = 未发布［一些论文被收录进 R. 劳伦斯与 J. 贝里合编的《罗马帝国的文化身份》(伦敦，1998) 中］;《罗马理论考古学大会》第 6 期 =K. 梅多斯、C. 勒姆克与 J. 荷隆合编《罗马理论考古学 1996 年大会：罗马理论考古学会第六届年度大会论文集，谢菲尔德》(牛津，1997)；《罗马理论考古学大会》第 7 期 =J. 豪索恩与 R. 威彻尔合编《罗马理论考古学 1997 年大会：罗马理论考古学会第七届年度大会论文集，诺丁汉》(牛津，1998)；《罗马理论考古学大会》第 8 期 =P. 巴克尔、F. 弗西合编《罗马理论考古学 1998 年大会：罗马理论考古学会第八届年度大会论文集，莱斯特》(牛津，1999)；《罗马理论考古学大会》第 9 期 =G. 芬汉姆、G. 哈里森、R. 霍兰德、L. 利威尔等人合编《罗马理论考古学 1999 年大会：罗马理论考古学会第九届大会论文集，杜伦》(牛津，2000)；《罗马理论考古学大会》第 10 期 =G. 戴维斯、A. 加德纳、K. 洛克伊尔合编《罗马理论考古学 2000 年大会：罗马理论考古学会第十届年度大会论文集，伦敦》(牛津，2001)；《罗马理论考古学大会》第 11 期 =M. 卡卢塞尔斯、C. 范 . 德利尔－穆雷、A. 加德纳、J. 卢卡斯、L. 利威尔、E. 斯威夫特等人合编《罗马理论考古学 2001 年大会：罗马理论考古学会第十一届大会论文集，格拉斯哥》(牛津，2002)；《罗马理论考古学大会》第 12 期 =E. 斯威夫特与 J. 维克斯合编《罗马理论考古学 2002 年大会：第十二届年度大会论文集，坎特伯雷》(牛津，2003)；《罗马理论考古学大会》第 13 期 =H. 埃卡尔特、J. 梅德、J. 维克斯合编《罗马理论考古学 2003 年大会：第十三届年度大会论文集，莱斯特》(牛津，2004)；《罗马理论考古学大会》第 14 期 =J. 布鲁恩、B. 克洛克斯福德、D. 格里戈罗普洛斯等人合编《罗马理论考古学 2002 年大会：第十四届年度大会论文集，杜伦》(牛津，2005)。

关于此主题的优质网站越来越多，但还并不能作为此类作品的有力引用。

一些常见的引用罗列如下：

AJA：《美国考古报》*American Journal of Archaeology*；

ANRW:《罗马世界的兴衰：近期关于罗马历史及文化的研究》*Aufstieg und Niedergang der Römischen Welt. Geschichte und Kultur Roms in Spiegel der neueren Forschung*;

ANT.J:《文物报》*Antiquaries Journal*;

Arch. J:《考古报》*Archaeological Journal*;

JRA:《罗马考古报》*Journal of Roman Archaeology*;

JRS:《罗马研究报》*Journal of Roman Studies*;

OJA:《牛津考古报》*Oxford Journal of Archaeology*;

PPS:《史前学会论文集》*Proceedings of the Prehistoric Society*;

PSAS:《苏格兰文物学会文集》*Proceedings of the Society of Antiquaries Scotland*;

RCAHMS：苏格兰古迹皇家委员会 Royal Commission on Ancient Historic Monuments（Scotland）;

RCAHMW：威尔士古迹皇家委员会 Royal Commission on Ancient Historic Monuments（Wales）;

RCHME：古迹皇家委员会（英格兰）Royal Commission on Ancient Historic Monuments（England）。

第一章　帝国幽灵

第一段引语来自 W.C. 塞勒和 R.J. 叶特曼所著《1066 年以及其所有：一段令人难忘的英格兰历史，涵盖了可以记住的所有内容，包括 103 件好事、5 个坏国王和 2 个真实日期》(伦敦，1930)。它比稍后出版的戏说历史书——《腐烂的罗马》(伦敦，1994)，T. 达利著——出色得多。第二段引语来自 F. 哈佛菲德的《罗马不列颠的罗马化》(牛津，1915)。

除了已经提到的概述著作外，其他有关该主题的书籍（其中一些书籍对这一主题的处理基本没有问题）包括 J. 阿尔科克《罗马不列颠生活》(伦敦，1997)；G. 德·拉·贝多耶尔《罗马不列颠指南》(斯特劳德，1999)；A.R. 伯利《罗马不列颠的生活》(伦敦，1964)；K. 布拉尼甘《罗马不列颠：一个帝国行省的生活》(伦敦，1980)；S. 希尔和 S. 爱尔兰《罗马不列颠》(伦敦，1996)；T. 麦克阿尔维《罗马不列颠生活》(伦敦，1999)；H.H. 思高利雅得《罗马不列颠－帝国前哨》(伦敦，1979)；D. 夏特《罗马不列颠》(伦敦，1998)；J.S. 沃彻尔《罗马不列颠》(伦敦，1978)。

R. 里斯《我的罗马不列颠》(赛伦塞斯特，1988) 是一本十分标新立异、叛逆、产生极大影响的教条主义做法的解药。R. 辛利是第一个接受这一挑战的青年学者之一,《过去、现在和未来——罗马不列颠研究》，载《苏格兰考古评论》第 8 期 (1991 年)；《对罗马帝国主义的态度》，载《罗马理论考古学大会》第 1 期 (1993 年)。不列颠和罗马帝国历史编纂学方面，R. 辛利《罗马官员和英国绅士：罗马考古学的帝国起源》(伦敦，2000)；关于布狄卡的重新研究和现代对她的看法，C.R. 辛利和 C. 昂温《布狄卡：铁器时代战士女王》(汉伯顿和伦敦，2005)。F. 哈维菲尔德的贡献，参见《罗马不列颠的罗马化》(1915)；《罗马占领不列颠》(G. 麦克唐纳合著修订版，牛津，1924)；同时，P. 弗里曼在 J. 马丁利编《罗马帝国的对话：权力、话语和罗马帝国的差异化经验》(朴茨茅斯，1997)；G. 伍尔夫《作为公民的罗马人：罗马化的思想前提》，载 J. 梅茨勒等人《罗马帝国西部早期的融合》(卢森堡，1995)。关于罗马帝国的总体积极评价，重点参阅 P. 平克森的《罗马为我们做了什么》等作品 (伦敦，2000)。

全球化和罗马帝国主义方面：R. 辛利《罗马文化的全球化：团结、多样性和帝国》(伦敦，2005)；还要注意 R. 沃彻《全球化和罗马帝国主义：意大利罗马的身份认同角度》，载 E. 赫林和 K. 洛马斯编《公元前 1 世纪国家身份认同在意大利的出现》(伦敦，2000)；G. 伍尔夫《世界体系分析和罗马帝国》，载《罗马考古学杂志》第 3 期 (1990 年)。后殖民主义经典研究包括 E. 萨伊德《东方主义》(哈蒙兹沃斯，1978) 以及《文化与帝国主义》(伦敦，1992)。对于罗马考古学中的后殖民主义方法，参见 J. 韦伯斯特和 N. 库珀《罗马帝国主义：后殖民视角》(莱斯特，1996)；马丁利编著《罗马帝国主义的对话》(1997)；J. 韦伯斯特《罗马不列颠混合化》，载《美国考古报》105.2 (2001)。

还要注意上文中引用罗马考古学理论大会（TRAC）的卷宗；J.C. 巴雷特《理论化罗马考古》，载《罗马理论考古学大会》第 6 期（1997 年）；S.L. 戴森《从新事物到新时代考古学、考古理论和经典考古学：一个 20 世纪 90 年代的角度》，载《美国考古报》97.2（1993）；S. 詹姆斯《罗马考古学：危机与革命》，载《古物》第 295 期（2003 年）；G. 伍尔夫《罗马考古学的现状和未来规模：一个评论》，载《美国考古报》第 108 期（2004 年）。

我已发现的有用的帝国比较著作包括：S. 阿尔科克等《帝国》（剑桥，2001）。M. 哈特和 A. 奈格里《帝国》（伦敦，2000）；D. 利芬《帝国：俄罗斯帝国及其对手》（2000）。罗马帝国相关，参见 P.A. 布伦特《罗马帝国的主题》（牛津，1990）；C.B. 钱皮恩《罗马帝国主义：解读和文献》（牛津，2004）；J.S. 沃彻尔《罗马帝国》（伦敦，1987）和《罗马世界》（2 卷，伦敦，1987）；C. 威尔《罗马帝国》（伦敦，1992）；G. 伍尔夫主编《剑桥图解史：罗马世界》（剑桥，2004）；《剑桥古代史》，尤其是卷 10—13。对个人、术语和机构的解释有用的资源有 G. 希普利、J. 范德斯波尔、D. 马丁利、L. 福克斯豪《古典文明剑桥指南》（剑桥，2006）；S. 霍恩布洛尔和 A. 斯帕福斯《牛津古典词典》（第 3 版，牛津，1996）。罗马帝国的权力结构的包容性，参见 A.R. 伯利《非洲皇帝塞普蒂米乌斯·塞维鲁》（伦敦，1988）。关于帝国、敌人和臣民之间的文化互动，参见 J.C. 巴勒特等人编著《欧洲西北部的蛮族和罗马人》（牛津，1989）；B.C. 伯恩汉姆和 H.B. 约翰逊编写《入侵与反应：罗马不列颠案例》（牛津，1979）；T.F.C. 布拉格和 A.C. 金编著《罗马不列颠军事和文职人员：一个边境行省内的文化关系》（牛津，1984）。

帝国在戏剧上的体现：T. 斯托帕德《印度墨水》（伦敦，1995）；H. 布伦顿《演出：2. 罗马人在不列颠，和其他》（伦敦，1989）。

殖民主义的比较研究包括 C. 戈斯登的重要著作《考古学和殖民主义：从公元前 5000 年到今日的文化交流》（剑桥，2004）；M. 吉文《被殖民者的考古学》（伦敦，2004）；H. 赫斯特和 S. 欧文编写《古代殖民地：类比、相似和差异》（伦敦，2005）；C.L. 莱昂斯和 J.K. 帕帕佐普洛斯《殖民主义考古学》(洛杉矶，2002)。G. 芬彻姆《书写殖民冲突，承认殖民的软弱》，载《罗马理论考古学大会》第 10 期（2001 年），提出了一个重要观点，即殖民大国的行为通常由他们自身在占领的土地上感知到的缺点和脆弱所驱动。

与罗马化相关的主要现代著作是 M. 米列特《不列颠的罗马化》(1990)。D.J. 马丁利编写《罗马帝国的对话：权力、话语和罗马帝国的差异化经验》(朴茨茅斯，1997) 所收录的 P. 费里曼和 J. 巴勒特文章中总结出的观点，形成了辩论。W.S. 汉森《与蛮族打交道：不列颠的罗马化》，载《建立在过去之上：庆祝皇家考古学会成立 150 周年论文集》(伦敦，1995)；S. 詹姆斯《罗马化与不列颠民族》，载 S. 凯伊和 N. 泰雷纳托编著《意大利和西部：罗马化中的比较问题》(牛津，2001)；D.J. 马丁利《庸俗而脆弱的罗马化，还是模式转变的时机？》，《罗马考古报》第 15 期（2002 年）；J. 梅茨勒等编著《早期罗马西部的融合：文化和意识形态的作用》(卢森堡，1995)；M. 伍德和 F. 科伊罗拉编写《西部行省罗马化的最新研究》(牛津，1992)；G. 伍尔夫《罗马化的统一与多样性》，载《罗马考古报》第 5 期（1992 年)；《成为罗马人：高卢行省文明的起源》(剑桥，1998)。《罗马理论考古学大会》第 6 期（1997 年）和第 7 期（1998 年）中还有许多有趣的罗马化论文。《考古对话》9.1（2002）中有 G. 伍尔夫和 J. 丝萝法特亚撰写的有关高卢地区社会变革的论文，重心大部分集中于罗马化辩论。

帝国意图有力支持相关，请参见 C.R. 怀特塔克《帝国主义与文化：罗马行动》，收录于马丁利编写《罗马帝国的对话》(1997)。20 世纪末期关于不列颠文化变化的共识也反映在 K. 布拉尼甘《新罗马不列颠 – 西方国家的观点》，载《布里斯托尔和格洛斯特考古学会》第 112 期（1994 年)；B.C. 伯恩汉姆《凯尔特人和罗马人：迈向罗马 – 凯尔特社会》，载 M. 格林编写《凯尔特世界》(伦敦，1995)；J. 赫斯金森《罗马行省的文化与社会关系》，收录于 P. 沙路威编著《不列颠群岛的牛津简史：罗马时代》(牛津，2002)；T.F.C. 布拉格和 M. 米列特《早期罗马帝国在西部》(牛津，1990)。

高卢北部、莱茵兰和德国边境的重要比较研究《罗马人和低地国家的原住民：互动之地》(牛津，1983)，R. 布拉德特和 J. 斯尔菲特亚编；M. 卡洛尔《罗马人、凯尔特人和日耳曼人：罗马的日耳曼行省》(斯特劳德，2001)；J.D. 克雷海顿和 R.J.A. 威利森《罗马日耳曼：文化互动领域研究》(朴茨茅斯，1999)。T. 德尔克斯《神庙和仪式活动：罗马高卢宗教观念和价值观的转变》(阿姆斯特丹，1998)；J.F. 德林克沃特《罗马高卢：三个行省，公元前 58 年至公元 260 年》(伦敦，1983)；A. 金《罗马高卢和日耳曼》(伦敦，1990)；N. 罗曼斯编著《从宝剑到耕犁：关于北部高卢最早罗马化的三项研究》(阿姆斯特丹，1996)；E.M. 惠特曼《高利亚比利卡》(伦敦，1985)；W. 威廉姆斯《罗马人和巴达维亚人》(阿姆斯特丹，1986)；伍尔夫《成为罗马人》(1998)。

罗马帝国文化变化和身份认同的其他研究方法可在 D.J. 马丁利《成为罗马人：在行省情境下表达身份》，载《罗马考古报》第 17 期（2004 年）中找到。A. 戈登那《罗马统治晚期不列颠的社会身份与结构两元性》，载《社会考古学杂志》2.3（2002)；R. 辛利《罗马文化的全球化》(伦敦，2005)；S. 琼斯《种族考古学：建构过去和现在的身份》(伦敦，1997)；P. 威尔斯的《蛮族会说话》(普林斯顿，1999）以及《凯尔特人、德国人和斯基泰人之外：欧洲铁器时代的考古学和身份认同》(伦敦，2001)。

经济价值金额来自 M.B. 查尔斯沃思《失落的行省或不列颠的价值》(加的夫，1949)。

抵抗主题的内容，重点参见 J.F. 德林克沃特和 H. 伏尔泰特《罗马高卢的机会还是反对》，载伍德和克罗伊加《西方行省罗马化的最新研究》(1992)；R. 辛利《抵抗与统治：罗马不列颠的社会变革》，载马丁利编写的《对话》(1997)。

第二章 信息来源与史料规则

文献来源

罗马文献中关于英国地理标准综述的资料是 A.L.F. 里维特和 C. 史密斯《罗马不列颠的地名》(伦敦，1979)。另见 B. 琼斯和 D. 马丁利《罗马不列颠地图集》(重印版，牛津，2002)。有用的历史资料选集包括 S. 爱尔兰《罗马不列颠：资料手册》(第 2 版，伦敦，1996)；J.C. 曼和 R.G. 彭曼《罗马不列颠文献资料》(LACTOR11，伦敦，1985)。专门针对爱尔兰的文献资料收集于 P. 弗里曼《爱尔兰和古典世界》(奥斯丁，2001) 中。在 P. 沙路威《罗马不列颠》(牛津，1981) 中可以找到对文献资料的充分讨论，此书中还列出了作者广泛的参考书目中一个所有主要古典资料标准文本的清单。另见 W.S. 汉森《阿格里托拉和北方征服》(伦敦，1987)。关于这些文献资料表达“野蛮的他人”的方式问题，特别参见 B.W. 坎利夫《希腊人、罗马人和蛮族》(伦敦，1988)；J. 韦伯斯特《正义战争：希腊罗马文本作为殖民言论》，载《罗马理论考古学大会》第 4 期 (牛津，1995)。《人种学的野蛮行为：殖民言论和凯尔特战士社会》，载 J. 韦伯斯特和 N. 库珀编写《罗马帝国主义：后殖民观点》(莱斯特，1996)；《那里有龙！罗马人对英国北部态度的持续影响》，参见 B. 贝维安《北部的暴露》(莱斯特，1999)；G. 伍尔夫《罗马人和本土人之外》，载《世界考古学》28.3 (1997)。德鲁伊有关内容，参见 M. 格林《探索德鲁伊的世界》(伦敦，1997)；S. 皮戈特《德鲁伊教徒》(伦敦，1975)；A. 罗斯《德鲁伊：永生的传教士》(斯特劳德，1999)；J. 韦伯斯特《世界尽头：被征服的高卢和英国的德鲁伊和其他复兴运动》，《不列颠尼亚》第 30 期，1999 年。

企鹅经典丛书很好地翻译了李维、恺撒、塔西佗、苏维托尼乌斯、阿米亚努斯·马塞利努斯的作品和《奥古斯塔历史》(恺撒晚年生平)。托勒密作品最容易在 E.L. 史蒂文森《克劳狄乌丝·托勒密：地理学》中获取 (纽约，1932)。关于罗马边缘地区文献的讨论，参见 K. 达科《不列颠和罗马帝国的终结》(斯特劳德，2000)。

关于文献对不列颠形象的建构，K. 克拉克《一个岛国：重读塔西提的〈阿格里科拉〉》，载《罗马研究报》第 91 期 (2001 年)；P.C.N. 斯图尔特《创造不列颠：形象的创造和改编》，载《不列颠尼亚》第 26 期 (1995 年)。

标准的碑铭资料库 (《罗马不列颠铭文》I 等) 在上文中已详细说

明，选用文本的有用版本参见 B. 多布森和 V. 马克斯费德编著《罗马帝国铭文》(LACTOR，伦敦，1995)；S. 爱尔兰《罗马不列颠：资料手册》(1996)。M. 比罗撰写《罗马不列颠碑文》，载《匈牙利科学研究院考古学报》第 27 期（1975 年）对英国铭文分布的空间分析仍然独具慧眼。关于碑文的使用，参见 L. 基派《理解罗马铭文》(伦敦，1991)。

文多兰达木简的发表文献：A.K. 鲍曼和 J.D. 托马斯《文多兰达木简：拉丁文木简》(伦敦，1983)，现在由 A.K. 鲍曼和 J.D. 托马斯《文多兰达字简Ⅱ》(伦敦，1994）和《文多兰达字简Ⅲ》(伦敦，2003）替代。同时还有一个出色的网站。

来自巴斯的诅咒板由 R.S.O. 汤姆灵在 B.W. 坎利夫编著《巴斯的密涅瓦神庙，第 2 卷：圣泉中的发现》(牛津，1988）发表；汤姆灵对乌雷发现的初步讨论可以在《不列颠尼亚》关于新文本的报告中找到，也可以在 A. 伍德沃德和 P. 利奇《乌雷神庙群：对格洛斯特郡乌雷西山仪式建筑群的发掘：1977—1979 年》(伦敦，1993）中找到。

什么样的图景被建立了？

来自罗马帝国和不列颠的文献相关：A.K. 鲍曼和 G. 伍尔夫编写《古代世界的文献与权力》(剑桥，1994)；A.E. 库雷编《写拉丁文，变成罗马人？罗马帝国西部的文献和铭文》(朴茨茅斯，2002)；J.H. 汉弗莱编《罗马世界的文献》(安阿伯，1991)；W.S. 哈里斯《古代文献》(剑桥，MA，1989)。同时关注，J.N. 亚当斯《不列颠拉丁语：巴斯诅咒板的文字、解释和语言》，载《不列颠尼亚》第 23 期（1992 年）和《文多兰达字简的语言：中期报告》，载《罗马研究报》第 85 期（1995 年)；E.P. 汉普《不列颠拉丁口语的社会梯度变化》，载《不列颠尼亚》第 6 期（1975 年)；J.C. 曼《铭文作证的不列颠拉丁口语》，载《不列颠尼亚》第 2 期（1971 年)。

不列颠地名相关：参见里维特和史密斯《地名》(1979)。A.L.F. 里维特《凯尔特名和罗马地点》，载《不列颠尼亚》第 11 期（1980 年)；S. 艾斯蒙德・克拉利《上不列颠尼亚和下不列颠尼亚》，收录于 R.J.A. 塔尔伯特主编《希腊和罗马世界的巴灵顿地图集》(普林斯顿，2000)；军需品研究:《罗马不列颠地图》(第4版，南安普敦，1978);《罗马帝国地图：康带—格勒温—伦敦—巴黎》(伦敦，1983);《罗马帝国地图：不列颠北部》(伦敦，1987)。

群体共性学证据的证实性的描述参见A.伯利《罗马不列颠编年史》(牛津，1981);《罗马不列颠政府》(牛津，2005)，该书本质上是编年史的重大修订版；另见他的《罗马不列颠人民》(伦敦，1979)。《罗马不列颠铭文》铭文索引、文多兰达木简和巴斯诅咒板将帮助感兴趣的读者找到本书中提到的大多数个体。

政府框架：D.布朗德《公元前241年—公元193年罗马帝国行政管理》(埃克塞特，1988)；W.艾克《剑桥古代史十一》(2000)；B.莱维克《罗马帝国政府：资料手册》(伦敦，1985)；M.古德曼《公元前44—公元180年的罗马世界》(伦敦，1997)；D.S.波特《止步不前的罗马帝国：公元180—395年》(伦敦，2004)；G.H.史蒂文森《安东尼时代前的罗马行省政府》(牛津，1949)。

考古学

反映学科发展和当前任务的著作包括R.G.科林伍德和I.A.里奇蒙德的《罗马不列颠考古》(伦敦，1969)。M.托德编《罗马不列颠研究：1960—1989年》(伦敦，1989)；R.F.J.琼斯编《罗马不列颠：近期趋势》(谢菲尔德，1991)；S.詹姆斯和M.米列特《不列颠人和罗马人：推进考古议程》(约克，2001)；P.沙路威编著《不列颠群岛的牛津简史：罗马时代》(牛津，2002)；M.托德编《罗马不列颠指南》(牛津，2004)。

有关航空摄影，参见S.S.弗雷里和J.K.S.圣约瑟夫《空中俯瞰罗马不列颠》(剑桥，1983)；G.S.马克斯韦尔和D.R.威尔逊《1977—1984年罗马不列颠的空中勘测》，载《不列颠尼亚》第18期（1987年）；J.K.S.圣约瑟夫《不列颠空中勘测，1969—1972年》，载《罗马研究报》第63期（1973年）;《罗马不列颠的空中勘测，1973—1976年》，载《罗马研究报》第67期（1977年）。

第四至八章介绍了对不列颠罗马军队的研究。罗马边境研究会议发表的论文集包含许多与不列颠有关的论文；特别参见 W.S. 汉森和 L. 科皮编写《1979 年罗马边境研究》(牛津，1980)；M. 普朗克主编《罗马军事边界研究 III，第 13 届国际边境大会，艾伦，1983 年》(斯图加特，1986)；H. 维特斯和 M. 坎德尔编《奥地利的罗马边境，1986 年第 14 届国际罗马边境大会论文集，卡农图姆》(维也纳，1990)；V.A. 马克斯费德和 B. 多布森《1989 年罗马边境研究》(埃克塞特，1991)；W. 戈尔尼曼－范・华特英等编《1995 年罗马边境研究》(牛津，1997)；P. 费曼等编《第十八届乔丹阿曼国际罗马边境会议论文集》(牛津，2002)；S. 维斯《第十四届国际边境会议论文集》(佩奇，2005)。

罗马道路：I. 玛格丽《英国的罗马道路》(伦敦，1967)。A. 伯格斯《供水：罗马不列颠的供水和相关结构》(牛津，2001)。建筑和建筑雕塑：T.F.C. 布拉格《罗马不列颠的石匠学校》，参见 J. 门波和 M. 亨宁格编著《英国的罗马人生活与艺术》(牛津，1977)；《艺术与建筑》，载托德主编《罗马不列颠研究》(1989) 和《英国的罗马建筑装饰》(牛津，2002)；P. 约翰逊和 I. 海恩斯《罗马不列颠的建筑》(伦敦，1996)。雕塑相关内容主要发表在雕刻与装饰性石雕系列丛书中 (请参见上文)。

罗马艺术的总体研究：J.M.C. 汤因比《罗马人统治下的不列颠艺术》(伦敦，1965)；《罗马不列颠的艺术》(伦敦，1962)；M. 亨宁格《罗马不列颠的艺术》(伦敦，1995)；门波和亨宁格编著《英国的罗马人生活与艺术》(1977)。权威性较低的有 J. 莱恩《罗马不列颠的艺术与社会》(格洛斯特，1997)。与理论知识更为相关的内容，参见 S. 斯科特和 J. 韦伯斯特编《罗马帝国主义和行省艺术》(剑桥，2003)。马赛克相关内容，参见 D. 尼尔《英国的罗马时期马赛克》(伦敦，1983)；D. 尼尔和 S. 科许《英国的罗马时期马赛克，卷 1：英国北部》(伦敦，2002)。壁绘方面：N. 大卫和 R. 林《罗马不列颠壁画》(伦敦，1981)；R. 林《罗马不列颠壁画》(里斯伯勒王子城，1985)；《自惠勒以来的壁画》，载 S. 格锐普编写的《罗马城镇：惠勒遗址》(约克，

1993)；B. 菲利普《多佛配有酒神壁画的罗马房屋》(多佛，1989)。

珠宝：C. 约翰斯《罗马不列颠的珠宝：凯尔特人和古典传统》(伦敦，1996)；C. 约翰斯和 T. 波特《塞特福德的宝藏》(伦敦，1983)；耳环：L. 阿里森－琼斯《罗马不列颠时期的耳环》(牛津，1989)；珠子：M. 圭多《不列颠和爱尔兰史前时期和罗马时期的玻璃珠》(伦敦，1978)；胸针：J. 拜里和 S. 布彻《英国的罗马胸针：基于里奇伯勒藏品的技术和类型学研究》(伦敦，2004)；R. 哈塔特《理查德·哈塔特的古代胸针视觉目录》(牛津，2000)；有雕琢痕迹的宝石：M. 亨宁格《不列颠遗址出土的罗马雕刻宝石集合》(2 卷，牛津，1974)；C. 约翰斯《斯内蒂瑟姆的罗马珠宝作坊藏品》(伦敦，1997)。对一系列手工艺品的概要介绍来自 G. 德·拉·贝多耶尔著《罗马不列颠的发现》(伦敦，1989)。

钱币和钱币堆：R. 里斯《罗马不列颠的铸币》(伦敦，1987)、《英国 140 个遗址出土的罗马钱币》(伦敦，1991)、《不列颠遗址及其钱币》，载《古物》第 67 期（1993 年)；《罗马不列颠遗址发现》，载《罗马不列颠》第 26 期（1995 年)；《罗马不列颠铸币》(斯特劳德，2002)；A.S. 罗伯斯坦《罗马不列颠钱币仓清单》(伦敦，2000)。

墓葬考古：R.F.J. 琼斯《罗马及其行省的墓葬风俗》，载 J.S. 沃彻尔的《罗马世界》，共 2 卷（伦敦，1987)；J. 皮尔斯等编《罗马社会的墓葬》(牛津，2001)；R. 菲利普特《罗马不列颠的墓葬活动：对公元 43—410 年的坟墓处理和陈设的研究》(牛津，1991)；R. 里斯（主编)《罗马世界的墓葬》(伦敦，1977)。

不同发掘工程的比例数据取自 R. 辛利《罗马军官和英格兰绅士》(伦敦，2000)。

第三章 “没有什么值得我们担心或欣喜”：不列颠、布立吞人及罗马帝国

罗马不列颠以前时期的古代文献参见 A.L.F. 瑞福特和 C. 史密斯《罗马不列颠地名》(伦敦，1979)。有关“凯尔特人”这一表述的问

题，参见S.詹姆斯《大西洋凯尔特人：古老民族还是现代发明？》(伦敦，1999)；J.科林斯《凯尔特人：起源、神话和发明》(斯特劳德，2003)。关于欧洲铁器时代背景的文献有：J.科利斯《欧洲铁器时代》(伦敦，1984)；B.W.坎利夫主编《牛津欧洲史前史》(牛津，1994)；M.格林主编《凯尔特世界》(伦敦，1995)。过时的“比利时高卢”迁移模型有关内容，参见S.S.弗雷里主编《铁器时代不列颠南部的问题》(伦敦，1961）中C.霍克斯《不列颠铁器时代》等文章。《铁器时代不列颠南部地图》这一全国地形测量图（切辛顿，1962）虽然陈旧，但仍然有用。

铁器时代的不列颠

最详细的综述仍然是B.W.坎利夫所著的《不列颠铁器时代的社群》(伦敦，1974年第1版；1979年第2版；1991年第3版；2005年第4版)；另见他《英国铁器时代》(伦敦，1995)。关于“韦塞克斯模型”，参见G.波尔舍《威尔特郡小伍德伯里的发掘》，*PPS*6（1940)；B.W.坎利夫《丹尼伯里：汉普郡的一个铁器时代山顶堡垒，卷6：正确看待一个山顶堡垒社群》(约克，1995)；B.W.坎利夫和D.迈尔斯编写《铁器时代英国中南部的几个方面》(牛津，1984)；A.P.菲茨帕特里克和E.莫里斯编著《韦塞克斯的铁器时代：近期著作》(索尔兹伯里，1994)；D.W.哈丁《英国低地地区的铁器时代》(伦敦，1974)。

评论韦塞克斯模型和强调区域多样性的作品包括T.查姆皮恩和J.柯林斯编《不列颠和爱尔兰的铁器时代：近期趋势》(谢菲尔德，1996)；A.格威尔特和C.C.哈瑟尔葛洛夫编《重构铁器时代的社会》(牛津，1997)；J.D.希尔《重新思考铁器时代》，载《苏格兰考古评论》第6期（1989年)；J.D.希尔和C.康伯巴奇编《不同的铁器时代：欧洲铁器时代的考古学研究》(牛津，1995)。另参见C.C.哈瑟尔葛洛夫等人在《理解英国铁器时代：一项行动议程》中提出的研究行动表(索尔兹伯里，2001)。

近期简要综述：J.柯林斯《铁器时代》，载B.维纳主编的《建立在过去之上：庆祝皇家考古学会成立150周年论文集》(伦敦，1995)；

C.C. 哈瑟尔葛洛夫《铁器时代》，收录于 J. 亨特和 I. 拉尔斯顿主编《英国考古》（伦敦，1999）；J.D. 希尔《英国和爱尔兰的铁器时代：概述》，《世界史前杂志》9.1，1995 年。

铁金属制品和手工艺品的生产部分，参见 B.W. 坎利夫《凯尔特世界》（伦敦，1997）。S. 詹姆斯和 V. 里戈比《英国和凯尔特铁器时代》（伦敦，1997）；I.M. 斯特德《罗马征服之前英国的凯尔特人艺术》（伦敦，1985）。

东约克郡“战车”相关内容，参见 I.M. 斯特德《东约克郡铁器时代的墓葬》（伦敦，1991）；与费里布里奇战车有关内容，参见 A. 博伊尔的《跨进历史》，载《英国考古学》2004 年 5 月。

恺撒的不列颠冒险

恺撒的战役及其背景在 D. 布劳德《罗马统治下的不列颠》（伦敦，1996）中得到了充分的讨论。G. 格兰奇所著《罗马对不列颠的入侵》（斯特劳德，2005）回顾了从恺撒到罗马后期各种战役的海上影响。

（罗马）战争期间的不列颠

关于铁器时代的铸币，重点参见对我本节的写作影响很大的 J. 克莱顿《铁器时代晚期不列颠的钱币与权力》（剑桥，2000）；B.W. 坎利夫主编《铸币与不列颠和高卢的社会：当前的一些问题》（伦敦，1981）；C.C. 哈瑟尔葛洛夫《英格兰东南部铁器时代的铸币：考古学背景》（牛津，1987）；R. 霍布斯《大英博物馆收藏的英国铁器时代钱币》（伦敦，1996）；M. 梅斯编写《凯尔特铸币：不列颠及其他》（牛津，1992）；R.D. 范・阿森德尔《不列颠的凯尔特铸币》（伦敦，1989）。

克莱顿的著作《铁器时代晚期不列颠的钱币与权力》深入探讨了附庸国，M. 亨宁格在《维里卡国王的继承人》中进行了更为花哨的描述（斯特劳德，2002）。关于罗马的习俗，参见 D. 布朗德的《罗马与友好的国王》（伦敦，1984）以及《统治罗马不列颠》（1996）。

与欧洲大陆的贸易，参见 B.W. 坎利夫的《公元前 1 世纪和公元 1 世纪初期英国与高卢之间的关系》，载 S. 麦克雷迪和 F.H. 汤普森编著的《罗马征服前铁器时代高卢与不列颠之间的跨海峡贸易》（伦敦，1984）。

公元43年前的文化变化：C.C. 哈瑟尔葛洛夫《征服前的罗马化：高卢人先例和对不列颠的影响》，收录于 T.F.C. 布拉格和 A.C. 金编著的《罗马不列颠的军事和文职人员》（牛津，1984）；收录在由 T.F.C. 布拉格和 M. 米列特合著的《西部的早期罗马帝国》中的《比利时高卢的罗马化：考古学观点》（牛津，1990）。

"罗马不列颠民族"由一个关于罗马主要公民组织考古的不完整系列文献组成。尽管这些群体直到铁器时代晚期的状况研究的地域限制和反向推测问题比书中所承认的要严重得多，这几卷文献对铁器时代和罗马时期的区域研究都是有用的：K. 布拉尼甘《卡图维勒尼人》格罗斯特，1987）；B.W. 坎利夫《雷格尼人》（伦敦，1973）；A. 德提西卡斯《坎提阿西人》（格洛斯特，1983）；R. 邓尼特《特诺凡特人》（伦敦，1975）；B. 哈特利和 L. 费兹《布里甘特人》（格罗斯特，1988）；N. 海厄姆和 B. 琼斯《卡尔维蒂人》（格洛斯特，1985）；H. 拉姆《帕里西人》（伦敦，1978）；M. 托德《科里塔尼人》（修订版，格洛斯特，1991）；G. 韦伯斯特《科尔诺维人》（修订版，格洛斯特，1991）。

主要发掘遗址的著作中，B.W. 坎利夫《丹尼伯里：汉普郡的一个铁器时代山顶堡垒（6卷，1984—1995）》；《丹尼伯里郊区项目：威塞克斯景观的史前历史》（牛津，2000—2003）；《多赛特的亨宁格兹伯利角》（牛津，1987）；A.P. 菲特兹帕特里克《西苏塞克斯郡 A27 韦斯特汉佩尼小路的考古发掘，卷2：墓地》（索尔兹伯里，1997）；J. 福斯特《雷德都涂亩鲁斯：对埃塞克斯郡科尔切斯特一座铁器时代墓葬的重新评估》（牛津，1986）；M. 福尔福特和 J. 提姆比《铁器时代晚期和罗马的西尔切斯特：1977年、1980—1986年对大教堂平台遗址的发掘》（伦敦，2000）。C.C. 哈瑟尔葛洛夫和 M. 米列特《重新审视维卢拉米恩》，参见吉怀特和哈瑟尔葛洛夫《重建铁器时代的社会》（1997）；C.F.C. 霍克斯和 P. 克朗美《卡姆罗顿姆2》（科尔切斯特，1996）；J. 曼里和 D. 鲁迪金《面对宫殿：菲什本罗马宫殿前的挖掘》（刘易斯，2005）；R. 尼尔波特《愚人巷维卢拉米恩的仪式遗址发掘（伦敦，1999）；K. 帕菲特《迪尔磨坊山的铁器时代葬礼》（伦敦，1995）；N. 夏普鲁斯《少女堡：1985—1986 年发掘和实地调查》（伦敦，1991）。斯特德《东约克郡铁器时代公墓》（1991）；《斯尼提汉的宝藏：1990 年的发掘》，载《古物》第 65 期（1991 年）；I.M. 斯特德和 V. 瑞戈比《巴尔多克：罗马和前罗马定居点的发掘》（伦敦，1986）。I.M. 斯特德和 V. 瑞戈比《哈里国王巷维卢拉米恩遗址）（伦敦，1989）；I.M. 斯特德等著《林道人：沼泽中的尸体》（伦敦，1986）；G.J. 温赖特《诸圣堂的圣徒：铁器时代多塞特郡定居点》（伦敦，1979）。坎利夫《铁器时代社群》（2005）包含了一个列出主要铁器时代遗址参考书目的附录。

结构化的仪式沉积在 J.D. 希尔《韦塞克斯铁器时代的仪式和垃圾》中得到了很好的介绍（牛津，1995）。仪式沉积与罗马时期贮藏的可能关联参见 M. 米列特和 C. 琼斯之间的辩论，载《罗马理论考古学大会》第 4 期（1995 年）。

附庸国以外的疆域

自从早期开创性研究以来，景象已经发生了变化，例如 S.S. 弗雷里编著《英国低地的铁器时代》（伦敦，1978）；A.L.F. 李维特编著《英国北部的铁器时代》（爱丁堡，1966）；C. 托马斯《爱尔兰海行省的铁器时代》（伦敦，1972）。坎利夫在《铁器时代社群》的区域性调查仍然是一个关键起点；C.C. 哈瑟尔葛洛夫《不列颠中部的铁器时代社会：回顾与前景》，以及 B. 贝维安《北部的暴露：可解释的权力下放与不列颠铁器时代》（莱斯特，1999）中的其他论文，揭示了东南王国和不列颠中部、北部和西部的外围民族之间的深刻差异。其他着重地区的概述包括：P. 克雷《东米德兰兹郡黏土地史前史》（莱斯特，2002）；J. 戴维斯和 T. 威廉姆斯编辑《爱西尼人的土地：东安格利亚北部的铁器时代》（诺里奇，1999）；D.W. 哈丁《英国北部的铁器时代》（伦敦，2004）；R. 辛利《公元前 700 年至公元 200 年的苏格兰社会》，载《苏格兰考古报告》122（1992）；F. 林奇等著的《史前威尔士》（斯特劳德，2000）；B. 拉夫特里编著《铁器时代的遗址与景点》（牛津，

1996)。进一步描述参见第十三至十四章的参考文献。

多布尼铸币和领土方面，R.D. 范 · 阿森德尔著《多布尼造币：多布尼人地区的货币供应和钱币流通》(牛津，1994)。有关莱斯特郡东部的贮藏堆，参见 V. 佩斯特等人的《莱斯特郡铁器时代的黄金》，载《现代考古学》第 188 期（2003 年)。

第四章　铁腕征服及其余波：罗马不列颠征服（43—83）及以后

关于罗马军队的总体情况，参见 Y. 勒波黑的《帝国罗马军队》(伦敦，1994)；A. 高兹沃斯《罗马战争》(伦敦，2000)；资料来源方面，B. 坎贝尔《公元前 31 年至公元 337 年的罗马军队：资料集》(伦敦，1994)。S.S. 弗雷里在《不列颠尼亚：罗马不列颠历史》(第 3 版，伦敦，1987）中充分地讨论了征服时期的历史。还有 P. 萨尔维的《罗马不列颠》(牛津，1981)；地理插图方面，B. 琼斯和 D. 马丁利的《罗马不列颠地图集》(再版，牛津，2002)。另参见 D. 布拉德《统治罗马不列颠》(伦敦，1996)，该书主要依托文献。S.S. 弗雷里和 J.K.S. 圣约瑟夫的《空中俯瞰罗马不列颠》(剑桥，1983)；H. 威尔富尔和 V.G. 斯旺的《不列颠的罗马军营》，《野外考古学》(伦敦，1995）描绘了行军营地。有关军队在战役中的行为的其他重要证据，参见 F. 李泊和 S.S. 弗雷里的《图拉真记功柱》(格洛斯特，1988)。P. 威尔斯《阻止罗马的战役》(纽约，2003）生动地描绘了在条顿堡森林战役中大败著名的瓦卢斯背景下，罗马和北欧军事传统的冲突。

罗马人的回归

关于公元 43 年事件，认为登陆地是肯特的资料参见 S.S.S. 弗雷里和 M. 富尔福德的《罗马公元 43 年的入侵》，《不列颠尼亚》第 32 期（2001 年)；认为是汉普郡的，参见 D.G. 博德《克劳迪亚入侵的再思考》，载《牛津考古报》19.1（2000)；J.F. 曼里《罗马入侵不列颠：再分析》(斯特劳德，2002)。E. 索尔《帝国视角下的罗马（公元 43 年）不列颠入侵：回应弗雷里和富尔福德》，载《牛津考古报》

21.4（2002）。关于克劳迪安征服阶段更为笼统的表述，参见M. 托德《克劳迪安征服及其后果》，载M. 托德编著《罗马不列颠指南》（牛津，2004）。对于较陈旧的观点，参见J. 瓦彻《罗马人的到来》（伦敦，1979）；G. 韦伯斯特《罗马对不列颠的入侵》（伦敦，1980）。

公元47—69年的持续抵抗和叛乱

C.J. 阿诺德和J.L. 戴维斯《罗马和中世纪早期的威尔士》（斯特劳德，2000）；W. 曼宁《威尔士的征服》，载托德《罗马不列颠指南》（2004）；G. 韦伯斯特《罗马与卡拉塔库斯：公元48—58年在不列颠的罗马战役》（伦敦，1981）。

布狄卡相关：R. 辛利和C. 尤恩《布狄卡：铁器时代战士女王》（伦敦，2005）；另注意G. 德·拉·贝多耶尔《反抗罗马：罗马不列颠叛军》（斯特劳德，2003）；G. 韦伯斯特《布狄卡：公元60年对抗罗马的不列颠叛军》（伦敦，1978）。

内战与弗拉维时期的发展

阿诺德和戴维斯《罗马和中世纪早期的威尔士》（2002）；A.R. 伯利《71—105年的不列颠：前进和后退》，载L. 迪列治等编写的《罗马统治和公民生活：地方和区域视角》（阿姆斯特丹，2004）；D.J. 布雷兹《罗马苏格兰》（伦敦，1996）；W.S. 汉森《阿格里托拉和北方征服》（伦敦，1987）；G. 麦克斯韦《一场失败的战斗：蒙斯格鲁皮乌斯的罗马人和古苏格兰人》（爱丁堡，1990）。关于营地的证据，参见《在公元1世纪末期罗马人对北方的渗透》，载托德《罗马不列颠指南》（2004）。

征服的余波

S.S. 弗雷里《M. 梅尼乌丝·阿格里帕：撤离不列颠尼亚和玛丽波特》，载《不列颠尼亚》第31期（2000年）；N. 霍奇森《存在两次对苏格兰的安敦尼占领吗？》，载《不列颠尼亚》第26期（1995年）；A.R. 伯利《非洲皇帝塞普蒂米乌斯·塞维鲁》（伦敦，1988）。

反对这些是围攻训练的文章：D.B. 坎贝尔《伯恩斯瓦克的罗马围攻》，载《不列颠尼亚》第 34 期（2003 年）。

第五章　征服不列颠尼亚：各省驻军

另参见第六章的参考书目。关于部队部署的一般性问题，参见 M. 毕肖普《主席团：元首统治早期罗马军队行省分布的社会、军事和后勤方面》，载 A. 戈德斯沃西和 I. 海恩斯《作为社群的罗马军队》（朴茨茅斯，1999）。S. 詹姆斯《描写军团：英国罗马军队研究的发展和未来》，载《考古学杂志》第 159 期（2002 年）提出了对罗马军队当前优缺点的批判观点。

军事部署的变化性

整体摘要：W.S. 汉森《罗马不列颠：军事层面》，载 J. 亨特和 I. 拉尔斯顿合编的《英国考古》（伦敦，1999）；B. 琼斯和 D. 马丁利《罗马不列颠地图集》（重印版，牛津，2002）。

英国的罗马要塞和堡垒的总体性研究：P. 比德维尔《英国的罗马要塞》（伦敦，1997）；A. 约翰逊《罗马要塞》（伦敦，1983）。关于部署在不列颠的罗马军团，参见 R. 布鲁尔编著《罗马要塞及其军团》（伦敦，2000）。

下面的区域摘要重点介绍了有用的概述和关键的考古工程 / 遗址。

不列颠东南部和西南部

P. 克鲁米尼《胜利之城：科尔切斯特的故事——英国第一个罗马城镇》（科尔切斯特，1997）；S.S. 弗雷里和 J.K.S. 圣约瑟夫《空中俯瞰罗马不列颠》（剑桥，1983）；B.J. 菲利普《多佛不列颠水域舰队的罗马要塞》（多佛，1981）。V.A. 马克斯费德《英格兰西南部的罗马军事占领：新曙光和新问题》，载 W.S. 汉森和 L. 科皮编著《1979 年罗马边疆研究》（牛津，1980）；《弗拉维王朝前的堡垒及其驻军》，载《不列颠尼亚》第 17 期（1986 年）；《罗马军队》，载 R. 卡因和 W. 拉维尼西尔著《英格兰西南部历史地图集》(埃克塞特，1999)；E. 索尔《阿尔切斯特，卡特维劳尼西部边界附近克劳狄时期的临时罗马军团堡垒：罗马入侵不列颠的新视角》，载《考古学杂志》第 157 期（2000 年）；M. 托德《欧匹达姆与罗马军队：最近证据的回顾》，载《牛津考古报》(4.2，1985)；《克里塔尼人》(1991)；并与 M. 琼斯《罗马林肯》(斯特劳德，2002）进行对比。

威尔士及边区

H.R. 哈斯特《金斯霍尔姆（格洛斯特，1985)。D.J.P. 曼森《罗马切斯特：老鹰之城》(斯特劳德，2001)。C.J. 阿诺德和 J.L. 戴维斯《罗马和中世纪早期威尔士》(斯特劳德，2002)；B.C. 伯恩汉姆和 J.L. 戴维斯《征服、共存与变革》(兰彼德，1990)；J.L. 戴维斯《威尔士和边区的士兵、农民和市场》(牛津，1984)，载 T.F.C. 布拉格和 A.C. 金编著《罗马不列颠的军队和公民》(牛津，1984)。《皮乌斯到狄奥多西时期的威尔士和边区的军事部署》，载 V.A. 马克斯费德和 B. 多布森《1989 年罗马边境研究》(埃克塞特，1991)；《威尔士的士兵和平民》，载 M. 托德编写《罗马不列颠指南》(牛津，2004)；V.E. 纳什－威廉姆斯《威尔士的罗马边境》(第 2 版，与 M. 贾勒特合编，加的夫，1969)。

具体遗址：G. 布恩《卡利恩－伊斯卡的军团要塞》(卡菲利，1987)；J. 卡西等《罗马堡垒思科尼提姆（卡纳丰）的发掘》(伦敦，1993)；W. 曼宁《关于阿斯克发掘的报告》(加的夫，1981/1989)；A.G. 马维尔和 H.S. 欧文－约翰《卢卡润：1982 年 4 月和 1987 年 8 年对威尔士格拉摩根郡罗合镇罗马辅助军团堡垒的发掘》(伦敦，1997)；D. 辛克维奇《罗马军团要塞的浴场》(加的夫，1986)。

英格兰北部和苏格兰

D.J. 布雷兹《建造者阿格里科拉》,《苏格兰考古论坛》第 12 期(1980 年)；《罗马不列颠的北部边界》(伦敦，1982)；《1979 年至 1983 年英国的罗马边境》，载 M. 普朗克主编《罗马军事边境研究 III》

(斯图加特，1986)；《罗马苏格兰》(伦敦，1996)；W.S. 汉森《格里科拉和北部征服》(伦敦，1987)；《苏格兰和北部边境：公元 2—4 世纪》，载托德《罗马不列颠指南》(2004) 中；N. 霍奇森《存在两次对苏格兰的安敦尼占领吗？》，载《不列颠尼亚》第 26 期 (1995 年)；R. 纽曼《兰开夏郡考古学：当前状况和未来重点事项》(兰卡斯特，1996)。

具体遗址：P. 比德威《文多兰达的罗马要塞》(伦敦，1985)；P. 比德威和 S. 斯皮克《南希尔兹罗马要塞的发掘》(纽卡斯尔，1994)；R. 伯利《文多兰达研究报告 I：早期木质要塞》(1994 年，赫克瑟姆)；M. 毕肖普和 J. 多尔《柯布里奇：罗马要塞和城镇的发掘》(伦敦，1989)；K. 巴克斯顿和 C. 哈罗德 - 戴维斯《不来梅：罗马里奇切斯特 1980、1989—1990 年的发掘》(兰卡斯特，2000)；S.S. 弗雷里和 J. 威尔克斯《斯特拉盖斯：罗马堡垒内部的发掘》(伦敦，1989)；L.F. 皮茨和 J.K. 圣约瑟夫《印支突奇 (Inctthil)：1952—1965 年间对罗马军团堡垒的发掘》(格洛斯特，1985)。

建造要求：E. 雪利《建造一个罗马军团要塞》(斯特劳德，2001)。

罗马的线性边界：哈德良长城和安敦尼长城

与罗马边境有关的总体著作包括 H. 埃尔顿《罗马帝国的边境》(伦敦，1996)；E.N. 卢特瓦克《罗马帝国的宏图大略》(巴尔的摩，1976)；J. 瓦彻编写《罗马世界》(伦敦，1987) (罗马帝国内边境的高质量总结)；C.R. 惠特克《罗马帝国的边境：一项社会和经济研究》(巴尔的摩，1994)。

哈德良长城相关：P. 比德威编著《哈德良长城，1989—1999 年》(卡莱尔，1999)；D.J. 布雷兹和 B. 多布森《哈德良长城》(第 4 版，伦敦，2000)；J. 克劳《从图拉真到安东尼努斯 · 皮乌斯时期不列颠的北部边境：罗马建造者和不列颠人》，载托德《罗马不列颠指南》(2004)；G. 德 · 拉 · 贝多耶尔《哈德良长城》(斯特劳德，1998)；C.M. 丹尼尔斯《罗马长城手册》(第 13 版，纽卡斯尔，1978)；S. 约翰逊《哈德良长城》(伦敦，1989)；G.D.B. 琼斯和 D. 华里斯考夫特《空中俯瞰哈德良长城》(斯特劳德，2001)；D.J.A. 泰勒《哈德良长城上的要塞：对某些建筑形式和构造的比较性分析》(牛津，2000)；R.J.A. 威利森和 I. 卡鲁阿纳编写的《罗马人在索尔威》(肯达尔，2004)；R. 伍德赛德和 J. 克劳《哈德良长城：一个历史景观》(伦敦，1999)。建筑：P.R. 希尔《哈德良长城的建筑》(牛津，2004)；R. 肯德尔《与哈德良长城建造相关的运输物流》，载《不列颠尼亚》第 27 期（1996 年)。

安敦尼长城相关：W.S. 汉森和 G.S. 迈克斯威尔《罗马的西北部边疆：安敦尼长城》(爱丁堡，1983)；L.J.F. 基派《安敦尼长城 1960—1980》，载《不列颠尼亚》第 13 期（1982 年)；A.S. 罗伯特森《安敦尼长城》(第 3 版，格拉斯哥，1979)。

罗马堡垒内部

文多兰达发现的补充说明可在 A.R. 伯利《文多兰达驻军生活：军队兄弟》(斯特劳德，2003）中找到。A.K. 鲍曼《罗马边境生活和信件：文多兰达及其人民》(第 2 版，伦敦，2003)。关于内部布局，参见弗雷尔和圣约瑟夫的《空中俯瞰罗马不列颠》(1983)；M. 韩赛尔《罗马辅助军团堡垒的内部规划》，载 B.R. 哈特利和 J.S. 沃彻尔编写《罗马及其北部行省》(格洛斯特，1983)；N. 霍奇森和 P. 比德威《新视角下的辅助军团：哈德良长城的最新发现》，载《不列颠尼亚》第 35 期（2004 年)。防御工事方面，参见 M.J. 琼斯《截至公元 117 年的罗马要塞防御工事》(牛津，1975)；J. 兰得《罗马石质要塞：从公元 1 世纪到公元 4 世纪的变化和改动》(牛津，1984)。

卡莱尔出土的木简（文多兰达木简）相关，参见 R.S.O. 汤姆灵所著的《来自卡莱尔的罗马手稿：墨水字迹木简》，载《不列颠尼亚》第 29 期（1998 年)；戈德斯沃西和海恩斯《作为社群的罗马军队》(1999）中的《消失了的长矛，或是让机器运转》。

第六章　军人社群

对不列颠罗马军队的总体研究包括 G. 德・拉・贝多耶尔《不列

颠尼亚上空的雄鹰：不列颠的罗马军队》(斯特劳德，2001)；P.A. 霍尔德《驻扎不列颠的罗马军队》(伦敦，1982)；M.G. 贾勒特《罗马不列颠的非军团军队：第一部分，小队》，载《不列颠尼亚》第 25 期 (1994 年)。关于英国军团，参见 R.J. 布鲁尔编写的《罗马要塞及其军团》(加的夫，2000)。L. 科皮在 Y. 勒・博赫克《早期帝国统治下的罗马军团》(2 卷，里昂，2000) 中也有著述。辅助军团相关：G.L. 奇斯曼《罗马帝国军队的辅助军团》(牛津，1914)；K.R. 狄克逊和 P. 萨瑟恩《公元 1 世纪至 3 世纪的罗马骑兵》(伦敦，1992)；P.A. 霍尔德《从奥古斯都到图拉真的罗马辅助军团研究》(牛津，1980)；J. 斯波尔《戴克里先帝国前罗马帝国军队的辅助骑兵部队》(奥尔德肖特，1994)。《大队：罗马帝国军队的辅助步兵部队的证据和较简短历史》(牛津，2000)。征兵方面，B. 多布森和 J.C. 曼《驻不列颠的罗马军队和罗马军队中的不列颠人》，载《不列颠尼亚》第 4 期 (1973 年)。

关于士兵社群的构想，特别注意 A. 戈德斯沃西和 I. 海恩斯《作为社群的罗马军队》(朴茨茅斯，1999)；S. 詹姆斯《士兵社群：罗马帝国的主要身份和权力中心》，载《罗马理论考古学大会》第 8 期 (牛津，1999)。也可比较 T.F.C. 布拉格和 A.C. 金编著《罗马不列颠军事和文职人员：一个边境行省内的文化关系》(牛津，1984)；V.A. 马克斯费德《士兵和平民：壁垒之外的生活》，第八届卡利恩年度讲座 (加的夫，1995)。关于服兵役的条件，参见 R.W. 戴维斯《罗马军队的服役》(爱丁堡，1985)。G.R. 沃森《罗马士兵》(伦敦，1969)。政治角色相关，见 B. 兰科夫《总督的下属：省级行政机关的领事馆》，载戈德斯沃西和海恩斯的《作为社群的罗马军队》(1999)。

平民与军事社群

关于 *vici* (驻军社群)，参见 C.S. 桑那尔《罗马不列颠的军事驻军社群》(牛津，1984)；戈德斯沃西和海恩斯《作为社群的罗马军队》(1999) 中的《作为殖民工具的日耳曼西南部罗马军队：军事堡垒和平民军事社区的关系》；J.L. 戴维斯《驻军社区：近期研究及其意义》，载 B.C. 伯恩汉姆和 J.L. 戴维斯著《征服、共存与变革》(兰彼德，

1990)。具体案例，参见 J.A. 毕根斯和 D.J.A. 泰勒《布莱唐斯德罗马堡垒和定居点调查》，载《不列颠尼亚》第 30 期（1999 年）和《不列颠尼亚》第 35 期（2004 年）。上不列颠尼亚地区，这些定居点类似于城镇，M. 毕肖普和 J. 多尔《科布里奇：罗马要塞和城镇的发掘》(伦敦，1989)；P. 威尔逊《卡塔拉科托尼姆：罗马卡特里克及其腹地：1958 年至 1997 年的发掘和研究，第 1 部分和第 2 部分》(约克，2002)。

英国北部的总体公民社会，参见 P. 萨尔维《罗马不列颠的边境人民》(剑桥，1965)。B. 哈特利和 L. 费兹《布里甘特人》(格罗斯特，1988)；N. 海格汉姆和 B. 琼斯《卡特维尼人》(格洛斯特，1985)。有关文多兰达木简的最终出版物，参见第二章中引用的参考文献。

文多兰达军事社区的最佳综述是 A.R. 伯利《文多兰达驻军生活：军队兄弟》(斯特劳德，2003)；A.K. 鲍曼《罗马边境生活和信件：文多兰达及其人民》(伦敦，2003)。A.R. 伯利通过《阿那维奥尼西斯人》一章对《阿那维奥尼西斯人口普查》进行了详细讨论，参见 N. 海格汉姆编《罗马帝国考古学：致敬巴里・琼斯教授的生活和工作》(牛津，2001)。

关于北部边境的妇女，参见 L. 阿里森 – 琼斯《罗马不列颠的妇女》(伦敦，1989)。《不列颠的妇女与罗马军队》，载戈德斯沃西和海恩斯《作为社群的罗马军队》(1999)。营房中的女性相关，参见 C. 范・德瑞尔－穆雷《性别问题》，参见《罗马理论考古学大会》第 2 期（奥尔特肖特，1995)。

其他帝国政权下的驻军的性服务在 R. 亚姆《帝国和性：不列颠经验》(曼彻斯特，1990)。

士兵社群的成员

本节广泛运用了《罗马不列颠铭文》I 和 II，并得到了 A.R. 伯利《罗马不列颠人民》(1979)、《罗马不列颠编年史》(牛津，1981）和《不列颠的罗马政府》(牛津，2005）的特别支持。还请注意 H. 德维捷尔《罗马军队的马术军官》(斯图加特，1992)。

不列颠驻军中的北非人见 V. 斯旺《重新考虑第二十军团和安敦尼

长城历史》，载《苏格兰考古报告》129（1999）。

与辅助军团解除有关的证书（进一步参考）《罗马不列颠铭文》II.1；《退伍军人定居点模式》，J.C. 曼《驻英国辅助军团退伍军人的定居点》，载《不列颠尼亚》第33期（2002年）；M. 罗克桑《辅助军团退伍军人的定居——一项初步研究》，W. 戈尔尼曼－范. 华特英等编《1995年罗马边境研究》（牛津，1997）。

第七章 军人身份的形成

主要解读包括I. 海恩斯《导言：作为社群的罗马军队》，载A. 戈德斯沃西和I. 海恩斯《作为社群的罗马军队》（朴茨茅斯，1999）；A. 加德纳《罗马不列颠的军事身份》，《牛津考古报》18.4（1999）；S. 詹姆斯《士兵和平民：罗马不列颠的身份和互动》，参见S. 詹姆斯和M. 米列特《不列颠人和罗马人》（约克，2001）。关于军队的物质文化，L. 阿里森－琼斯《物质文化与身份认同》，载詹姆斯和米列特《不列颠人和罗马人》（2001）；I. 海恩斯《辅助军团中的军人服役和文化认同》，收录于戈德斯沃西和海恩斯的《作为社群的罗马军队》（1999）。

语言和文化水平：传统习惯

文多兰达的材料，参见上文提到的参考资料（第546—547页），以及J.N. 亚当斯所著《文多兰达木简的语言：中期报告》，载《罗马研究报》第85期（1995年）。文多兰达的发现，参见E. 伯利等人的《文多兰达研究报告：卷二：关于辅助军团、木简、铭文、特性和涂鸦的报告》（赫克瑟姆，1993）；C. 范·德瑞尔－穆雷等人《文多兰达研究报告：卷三：有关皮革、纺织品、环境证据和树木年代学的报告》（赫克瑟姆，1993）。还要注意的是，J.C. 曼《铭文意识》，载《罗马研究报》第75期（1985年）；J. 埃文斯《涂鸦：罗马不列颠文化和陶器使用的证据》，载《考古学杂志》第144期（1987年）；M. 韩赛尔《铭文与在不列颠的罗马军队》，载T.F.C. 布拉格和A.C. 金编著《罗马不列颠的军队与平民》(牛津，1984)；M.E. 雷邦德《针对罗马不列颠的一项铭文研究》(牛津，1999)。关于纪念性墓碑，参见 A.C. 安德森《罗马军队的墓碑》(里斯伯勒王子城，1984)。V. 霍普《文字与图片：罗马－不列颠墓碑的解释》，载《不列颠尼亚》第 28 期（1997 年）。

文化和社会特征

不列颠雕刻与装饰性石雕卷宗中有很多军事雕塑（参见上文 542—543 页）。同样参见 L. 科皮《格拉斯哥大学亨特利博物馆的罗马刻字石和石雕》(伦敦，1998)；关于资助，参见 M. 亨宁格《艺术赞助与罗马军事团体》，收录于戈德斯沃西和海恩斯的《作为社群的罗马军队》(1999)。以下作品从各个角度对军事着装进行了很好的讨论：M. 毕肖普和 J.C. 古尔斯顿《从布匿战争到罗马陷落的罗马军事装备》(第 2 版，牛津，2005)；A. 克罗《罗马服装和时尚》(斯特劳德，2002)；S. 詹姆斯《杜拉欧罗玻斯（Dura-Europus）发掘最终报告 VII：武器和铠甲及其他军事装备》(伦敦，2004)；J.P. 怀尔德《面料与服装》，载 M. 托德编著《罗马不列颠指南》(牛津，2004)。

关于珠宝和个人装饰品，参见 A. 克鲁姆《个人装饰品》，载托德《罗马不列颠指南》(2004)；M. 亨宁格《罗马雕刻宝石集合》(牛津，1974)；C. 约翰斯《罗马不列颠的珠宝》(伦敦，1996)。有关伊拉姆特鲁拉（Ilamtrulla）的初始出版物，参见《不列颠尼亚》第 35 期（2004 年)。有关军事场所的照明设备，参见 H. 伊克卡迪克《照亮罗马不列颠》(蒙塔尼亚克，2002)。

对堡垒 / 驻军定居点物质文化组合出色分析有 H.E.M. 科尔和 C. 费利奥《罗马城堡要塞，卷 1：小型发现》(韦克菲尔德，1998)；H.E.M. 科尔等人《来自堡垒的发现：约克 10 的考古学》(约克，1995)；H.E.M. 科尔收录于 P. 威尔逊的《卡塔拉科托尼姆：罗马卡特里克及其腹地：1958 年至 1997 年的发掘和研究，第 2 部分》(约克，2002)。同样，在《罗马理论考古学大会》第 6 期（1997 年）中，S. 克拉克在《纽斯特德的废弃、垃圾处理和特殊埋葬》对军事场所的物质文化解释提出了有趣的问题。《寻找不同的罗马时期：纽斯特德军事基地的发现物组合》，载《罗马理论考古学大会》第 9 期（2000 年）；A. 加德纳《晚期罗马军队的身份：物质和文本角度》，载《罗马理论考古学大会》第 10 期（2001 年）。

宗教

存在一种将不列颠军事和民间社区的多种宗教习俗混为一谈的趋势，以 G. 德·拉·贝多耶尔《带雷电的神：罗马不列颠的宗教》（斯特劳德，2002）；M. 亨宁格《罗马不列颠的宗教》（伦敦，1984）；《不列颠的罗马宗教和文化》，载托德《罗马不列颠指南》（2004）为代表。同样，试图通过军事证据重构不列颠本土宗教的作品也存在缺陷；M. 格林《凯尔特人的众神》（格洛斯特，1986）；M. 阿尔德豪斯·格林《高卢－不列颠神灵及其神社》，载托德《罗马不列颠指南》（2004），参见 D. 马丁利《成为罗马人：在行省环境中表达身份》，载《罗马考古报》第 17 期（2004 年）。

有关军事实践和随后宗教崇拜的专题铭文研究，参见 M. 阿尔德豪斯·格林和 M. 兰博德《罗马帝国铭文中记载的具有高卢－不列颠名的神祇》，载《凯尔特研究》第 33 期（1999 年）；E. 伯利《罗马不列颠的神灵》，载 ANRWII.18《宗教，原理》（1986）；G.L. 艾比－麦西《罗马不列颠的军事宗教》（布里尔，1999）；A. 佐尔《铭文中得出的观点：哈德良长城宗教的铭文证据》，参见 J. 梅特兹尔等人《罗马早期西方的融合》（卢森堡，1995）；《罗马不列颠的崇拜规律：双名神灵的背景下》，载《罗马理论考古学大会》第 4 期（1995 年）。

关于殖民背景下对神意的解释，J. 韦伯斯特在《翻译与主观：解释和凯尔特人的神》，载 J.D. 希尔和 C. 康伯巴奇编辑的《不同的铁器时代》（牛津，1995）、《解释神意：罗马文字的力量和凯尔特人的神》，《不列颠尼亚》第 26 期（1995 年）；《协商的融合主义：关于罗马凯尔特宗教发展的读物》，载马丁利编写的《罗马帝国的对话》（朴茨茅斯，1997）。特别注意 G. 韦伯斯特《不列颠人对神的要求：从罗马和凯尔特人神灵的配对以及奉献祭品特性中得到的》，载 M. 亨宁格和 A. 金《罗马帝国的异教众神和神殿》（牛津，1986）。

有关奉献祭品的组合和宗教手工艺品，参见 L. 阿里森－琼斯和 B. 迈克《科文提纳之井》（格洛斯特，1985）。M. 格林《罗马不列颠军事地区的小型崇拜物品》（牛津，1978）。

饮食和消费

军队供给：A.R. 伯利《文多兰达的驻军生活》（斯特劳德，2003）；R.W. 戴维斯《罗马军事饮食》，《不列颠尼亚》第 2 期（1971 年）；B.A. 耐特兹等《公元 2 世纪苏格兰比尔斯顿罗马军队饮食的证据》，《考古科学杂志》第 10 期（1983 年）；P. 弗里曼等编写的《边境 XVIII》（牛津，2002）中 J. 皮尔斯所著《在罗马军队中作为物质和象征的食物：来自文多兰达的案例研究》。考古动物学研究方面，A. 格兰特所著的《家养动物及其用途》，载托德所著《指南》（2004）；A. 金《罗马不列颠、日耳曼和高卢的动物骨骼与军事和平民群体的饮食特征》；布拉格和金《罗马不列颠的军队与平民》（1984），；《动物与罗马军队：动物骨头的证据》，参见戈德斯沃西和海恩斯的《作为社群的罗马军队》（1999）；《西部帝国饮食的罗马化：考古动物学比较研究》，参见 S. 凯伊和 N. 特伦纳多编著的《意大利和西方》（牛津，2001）；S. 斯塔利博拉斯《英格兰北部的牛、文化、地位和士兵》，《罗马理论考古学大会》第 9 期（2000 年）。

古代军事身份的偏差

H.E.M. 库尔《布劳姆的罗马公墓》（伦敦，2004）中对这一部分进行了详尽的说明。

第八章　不列颠的破坏：衰亡与陷落？

在对罗马帝国晚期的综合评述中，参见 D.S. 波特的出色著作《陷入困境的罗马帝国：公元 180—395 年》（伦敦，2004）；A.H.M. 琼斯的《罗马帝国晚期：284—602 年》（2 卷，牛津，1964）仍然不可或缺，尽管该书对考古记录缺乏关注。对罗马不列颠的综合评述中，最好的是 S. 艾斯蒙德・克拉利的《罗马不列颠的结局》(伦敦，1989) 和 S. 约翰逊的《罗马不列颠晚期》(圣奥尔本斯，1978)。

3 世纪危机：A.C.K. 金和 M. 亨宁格编《3 世纪的罗马西部：考古学和历史的贡献》(牛津，1981)；C. 韦斯特切尔《重新评估公元 3 世纪的罗马西部》，载《罗马考古报》第 17 期（2004 年）。四帝共治相关：S. 威廉姆斯《戴克里先和罗马复苏》(伦敦，1985)。阿米安和 4 世纪相关：J. 马修斯《阿米安的罗马帝国》(伦敦，1989)。日耳曼化相关：参见 P. 威尔斯的《蛮族会说话》(普林斯顿，1999)。关于卡劳修斯和阿勒克图斯的独立王国：P.J. 卡西《卡劳修斯和阿勒克图斯：英国篡位者》(伦敦，1994)；H.P.G. 威廉姆斯《卡劳修斯：他统治时期的历史，考古学和钱币学方面的考虑》(牛津，2003)。

帝国晚期军事结构的变化

P.J. 卡西著《后罗马帝国的军团》(加的夫，1991)；P.A. 霍得著《不列颠的罗马军队》(伦敦，1982)；S. 詹姆斯的《英国和晚期罗马军队》，载 T.F.C. 布拉格和 A.C. 金编著的《罗马不列颠军事和文职人员》(牛津，1984)；P. 萨瑟恩《罗马帝国晚期的军队》，载 M. 托德《罗马帝国指南》(牛津，2004)；P. 萨瑟恩和 K. 迪克森《晚期罗马军队》(伦敦，1996)。同时，注意 B. 坎贝尔的相关章节《罗马军队：公元前 31—公元 337 年》(伦敦，1994)。关于《百官志》，参见 M. 韩赛尔《百官志中的不列颠》，R. 古德本和 P. 巴塞洛缪所编的《百官志面面观》(牛津，1976)；N. 霍戈森《百官志与和罗马帝国晚期的不列颠驻军》，载 V.A. 马克斯费德和 B. 多布森的《1989 年罗马边境研究》(埃克塞特，1991)。

罗马要塞的变化：S. 约翰逊《罗马晚期要塞》(伦敦，1983)、J. 兰得《罗马石质要塞：从公元 1 世纪到公元 4 世纪的变化和改动》(牛津，1984)；D.A. 威斯伯里《不列颠行省后期的罗马军事防御》(牛津，1982)。S. 约翰逊充分描述了撒克逊海岸防御工事（伦敦，1979)。D.E. 约翰逊编写了《撒克逊海岸》(伦敦，1977)；V.A. 马克斯费德著有《撒克逊海岸》(埃克塞特，1989)。A. 皮尔森的《罗马海岸要塞。

英国南部的海岸防御工事》(斯特劳德，2002）对建筑工程的材料、物流和计划提出了新问题。

威尔士：P.J. 卡西《钱币证据和罗马威尔士的终结》，载《考古学杂志》第 146 期（1989 年)；J.L. 戴维斯《威尔士的军事发展和从皮乌斯到狄奥多西的行军》，载马克斯费德和杜布森《罗马边境研究 1989》(1991)。北部边境：D.J. 布莱斯《罗马不列颠的北部边境》(伦敦，1982)；D.J. 布莱斯和 B. 东博森《哈德良长城》(第 4 版，伦敦，2000)；W.S. 汉森《苏格兰和北部边境：公元 2—4 世纪》，载托德《罗马不列颠指南》(2004)。废弃木屋营房参考了 N. 霍奇森和 P. 比德威所著的《新视角下的辅助军团营房：哈德良长城上的最新发现》，载《不列颠尼亚》第 35 期（2004 年)。

军人社群及军人身份的变化

兵器和铠甲：M. 毕肖普和 J.C. 古尔斯顿《罗马军事装备》(第 2 版，牛津，2005)；S. 詹姆斯《杜拉欧罗玻斯（Dura-Europus）发掘最终报告 VII：武器和铠甲及其他军事装备》(伦敦，2004)。

E. 斯威夫特在《西罗马帝国的终结：一项考古调查》(斯特劳德，2000)、《罗马西部晚期服饰配件的地域性》(蒙大纳克，2000）中，从欧洲背景出发对所谓的其他军事金属制品进行了充分回顾。

博多斯沃德：T. 威尔蒙特《博多斯沃德：哈德良长城上的一座罗马堡垒及其后续定居点的发掘：1987—1992 年》(伦敦，1998)。

吉卜林的诗来自 C.R. 弗莱彻和 R. 吉卜林《学校英格兰史》(牛津，1911)。

第九章　城镇的形成：城镇的发展历程

罗马帝国的原始城市主义与城市化：B.W. 坎利夫与 T. 罗利合编《奥皮达：野蛮欧洲的城市化之始》；F. 格鲁与 B. 霍布雷合编《不列颠与西罗马帝国的城市地形（罗马时期）》(伦敦，1985)；W. 汉森《西罗马帝国的行政、城镇化、文化交流》，载 D. 布朗德主编《罗马帝国行政：公元前241—公元193年》(埃克塞特，1998)；J.C. 曼恩《不列颠与罗马帝国》(奥尔德肖特，1996)。

关于罗马城镇化的研究大部分基于J. 沃彻尔的权威著作《罗马不列颠城镇》(第2版，伦敦，1995)。其他对写作有帮助的观点和调查来自：R.G. 科林伍德与I.A. 里奇蒙德《罗马不列颠考古学》(伦敦，1969)；G. 德·拉·贝多耶尔《罗马不列颠城镇》(伦敦，1992)；A.S. 艾斯蒙德·克拉利的《罗马不列颠的公民和乡村社会》，载J. 亨特与I. 拉尔斯顿合编《不列颠考古学》(伦敦，1999)；S. 格里普主编《罗马城镇：惠勒的遗产：50年研究回顾》(纽约，1993)；M.J. 琼斯《城市与城镇生活》，载M. 托德《罗马不列颠指南》(牛津，2004)；R.F.J. 琼斯《罗马不列颠城镇化》，载R.F.J. 琼斯主编《罗马不列颠：前沿趋势》(谢菲尔德，1991)；P. 奥托维《不列颠城镇考：从克劳狄皇帝到黑死病》(伦敦，1992)；A.L.F. 里维特《罗马不列颠的城镇和乡村》(第2版，伦敦，1964)；J.S. 沃彻尔主编《罗马不列颠的异邦城镇》(莱斯特，1966)；P. 威尔森主编《罗马城镇考古，为纪念约翰·S. 沃彻尔而做的研究》(牛津，2003)。

另外还有人提及了新的议题，例如B.C. 伯恩汉姆《公元前100年至公元200年的城镇研究主题》与M. 米列特《城镇社会研究方法》，载S. 詹姆斯与M. 米列特的《布立吞人与罗马人》(约克，2001)。J. 科瑞恩顿的《不列颠尼亚，一个罗马行省的诞生》(伦敦，2006) 则是一次绝佳的针对城镇化早期阶段的重新思考。

道路与罗马大道：E.W. 布莱克《罗马大道：罗马不列颠政府的构建》(牛津，1995)；R. 凯维列尔《罗马道路》(伦敦，1976)；H. 戴维斯《英国的罗马道路》(斯特劳德，2002)；B. 琼斯与D. 马丁利《罗马不列颠地图集》(重印版，牛津，2002)；I. 马加里《英国的罗马道路》(伦敦，1967)。

罗马城镇的功能

L. 德里赫特等人合编《罗马统治与公民生活：地方与区域视角》(阿姆斯特丹，2004)；E. 冯特里斯主编《罗马化与城镇：创造、活力、失败》(朴茨茅斯，2000)。

起源与早期发展

我将选自格鲁和霍布利合编的《罗马城镇地形》中的 P. 萨尔维《地理与城镇发展，以英国为例》里的观点（强调独立基础），与 M. 米列特《不列颠的罗马化》(剑桥，1990）关注当地机构进行了对比；还参考了 A.S 埃斯蒙德・克拉利的《罗马不列颠城镇起源，罗马人与布立吞人的贡献》[载 A. 罗德里格斯・科门内罗的 *Los Orígenes de la Ciudad en el Noroeste Hispÿnico*（圣马科斯，1998）]；P. 科鲁米《部分罗马不列颠大城镇的起源》，载《不列颠尼亚》第 13 期（1982 年)；H. 赫斯特主编《罗马不列颠的殖民城镇：新的发现与回顾》(朴茨茅斯，1999)；M. 托德《早期城市》，载其主编《罗马不列颠研究：1960—1989》(伦敦，1989)；G. 韦伯斯特主编《要塞城市：罗马不列颠的巩固》(伦敦，1988)。

建筑学：T. 布拉格《艺术与建筑学》，载托德《罗马不列颠研究》(1989)；《建筑》，载琼斯《罗马不列颠：前沿趋势》(1991)；G. 德・拉・贝多耶尔《罗马不列颠的建筑》；P.J. 杜瑞《建筑结构重建》(牛津，1982)；P. 约翰逊与 I. 海恩斯《罗马不列颠建筑学》(伦敦，1996)；M.J. 琼斯《林肯与特定情境中的不列颠广场》，载赫斯特主编的《罗马不列颠殖民城市》(1999)；D. 皮灵《不列颠的罗马房屋》(伦敦，2002)。

供水：A. 布尔戈斯《罗马不列颠的供水及相关设施》(牛津，2001)；A.T. 霍奇《罗马沟渠与供水》(利兹，1992)。周边的发展则见 A. S. 埃斯蒙德・克拉利的《罗马不列颠城镇以外的地区》(伦敦，2002)。

区域性研究：《罗马不列颠的民族》部分提到了英国境内的一些区域，参见 A. 麦克维尔《罗马时期的格洛斯特郡》(格洛斯特，1981)；P. 威尔森《30 年来的约克郡罗马城镇》，载威尔森主编《罗马城镇考古》(2003)。除去沃彻尔《罗马不列颠城镇》(1995）中的分区，另一些特定地点的参考书目如下：

伦敦：J. 伯德等人合编《罗马伦敦解读》(牛津，1996)；I. 海恩斯等人合编《地下的伦敦：一座城市的考古学》(牛津，2000)；C. 马隆尼《罗马时期的沃尔布鲁克河谷上端》(伦敦，1990)；D. 皮灵《罗马伦敦》(伦敦，1991)；D. 皮灵与 S. 罗斯卡姆斯《沃尔布鲁克河以西的罗马伦敦的早期发展》(伦敦，1991)；J. 谢普德《伦敦德密特朗神庙》(伦敦，1998)；B. 沃特森主编《罗马伦敦：最新考古成果》(朴茨茅斯，1998)；T. 威尔莫特《沃尔布鲁克河谷中部的发掘》(伦敦，1991)；T. 威廉姆斯《罗马伦敦西南部的公共建筑》(伦敦，1993)；《水与罗马城市：罗马伦敦的生命》，载威尔森《罗马城镇考古》(2003)。

科尔切斯特：P. 科鲁米《雄狮路、巴尔克恩道、米德尔斯堡、科尔切斯特的发掘》(科尔切斯特，1984)；《库韦尔街与其他地点的发掘（1971—1985）》(科尔切斯特，1992)；《胜利之城：第一座罗马不列颠城镇——科尔切斯特的故事》(科尔切斯特，1997)；《脱胎于要塞的城市，以及不列颠第一批城市防御建筑》，载赫斯特主编《罗马不列颠殖民城市》(1999)；N. 科鲁米等人合著《科尔切斯特在罗马统治及其之后时期的公墓、教堂、修道院的发掘》(科尔切斯特，1993)；C.F.C. 豪克斯与 P. 科鲁米合著《*Camulodunum 2*》(科尔切斯特，1996)；R. 尼波利特《谢尔彭：罗马在科尔切斯特的一处工业部署》(伦敦，1985)。另外还有 N. 科鲁米具有开拓性及影响力的《科尔切斯特发掘出的罗马时期小规模成果（1971—1979）》(科尔切斯特，1983)。

林肯：M.J. 琼斯《罗马时期的林肯：变化的观点》，载赫斯特主编《罗马不列颠的殖民城市》(1999)；《罗马时期的林肯：征服、殖民、首府城市》(斯特劳德，2002)；K. 斯蒂恩等人合著《维戈福德与布雷福德浦的考古》(牛津，2001)；D. 斯托克主编《水塘边的城市》(牛津，2003)。

格洛斯特：H.R. 赫斯特写作的一些章节，J. 蒂姆利主编《格洛斯特殖民地的陶器供应》，载《罗马不列颠殖民城市》(1999)。

约克：P. 奥塔维《罗马时期的约克》(伦敦，1993)；《约克，关于一座罗马殖民地的研究》，S. 罗斯卡姆斯《罗马时期约克的飞地》，两者均载赫斯特主编《罗马不列颠殖民城市》(1999)。另外还有 A. 霍尔与 H. 肯沃德合著《殖民地的环境证据》; K. 多布尼等人《全部毫无意义……四个英国殖民城市的生物考古学回顾》, 载赫斯特编《罗马不列颠殖民城市》(1999)。

圣奥尔本斯: S.S. 弗雷里《*Verulamium I–III*》(伦敦 / 牛津, 1972, 1983, 1984); R. 尼波莱特,《*Verulamium*》《罗马时期的圣奥尔本斯城》(斯特劳德, 2001)。

锡尔切斯特: G.C. 伯恩《锡尔切斯特: 罗马城镇卡列瓦》(伦敦, 1974); A. 克拉克与 M.G. 弗尔福德《四号公寓发掘, 锡尔切斯特: 城镇生命计划的前五年 (1997—2001)》《不列颠尼亚》第 33 期 (2002年); M.G. 弗尔福德《锡尔切斯特: 防御工程的发掘 (1974—1980)》(伦敦, 1984);《锡尔切斯特圆形剧场发掘 (1939—1985)》(伦敦, 1989);《克劳狄时期与弗拉维早期的卡列瓦》, 载威尔森主编《罗马城镇考古》(2003); M.G. 弗尔福德与 J. 蒂姆利《铁器时代晚期与罗马时期的锡尔切斯特: 方形广场, 1977, 1980—1986》(伦敦, 2000)。

莱斯特: A. 康农与 R. 巴克利《莱斯特堤道路在罗马与中世纪的使用情况》(莱斯特, 1999); N.J. 库珀与 R. 巴克利《罗马时期切斯特的新观点》, 载威尔森主编《罗马城镇考古学》(2003)。

塞伦赛斯特: N. 霍尔布鲁克主编《塞伦赛斯特: 城镇防御、公共建筑与商店》(塞伦赛斯特, 1998); A. 麦克维尔《塞伦赛斯特的罗马房屋》(塞伦赛斯特, 1983);《塞伦赛斯特——Corinium Dobunnorum》, 载格里普主编《罗马城镇》(1993)。

罗克斯特: P. 巴克尔等人合著《罗克斯特浴场: 1955—1960 的发掘》(伦敦, 2000); P. 艾利斯《罗克斯特的广场浴场和菜市场, 格拉汉姆 · 韦伯斯特的发掘, 1955—1985》(伦敦, 2000); R. 怀特与 P. 巴克尔《一座罗马城市的兴衰》(斯特劳德, 1998); R. 怀特与 V. 加夫尼《解决悖论: 罗克斯特飞地工程成果》, 载威尔森主编《罗马城镇考古学》(2003)。

坎特伯雷: K. 布洛克利等人《马洛停车场及其周边地区的发掘》(2 卷, 坎特伯雷, 1993)。

其他主要城镇：H. 詹姆斯《罗马卡马森的发掘（1978—1993）》（伦敦，2004）；C.S. 杜宾森《罗马城镇奥尔德伯勒，北约克郡》（伦敦，1995）；杜宾森与 M. 毕肖普合著《罗马奥尔德伯勒的发掘》（牛津，1996）。

另一种城镇化：小城镇

A.E 布朗主编《英格兰东部及更远的罗马小城镇》；B.C. 伯恩汉姆《罗马不列颠小城镇的起源》，载《牛津期刊档案》5.2（1986）；B.C. 伯恩汉姆与 J.S. 沃彻尔《罗马不列颠小城镇》（伦敦，1990）；米列特《不列颠的罗马化》（1990）；W. 罗德维尔与 T. 罗利合编《罗马不列颠小城镇》（牛津，1975）；R.F. 史密斯《罗马不列颠低地地区道路边的聚落》（牛津，1987）；M. 托德《罗马不列颠的小城镇》，载《不列颠尼亚》第 1 期（1970 年）。贫民区和行政区域参见 M. 塔尔皮《西罗马帝国的平民区与乡村》（罗马，2002）。

具体地点：A.S. 安德森等人合著《旺伯勒与威尔特郡的罗马不列颠“小城镇”》（伦敦，2001）；M. 阿特金森与 S.J. 普雷斯顿《埃尔姆斯农场、海布里奇、埃塞克斯铁器时代晚期与罗马时期聚落的发掘（1993—1995）：一次中期报告》，载《不列颠尼亚》第 29 期（1998 年）；T.J. 布拉格等人合著《萨福克哈彻斯顿一个大型罗马不列颠聚落的发掘（1973—1974）》（伊普斯维奇，2004）；P. 布斯等人合著《牛津郡、奥尔切斯特罗马时期外部的发掘（1991）》（牛津，2002）；A. 克拉克内尔与 C. 马哈尼合著《罗马时期的阿尔斯特，北部以外的地区（第 1、2 部分）》（约克，1994）；G. 芬查姆《*Durobrivae*：沼泽与高地之间的罗马城镇》（斯特劳德，2003）；A.R. 汉兹《牛津郡威尔科特在罗马不列颠时期的路边聚落（1—3）》（牛津，1993/2004）；P. 利奇与 C.J. 埃文斯《萨默塞特、福斯路、谢普敦马利特镇的罗马不列颠路边聚落发掘》（伦敦，2001）；M. 米列特与 T. 威尔莫特《里奇伯勒回顾》，载威尔森主编《不列颠城镇考古学》（2003）；J.H. 威廉姆斯《关于罗马肯特的新视角》，载《罗马考古报》第 16 期（关于西华克农场）。

第十章　城镇居民：人口、文化、身份认同

城市人口概况研究：A. 博尔利《罗马不列颠人民》(伦敦，1979)。罗马不列颠城镇的一些特定领域参考了 B.C. 伯恩汉姆等人合著的《公元前 100 年至公元 200 年的城镇研究主题》，载 S. 詹姆斯与 M. 米列特合著《布立吞人与罗马人》(约克，2001)；R.F.J. 琼斯《罗马不列颠的文化变迁》，载 R.F.J. 琼斯主编《罗马不列颠：前沿趋势》(谢菲尔德，1991)；M. 米列特《城镇社会研究方法》，载 S. 詹姆斯与 M. 米列特合著《布立吞人与罗马人》(2001)。

城镇中的军队人员：M.C. 毕肖普《罗马不列颠城镇中的士兵与军事装备》，载 V.A. 马科斯菲尔德与 B. 杜布森合著《罗马前线研究 1989》(埃克塞特，1991)；B. 约尔与 B. 兰科夫合著《公元 3 世纪南华克的军团士兵》，载 B. 沃特森主编《罗马伦敦：最新考古成果》(朴茨茅斯，1998)。

不列颠的奴隶：R.S.O. 汤姆灵《“谜一般的女孩”罗马伦敦的新文本》，载《不列颠尼亚》第 34 期（2003 年)。异邦人、老兵、其他移民则参见 S.S. 弗雷里与 M.G. 弗尔福德《锡尔切斯特德异邦人工会》，载《不列颠尼亚》第 33 期（2002 年)；J.C. 曼恩《元首制度下的军团征兵与退役士兵聚落》(伦敦，1983)。

铭文

高卢的铭文分布见 G. 乌尔夫《成为罗马人》(剑桥，1998)；不列颠的铭文分布，B. 琼斯与 D. 马丁利《罗马不列颠地图集》(重印版，牛津，2002)；M.E. 雷博尔德《罗马不列颠铭文材料研究》(牛津，1999)。本部分也参考了 M. 毕洛《罗马不列颠铭文》，载《匈牙利科学院考古学报》第 27 期（1975 年)。建筑捐建模式对比，T.F.C. 布拉格《不列颠的建筑捐建：铭文证据》，载《不列颠尼亚》第 21 期（1990 年)。墓碑，V. 霍普《文字与图画：罗马不列颠墓碑解读》，载《不列颠尼亚》第 28 期（1997 年)。

城市宗教习俗，M. 亨宁格《不列颠的罗马宗教与罗马文化》，载 M. 托德《罗马不列颠指南》（牛津，2004）；M. 亨宁格与 A. 金《罗马帝国的非基督教诸神与神庙》（牛津，1986）。I. 海恩斯的案例研究十分详细，《罗马伦敦的宗教》，载 I. 海恩斯等人合著《地下的伦敦》（牛津，2000）。

古典神庙参见 B.W. 坎利夫与 P. 达文波特《巴斯的苏丽丝 · 密涅瓦神庙》（牛津，1985）；P.J. 杜瑞《重新审视科尔切斯特的克劳狄神庙》，《不列颠尼亚》第 15 期（1984 年）。罗马凯尔特神庙，P.J. 杜瑞《铁器时代与罗马时期不列颠的非古典宗教建筑》，P.D. 霍恩与 A. 金《欧洲大陆的罗马凯尔特神庙：已知地点的地图集》，两者均载 W. 罗德维尔主编《神庙、教堂、宗教：罗马不列颠最新研究》（牛津，1980）；M.T. 刘易斯《罗马不列颠神庙》（剑桥，1966）；A. 伍德沃德《圣地与献祭》（伦敦，1992）。空间有序利用与沉积模式相关证据，参见 A. 史密斯《铁器时代晚期到公元 4 世纪南不列颠不同的宗教圣地空间利用方式》（牛津，2001）。

东部宗教崇拜：E. 哈里斯与 J. 哈里斯合著《罗马不列颠东部宗教》（莱顿，1965）；J. 谢普德《伦敦的密特拉神庙》（伦敦，1998）。皇帝崇拜：D. 费什维克《在历史背景下解读科尔切斯特的行省省会》，《不列颠尼亚》第 28 期（1997 年），当中引用了他很多早期的重要研究。

诅咒板：R.S.O. 汤姆灵《苏丽丝诅咒板：巴斯圣泉中发掘出的罗马时期铭文锡板和铅板》，载 B.W. 坎利夫主编《巴斯的苏丽丝 · 密涅瓦神庙》第 2 卷《圣泉中的发现》（牛津，1988）；《不列颠人给神灵写信的行为》，载 A.E. 库雷主编《成为罗马人，书写拉丁语？》（朴茨茅斯，2002）。水体中的宗教贡献沉积：R. 布拉德利《一场争论：史前文物堆和宗教贡献物品的考古分析》（牛津，1998）；G. 维特《铁器时代不列颠的仪式与宗教》（牛津，1985）；但 T. 威尔莫特《沃尔布鲁克河谷中部的发掘》（伦敦，1991）中并未认同沃尔布鲁克的宗教仪式祭品的沉积。

物质材料

军事社会与乡村社会的城镇消费模式并不相同，H.E.M. 库尔与 M. 巴克斯特《抽丝剥茧：比较玻璃容器文物堆》，《罗马考古报》第 12 期（1999 年）。衣着，J.P. 怀尔德《不列颠尼亚、比利时高卢、下日耳曼的衣着》，载《罗马世界的兴衰：近期关于罗马历史及文化的研究，第 2 卷，12.3 元首制》(1985)；《纺织品与衣物》，载托德《指南》(2004)。

室内装饰（马赛克与壁画）：I. 菲利斯《拼贴与美丽图画：罗马不列颠城镇艺术》，载 P. 威尔森主编《罗马不列颠城镇考古》(牛津，2003)；P. 约翰逊《城镇马赛克与城市征服》与 R. 灵《惠勒之后的壁画绘画》，均载 S. 格里普主编《罗马城镇：惠勒的遗产》(约克，1993)；R. 灵《罗马不列颠的马赛克：1945 年以来的发现与研究》，载《不列颠尼亚》第 28 期（1997 年）；D. 尼尔与 S. 库什《罗马不列颠的马赛克：第 1 卷，英国北部》(伦敦，2002)。

饮食，参见第十五章下所附参考书目。城镇的经济飞地参见 D. 皮尔灵主编《英格兰的城镇与乡村：考古研究框架》(约克，2002)；S. 罗斯卡姆斯《罗马约克的飞地》，载赫斯特主编《罗马不列颠殖民城市》(1999)。不列颠城镇的双耳瓶，A. 康农与 R. 巴克利《莱斯特堤道路在罗马与中世纪的使用情况》(莱斯特，1999)。古病理学，C. 罗伯茨与 M. 考克斯《人口：健康与疾病》，载托德《指南》(2004)；《不列颠人的健康与疾病：史前到如今》(斯特劳德，2003)。城镇公墓的参考书目见第十一章所附。

第十一章　城镇化的失败?

传统的渐进模型，S. 弗雷里《不列颠尼亚》(伦敦，1987)；R. 里斯的《城镇与乡村：罗马不列颠早期》，载《世界考古学》12.8 (1980)，很好地举例证明了城镇化早衰的观点；《重新审视罗马不列颠的结束》，《苏格兰考古报告》2.2（1983）。公元 4 世纪晚期城镇衰落的观点来自 A.S. 艾斯蒙德・克拉利的《罗马不列颠的终结》(伦敦，1989)；N. 福克纳《罗马不列颠衰亡史》(斯特劳德，2000)，他通过系统分析数据总结了衰落的规律；G. 德·拉·贝多耶尔《罗马不列颠黄金时代》（斯特劳德，1999）。罗马不列颠晚期及之后的不列颠城镇，T.R. 斯拉特尔主编《公元 100—1600 年衰落的城镇》（奥尔德肖特，2000）。

愈发重要的小城镇，A.E. 布朗主编《英格兰东部及更远的罗马小城镇》；B.C. 伯恩汉姆与 J.S. 沃彻尔《罗马不列颠小城镇》（伦敦，1990）；米列特《不列颠的罗马化》（剑桥，1990）；

城镇防御

J. 克里克摩尔《罗马不列颠城镇防御》（牛津，1984）；A.S. 艾斯蒙德·克拉利《罗马帝国西部的城市防御》，载 P. 威尔森《罗马城镇考古》（牛津，2003）；S.S. 弗雷里《不列颠城镇土方防御工程》，载《不列颠尼亚》第 15 期（1984 年）；B.R. 哈特利《公元 2 世纪罗马不列颠城镇的围地》，载 B.R. 哈特利与 J.S. 沃彻尔合编《罗马及其北部行省》（格洛斯特，1983）；J. 马隆尼与 B. 霍布利合编《罗马不列颠西部的防御》（伦敦，1985）；J.S. 沃彻尔《罗马不列颠城镇城墙建立日期的确定》，载 J. 伯德主编《形成与结构：罗马物质材料研究》（牛津，1998）。

一些详细报告：C. 克伊尔等人合著《低地城市的防御：帕克与西普拉德的发掘（1970—1972）以及 1993 年之前其他地点和发掘的讨论》（约克，1999）；S.S. 弗雷里等人合著《坎特伯雷罗马时期和中世纪防御工事的发掘》（坎特伯雷，1982）。M.G. 弗尔福德《锡尔切斯特：防御工事的发掘（1974—1980）》（伦敦，1984）；N. 霍尔布鲁克编辑《塞伦赛斯特：城镇防御、公共建筑、商店》（塞伦赛斯特，1998）；H.R. 赫斯特《格洛斯特：罗马时期及之后的防御》（格洛斯特，1986）；关于科尔切斯特、奇切斯特、卡尔文特的论文，均载威尔森《罗马城镇考古》（2003）。

变化与转向

关于瘟疫的部分参见 J. 沃彻尔的《罗马不列颠城镇》（第 2 版，伦敦，1995）。

罗马帝国晚期行省与公民行政，参见 A. 伯利《罗马帝国在不列颠的统治》(牛津，2005)。关于罗马统治城市用房的讨论，参见 G. 德・拉・贝多耶尔的《罗马不列颠的黄金年代》(1999)；C. 沃尔修《罗马不列颠的城镇房屋与乡村别墅》，载《不列颠尼亚》第 6 期 (1975 年)；城镇中的乡村式建筑请参见 A. 麦克维尔《塞伦赛斯特的罗马房屋》(塞伦赛斯特，1982)。

居住用房的使用情况参见福克纳的《罗马不列颠衰亡史》。伦敦垃圾坑井的推测则来自 P. 马尔斯登与 B. 韦斯特《罗马伦敦的人口变化》，载《不列颠尼亚》第 23 期 (1992 年)。公元 4 世纪锡尔切斯特的经济活动参见 A. 克拉克与 M.G. 弗尔福德《锡尔切斯特四号公寓的发掘，城镇生命计划的前五年 (1997—2001)》，《不列颠尼亚》第 33 期 (2002 年)。关于圣奥尔本斯在公元 5 世纪持续性的讨论，主要参见 S.S. 弗里尔的《*Verulamium II*》(伦敦，1982)；但目前 D. 尼尔的《Verulamium237 号公寓第 2 号建筑，现有证据的重新分析》，载威尔森《罗马城镇考古》(2003)，又对该城市在公元 5 世纪的延续提出了疑问。

黑土部分参见 B. 沃特森《罗马伦敦晚期的黑土与城市衰落》，载 B. 沃特森主编《罗马伦敦：最新考古成果》(朴茨茅斯，1998)；B. 约尔《黑土与晚期罗马伦敦》，载《古代》64 (1990)。伦敦负责的供水系统参见 T. 威廉姆斯《水与罗马城市的生命：罗马伦敦》，载威尔森《罗马城镇考古》(2003)。

城镇公墓的地方特色与结构特色，参见 A.S. 埃斯蒙德・克拉利的《罗马不列颠城镇以外的地区》(牛津，2001)；《让死者安息：罗马不列颠的墓穴选址》，载 J. 皮尔斯等人合编《罗马世界的葬礼》(牛津，2001)；R.F.J. 琼斯《罗马及其行省的丧葬习俗》，载 J.S. 沃彻尔《罗马世界》(2 卷，伦敦，1987)；I. 莫里斯《古典世界的丧葬仪式与社会结构》(剑桥，1992)。

英国及更多地方的葬礼习俗，皮尔斯等人合编《罗马世界的葬礼》(牛津，2001)；R. 菲尔波特《罗马不列颠的丧葬习俗：坟墓处理与装饰研究 (公元 43—410 年)》(牛津，1991)；性别不均衡，参见 C. 戴维森《罗马不列颠公墓中性别不均衡现象：重新考量现有证据》，载皮尔斯等人合著的《罗马世界的葬礼》(2001)。

具体发掘则参见 B. 巴伯尔与 D. 伯勒《罗马伦敦东部公墓，1983—1990 年的发掘》；B. 巴伯尔与 J. 霍尔《挖出罗马伦敦人的尸体》，载 I. 海恩斯等人合著《地下的伦敦》(牛津，2000)；G. 克拉克《兰克希尔的罗马公墓》(牛津，1979)；D. 法威尔与 T. 莫里森《庞德伯里的发掘（1966—1980）》第 2 卷《公墓》(多切斯特，1993)；R. 尼布莱特《圣奥尔本斯愚人巷一处公墓的发掘》(伦敦，1999)；A. 麦克维尔等人合著《塞伦赛斯特的罗马不列颠公墓》(塞伦赛斯特，1982)；L.P. 温汉姆《约克特伦霍姆大道的罗马不列颠公墓》(伦敦，1968)。

晚期罗马腰带与个人装饰品，E. 斯威夫特《西罗马帝国的终结：一项考古研究》(斯特劳德，2000)；《罗马帝国西部晚期的服装装饰地域性》(蒙塔尼亚克，2000)。

基督教及其葬礼习俗，C.J.S. 格林《石膏埋葬在辨认基督教坟墓中的重要性》，载 R. 里斯主编《罗马世界的葬礼》(伦敦，1977)；参见 L. 库珀《莱斯特纽阿克街的一处罗马公墓》，载《公元 70 年代的莱斯特郡考古与历史性社会中的交易》(1996)；D. 沃茨《罗马不列颠的基督教与非基督教》(伦敦，1991)。教堂与其他基督教证据，W. 罗德维尔等人合编《神庙、教堂、宗教：罗马不列颠近期研究》(牛津，1980)；D. 托马斯《公元 400 年前罗马不列颠的基督教》(伦敦，1981)。D. 沃茨《罗马不列颠晚期的宗教：变革的力量》(伦敦，1998)；伦敦可能存在的方形广场，D. 桑科伊的论述，载沃特森主编《罗马伦敦》(1998)。沃特牛顿的宝藏，K.S. 佩恩特尔《沃特牛顿的基督教白银》(伦敦，1977)。

第十二章　乡村别墅与圆屋

B. 坎贝尔《罗马土地测量员手迹》(伦敦，2000)；P.A.W. 迪尔克《罗马土地测量员》(牛顿阿波特，1971)。罗马对乡村建筑造成巨大影响的能力的比较案例，参见 I. 海恩斯与 W. 汉森合编《罗马达契亚：一个行省社会的建立》(朴茨茅斯，2004)。

罗马不列颠景观概论，参见 M. 科尔尼《罗马不列颠景观的特点》，载 D. 胡克主编《景观，最丰富的历史记录》(阿姆斯伯勒，2000)；K. 达克与 P. 达克《罗马不列颠景观》(格洛斯特，1997)；A.S. 艾斯蒙德・克拉利《考古：公元 4—5 世纪的不列颠乡村》，载 P. 欧祖利亚斯等人合编《高卢在古代晚期的战役》(昂蒂布，2001)；R. 辛利《罗马不列颠乡村：乡村聚落形式的重要性》，载 R.F.J. 琼斯主编《罗马不列颠：前沿趋势》(谢菲尔德，1991)；R. 辛利与 C《人类对景观的影响：农业、聚落、工业、基础设施》，载 P. 萨尔维主编《不列颠岛屿牛津简史：罗马时代》(牛津，2002)；R. 辛利与 A. 金的论文，载 M. 托德主编《罗马不列颠指南》(牛津，2004)；B. 琼斯与 D. 马丁利《罗马不列颠地图集》(重印版，牛津，2002)；D. 迈尔斯主编《罗马不列颠乡村》(2 卷，牛津，1982)；D. 迈尔斯《罗马不列颠乡村》，载 M. 托德主编《罗马不列颠研究 1960—1989》(伦敦，1989)；J. 泰勒《罗马不列颠乡村社会》，载 S. 詹姆斯与 M. 米列特的《布立吞人与罗马人》(约克，2001)。

罗马世界城镇与乡村之间的联系，参见 M. 弗尔福德《罗马不列颠城镇与乡村：一种寄生关系？》，载迈尔斯《罗马不列颠乡村》(1982)；参见 J. 利奇与 A. 华莱士 - 哈德利尔合编《古代世界的城市与乡村》(伦敦，1991)；A.L.F. 里维特《罗马不列颠的城镇与乡村》(第 2 版，伦敦，1964)；I. 胡德尔与 M. 米列特《罗马不列颠乡村别墅与城镇：系统分析》，载《世界考古》12 (1980)。

航空摄影的作用，参见 R.H. 比利《林肯郡高空考古》(林肯，1998)；S.S. 弗里尔与 J.K. 约瑟夫《从空中看罗马不列颠》(剑桥，1983)；D. 莱利《从空中看早期景观》(谢菲尔德，1980)；R. 维姆斯特《慢慢浮现的历史：航空摄影与被掩埋的景观》(伦敦，1989)；D.R. 威尔森《从空中看罗马不列颠乡村别墅》，载《不列颠尼亚》第 5 期 (1974 年)。航空摄影得出的新发现对易受破坏景观的认知影响，M.G. 弗尔福德与 E. 尼古拉斯合著《英国低地地区景观发展：英国砾石考古研究：一次回顾》(伦敦，1992)。

罗马乡村地图：《罗马不列颠地形测绘详图》（南安普顿，1924 年第 1 版、1928 年第 2 版、1956 年第 3 版、1976 年第 4 版、1994 年第 4 版、2001 年第 5 版），还参考了第二章涉及地名时提及的作品。

不列颠地理构造的不同模式参见 N. 戴维斯《岛屿：一段历史》（牛津，1999）；C. 福克斯《不列颠的特点》（卡迪夫，1943）；W.G. 霍斯金斯《英国景观的形成》（伦敦，1955）；B. 罗伯茨与 S. 拉斯梅尔《宗教与地方：英国乡村聚落研究》（伦敦，2002）。

土地交易，参见 R.S.O. 汤姆灵《肯特一块五英亩的森林》，载 J. 伯德等人合编《解读罗马伦敦》（牛津，1996）。

罗马及之前时期的景观

参见第三章中引用的作品；另外还有 I. 阿米特《凯尔特苏格兰》（伦敦，1997）；J. 泰勒《空间与地方：关于铁器时代和罗马时期英国景观的讨论》，载 A. 格维尔特与 C.C. 哈瑟葛洛夫等人合编《重建铁器时代社会》（牛津，1997）。环境与生态，参见 P. 达克《公元 1000 年的英国环境》（伦敦，2000）；M. 范德维恩《农作物政权：英格兰北部公元前 1000 年至公元 500 年的农业考古研究》（谢菲尔德，1992），提供了罗马前时期农业发展的重要证据；参见 M.K. 琼斯《罗马不列颠的谷物生产》，载迈尔斯《罗马不列颠乡村》（1982）。

许多古代英国景观研究中强调了宗教，C. 托马斯《罗马不列颠的乡村聚落》（伦敦，1966）。英国国内对罗马不列颠农业研究的最大成果来自 S. 爱珀鲍姆《罗马不列颠》，载 H.P.R 芬博格主编《英格兰与威尔士的农业历史》第 1 卷第 2 章（剑桥，1972）；还有 K. 布拉尼甘与 D. 迈尔斯合著的《罗马不列颠乡村别墅经济》（谢菲尔德，1988）。

乡村别墅主导的论说包括 G. 德・拉・贝多耶尔《罗马乡村别墅与乡村》（伦敦，1993）；R.G. 科林伍德与 I.A. 里奇蒙德《罗马不列颠考古学》（伦敦，1969）。参见 R. 辛利的前沿研究《罗马不列颠的乡村聚落》（伦敦，1989）。罗马作物引入不列颠农业，M. 范德维恩与 T.P.O. 奥康纳《铁器时代晚期与罗马时期不列颠的农业生产扩张》，载 J. 拜利主编《农业中的科技：未来议程》（伦敦，1998）。人口，M. 米列特《不列颠的罗马化》(1990) 对之前的估测做了很好的回顾。

不列颠的乡村别墅

罗马不列颠乡村别墅（以及更广义的乡村别墅）的重要研究包括：J. 帕西瓦尔《罗马乡村别墅：历史学介绍》(伦敦，1976)；A.L.F. 里维特主编《不列颠的罗马乡村别墅》(伦敦，1969)；M. 托德主编《罗马不列颠乡村别墅研究》(莱斯特，1978)；M. 托德《乡村别墅与土地》，载布拉尼甘与迈尔斯合著《罗马不列颠乡村别墅经济》(1988)。许多选自 P. 约翰逊与 I. 海恩斯《罗马不列颠农业》(伦敦，1996) 的论文分析了乡村别墅的建筑特点。J.T. 史密斯《罗马乡村别墅》(伦敦，1998) 是一本独立完成且颇具挑战性的关于社会关系在乡村别墅规划中的重要性的著作；另外还有《作为社会结构关键的乡村别墅》，载托德《罗马不列颠乡村别墅研究》(1978)；其他在地产维度研究乡村别墅的讨论，M. 格雷戈森《作为个人财产的乡村别墅》，载布拉尼甘与迈尔斯合著《罗马不列颠乡村别墅经济》(1988)；H.J.M. 格林《戈德曼彻斯特的一座乡村别墅》，载托德《罗马不列颠乡村别墅研究》(1978)。

乡村的其他建筑

辛利《乡村聚落》(1989) 非常重要。圆屋部分参见 R.M. 弗里德肖普 - 泰勒与 D.E. 弗里德肖普 - 泰勒《从圆屋到别墅》(哈克尔顿，1997)；A. 奥斯瓦尔德《过去的门道：关于圆屋门道实用和神秘性》，在格维尔特和哈瑟葛洛夫合著《重建铁器时代的社会》(1997)。其他矩形建筑，P. 莫里斯《罗马不列颠农业建筑》(牛津，1979)；J. 哈德汉姆《罗马不列颠过道建筑》，载托德《罗马不列颠乡村别墅研究》(1978)。另外还有铁器时代的矩形建筑，T. 摩尔《英国铁器时代的矩形房屋？圆形建筑的矩形化》，载 J. 亨弗里主编《铁器时代的研究》(莱斯特，2003)。R.J. 奇普瓦特《建造在砾石上的三个铁器时代和罗马不列颠乡村聚落》(牛津，2000) 中研究了英格兰中部地区的遗址，是乡村聚落从铁器时代向罗马时代过渡的典型。

罗马不列颠的洞穴居所，参见 K. 布拉尼甘与 M. 迪恩《罗马不列颠洞穴人》(牛津，1992)。乡村聚落则参考了 R. 汉利《罗马不列颠乡村》(普林斯利斯伯勒，2000)。

第十三章　行省景观

英国大部分地区的区域研究框架仍在发展，提供了许多关于乡村聚落的重要综合信息——在我写作本章时，大部分通过网络查阅。

不列颠东部和南部地区

东部乡村

剑桥郡、埃塞克斯和萨福克。概括研究：D.M. 布朗尼《罗马剑桥郡》(剑桥，1977)；P.J. 杜瑞与 W. 罗德维尔《铁器时代和罗马时期的聚落》，载 D.G. 巴克利主编《埃塞克斯郡的考古（至公元 1500 年）》(伦敦，1980)；R. 邓尼特《特里诺文特人》(伦敦，1975)；C. 戈因，《罗马乡村》，载 O. 贝德温主编《埃塞克斯考古学》(切尔姆斯福德，1996)；J. 肯贝尔《史前和罗马时期的埃塞克斯》(斯特劳德，2001)；W.R. 鲍威尔《维多利亚时期的英格兰各郡》。《埃塞克斯的历史》卷 3《罗马・埃塞克斯》(伦敦，1963)；I. 摩尔《罗马萨福克考古》(伊普斯威奇，1988)；T.M. 威廉姆森《罗马乡村：埃塞克斯的聚落和农业》，《不列颠尼亚》第 15 期（1984 年）。

具体遗址，G.A. 卡特《埃塞克斯奥塞特〈公鸡〉圈地的发掘，1976》(切尔姆斯福德，1998)；C.P. 克拉克《埃塞克斯罗马奇尼亚尔乡村别墅南部的发掘》(切尔姆斯福德，1998)；W. J. 罗德维尔与 K.A. 罗德维尔《瑞文霍尔：对别墅，教堂和乡村的研究，1950—1977》(2 卷，约克，1986/1993)。

赫特福德郡、贝德福德郡、白金汉郡和北安普敦郡。概括性作品：K. 布拉尼甘《城镇和乡村：圣奥尔本斯和罗马奇尔特恩斯考古学》(伯恩恩德，1973)；《卡图维劳尼人》(格洛斯特，1987)；科比和 R. 尼布利特《赫特福德郡和北奇尔特恩斯的晚期铁器时代》，A. 格维尔特和 C.C. 哈瑟葛洛夫合编《重建铁器时代社会》(牛津，1997)；A.A. 克罗夫特和 D.C. 迈纳尔德,《米尔顿凯恩斯的景观变化》(艾尔斯伯里，1993)；M. 道森主编《大乌斯河谷的史前、罗马和后罗马景观》(约克，2000)；M. 道森,《贝德福德地区的考古学》(牛津，2004)；J.R. 霍恩,《景观变化的重建与衡量》(牛津，1994)；R. 尼布利特《罗马时期的赫特福德》）(维姆伯恩，1995)；《*Verulamium*，罗马城是圣奥尔本斯 》(斯特劳德，2001)；A. 斯米克《贝德福德郡调查（罗马时期）》(贝德福德，1984)。

具体遗址：K. 布拉尼甘《拉提美尔、比利时、罗马、黑暗时代、现代早期的农场》(布里斯托，1971)；D.S. 尼尔《赫默尔亨普斯特德德加德布里奇公园的罗马乡村别墅（1963—1968）》(伦敦，1974)；D.S. 尼尔等人合著《圣奥尔本斯戈汉姆伯勒德铁器时代、罗马时期、中世纪聚落的发掘》(伦敦，1990)；R.J. 威廉姆斯等人合著《瓦夫顿盖特：米尔顿凯恩斯一座铁器时代晚期和罗马时期聚落的发掘》(艾尔斯伯勒，1996)；R.J. 威廉姆斯与 R.J. 奇普瓦特合著《铜器时代与铁器时代聚落、罗马神庙陵墓、罗马乡村别墅》(艾尔斯伯勒，1994)；R.J. 奇普瓦特等人合著《卡尔德科特、米尔顿凯恩斯：发掘与实地考察1966—1991》(艾尔斯伯勒，1994)。

安格利亚东部：J. 戴维斯与 T. 威廉姆森合编《爱西尼人的土地：铁器时代的安格利亚东部》(诺维奇，1999)；T. 格利高里《西诺福克郡和诺福克湿地边缘的罗马不列颠聚落》，载 D. 迈尔斯主编《罗马不列颠乡村》(2 卷，牛津，1982)；D. 古尔尼主编《湿地地区的聚落、宗教和工业：诺福克三处罗马不列颠聚落（诺里奇，1986)；《罗马时期诺福克的城镇和村庄》，载 A.E. 布朗主编《英格兰东部及更远的罗马小城镇》(牛津，1995)。

湿地地区：G. 芬查姆《帝国景观：英格兰东部湿地地区罗马与本土的互动》(牛津，2002)；D. 霍尔和 J. 科尔斯《实地调查：关于景观和视角的论文》(伦敦，1994)；P.P. 海耶斯和 T.W. 兰恩《湿地 5 号项目：林肯郡调查，西南部湿地》(斯利福德，1992)。C.W. 菲利普斯《罗马时代的湿地地区》(伦敦，1970)；T. 波特,《关于罗马时期湿地和皇家地产的最新著作》，《罗马考古报》第2期（1989年）。

具体遗址：K.杰克逊与T.波特《剑桥郡斯通尼亚的发掘（1980—1985）》（伦敦，1996）；D.马克瑞斯，《剑桥郡奥顿隆格维尔的97号纪念碑：一座铁器时代晚期与罗马早期的农场》（曼彻斯特，2001）。

英国湿地对比：J.R.L.阿伦与M.G.弗尔福德《塞文河口湿地的罗马不列颠聚落与工业》；S.里彭《格温特水平线：一处湿地景观的形成》（约克，1996）；《塞文河口：景观形成与湿地重现》（伦敦，1997）；《罗马对不列颠沿海湿地的开发：在北萨默塞特水平线进行的调查与发掘（1993—1997）》，载《不列颠尼亚》第31期（2000年）。

东南部各郡

概述：E.W.布莱克《英格兰东南部的罗马乡村别墅》（牛津，1987）；P.德鲁特等人合著《公元1000年前的英格兰东南部》（伦敦，1988）。肯特，概述著作：C.安德鲁斯《罗马化：肯特视角》、《坎提阿那考古》121（2001）；T.布拉格《罗马肯特》，载P.里奇主编《肯特考古（公元1500年前）》（伦敦，1982）；A.德特西卡斯《坎提阿齐人》（格洛斯特，1983）；J.H.为威廉姆斯《关于罗马肯特的新视角》，《罗马考古报》第16期（2003年）。

具体遗址：G.W.米特斯《卢林斯通的罗马乡村别墅》（2卷，梅德斯通，1979/1987）。伦敦地区，D.G.伯德《罗马时期的伦敦地区》，载J.伯德等人合编《解读罗马伦敦》（牛津，1996）；D.皮灵与T.布林格汉姆《罗马时期的伦敦与其飞地》，载《大伦敦考古学》（伦敦，2000）。

中南部各郡

苏塞克斯。概述著作：B.W.坎利夫《雷尼人》（伦敦，1973）；D.R.卢德灵《铁器时代晚期与罗马时期苏塞克斯的乡村聚落》，载迈尔斯《罗马不列颠乡村》（1982）；《苏塞克斯罗马乡村别墅的发展》，载《苏塞克斯考古选摘》136（1986）。

具体遗址：B.W.坎利夫《菲什本发掘（1961—1969）》（2卷，利兹，1971）；《菲什本罗马宫殿》（斯特劳德，1998）；S.弗雷里《比格诺尔乡村别墅》，载《不列颠尼亚》第13期（1982年）。

萨里/伯克郡：D.G.伯德《罗马不列颠时期的萨里》，载J.G.伯德与 D.G. 伯德合著《萨里考古（到公元 1540 年）》(吉尔福德，1987)。D.G. 伯德《罗马萨里》(斯特劳德，2004)；M. 科尔尼《边远地区的实地调查》，载 M. 弗尔福德主编《锡尔切斯特防御：1974—1980》(伦敦，1984)。

汉普郡 / 威尔特郡：B.W. 坎利夫《公元 1000 年前的维塞克斯》(伦敦，1993)；P. 艾利斯主编《罗马及之后时期的威尔特郡》(德维兹，2001)；A.P. 菲茨帕特里克与 E.L. 莫里斯合著《铜器时代的维塞克斯：最新研究》(萨利斯伯勒，1994)；D. 约翰斯顿《汉普郡与怀特岛德乡村别墅》，载 M. 托德主编《罗马不列颠乡村别墅研究》(莱斯特，1978)；D. 麦克奥米什等人合著《萨利斯伯勒平原训练区的实地考察》(斯文顿，2002)；R. 帕尔默《汉普郡丹纳伯勒的山堡：通过航空摄影对其环境进行解读》(伦敦，1984)；D. 汤姆灵《罗马时期的怀特：引导手册》(纽波特，1987)；具体遗址：B.W. 坎利夫《罗马丹纳伯勒》，《当代考古学》188（2003)；A. 金《迈恩斯托克廊道建筑的东南立面外观》，载 P. 约翰逊与 I. 海恩斯合编《罗马不列颠建筑》(伦敦，1996)。

中东部地区

概述著作：R.H. 比利《林肯郡空中考古》(林肯，1998)；D. 霍尔《英格兰东部研究》，载马克雷迪与 F.H. 汤普森合编《不列颠及海外的实地调查》(伦敦，1985)；M. 帕克 - 皮尔森与 R.T. 斯坎德拉 - 霍尔《关注土地：东英格兰景观考古的最新成果与发展方向》(莱斯特，1994)；英国皇家遗迹保存协会《北安普敦郡：考古地图集》(伦敦，1980)；M. 托德《科里塔尼人》(重印版，格洛斯特，1991)；J.B. 怀特威尔《罗马林肯郡》(林肯，1970)。

内内河谷：C. 泰勒《内内河谷的罗马聚落：最近考古研究的影响》，载 P. 福勒主编《乡村考古学最新成果》(埃文河畔的布拉特福德，1975)；J.P. 怀尔德《内内河谷下游的乡村别墅》，载托德《罗马不列颠乡村别墅研究》(1978)。

具体遗址：N. 库珀《拉特兰湖：瓦士湾拉特兰的发掘》(伦敦，2000)；D.A. 杰克逊与 T. 安布罗斯《北安普敦瓦克里的发掘（1972—1975）》，载《不列颠尼亚》第 9 期（1978 年)；G. 科威尔与 P. 布斯

《聚落、分布、建筑：瑞德兰农场、斯坦尼克、奥尔切斯特的罗马不列颠石圆屋》，载 R.M. 弗里德肖普－泰勒与 D.E. 弗里德肖普－泰勒《从圆屋到别墅》(哈克尔顿，1997)；D.F. 马克瑞斯《奥顿霍尔农场：一座罗马时期与盎格鲁撒克逊早期的农场》(曼彻斯特，1996)；J. 梅《德拉贡比：林肯郡北部一座铁器时代与罗马不列颠聚落的发掘》(2卷，牛津，1996)。D.S. 尼尔《北安普敦斯坦尼克乡村别墅：中期报告》，载《不列颠尼亚》第 20 期（1989 年）；I. 斯蒂德《温特顿罗马乡村别墅的发掘》(伦敦，1976)；S. 乌皮克斯《北安普敦郡科特斯托克的罗马乡村别墅》，载《不列颠尼亚》第 32 期（2001 年）。

中西部地区

中部地区西部、沃维克郡、牛津郡。概述著作：P. 布斯《罗马时期的沃维克郡：最近研究回顾》，载《伯明翰与沃维克郡考古社会》(1996)；D. 本森与 D. 迈尔斯《泰晤士河谷上游：河流砾石的考古调查》(牛津，1974)；M/ 弗尔福德《铁器时代到罗马时代：砾石的巨变》，载 M. 弗尔福德与 E. 尼古拉斯合编《不列颠低地变化的景观：不列颠砾石考古调查：一次回顾》(伦敦，1992)；M. 亨尼戈与 P. 布斯合著《罗马时期的牛津郡》(斯特劳德，2000)；T. 盖茨《泰晤士河谷中游》(雷丁，1975)；D. 迈尔斯《乡村的混乱：一些关于泰晤士河上游的观点》，载迈尔斯《罗马不列颠乡村》(1982)；M. 汀格尔《白马谷调查》(牛津，1991)。

具体遗址：T.G. 阿伦《奥克森北部荒原沃特金斯农场的一座铁器时代与罗马不列颠封闭聚落》(牛津，1990)；T.G. 阿伦等人合著《格洛斯特郡莱克拉德硬地农场的发掘：史前与罗马时期景观》(牛津，1993)；V. 加夫尼与 M. 汀格尔《马登农场计划》(牛津，1989)；G. 兰姆布里克与 M. 罗宾森合著《牛津郡法尔穆尔铁器时代与罗马时期的河边聚落》(牛津，1979)；D. 迈尔斯主编《奥克森阿宾顿巴顿法庭农场的考古》(牛津，1984)；D. 威尔森《诺斯李罗马乡村别墅：重新审视其布局》，《不列颠尼亚》第 35 期（2004 年）。

西科茨沃尔德、格洛斯特郡与埃文。概述著作：R. 里奇《泰晤士河上游的格洛斯特郡与威尔特郡部分》(布里斯托，1977)；K. 布拉尼甘与 P.J. 福勒合著《罗马帝国西部乡村》（伦敦，1976）；T. 达尔维尔与 G. 杰拉德《塞伦赛斯特：城镇与景观》（塞伦赛斯特，1994）；A. 麦克维尔《罗马时期的格洛斯特郡》（格洛斯特，1981）英国皇家遗迹保存协会《格洛斯特郡科茨沃尔德铁器时代与罗马时代的遗迹》（伦敦，1976）。

一些遗迹：K. 布拉尼甘《盖特康比：一座罗马不列颠乡村别墅的发掘与研究（1967—1976）》（牛津，1977）；N. 霍尔布鲁克《格洛斯特图尔迪恩罗马乡村别墅：考古调查（1997—1998）》，载《不列颠尼亚》（2004）；P. 里奇等人合著《格洛斯特郡大韦康比罗马乡村别墅》（牛津，1998）；E. 普莱斯《佛罗赛斯特：一座罗马不列颠聚落的前世今生》第 1 卷《遗址》、第 2 卷《发现》（斯通豪斯，2000）；J. 蒂姆比《格洛斯特郡金斯科特和韦康姆的发掘》（塞伦赛斯特，1998）；S. 特洛与 S. 詹姆斯《北塞尔尼的沟渠乡村别墅：罗马统治早期科茨沃尔德的一处本地保守主义实例》，载 K. 布拉尼甘与 D. 迈尔斯《罗马不列颠乡村别墅经济》（谢菲尔德，1988）。

西南部各郡

概述著作：K. 布拉尼甘《英格兰西南部的罗马乡村别墅》（埃文河畔的布拉德福德，1976）；H.C. 勃文与 P.J. 福勒《多塞特和威尔特郡的罗马不列颠聚落》，载 C. 托马斯《罗马不列颠的乡村聚落》（伦敦，1966）；P. 艾利斯主编《罗马及之后时期的威尔特郡》（德维兹，2001）；D. 麦克奥米什等人合著《萨利斯伯勒平原训练区的实地考察》（斯文顿，2002）；P. 里奇《罗马萨默塞特》（维姆伯恩，2002）；D. 普特南《罗马多塞特》（维姆伯恩，1984）。

具体遗址：R. 里奇《卡茨格尔发掘（1970—1973）：一个罗马不列颠乡村》（布里斯托，1982）。

不列颠西部与北部

R. 凯因与 W. 瑞文希尔《英格兰西南部历史地图集》（埃克塞特，1999）；S. 皮尔斯《杜姆尼亚王国》（帕德斯托，1978）；M. 托德《公元 1000 年之前的英国西南部》（伦敦，1987）。

东德文郡

概述著作：A.P. 菲茨帕特里克等人合著《史前与罗马时期的东德文郡遗址：从 A30 霍尼顿到埃克塞特改善 DBFO 计划（1996—1999）》（2 卷，萨利斯伯勒，1999）；F. 格里菲斯《德文郡的过去：空中视角》（埃克塞特，1988）；H. 莱利与 R. 埃利森－诺斯《埃克斯穆尔的实地考古》（斯文顿，2001）；C. 托马斯《罗马杜姆诺尼的特点与发源》，载托马斯《乡村聚落》（1966）；M. 托德《罗马德文郡》（埃克塞特，2001）。

具体遗址：R. 西尔维斯特《希顿蜂蜜沟乡村别墅发掘（1978）》，载《德文郡考古社团记录》39（1981）。

康沃尔和德文郡西部

概述著作：N. 约翰逊与 P. 罗斯《康沃尔的带防御聚落——插图版详述》，载迈尔斯的《罗马不列颠乡村》；H. 奎因内尔《铁器时代与罗马时期的康沃尔》，载《康沃尔考古》第 25 期（1986 年）；C. 托马斯《一处沉没景观的开发：锡利群岛的考古与历史》（伦敦，1985）。

具体遗址：N. 埃普敦－福克斯《罗马不列颠圆地发掘：雷阿卡拉、格温纳尔、康沃尔》，载《康沃尔考古》第 31 期（1992 年）；P.M. 克里斯蒂《卡恩尤尼、圣克利德、康沃尔铁器时代地下通道与聚落的发掘》，PPS 第 44 期（1978 年）；H. 奎因内尔《圣奥斯特尔特里瑟吉原地的发掘：研究罗马与后罗马时期的康沃尔》（康沃尔郡议会，2004）。

威尔士边区

概述著作：R. 怀特与 P. 巴克尔合著《罗克斯特：一座罗马城市的兴衰》（斯特劳德，1998）；G. 韦伯斯特《科尔诺维人》（重印版，格洛斯特，1991）；参见 K.J. 马修斯《非物质文化：不列颠西北部的隐形作物与消费亚文化》，载《罗马理论考古学大会》第 6 期（1997 年）；S. 斯坦福的《威尔士边区考古学》（伦敦，1991）；R. 维姆斯特《慢慢浮现的历史》（伦敦，1989）；

威尔士

概述著作：C.J. 阿诺德与 J.L. 戴维斯合著《罗马时期与中世纪早

期的威尔士》(斯特劳德，2000)；B.C. 伯恩汉姆与 J.L. 戴维斯《征服、共存、变革》(兰彼得，1990)；J. 戴维斯《威尔士历史》(哈默兹沃斯，1990)；J.L. 戴维斯《威尔士最早的凯尔特人》，载 M. 格林主编《凯尔特世界》(伦敦，1995)；A.H.A. 霍格《侵略及其后果：威尔士问题》，载 B.C. 伯恩汉姆与 H.B. 约翰逊《侵略及其后果》(牛津，1979)；F. 林奇等人合著《史前威尔士》(斯特劳德，2000)；W. 曼宁《罗马威尔士小型指南》(卡迪夫，2001)。

地域性民族：M.G. 加雷特与 J.C. 曼恩《威尔士部落》，载《威尔士历史回顾》第四章（1969)。

威尔士西南部：H. 詹姆斯与 G. 威廉姆斯《第非德的乡村聚落》，载迈尔斯《罗马不列颠乡村》(1982)；G. 威廉姆斯《威尔士西南部罗马不列颠聚落》，载伯恩汉姆与戴维斯合著《征服、共存、变革》(兰彼得，1990)。

具体遗址：G. 怀恩怀特《彭布罗克郡威尔士拉斯的防御聚落的发掘》，载《不列颠尼亚》第 2 期（1971 年)；《科伊甘营地》(卡迪夫，1967)。

环境：A. 卡塞尔丁《威尔士环境考古》(兰彼得，1990)。

威尔士东南部：S. 里彭《格温特水平线：一处湿地景观的形成》(约克，1996)。

具体遗址：A. 霍格《兰特威特大型乡村别墅：证据的重新考量》，载《不列颠尼亚》第 5 期（1974 年)；M. 加雷特与 S. 拉斯梅尔《惠顿：格拉摩根南部铁器时代与罗马时期的一处农场》(卡迪夫，1981)；D.M. 罗宾森主编《威尔士东南部的三座铁器时代晚期与罗马时期聚落：毕格里斯、卡迪克特、拉纳多夫》(牛津，1988)。

威尔士东北部：K. 布洛克利《罗马不列颠时期》，载 J. 曼利等人合著《克卢伊德考古》(莫尔德，1991)。

具体遗址：K. 布洛克利《普雷斯塔庭，1984—1985：北威尔士的一座铁器时代工厂，罗马不列颠时期工业聚落》(牛津，1989)；T. 奥莱利《弗林特彭特利农场》(牛津，1989)

威尔士西北部：P.J. 法斯汉姆等人合著《格拉伊安诺格山脊：维

尔市西北部一处农业景观的形成及其周边聚落》（亚伯，1998）；R.S. 凯利《关于威尔士西北部屋群聚落的最新研究》，载伯恩汉姆和戴维斯合著《征服、共存、变革》（1990）。威尔士古迹皇家委员会（RCAHMW）《卡纳芬古代纪念建筑清单》（1、3 卷，伦敦，1956/1984）。

具体遗址：D. 朗利等人合著《两座罗马不列颠农场的发掘：格温内思郡的拜恩厄尔与布什农场》，载《不列颠尼亚》第 29 期（1998 年）。

英格兰北部

概述著作：J. 查普曼与 H. 麦特姆《不列颠北部的聚落（公元前100—1000）》（牛津，1983）；P. 克拉克《北部前线：军事区域的农民》，载迈尔斯《罗马不列颠乡村》（1982）；P. 克拉克与 C.C. 哈瑟葛洛夫《罗马北部的乡村聚落》（杜伦，1982）；D.W. 哈尔丁《铁器时代的北不列颠》（伦敦，2004）；J. 哈尔丁主编《北方往事：英格兰北部与苏格兰南部史前晚期解读》（牛津，2000）；N. 海汉姆《公元 1000 年之前的北部各郡》（伦敦与纽约，1986）；R. 米克特与 C. 布尔戈斯合编《城墙之间，城墙之外：不列颠北部历史及史前史论文，为纪念 G. 乔布利而作》（爱丁堡，1984）；C. 托兰－史密斯《泰恩戴尔景观考古》（纽卡斯尔，1997）；P. 威尔森等人合编《罗马北部的聚落与社会》（布拉德福德，1984）。

地域性民族：B. 哈特利与 L. 菲茨合著《布里甘特人》（格洛斯特，1988）；C.C. 哈瑟葛洛夫《铁器时代》，载 R. 纽曼《兰开夏郡考古：现状与未来研究方向》（1996）；《铁器时代不列颠中部社会：回顾与展望》，载 B. 比文《剖析北方》（莱斯特，1999）；N. 海汉姆与 B. 琼斯合著《卡尔维蒂人》（格洛斯特，1985）；H. 拉姆《帕里西人》（伦敦，1978）。

一些亚区域的研究：J. 巴纳特与 K. 史密斯合著《峰区》（伦敦，1997）；R. 比利《坎布里亚索尔威平原的史前与罗马时期聚落》（牛津，1994）；K. 布拉尼甘《北部乡村别墅》，载 K. 布拉尼甘等人合编《罗马与布里甘特族：罗马对英格兰北部的影响》（谢菲尔德，1980）；F. 弗尔与 S. 莫尔豪斯《西约克郡：下至公元 1500 年的考古》（瓦科菲尔德，1981）；T. 盖茨《从切斯特斯到格林海德的哈德良长城景观：航空摄影调查》（赫克瑟姆，1999）；P. 哈尔孔与 M. 米列特《乡村聚落与工业：东约克郡低地的铁器时代与罗马时期考古》（利兹，1999）；N. 海汉姆与 G.D.B. 琼斯《边境、堡垒、农民：坎布里亚航空调查（1974—1975）》，《文物报》第 132 期（1976 年）；G.A. 梅克皮斯《峰区与斯特拉福德郡东北部的罗马不列颠乡村聚落》，载《德比郡考古》第 118 期（1998）；M. 内维尔主编《帝国边缘：模型、方法论、边缘性》（曼彻斯特，1999）；纽曼《兰开夏郡考古》（1996）；J. 普林斯与 P，威尔森《罗马约克郡的最新研究》（牛津，1988）；D. 莱利《从空中观察早期景观》（谢菲尔德，1980）；D. 肖特《罗马不列颠时期的英格兰西北部》（兰卡斯特，2004）；C. 斯托尔茨《约克郡的远古景观》（伦敦，1997）。

具体遗址：D.H. 赫斯洛浦《索普修尔斯铁器时代聚落发掘》（伦敦，1988）；D. 尼尔《约克郡碧德蓝姆罗马乡村别墅的发掘》（利兹，1996）；I. 斯蒂德《拉的斯顿罗马乡村别墅》（利兹，1980）；S. 拉斯梅尔与 A. 尼科尔森合著《道尔顿帕劳斯：铁器时代聚落与罗马乡村别墅》（瓦科菲尔德，1990）；M. 范德维恩《农作物政权：英格兰北部公元前 1000 年至公元 500 年的农业考古研究》（谢菲尔德，1992）。

苏格兰

概述著作：I. 阿米特《文化景观与身份：苏格兰铁器时代案例研究》，载格威尔特与哈瑟葛洛夫合著《重建铁器时代社会》（1997）；《地下通道的废弃》，载《苏格兰文物学会文集》第 129 期（1999 年）；J.C. 巴雷特等人合编《欧洲西北部的蛮族与罗马人》（牛津，1989）；D. 布瑞兹《罗马苏格兰》（伦敦，1996）；W.S. 汉森《罗马出现：短暂插曲》，载 K.J. 爱德华兹与 I.B.M. 拉尔斯顿合编《苏格兰：环境与考古（公元前 8000—1000）》（爱丁堡，1997）；R. 辛利《公元前 700 至公元 200 年的苏格兰社会》，载《苏格兰文物学会文集》第 122 期（1992 年）；哈尔丁《铁器时代的不列颠北部》（2004）；I. 拉尔斯顿《苏格兰铁器时代聚落的最新研究》，载 T. 钱皮恩与 J.R. 科利斯《铁器时代的不列颠与爱尔兰：最新研究趋势》（谢菲尔德，1996）；G. 惠丁顿与

K.J. 爱德华兹《孤立的和平：罗马时代的苏格兰，古代环境研究》，载《不列颠尼亚》第 24 期（1993 年）。

区域性民族：R. 辛利《聚落与献祭：苏格兰史前晚期民族》(爱丁堡，1998)；罗马人工制品的分布，F. 亨特《苏格兰的罗马人与本地人：新的研究方式》，《罗马考古报》第 14 期（2001 年）。

一些亚区域的研究：D.W. 哈尔丁《苏格兰西南部史前晚期聚落》(爱丁堡，1982)；G.S. 马克斯维尔《皮克特兰南部聚落：新概览》，载 A. 斯莫尔主编《皮克特人：重新看待旧问题》(邓迪，1987)；苏格兰古迹皇家委员会，《珀斯东北部：考古学景观》(伦敦，1990)；《珀斯东北部：考古学景观》(伦敦，1994)；《东邓弗里斯郡：考古景观》(伦敦，1997)；J.S. 莱德奥特等人合著《苏格兰南部的山堡》(爱丁堡，1992)。

低地圆形石塔：L. 麦克因内斯《苏格兰低地地区的圆形石塔与罗马占领》，《苏格兰文物学会文集》114（1994)；E. 麦基《斯特林郡莱基圆形石塔：中期报告》，载《格拉斯哥考古杂志》第 9 期（1982 年)；L. 缅因《斯特林郡布赫利伊的法瑞诺伊的木制圆屋与圆形石塔的发掘（1975—1978）》，载《苏格兰文物学会文集》第 128 期(1998 年)。

罗马对威尔士和苏格兰潜在影响的相关图片，D. 布瑞兹《罗马军队对不列颠北部原住民民族的影响》，载 H. 维特尔斯与 M. 坎德勒合著 *Der Römische Limes in österreich. Akten der 14 Internationalen Limeskongresses 1986*, *Carnuntum*（维也纳，1990)；J.L. 戴维斯《原住民生产者与罗马消费者：从克劳狄奥至狄奥多西时期的威尔士军事补给体制》，载 W. 戈罗恩曼－范－瓦特林格等人合编《罗马边境研究，1995》(牛津，1997)。

第十四章　自由的不列颠尼亚：边境之外

苏格兰北部和西部

概述著作：D. 布瑞兹《世界边缘：罗马帝国边境与边境之外》，载

P. 萨尔维主编《不列颠岛屿牛津简史：罗马时代》(2002)；K.J. 爱德华兹与 I.B.M. 拉尔斯顿合编《苏格兰：环境与考古（公元前 8000—1000）》(爱丁堡，1997)；R. 辛利《公元前 700 至公元 200 年的苏格兰社会》，载《苏格兰文物学会文集》第 122 期（1992 年)；L. 基派《北部边境之外：罗马人与苏格兰原住民》，载 M. 托德《罗马不列颠研究：1960—1989》(伦敦，1989)。

区域性民族：W.A. 康明斯《皮克特人的年代》(格洛斯特，1995)；S.M. 弗斯特《皮克特人、盖尔人、苏格兰人：苏格兰早期历史》(伦敦，1996)；E. 麦基《苏格兰的早期凯尔特人》，载 M. 格林《凯尔特世界》(伦敦，1995)。

圆形石塔及其他聚落：I. 阿米特《苏格兰北部的圆形石塔：创新》，载《世界考古》第 21 期（1989 年)；《北方之塔：苏格兰圆形石塔》(斯特劳德，2003)；N. 迪克松《苏格兰的水上圆屋》(斯特劳德，2004)；E. 麦基《苏格兰靠近大西洋区域的圆屋、圆形石塔、轮屋（公元前 700 年至公元 500 年)》(牛津，2002)；N. 夏普尔斯与 M. 帕克－皮尔森《为什么要修建圆形石塔？》，载 A. 格维尔特和 C.C. 哈瑟葛洛夫合编《重建铁器时代社会》(牛津，1997 年)。

区域性研究：I. 埃尔米特《斯凯与西部群岛的考古研究》(爱丁堡，1995)；A. 芬顿，《北部群岛：奥克尼与谢特兰德》(爱丁堡，1978)。

爱尔兰

概述著作：G. 科尼与 E. 格罗甘合著《史前爱尔兰：社会视角》(博雷，1994)；P. 弗里曼《爱尔兰与古典世界》(奥斯汀，2001)；J.P. 马洛里与 T.E. 麦克尼尔《阿尔斯特考古：从殖民到种植园经济》(贝尔法斯特，1991)；B. 拉夫特利《爱尔兰拉登文化：起源与历时问题》(马尔堡，1984)；《非基督教凯尔特爱尔兰：爱尔兰铁器时代的谜团》(伦敦，1994)；《爱尔兰：没有罗马人的世界》，载格林《凯尔特世界》(1995)；《铁器时代爱尔兰研究：最新成果》，载 T. 钱皮恩与 J.R. 科利斯《铁器时代的不列颠与爱尔兰：最新研究趋势》(谢菲尔德，1996)；M. 斯托特《爱尔兰环形堡垒》(都柏林，1997)。

具体遗址：B. 拉夫特利《德鲁马纳与罗马爱尔兰》，载《爱尔兰考古》第 35 期（10.1）（1996）；关于阿塔科蒂人，参见 P. 兰斯具有说服力的论证，《阿塔科蒂人、德西人与马格努斯·马克西姆斯：罗马不列颠晚期爱尔兰同盟》，载《不列颠尼亚》第 32 期（2001 年）。

爱尔兰的罗马文物和进口文物：J.D. 贝特森《爱尔兰的罗马文物：重新考察》，载《皇家爱尔兰科学院期刊》73c（1973）；R. 瓦尔纳《爱尔兰外来文物概况与进口的观察（从公元前 1 世纪至公元 2 世纪）》，载《皇家爱尔兰科学院期刊》76c（1976）。

第十五章　乡村文化与身份认同

文中提到的土地文件来自 R.S.O. 汤姆灵《肯特一处 5 英亩的森林》，载 J. 伯德等人合编《解读罗马伦敦》(牛津，1996)。军队和乡村身份认同概况，E.W. 布莱克《乡村别墅的主人们：罗马不列颠绅士与官员》，载《不列颠尼亚》第 25 期（1994 年）；N. 罗伊曼斯，《一个边境省份的罗马化与军事精英意识形态的转换》，载 J. 梅茨勒等人合著《罗马帝国西部的整合》(卢森堡，1995)。关于缺席土地所有人梅兰尼娅，参见 E.A. 克拉克的《小梅兰妮亚的生平》(纽约，1984)。

本章提及的各种便携人工制品类型参见《罗马不列颠铭文》II 的分册。关于人物的细节部分载 A. 伯利的《罗马不列颠人民》(伦敦，1979)；L. 阿拉森－琼斯的《罗马不列颠女性》(伦敦，1989)。

精英行为的流行

“乡村别墅”文化综述可注重参见 G. 德·拉·贝多耶尔的《罗马乡村别墅与乡村》(伦敦，1993)；《罗马不列颠黄金时代》(斯特劳德，1999)；P. 达克《罗马不列颠景观》(格洛斯特，1997)；参见 M. 米列特的《罗马不列颠》(伦敦，1995)。

石刻铭文：《罗马不列颠铭文》Ⅰ；M.E. 雷伊伯德《罗马不列颠铭文文物研究》(牛津，1999)；斯拉克斯顿乡村别墅，参见 M. 辛格与 G. 索菲《斯拉克斯顿罗马乡村别墅与其马赛克道路》，载《不列颠考古学会报》第 146 期（1993 年）；B. 坎利夫《罗马丹纳伯里》，《现代考古》第 188 期（2003 年）。书写工具：W.S. 汉森与 R. 康诺利《罗马不列颠的语言文字：一些考古想法》，载 A.E. 库雷主编《成为罗马人，书写拉丁语？》（朴茨茅斯，2002）；个人财产上的涂鸦，参见《罗马不列颠铭文》；另外还有 J. 埃文斯的《罗马不列颠文字与陶器使用证据》，载《文物报》第 144 期（1987 年）。霍克斯尼文物堆：R. 布兰德与 C. 琼斯《霍克斯尼宝藏》（伦敦，1993）。巴斯和乌雷的任命：R.S.O. 汤姆灵《不列颠人给神灵写信的行为》，载库雷主编《成为罗马人，书写拉丁语？》（2002）。

艺术与文化：M. 亨尼戈主编《罗马艺术指南》（牛津，1983）；《罗马不列颠艺术》（伦敦，1995）；R. 灵与 L. 灵《古典文化：过程与实践》（伦敦，1965）；马赛克：除去第二章提到的文献，还有 A. 瑞尼的《罗马不列颠马赛克》（牛顿阿波特，1973）；D.J. 史密斯《马斯阿克人行道》，载 A.L.F. 里维特主编《罗马不列颠乡村别墅》（伦敦，1969）。

马赛克图像与古典知识：S. 斯科特《罗马晚期房屋中图像的力量》，载 R. 劳伦斯与 A. 华莱士 - 哈德利合编《罗马世界的室内空间利用：庞贝与其他城市》（安阿伯，1997）；《不列颠公元 4 世纪的艺术与社会：乡村别墅马赛克》（牛津，2000）；参较 A.A. 巴雷特《罗马不列颠的文学经典》，载《不列颠尼亚》第 9 期（1978 年）。

艺术品中的俄耳甫斯：S. 斯科特《力量与自然的象征：公元 4 世纪马赛克中的俄耳甫斯及其建筑情境》，载《罗马理论考古学大会》第 2 期（1995 年）；P. 威茨《马赛克与房间功能：出土于公元 4 世纪罗马不列颠乡村别墅的证据》，载《不列颠尼亚》第 31 期（2000 年）。马赛克中的基督教与诺斯替教元素：D. 皮灵《公元 4 世纪不列颠的诺斯替教：重贪弗兰普顿马赛克》，载《不列颠尼亚》第 34 期（2003 年）；卡劳修斯与维吉尔《农事诗》第四首：G. 德 . 拉 . 贝多耶尔《罗马不列颠黄金时代》（伦敦，1999）。

不列颠行省艺术相关问题参见 C. 琼斯德对立观点，《艺术、罗马化、竞争》，M. 亨尼戈《艺术与美学：我的个人看法》，J. 韦伯斯特

《作为抗争与谈判的艺术》，均载 S. 斯科特与 J. 韦伯斯特等人合编《罗马帝国艺术与各行省艺术》(剑桥，2003)。

壁画：N. 戴维与 R. 灵《罗马不列颠壁画》(伦敦，1981)。大理石雕像，参较《罗马帝国标志集合》中分册中零碎的线索。所谓的《凯尔特人头》，参较 A. 罗斯《非基督教凯尔特不列颠》(伦敦，1967)；《罗马帝国标志集合》编辑们日渐增多的慎重评论。银盘：J.P.C. 肯特与 K.S. 佩恩特尔《米尔顿霍尔宝藏》(伦敦，1977)。

乡村别墅建筑见于第十二章。关于乡村别墅装饰反映的是个人身份而非基于夸耀消费购买的单调群体身份的说法，参见 C. 马丁斯的《成为消费者：将财富视作区别乡村别墅的媒介》，载《罗马理论考古学大会》第 12 期（2003 年)。

乡村非精英文化

C. 埃文斯《查特里斯的布立吞人与罗马人：朗伍德农场调查》，载《不列颠尼亚》第 34 期（2003 年)；C. 戈斯登与 G. 洛克《成为伯克郡的罗马人：阿尔弗雷德城堡的证据》，载《不列颠尼亚》第 34 期（2003 年)；R. 辛利《罗马不列颠的乡村聚落》(伦敦，1989)；R. 辛利与 D. 迈尔斯《人类对景观的影响：农业、聚落、工业、基础设施》，载 P. 萨尔维主编《不列颠岛屿牛津简史：罗马时代》(牛津，2002)；国家对住宅建筑的社会性使用，参见 R. 辛利、S. 斯科特的论文，载 R. 萨姆森主编的《房屋的社会性考古》(爱丁堡，1990)。

陶器与其他文物的堆积遗址比较：参见第七章提及的 H.E.M. 库尔的出版物；H.E.M. 库尔与 M.K. 巴克斯特《探索罗马不列颠文物堆》，载 OJA21.4（2002)；D. 朗利等人合著：《两座罗马不列颠农场的发掘：格温内思郡的拜恩厄尔与布什农场》，载《不列颠尼亚》第 29 期（1998 年)。

个人文物等级数据：H.E.M. 库尔《英国南部的罗马金属发夹》，载《文物报》；《勺子与搅拌钵相关记录》，载《罗马理论考古学大会》第 13 期（2004 年)；H.E.M. 库尔与 M. 巴克斯特合著《抽丝剥茧：比较玻璃容器文物堆》，《罗马考古报》第 12 期（1999 年)；N. 科鲁米与

H. 埃卡尔特《区域性个人身份与科技：罗马不列颠指甲清洁用具》，载《文物报》第 160 期（2003 年）；H. 埃卡尔特，《物质材料：罗马人工文物的社会分布》，载《罗马考古报》第 18 期（2005 年），是一片重要且颇具洞察力的论文；S. 朱恩迪与 J.D. 希尔《公元 1 世纪不列颠的胸针：不止于眼前？》，载《罗马理论考古学大会》第 7 期（1998 年）；S. 普托克《罗马不列颠个人装饰品的宗教含义》（牛津，2002）。另外参见 R. 辛利与 S. 威利斯合编的《罗马文物：情景与理论》（牛津，2005）中的各篇论文。

消费与饮食

饮食：J. 汉姆肖 – 托马斯《入乡随俗：罗马不列颠早期的饮食特性》，载 P. 罗利 – 康威主编《动物骨骼，人类社会》（牛津，2000）；K. 梅多斯《人如其食：饮食、身份、罗马化》，载《罗马理论考古学大会》第 4 期（1995 年）；《早期罗马不列颠家庭的饮食习惯》，载 P. 阿利森主编《家庭活动考古》（伦敦，1999）；G. 霍克斯《狼的乳头和水獭的鼻子？罗马不列颠原住民饮食》，载《罗马理论考古学大会》第 11 期（2002 年）。其他针对动物骨骼的研究见第七、十章的参考文献。

陶器文物堆：P. 拉什与 S. 威利斯刊登于《罗马理论考古学大会》第 6 期（1997）的论文；P. 布斯《罗马沃维克郡出土陶器的比较：以陶瓷区分地区的地位》，载《罗马陶器研究报》第 4 期（1991 年）；J. 埃文斯《不同罗马不列颠遗址的物质》，载 S. 詹姆斯与 M. 米列特的《布立吞人与罗马人》（约克，2001）。

丧葬仪式和纪念活动

林多人和活人献祭：M. 阿尔德豪斯 – 格林《为神灵而死：古代欧洲的活人献祭》（斯特劳德，2001）。另外还有 R. 维姆斯特的《铁器时代不列颠的丧葬习俗》（牛津，1981）。

哈彭登火葬：N. 福克纳的《隐藏的宝藏：挖掘不列颠的过去》（伦敦，2003）；斩首：R. 菲尔波特《罗马不列颠的丧葬习俗》（牛津，1991）；A. 泰勒《英格兰早期的丧葬习俗》（斯特劳德，2001）；儿童墓葬：E. 斯科特《婴幼儿及其死亡的考古》（牛津，1999）。另外还有 S.L.K. 基根《罗马不列颠晚期土葬仪式：对尸体的处理》（牛津，2002）。

宗教

神庙和圣祠的位置：B. 琼斯与 D. 马丁利《罗马不列颠地图集》（重印版，牛津，2002）；A. 史密斯《铁器时代晚期到公元 4 世纪南不列颠不同的宗教圣地空间利用方式》（牛津，2001）。神庙类型，参见第十章。

关于乡村社区与主流罗马不列颠宗教分离程度相对权威的著作：G. 德 · 拉 · 贝多耶尔《雷电伴身的众神：罗马不列颠宗教》（斯特劳德，2002）；M. 亨尼戈《罗马不列颠宗教》（伦敦，1984）；G. 韦伯斯特《罗马统治之下的不列颠凯尔特人及其神灵》（伦敦，1986）。

较新的研究方法：M. 米列特《重新审视罗马化》，载 J. 梅茨勒等人合著《融合及早期罗马帝国西部》（卢森堡，1995）；J. 韦伯斯特，《必要的比较：罗马各行省宗教融合的后殖民视角研究》，载《世界考古》28.3（1997）。前罗马时期的宗教：M.J. 格林《罗马不列颠众神》（普林斯利斯伯勒，1983）；《凯尔特众神》（格洛斯特，1986）；《凯尔特宗教艺术中的象征与图画》（伦敦，1989）；《神灵与超自然》，载 M. 格林主编《凯尔特世界》（伦敦，1995）；A. 金《罗马凯尔特宗教的出现》，载 T.F.C. 布拉格与 M. 米列特合著《早期罗马帝国西部》（牛津，1990）；宗教祭品与习俗：A. 伍德沃德《圣祠与牺牲》（伦敦，1992）。不列颠南部的宗教物品，M.J. 格林《罗马不列颠开化地区的宗教》（牛津，1976）。

一些关键发掘：I.M. 弗里斯等人合著《斯塔福德郡罗斯特奥顿农场一座罗马不列颠神庙的发掘》（牛津，2000）；N.E. 弗朗斯与 B.M. 戈贝尔《哈洛的罗马不列颠神庙》（格洛斯特，1985）；T. 格里高利《塞特福德的发掘（1980—1982），费松路》（迪勒姆，1991）；R. 里奇《萨默塞特拉姆亚特贝肯一座罗马凯尔特神庙与稍后一座公墓的发掘》，载《不列颠尼亚》第 17 期（1986 年）；M.J.O. 科奈尔与 J. 伯德《旺伯勒罗马神庙的发掘（1985—1986）》，载《萨里考古选登》第 82 期（1994 年）；W.J. 韦德莱克《威尔特郡内特尔顿阿波罗神庙的发掘（1956—1971）》（伦敦，1982）。A. 伍德沃德与 P. 里奇《乌雷圣祠》（伦敦，1993）。

女神瑟努娜：N. 福克纳《隐藏的宝藏：挖掘不列颠的过去》（伦

敦，2003）；乡村地区宗教融合，J. 韦伯斯特《解读：罗马文字力量与凯尔特神灵》，载《不列颠尼亚》第 26 期（1995 年）；《协商后的宗教融合：罗马凯尔特宗教发展读本》，载 D. 马丁利主编《罗马帝国主义对话》（朴茨茅斯，1997）；参见 G. 韦伯斯特《从罗马不列颠圣灵配对与祈愿物品中观照布立吞人对神灵的请求》，载 M. 亨尼戈与 A. 金合著《罗马帝国的非基督教神灵与神庙》（牛津，1986）；A. 佐尔《罗马不列颠神灵崇拜模式：双名神灵》，载《罗马理论考古学大会》第 4 期（1995 年）。

诅咒板：参见第十章，尤其是汤姆灵的文章，载库雷《成为罗马人，书写拉丁语？》（2002）。

英雄崇拜：R. 尼伯列特《圣奥尔本斯愚人巷一座纪念性遗址的发掘》（伦敦，1999）；参较 C. 弗西《英雄们身上发生了什么？祖先崇拜与罗马凯尔特神庙的谜团》，载《罗马理论考古学大会》第 7 期（1998 年）。马与骑士胸针：H. 埃卡尔特《物质材料：罗马人工文物的社会分布》，载《罗马考古报》第 18 期（2005 年）。

基督教：C.F. 茂尔与 C. 弗朗西斯《罗马不列颠基督教证据》（牛津，1995）；D. 佩茨《罗马不列颠的基督教》（斯特劳德，2003）；S.M. 皮尔斯主编《不列颠西部与爱尔兰的早期教堂》（牛津，1982）；参见第十章引用。

乡村别墅社会：参见第十二章参考文献。

第十六章　不同的经济，不同的身份

经济

格陵兰岛冰盖中关于罗马时期污染的证据，参见 A.I. 威尔森《机器、动力、古代经济》，载《罗马研究报》第 92 期（2002 年）。罗马不列颠经济概述著作：M.G. 弗尔福德《罗马不列颠经济》，载 M. 托德主编《罗马不列颠研究（1960—1989）》（伦敦，1989）；《不列颠与罗马帝国：区域性与长途贸易的证据》，载 R.F.J. 琼斯主编《罗马不列颠：前沿趋势》（谢菲尔德，1991）；《经济结构》，载 M. 托德主编《罗马不列颠指南》(牛津，2004)。被合并的经济，参见 I. 胡德尔《罗马及其之前时期不列颠的部落经济》，载 B.C. 伯恩汉姆与 H.B. 约翰逊《侵略及其后果》(牛津，1979)；罗马及其之前时期的跨海峡贸易，S. 马克雷迪与 F.H. 汤普森合编《铁器时代高卢与不列颠之间的跨海峡贸易》(伦敦，1984)；J. 杜・普拉特・泰勒与 H. 克莱里合编《罗马船运与贸易：不列颠与莱茵河各行省》(伦敦，1978)。

帝国经济

军队与国家官员的成本费用，参见 R.P. 邓肯－琼斯《罗马帝国的金钱与政府》(剑桥，1994)；罗马经济的综述著作，参见勒 K. 格林的《罗马经济考古》(伦敦，1986)；D.J. 马丁利《帝国经济》，载 D.S. 波特主编《罗马帝国指南》；罗马人口普查：W. 厄克《行省行政与金融》，载《剑桥古代史》第 11 卷（2000）。税收，R.P. 邓肯－琼斯《罗马帝国经济的结构与规模》(剑桥，1990)。军队的经济需求：W.S. 汉森《罗马出现：短暂插曲》，载 K.J. 爱德华兹与 I.B.M. 拉尔斯顿合编《苏格兰：环境与考古（公元前 8000—1000）》(爱丁堡，1997)。经济依赖型：M.G. 弗尔福德《解读公元 1—2 世纪的不列颠经济依赖性》，载 T.F.C. 布拉格与 A.C. 金合编的《军人与公民》(牛津，1984)。

行省经济

金钱供应：P.J. 凯西《解读古代钱币》(伦敦，1986)；《第三世界经济的货币化：公元 1 世纪不列颠的金钱供应》，载 M. 伍德与 F. 奎罗加《罗马帝国西部行省罗马化的最新研究》(牛津，1992)；R. 里斯《罗马不列颠遗址发现》，载《不列颠尼亚》第 26 期（1995 年)；《罗马不列颠货币》(斯特劳德，2002)。更大范围的研究：M.G. 弗尔福德《经济热点与行省落后地区：探究罗马晚期经济》，载 C.E. 金与 D.G. 威格合编《出土货币与罗马世界的货币流通》(柏林，1996)。

市场：L. 德里赫特《罗马帝国的集市与市场：工业社会前的定期贸易的经济与社会意义》(阿姆斯特丹，1993)；眼科医生的戳记：R. 杰克逊《斯泰恩斯出土的一个新眼科医生戳记与关于罗马伦敦眼药的一些想法》，载 J. 伯德等人合编的《解读罗马伦敦》(牛津，1996)。

手工业扩张：H. 克莱里《罗马不列颠乡村工业》，载 D. 迈尔斯主编《罗马不列颠乡村》(2 卷，牛津，1982)；A. 麦克维尔《罗马手工业与工业》(普林斯利斯伯勒，1982)。

行省外经济

行省内交易：K. 格林《不列颠与莱茵河各行省在罗马时期的交易：公元 250 年前的陶器证据》，载泰勒与克莱里《罗马船运与贸易》(1978)；M.G. 弗尔福德《罗马晚期陶器与不列颠对外贸易》，载 D.P.S. 皮考克《陶器与早期交易：罗马及之后陶瓷的定性与贸易》(伦敦，1977)。港口：H. 克莱里《哈德良长城以南的罗马不列颠港口》，载泰勒与克莱里《罗马船运与贸易》(1978)；G. 米尔内《罗马伦敦港口》(伦敦，1985)；罗马船只，N. 奈伊灵与 S. 麦克格瑞尔《巴兰农场的罗马凯尔特船只》(约克，2004)；P. 马尔斯登《伦敦港口的船只，公元 1—11 世纪》(伦敦，1994)；A.J. 帕克《地中海与罗马各行省的海难船只残骸》(牛津，1992)。莱茵河口的圣所，参见 M. 哈萨尔《不列颠与莱茵河各行省：罗马交易的书面证据》，载泰勒与克莱里《罗马船运与贸易》(1978)；从欧洲大陆进口酒类参见 D.P.S. 皮考克《罗马不列颠的莱茵河与高卢酒类问题》，载泰勒与克莱里《罗马船运与贸易》(1978)。奢侈食物：C. 巴克尔斯与 S. 雅各梅特《罗马时期欧洲中部的奢侈食物：植物考古学证据》，载《世界考古》34.3 (2003)。

与《自由不列颠尼亚》的贸易（以及纳贡）：W.S. 汉森《边境另一侧：突出模糊性》，载 W. 格罗恩曼－范・沃特灵格等人合编《罗马边境研究 1995》(牛津，1997)；L. 约根森等人合著《战利品：罗马帝国阴影笼罩下的北方》(哥本哈根，2003) 则是一部关于北欧非行省地区的杰出著作。

不同的经济，不同的身份

隐形的经济：土地产品

K. 布拉尼甘与 D. 迈尔斯合著《罗马不列颠乡村别墅经济》(谢菲尔德，1988)；A. 格兰特《罗马不列颠的动物》，载托德《罗马不列颠研究》(1989)；《家畜及其用途》，载托德《罗马不列颠指南》(2004)；M.K. 琼斯《罗马不列颠的谷物生产》，载迈尔斯《罗马不列颠乡村》

(1982)；A. 金《罗马不列颠、日耳曼、高卢地区的军人与公民群体的动物骨骼与饮食特点》，载布拉格与金《军人与公民》，《罗马世界的饮食：动物骨骼的地区比较》，载《罗马考古报》第 12 期（1999 年）；M. 马尔特比《铁器时代、罗马不列颠、盎格鲁撒克逊农业——重探动物证据》，载 M. 琼斯与 G. 丁贝比合编《人的环境：铁器时代至撒克逊时期》(牛津，1981)；《动物骨骼与罗马不列颠经济》，载 C. 格里戈森与 J. 克拉顿－布洛克合编《动物与考古：第 5 卷：欧洲农业》(牛津，1984)。

纺织品与皮革：J.P. 怀尔德《跨海峡贸易与皮革业》，载泰勒与克莱里合编《罗马船运与贸易》(1978)；《罗马不列颠皮革业》，载《不列颠尼亚》第 33 期（2002 年）。

矿产与冶金

关于罗马不列颠矿业的概述著作：O. 戴维斯《欧洲的罗马矿业》(牛津，1935)。G.D.B. 琼斯与 P.R. 刘易斯《古代矿业与环境》，载 P. 拉茨主编《救援考古》(伦敦，1974)；B. 琼斯与 D. 马丁利《罗马不列颠地图集》(重印版，牛津，2002)。多莱克西：B.C. 伯恩汉姆与 H. 伯恩汉姆合著《多莱克西帕姆塞恩特：调查与发掘（1987—1999）》(牛津，2004)；P. R. 刘易斯与 G.D.B. 琼斯《多莱克西金矿第 1 卷：表面证据》，载《文物报》第 89 期（1969 年）；矿区出产的金属锭：参见《罗马不列颠铭文》Ⅱ .1；冶铁：H. 克莱里《罗马时期韦尔德地区的冶铁及其与不列颠尼亚的关系》，载《考古学报》第 13 期；H. 克莱里和 D. 克罗斯利《韦尔德地区的钢铁工业》(莱斯特，1986)；I. 施鲁弗尔－科罗布《罗马不列颠冶铁：侏罗纪山脊上的技术与社会经济景观发展》(牛津，2004)；D. 西姆与 I. 利奇《为雄鹰冶铁：罗马不列颠的冶铁业》(斯特劳德，2002)。

波倍克大理石：D. 辛顿主编《波倍克论文》(牛津，2002)。盐生产：M. 内维尔与 A.P. 菲尔丁合著《不列颠的盐水：关于柴郡罗马盐业的最新考古工作》(曼彻斯特，2005)；J.D. 赫斯特《德罗伊特威奇：一座贯穿各时期的盐业遗址》(约克，1997)；T. 兰恩与 E.L. 莫里斯《千年制盐：湿地地区从史前时期至罗马不列颠时期的盐生产》(林肯，

2001)；S. 伍迪维斯主编《铁器时代和罗马盐的生产与德罗伊特威奇的中世纪城镇》(伦敦，1992)。煤使用和来源调查参见 M. 迪尔恩于 K 布拉尼甘《罗马不列颠煤使用》,《文物报》第 75 期（1995 年)；A. 史密斯《英格兰与威尔士的罗马不列颠遗址中煤的来源》，载《不列颠尼亚》第 28 期（1997 年)。

军事补给

P.P.M. 埃德坎普主编《罗马军队与经济》(阿姆斯特丹，2002)；C.R. 怀特塔克《罗马帝国边境：社会与经济研究》(巴尔的摩，1994)。

陶器的消费模式

罗马不列颠陶器概述著作，基本著作有：P. 泰尔斯的《罗马不列颠陶器》(伦敦，1996)；还有 M. 弗尔福德与 K. 哈德尔斯通的《罗马不列颠陶器研究现状》；K. 格林《罗马陶器》(伦敦，1992)；V.G. 斯旺《罗马不列颠陶器》(第 4 版，普林斯利斯伯勒，198)；P.V. 韦伯斯特《罗马不列颠萨摩斯陶器》(约克，1996)；S. 威利斯《不列颠的萨摩斯陶器：研究其分布于考古可能性》,《文物报》第 155 期（1998 年)；很多相关论文来自：A.C. 安德森与 A.S. 安德森主编的《英国与欧洲西北部的罗马陶器研究：献给格拉汉姆韦伯斯特》(牛津，1981)；J. 伯德主编《概貌与细节：罗马物质研究，为 B.R. 哈特利而作》(牛津，1998)；A. 德特西卡斯主编《罗马不列颠陶器研究现状》(伦敦，1973)；J.N. 多尔与 K. 格林合著《英国及之外地区的罗马陶器研究》(牛津，1977)；另外还有《罗马陶器研究报》(1984 年创刊)。陶器生产技术：参见 V.G. 斯旺的优秀研究《罗马不列颠陶窑》(伦敦，1984)；陶器生产规模：D.P.S. 皮考克，《罗马世界的陶器》(伦敦，1982)；J. 吉拉姆与 K. 格林《罗马陶器与经济》，载 A.C. 安德森与 A.S. 安德森主编的《英国与欧洲西北部的罗马陶器研究》(牛津，1981)。

陶器分布的含义：I. 胡德尔《几种罗马不列颠陶器商业模型》，载《不列颠尼亚》第 5 期（1974 年)；S. 威利斯《公元 1 世纪英格兰东部与东北部的陶器群的罗马化》，载《不列颠尼亚》第 27 期（1996 年)；《萨摩斯陶器，不止于年代的确定》，载《罗马理论考古学大会》第 6 期（1997 年)；N. 库珀《填补空白年代：罗马及其之后时期不列颠消费者的选择》，载 J. 韦伯斯特与 N. 库珀主编《罗马帝国主义：后殖民视角》（莱斯特，1996），强调了人工制品分布中经济因素更重于社会因素。双耳瓶：P.P.A. 弗纳里《不列颠的德里塞尔 20 型双耳瓶铭文以及西班牙橄榄油的消费》（牛津，1996）；《罗马不列颠陶器研究报》第 10 期（英国与西罗马帝国的双耳瓶）（2003 年）；D.P.S. 皮考克与 D.F. 威廉姆斯《双耳瓶与罗马经济：引导指南》（伦敦，1986）；军事补给对陶器分布的影响：琼斯与马丁利，《罗马不列颠地图集》（2002）。

区域性陶器生产（大型陶器）：J.R.L. 阿伦与 M.G. 弗尔福德《英国多塞特郡东南部黑色抛光陶器的分布》，载《不列颠尼亚》第 27 期（1996 年）；M.G. 弗尔福德《新福里斯特罗马陶器》（牛津，1975）；M.D. 霍维等人合著《内内河谷的罗马陶器：指南》（彼得伯勒，1980）；M. 林恩与 R.S. 杰弗里斯合著《艾利斯霍尔特 / 法汉姆路陶业》（伦敦，1979）；R.J. 波拉德《肯特的罗马陶器》（梅德斯通，1988）；P.R. 威尔森主编《科兰贝克罗马陶业》（利兹，1989）；C.J. 杨《牛津郡的罗马陶器》（牛津，1977）。

文化认同：总结性思考

参见第七章、第十章和第十五章参考文献。

第十七章 “不再受罗马法律约束”

L. 韦伯斯特与 M. 布朗合编《罗马世界的转化：400—900》（剑桥，1997）。古代晚期的考古：J.K. 奈特《古代的终结：考古、社会、宗教（235—700）》（斯特劳德，1999）；E.A. 汤普森《罗马人与蛮族：西罗马帝国的衰败》（麦迪逊，1982）；R. 里斯的《罗马帝国末期考古》（斯特劳德，1999）强调了相对于罗马统治早期，不列颠后来与主流的孤立与隔绝程度可能更加巨大。

公元 4 世纪晚期与公元 5 世纪早期的相关著作：J.F. 德林克沃特《篡位者们：康斯坦丁三世（407—411）与约维努斯（411—413）》，载《不列颠尼亚》第 29 期（1998 年）；M.E. 琼斯《罗马不列颠的终结》(伦敦，1996)；J.P.C. 肯特《罗马帝国：文字与古钱币证据》，载 J. 凯西《罗马不列颠的终结》(牛津，1979)；M. 库里科斯基《高卢野蛮人，不列颠篡位者》，载《不列颠尼亚》第 31 期（2000 年)；E.A. 汤普森《公元 406—410 年的不列颠》，载《不列颠尼亚》第 8 期（1977 年)；《奥赛尔德圣日耳曼努斯与罗马不列颠的中介》(伍德布里奇，1984)；I. 伍德《西罗马帝国的衰落与罗马不列颠的终结》，载《不列颠尼亚》第 18 期（1987 年)；《最终阶段》，载 M. 托德《罗马不列颠指南》(牛津，2004)；更基于考古的论述：C. 阿诺德《从罗马不列颠到撒克逊英格兰》(伦敦，1984)；P.J. 凯西主编《罗马不列颠的终结》(牛津，1979)；N. 海汉姆《罗马、不列颠、盎格鲁撒克逊人》(伦敦，1992)；E. 詹姆斯《公元 1000 年的不列颠》(伦敦，2001)。

关于罗马时期是与过去的彻底了断还是古代的延续的讨论：R. 科林斯与 J. 杰拉德合编《不列颠（300—700）是否属于古代？》(牛津，2004)；（基于少量证据）认为物质文化延续的是 K. 达克《从城市到王国：不列颠公元 300—800 年的政治连续性》(莱斯特，1994)；《不列颠与罗马帝国的终结》(斯特劳德，2000)。同时代的高卢：J. 德林克沃特与 H. 埃尔顿主编《公元 5 世纪的高卢：身份认同危机？》(剑桥，1992)。罗马晚期与臣服时期资料缺乏的问题：D.N. 邓姆维尔《罗马统治下的不列颠：历史与传奇》,《历史》第 62 期（1977 年)；达克《不列颠与罗马帝国的终结》(2000)。关于农民叛乱导致帝国衰落的说法，N. 福克纳《罗马不列颠衰亡史》(斯特劳德，2000)。关于公元 410 年文件真实性的有力争论（以及之后更具合理性的说法)，A. 伯利《罗马帝国在不列颠的统治》(牛津，2005)。

公元 5 世纪早期城镇考古证据：D.A. 布罗克斯《对公元 5—6 世纪不列颠城镇持续性证据的重新考量》，载《牛津考古报》第 5 期（1986 年)；S. 鲁斯比《罗马统治晚期与盎格鲁撒克逊早期的英格兰权力分布与城镇》，载 G. 里波利与 J.M. 古尔特《区域研究》(巴塞罗那，2000)；R. 里斯《罗马不列颠城市的终结》，载 J. 利奇主编《古代末期的城市》(伦敦，1996)。货币进口与货币使用的结束：参见 P. 盖斯特《霍克斯尼宝藏中罗马晚期金币与银币》(伦敦，2005)。

关于各地区在罗马统治崩塌后的反应：C.J. 阿诺德与 J.L. 戴维斯合著《罗马时期与中世纪早期的威尔士》（斯特劳德，2000）；C. 托马斯《基督教凯尔特人：信息与图像》（斯特劳德，1998）；T. 威尔莫特与 P. 威尔森合编《北方在罗马统治晚期的转型》（牛津，2000）。